LAS CRISIS DE LAS DEMOCRACIAS LIBERALES

LAS CRISIS DE LAS DEMOCRACIAS LIBERALES

DE LA MARCHA SOBRE ROMA AL TRIUNFO DE MELONI

Ricardo Martín de la Guardia
Juan Carlos Jiménez Redondo y Cristina Barreiro Gordillo
(eds.)

Sílex

Editor: Ramiro Domínguez Hernanz

C/ San Gregorio, 8, 2, 2ª Madrid
España
www.silexediciones.com

ISBN: 978-84-19661-81-4
Depósito Legal: M-5707-2024
Colección: Sílex Universidad Historia

Impreso y encuadernado en España

CONTENIDO

EL FASCISMO, ¿HISTORIA DE UN ETERNO RETORNO?

Ricardo Martín de la Guardia
Universidad de Valladolid
Juan Carlos Jiménez Redondo
Universidad CEU-San Pablo, CEU Universities

LOS CONCEPTOS IMPORTAN, PERO NO SON INMUTABLES

Hace ya años, el alemán Reinhart Kosellek popularizó una línea de investigación, entonces prometedora y hoy plenamente consolidada. Me refiero a la historia de los conceptos o historia conceptual. Su idea era sencilla. Partía de la base de que el significado de los conceptos históricos no era inmutable, sino algo dinámico y cambiante[1]. Pero, sobre todo, partía de la diferencia entre palabra y concepto, dando a la primera un carácter unívoco y ambiguo a la segunda. Ello suponía asumir que la palabra devenía en concepto cuando asumía distintos significados, lo que justificaba que un mismo concepto pudiera aludir a cosas parecidas, pero no exactamente iguales.

De hecho, el carácter dinámico y evolutivo de la historia hacía imprescindible huir de conceptualizaciones cerradas y estáticas, pues, en otro caso, sería imposible asumir el factor cambio como determinante de los procesos históricos. A ello añade Juan Serey una reflexión esencial: la necesidad de hacer hincapié en el rol ideológico de los conceptos en la historia conceptual[2]. Por tanto, es evidente que el enfoque ideológico determina los significados y que estos

[1] Reinhart Koselleck, "Linguistic Change and the History of Events", *Journal of Modern History*, 61, (1989), pp. 649-666; Ídem. *Futuro pasado. Para una semántica de los tiempos históricos*. Barcelona, Paidós, 1993. Ídem. "Historia de los conceptos y conceptos de historia". *Ayer*, 53, (2004), pp. 27-45.

[2] Juan Serey, "El rol ideológico de los conceptos en la historia conceptual de Reinhart Koselleck", *Tópicos. Revista de* Filosofía, 60, (2020), pp. 175-200. Doi: https://doi.org/10.21555/top.v0i60.1121

cambian de acuerdo con el marco ideológico que quiere determinar ese significado.

Si hay un concepto absolutamente cambiante y condicionado por los marcos ideológicos de interpretación, este es el de fascismo[3]. No solo porque desde siempre haya aludido a cosas diferentes, como la consideración del fascismo como movimiento, como partido o como ideología, sino por su profunda significación política e ideológica.

Así, por ejemplo, en Portugal, el Estado Novo nunca se consideró un verdadero fascismo, salvo para los intelectuales de izquierda que creían que con esta denominación se reforzaba el carácter autoritario y represivo de la dictadura de Salazar y Caetano. Existía, incluso un cierto consenso al hablar de sistema autoritario[4] y, como mucho, de un fascismo periférico, corporativo y desnaturalizado. Sin embargo, tras la Revolución de los Claveles, la calificación oficial del nuevo Portugal democrático siempre fue la de dictadura fascista, lo que acabó trasladándose al ámbito académico y comunicativo. Hasta el punto de que hoy el Estado Novo es mayoritariamente catalogado como un fascismo más[5]. Bien es verdad, que solo por la historiografía más ideologizada, pues la moderada tiende a matizar esa calificación impuesta desde la política y desde la ideología.

Por eso no puede extrañar que el concepto fascista haya soportado un proceso de banalización casi desde sus orígenes, pero que, en el momento actual, ha acabado por restarle dimensión científica[6]. Su utilización habitual como sinónimo impropio de autoritario ha devenido en mero insulto que se lanza a todo fenómeno o posición

---

[3] Payne lo califica como uno de los términos políticos contemporáneos más vagos e indefinidos. Stanley G., Payne, *El fascismo*, Madrid, Alianza Editorial, 1980, p. 4

[4] Según la clásica diferenciación autoritario/totalitario establecida por Juan Linz, *Totalitarian and Authoritarian Regimes,* Boulder, Lynne Rienner Publishers, 2000.

[5] Entre los defensores de su naturaleza fascista, Manuel Loff, *«O nosso século é fascista!» O mundo visto por Salazar e Franco (1936-1945),* Porto, Campo das Letras, 2008. Alberto Pena Rodríguez, *Salazar y Franco: la alianza del fascismo ibérico contra la España republicana: diplomacia, prensa y propaganda,* Oviedo, Trea, 2017; Fernando Rosas, "O salazarismo e o homem novo: ensaio sobre o Estado Novo e questao do totalitarismo", *Análise Social,* 35-157, (2001), pp. 1031-1054. En contra de su naturaleza fascista, Juan Carlos Jiménez Redondo, *Franco y Salazar, la respuesta dictatorial a los desafíos de un mundo en cambio, 1936-1968,* Madrid, Sílex, 2019. Hipólito de la Torre Gómez, *O Estado Nodo de Salazar,* Lisboa, Texto, 2009.

[6] Emilio Gentile, *Quién es fascista*, Madrid, Alianza, 2019.

política que se quiere denigrar, normalmente desde posiciones de izquierda autocalificada de "antifascista".

El problema es que este reduccionismo conceptual ha llegado a los ámbitos científicos en los que, como señala Rafael del Águila, ha surgido una significativa corriente interpretativa según la cual los movimientos fascistas no tendrían ideología en sentido estricto, sino que se limitarían a ser una serie de negaciones simples cuya única finalidad sería la obtención, justificación y conservación del poder. Del mismo modo, esta línea de interpretación insiste en la idea de que las experiencias que se llaman fascistas son tan diversas que no sería posible encontrar puntos reales de conexión entre ellas. Por eso descartan hablar de fascismo como un fenómeno específico[7].

Joan Antón Mellón utiliza el concepto de fascismo clásico para referirse al fascismo anterior a 1945[8]. Lo hace porque ve en el periodo de entreguerras los elementos aglutinadores de ese proceso de construcción política, ideológica e incluso estético, moral e intelectual que abrió paso al fascismo. Esta clasificación permite utilizar conceptos como posfascismo o fascismo posmoderno para referirse a movimientos o partidos que recordaban a ese fascismo clásico, pero con notables diferencias. E incluso permite comprender mejor el carácter y naturaleza de esas derechas radicalizadas presentes desde la segunda posguerra mundial y que han eclosionado con fuerza en el tránsito del siglo XX al siglo XXI.

UNA APROXIMACIÓN GLOBAL AL FASCISMO (CLÁSICO)

La propuesta de Mellón, en realidad, remite a una pregunta básica: ¿es posible delimitar el concepto de acuerdo con unos rasgos que lo sitúan como fenómeno histórico específico e irrepetible?

---

[7] Rafael del Águila, "Fascismos", en Fernando Vallespín (ed.) *Historia de la teoría política, vol. V. Rechazo y desconfianza en el proyecto ilustrado*, Madrid, Alianza, 1994, pp. 189-242.

[8] Joan Antón Mellón, *El fascismo clásico (1919-1945) y sus epígonos*, Madrid, Tecnos, 2012.

Roger Griffin ha definido el fascismo como una forma revolucionaria de nacionalismo dirigido por una nueva elite que fusiona al pueblo en una especie de unidad mística convencida de protagonizar una revolución política, social y ética[9]. Ese carácter revolucionario es, precisamente, lo que imbrica poderosamente al fascismo con el tiempo en el que surgió, pues la idea de revolución partía de la idea de decadencia y agotamiento no solo nacional, sino de dimensiones civilizatorias.

En definitiva, el fascismo se alimentó de la idea de crisis, no solamente económica o material, sino también intelectual, espiritual y axiológica. Por eso el fascismo como realidad y como concepto es inseparable del proceso, lento, pero perfectamente constatable, de crisis del mundo demoliberal del siglo XIX y de las convulsiones político-ideológicas de inicio del siglo XX que desembocaron en la Primera Guerra Mundial.

El fascismo surgió del cuestionamiento radical del liberalismo y, muy especialmente, del cuestionamiento radical del mundo liberal construido desde la segunda mitad del siglo XIX y que después de la Primera Guerra Mundial parecía agotado. Un cuestionamiento articulado desde diferentes posiciones.

La izquierda marxista centró sus críticas en la idea de desigualdad, fruto, desde su perspectiva, de un sistema de producción capitalista que generaba una irremediable división de clase acompañada de un proceso de alienación del proletariado que le impedía ser consciente de su realidad de clase explotada. La lógica argumental era que la conciencia de clase permitiría a esa clase explotada despertar a la realidad y abrazar la revolución, que no era más que la construcción de la sociedad socialista, la sociedad sin clases.

El marxismo había penetrado profundamente en las bases del pensamiento europeo introduciendo dos ideas básicas. La primera era que las bases culturales existentes no eran más que la expresión de una dominación de clase, por tanto, no tenían un carácter general ni existía posibilidad de crear un consenso social amplio. La segunda aludía a que el Estado era la plasmación jurídica de esa opresión de

[9] Roger Griffin, *Nature of Fascism.* New York, St. Martin's Press, 1991, p. XI.

clase, por lo que la utopía comunista solamente podía venir de su transformación, esto es, de la conquista del Estado.

Pero lo más curioso fue el ataque al liberalismo democrático desde el propio demoliberalismo. Por supuesto que este liberalismo democrático presentaba importantes carencias, pero en vez de buscar un marco reformador que preservase sus indudables logros tanto en términos de libertad individual como de progreso generalizado, la Gran Guerra convirtió la crítica en desencanto, achacando a la democracia liberal todos los males que habían conducido a la guerra. El culpable de semejante catástrofe parecía haber sido ese liberalismo individualista y egoísta incapaz de asentar un principio de orden que librara a la Humanidad de guerras como esa. La democracia liberal comenzó a ser tachada de formal, premiosa e inservible, al estar basada en un marco procedimental que hacía muy difícil y muy poco eficiente los procesos de toma de decisiones. Por eso la victoria de las democracias en la gran conflagración bélica alumbró en los años veinte, paradójicamente, una oclusión real de la democracia y del parlamentarismo[10].

Solo diez años después de finalizada la Primera Guerra Mundial, ese pesimismo generalizado encontró un nuevo escenario: la gran crisis de 1929. Sus devastadores efectos alimentaron una crítica exacerbada al capitalismo concebido como un sistema de apropiación de las élites que creaba desastres cíclicos que sufrían, especialmente, las masas populares. La crisis del 29 es inseparable del ascenso del nacionalsocialismo alemán, igual que la situación desesperada de la Italia de la primera posguerra mundial lo había sido del fascismo italiano. En otras palabras, la mística discursiva fascista solo tuvo éxito en un marco material de crisis. Es el único escenario en el que una amplia masa de ciudadanos está dispuesta a aceptar el fascismo como promesa. Esto es, el fascismo como creación imaginaria de

[10] Según la más famosa descripción de la decadencia moral del momento, la de Oswald Spengler, la Primera Guerra Mundial había marcado la precipitada decadencia de la civilización occidental, lo que comprendía sus formas políticas más características. La democracia debía, en consecuencia, ser sustituida por una especie de socialismo autoritario que superara las deficiencias de la primera. Oswald Spengler, *La decadencia de Occidente*, [1918], Madrid, Austral, 2011.

un futuro de renacimiento y grandeza frente a la realidad de crisis y aparente agotamiento de las tradicionales formas demoliberales.

El fascismo insistió, sobre todo, en el rechazo radical de la cosmovisión liberal. Frente a su ideal igualitario, el discurso fascista se centró en la deslegitimación del proceso de homogeneización social que ese igualitarismo estaba creando. Frente a una sociedad presidida por un principio de movilidad social, su apuesta volvía a ser la definición radical de un principio de jerarquía: las sociedades debían ordenarse según un concepto claro de poder, que separase nítidamente a los "héroes" que debían conducir a sus naciones al renacimiento, de un pueblo cuya obligación debía ser la obediencia ciega a esos nuevos líderes heroicos.

Según la retórica fascista, el liberalismo había expandido un profundo aburrimiento existencial, unas clases medias grises y sin ninguna meta heroica. El liberalismo debía ser barrido como concepto político, pero también como concepto filosófico y moral, esto es, como proyecto vital. Era el rechazo radical a lo que consideraban una ética, una estética y una moral convencionales[11].

En este aspecto, el fascismo no fue más que la desembocadura de un río de cambio en las percepciones filosóficas y axiológicas europeas, que se venía produciendo desde varias décadas antes. Esas señales de cambio y agotamiento definieron dos ideas esenciales. La primera de ellas era la apelación a acabar con ese ingenuo optimismo burgués que muchos intelectuales creían que había sido el fruto de un sistema económico que, aunque producía y repartía riqueza, lo hacía añadiendo altas dosis de deshumanización y mediocridad.

La segunda idea esencial derivaba de la anterior. El liberalismo se había empeñado en ensanchar las clases medias para crear un régimen que, si bien es cierto que proporcionaba estabilidad, lo hacía con un coste importante: la uniformidad, el tedio, el descompromiso y la inanidad vital. En definitiva, una sociedad de mediocres y para mediocres. Por eso muchos intelectuales, aupados a su atalaya irreal y ficticia, comenzaron a reivindicar una sociedad más vital y

[11] Por eso el fascismo se podía definir como un idealismo vitalista y voluntarista. Aspecto que más lo diferenciaba de las derechas reaccionarias, tradicionalistas y conservadoras,

comprometida hacia metas heroicas. El aburrimiento del racionalismo burgués debía ser sustituido por una supuestamente apasionante y apasionada reivindicación hacia lo intuitivo, hacia un nuevo vitalismo cuyo componente emotivo y apasionado debía imponerse a ese estrecho y gris racionalismo burgués.

Aunque el fascismo partía de una idea radical de crisis, carecía de nostalgia. El tradicionalismo reaccionario simplemente no aceptaba ese mundo liberal, defendiendo una vuelta imposible a los principios políticos y morales del Antiguo Régimen. Los conservadores sí aceptaban esa modernidad liberal. Simplemente querían gestionar el cambio de acuerdo con un principio de control y orden.

El fascismo no. Su rechazo a la cosmovisión liberal adoptó el carácter de un proyecto político encaminado no solo a la construcción de un nuevo Estado, sino a la construcción de un hombre nuevo. Y ambos procesos eran imposibles de realizar fuera de un marco de Estado totalitario. De ahí su semejanza con el deseo marxista de construcción del nuevo hombre socialista –el buen revolucionario– ya que, por definición, esa construcción no podía darse fuera de un proyecto de poder de carácter totalitario.

El fascismo fue, como ha descrito Griffin, plenamente moderno, tanto en términos políticos como ideológicos, estéticos o culturales[12]. Fue una alternativa, específica y claramente determinada por el tiempo histórico en el que surgió, a los graves problemas de la modernidad representados en la crisis del sistema demoliberal clásico. La alternativa fascista planteaba, por lo menos teóricamente, la posibilidad de reconciliar elementos que la cosmovisión liberal consideraba antagónicos y, en consecuencia, irreconciliables. Por ejemplo, la idea de individuo y comunidad, o la antinomia tradición y modernidad. Pero incluso pareció capaz de conciliar la gran ruptura del marxismo que hacía imposible concebir la nación como un cuerpo orgánico integrado que podía dirigirse hacia una idea de homogeneidad social y de bien común. La idea de que el individuo era parte estructural de la nación, que como cuerpo corporativo no

[12] Robert Griffin, *Modernismo y fascismo. La sensación de comienzo bajo Mussolini y Hitler,* Madrid, Akal, 2010.

admitía intereses particulares, eliminaba la división entre trabajadores y burgueses y, por tanto, la idea de lucha de clases, como se sabe, el eje articulador de la teoría marxista.

Por eso, entre otras muchas cosas como, por ejemplo, la diferencia entre la tensión supraclasista del fascismo y la radical dualidad de clase del marxismo, el totalitarismo marxista no puede catalogarse de fascista. ¿Por qué, entonces, los dos principales fascismos, el alemán y el italiano se autodenominaron socialistas? La respuesta de Nolte es que el fascismo debe ser interpretado como un socialismo nacional antimarxista con vertientes filosóficas peculiares, característico de una época de crisis del liberalismo[13].

El fascismo se asentó sobre una estructura de intersección de clases sociales. Fue un marco de consenso interclasista, incluso supraclasista. Aunque en su desarrollo tuvo que aceptar las viejas elites de poder, sobre todo económicas. Porque, aunque aspiró a ser una tercera vía entre el capitalismo y el marxismo, tuvo que resignarse a considerar que su consolidación solo podía asegurarse a través del mantenimiento de las normas esenciales de funcionamiento del sistema de producción capitalista.

Las interpretaciones marxistas del fascismo, a pesar de constituir un todavía influyente modo de análisis, deben ser hoy claramente desechadas. En síntesis, consideraban el fascismo, como no, un simple producto burgués y de respuesta del capital monopolista frente a lo que ese marxismo creía el imparable encuadramiento de las masas en partidos y movimientos de clase. Por supuesto, el objetivo de esta construcción teórica era quitar cualquier significado "popular" al fascismo: el fascismo era un sistema terrorista de defensa del capital frente a las masas populares revolucionarias. Hoy es una interpretación absurda, por más que siga manifestándose en muchos discursos políticos.[14]

El fascismo, ya se ha señalado, no solo fue interclasista, sino que fue un auténtico movimiento de masas, con una capacidad de

---

[13] Ernst Nolte, *Il fascismo nella sua epoca. I tre volti del fascismo*, Milano SugarCo, 1993, pp. 49 y ss.

[14] Dentro de estas interpretaciones marxistas, las más interesantes desde un punto de vista académico son las de Ernest Mandel, *El fascismo,* Madrid, Akal, 2011; y Nicos

encuadramiento desconocida hasta esos momentos. Es más, resulta evidente que el fascismo fue mucho más interclasista de lo que se decía y que atrajo a importantes sectores del proletariado obrero. Por ejemplo, en 1933 este sector representaba el 32% de la militancia del partido nacionalsocialista. En Italia, la afiliación obrera nunca superó el 15%, pero los campesinos llegaron a representar un 24% del total de afiliados al partido fascista. En todo caso, como ha escrito Renzo de Felice, aun siendo un fenómeno interclasista, el fascismo impactó ante todo en los sectores medios de la sociedad. Por tanto, fue un movimiento revolucionario de las clases medias en ascenso a comienzos del siglo XX, que buscaba abrir un espacio propio entre un proletariado en rebeldía y una burguesía estancada y atrincherada en sus privilegios[15].

Este auténtico simplismo interpretativo no impidió que el marxismo, y los diferentes posmarxismos desarrollados en Europa occidental tras la Segunda Guerra Mundial, hayan creado una auténtica cultura política edificada en torno al eslogan antifascista. Pero ese antifascismo carece de significado, al ser un simple elemento instrumental de autolegitimación y de cohesión ideológica en torno al rechazo a una especie de enemigo genérico e inconcreto, pero socialmente efectivo.[16]

El fascismo está muy lejos de ser una respuesta defensiva del capitalismo frente al vigor marxista. Es más, el fascismo apostó decididamente por una economía estatalizada y absolutamente intervenida. Lo que pasó es que muy pronto comprendieron que necesitaban mantener elementos de economía de mercado para ser mínimamente eficientes en términos económicos. Lo que los fascismos pretendieron, pero no consiguieron, fue la organización de una nueva estructura económica nacional altamente reglamentada e

Poulantzas, *Fascismo y dictadura*, México/Buenos Aires, Siglo XXI editores, 2005.

[15] Renzo De Felice, *Intervista sul Fascismo*, Roma-Bari, Laterza, 1997

[16] Arnd Bauerkämper, *Il fascismo in Europa 1918-1945*, Verona, Ombre Corte, 2008, pp. 51 y ss.

intervenida, que buscaba la integración de la sociedad en un proyecto homogéneo no libre, sino violentamente impuesto.

En un marco de hegemonías y jerarquías radicales y de supeditación del individuo a lo colectivo era materialmente imposible asumir criterios de competencia, libertad de elección y acuerdo espontáneo no dirigido, elementos, todos ellos, propios de una economía capitalista de libre mercado.

En el fascismo la economía pasó a tener un fin estrictamente colectivo, no individual. De ahí que las grandes empresas no fueran especialmente hostiles a los regímenes fascistas. En realidad, les aseguraban un mercado cerrado y protegido. Esto es, la economía estatalizada del fascismo les garantizaba un espacio económico libre de competencia y potencialmente autárquico. Una utopía autárquica que, evidentemente, era absolutamente contraria al librecambio y a la economía competitiva de libre mercado.

El fascismo nunca tuvo un pensamiento económico original y novedoso. Nunca fue un concepto económico, sino político[17]. Constituyeron, en expresión de Emilio Gentile, la sacralización de la política[18].

EL FASCISMO COMO CONCEPTO POLÍTICO: EL FASCISMO COMO ANTILIBERALISMO

A juicio de Marco Tarchi, el fascismo fue un fenómeno político, ideológico y cultural claramente delimitado por sus contemporáneos, que lo vieron como uno de esos grandes protagonistas del siglo XX claramente diferente y alternativo a otros grandes protagonistas políticos y culturales de ese siglo. El fascismo fue percibido por sus coetáneos como un nuevo movimiento que además de oponerse a los demás existentes en esos momentos, conformaba una

---

[17] Una opinión contraria que afirma la existencia de una economía fascista específica en David Baker, "The Political Economy of Fascism. Myth or reality, or myth and reality", *New Political Economy*, 11-2, (2006), pp. 227-250. doi.org/10.1080/13563460600655581

[18] Emilio Gentile, *El culto del Littorio: La sacralización de la política en la Italia fascista,* Madrid, Siglo XXI, 2007.

alternativa política, una cosmovisión, una doctrina, un modelo de organización social y unos nuevos mitos movilizadores capaces de atrapar radicalmente a sus partidarios y de generar igual rechazo radical entre sus adversarios. A juicio de Tarchi esta polarización atracción/repulsión se basaba en su naturaleza que no apelaba tanto a las ideas como a los sentimientos, a la emoción[19]. Juan Linz, por su parte, señala que el fascismo, en un universo político e ideológico acaparado por las fuerzas liberales, católicas y socialistas, tuvo que definirse como un antimovimiento[20]: antiparlamentario, antimarxista y, sobre todo y ante todo, antilberal.

El fascismo representó una nueva forma de dominación política de carácter totalitario y revolucionario y, en cuanto tal, supuso un intento de ruptura radical con las premisas, los postulados y las instituciones políticas liberales. El fascismo representa la antítesis de esa trilogía política, social e, incluso moral derivada de la Revolución Francesa: libertad, igualdad y fraternidad. La diferencia con los soportes axiológicos del fascismo, obediencia, jerarquía y comunidad es más que evidente. Porque en el primer caso eran principios esencialmente centrados en las ideas de individuo y libertad y, en consecuencia, en la división de poderes. No solamente eso, sino también en la necesidad de controlar el poder que preservara los espacios de autonomía del individuo reconociéndole una serie de derechos de carácter civil.

En el fascismo, el concepto clave era el de comunidad, entendida en un sentido homogeneizador, antiindividualista y de pertenencia y sometimiento absoluto del individuo a la colectividad, lo que conllevaba varias premisas fundamentales.

La primera es que la idea de derechos civiles era absurda. Porque la subordinación absoluta del individuo a la comunidad le privaba de cualquier derecho individual. Solo tenía "derechos" esa comunidad totalizante y totalizadora.

---

[19] Marco Tarchi, *Fascismo. Teorie, interpretazioni e modelli,* Roma/Bari, Laterza, 2003, p. 12.

[20] Juan Linz, "Some Notes Toward a Comparative Study of Fascism in Sociological Historical Perspective", en Walter Laqueur (ed.), *Fascism. A Reader's Guide,* Berkeley-Los Angeles, University of California Press, 1976, pp. 3-121.

En segundo término, las premisas de división y equilibrio entre los diferentes poderes del Estado carecían de sentido. El monopolio de poder no era ese peligro que veía el liberalismo, sino el perfeccionamiento de esa comunidad totalitaria. Por tanto, el principio de Estado de derecho basado en la separación de poderes y primacía de la ley se transmutaba en el de concentración del poder y su representación en la figura de un líder carismático convertido en el gran conductor y salvador de esa comunidad en decadencia que debía ser resucitada. Como en la vieja teoría platónica del filósofo-rey, el líder fascista era omnisciente, por lo que tenía el "derecho" de ejercer el poder sin limitaciones materiales ni trascendentales, considerando como tales las provenientes de un derecho natural al que ajustar obligadamente el derecho positivo. El poder no encuentra restricciones, lo que conduce directamente a la arbitrariedad, seguramente, la principal característica de un poder absoluto.

Por fin, y sin ánimo de exhaustividad, el fascismo se define frente al principio liberal de alternancia pacífica de los gobiernos y de preservación de los derechos e intereses de las minorías, lo que suponía un principio de reconocimiento social de la igualdad entre todos sus miembros. Ese reconocimiento mutuo e igual suponía, en el marco de la lógica liberal, el principio de integración pacífica de una realidad social plural y heterogénea que aspiraba a la armonía social. Sin embargo, el fascismo apostaba por la legitimación de la violencia como instrumento de construcción y defensa de esa comunidad en peligro. La armonía de la sociedad venía de su disciplina, entendida como acción de disciplinar ejercida por las elites del poder fascista.

Por tanto, el fascismo consideraba que los derechos civiles de corte liberal eran meros artificios que rompían lo que para ellos debía ser una comunidad sana. No pueden ser referenciales en absoluto, por lo que todo el edificio totalitario se debe construir sobre su total eliminación. El individuo desaparece y se convierte en masa. Una masa militarmente encuadrada por un Estado rector que no deja ningún espacio de autonomía al individuo. La subversión antiliberal es absoluta.

En definitiva, los fascismos sí tuvieron ideología a pesar de su diversidad[21]. Otra cosa es que, como todo movimiento y sistema político, acabara desbordando sus márgenes estrictos de definición influyendo en otras corrientes políticas. Porque, efectivamente, el fascismo como concepto político revolucionario ejerció un fuerte efecto mimético en otras corrientes y tradiciones políticas. Evidentemente lo hizo sobre todas esas derechas que se desarrollaron desde la Revolución francesa.

En todas ellas fueron visibles evidentes pulsiones fascistizantes. De ahí que sea extraordinariamente difícil diferenciar entre partidos, movimientos o regímenes de derecha, parcial y temporalmente fascistizados, de los verdaderos movimientos que pueden catalogarse como fascistas en sentido propio y estricto. El fascismo fue un "viento de la historia" que sopló con inusitada fuerza desde los años veinte del siglo pasado. Lo hizo como expresión de un tiempo aparentemente nuevo y como un movimiento focalizado en alcanzar el poder, ya fuera de forma legal o mediante el recurso a la fuerza. Incluso utilizando mecanismos que combinaran ambos elementos.

Por eso las demás derechas, muchas de ellas apartadas del poder durante los años de dominio de partidos liberales de carácter progresista, vieron en el fascismo un factor de poder que debía tomarse seriamente en consideración. Esta mímesis no fue, por tanto, una simple asimilación de ideas que podían ser perfectamente consumidas por todas esas derechas –orden, jerarquía, autoridad, corporativismo, etc.–; sino que tuvo también un claro fin instrumental: era la aceptación de lo nuevo y lo que podía dar a esas derechas una capacidad de movilización de masas que les permitiera alcanzar el poder.

LA SACRALIZACIÓN DE LA IDEOLOGÍA

Los fascismos se orientaron a construir un nuevo tipo de Estado claramente identificado, curiosa y paradójicamente, al Estado

[21] De hecho, Collotti prefiere el término fascismo al de fascismo. Enzo Collotti, *Fascismo, Fascismi.* Firenze, Sansoni, 1994.

totalitario que Lenin, y luego Stalin, edificaron progresivamente en la Unión Soviética desde el triunfo de la Revolución bolchevique. El Estado totalitario era, evidentemente, una construcción jurídico-política encaminada a asumir la representación absoluta de la nación a través de un régimen de partido único que se autoconsidera el único intérprete de esa revolución en marcha. De ahí que asumiera la represión como una política pública más. La violencia política institucionalizada se convierte en un elemento sustantivo del fascismo. Pero no es una característica específica del mismo, porque la violencia fue también elemento estructural y constitutivo de muchos otros regímenes como el comunista soviético, el maoísmo chino, el régimen de los jemeres rojos en Camboya o el edificado por Ho Chi Ming en Vietnam. La revolución fascista, como todas las citadas, no podía tolerar disidencias. El mecanismo liberal de equilibrio y separación de poderes asentado en el binomio gobierno/oposición es destruido. La oposición es conscientemente eliminada, pues pasa a constituirse en un enemigo interno que debe desaparecer.

La revolución fascista tiene como fin construir al hombre nuevo. En la lógica del fascismo, ello supone un proceso permanente de transformación de la sociedad. Por eso asume la legitimidad de la violencia como instrumento de transformación social. En realidad, es una retórica falaz. Porque no hay transformación sino sometimiento a través de nuevas y eficaces formas de intimidación y propaganda. La exaltación de la política como instrumento de transformación se define por un partido-Estado con capacidad para interpretar metafísicamente la voluntad del pueblo[22].

Pero para que esa sociedad pudiera estar permanentemente movilizada y para que garantizara una obediencia emocional e irreflexiva era necesario un ambiente de profunda ideologización o, expresado de otra forma, un proceso de fanatización basado, esencialmente, en una mística ultranacionalista y, en el caso del nazismo, de su dimensión racista antisemita. De ahí la importancia de la dimensión

[22] Joan Antón Mellón, "Las concepciones nucleares, axiomas e ideas-fuerza del fascismo clásico (1919-1945", *Revista de Estudios Políticos (nueva época)*, 146, (2009), pp. 49-79.

estética, porque era el recurso antiintelectual por excelencia. Los grandes desfiles, los uniformes, las paradas de dimensión marcial se orientaban a un enganche emocional que impidiera al individuo pensar y reflexionar. La mística de la acción y de la revolución. La mística del Estado nuevo y del hombre nuevo.

Como ha señalado Robert Paxton, esta mítica de la acción y de lo nuevo solo podía ser eficaz si se partía de una idea de crisis absoluta. Crisis política, asentada en la idea de que la democracia era un elemento de ruptura de la sociedad y contrario a los verdaderos intereses del pueblo, Crisis moral, creada por el burgués grisáceo carente de cualquier rasgo de heroicidad. Crisis de la comunidad. La idea de decadencia de la comunidad por razones exógenas. La comunidad herida y ultrajada a la que no dejaban renacer.[23]

El ultranacionalismo fascista tiene, en este sentido, un carácter regenerador y restaurador: si la comunidad recobra su verdadera esencia se convertirá en una nación vitalista con una inédita capacidad de expansión y conquista.

Esta expansión, que radicalizó las políticas exteriores de los regímenes fascistas hasta desembocar en la Segunda Guerra Mundial, no solo tenía una dimensión de expansión nacional imperialista en sentido estricto. Su finalidad era la creación de lo que denominaron el nuevo orden fascista. Esto es, una reorganización geopolítica del mundo informada por esa revolución fascista en marcha. Es decir, el fascismo aspiró a una reconfiguración del orden mundial que acabara con su tradicional naturaleza liberal para configurar una nueva jerarquía de poder que se expandiera en círculos concéntricos desde un centro de poder a una periferia subordinada a sus intereses.

Un último elemento que conviene analizar es la visión radicalmente desigualitaria del hombre. Algo, evidentemente compartido por otras muchas derechas e, incluso por el liberalismo, al considerar la desigualdad el fundamento de la competencia entre individuos. Lo característico del fascismo no es, por tanto, ese ideal desigualitario, sino la creación de un factor de polarización: un "nosotros" y un "ellos" definido en función de ser o no un hombre guerrero que

[23] Robert O. Paxton, *The Anatomy of Fascism,* London, Penguin Books, 2005.

forma parte estructural e indisoluble de una comunidad nacional, o de una raza, y que, como tal, tiene un destino claramente marcado. Esa ideología se ritualiza y se sacraliza hasta llegar a ser una auténtica religión cívica. Porque para poder cumplir ese destino reservado a los miembros del conglomerado fascista, la patria debe regenerarse y expurgarse de los individuos no comprometidos con ese ideal revolucionario y con esa misión trascendental y heroica que le está reservada a los adherentes al movimiento fascista, una auténtica vanguardia revolucionaria.

En definitiva, el fascismo se origina por adhesión a una filosofía idealista, vitalista y voluntarista, que entraña normalmente la intención de crear una cultura moderna, secular y autodeterminada. Se orienta a la creación de un nuevo Estado nacionalista totalitario que no se basa en modelos o principios tradicionales. Asume una evaluación positiva de la violencia y la guerra y la disposición a recurrir a ella como una política pública más. Además, hay que añadir un objetivo imperial, de expansión y de construcción de un nuevo orden que acabó precipitando un nuevo conflicto de alcance mundial.

El imperialismo fascista no tiene dimensión económica. O mejor dicho, no fue un fenómeno de naturaleza económica, sino política. Era la consecuencia del concepto de poder definido por el fascismo.

Como reiteradamente se ha señalado, el neorromanticismo típico de finales del siglo XIX, del que se nutre el fascismo, se diferenció del viejo romanticismo de inicios de la centuria en que la común apelación a lo heroico e irracional se inscribía radicalmente en el contexto de la comunidad. Esa comunidad a la que el individuo pertenecía en términos radicales, integrales, totalizadores. Como había popularizado Herder, la cultura era una fuerza o espíritu encarnado en cada pueblo a través de su lengua, costumbres y mitos. En consecuencia, la cultura no solo individualizaba, sino que separaba, ya que toda sociedad humana poseía sus propias normas y tenía unos ideales únicos, sus propias formas de vivir y de actuar. En sus propios términos: su propia fuerza vital.

Una comunidad, por tanto, única y diferente a todas las demás, que muy pronto dio paso a la idea de superioridad de la nación o de la cultura, si se quiere. Piénsese en la idea de naciones vitales y yacientes que condicionó todo el ámbito de las relaciones internacionales desde los años 70 del siglo XIX. Y como no podía ser de otra forma, muy pronto el concepto de superioridad se acabó ligando al de raza: no era solo un conjunto de naciones vivas y otras en decadencia; era una nueva jerarquía de poder basada en la raza que asumía, como hizo Gobinmeau, un principio natural de desigualdad racial del que se deducía la natural capacidad de las razas superiores para imponerse e incluso dominar a las consideradas inferiores.

Esta base teórica justificó la expansión imperial bajo un criterio de defensa y expansión de la civilización sobre los considerados incivilizados. Pero también justificó una nueva geopolítica del poder por la cual las comunidades fuertes tenían un derecho de conquista de lo que comenzó a llamarse el espacio vital: un área natural de expansión que asegurase a esa comunidad fuerte su presente y su futuro. La expansión imperial no era, pues, una opción posible, sino una necesidad inevitable.

EXTREMA DERECHA, DERECHA RADICAL, NEOFASCISMO, NACIONAL-POPULISMO...

El fenómeno del resurgir y del fortalecimiento de la extrema derecha no es nuevo, aunque el éxito electoral de partidos de este espectro político en estos últimos años en Austria, Francia, Italia o Finlandia, por citar solo algunos ejemplos, nos haga olvidar su situación en décadas pasadas. Cas Mudde en una obra muy relevante[24] nos ha ilustrado sobre la trayectoria de estas formaciones políticas después del final de la Segunda Guerra Mundial a través de cuatro fases: la primera iría desde el momento en que se reestructuran las organizaciones sustentadas sobre esta ideología y cuya manifestación más ostensible fueron los grupos neofascistas posteriores a 1945; la segunda oleada correspondería a la década de los sesenta, sobre todo a sus últimos años, relacionada con los

[24] Cas Mudde, *Populist Radical Right Parties in Europe*, Cambridge University Press, 2007.

cambios provocados por el 68 en los comportamientos políticos y sociales. La tercera fase estaría vinculada al final de la Guerra Fría, la descomposición de la Unión Soviética y los años noventa, con el renacimiento de estas fuerzas en el este de Europa y, finalmente, establece una cuarta ola coincidente con el inicio del siglo XXI durante la cual la derecha radical ha alcanzado cotas de poder inimaginable años antes e, incluso, ha llegado al gobierno en algunos países europeos. Si a mediados de los ochenta, los misinos italianos y el Frente Nacional Francés eran las únicas formaciones de extrema derecha con resultados electorales dignos de mención en Europa, la situación cambió ostensiblemente en la década siguiente. Los politólogos más avezados no preveían un auge tan rápido y, menos aún, tan consolidado en el tiempo cuando parecían periclitados los planteamientos ideológicos defendidos por dichas fuerzas. Piero Ignazi puso de manifiesto la existencia de una "contrarrevolución silenciosa" cuyos orígenes más cercanos estarían relacionados con los movimientos sesentayochistas antes comentados, una de cuyas consecuencias fue la pérdida de importancia de los valores más materialistas. La extrema derecha, consciente de ello, adaptó su estrategia a la nueva realidad para incidir en sus programas en otra serie de principios, afianzando su posición frente a los partidos tradicionales de la derecha.

No podemos detenernos en discutir sobre las distintas denominaciones a las que los académicos se refieren cuando analizan la naturaleza de estos partidos. Extrema derecha o derecha radical constituyen una categoría genérica, como la de neofascistas o la de nacional-populistas, sin querer con ello negar las diferencias –algunas de ellas sustanciales– entre dichas formaciones. Así, hay autores que distinguen entre la extrema derecha, a cuya esencia repugnaría la democracia, mientras la derecha radical (populista) solamente pondría en cuestión determinadas instituciones y valores, pero no la democracia en sí misma[25]. Piero Ignazi sitúa a estos partidos sencillamente en el extremo más hacia la derecha del continuo político derecha-izquierda, un discernimiento espacial quizás simple, pero

[25] Cas Mudde, *La ultraderecha hoy*, Barcelona, Paidós, 2021, p. 52.

efectivo si tenemos en cuenta las propuestas de estas organizaciones[26]. Ciertamente en todas ellas pueden identificarse rasgos heredados del fascismo histórico, sin embargo, este sesgo ha ido diluyéndose cada vez más con el tiempo hasta ser un recuerdo lejano, casi arqueológico, mantenido como fundamental tan solo en algunos partidos muy minoritarios, netamente neofascistas o neonazis[27]. De hecho, la mayoría de las fuerzas políticas de la derecha radical aceptan el juego democrático, incluso critican aspectos de los fascismos históricos. Salvo casos muy extremos como hemos dicho, a estos partidos le resulta muy embarazoso acudir a referencias históricas del fascismo para establecer cualquier tipo de ligazón con el presente. La condena casi unánime a los regímenes de la Italia mussoliniana y de la Alemania nazi bloquean los intentos –si es que los hubiera– de reivindicar aquellos sistemas. Tampoco las nuevas fuerzas políticas de la extrema derecha llaman a sus militantes y simpatizantes a la acción directa contra sus oponentes, una forma de movilización característica de los turbulentos años de entreguerras: la militarización de la política, el encuadramiento de los afiliados en células cuyo rasgo más característico era la violencia. El discurso sigue siendo contundente tanto en la forma como en el contenido para distanciarse del propio de los partidos convencionales como una manera de afianzarse en el terreno político en el que compiten, pero sin incitar a la violencia.

El término fascista –como el de totalitario durante los años de la Guerra Fría– se ha convertido en una suerte de comodín, aplicado a cualquier fenómeno político a derecha o izquierda con el único objetivo de desgastar al enemigo a quien se aplica. El concepto ha perdido su auténtico significado por lo que cada vez es más complicado

[26] Piero Ignazi, "The Silent Counter Revolution: Hypotheses on the Emergence of the Extreme Right-Wing Parties in Europe", *European Journal of Political Research*, 22, (1992), pp. 3-24.

[27] Francisco Veiga, Carlos González-Villa, Steven Forti, Alfredo Sasso, Jelena Prokopljević y Ramón Moles, *Patriotas indignados. Sobre la nueva ultraderecha en la Posguerra Fría. Neofascismo, posfascismo y nazbols*. Madrid, Alianza, 2019, pp. 398-399.

utilizarlo como categoría política salvo para el fascismo histórico. De ahí que no se apropiado usarlo para hablar de estas formaciones.

En los últimos años se ha popularizado el término nacional-populista para definir a estos movimientos. Aunque de forma vaga, el término populista ya se atribuyó a fuerzas políticas y sociales latinoamericanas surgidas durante los años sesenta y setenta del siglo pasado al calor de las rápidas transformaciones económicas en países donde sus instituciones políticas, el Estado de derecho y la propia democracia eran inestables y deficitarias. La extensión del concepto a partidos de la derecha radical se fundamenta en considerar como uno de sus componentes esenciales es la llamada a la democracia directa, entendida como forma de participación auténticamente popular en el gobierno de las naciones. Frente a las castas corruptas, a las familias políticas tradicionales –desde la democracia cristiana a la izquierda comunista– corrompidas por décadas al frente del poder, el discurso extremista apela al pueblo, a la "gente normal", hacia quienes teóricamente van dirigidas sus políticas.

LA CARACTERIZACIÓN DE LA DERECHA RADICAL DESDE LOS AÑOS NOVENTA

Para Michael Minkenberg, uno de los grandes especialistas en este ámbito político, el radicalismo de derechas es "una ideología política cuyo componente central es el mito de la nación homogénea, un ultranacionalismo romántico y populista dirigido contra el concepto liberal y pluralista de democracia y sus principios subyacentes de individualismo y universalismo"[28]. La derecha radical no trata de acabar con el orden establecido en el sentido de destruir el sistema democrático, sino que lo deslegitima al criticar con vehemencia algunos de sus elementos constitutivos con el fin de reformar en profundidad algunos de ellos. Estas formaciones compartirían tres rasgos muy pronunciados. El primero, "nativismo", sostiene que

[28] Michael Minkenberg, "The Renewal of the Radical Right: Between Modernity and Antimodernity", *Government and Opposition*, 35, 2, (2000), p. 174.

el Estado debería velar por el mantenimiento de la homogeneidad nacional de modo que solo los miembros de la nación ostentarían los derechos plenos de ciudadanía para evitar la pérdida de valores considerados propios frente a los foráneos, pues el enemigo podría estar dentro del Estado, pero fuera de la nación. En segundo lugar, el "autoritarismo" actuaría como un mecanismo necesario para mantener el orden social, siempre en manos de un líder fuerte. Finalmente, el "populismo", porque, como hemos comentado, entiende al conjunto social dividido en grupos antagónicos, siempre enfrentados: el pueblo y la élite corrupta[29]. Estos partidos defenderían los auténticos intereses del ciudadano corriente frente a la acción manipuladora de las elites políticas y económicas que son los que hasta el momento controlan el sistema en beneficio propio y exclusivo. La democracia debería fundamentarse sobre estas características, obviando el pluralismo liberal.

Frente a la fragmentación partidista, el liderazgo fuerte es capaz de canalizar las frustraciones y la ansiedad de una parte de la población respecto a las debilitadas instituciones democráticas. No puede negarse el atractivo que para estos sectores tienen personajes como Marine Le Pen en Francia, Jörg Haider en Austria y Geert Wilders en Holanda, por citar solo tres ejemplos. Además del atractivo personal que facilita el impacto de sus alocuciones entre la ciudadanía, estos líderes modulan sus discursos en función de programas cuyos principios son inamovibles, pero a la vez con la suficiente flexibilidad para incorporar elementos novedosos según el contexto. Resulta muy significativa la fuerza que ha cobrado en sus mensajes, por ejemplo, el contenido de índole social (mejoras salariales, lucha contra las multinacionales en favor del pequeño comercio, etc.) para avanzar entre las clases trabajadoras.

Las primeras valoraciones sobre el tipo de votante a estos partidos en los años ochenta, incluso en los primeros noventa, hacía mención a un fenómeno relacionado con la protesta, más coyuntural que permanente y, por tanto, efímero. La evolución temporal demostró

[29] Cas Mudde y Cristóbal Rovira Kaltwasser, *Populism in Europe and the Americas: Threat or Correction for Democracy?*, Cambridge, Cambridge University Press, 2012, p. 8.

cómo el fortalecimiento electoral rebasaba con mucho un sufragio sentimental, sustentado en el simple desencanto con los partidos tradicionales. Los campos principales de interés en los que se movía la derecha radical (pérdida de la identidad nacional, problemas derivados de la inmigración, corrupción, etc.) obtenían una respuesta favorable de grupos que votaban racionalmente alternativas pragmáticas, entendiendo estas por aquellas con capacidad de influir en los gobiernos. En este sentido, el votante de la extrema derecha era consciente de que lo hacía atendiendo al contenido de los programas y ejercía su derecho de sufragio en consecuencia. Indudablemente ha continuado existiendo un voto de protesta, pero ha ido perdiendo terreno respecto al utilitario.

A este respecto conviene reparar en la estructura partidista existente en cada país. La obsesión de las fuerzas convencionales de la derecha por afirmar sus postulados "centristas" les conduce a abandonar a un electorado más de "derecha", espacio ocupado en estos últimos años por partidos a los que no repele el calificativo, sino que lo muestran orgullosos. Este temple contrasta con el discurso debilitado del centroderecha, siempre preocupado por la caracterización reaccionaria hecha desde la izquierda. Una vez que las formaciones de extrema derecha rebasan los umbrales de voto que les permiten acceder a las instituciones representativas, logran delimitar un espacio político que, aunque con variaciones a veces ostensibles en las convocatorias electorales, ya no abandonan.

Estos partidos han utilizado en numerosas ocasiones, bien de forma explícita o bien implícita, el trilema de Rodrik para justificar su apego al Estado-Nación. Como es bien conocido, el autor turco, premio Princesa de Asturias de Ciencias Sociales, argumenta la imposibilidad de que una sociedad pueda gozar a la vez de un régimen plenamente democrático, un Estado con capacidad de actuar de manera autónoma –lo cual implicaría que las grandes decisiones se toman en sus propias instituciones– y un mercado integrado en los circuitos internacionales: solo cabe la elección de dos de las alternativas. En palabras de Rodrik, "si queremos hiperglobalización y democracia, tenemos que renunciar a la nación Estado. Si hemos de mantener la nación Estado y queremos hiperglobalización, tenemos que olvidarnos de la democracia. Y si queremos combinar democracia con nación Estado, adiós a la globalización profunda"[30].

Este autor se ha mostrado partidario de afirmar el Estado democrático y el carácter nacional de las principales decisiones atenientes a salvaguardar los derechos sociales de los ciudadanos frente a las reglas de juego impuestas por una globalización desmedida. De ahí la trascendental decisión de los gobiernos a la hora de preservar bajo su área de control ámbitos como el sistema impositivo, la salud pública, etc. La crítica implícita de esta teoría a las organizaciones supranacionales se hace explícita en el caso de la Unión Europea por restringir la capacidad de actuación de los gobiernos nacionales en áreas tan sensibles como las citadas, haciendo recaer la responsabilidad en Bruselas sin que por ello se vea resentida la legalidad democrática.

Al margen de las consideraciones o críticas que esta interpretación pueda suscitar, la derecha radical ensancha esta grieta abierta entre la supranacionalidad y el gobierno nacional para reclamar la vuelta al Estado de competencias perdidas, justificándolo en beneficio de la sociedad frente a los intereses espurios de las multinacionales y lobbies. Ante la globalización, el Estado-Nación sería el único actor con vigor suficiente como para responder a los ataques a la democracia del poder de los mercados. Volviendo a Rodrik, a este respecto no deja lugar a dudas el título de un artículo publicado hace más de una década: "Salvar la democracia de los riesgos de la globalización"[31].

Todas las organizaciones de extrema derecha actuales mantienen una posición relativamente indefinida ante la Unión Europea, aunque prima el euroescepticismo y, salvo en partidos netamente neofascistas, la eurofobia[32]. El objetivo de los primeros radica en transformar el funcionamiento de las instituciones comunitarias para limitar y aminorar la máquina burocrática de Bruselas, un nido de corrupción a la vez que un gravoso lastre económico. En

---

[30] Dani Rodrik, *La paradoja de la globalización,* Barcelona, Antoni Bosch, 2012, p. 219.

[31] Dani Rodrik, "Salvar la democracia de los riesgos de la globalización", *Política Exterior,* 150 (noviembre-diciembre 2012), pp. 41-46.

[32] Sofia Vasilopoulo, *Far Right Parties and Euroscepticism: Patterns of Opposition,* Lanham (Maryland), Rowman & Littlefield, 2018.

general, estos partidos aceptan la colaboración intergubernamental en el ámbito económico en tanto en cuanto no rechazan de plano el sistema capitalista, y en la seguridad y defensa en su empeño por mantener las fronteras como dique a la inmigración ilegal y a las posibles acciones terroristas. Precisamente el mantener una estrategia euroescéptica es una razón para obtener réditos electorales al "presentar globalización y europeización como dos caras de la misma moneda desnacionalizadora"[33].

La desconfianza o simplemente el desapego hacia las instituciones comunitarias en amplias capas de población ha constituido un rasgo permanente, en muchas ocasiones reflejado en el eurobarómetro. La maquinaria burocrática de la Unión Europea es poco comprensible para la mayoría de los ciudadanos que, a pesar de los esfuerzos de Bruselas por difundir las bonanzas de la organización, siguen a veces atónitos los flagrantes casos de corrupción en instituciones teóricamente muy fiscalizadas. Tampoco las valoraciones de los líderes comunitarios hacen mucho en favor del reconocimiento de las instituciones a las que representan. Así, Jean-Claude Juncker, presidente de la Comisión Europea entre 2014 y 2019 afirmaba en una entrevista, quizás con demasiada ironía: "decretamos algo, después lo proponemos y esperamos un tiempo a ver qué sucede. Si no se produce ningún clamor ni va seguido de un gran escándalo, porque muchos ciudadanos no entienden lo que se ha decidido, continuamos paso a paso hasta alcanzar el punto de no retorno"[34].

El oscurantismo en la toma de decisiones achacable a la Unión Europea ha sido una cuestión de la que hicieron bandera estos partidos, sobre todo con motivo de la elaboración y aprobación del Tratado de Maastricht. La trascendencia de este documento estaba fuera de toda duda por el impacto sobre el día a día de la población, más allá del salto cualitativo que suponía para el proceso de integración. Por si fuera poco, la complejidad técnica y las escasas explicaciones

---

[33] Cesáreo Rodríguez-Aguilera De Prat, *Euroescepticismo, eurofobia y eurocriticismo*, Barcelona, Huygens, 2012, p. 64.

[34] Roger Eatwell y Matthew Goodwin, *Nacionalpopulismo. Por qué está triunfando y de qué forma es un reto para la democracia*, Barcelona, Península, 2019, pp. 132-133.

ofrecidas por los órganos comunitarios sobre dictámenes y resoluciones, añadido al elogio desmesurado que manifestaban las propias instituciones de Bruselas sobre lo conseguido, contrastaban con un desapego ciudadano, que ha sido bien manejado por la derecha radical.

La defensa de la soberanía nacional en los asuntos cruciales para el país está en estrecha relación con la pervivencia de las tradiciones propias para evitar la contaminación provocada por el multiculturalismo, moda perniciosa introducida por una izquierda desnortada cuyo objetivo es despojar del legado cultural característico de cada país para dejar a la intemperie del universalismo al ciudadano, susceptible así de ser manipulado por los grupos de presión internacionalistas. Por otro lado, las políticas de austeridad implantadas desde Bruselas, concebidas y publicitadas con profusión de medios como la única salida viable para la Gran Recesión de 2008, no sirvieron para lograr una distribución más equitativa de los recursos disponibles por el Estado entre las amplias capas de población afectadas, sino que, sometidos al nuevo imperialismo de la Unión Europea, destruyeron puestos de trabajo, provocaron la reducción de sueldos y no lograron dinamizar la vida económica: solo restituyendo las principales competencias al Estado-Nación podrían evitarse situaciones como aquella. El desplome financiero, la profunda recesión y la crisis de la deuda soberana profundizaron en la brecha entre Bruselas y los ciudadanos europeos ante las políticas de austeridad aplicadas en sus respectivos países siguiendo las indicaciones de la famosa Troika constituida por la Comisión Europea, el Banco Central Europeo y el Fondo Monetario Internacional.

En la línea de actuación que acabamos de señalar, la derecha radical reivindica las economías abiertas, aun cuando señalan algunas restricciones. Con la finalidad de preservar los derechos adquiridos por los trabajadores nacionales, estos partidos critican las consecuencias de un neoliberalismo incontrolado como el que fomentan las políticas de la Unión Europea. La globalización ataca directamente determinados sectores económicos favoreciendo una competencia salvaje entre las economías comunitarias en detrimento de la fortaleza de los países miembros. El proceso de desindustrialización efectiva habría supuesto el traslado de una parte sustancial de las factorías fuera de Europa donde las normas laborales son extraordinariamente laxas y los beneficios de las grandes corporaciones compensan con mucho dicho traslado. Mientras tanto, los trabajadores europeos, desprotegidos, pasan a engrosar las listas del paro. La contrapartida sería los escandalosos beneficios de las corporaciones internacionales, ajenas al sufrimiento producido por el desempleo y la pérdida de poder adquisitivo de la población europea. Esta precariedad laboral, los recortes en el Estado del bienestar, la incertidumbre ante el futuro no obtendrían respuesta adecuada por parte de los partidos tradicionales sometidos voluntariamente a los dictados de Bruselas que ellos mismos alimentan. Ante este panorama nada halagüeño responde la derecha radical con la vuelta del Estado nacional para corregir el rumbo equivocado de las instituciones comunitarias.

En definitiva, la globalización habría convertido a los responsables políticos y a los gobernantes en meros gerentes de la cosa pública, mientras el verdadero poder decisorio se trasladaría a las grandes corporaciones multinacionales: las consecuencias han sido el aumento de las desigualdades y la pérdida de servicios públicos. Frente a estas evidencias incontestables, los partidos tradicionales no han hecho nada por afrontar el desafío provocado por el fenómeno globalizador. Es más, los líderes de las fuerzas políticas convencionales saldrían beneficiados de este proceso en tanto en cuanto perpetúan su control sobre el Estado siempre y cuando no pongan en entredicho el poder transnacional.

En relación con las crecientes desigualdades antes comentadas, el presunto fracaso de las fórmulas socialdemócratas para erradicar la pobreza y el desempleo ha sido un recurso muy utilizado por estas fuerzas políticas que recuerdan constantemente en su discurso las extensas bolsas de pobreza y marginalidad en determinados barrios o incluso en núcleos urbanos enteros provocado por la incapacidad de los gobiernos. El nexo con la inmigración ilegal y masiva se hace aquí evidente y la crítica a la Unión Europea también está relacionada con este desafío inmigratorio. Después de la "crisis de los refugiados" de 2015, la política seguida en Alemania por Angela Merkel favorable al asilo endureció las posiciones contrarias a esta decisión a causa de las intensas campañas de la extrema derecha para dar publicidad a los casos más problemáticos surgidos en residencias de acogida o a los enfrentamientos entre los ciudadanos nacionales y los recién llegados. Para afirmar su posición, estos partidos "necesitan de la construcción del *otro radical,* de quien no solo es diferente, sino que se convierte en una amenaza contaminante, en un factor de infección de la comunidad homogénea. Necesita de una exaltación de la *inclusión* de individuos desarraigados por los procesos económicos contemporáneos, por la anomia urbana, por la degradación y la precariedad, que se hará a través de la *exclusión* de quienes son distintos"[35]. Aunque la mayoría de estos partidos rechazan el racismo, la inmigración sí constituye un problema acuciante para muchos ciudadanos dispuestos a perder alguna parcela de libertad en favor de una seguridad que consideran vulnerada en gran medida por la llegada de estas personas. Sobre todo, la creciente presencia de inmigrantes musulmanes en Europa –a lo que se añade una tasa de natalidad mucho más elevada que la de los oriundos del Viejo Continente– se considera como una amenaza a la forma de vida tradicional. Los musulmanes crean áreas de exclusión en donde, sin relacionarse ni mostrar interés por integrarse en su lugar de acogida, desarrollan una forma de vida al margen de los valores occidentales (laicidad, igualdad hombre-mujer, etc.), formando núcleos aislados, pero cada vez más extensos que en un futuro terminarían por constituir Eurabia. Esta interpretación de Bat Ye'Or ha sido integrada en el discurso político del miedo ante un porvenir muy incierto para la cosmovisión occidental[36].

Por otro lado, la relación estrecha entre delincuencia e inmigración forma parte esencial de los programas de estos partidos. En general, los extranjeros son vistos con prevención y no solo por su posible implicación en la criminalidad organizada sino también por el peligro que suponen para la homogeneidad de la nación. Estos inmigrantes constituirían una auténtica bomba demográfica en las envejecidas sociedades europeas. Y no solo esto, además son beneficiarios de las ventajas de un Estado del bienestar que cada vez se hace más difícil

---

[35] Ferran Gallego, *Neofascistas. Democracia y extrema derecha en Francia e Italia,* Barcelona, Plaza & Janés, 2004, p. 467.

[36] Bat Ye'or, Eurabia, *The Euro-Arab Axis,* Madison (NJ), Farleigh Dickinson Press, 2005.

de financiar. En 2018, el video de la campaña del partido Demócratas de Suecia que mostraba a una anciana casi inválida, con muchas dificultades para andar y que era sobrepasada por un tropel de mujeres con burka, fue prohibido por el gobierno, pero sin embargo tuvo más de un millón de visualizaciones en YouTube[37].

Respecto a la inestabilidad provocada por el auge del islamismo, estos movimientos aceptan en su inmensa mayoría una colaboración intergubernamental estrecha en materias de seguridad y defensa. En realidad, recogen un legado de la extrema derecha clásica (de los años posteriores a la Segunda Guerra Mundial) de rechazo a la hegemonía mundial norteamericana, soviética y, en general, de cualquier organización supranacional (como el caso de la Unión Europea ya citado), sin embargo, en un escenario mundial donde la hiperpotencia estadounidense se mide tanto con poderes regionales emergentes como con otros fortalecidos en los últimos años, así como con la ya aludida amenaza del islamismo, estos partidos apuestan por una seguridad nacional reforzada y por el resurgimiento de Europa como potencia militar en sí misma, aunque dentro de la OTAN.

Las iniciativas culturales para ganar terreno en el campo de las ideas fueron un tanto relegadas durante años para comenzar a desempeñar un papel importante a finales de los años sesenta del siglo pasado con el objetivo de desplazar a la izquierda en su tradicional posición hegemónica en este ámbito. Sin duda, fue la denominada Nueva Derecha desarrollada fundamentalmente en Italia y Francia la que con más ahínco procuró dar la batalla ideológica, convencidos sus teóricos de que el éxito político solo tiene continuidad si existe una sólida base en el campo de las ideas. En estos últimos años, la batalla por la cultura es un foco de atención indudable. Uno de los ejemplos más característicos ha sido el de Marion Maréchal Le-Pen que abandonó la acción política en las instituciones para fundar el Instituto de Ciencias Sociales, Economía y Política en Lyon, con ramificaciones fuera de Francia, para ir forjando una doctrina política sólida superadora de la mera acción coyuntural[38].

---

[37] Roger Eatwell y Matthew Goodwin, *op. cit.* p.72.

[38] Cas Mudde, *La ultraderecha hoy*, Barcelona, Paidós, 2021, p. 82.

En cuanto a los medios de comunicación tradicionales, en su inmensa mayoría inclementes con las posiciones defendidas por estos partidos en contraste con la consideración que en general les merece la extrema izquierda, las formaciones de derecha radical utilizan de forma extensa e intensa las redes sociales gracias a lo cual pueden ignorar en parte obviar el abrumador peso de la crítica proveniente de aquellos medios y exponer sus planteamientos al debate público[39].

Finalmente podemos preguntarnos, ¿existe una auténtica colaboración entre estas fuerzas políticas en el ámbito internacional? Como se puede comprobar por las dificultades para crear y consolidar un grupo propio en el Europarlamento, el discurso favorable a ensanchar vínculos y coordinar acciones ha resultado poco fructífero. Son varias las razones; en algunos casos, el irredentismo hace muy difícil la colaboración entre partidos cuyo eje ideológico bascula hacia la nación étnica cuyas fronteras históricas eran otras. Por otro lado, los liderazgos fuertes tienden a enfrentarse cuando se trata de ceder parcelas de poder, pero, sobre todo, debemos considerar que su crecimiento ha tenido lugar no hace tanto tiempo como para desarrollar sólidos lazos internacionales: en principio sus recursos y aspiraciones van fundamentalmente destinados a fortalecer la posición en el propio país.

UN EJEMPLO PARADIGMÁTICO: EL FRENTE NACIONAL FRANCÉS[40]

El Frente Nacional, nacido en 1972, amalgamaba en su seno una gran variedad de tendencias que incluían, entre otros, a monárquicos tradicionalistas, nostálgicos de Vichy, nacionalistas radicales o, sencillamente, anticomunistas que fueron ahormados en el partido gracias a la fuerte personalidad de Jean-Marie Le Pen. El gran salto

[39] Antonio A. Ellinas, *The Media and the Far Right in Western Europe: Playing the Nationalist Card,* Cambridge University Press, 2010.

[40] Resumo un epígrafe de Ricardo Martín de la Guardia, "Hacia una Europa incierta: el avance del nacional-populismo", en Ricardo Martín De La Guardia y Guillermo Á. Pérez Sánchez (dirs.), *la integración europea e iberoamericana. Actualidad y perspectivas en el siglo XXI*, Cizur Menor, Thompson-Reuters Aranzadi, 2018, pp. 171-189.

adelante del partido se produjo en la primera vuelta de las elecciones presidenciales de abril de 2002, cuando Le Pen, que concurría por cuarta vez, logró derrotar al candidato socialista Lionel Jospin. Con el apoyo de todas las fuerzas políticas al candidato de la derecha, Jacques Chirac, y una campaña extensa e intensa de todos los medios de comunicación en contra del Frente, El 5 de mayo Le Pen obtenía un 17,8% de los votos, lo que suponía el apoyo de más de cinco millones y medio de franceses[41].

Después de pasar unos años críticos por los enfrentamientos internos entre las corrientes del partido, la estrategia para el futuro se decidió en el congreso celebrado en enero de 2011, del cual salió victoriosa Marine Le Pen, hija del fundador, partidaria de "remozar el discurso de la agrupación a favor de un lenguaje republicano y laico, que conectase con los asuntos reales de una sociedad altamente secularizada como la francesa"[42].

El cambio de léxico en los discursos, alejándose de proclamas del pasado, pero adaptándolas al lenguaje de las nuevas generaciones, ha sido un éxito. Marine buscaba reforzar los valores atribuidos a la República frente a quienes no querían la integración sino la destrucción, en especial los musulmanes no asimilados. Abandonó el antisemitismo, tan característico de su padre, y, en términos mucho más modernizadores, criticaba la omnipresente fórmula de la globalización como remedio de los problemas mundiales apostando por las capacidades del Estado-nación para paliar con eficacia las consecuencias negativas de la crisis. De esta forma, el programa aprobado en 2012, además de sus temas recurrentes –inmigración, identidad, críticas a la UE–, reforzaba la vertiente socioeconómica: reivindicaba la nacionalización de empresas, la función del Estado como pilar para la mejor distribución de rentas (recuperando así su papel de interventor), la defensa a ultranza del sector público y la reforma del sistema impositivo para hacerlo más progresivo. Tampoco dudaba en apostar por la reindustrialización aplicando

[41] Isabel María Cantos Padilla, "Las elecciones presidenciales y legislativas de 2002", *Revista de Derecho Político*, 55-56 (2002), pp. 473-544.

[42] José Díaz Nieva y José Luis Orella Martínez. *De Le Pen a Le Pen. El* Front National *camino al Elíseo*, Madrid, Schedas, 2015, pp. 94-95.

fórmulas proteccionistas que facilitasen la creación de empleo para los franceses: con millones de nacionales en paro carecía de sentido una política de puertas abiertas a la inmigración[43].

La transversalidad de sus propuestas dirigidas a extender los programas sociales y sanitarios y a ofrecer más ventajas a autónomos y asalariados favoreció el voto obrero y de las clases medias en su candidatura presidencial de 2012, elección en la que obtuvo el tercer lugar con casi el 18%. Fundada su actuación política en el "patriotismo social", el Frente criticaba los efectos adversos que para la población francesa en particular y europea en general había traído consigo la globalización, tanto en la vertiente de los servicios sociales como en la pérdida de los valores de solidaridad comunitaria.

Con un carisma innegable y un verbo tan contundente como el de su padre, pero menos atrabiliario, Marine ha logrado ganarse un reconocimiento en una parte no desdeñable de la población francesa y, como tantas veces se ha repetido, "normalizar el partido" hasta el punto de obtener el 25% de los votos en las elecciones europeas de 2014 (con el lema, *"NON à Bruxelles, OUI à la France!")* y llegar a la segunda vuelta en las presidenciales de 2017. El profundo rechazo que su padre podía producir no solo en el votante de izquierda, sino también entre los conservadores, se diluyó en buena medida. El orgullo nacional y la defensa a ultranza de las clases populares y medias, desguarnecidas por el proceso de globalización, calaron entre la población. El voto por convicción ha ido sustituyendo al voto protesta, normalizándose la vida del partido dentro del sistema y alejándose en consecuencia de la marginalidad.

Casi todos los estudios coinciden con la descripción que hace del elector de la derecha radical: "blanco, varón, joven, moderadamente instruido y preocupado por la cuestión de los inmigrantes y la inmigración"[44]. No obstante, y conforme estos partidos han ido ganando fuerza electoral y predicamento en la sociedad, también han extendido su voto cualitativamente. Por ejemplo, el aumento de los sufragios entre los obreros no especializados en el caso del

---

[43] Para una vision global de la evolución del partido, véase Valérie Igounet, *Le Front National. De 1972 à nous jours. Le parti, les hommes, les idées*, París, Seuil, 2014.

[44] *Cit.* en Cas Mudde, *La ultraderecha… op. cit*, p. 110.

Frente Nacional francés y de Alternativa para Alemania es un hecho constatado como lo es entre la población femenina de la que salen algunas de sus líderes más conspicuas como Marine Le Pen o Pia Kjarsgaard del Partido Popular Danés.

EL NACIONAL-POPULISMO EN LA EUROPA DEL ESTE

Con el final de los sistemas comunistas en el este de Europa no solo irrumpieron los movimientos democratizadores y europeístas, sino también aquellos cuya pretensión era enlazar con periodos históricos previos a la sovietización, fomentando ideologías autoritarias, nostálgicas de pasados áureos, a veces retornando a una amalgama de principios políticos y religiosos[45]. En el uso de determinados conceptos se pueden apreciar variaciones entre las fuerzas de este signo político en el este de Europa, como en el caso de "nación". La defensa a ultranza de la soberanía nacional adquiere un tono esencialista en el Fidesz húngaro o el Ley y Justicia polaco, ambos partidos gubernamentales[46]. La nación hunde sus raíces en tiempos inmemoriales, configurada a través de los siglos por tradiciones, lengua, religión, acrisoladas en el transcurso de la Historia. Después de la desaparición de la Unión Soviética los gobiernos de la Transición miraron hacia la Unión Europea y Estados Unidos para obtener ayudas económicas y legitimación internacional sin preocuparse de recuperar los valores nacionales barridos por décadas de totalitarismo comunista. Son ellos a quienes debe achacarse la continuidad de políticas desnacionalizadoras en sus respectivos países, tratando de anular la reacción popular. El ejemplo más claro para los nacional-populistas del este es la Unión Europea. La frustración de las esperanzas generales de una mejora rápida tras la adhesión a las estructuras comunitarias, los numerosos casos de corrupción y

[45] Vladimír Tismaneanu, "Rethinking 1989", en Vladimir Tismaneanu y Bogdan IACOB (eds.), *The End and the Beginning: the Revolutions of 1989 and the Resurgence of History*, Budapest, Central European University Press, 2012, pp. 22-41.

[46] Ricardo Martín De La Guardia y Guillermo Pérez Sánchez, "Democracia sin liberalismo: el nacional-populismo en Hungría y Polonia (1990-2018) en Álvaro Soto Carmona (coord.), *La democracia herida*, Madrid, Marcial Pons, 2019, pp. 179-217.

las políticas de control estricto del gasto con el consiguiente perjuicio para amplios sectores de la población influyeron en el rápido ascenso de los nacional-populistas[47].

En efecto, la corrupción extendida entre la clase política y económica durante los procesos de privatización que siguieron a la descomposición de los regímenes comunistas generó en las clases populares un resentimiento que las fuerzas de la derecha radical supieron hábilmente aprovechar. Si solo les quedaba el recurso del voto para quejarse de las deficiencias del nuevo sistema, muchos lo utilizaron para castigar a las fuerzas políticas que se habían lucrado en la transición. Son muchos los perdedores de la globalización y de la integración europea a los que no han llegado los frutos codiciados del bienestar, que quedaron excluidos del reparto de beneficios prometido y que, en consecuencia, buscan el retorno de un Estado nacional fuerte que les restituya lo que se les debe. Mientras el anticomunismo pierde fuerza tras el hundimiento de la Unión Soviética, la identidad nacional en términos de historia compartida y lengua propia ha adquirido una fuerza muy relevante en los programas de estos partidos[48].

Los partidos que nos ocupan buscan recuperar una supuesta cohesión social existente en un pasado indefinido sobre el fundamento de la comunidad natural de credo, familia y patria para evitar o reconducir la deriva desintegradora provocada antes por el comunismo y ahora por el capitalismo globalizador. La invocación constante al pueblo frente a la elite corrupta fortalece la referencia al "nosotros", una referencia étnico-cultural que puede ampliarse o reducirse dependiendo de la retórica populista del momento. Eso sí: el concepto de pueblo se afirma siempre en contra de un rival, de un enemigo que, en este caso, es tanto el establishment como los extranjeros y, en general, todos aquellos que con su presencia distorsionan la comunidad nacional. En palabras de Vallespín y

[47] Daniel Smilov, "Populism of Fear: Eastern European Perspectives", en Hedwig Giusto, David Kitching, Stefano Rizzo (eds.), *The Changing Faces of Populism. Systematic Challengers in Europe and the U. S.*, Bruselas, Foundation for European Progressive Studies, 2017, p. 232.

[48] José Luis Rodríguez Jiménez, *¿Nuevos fascismos? Extrema derecha y neofascismo en Europa y Estados Unidos,* Barcelona, Península, 1998, p. 18.

Bascuñán, "lo que se percibe como la destrucción de viejas formas de autoridad, vínculos de pertenencia y la humillación derivada de la frustración de expectativas habría dado lugar a un nihilismo o a la búsqueda de nuevos chivos expiatorios que son nítidamente señalados por los populismos emergentes"[49]. Aquí radica la tendencia de los populistas de derechas a una visión introspectiva, a erigir muros y fronteras tanto físicas como mentales para proteger lo propio, lo "nativo", reforzando la autenticidad del pueblo como distintivo.

La dimensión identitaria nacional es básica y está presente en la esencia más íntima de estas formaciones políticas. Cuestión crucial es, por tanto, identificar al sujeto político con la nación étnico-cultural que se entiende como homogénea, de naturaleza invariable. El enemigo exterior (la globalización, por ejemplo) y el interior (las minorías o determinados grupos de inmigrantes) buscan desnaturalizar al pueblo hasta someterlo a un discurso y a una acción política que le son ajenos, pero que satisfacen a las elites de Bruselas o a los consejos de administración de las multinacionales.

Aunque adapten su discurso a los contextos nacionales y al internacional en el que deben competir para obtener respaldo, las referencias últimas son la tradición cultural –cuyo eje es la lengua– y la defensa de la patria y del regionalismo, e incluso de la religión, como argamasa de la comunidad nacional. En última instancia, estos principios justificarían en la actualidad el rechazo a una inmigración que los pondría en peligro y a una Unión Europea concebida como macroestructura cuyo principal objetivo es retroalimentarse. En palabras de Cesáreo Aguilera de Prat, "es rotundo y frontal el rechazo masivo de una unión política europea supranacional en esta familia ideológica ya que se le atribuyen al eventual 'super-Estado' europeo todos los vicios posibles: centralismo político, burocratismo administrativo, elitismo tecnocrático antidemocrático, intrusismo económico globalizador y homogeneización cultural"[50].

---

[49] Fernando Vallespín y Máriam M. Bascuñán, *Populismos,* Madrid, Alianza Editorial, p. 105.

[50] Cesáreo Aguilera-Rodríguez De Paz, *op. cit.*, p. 138.

A los partidos de la derecha radical con poder en el gobierno o que incluso han alcanzado el ejecutivo como en Polonia y Hungría se les achaca la erosión a la que someten al Estado de derecho: intento de controlar los medios de comunicación y la judicatura, desprecio a las minorías, centralización del poder, política antimigratoria, etc., aunque, los últimos años estas tendencias autoritarias no sean ajenas a gobiernos socialdemócratas o de centroderecha.

CONCLUSIONES

El fascismo fue una revolución política, cultural, espiritual y estética. Pero el fascismo tuvo necesariamente que pactar con las fuerzas conservadoras para alcanzar el poder, lo que marcó no solamente los límites de la revolución fascista, sino el paso del fascismo movimiento al fascismo Régimen.

El fascismo se asentó en una acción política revolucionaria y en un marco de pensamiento basado en el concepto de comunidad. Una comunidad en crisis que obligaba a un compromiso heroico de regeneración nacional como medio para recuperar las esencias tradicionales; es decir, las esencias de la grandeza nacional.

La profunda crisis psicológica derivada de la guerra alimentó el fascismo. Por eso no puede extrañar que la mitad de los miembros de las primeras asociaciones fascistas italianas fuera excombatientes, jóvenes y estudiantes que parecían haber perdido toda esperanza en un futuro mejor. De ahí la exaltación de la juventud por encima de otras fases de la vida, poniendo de relieve el conflicto de generaciones, por lo menos al efectuar la transformación política inicial.

El fascismo fue un movimiento revolucionario, modernista, basado en la movilización de las masas. Si los partidos comunistas habían seguido la táctica de elites que debían guiar la revolución, los partidos fascistas adoptaron la forma de partidos de masas, de milicias encuadradas y disciplinadas de forma militar. Pero es que esa militarización acabó inundando el conjunto de relaciones sociales y toda la estructura de poder, definida en términos de pirámide culminada en la figura del líder omnipotente.

El fascismo fue, esencialmente un antiliberalismo. Eran antiliberales porque defendían el carácter orgánico de la nación; porque no reconocían derechos naturales, civiles y políticos a los individuos, supeditados absolutamente a la esencial superioridad del Estado; porque negaban el pluralismo y la diversidad de las sociedades y, en consecuencia, rechazaban por completo los conceptos de consenso y de tolerancia. Fueron antiliberales, en fin, porque si estos consideraban el poder político un peligro para la libertad de los individuos que había que moderar y separar; los fascismos consideraron que el poder tenía un carácter único, no divisible y de proyección totalizadora. Para los liberales, el Estado se formaba por vía contractual, la única que preservaba un principio radical de libertad, por lo que cualquier intento de dirigir las vidas individuales desde el poder era inadmisible. El fascismo era un proyecto de estatalización, de comunitarización obligada de unos individuos desprendidos de cualquier noción de libertad y autonomía. El fascismo era, esencialmente, un proyecto antiindividualista.

De ahí esa tendencia específica a un estilo de mando autoritario, carismático y personal, independientemente de si ese mando había sido electivo en alguna medida o no. La autoridad, la jerarquía y el control estaban destinados a crear una sociedad ideal, homogénea y sin conflictos. Esta era la gran utopía fascista, aquella que prometía un nuevo orden con el nacimiento de un nuevo hombre que vivía para, por y a través de la nación. Como otras utopías, su intento de realización llevó a unos resultados catastróficos.

Después de la derrota de los fascismos en la Segunda Guerra Mundial, la recomposición de este ámbito ideológico fue muy complicada hasta que en los años ochenta del siglo pasado resurgieran con cierta fuerza las formaciones de extrema derecha. Los discursos radicales en contra del sistema más que contra de determinadas políticas llevadas a la práctica por los gobiernos europeos sirvieron para mantener una clientela política relativamente estable, sobre todo en Francia e Italia. Sin embargo, si estos partidos querían desempeñar un papel de relevancia en la vida pública necesitaban adaptar sus programas a la realidad del momento, transformarse en organizaciones más pragmáticas. Y así fue. El desprecio profundo hacia el sistema democrático fue diluyéndose en parte para actuar dentro de él, ganar estima entre la población y, con ello, una clientela política más consolidada. El contexto de fin de siglo con el descrédito profundo del comunismo y la proliferación de nuevos desafíos (inmigración, transición a la democracia en el Este de Europa, cansancio de las actitudes y de las políticas de los partidos tradicionales, corrupción entre las élites de poder, etc.) ante los cuales parecían abstenerse de pronunciarse –al menos con contundencia– los partidos tradicionales a izquierda y derecha, favorecieron la normalización del discurso más radical de la extrema derecha. Ante aquellos retos y los desafíos de comienzos del siglo XXI, una parte importante de la ciudadanía –más amplia de los votantes a los partidos de este espectro político– consideran que las fuerzas convencionales son incapaces de dar una respuesta válida, cambian con frecuencia de criterio al pasar de la oposición al gobierno o sencillamente evitan dar una opinión al respecto para sustraerse a las críticas. Frente a esta actitud cobarde, la extrema derecha ofrece un discurso perfectamente definido en determinadas cuestiones muy sensibles para la población, aunque pueda ser tildado de simplista. Ahí radica también una explicación de cómo estos partidos han superado con creces el voto desencantado, el mero sufragio de protesta, para consolidar una base electoral creciente.

El notable crecimiento de la alternativa de la extrema derecha en toda Europa y en otras partes del mundo en estas últimas décadas no puede atribuirse –como a veces se ha hecho de manera simplista– a una patología social, a las derivadas de la "personalidad autoritaria". En la incapacidad de los gobiernos formados por personal político de los partidos tradicionales para dar respuestas satisfactorias a las demandas sociales radica el desapego de sectores importantes de la sociedad respecto a las viejas fórmulas de resolución de conflictos, incapaces de hacer frente a muchos de los nuevos retos a los que se enfrenta la sociedad. Por ejemplo, en el caso ya comentado de la inmigración, las formaciones políticas convencionales herederas del sistema de partidos nacido tras la Segunda Guerra Mundial prefieren obviar u ocultar este problema real –percibido así por muchos ciudadanos– amparándose bajo el paraguas de la defensa de los derechos humanos, pero sin proponer medidas eficaces. No hay duda –como demuestran los eurobarómetros– del creciente malestar ciudadano por lo que consideran una débil respuesta al reto inmigratorio. En cambio, las formaciones de extrema derecha abordan directamente la cuestión, sin preocuparse por el discurso de lo apropiado, ganando terreno entre una parte de la población deseosa de endurecer la política migratoria en favor de preservar el orden.

En la actualidad, la inmensa mayoría de los partidos de la derecha radical aceptan el juego político democrático. Las convocatorias electorales constituyen el mecanismo necesario para alcanzar peso en las instituciones, para lograr influir desde el parlamento en la toma de decisiones sobre cuestiones primordiales. Los cambios legislativos deben permitir la adecuación del sistema a sus políticas, a sus intereses, y aunque dichas alteraciones legales sean radicales, se ajustan a la norma. Como hemos comentado, su presencia institucional ha servido para obligado a otras fuerzas convencionales a tomar que los partidos tradicionales hayan tomado posición sobre algunos temas especialmente controvertidos (aborto, inmigración, identidad nacional, etc.) sobre los que evitaban pronunciarse de forma clara para evitar susceptibilidades o críticas.

A pesar de la contundencia de los juicios negativos sobre estas formaciones por parte de la inmensa mayoría de los medios de comunicación y del resto de partidos del espectro político, la derecha radical ha logrado superar con creces la fase de marginación para ocupar un espacio electoral del que no parece que vaya a ser desplazada. El giro del eje de los discursos hacia la seguridad y la identidad han situado a estas formaciones en una posición influyente dentro de la opinión pública europea, preocupada por el impacto creciente de la inmigración y de la pérdida de valores. Ante la mayor fuerza adquirida entre la población, la actitud de los partidos de izquierda ha sido la de intentar establecer un cordón sanitario en torno a estos partidos. Mientras, el centroderecha, necesitado en ocasiones del concurso de aquellas fuerzas para obtener el poder, ha evitado atacarles frontalmente optando por ignorarlos: el cambio de actitud respecto a los años sesenta y setenta del siglo pasado es muy significativo, del desprecio o la censura a los planteamientos de estas organizaciones se ha pasado a suavizar sus juicios de valor.

MARCIARE E MARCIRE: THE MYTHICIZATION OF FASCISM'S NON-EVENT OF THE "28 OCTOBER"

Roger Griffin
Oxford Brookes University

THE MARCH ON ROME AS A MYTHIC EVENT[1]

In October 2022 the centenary of the Fascist March[2] on Rome could still trigger a flurry of conferences, talks, and research projects throughout Western academia, of which this set of essays is just one of many examples. Their publication is testimony to the powerful mythic resonance of the events and non-events staged by Mussolini's fledgling movement in the autumn of 1922 to reverse its loss of momentum as a revolutionary force, a resonance which reverberates to this day. This chapter will argue that it was

[1] I must emphasise at the outset that, as far as definitive scholarly reconstructions of major historical events and assessments of their historical significance are possible, the essential study of the March on Rome is and will almost certainly remain, Emilio Gentile: *E Fu Subito Regime: Il Fascismo e La Marcia su Roma, Rome, Laterza, 2012. Spanish translation El fascismo y la marcha sobre Roma: El nacimiento de un regimen, Buenos Aires,* Edhasa, 2014). *His book is a forensically argued and superbly documented analysis of the profound historical significance of the events of the March which, however fictional and mythically constructed, represented a real world historical turning point in Italy's transition from constitutional democracy to totalitarian regime, and as such a "world-historical" event whose significance for the history of fascism has parallels with that of the October Revolution for state communism (an equally mythicized event: see* "The Myth of the October Revolution - A Journey Through Lenin's Russia": https://www.globalscreen.de/mm/en/content/118638.
As a specialist in comparative fascist studies rather than Italian history, my emphasis in this chapter is on the mythic nature of the event itself, the extensive role played by the narrative re-imagining of the March in the Fascist sacralization of its politics and legitimation of its conquest of the state, and its relevance to understanding the importance of palingenetic myths of revolutionary, militaristic intervention in history was for generic fascism as a whole, and first and foremost for Nazism in its formative period. I defer to Emilio Gentile's book for the actual historiography of the March.

[2] Given that there are so many marches referred to in this chapter, the one under discussion, the March on Rome will be capitalized throughout. Similarly, Mussolini's movement will be capitalized to distinguish it from generic fascism.

in fact the Fascists' own partly propagandistic, partly delusional interpretation of the "March's" impact on and significance for their eventual establishment of a nationalist dictatorship, rather than the objective realities that it subsumed historically, which explain why academics still devote so much attention to it. In doing so they unwittingly perpetuate the regime's own counterfactual reading of its importance to the trajectory of Fascism which turned the fake history of the March – and not the creation of the first *Fascio* in March 1919 – into its foundation myth in the Sorelian sense.[3]

At the same time, it will become clear that analysing the success of the party's propaganda machine in selling the false narrative of the March as the pivotal moment in what it convinced itself was the inexorable conquest of state power – which it managed to pull off by deliberately marshalling "*alternative facts*" in the mythomaniacal spirit of a contemporary Trump or Putin – provides neglected insights into the dynamics of generic fascism itself as an essentially sociopathic variant of nationalism structured by palingenetic myth.[4] The web of heroizing, epic and revolutionary legends woven about the tale of a "March on Rome" that never even happened in a literal sense can thus be seen as a valuable case study in fascism's generic nature as a dangerous form of fantasy politics which in the exceptional circumstances of inter-war Europe gathered sufficient mass-mobilizing momentum to transform objective socio-cultural reality on a national and international scale. The way this virtual event was instrumentally constructed and disseminated in party and state propaganda as an actual occurrence in interwar Italy anticipates the power to impose the delusional secular and religious versions of reality that today underpin the patchwork of illiberal and anti-humanistic

[3] In his *Réflexions sur la violence,* Paris, 1908, Georges Sorel famously presented his theory of social myth as a cluster of ideas that function as mobilizing sections of society for regenerative action against the status quo, as "anticipations of the future" which contain "all the strongest inclinations of a people, of a party or of a class, inclinations which recur to the mind with the insistence of instincts in all the circumstances of life; and which give an aspect of complete reality to the hopes of immediate action by which, more easily than by any other method, men can reform their desires, passions, and mental activity" (125) in Georges Sorel: *Reflections on Violence,* Translated by T.E. Hulme and J. Roth, New York, Collier Books, 1961, p. 125.

[4] W. Eckhardt: "The values of fascism", *Journal of Social Issues, 24,* 1, (1968), pp. 89–104.

regimes that encircle the world anaconda-like today. The current domination of public perceptions of reality in so many societies by the type of mythic thinking and deliberate misinformation that conjured up and reified "the March on Rome", now turbocharged by the power of highly manipulated social media and digital culture, arguably marks a dangerous phase in human history. It squeezes the lifeblood out of genuine democracies and the humanistic consensus needed to sustain them, acting like a pernicious virus which spreads by taking possession of healthy cells.

A PLETHORA OF MYTHICALLY POWERFUL MARCHES

Fascism was, of course, not unique in exploiting the symbolic force and power as a mobilizing myth of the generic phenomenon of the march for political or cultural ends, one which manifests itself in several permutations each with their own mythic dimension. An important category, for example, is formed by a select group of marches identified with the dawning of a new era in the historical imagination of a "people". Thus, for the Israelites the Exodus, their historic march into freedom from Egyptian captivity, became a national foundation myth of millennial national, religious, and epic significance. It is recounted in four books of the Torah which divides it into two stages, from Egypt to Horeb and from Horeb to Canaan, thus welding an unbreakable bond between the secular and the divine. Mao's Long March from south-eastern to north-western China and Gandhi's Salt March in India both became commemorated as major events in the nation building of the two countries and the formation of its cultural identity, though both have now faded in significance in the face of new imaginings of the national community and its core values. Some marches become famous as epic events even when they come to naught, as in the case of Napoleon's Hundred Day progression from the French coast to Paris after his escape from Elba which failed to inaugurate a new Napoleonic era. Likewise, neither Garibaldi's own "march on Rome" of 1867 nor Lawrence of Arabia's trek across the desert in 1917 to launch a surprise attack on Akaba achieved their ultimate goals, even though they still left indelible traces in the historic imagination.

Protest marches can also unleash powerful mythic energies for zealots of the "cause" that inspires them: in the case of Britain alone one only has to think of the Suffragette marches for the extension of the franchise to women, the staging by starving workers of the Jarrow March and Ford Hunger March to demand jobs and food at the height of the Depression, or, since the Second World War, popular protests staged by the Campaign for Nuclear Disarmament, the Student Power movement, the marches for LGBTQ rights, the campaign against the Second Gulf War, for and against Brexit, and more recently anti-Vax conspiracy theorists and striking teachers and nurses.[5] Recently the most courageous popular protest marches have been staged for basic human rights at huge personal cost under the repressive authoritarian regimes of Myanmar, Belarus, Russia, and Iran, and in each case the draconian state repression they have provoked are eloquent testimonies to their subversive symbolic power which vastly exceeds the objective threat they pose to "the system". Some marches of desperation have also acquired mythic status as epitomes of human catastrophe, notably the retreat of Napoleon's Grande Armée from Russia, the improvised marches constantly being forced on economic migrants and refugees from war, famine, earthquakes and persecution in the Middle East, Latin America, and Ukraine – not to forget the 12 million Germans who fled eastwards after the end of World War II.

[5] The US in particular has seen scores of important protest marches in modern times: against the Vietnam War, for Civil Rights (the Selma March exerts a particular mythic power today in the context of the Black Lives Matter movement), and in celebration of Gay Pride, while the "Me Too" movement, the Antivax movement, and both pro- and anti-Trump marches helped shape American politics in the last decade in the public imagination. Many of these causes have sparked similar marches in Europe, but it has also hosted unique variants. In the 2010s Germany saw streets occupied by the demonstrations of the powerful Islamophobic PEGIDA movement, as well as the threatening masked marches complete with Nazi-style flaming torches of the Unsterblichen ("Immortals"), followed in the 2020s by a singular form of the populist *Querdenken* (contrary thinking) movement against the lock down regulations imposed by "the System". France's *Gilets Jaunes* contributed a new combination of marching with targeted violence, while Putin's invasion of Ukraine inevitably provoked protest marches in many European countries, including Russia itself.

The forced Death Marches of concentration camp prisoners into the interior of the Reich belong in their own unique category of horror.

Another type of march is more relevant in the present context: its deliberate staging as a ritual display of a movement's force in defending or challenging the status quo. The former is represented by the annual Orange Marches of Northern Ireland's "Loyalist" Protestant community, the latter by the infamous ranks of 30,000 white supremacists in full Ku Klux Klan regalia advancing on the Capitol in 1926, or the streams of disparate flag-bearing alt-right groups, newly emboldened by Trump's presidency, to participate in the Unite the Right rally in Charlottesville in 2017. The marches of the Nazi SA, who numbered 400,000 members by January 1932, served first to oppose democratic power under the Weimar Republic and then to uphold it under the Third Reich.

If staged as originally envisaged, the Blackshirts' March on Rome planned for 28, October, 1928, would have resembled the pre-1933 SA marches in its intended function as a spectacular display of paramilitary revolutionary energies challenging the government of the day. However, once transfigured into a strictly mythic event which airbrushed the fiasco of what actually occurred and what did not occur, it acquired instead the connotations of a closely related genus of march: the victory parade, known in Latin as "*triumphus*".[6] The "triumph" plays an important role in the political history, both primitive and modern, of regimes who have been engaged in wars of whatever political persuasion. Though by definition an ephemeral phenomenon, it has left material evidence of its enactment in the dressed stone blocks designed to defy time itself used in the scores of imposing triumphal arches built in neo-Classical style throughout the Westernized to evoke those originally erected in the Roman Empire. No self-respecting nation state would now be without at least one such monument in its capital to provide the focal point for military parades and civic processions which commemorate "great" moments in the nation's past.

---

[6] The word originates in the Greek "thriambos" meaning "hymn to Dionysus", so suggests a feast celebrating victory over an enemy.

The existence of triumphal arches built using a non-classical, vernacular or idiosyncratic aesthetic[7] in countries as diverse as Afghanistan, Cambodia, China, India, Iran, Iraq, Japan, North Korea, Philippines, Tajikistan, Sri Lanka, Turkey, and Taiwan points to the archetypal symbolic significance of the victory march. Triumphal marches are also closely related to the various Victory Day and May Day parades of nations when they display their military might or remember often Pyrrhic victories over demonized enemies, a secular ritual particularly important to the Soviets and one which Vladimir Putin was keen to perpetuate on the 9th of May, 2021, the commemorating the Nazi surrender in the Great Patriotic War. The "Triumphs of Maximilian", an epic series of woodcuts commissioned by the Holy Roman Emperor Maximilian I in the sixteenth century, fully expresses the numinous quality which the march when used as display of raw state power has radiated for absolutists committed to asserting the "Divine Right of Kings" and their contemporary totalitarian religious or secular descendants from Soviet Russia to North Korea.[8]

THE HYBRID NATURE OF THE "MARCH ON ROME"

The March on Rome projected by Fascists in the autumn of 1922 was thus drawing on deep underground reserves of mythic energy when the anticlimactic reality of the events it set in train were immediately epicized and heroized to the point of playing a pivotal role in the regime's intensive sacralization of state politics.[9] The projected date for the march, October 28, 1922, though a day where in the event nothing in the way of proper marching took place, was deliberately saturated with bogus connotations of the parade of heroes triumphing over the forces allegedly delaying the birth of

---

[7] A particularly famous example is Saddam Hussein's recently restored Hands of Victory arch in Baghdad, cast from melted-down metal of Iranian armour. See https://www.nytimes.com/2011/02/06/world/middleeast/06iraq.html.

[8] See the article on the woodcut of Maximilian's triumphal arch, https://en.wikipedia.org/wiki/Triumphal_Arch_(woodcut).

[9] See Emilio Gentile, *The Sacralization of Politics in Fascist Italy*, Cambridge, Harvard University Press, 1996.

a new Italy, namely the revolutionary communism revolution and decadent democracy. What made this act of subterfuge plausible was that the Blackshirts were allowed to hold a hastily improvised parade held through strategic areas of the city on 31 October, so three days after the original hostile march was meant to have taken place. This may have been genuinely conceived by Fascist *ras* as a latter-day Roman *triumphus*, but it was quickly elided in official Fascist memory and hybridized in public memory with the March planned for the 28 October which never actually took place, and so became the signifier of the successful Fascist challenge to the government and the status quo and a vital step towards the conquest of state power and the birth of a new Italy.

Totalitarian movements and regimes – as Stalin and Hitler demonstrated in the 1930s and both Putin's and Xi Jinping's regimes still testify today – give a sinister twist to Mark Twain's dictum: "never let the truth get in the way of a good story". The Fascist leadership had no qualms about systematically gaslighting their own public into believing that the Blackshirts had staged a March on Rome on October 28, 1922, which inaugurated a new, heroic, Roman era in Italy's history, a notion which as far as the degree of collective delusion and wishful thinking is concerned was on a par with the Nazis' psychotic fantasy of founding a Thousand Year Reich. In doing so the movement and regime of both fascisms deployed the classic Orwellian techniques of political illusionism, the blending of "alternative facts" with "lying through omission" reinforced by an extensive deployment of mechanisms of social engineering designed to sacralize politics. The rigorous state monopoly and control of information in such autocracies ensures that a credulous or brainwashed segment of the population imbibes a sufficiently toxic potion of misinformation to ensure that entire episodes of history which do not fit the imposed narrative are erased from the collective memory.[10] Meanwhile invented happenings and blatant

[10] The central character of George Orwell's *1984*, Winston Smith, "works in the Records Department of the Ministry of Truth, where his job is to rewrite historical documents, so they match the constantly changing current party line. This involves revising newspaper articles and doctoring photographs—mostly to remove

lies are inserted into the official record, with the result that over time fake news become reified into incontrovertible facts, or, in the case of the Holocaust, incontrovertible facts are simply "disappeared" like dissidents under Latin American dictatorships. No wonder the text of *1984* was banned in the Soviet Union till *perestroika* allowed it to enter the public domain in 1988, after which it has gone on to become the most downloaded online book in Putin's Russia.[11]

Partly thanks to Mussolini's astutely mendacious journalistic instincts, the "raw facts" of the Blackshirts' empty threat to take over state power by force were instantly ultra-processed to produce a readily digestible synthetic event, a consumable portion of the *ersatz* history of Fascism's inexorable conquest of state power on its path to national glory. The configuration of the March as part protest, part display of force, part victory parade allowed it to symbolize in the national imagination the victory of the new Italy over the old, at which point it recalls another, far more ancient historical march which a nation's magical thinking has inscribed into the official historical record. According to the Old Testament, Israelite soldiers paraded round the walls of Jericho once a day for six days and then seven times on the seventh day, whereupon the fortifications famously collapsed of their own (or rather Jehovah's) accord, an event dated by archaeologists to the actual destruction of the walls of the historic Jericho around 1400 BC.[12] Nearly three and a half millennia later – at least in the Fascist *imaginaire* – Mussolini and his Fascist movement went one better. They conquered the Citadel of the Italian state not only without recourse to an act of physical violence against the city, but without any actual marching on the part of their soldiers. The deeply unhistorical truth propagated was that its regional *ras*[13] had needed to do no more than lead the

"unpersons", people who have fallen afoul of the party." https://en.wikipedia.org/wiki/Winston_Smith_(Nineteen_Eighty-Four).

[11] See https://www.wionews.com/entertainment/lifestyle/news-george-orwells-novel-1984-tops-russian-bestseller-lists-543214; https://www.independent.co.uk/news/world/europe/george-orwell-1984-novel-bestseller-russia-b2246388.html.

[12] See Briant Wood, *The Walls of Jericho*, https://biblearchaeology.org/research/conquest-of-canaan/3625-the-walls-of-jericho.

[13] Ironically, given the later fate of Abyssinia under the Fascists, the term *ras* for a *Fascio* leader was borrowed from an aristocratic Ethiopian title approximating to "duke".

uniformed men of their *Fascio* to their prearranged assembly points on the outskirts of Rome to bring the walls of a fragile, inefficient, and corrupt democracy tumbling down.

STOPPING FASCISM'S ROT

According to the Fascist version of the dramatic sequence of real and imaginary happenings in the capital in the autumn of 1922, the illegal action of the *squadristi* to stop the nation's decay under of democracy was the living enactment of one the movement's many slogans: *Marciare. Non Marcire*, literally "March: don't Rot". The phrase had been popularized by a postcard widely circulated at the height of the interventionist campaign of 1915 and issued by the founder of the Futurist movement, Giuseppe Marinetti. The rousing exhortation was printed onto the Italian tricolour on the front, and the legend on the back read "Dicembre 1914. Commemorazione di Oberdan". With this juxtaposition Marinetti specifically linked his call for Italy to enter the war on the side of the Allies against the Central Powers so that it could join the modern world of technological change, speed and power, with the execution of Guglielmo Oberdan 32 years earlier. The young fanatic of irredentist nationalism had tried to strike a blow against the Austro-Hungarian Empire that still occupied Trieste by assassinating the Austrian Emperor Franz Joseph. The failure of his attempt and his death by hanging turned him into a martyr of the Italian unification movement, an inspirational figure of the heroic *risorgimento*.

In the Futurist leader's vision of the world after the outbreak of the Great War, marching thus already served as a potent image for the revolutionary action demanded by the creation of a dynamic new world, for politics as a transformational process based on courageous activism rather than the day-to-day administration of the status quo, for proactively intervening in reality so as to "make history"[14] rather

[14] The cult of "making history" under Fascism is explored in Claudio Fogu, *The Historic Imaginary: Politics of History in Fascist Italy*, Toronto, University of Toronto Press, 2003.

than passively and tamely observing how it unfolded. In inserting a vitalistic, life-asserting exhortation to "marciare" into the context of the martyrdom of Oberdan, who did not physically march in his abortive bid to change history, it had already become a metaphor detached from the literal idea of "*walking with regular and measured tread,* as soldiers on parade".[15] Instead, linking Oberdan's martyrdom simultaneously to the irredentist cause of unification and the war-time interventionist movement placed both in the visionary context of overcoming decadence and degeneracy and heroically forging a new future through resolute action. Marinetti's reimagined march thus evokes the power of revolutions to achieve what Walter Benjamin called "exploding the continuum of history", a process though which history was infused with fragments of "Messianic" time.[16]

By adopting Marinetti's wittily alliterative slogan as one of the many mottos of the Fascist movement, a key semiotic significance of its projected and retroactive March on Rome is highlighted. *Marciare* was conceived in the new nationalist cosmology as a way of intervening once again in the history of Italy, of "exploding" the democratic status quo, and of stopping the rot (*il m*arcire) of its decadent parliamentary system that had, as far as Fascists were concerned, presided over the nation's decline into democratic chaos and mediocrity, thereby betraying the "sacrifice" of its half a million wartime dead. The "Giolittian" Italy that had been made in Cavour's image was for Fascists a betrayal of the promise of the *risorgimento* epitomized in Garibaldi's campaign to bring about a genuinely people-led unification of Italy through his direct action as the rebellious leader of the patriotic Redshirts. Like the extensively mythicized "Expedition of the Thousand" from Genoa,[17] the March on Rome was supposed to force the nation's development onto a new track,

---

[15] Definition at https://www.collinsdictionary.com/dictionary/english.

[16] See Roger Griffin, "Exploding the Continuum of History. A Non-Marxist's Marxist Model of Fascism's Revolutionary Dynamic" in Matthew Feldman (ed.), *A Fascist century: Essays by Roger* Griffin, Abingdon UK: Routledge, 2008, pp. 46-68.

[17] Maurice Wilkinson, "The Myth of Garibaldi", *The Catholic Historical Review*, 13, 4 (1928), pp. 630-645.

a path to populist regeneration and rebirth. But it was also meant to stop the decline of Mussolini's movement itself.

His decision in late October 1922 to back a call by leading *ras* to stage a coordinated Blackshirt march on the capital is not to be explained solely by the prospect of emulating the popularity won three years earlier by the "First Duce",[18] Gabriele D'Annunzio, whose successful march on and occupation of Fiume had turned him into a national hero the year before. Rather it was prompted by more pragmatic, down-to-earth considerations, namely the urgent need to reverse the visible loss of momentum to his movement as a political force of national transformation. Having been wiped out in the Milan elections of November 1919 where it polled a mere 4,657 votes out of 270,000 just eight months after the formation of the first *Fascio*, Fascism's fortunes had been saved only by the incompetence of the government in dealing with the outbreak of the rise of socialist and communist militancy in the *biennio rosso* of 1919-20 and the proliferation of regional *Fasci* in Central and Northern Italy, particularly in rural areas, which formed spontaneously to take up the fight.

The formation of the Partito Nazionale Fascista (PNF) in 1921 and Mussolini's decision to play party politics to further his cause and reassert control over his own movement gave rise to growing alarm among the most radical *squadristi*, many of them war veterans, that Fascism might become reduced to just another parliamentary faction condemned for ever to form shifting coalitions with other parties in the cynical spirit of *trasformismo*. Many rank-and-file Blackshirts saw this development as betraying the original revolutionary patriotism and militaristic ethos of the original "San Sepolcro" *Fascio*. Eager to reassert, before it was too, late the veteran ethos of the *Arditi* and the "trenchocracy",[19] the Dannunzian "spirit of Fiume", and the *squadrista* activism of the *biennio rosso*, some of the original founders of San Sepolcro Fascism along with the most

[18] Michael Ledeen, *The First Duce: D'Annunzio at Fiume*, Baltimore MD, Johns Hopkins University Press, 1997.

[19] Italy's frontline fighters were portrayed by Mussolini as a trincerocrazia, the nucleus of a new, reborn Italy in the pages of *Il Popolo d'Italia* of 15 December 1917, reprinted in Benito Mussolini, *Opera Omnia*, Florence: La Fenice, 1963, vol. x, pp. 140-141.

important *ras* joined forces to push for a March on the Capital, a new iteration of a tradition stretching back to Julius Caesar via the exploits of Julius Caesar, Cola di Rienzo, Charles V, and Giuseppe Garibaldi. The Quadrumviri, or "Gang of Four", planning the event were Michele Bianchi, a revolutionary syndicalist leader, Emilio De Bono, a leading First World War General, Cesare Maria De Vecchi, a member of the Italian Chamber of Deputies and former colonial administrator, Italo Balbo, *ras* of the Ferrara *Fascio*.

Mussolini himself clearly felt it would be too risky for him to be seen as leader and organiser of a march which might well be stopped in its tracks by government forces as a blatant act of sedition, and even risked arrest if he led the March. He thus kept his options open by staying at the Milan headquarters of his newspaper on the days of the threatened coup, a chauffeured car waiting by to take him to Switzerland if the plan went pear-shaped. Nevertheless, he not only gave the plan the green light,[20] but on 22 October, six days before the March was due to take place, he gave a major speech in Naples to 60,000 *Fascisti* from all over the country in which he announced with his usual bombast that: "O ci daranno il governo o lo prenderemo calando su Roma" [Either they will give us the government or we will take it by descending (*calare*) on Rome].[21] However, he was astute enough to leave it open in the way he phrased this prediction whether Italy's imminent transformation would occur by revitalizing the existing democracy through an injection of Fascism or replacing it with a new militaristic regime. He reminded his audience that "at turning-points of history, force always decides when it is a question of opposing interests and ideas", but more ambiguously and

---

20 See the photo at https://www.bridgemanimages.com/en-US/noartistknown/mussolini-with-supporters-before-the-march-on-rome-in-naples-1922/photograph/asset/7139684 (accessed 15 February 2023). The caption reads: "In the picture, two of the men accompany Benito Mussolini (left, with sash) on his way through the streets of Naples on 24 October 1922, namely Michele Bianchi (far right, secretary of the PNF) and Cesare Maria De Vecchi (next to him on the left, commander of the Squadrists)."

21 The Italian has been mistranslated into English on a neo-Fascist website as "Either we will be given the government or else we must take it by marching on Rome." There is no mention of marching or a "March on Rome". http://bibliotecafascista.blogspot.com/2012/03/speech-in-naples-october-26-1922.html.

open-endedly that "it is the right and duty of the Italian people to liberate their political and spiritual life from the parasitic incrustation of the past, which cannot be prolonged indefinitely in the present, as it would mean the death of the future."[22]

Immediately after this vast rally dispersed, intensive logistical planning took place by the Quadrumvirate on 26 October, and different *Fasci* leaders set about the considerable organizational task of arriving at their various assembly points outside Rome by the evening of the 27 October. Meanwhile Mussolini repaired to Milan, fully aware that the outcome of what amounted to a threatened Fascist *putsch* was an enormous gamble, its success in bringing about the desired quantum leap in Fascism's momentum in launching a nationalist revolution being far from a foregone conclusion. At this point historians must tread carefully in order to disentangle strands of historical truth of what happened from the dense undergrowth of myth, fiction, false memories and wilfully faked (or in Trump-speak "alternative") facts about "October 28".

CAVEAT LECTOR

It is when online information about the March on Rome is sought in the type of sources favoured by so many students for essay assignments that the long-term distorting impact on the collective memory of Fascism of its own propaganda and self-delusion about the events in late October becomes evident. The online *Encyclopedia Britannica* assures us, for example, that "the March on Rome was an insurrection by which Benito Mussolini came to power in Italy in late October 1922".[23] This statement is misleading in several ways. First, the March was not an "insurrection", which has connotations of a spontaneous popular uprising, but a planned show of force by the members of a paramilitary organization. Secondly, it implies that this "insurrection" actually took place, which it did

22 Ibídem.

23 See article "The March on Rome" at https://www.britannica.com/event/March-on-Rome.

not: it was only threatened, and its enactment was pre-empted by the king's decision on 28 October to invite Mussolini to form a government before any "march" could take place. The planned mass show of strength by heroic Blackshirts reviving the patriotic fervour of Fiume and Vittorio Veneto was effectively called off, and with it any display of popular dissatisfaction with the government it might have provoked. Thirdly, the phrase "came to power" is ambiguous. Becoming prime minister (*presidente del consiglio*) of Italy's parliamentary system with the monarchy's blessing was still a long way from becoming the *duce* of a fascist state. Mussolini's exercise of power was still constitutionally limited on paper, even if the legal apparatus for reining him in was not effectively applied. Ironically, the tagline of the encyclopaedia's invitation to upgrade to a premium level of access to research information is "Find the Answers, Trust the Facts".

The shortcomings of Wikipedia as a go-to source of accurate research data are widely warned against by pedagogues in their guidance to pupils. In this case such misgivings are fully vindicated.[24] The March on Rome is described in the English edition as "an organized mass demonstration and a coup d'état in October 1922 which resulted in Benito Mussolini's National Fascist Party (PNF) ascending to power in the Kingdom of Italy." However, the "it" in question was supposed to be a demonstration of uniformed, disciplined Blackshirts parading through the most iconic sites of Rome, which is very different from a "mass demonstration" with its connotations of spontaneous crowds and anarchic throngs of protestors. Nor was could the planned march ever have been an actual "coup d'état", for the squads would have been no match for the national army which Facta, the prime minister of the day, was eager to send in to confront them, though it could well have been construed by Deputies as the somewhat theatrical and unrealistic *threat* of a coup. And again, "ascending to power" is ambiguous, since it does not clarify the fact that, though the PFI was quickly installed as the majority party in parliament (thanks to some constitutional jiggery-pokery known as

[24] "The March on Rome" https://en.wikipedia.org/wiki/March_on_Rome.

the Acerbo Law), there were still major hurdles to overcome before it became the basis of a totalitarian single-party state.

A curious website calling itself "Time Graphics" and offering historical timelines deserves a "Rotten Tomatoes" award for the most outrageously alternative, or rather "altered", historical facts when it describes the event in a series of schoolboy howlers:[25] "Mussolini's Blackshirts assembled together on the plain of the river Po outside Rome and took position at strategic and planned points." [At least in this geological era the river Po is not a tributary of the Tiber, and does not flow through Rome, which is why the popular quarter called Trastevere (Across the Tiber) is not called Trapadano)]. "Armed fascist troops gathered in the outskirts before marching into the city". [Armed *squadristi* assembled on the 27 October but they did NOT march into the city on 28 October, their leaders awaiting the state's reaction to the critical situation they had provoked.] "They marched up to the king and threatened him to the point to surrender." [Substance abuse must be suspected at this point. On 31 October, when the squads held their victory parade, probably conflated in the hapless writer's mind with the non-existent March, the Blackshirts had crowded into the courtyard of the Palazzo del Quirinale, the Royal Palace, and enthusiastically saluted the king as the man who had just abused his undemocratic power to invite their leader, Mussolini, to form a government.][26]

It gets worse: "Victor Emmanuel III resigned and was forced to give his full power to Mussolini." [Mussolini gained full state power as self-appointed *duce* in January 1925. The retention of the monarchy, despite the anti-royalism of early Fascism, became a cornerstone of the regime's legitimation, as demonstrated when the king was made "Emperor of Ethiopia" after the defeat of Abyssinian forces in 1936, a title he retained till May 1941. He fled to Brindisi with his retinue on the invasion of the Allies in September 1943 and formally abdicated

[25] The brief overview is found at https://time.graphics/event/1071322.

[26] For a photo of this moment see "March on Rome Stock: Photos and Images". https://www.alamy.com/stock-photo/march-on-rome-1922.html?sortBy=relevant.

only on 9 May 1946.] It is clear from such websites that mythopoeia is not limited to political fanatics.

SOME INCONVENIENT TRUTHS

Given the degree of unwitting, sloppy misinformation to those new to Fascist studies are exposed when consulting some websites, we need to establish some basic, even "brute",[27] facts about goings-on in Rome in late October 1922. Doing so throws into relief the extraordinary degree of deliberate mystification and unconscious myth-making involved in the Fascists' deliberate construction of a collective false memory syndrome concerning a fantom "March on Rome" that clearly still haunts some untrained researchers a century on.

To sum up, neither a Fascist insurrection nor a coup d'état was carried out by Blackshirts in the autumn of 1922. The king did not resign (though his prime minister Luigi Facta did), and Mussolini did not install himself as Fascist dictator after an actual show of military strength. Nor did his party, the PFI, achieve a monopoly of parliamentary power during his next 26 months in office as head of state, let alone conquer state power in the immediate aftermath of the abortive Blackshirt show of strength. However compromised it was by the machinations of the PFI as the majority party once Mussolini was prime minister, the sovereignty of parliament and democratic institutions had not been overthrown by the chaotic events of October 1922. As the American Historical Association puts it in an article on The Rise and Fall of Fascism: "The regime was not totalitarian in its first three years. Opposition parties were

[27] In his seminal *Social Construction of Reality* (1995), John Searle distinguishes "brute" from "social facts" which result from a subjective process of socialization and acculturation, an extreme example of which is the March on Rome. See https://www.angelfire.com/md2/timewarp/searle.html#:~:text=Brute%20physical%20facts%20do%20not,on%20our%20attitudes%20toward%20them.

still legal, a strong opposition press operated under difficulties, and Mussolini kept talking about a return to normalcy".[28]

Nor should we overstate the indecision or impotence of the Facta government when the squads converged on the capital. The weakness which the crisis of Italian democracy exposed at that point was more that of a flawed constitution than of flawed leadership. The king had the constitutional power to override parliament, to refuse to declare a state of emergency, and to appoint a prime minister without the approval of the Chamber of Deputies, something unthinkable in most other European constitutional monarchies. Had Facta been empowered to enact the decision autonomously to mobilize the army against the Fascist threat without having it rubber-stamped by the monarch then he could have called Mussolini's bluff, disbanded and outlawed the *Fasci*, arrested the leading *ras* and possibly even Mussolini himself (as he himself feared), and dissolved the PFI because of the treasonous actions of its paramilitary wings. In doing so, Mussolini's rise to power would have been stopped in its tracks and his credibility destroyed, especially if he had executed plan B to flee to the Swiss border, an hour away by car, and remained in voluntary exile to bide his time till another opportunity to seize power presented itself, hardly the act of a new Garibaldi. It is clear from all this that the rise of Fascism was *exorable*, and it is a subliminal concession to Fascism's own narrative of its destiny to "make Italy great again" to think of it otherwise.

The salient point, as we keep insisting, is that on closer inspection the solidity of the March on Rome, to hijack Marx's phrase from *The Communist Manifesto*, "melts into air", leaving, to change metaphors, no more than the smile of a Cheshire Cat.[29] However, thanks to the Fascist regime's manipulation of the story, it is the smile that lingers in the historical memory. From the outset the March was a pipe dream, the product of paramilitary fervour confusing rhetoric with reality, a "madcap" idea which was unlikely to come

[28] "The Rise and Fall of Fascism", https://www.historians.org/about-aha-and-membership/aha-history-and-archives/gi-roundtable-series/pamphlets/em-18-what-is-the-future-of-italy-(1945)/the-rise-and-fall-of-fascism.

[29] A famous creation of Lewis Carroll's *Alice's Adventures in Wonderland*

off, as the more pragmatic and realistic Mussolini of pre-regime days fully understood from the outset. In the event it never happened as a physical March, but the turning point in national politics it was meant to precipitate did take place even if it was not in the way originally envisaged by the *ras* or how Fascist myth was later to portray it.[30] The publication of this book to mark the centenary of a non-event is thus a tribute to the unintended consequences of a large-scale act of collective make-believe socially engineered into a foundation myth by a movement that eventually – and far from inevitably[31] – morphed into a totalitarian regime. It did so fortuitously in the hands of a leadership operating an increasingly megalomaniacal assessment of its own power and an increasingly delusional reading of the nation's historical destiny under its rule.[32] The so-called March on Rome was a poorly thought through and shambolically executed *threat* of a paramilitary coup, a desperate gamble to relaunch the movement which Mussolini himself realized was such a long shot that he made sure that he would not be around if it failed and so live to fight another day.

The tawdry reality that tends to get lost in recounting the official myth rather than the charade of Fascism's cancelled autumn march on the capital is that on 28th October – the very day when according to party legend a heroic display of Fascist strength was taking place – the squads spent their time anticlimactically hanging around at their assembly points away from the citadels of power. Unbeknown to them, on the evening of the 27 October, while they were still gathering, Vittorio Emanuele III had already signalled his readiness to sign the "state of emergency" (or "state of siege") decree drawn up

---

[30] "The March on Rome that Never Happened", https://www.sv.uio.no/c-rex/english/news-and-events/right-now/2022/the-march-on-rome-which-never-happened.

[31] See Adrian Lyttleton, "Fascism in Italy: The Second Wave", *Journal of Contemporary History*, 1,1 (1966), pp. 75-100.

[32] Collective delusion of this sort is to be distinguished from a largely spontaneous mass delusion of a paranoid delusion familiar from the history of witch-hysteria, epidemics of anti-Semitism, and their modern equivalent such as the QAnon cult variously referred to as Shared *Delusional* Disorders (SDD) Mass *Psychogenic* Illness (MPI), or mass sociogenic illness.

by the Facta government,[33] and by 7 am of 28 October an official notice of the measures planned for the repression of the insurrection by the military (including the arrest of its leaders) which would come into force at midday had been posted on the walls of the city. Had the king not given into to his contempt for democracy and kept his word, Mussolini's "special operation" would have been nipped in the bud. His prime minister would have been able to mobilize the army to disrupt any coordinated theatrical parade or aggressive "attack the Capitol" style assault with every likelihood that, with its overwhelming numbers, it would have inflicted a humiliated defeat on "the Fascist revolution".[34]

As things were Victor Emmanuel neglected his constitutional and ethical duty and refused to sign, whereupon Facta impulsively resigned as head of state. This immediately created a void at the centre of democratic power, enabling the king to appoint Mussolini Prime Minister in Facta's place without further consulting parliament.[35] Thereafter events moved fast. Having been summoned to Rome not by parliament but by the king, Mussolini duly travelled down from Milan on the overnight train (presumably having dismissed the chauffeur waiting by to ferry him to safety in Switzerland). He arrived on the morning of 30 October at Rome Central station *in borghese* (in civilian clothes),[36] escorted through an excited throng of onlookers,[37] after a comfortable journey spent in the couchette of a wagon-lit. At some point between the station and the Quirinale where Vittorio Emanuele III awaited him Mussolini changed into his

[33] In case this seems an overaction an exaggerated phrase, it should be noted that while *squadristi* were massing in Rome "all over Italy Fascists were occupying prefectures, strategic buildings and institutions", Simone Balocco and Paola Maggiora, "28 ottobre 1922, cento anni fa la Marcia su Roma", *Tuttostoria.net*, http://www.tuttostoria.net/tutto-storia-autori.aspx?code=995.

[34] On 27 October Facta had already used the army to block the advance of some squadristi towards near Civitavecchia, Orte and Santa Marinella, between 50 and 70 km from Rome: see *Tuttostoria.net*, http://www.tuttostoria.net/tutto-storia-autori.aspx?code=995

[35] Ibídem.

[36] Ibídem.

[37] This scene is recorded in Umberto Paradisi's documentary of the events of October, *A Noi* discussed below. The images reveal what would now be considered an alarming lack of personal security provided for the future *duce.*

full *squadrista* uniform (apart from the shoes), and gave the "Roman salute" in his audience with the king.[38] This was hardly Caesar crossing the Rubicon.[39] Significantly, on emerging from building he did not immediately perform his role as national leader of the Blackshirts. Instead prioritized the task of presenting his royal backer with his list of ministerial appointments and the practicalities of assuming his role as prime minister. He did however secure permission for the squadristi to hold a "triumphal" parade, or *sfilata*, through the streets of Rome the next day which he would not lead.

It was thus not until 31 October that about 25,000 by now exhausted Blackshirts[40] held a uniformed procession in central Rome through streets lined with the modern *populus Romanus*, seemingly more curious than jubilant. The future *duce*, now performing his prime-ministerial role in civilian clothes complete with a top hat in his new home, the Palazzo Chigi, was conspicuous by his absence at the parade. That day saw no spontaneous outburst of mass enthusiasm for Fascism, nor did the militant left mount a counter-demonstration to the spectacle of public spaces being taken over by its ruthless opponents of the *biennio rosso*. After their spurious victory parade, the squads were left to return home as best they could. Dismissed without pomp and circumstance – had he wished Mussolini could have arranged to hold a military inspection of "his" troops before he told them to stand down – they melted away from the capital in a collective *exeunt* after their brief moment on the historical stage. Unwittingly, the role they had played was not that of protagonists but of crowd extras in the history play they had helped to write, and

[38] For a painting of this moment see the reproduction at https://www.alamy.com/stock-photo-drawing-by-settimelli-mussolini-and-victor-emmanuel-iii-vittorio-emanuele-113148123.html?imageid=2838BB2D-E573-43B9-9AE0-E034F822F-8C4&p=331651&pn=1&searchId=80ad5e65fa063691266033397 02a314f&searchtype=0 (accessed 10 February 2023).

[39] Mussolini would later model himself on the divine emperor Augustus.

[40] Both Fascist legend and Umbero Paradisi's documentary claim they numbered as many as 100,000, while historians' estimates vary from 20,000 to 50,000 according to their evaluation of Fascism's strength at the time.

their retreat to the wings left Mussolini centre-stage to perform his monologues.

In late October 1922, therefore, there was no general feeling among non-Fascists that they had just witnessed Mussolini's "conquest of state", let alone the birth pangs of a "new Italy". Indeed, Mussolini's own newspaper, *Il popolo d'Italia*, of 31 October underscores the notion that the king's appointment of him as prime minister has been a sufficiently radical step in itself to solve the state crisis – brought about by his own movement! – by infusing parliamentary democracy with the revitalizing, "holy" spirit of the trenches. Its headline reads: "Mussolini reconsecrates[41] the Italy of [the victory of] Vittorio Veneto by creating for it a government worthy of its predestined glories."[42] As far as Mussolini was concerned it was the more cautious parliamentary and constitutional, not the paramilitary and revolutionary, path to national rebirth that had been taken on 28 October.

There could as yet be no inkling of the possibility that within little over two years D'Annunzio's Fiume experiment with a new type of right-wing charismatic dictatorship was about to be rolled out and imposed on the whole of the nation.[43] As for the *ras* themselves, their leader's appointment to head of a hated parliamentary democracy by the incarnation of an equally hated monarch and decadent ruling elite could easily be seen by the most intransigent among them as yet another betrayal of the promise of San Sepolcro Fascism and of the sacrifices of the *biennio rosso*. The ascendancy of the party-political PFI had seemingly sapped energy from the *Fasci* as a paramilitary force and diverted the movement from its revolutionary course. Indeed, for the most intransigent Fascists Mussolini had "sold out"

[41] Note the key idea implicit in this verb of Fascism as continuing the sacralizing force in Italian history achieved in the trenches of World war I.

[42] This is the edition of 28 October whose front page can be seen at https://prezi.com/yfv_wuwvsbh1/il-popolo-d-italia/.

[43] This "first" fell to Captain General Miguel Primo de Rivera who, eleven months after the 'events" of October 1922 in Italy mounted a successful military coup against the parliament of Barcelona and established himself as dictator, whereupon King Alfonso XIII dismissed the civilian government of Spain and installed Primo de Rivera as head of the "Military Directory", a vital preparatory stage of Franco's later right-wing (but only partially fascistized) autocracy.

his movement for the sake of his own political career. The new party had lurched from the syndicalism-influenced anti-Clerical and anti-Royalist "national socialism" of the original *Fascio* to a politics of compromise which accommodated the ultraconservative values of the army, the Church and the king.

Within three months such fears would seem further confirmed when on 1 February, 1923, the Blackshirts of the regional *Fasci* were officially incorporated into the Voluntary Fascist Militia for National Security and emasculated as an autonomous anti-systemic force. Then in November the same year the Acerbo Law was passed which artificially gave the PFI a majority of deputies. Mussolini now seemed to be bent on ensconcing himself within the very democratic system he had vowed to overthrow. As we shall see, it would take another revolutionary initiative of *squadristi* to force Mussolini out of the exercise of Fascist power from within the democratic system that they had unintentionally levered him into in October 1922, and so compel him to go the whole hog.

THE MYTHICIZATION OF THE "EVENTS OF OCTOBER"[44]

But in the autumn of 1922 'creatives" within the most radical elements of the Fascist leadership, starting with Mussolini himself, were determined to exploit to the full the propaganda value of the king's surprise provision of a *deus ex macchina* within the crisis engineered by the Fascist squads when he appointed their leader as head of state. They would ensure that the events that led to it would not be seen through disenchanted eyes as a gamble that against the odds paid off, but as a triumph and the promise of future glories inscribed in Italy's inexorable destiny for greatness. Even as he was arriving at Rome's Stazione Termini, the latest edition of his newspaper, *Il Popolo d'Italia*, whose offices he had only just left, led with its heroizing account of the epic events of the day before under the dual headline

[44] An allusion to the official phrase "les événements de mai" or "events of Mai" used to refer to the student/worker uprising in Paris in 1968.

(which he had surely dictated himself as editor-in-chief): "The Irresistible Victory of the Fascist Uprising" and "The state that we have been predicting is becoming a reality". Further down the page we read a "Proclamation" written in purple prose declaring that the Blackshirt army was reviving the spirit which won the Italian army's victory at Vittorio Veneto and that Fascism was not marching against the forces of law and order, but against "a political class of spineless imbeciles". "The Lord Almighty and half million dead" are summoned to witness that a sole passion enflames them: "to serve the greatness of the fatherland." It calls upon all Fascists to cultivate a Roman spirit and strength. "We must win. We shall win. Long live Italy! Long live fascism!"[45] Note that there is no mention here of "the March on Rome" or a "revolution". Instead, the emphasis is on the notion that a decadent ruling elite is about to be overthrown and that the "trenchocracy" imbued with "Roman" qualities will take its place – though whether within the existing constitution or in a new order is left in the air in a spirit of constructive ambiguity.

An even more significant testimony to the social reconstruction of the four days of chaotic events as a historical turning point in the nation's destiny is what purports to be the documentary record of events produced within weeks by Umberto Paradisi. He is described as "film director, actor, journalist, and film producer",[46] but was also clearly a fervent Fascist sympathizer who understood well the need for artists to curate the cultural and mythic dimension of the movement. In 1923 the resulting film began to be distributed by the Fascists' newly formed "Educational Cinema Union" (with the ingenious acronym LUCE or "light") as the PFN's official account of what would come to be called the March on Rome under the title "A Noi"[47] – the Arditi greeting inherited by the Blackshirts and

[45] The page is reproduced at https://www.akg-images.co.uk/archive/-2UMEBMB-9V5RNJ.html; see too https://storymaps.arcgis.com/stories/7c409a7f0e4844a6bb-cebb1b37de928b athttps://it.wikipedia.org/wiki/Umberto_Paradisi.

[46] See the article Umberto Paradisi at https://it.wikipedia.org/wiki/Umberto_Paradisi.

[47] See the LUCE archive at https://patrimonio.archivioluce.com/luce-web/detail/IL3000094233/1/a-noi.html?startPage=0, which also provides a useful overview of the film's contents. For a brief deconstruction of the films manipulation of reality see Andrea Meneghelli's comments at https://patrimonio.archivioluce.com/luce-web/detail/IL3000094233/1/a-noi.html?startPage=0.

often accompanied by the Fascist salute.[48] The silent film covers the few days that passed between the Fascist rally in Naples to what it calls "the conquest of Rome". Umberti splices together sequences of Blackshirted *squadristi* assembling for the rally in Campania, then travelling to Rome on crowded trains or striding down roads in long files, and finally parading through the streets of the capital on 31 October[49] (of course he cannot show the machinations at heart of government or the inertia of the *squadristi* on 28 October). These images of Blackshirt dynamism and numerical strength are complemented by shots of the crowds milling around Mussolini when he gets off the night-sleeper from Milan, throngs of Romans congregating in the centre of the city to witness Mussolini arrive for his first meeting with the King, more crowds watching the *squadrista* victory parade of 31 October march through the streets, and finally the vast numbers which assembled for the armistice day ceremony of 4 November who witnessed Mussolini and Victor Emanuel lay wreaths on the Altare dela Patria.[50]

Through the magic of editing Umberti creates a convincing illusion of a "velvet revolution" carried out by a heroic Fascist intervention in history in the form of a powerful but peaceful paramilitary rally and a change of prime minister, both carried out with the blessing of the king and supported by an irresistible, joyous tide of popular enthusiasm for change. The film sells the perception of Mussolini's appointment to head of state as the result of a monarchy-backed plebiscite. A surge in the popular heroism and patriotism that defeated the Austrians at Vittorio Veneto has now been revived in a peacetime context, incarnated in the Blackshirts and their leader, who has been thrust into the leadership of the government by popular acclaim on an irresistible tide of people power to revitalize the nation.

---

[48] See the famous poster at https://www.bridgemanimages.com/en-US/ballester/fascist-propaganda-poster-a-noi-directed-by-a-ballester-poster/lithograph/asset/5457694.

[49] Paradisi's documentary claims they numbered 100,000 rather than the actual 30,000

[50] A parallel event was staged by Fascists in London a week later. See "When Fascists Marched through London", *The Morning Star*, November 1922, https://morningstaronline.co.uk/article/f/november-1922-when-mussolinis-fascists-marched-through-london.

What is more, at least by implication, this bloodless coup has done more than precipitate a change of administration. It has transformed the ethos of the country, and taken a major step towards redeeming the terrible sacrifice of so many soldiers in the "Great War", assuaging the wounded pride inflicted by the "mutilated victory", re-established civil order, and, to use Mussolini's own expression, "reconsecrated" the nation after its postwar descent into chaos.[51] It worth noting that, just as in Mussolini's own paper, there is no reference in the texts that intersperse the silent images to "the March on Rome". Nor does the phrase appear in the leading non-Fascist press at the time.[52] Though Umberti's film was crucial in forging the myth of the "March on Rome", it appears that in the immediate aftermath of October 1922 the phrase itself had yet to crystallize.[53]

THE REIFICATION OF THE MARCH ON ROME

On 3 January 1925 Mussolini declared the end of parliamentary democracy and the establishment of the Fascist dictatorship in a dramatic resolution of a new crisis of state deliberately provoked by the *squadristi* murder of the Socialist deputy Giacomo Matteotti the previous June. It was a step which again he had been initially reluctant to take in case the conservative establishment decided to intervene and put an end to Fascist violence and parliamentary dominance, encouraged by a popular backlash against Fascism. As in the crisis of late October 1922, there were various scenarios latent in the situation and the once again the inertia of the conventional

---

[51] D'Annunzio had used this phrase to describe the result of the Allies' betrayal of the promises made to Italy for the postwar settlement if it "intervened" on their side.

[52] See the front pages reproduced at https://www.bridgemanimages.com/en/anonymous/title-pages-of-italian-newspapers-after-mussolini-march-on-rome-on-october-28th-1922/nomedium/asset/4644397.

[53] The major role of Paradisi's film's in creating the founding myth of "the March on Rome" is analysed in Mark Cousin's superb documentary of the same name shown at the 2022 Venice Biennale to coincide with the March's centenary. For a review see: https://www.theguardian.com/film/2022/aug/31/the-march-on-rome-review-mark-cousins-dissects-mussolini-and-the-grisly-founding-myth-of-fascism.

ruling elites meant that the one that materialized tightened the fascist stranglehold on power rather than loosened it.

The establishment of Fascism's self-styled "totalitarian regime" under a charismatic *duce* transformed the optics of how the events of late October 1922 would now be officially seen. In 1926 Mussolini emulated the introduction of the French revolutionary calendar in 1793[54] by declaring the introduction of the "era fascista" according to which each Gregorian year would have an equivalent Roman numeral to designate the "Anno Fascista" (A.F.). Retrospectively, 29 October 1922, the day after what was by now called "The March on Rome", the day when Mussolini was appointed prime minister, became day 1 of Year I, and all publications would now bear the dual year number. With this "the March on Rome" was now promoted to became the official foundation myth of the regime, the first stage in the inexorable Fascist "conquest of the state". At this point the congregation of *squadristi* on the outskirts of Rome on 27 October and their triumphant parade on the 31 October now became, at least within the Fascists' own teleological timeline, fused, consolidated and subsumed within an entirely fictitious march supposedly held on 28 October. At the same time, the invented episode did not invite close historical scrutiny as a physical march since it was now treated as the pivotal step within a *metaphorical march*, a process not of "seizing" but of conquering stage by stage, step by step, the total state power needed to launch a continuous revolution. It was out of this progressive, bloodless revolution that a new Italy was being born from the unprecedented type of modern state under dynamic construction thanks to the same national genius that had created the Roman Empire, the Catholic Church, the Renaissance, and the *risorgimento*.

[54] Other regimes have had the urge to "start time anew": The Third Reich put number of years since Hitler's appointment to the Chancellery on some new buildings, and the Soviets changed the length of the week in the early stage of the Russian Revolution, abolishing the weekend for 11 years. Pol Pot sought to create a "Year Zero" with the Khmer Rouge revolution in Cambodia. See the special issue on fascist temporalities in *The Journal of Modern History*, 13, 1 (2015).

The apotheosis of the mythicization of the March on Rome took place in The Exhibition of the Fascist Revolution year X of the new era, its four million visitors between 1932 and 1934 making it one the most attended exhibition in history. Its rooms were designed by the leading modernist artists of the day to be experienced like stations in the sacred journey from the sacrifices of the First World War to the triumphant conclusion of the Fascist revolution in Mussolini's anointment as providential *duce*, who after a decade in power was now able to declare the Fascist revolution complete.[55] Inevitably this process was presented as starting with "the March on Rome" to which an entire room was dedicated evoking the heroic paramilitarism and futuristic vitalism of Fascism which had enable it to achieve the miracle of the new Italy.[56] By now the retrospectively concocted March on Rome had become a central topos in Fascism's sacred history of itself., a point of reference for all the manifestations of regime's Promethean dynamism and creativity in every sphere

A symptom of this sacralization of an invented happening (a common enough phenomenon in the history of religions) is a unique moment in the History of Art. In 1913, on the eve of the war, Giacomo Balla had painted his uncompromisingly Futurist painting *Velocità astratta.* Between 1932 and 1935 he took the unusual step of adding a new oil painting on the back of the canvas in a strictly figurative idiom style. Based on a photograph capturing one of Fascism's most iconic moments, it shows a besuited Mussolini standing with the Blackshirted quadrumvirate standing in (or just outside?)[57]

[55] On the exhibition see Marla Stone, "Staging Fascism: The Exhibition of the Fascist Revolution", *Journal of Contemporary History*, 28, 2 (1993), pp. 215-243; Exhibition of the Fascist Revolution (Mostra Della Rivoluzione Fascista) 1932-1934 https://www.hofstra.edu/pdf/library/libspc_weingrow_std_marzigliano.pdf.

[56] See image of the "Sala della Marcia su Roma" at https://www.alamy.com/fascismo-propaganda-roma-palazzo-delle-esposizioni-mostra-della-rivoluzione-fascista-dal-28-ottobre-1932-al-28-ottobre-1934-image461379445.html.

[57] This is what is stated on the caption of the photo on which the painting is based. However, an analysis of the painting as a work of propaganda which reproduces the photo suggests the scene actually took place on the Piazza del Popolo outside the park. The analysis also erroneously states that the *sfilata* took place on 30 October, and not 31 October see https://www.analisidellopera.it/tst-marcia-su-roma-di-giacomo-balla/ For original photo see https://akg-images.prezly.com/march-on-rome-100-years (accessed 17 February, 2023)

the large public park attached to the Villa Borghese, a throng of *squadristi* crowded behind them. Experts apparently cannot agree whether this meeting between the leaders and rank-and-file took place on the day before their *sfilata*,[58] i.e. on Monday 30 October after Mussolini's audience with the king, or on 31 October just after the victory parade had ended.[59] Either way the photo was definitely *not* taken on 28 October, and even if it had been it could not have depicted a scene from the mythic march. Nevertheless, the painting has entered history under the title Balla gave it: "The March on Rome" and is frequently reproduced in web articles or the site of art dealers referring to it juxtaposing the title with the date "28 October", rarely stressing that the painting, however photographic stylistically, is a piece of fake history semiotically.[60] Even more intriguingly, the painting may have been commissioned by the *duce* himself under that title.[61] What is certain is that by the early 1930s Balla saw Fascism as the realization of the futurist vision of modern dynamism and was happy to sanction provide his own stamp of artistic authenticity on "the March on Rome".

---

[58] See https://www.bridgemanimages.com/en/amerigo-petitti/the-italian-politician-benito-mussolini-inspecting-a-large-group-of-fascists-who-salute-with-their/photograph/asset/4767517; https://patrimonio.archivioluce.com/luce-web/detail/IL0000000095/10/camicie-nere-schierate-piazzale-villa-borghese.html?startRelatedPage=45&perPageRelated=9&startPage=$%7BstartPage%7D&query=&jsonVal=%7B%22jsonVal%22%3A%7B%22fieldDate%22%3A%22dataNormal%22%2C%22_perPage%22%3A20%7D%7D (accessed 17 February, 2023) https://alessandromarzomagno.it/2017/10/27/mussolini-non-cera-quadro-un-falso-storico/.

[59] See *Tuttostoria.net*, http://www.tuttostoria.net/tutto-storia-autori.aspx?code=995

[60] E.g. on the Almy site: "Benito Mussolini, during the march on Rome, with some of the quadruphires [sic!]: from the left Emilio De Bono, Italo Balbo and Cesare Maria De Vecchi. 28 October 1922". https://www.alamy.com/benito-mussolini-during-the-march-on-rome-with-some-of-the-quadruphires-from-the-left-emilio-de-bono-italo-balbo-and-cesare-maria-de-vecchi-28-october-1922-image331683008.html; compare the similar misinformation under the title of The March on Rome, the miracle of 28 October 1922 at https://roma-nonpertutti.com/en/article/287/march-on-rome-meaning-the-political-miracle-of-28-october-1922 which describes the men as "walking towards the capital, ostensibly manifesting their will to take power".

[61] See https://laocoongallery.co.uk/giacomo-balla/.

THE LEGACY OF THE MARCH ON ROME WITHIN FASCISM

In demythicizing the complex story of the hastily planned, chaotic, and for the prospects of Fascism potentially disastrous events in Rome at the end of October, it is important not to forget the very real consequences of the myth for the history of interwar fascism and the Western democracy. Between them, D'Annunzio's Italian Regency of Carnaro and the official narrative of the March on Rome established the "fascist style" of politics, a unique blend of party politics with paramilitarism, impassioned demagoguery , political theatre, direct action, mass rallies, and "oceanic assemblies". The age of rationally formulated policies thrashed out in rhetorical debates between men in suits was over.[62] The March on Rome in particular had a deep impact on Adolf Hitler, whose abortive putsch in Munich was in many ways modelled on it, and under the Reich was celebrated in the 1930s by an annual commemorative "march" by the Nazi leadership and the SA. The elaborately ceremonial reburial in 1936 of the "martyrs" of the abortive putsch in the Feldherrnhalle of Munich's Odeonsplatz, recorded in the Nazi propaganda film *Ewige Wache*, takes the fascist sacralization of politics to a new height.

Though disciplined, regimented, precision marching with in the *passo romano* was not a feature of the Fascist *sfilata*, it became an art form under the Nazis and a cult of uniformed paramilitary marching, with or without the "goose-step" was the hallmark of all fascist movements till 1945. Inevitably the marching song also became a key feature of such movements, their words providing a highly accessible point of entry into fascist ideology. To read the words of *Giovinezza*, the Horst Wessel Lied, or the songs of any fascist movement is to become instantly aware of the deep psychological link between marching and what I have termed "palingenetic ultranationalism" in the fascist mindset, the way coordinated, disciplined movement embodies national renewal, national rejuvenation, youth and the emergence of a breed

---

[62] This aspect of fascism is vividly evoked in the cubist-futurist triptych *Fascist Synthesis* by Alessandro Bruschetti (1935). See https://artsandculture.google.com/asset/sintesi-fascista-fascist-synthesis-alessandro-bruschetti-italian-1910-1980/ngEQeuoCI-qR7Hg?hl=en (accessed 15 February, 2023).

of "new men". Thus, the British Union of Fascist marching song, an appropriation of the Horst Wessel Lied, opens: "Britain awake! arise from slumber! Soon comes the daybreak of rebirth. We lift again thy trampled banners. Our marching legions shake the earth."

Fascist propaganda films and art are full of pictures of vigorous, healthy, males (and sometimes females) marching, living testimony of the overcoming of an age of individualism, passivity, isolation, fragmentation, loss of agency, hopelessness and futility in a reborn national community. An iconic example is what Riefenstahl's camera shows in *Triumph of the Will* when Hitler's plane descends below the clouds and the first image that confronts us is of a group of Germans advancing ant-like through the streets of Nuremberg. In perfect geometrical formation they assume the shape of a perfect right-angle as they turn towards the Zeppelinfeld rally grounds: marching in serried ranks they are living testimony to Nazism's achievement in overcoming the putrefaction of Weimar's democracy.

In *Mein Kampf* Hitler showed deep insight into the group psychology of marching. Commenting on comments on the popular success of Marxism he writes:

> What has won the millions of workers over to Marxism is not the way the Marxist Church Fathers write. It is the gigantic mass demonstrations and the marches of a hundred thousand men that have burned into the shabby little man a proud conviction that, even though he is a poor worm, he is part of a great dragon whose fiery breath will someday send the hated privileged-class world up in flames and bring final victory to the lower-class dictatorship.[63]

More important as a myth than a reality, the March on Rome, was curated into acting as a powerful symbol for Fascist quest to transform the atomized, demoralized "worms" of Italian democracy into parts of a great dragon. However, when it faced the test of the Second World War the Fascist beast proved to have more in common

---

[63] Adolf Hitler *Mein Kampf* (online edition) https://derfuehrer.org/meinkampf/english/Mein%20Kampf%20(Ford%20Translation).pdf, p. 320.

with the paper dragons of Chinese ceremonies that the monstrous fire dragons of legend.

In the postwar era, the collapse of the political space for mass movements of palingenetic ultranationalism meant that disciplined marching has ceased to be the symbol of fascist "new men" and "new women". Nevertheless, the March on Rome lives on. It was deconstructed satirically by Ugo Tognazzi and Vittorio Gassman in their antifascist film of 1962. More recently, at the Venice Biennale of 2022, Belfast-born director Mark Cousins presented his documentary, The March on Rome.[64] Having dissected the way the myth was constructed and its importance in the Fascist *imaginaire*, his film highlights the parallels between Mussolini's rise and that of Giorgia Meloni, Italy's new prime minister and leader of the explicitly neo-fascist *Fratelli d'Italia*. In doing so, *Cousins* brings out the subtle interplay between the physical and the symbolic, the historical and metaphorical semiotics of the March.

The political march has lost none of its mythic force as a symbol of totalizing solidarity and subservience to the state, though nowadays the highly regimented marching of totalitarian regimes such as China and North Korea would seem to most fortunate enough to be living under democracies not inspiring but grotesquely comic, its absurdity offset by if its blood-curdling realities of life under an autocracy. To disenchanted eyes, the cult of the march has a psychotic dimension whose exploration merits an entire volume to itself. Such a project should be sure to take into account the insights not just of academics but of artists. Orwell's *1984* charts how Winston Smith's desperate attempts to retain his individualism ultimately fail. His hedonistic fellow rebel, Julia, offers a less tortuous form of resistance based on a simplistic theory of the repression of the libido which she identifies as lying at the heart of the march. Smith is critical of its inadequacy as a response to totalitarianism, but it has an uncanny resonance with the deeply earnest Freudo-Marxist analysis of "the mass psychology of fascism" explored by Wilhelm Reich in his book published the

[64] https://www.theguardian.com/film/2022/aug/31/the-march-on-rome-review-mark-cousins-dissects-mussolini-and-the-grisly-founding-myth-of-fascism.

same year Hitler was democratically elected became Chancellor.[65] She finds the clue to the repressive regime of Big Brother in the state's pathological zeal to restrict and control sex and ban joy:

> When you make love, you're using up energy; and afterwards you feel happy and don't give a damn for anything. They can't bear you to feel like that. They want you to be bursting with energy all the time. All this marching up and down and cheering and waving flags is simply sex gone sour. If you're happy inside yourself, why should you get excited about Big Brother and the Three-Year Plans and the Two Minutes Hate and all the rest of their bloody rot?[66]

And why, indeed, should we, if the cult of "marching up and down" is the symptom of an state of repression of genuine vitalism, psychosis, and "bloody rot" ?
For, as William Blake said prophetically over two hundred years ago in his *Proverbs of Hell*:
"He who desires and acts not, breeds pestilence".

[65] Wilhelm Reich, *The Mass Psychology of Fascism*, New York: Farrar, Strauss and Giroux 1970. The relevance of Reich's theory is explored in the context of state communism in the 1977 dissident communist film *Mysteries of the Organism* by the Serbian director Dušan Makavejev.

[66] George Orwell, *1984* online edition https://www.abhaf.org/assets/books/html/1984/87.html.

FASCISMO Y POPULISMO: AFINIDADES Y DIFERENCIAS EN UNA PERSPECTIVA HISTÓRICO-POLITOLÓGICA

Marco Tarchi
Università di Firenze

UN DEBATE AÚN ABIERTO

En los círculos científicos, la yuxtaposición de fascismo y populismo tiene una larga historia a sus espaldas. Y se ha propuesto en tres momentos diferentes, y con distintos objetivos.

En una primera fase, en la década de 1930, la comparación se propuso ver qué aspectos populistas estaban presentes en el régimen instaurado por Benito Mussolini y, según algunos observadores, en el nacionalsocialismo alemán. En segundo lugar, tras la Segunda Guerra Mundial, sirvió, en una perspectiva inversa, para medir el posible legado dejado por el fascismo a algunas experiencias latinoamericanas de gobierno autoritario, empezando por la Argentina peronista y el Brasil de Getulio Vargas. Finalmente, tras un intervalo de casi medio siglo, ha vuelto a ponerse de moda ante la creciente afirmación en el continente europeo, primero en Occidente y luego también en Oriente, de movimientos y partidos en los que algunos críticos han creído vislumbrar una mezcla de elementos populistas y fascistas, incluyéndolos en la categoría de derecha radical populista.

En cada etapa de este recorrido, la hipótesis de la existencia de una relación más o menos estrecha y directa entre ambos fenómenos ha suscitado un animado debate entre los especialistas, que aún no ha concluido y probablemente nunca encuentre un punto de llegada, entre otras cosas porque, como argumentaba recientemente Roger Eatwell, "de todos los grandes '-ismos', el fascismo y el populismo son los más escurridizos"[1], y de ninguno de ellos existe un modelo teórico universalmente reconocido por la comunidad académica que pueda aplicarse con certeza a los casos individuales examinados. "Esto es así en parte", escribió el historiador británico, porque tanto el populismo como el fascismo "rara vez se han utilizado como términos autoatribuidos, lo que crea un problema crucial a la hora de identificar casos en los que basarse para construir modelos. Además, los términos se utilizan a menudo en sentido peyorativo: así, a los "populistas" se les acusa de ser "demagogos" y/o carecer de principios, a los "fascistas" de ser "autoritarios", etcétera. El resultado es que muchos académicos no han querido discernir ni una "familia" populista ni una "familia" fascista de partidos o regímenes, o los han visto principalmente en términos de rasgos estilísticos, como el partido paramilitar fascista y el casi omnipresente líder carismático populista"[2].

A estas consideraciones podemos añadir que, en la época en que el fascismo, tras haberse establecido en Italia, comenzó a extender su influencia y a encontrar imitaciones y afinidades en formaciones políticas de otros países europeos e incluso de otros continentes, quienes utilizaban el concepto de populismo en relación con determinados aspectos de su estilo e ideología no podían tener en mente un modelo preciso, sino que solo tenían analogías con los dos primeros fenómenos a los que los historiadores habían atribuido la etiqueta populista: el *narodničestvo* ruso de los años 1860-1880 y el Partido Popular estadounidense de finales del mismo siglo[3], que

---

[1] Roger Eatwell, *Populism and Fascism*, en Cristóbal Rovira Kaltwasser, Paul Taggart, Paulina Ochoa Espejo, Pierre Ostiguy (eds.), *The Oxford Handbook of Populism*, Oxford University Press, Oxford, 2017, p. 363.

[2] Ibídem.

[3] Existe una amplia bibliografía académica sobre estos dos movimientos. Para interpretarlos como manifestaciones tempranas del populismo político moderno (en la categoría de "populismos agrarios"), véase Margaret Canovan, *Populism*, Junction Books, Londres, 1981, pp. 17-97.

en contexto y naturaleza estaban muy alejados del movimiento y el régimen de Mussolini.

LAS CARACTERÍSTICAS POPULISTAS DEL FASCISMO HISTÓRICO

A pesar de estas dificultades, ha habido muchos estudios que han relacionado más o menos estrechamente el fascismo con el populismo, refiriéndose no solo al prototipo italiano sino también a otras encarnaciones del mismo en diferentes contextos nacionales, como el nacionalsocialismo alemán, cuestionado en estos análisis por el trasfondo *völkisch* de su ideología[4] y por su exaltación del ideal de la comunidad popular, la *Volksgemeinschaft*, la Guardia de Hierro rumana –que uno de los primeros estudiosos autorizados del populismo, Peter Wiles, describió como "el ejemplo más perfecto" de esta combinación, e incluso "en su esencia un movimiento populista que se convirtió en fascista debido al gran número de judíos que había en Rumanía y porque ser fascista era lo que estaba de moda en la Europa de la época"[5]–, las Cruces Flechadas húngaras, el Parti Populaire Français de Doriot y varios otros.

Un inventario completo de estas interpretaciones es –debido a su amplitud– casi imposible, pero algunas aproximaciones particularmente originales al tema destacan en el panorama y merecen especial atención. Empezando por el estudio de Peter Fritzsche, quien, en su reconstrucción del escenario que caracterizó la movilización política en la Alemania de Weimar, ha atribuido al populismo un papel clave en lo que denomina "ensayos de fascismo"[6].

Según el historiador de la Universidad de Illinois, lo que allanó el camino para el éxito de Hitler en Alemania fue la creciente penetración masiva, en los años inmediatamente posteriores a la Primera Guerra Mundial, de un "populismo alemán", encarnado principalmente en

[4] Roger Eatwell, *Populism and Fascism...*, p. 366.

[5] Peter Wiles, *A Syndrome, not a Doctrine: some elementary theses on Populism*, en Ghita Ionescu y Ernest Gellner (eds.), *Populism. Its Meanings and National Characteristics*, Weidenfeld and Nicolson, Londres, 1970, p. 176.

[6] Véase. Peter Fritzsche, *Rehearsals for Fascism*, Oxford University Press, Oxford-Nueva York, 1990.

el movimiento Stahlhelm, animado por veteranos de las trincheras y empeñado en dar voz política a la "gente pequeña" y al "hombre común". Un número creciente de alemanes de clase media "se oponían a la política elitista de los notables y desafiaban el poder político de las grandes empresas", con la mirada puesta en un nuevo modelo de sociedad: una comunidad nacional armoniosa en la que la conciencia de clase divisoria no tuviera derecho de expresión[7] . El malestar generalizado con los representantes parlamentarios, incapaces de hacer frente con eficacia a las crisis económicas que sacudían el país, ofreció un amplio margen de maniobra a las formaciones antisistema y a sus promesas de integración social dirigidas a una clase media que veía desatendidas sus reivindicaciones por la dirección política vinculada a las concentraciones económicas y sentía amenazada su posición social por un proletariado al que la acción de los partidos marxistas y los sindicatos hacía cada vez más agresivo. Al igual que sus predecesores del Partido Popular, los populistas alemanes expresaban una firme condena moral del *establishment*, pero carecían de programa político más allá de un llamamiento al sentido de comunidad y al valor de la nación y, a diferencia de Estados Unidos, su protesta pronto adquirió tintes antidemocráticos. El ideal de *Volksgemeinschaft que* cultivaron, tras estimular la movilización burguesa de los años veinte y crear un nuevo estilo de activismo político, supuso una contribución esencial a la propaganda nacionalsocialista en los primeros años de la década siguiente[8].

Sin embargo, si para Fritzsche, aunque fue en cierta medida su precursor, el populismo alemán no debe confundirse con el nacionalsocialismo, sobre todo debido al carácter estatista de este último y a sus aspiraciones totalitarias[9] , otros historiadores han constatado una interpenetración entre ambos fenómenos, especialmente en su versión italiana. Didier Musiedlak, por ejemplo, retomando recientemente algunos análisis de economistas y sociólogos contemporáneos al ascenso de Mussolini y Hitler, para quienes el populismo se configuró como la ideología de las clases medias que buscaban la

[7] Ibídem, pp. 6-7.
[8] Ibídem, p. 14.
[9] Ibídem, pp. 9, 233.

emancipación política en un momento en que su fuerza social estaba en declive[10], argumentó que "por su propia sustancia, el fascismo se define como un movimiento de naturaleza populista" porque "en sus fundamentos, el movimiento ocultaba un llamamiento al pueblo que debía provocar el renacimiento de la nación, tanto en Italia como en Alemania". Aunque esta característica, en su opinión, solo se manifestó en la fase de movilización, desvaneciéndose cuando el proyecto ideológico de los promotores se plasmó en un régimen[11]: una postura no muy diferente de la de Carlo Ruzza y Laura Balbo, quienes, tras afirmar que "el fascismo fue, por supuesto, una larga experiencia dramática del "populismo" italiano", subrayan que dentro del régimen de Mussolini este componente tuvo que chocar repetidamente con otras y diferentes visiones de la nación, de sus enemigos y de sus aspiraciones[12]. En una línea similar, Catherine Fieschi, utilizando la noción de ideología "*sutil*" propuesta por Michael Freeden, que dentro de ella distingue tres tipos distintos de conceptos –central, adyacente y periférico[13]–, ha identificado el populismo como "uno de los conceptos centrales del fascismo", que serviría de puente entre instancias aparentemente contradictorias presentes en su pensamiento –elitismo y colectivismo igualitario–, llevando al pueblo, identificado con la nación, a pensarse a sí mismo

---

[10] Véase, en particular, David J. Saposs, "The Role of the Middle Class in Social Development: Fascism, Populism, Communism, Socialism", en *Economic Essays in Honour of Wesley Claire Mitchell*, Columbia University Press, Nueva York, 1935, pp. 395-401; Theodor H. Geiger, "Panik in Mittelstand", *Die Arbeit*, VII, 10, 1930, pp. 637-654. 395-401; Harold D. Lasswell, "The psychology of Hitlerism", *Political Quarterly*, IV, 3, 1933, pp. 373-384. Una opinión similar ya había sido expresada por Luigi Salvatorelli, *Nazionalfascismo,* Gobetti, Turín, 1923. En la misma línea de interpretación se situarían posteriormente Talcott Parsons, "Some Sociological Aspects of the Fascist Movement", en ídem, *Essays in Sociological Theory*, The Free Press, Glencoe 1954, y Seymour Martin Lipset, *Political Man: The Social Bases of Politics*, Doubleday, Garden City NY, 1960.

[11] Didier Musiedlak, «Fascisme», en Olivier Dard, Christophe Boutin, Frédéric Rouvillois (eds.), *Le dictionnaire des populismes*, Les éditions du Cerf, París, 2019, p. 437.

[12] Carlo Ruzza y Laura Balbo, «Italian Populism and the Trajectories of Two Leaders: Silvio Berlusconi and Umberto Bossi», en Ruth Wodak, Majid KhosraviNik y Brigitte Mral (eds.), *Right-Wing Populism in Europe*, Bloomsbury, Londres, 2013, p. 166.

[13] Michael Freeden, *Ideologies and Political Theory: A Conceptual Approach*, Oxford University Press, Oxford, 1998.

como una élite (en comparación con otros pueblos y naciones)[14]. Mientras que Anton Pelinka se limitó a sostener que el movimiento fascista utilizó técnicas populistas durante su ascenso al poder, que finalizó en 1922[15].

Por el lado de los estudiosos del populismo, el defensor más convencido de un estrecho parentesco entre este fenómeno y el fascismo es, sin embargo, el historiador latinoamericano italiano Loris Zanatta. En una obra que resume su pensamiento sobre el tema, este, juzgando la afirmación de Mussolini de que "el fascismo es todo el pueblo italiano" como una manifestación de esa "apelación directa al pueblo como fuente de soberanía política por encima de toda representación" en la que el ve la característica central del populismo, sostiene que palabras como las citadas exhiben sin matices "el repertorio de populismos que ascendieron a la categoría de régimen [en la década de 1930], desde el estalinista hasta el hitleriano"[16] y que "los fascismos se alimentaron del núcleo ideológico populista, aquel por el que aspiraban a unir y organizar al pueblo convirtiéndolo en una comunidad homogénea y unida en espíritu"[17]. En cuanto reacciones populistas al liberalismo que dominaba la vida política de la época, impregnadas de apelaciones a ideales orgánicos y comunitarios, el fascismo y el nacionalsocialismo aparecen a sus ojos como "la manifestación histórica coherente" del populismo, "en la que el líder se impone sobre todo y sobre todos como la voz inequívoca de un pueblo unido e indiferenciado: una aspiración populista que en los totalitarismos encuentra su plena realización"[18].

Sin embargo, la teorización de un estrecho vínculo entre ambos fenómenos ha encontrado su expresión más articulada en las obras

---

[14] Véase Catherine Fieschi, *Fascism, Populism and the French Fifth Republic*, Manchester University Press, Manchester-Nueva York, 2004, pp. 104 y 110-111.

[15] Véase Anton Pelinka, "Right-Wing Populism: Concept and Typology", en Ruth Wodak, Majid KhosraviNik y Brigitte Mral (eds.), *Right-Wing Populism in Europe...*, p. 9.

[16] Loris Zanatta, *Il populismo*, Carocci, Roma, 2013, p. 18.

[17] Ibídem, p. 56.

[18] Ibídem, p. 82.

de dos de los más conocidos estudiosos del fascismo: el español Juan J. Linz y el inglés Roger Griffin.

Linz, sin duda uno de los más brillantes y originales intérpretes de la experiencia fascista en el complejo de sus manifestaciones en el ámbito transnacional, que analizó en una perspectiva histórico-sociológica comparada, en una de sus más conocidas aportaciones a la discusión científica sobre el tema[19], incluyó en una "definición tipológica multidimensional" del fascismo su carácter "populista y, por tanto, antiproletario"[20], juzgándolo como una de sus connotaciones cruciales, y afirmó -de un modo que podría parecer paradójico si no se tuviera en cuenta el carácter sintético y transgresor que el sociólogo y politólogo español atribuye al fenómeno objeto de su estudio- que en la mayoría de los movimientos fascistas "el antiindividualismo, el autoritarismo antidemocrático y el elitismo se combinan con un fuerte mensaje populista"[21]. Y añadió que los fascistas contraponían "su populismo a la idealización del proletariado"[22], que sus núcleos activistas iniciales justificaban su pretensión de considerarse democráticos precisamente "por su populismo", basado en que querían representar a toda la sociedad y no a una clase, sector profesional o grupo religioso en particular[23], y que este carácter populista generó desconfianza en los círculos conservadores, mientras que, en cambio, les permitió una oportunidad de afirmación no esperada cuando, en algunos países, especialmente de Europa del Este, algunos de los antiguos partidos agrarios se desintegraron, dejando abierto el problema de la representación y la integración de las reivindicaciones de sus simpatizantes en el marco del interés nacional[24].

Insertándose en esta línea interpretativa, Roger Griffin fue mucho más allá, identificando en "una forma palingénesica de ultranacionalismo populista" el núcleo de la ideología fascista, aunque aclaró

[19] Juan J. Linz, *Some Notes Toward a Comparative Study of Fascism in Sociological Historical Perspective*, en Walter Laqueur (ed.), *Fascism. A Reader's Guide*, Berkeley-Los Angeles, University of California Press, 1976, pp. 3-121.
[20] Ibídem, p. 12.
[21] Ibídem, p. 16.
[22] Ibídem, p. 17.
[23] Ibídem, p. 21.
[24] Véase ibídem. p. 29.

que utilizaba la palabra populismo "como término genérico para fuerzas políticas que, aunque dirigidas por pequeños círculos de élites o autoproclamadas 'vanguardias', en la práctica o en principio (y no solo por apariencia) dependen del 'poder del pueblo' como base de su legitimidad"[25]. Para justificar su afirmación, Griffin subraya que el fascismo, aunque rechaza los principios del gobierno representativo pluralista y apela a formas carismáticas de poder, basa su legitimidad en la apelación al "poder del pueblo", del que se proclama portavoz exclusivo e incuestionable. El fascismo también estaría vinculado al populismo por la similar visión de la nación como una comunidad orgánica sustentada en principios éticos comunes a todos sus miembros, como "un orden natural que puede ser contaminado por el mestizaje y la inmigración, por la mentalidad anárquica y antipatriótica fomentada por el individualismo liberal, por el internacionalismo socialista, y por cualquier otra fuerza "ajena" supuestamente desencadenada por la sociedad "moderna", por ejemplo, el ascenso de las "masas", la decadencia de los valores morales, la "nivelación" de la sociedad, el cosmopolitismo, el feminismo y el consumismo"[26].

El aspecto problemático de este análisis consiste en la dificultad de conciliar la supuesta visión populista de la sociedad que cultivan los seguidores del fascismo con su culto al Estado, la autoridad y la jerarquía: elementos todos ellos que, como veremos, resultan indigeribles para los auténticos populistas. Griffin reconoce, además, que el fascismo "es populista en la intención y en la retórica, pero elitista en la práctica"[27] y para escudar su punto de vista en esta evidente contradicción recurre al "vínculo metafísico" que existe entre el líder y el pueblo, argumentando que "en una visión mística de la democracia directa, la representación de la voluntad general del pueblo en una sociedad fascista significaría confiar la autoridad a una élite

[25] Roger Griffin, *The Nature of Fascism*, Pinter, Londres, 1990, pp. 36-37.
[26] Ibídem, p. 37.
[27] Ibídem, p. 41.

o líder cuya misión es salvaguardar los intereses supraindividuales y el destino del pueblo"[28].

Aunque ha sido cuestionada por otros autores, entre ellos el mencionado Eatwell, que la considera un añadido confuso al "idealtipo weberiano" esbozado por el propio Griffin, la creencia en la existencia de un vínculo indisoluble entre populismo y fascismo ha ganado una influencia nada desdeñable en la comunidad académica. Es necesario, por tanto, poner a prueba su validez a través de un doble examen crítico: empírico y teórico. Esto es lo que pretendemos hacer en la última parte de este artículo. Pero antes parece oportuno ilustrar la segunda perspectiva desde la que se ha analizado el vínculo entre ambos fenómenos: la hipótesis de una pervivencia del fascismo en los regímenes populistas nacidos después de la Segunda Guerra Mundial.

EL LEGADO FASCISTA Y LOS REGÍMENES POPULISTAS DE LA POSGUERRA

Aunque se ha reflejado en los estudios de otros especialistas, como Carlos de la Torre, y recibió una primera contribución importante de la obra de Gino Germani[29], la investigación de esta relación ha sido llevada a cabo en profundidad sobre todo por el historiador argentino Federico Finchelstein, que ha dedicado un volumen entero al tema, cuyos argumentos ha retomado y perfeccionado más recientemente en colaboración con la filósofa política italiana Nadia Urbinati.

El interés por este tema surgió en Finchelstein de la convicción de que "la transición del fascismo al populismo a lo largo del tiempo ha configurado nuestro presente", dando lugar a un fenómeno sintético que sigue evolucionando, aunque hoy sus componentes originales

[28] Ibídem.

[29] Véase, por ejemplo, Gino Germani, *Autoritarismo, fascismo e classi sociali,* il Mulino, Bolonia, 1975, pp. 185-186 y 227. Germani señala sin embargo (ibídem, p. 232) que "el caso argentino presenta algunas analogías con el italiano, pero también algunas diferencias que explican los repetidos fracasos en la instauración de un régimen fascista "clásico", así como el éxito del peronismo".

"constituyan trayectorias políticas e históricas alternativas"[30]. El fascismo y el populismo, en su opinión, han estado conectados histórica, teórica y genealógicamente: El populismo moderno, liberado de las antiguas formas agrarias, "surgió del fascismo", compartiendo su oposición al liberalismo y representando, como su predecesor, "una respuesta de masas promovida por líderes fuertes en nombre del pueblo y contra las élites y la política"[31]. Pero aunque uno y otro pertenecen a la misma historia, para que naciera la "nueva modernidad populista" fue necesario que el fascismo fuera derrotado: "a partir de 1945, el populismo pasó a representar una continuación del fascismo, pero también una renuncia a algunas de las dimensiones dictatoriales que lo definían"[32]. Sus intérpretes de posguerra intentaron "reformar y resintonizar el legado fascista en clave democrática"[33], volviendo a proponer en formas actualizadas la idea de una posible "tercera vía" entre el liberalismo y el comunismo.

Las experiencias latinoamericanas permiten, según Finchelstein y Urbinati, poner de relieve tanto las afinidades como las diferencias entre los dos términos de la relación. Rasgos comunes son la idea homogeneizadora del pueblo y la contraposición entre el pueblo y el antipueblo, la creencia de que el primero se encarna en un líder providencial y solo puede expresarse a través de su voz, la aversión al individualismo, el desprecio por los partidos y las divisiones que fomentan en el seno de la sociedad, la intolerancia hacia las instituciones y los procesos de mediación, la condena del capitalismo y de la oligarquía plutocrática, especialmente la financiera. Sin embargo, junto a estos puntos de contacto, se manifiestan diversas características divergentes. Diferente es la organización del poder, diferente es la concepción de la política, plebiscitaria pero ya no dictatorial, y diferente –de hecho, si no de principio– es la actitud ante las reglas del pluralismo, aceptando los populistas modernos el veredicto electoral como criterio de legitimación de los gobiernos. Sobre todo, en

[30] Federico Finchelstein, *From Fascism to Populism in History*, University of California Press, Oakland 2017, p. xiii.
[31] Ibídem.
[32] Ibídem, pp. xiii-xiv.
[33] Ibídem, p. xiv.

los populismos latinoamericanos no hay racismo ni xenofobia -lo que sería inconcebible para quien se dirige a un pueblo donde la mezcla étnica es un hecho consolidado– y el uso de la violencia no es sistemático ni alcanza cotas extremas, aunque no se excluyan formas de represión para golpear a los opositores más tenaces.

Este complejo entramado de elementos de persistencia y discontinuidad lleva a Finchelstein a ver en las experiencias gubernamentales de Perón en Argentina, Vargas en Brasil, Paz Estenssoro en Bolivia y Rojas Pinilla en Colombia "formas postfascistas de democracia antiliberal", un "postfascismo para tiempos democráticos"[34], o incluso "una reformulación postfascista del fascismo"[35] determinada por una metamorfosis de la que transpiran, tras la incorporación de elementos de otras tradiciones, "afinidades ideológicas electivas" pero también, al mismo tiempo, "diferencias políticas sustanciales"[36].

Aunque se trata de dos "capítulos diferentes de una misma historia"[37], fascismo y populismo, en la versión que el peronismo y otras experiencias similares ofrecen de este último, deben parecer de hecho diferentes a los ojos de la opinión pública nacional y sobre todo internacional. Sólo después de la derrota de Mussolini y Hitler, escriben Finchelstein y Urbinati, "el populismo se convirtió en el nombre de un régimen por derecho propio", que surgió como un "rechazo postfascista del legado fascista"[38], dado que la catástrofe bélica hizo que la opción antiliberal que ofrecía el modelo original dejara de ser válida, y posteriormente evolucionó hasta el punto de producir una ideología radicalmente distinta de la que le precedió e inspiró inicialmente. Este populismo, según Finchelstein, es "un nuevo género, no una subespecie política", que, tras el trascendental punto de inflexión de 1945, se presenta bajo la apariencia de "un nuevo intento postfascista de reconducir la experiencia fascista por la senda democrática, creando así una forma autoritaria de régimen

---

[34] Ibídem, pp. 8, 251.

[35] Federico Finchelstein y Nadia Urbinati, *Su populismo e democrazia*, en Marco Bresciani y Guri Schwarz (eds.), *La democrazia dei populisti tra Europa e Americhe*, Viella, Roma, 2021, p. 53.

[36] Federico Finchelstein, *From Fascism to Populism in History*..., p. 1.

[37] Ibídem, p. 81.

[38] Federico Finchelstein y Nadia Urbinati, *Su populismo e democrazia*..., p. 31.

democrático que haría hincapié en la participación social en combinación con la intolerancia y el rechazo de la pluralidad"[39].

LA "DERECHA RADICAL POPULISTA": ¿UN RENACIMIENTO DEL FASCISMO?

El fin de las experiencias peronista y varguista y los vaivenes de los gobiernos populistas que se han sucedido en muchos países latinoamericanos, con connotaciones a veces muy distintas a las del caso argentino[40], han llevado a los estudiosos del populismo a dejar de lado, desde hace algunas décadas la comparación con el fascismo y a desplazar el foco de sus investigaciones –también con referencia a casos localizados en otras áreas geográficas, como el África y Asia poscoloniales–, sobre la imbricación de populismo y socialismo, tanto en algunas versiones inspiradas en el marxismo-leninismo como en otras caracterizadas por rasgos más marcadamente nacionalistas. Un ejemplo de esta nueva orientación lo ofrece el volumen de las actas de la famosa conferencia celebrada en la London School of Economics en mayo de 1967 por iniciativa de Isaiah Berlin y la revista *Government and Opposition* bajo el título *To define populism*[41], donde el fascismo solo se menciona una vez y brevemente.

No fue hasta la segunda mitad de los años ochenta cuando resurgió este tema, vinculado a la alarma suscitada por los primeros éxitos electorales de formaciones políticas calificadas inicialmente como partidos de extrema derecha postindustrial (así definidos para distinguirlos de aquellas organizaciones que aluden más abiertamente a la nostalgia del fascismo histórico)[42] y adscritas posteriormente a

---

[39] Federico Finchelstein, *From Fascism to Populism in History*..., p. 97.

[40] Para un buen resumen de la extensa literatura académica sobre este tema, véase Éric Dubesset y Lucia Majlátová (eds.), *El populismo en Latinoamérica. Teorías, historia y valores*, Presses universitaires de Bordeaux, Bordeaux-Pessac, 2012.

[41] Véase en Ghita Ionescu y Ernest Gellner (eds.), *Populism*...

[42] Véase Piero Ignazi, *The Extreme Right in Europe: A Survey*, en Peter H. Merkl y Leonard Weinberg (eds.), *The Revival of Right-Wing Extremism in the Nineties*, Frank Cass, Londres-Portland, 1997, pp. 47-64 e ídem, *L'estrema destra in Europa*, Il Mulino, Bolonia,1994, pp. 51-53.

la familia de la derecha radical populista[43]. A partir de entonces, fueron frecuentes, incluso en círculos académicos, las denuncias de la amenaza de un retorno, disfrazado, de las ideas que los regímenes autoritarios de derechas habían encarnado en Europa entre las dos guerras mundiales, y se abrió un encendido debate entre quienes creen que en este nuevo radicalismo de derechas son más relevantes las afinidades ideológicas con experiencias pasadas –el nacionalismo extremo, el nativismo, el culto al líder, el antiliberalismo, la concepción totalizadora del pueblo, el rechazo al extranjero y al "diferente"– que los elementos de novedad[44] y quienes afirman lo contrario[45].

Estos últimos señalan, en palabras de Hans-Georg Betz, que aunque en una serie de cuestiones sus discursos pueden aproximarse, y en algunos casos coincidir, los partidos neofascistas de extrema derecha y los nacional-populistas[46] son dos sujetos bien distintos. Así lo demuestra el hecho de que estas formaciones "se han cuidado bastante de subrayar su respeto por la democracia representativa y el orden constitucional [y], por convicción o por utilizar un expediente, han tendido a abandonar gran parte del bagaje ideológico que pudiera sonar demasiado extremista, [ya que] los partidos que han traspasado los límites del discurso político permisible y aceptable pronto se han visto penalizados ante la opinión pública, en las elecciones o en el

---

[43] Esta expresión fue acuñada por Hans-Georg Betz, *Radical Right-Wing Populism in Western Europe*, St. Martin's Press, Nueva York, 1994 y retomada posteriormente por muchos autores, entre ellos Cas Mudde, *Populist Radical Right Parties in Europe*, Cambridge University Press, Cambridge, 2007.

[44] Véase, por ejemplo, Peter H. Merkl y Leonard Weinberg (eds.), *The Revival of Right-Wing Extremism in the Nineties*, Frank Cass, Londres-Portland, 1997; Aurel Braun y Stephen Scheinberg (eds.), *The Extreme Right. Freedom and Security at Risk*, Westview Press, Boulde,r 1997; Andrea Mammone, "¿The eternal return? Faux populism and contemporarization of neo-fascism across Britain, France and Italy", *Journal of contemporary european studies*, 17, 2 (2009), pp. 171-192.

[45] Véase, por ejemplo, Stijn van Kessel, *Populist Parties in Europe. Agents of Discontent?*, Palgrave Macmillan, Houndmills, 2015; Roger Eatwell y Matthew Goodwin, *National Populism. The Revolt Against Liberal Democracy*, Pelican Books, Londres, 2018; Gilles Ivaldi, *De Le Pen à Trump: le défi populiste*, éditions de l'Université de Bruxelles, Bruselas, 2019.

[46] Esta denominación es adoptada por Hans-Georg Betz, *Radical Right-Wing Populism in Western Europe,* para distinguir a estos partidos de otros, menos connotados ideológicamente, a los que denomina liberal-populistas. Una distinción retomada y afinada por Cas Mudde, *Populist Radical Right Parties...*, pp. 46-58, que habla de "partidos populistas de derechas no radicales" y de "partidos populistas *fronterizos*".

parlamento". Aunque, continúa Betz, "muchos de estos partidos y movimientos [han] atraído a extremistas de derechas, y la mayoría de ellos incluyen facciones más o menos influyentes que manifiestan opiniones extremistas, [...], una parte significativa de sus partidarios muestra tendencias de extrema derecha" y sus líderes adoptan una estrategia de extremismo verbal, todo lo cual no es más que parte de su esfuerzo por movilizar a militantes y partidarios acérrimos o por responder a las exigencias del escenario político posmoderno, en el que todos los partidos tienen que recurrir a la política simbólica y a temas espectaculares para maximizar su consenso[47]. En este caso, el motivo de la actitud diferente se considera instrumental y no genuino, pero el hecho sustancial no cambia: el nuevo populismo no es un *remake del* fascismo ni del neofascismo.

Muchos otros estudiosos autorizados del populismo son de la misma opinión, empezando por uno de los pioneros de la investigación en este campo, Pierre-André Taguieff, que ha seguido el fenómeno del nacional-populismo desde sus orígenes[48] y ha llegado a la conclusión de que los partidos pertenecientes a esta familia "encarnan formaciones posfascistas más que neofascistas, postnazis más que neonazis" y que, con el paso de los años, esta "nueva extrema derecha 'desfascistizada' o 'desnazificada' ha adoptado el rostro de los populismos identitarios [y] al mismo tiempo desextremista"[49]. El mismo concepto expresa Dominique Reynié, cuando afirma que "si el despegue de los partidos populistas europeos, desde finales de los años ochenta y principios de los noventa, es el producto de partidos de derechas, nacidos en la extrema derecha o procedentes de la derecha conservadora, en cualquier caso no está vinculado a un *renacimiento de las* ideas fascistas, sino, muy al contrario, a una operación de reconversión hacia un populismo que integra los datos culturales, sociales y psicológicos

---

[47] Hans-Georg Betz, *Introducción*, en Hans-Georg Betz y Stefan Immerfall (eds.), *The New Politics of the Right. Neo-Populist Parties and Movements in Established Democracies*, Macmillan, Houndmills-London, 1998, p. 3.

[48] Véase Pierre-André Taguieff, «Political science confronts populism: From a conceptual mirage to a real problem», *Telos* 103 (1995), pp. 9-43.

[49] Pierre-André Taguieff, *Le nouveau national-populisme*, CNRS éditions, París, 2012, pp. 62-63.

de la nueva sociedad europea"[50]. Aún más explícito es el análisis del sociólogo Roberto Biorcio, cuando afirma, partiendo del caso de la Liga Norte en Italia, que "Las movilizaciones promovidas por las nuevas formaciones populistas no son una simple radicalización de los conflictos históricamente gestionados por los partidos de extrema derecha. Son movilizaciones muy diferentes, porque no cuestionan las democracias existentes, sino que impugnan su alejamiento de los auténticos principios y valores democráticos. En muchos casos, [...] las nuevas formaciones populistas proceden de ámbitos políticos ajenos a la derecha y, por regla general, la mayoría de sus votantes manifiestan otro tipo de orientación. Por tanto, no pueden confundirse con los partidos de extrema derecha, aunque hay casos de solapamiento"[51]. Y también Finchelstein y Urbinati, al subrayar el contraste entre la visión populista, según la cual "el pueblo real se transforma en una entidad imaginaria encarnada en el líder, que extrae el pueblo 'real' del pueblo empírico que habita un país o está sujeto al sistema legal de un país y "el método y el estilo de la democracia representativa", acaban por considerar posible, incluso en el caso de que un partido populista llegue al poder, "un posfascismo unido a las elecciones y a las restantes instituciones democráticas, que un líder que encarna al pueblo como entidad única está dispuesto a relegitimar"[52].

Más recientemente, cuando el crecimiento del consenso electoral de Marine Le Pen y su Rassemblement National en Francia y la elección de Donald Trump a la presidencia de Estados Unidos desencadenaron lo que Mabel Berezin ha denominado "una mini-industria de escritores improvisados sobre fascismo y populismo", cuyas contribuciones, aunque "a veces carentes de rigor analítico y empírico", tuvieron un amplio eco[53], se reavivó el debate. Esta vez, sin embargo, a pesar de algunas voces discrepantes[54], parecía imponerse

[50] Dominique Reynié, *Les nouveaux populismes,* Fayard, París, 2013, pp. 43-44.

[51] Roberto Biorcio, *La rivincita del Nord. La Lega dalla contestazione al governo*, Laterza, Roma-Bari, 2010, p. 132.

[52] Federico Finchelstein y Nadia Urbinati, *Su populismo e democrazia...*, pp. 45-46.

[53] Mabel Berezin, "Fascism and populism: Are They Useful Categories for Comparative Sociological Analysis?", *Annual Review of Sociology*, 45 (2019), pp. 346-347.

[54] Véase, por ejemplo, William E. Connolly, *Aspirational fascism: The struggle for multifaceted democracy under Trumpism*. Univeristy of Minnesota Press, Minneapolis, 2017.

claramente la tesis de un distanciamiento cada vez más claro de los movimientos nacional-populistas con respecto al fascismo. Gilles Ivaldi, aun admitiendo que originalmente partidos como el Front National o el Fpö austriaco mantenían relaciones ambiguas con la historia de la Segunda Guerra Mundial, subrayó, citando los estudios de Roger Eatwell y Paul Taggart, que "pronto se hizo evidente que un simple intento de 'pegar' el prisma de análisis del fascismo a esas formaciones podía conducir a ocultar la modernidad de esa nueva ola de extrema derecha en Europa Occidental"[55], pasando por alto la gran diversidad de circunstancias y condiciones socioeconómicas y políticas de los años en los que la derecha radical populista hizo su reaparición en la escena política europea en comparación con las que habían dado lugar a los movimientos fascistas en el periodo de entreguerras. En opinión de Ivaldi, la caracterización fascista de las nuevas formaciones desde la aparición de los Partidos del Progreso escandinavos en los años setenta "ya no permite captar la transformación ideológica llevada a cabo por estos partidos, en particular en lo que se refiere a su relación con el régimen democrático parlamentario o a su abandono del racismo biológico arquetípico del fascismo alemán"[56]. En la misma línea, aún con más énfasis, Eatwell y Goodwin rechazaron las acusaciones de encarnar una nueva forma de fascismo dirigidas a Marine Le Pen, Geert Wilders, Donald Trump y otros exponentes nacional-populistas, argumentando que su acción "tiende hacia una nueva forma de democracia en la que los intereses y las voces de la gente corriente son mucho más importantes"[57] .

---

[55] Gilles Ivaldi, *De Le Pen à Trump…*, p. 37. La referencia es a Roger Eatwell, "On defining the "Fascist Minimum": the centrality of ideology", *Journal of Political Ideologies,* 1, 3, 1996, pp. 303-319, y a Paul Taggart, "New Populist Parties in Western Europe", *West European Politics*, 18, 1, 1995, pp. 34-51.

[56] Ibídem.

[57] Roger Eatwell y Matthew Goodwin, *National Populism…*, pp. 39, 43.

SIMILITUDES Y DIFERENCIAS: UNA PRIMERA EVALUACIÓN

Haciendo balance de los numerosos estudios dedicados a este tema, se puede constatar que cualquier intento de trazar un cuadro de las relaciones que existieron –o aún existen– entre fascismo y populismo admite, pero al mismo tiempo circunscribe, la existencia de un cierto número de elementos de afinidad entre ambos fenómenos.

Uno de los primeros en abordar esta cuestión fue Gino Germani, a quien debemos la adopción del término "nacional-populismo", acuñado precisamente para subrayar la existencia de una relación entre ambos fenómenos. Sin embargo, también fue uno de los primeros estudiosos en admitir los límites de esta relación, al afirmar que "los elementos del nacional-populismo son claramente evidentes en el primer fascismo y en general hasta la toma del poder, o incluso hasta 1925", pero que más tarde "se redujeron a puros elementos de manipulación propagandística"[58] y que quienes se reconocían en esos aspectos del fascismo eran marginados o empujados a oponerse al régimen. De esta observación, el sociólogo italo-argentino extrajo la conclusión de que entre la experiencia del fascismo italiano y la del nacional-populismo ejemplificado por el primer régimen peronista, a pesar de algunos puntos de contacto superficiales, las diferencias habían sido significativas[59].

La mayoría de las contribuciones posteriores al debate académico han reiterado esta línea de interpretación. Los historiadores del fascismo han adoptado principalmente esta postura. Didier Musiedlak, por ejemplo, reconoce que "la doctrina fascista, en su acepción genérica, se reconoce plenamente en un movimiento de carácter populista: es la apelación al pueblo la que debe permitir el renacimiento de la nación, en Italia como en Alemania", pero considera "ilusorio y reductor afirmar que el fascismo agota su sustancia" en un populismo que carece de un núcleo ideológico sólido: existe un sustrato populista en todos los movimientos, pero su influencia en la "visión utópica del Estado y la sociedad" que caracteriza al fascismo es muy

[58] Gino Germani, *Fascismo Autoritarismo...*, p. 241.

[59] Ibídem, p. 240.

limitada[60]. A su vez, Roger Eatwell, comparando las connotaciones ideológicas de ambos fenómenos, si por un lado admite la existencia de hibridaciones entre ellos, por otro limita severamente el alcance de tales injertos, pues los fascistas, aunque exaltaban al pueblo al fundirlo con la nación, no creían en su capacidad para gobernar, y del populismo solo tomaron prestados algunos aspectos estilísticos y discursivos con fines puramente estratégicos[61]. Y Ludovico Incisa di Camerana, que en su análisis sitúa ambos fenómenos en el contexto de las crisis ligadas a las contradicciones del proceso de modernización que invirtieron en el siglo XX tanto los países ya evolucionados económicamente como los que aún estaban en proceso de industrialización, al tiempo que sostiene que la categoría de populismo puede incluir "casi todos los fascismos, si no todos", expresa fuertes dudas sobre la hipótesis de que el fascismo pueda "considerarse como una variante agresiva o dramática del populismo y este en sentido estricto como una versión pacífica y aséptica del fascismo", limitándose a afirmar que "es cierto que el populismo representa un punto de referencia útil para ulteriores clasificaciones" en este ámbito[62].

Una posición similar han adoptado también muchos de los estudiosos que se han centrado más específicamente en el populismo, analizándolo desde una perspectiva sociológica y/o política. Ilvo Diamanti y Marc Lazar, por ejemplo, han argumentado que en el siglo XX el populismo se convirtió en uno de los componentes del fascismo, aunque subrayan que "existen, sin embargo, matices importantes que diferencian fascismo y populismo. El fascismo pretende dotarse de una doctrina y tiene una pretensión teórica que no existe en el populismo. [...] Para Mussolini, el pueblo no solo tiene virtudes: el Duce no ocultaba su irritación ante los 'defectos' del pueblo italiano, que debe ser tomado de la mano, guiado, protegido por el Estado. El populismo, en cambio, tiene una fe más firme en las virtudes instintivas del pueblo" y su apego a la nación tiene un

60 Véase Didier Musiedlak, *Un legs de la modernité,* en Marie-Claude Esposito, Alain Laquièze y Christine Manigand (eds.), *Populismes, l'envers de la démocratie*, Vendémiaire, París, 2012, pp. 64-65.

61 Roger Eatwell, *Populism and Fascism*,, pp. 365, 369, 380.

62 Ludovico Incisa di Camerana, *Fascismo Populismo Modernizzazione*, Antonio Pellicani, Roma, 2000, pp. 356-357.

sentido puramente protector y defensivo, sin apetitos imperialistas ni horizontes de grandeza[63] . En la misma línea, Stijn van Kessel sostiene que "en algunos aspectos, los populistas se parecen a los fascistas" (pero también a los comunistas y a los etnonacionalistas) "al oponerse al orden político existente y apelar a una comunidad idealizada. Sin embargo, también existen algunas diferencias cruciales. Los fascistas prefiguran un Estado totalitario, jerárquicamente organizado y orgánico en el que las personas sirven como meras partes de un todo mayor. El populismo, en cambio, glorifica a la gente corriente dentro de la comunidad, y no al Estado-nación como tal". Por último, el fascismo es antidemocrático, mientras que el populismo considera la voluntad del pueblo como fuente última de legitimidad política[64]. Coincidiendo con esta interpretación, Eatwell y Goodwin señalan que los partidarios de la ecuación populismo-fascismo se centran en elementos de estilo más que de contenido y, al trasladar la comparación a un plano ideológico, muestran las fuertes divergencias entre ambas visiones, con el predominio en el bando populista de los temas de la voluntad popular, las reivindicaciones de la gente corriente y la crítica a las élites distantes y corruptas, y en cambio, en el bando fascista, de la nación holística, el hombre nuevo y la tercera vía autoritaria que hay que construir[65].

A pesar de la presencia de algunas voces disonantes, como la del sociólogo Alessandro Dal Lago, que en un libro de tono polémico llega a considerar el Movimiento Cinco Estrellas fundado por Beppe Grillo un ejemplo de "fascismo disfrazado de democracia directa" y juzga "típicamente peronista y parafascista [...] la intuición de la aparente superación de la oposición derecha-izquierda" que propugnaba originalmente el M5S[66], el debate académico sobre el tema parece coincidir con las conclusiones extraídas por Mabel Berezin en un artículo de síntesis dedicado a la utilidad de las categorías de fascismo y populismo para el análisis sociológico comparado.

---

[63] Ilvo Diamanti y Marc Lazar, *Popolocrazia*, Laterza, Roma-Bari, 2018, pp. 80-81.
[64] Stijn van Kessel, *Populist parties in Europe...*, p. 15.
[65] Véase Roger Eatwell y Matthew Goodwin, *National Populism...*, pp. 44, 64 (fig. 2.1).
[66] Alessandro Dal Lago, *Populismo digitale*, Raffaello Cortina, Milán, 2017, pp. 125, 129.

Argumentando que el fascismo comparte con el populismo una fuerte dosis de ambigüedad conceptual, la socióloga de la Universidad de Cornell señaló que "en contraste con el populismo, un término que los politólogos han impuesto a ciertos tipos de movimientos y regímenes, el fascismo es originalmente un término históricamente específico", que ha perdido parte de esta calidad debido a los esfuerzos de historiadores y científicos sociales por convertirlo en una categoría analítica. A pesar de esta ampliación de su significado, el concepto de fascismo conserva un vínculo directo con un proyecto político preciso –la fusión de las esferas privada y pública en el Estado–, mientras que el populismo desafía los intentos de una definición precisa, "porque suele representar un agregado variable de preferencias populares sin una ideología clara que las unifique". La comparación entre ambos fenómenos, por tanto, solo puede dar resultados apreciables si se limita a las características de los respectivos estilos políticos, pero es mucho menos útil si pasa a abordar cuestiones de fondo, sobre todo si el uso generalizador de la noción de fascismo lleva a pasar por alto las distinciones existentes entre movimientos y regímenes, ideologías e instituciones[67]. La conclusión de Berezin es, por tanto, que "es analíticamente más útil pensar en el fascismo y el populismo como adjetivos que como sustantivos o verbos". En otras palabras, esto significa que los analistas sociales deben "prestar atención al contexto institucional en el que surgen las configuraciones de las cualidades asociadas con el fascismo o el populismo en diferentes momentos históricos". Utilizando este enfoque, queda claro que el vínculo conceptual entre populismo y fascismo está limitado temporalmente, y que "la particularidad histórica hace difícil hablar de un retorno a los años 30"[68].

Teniendo en cuenta estas y otras observaciones, quienes deseen avanzar en el análisis de esta relación deben, como hemos anticipado, someter las hipótesis planteadas por los estudiosos a un doble escrutinio crítico: empírico y teórico. Es decir, analizar las afinidades y diferencias existentes entre fascismo y populismo, por un lado, examinando los

---

[67] Véase Mabel Berezin, *Fascism and Populism. Are they...*, pp. 348-350.
[68] Ibídem, p. 356.

aspectos concretos y operativos de los regímenes y movimientos en los que se encarnaron ambos conceptos y, por otro, atendiendo a su perfil ideológico (aunque, en el caso del populismo, más que de una ideología sería más apropiado hablar de una mentalidad -entendida en el sentido que Juan Linz asignó a este término)[69].

Bajo el primero de estos dos aspectos, la evidencia empírica solo puede partir del único caso histórico en el que el término fascismo ha sido asumido y reivindicado tanto por un movimiento como por un régimen, a saber, el de Italia.

LAS AFINIDADES

Que aquí existen afinidades con el populismo es un hecho. Aunque en un principio el régimen fundado por Benito Mussolini, tras el punto de inflexión del 3 de enero de 1925 que marcó efectivamente el fin de la era de la política liberal en Italia, es visto por los observadores extranjeros -periodistas, académicos, políticos diplomáticos- como una dictadura personal y por los adversarios como un sistema totalitario (el socialista Lelio Basso figura entre los primeros en utilizar este término, hablando de "la hegemonía de un partido único que se hace intérprete de la voluntad unánime, del totalitarismo indistinto"[70]), las referencias a un alma populista del fascismo se multiplicaron a partir de los años treinta.

La famosa imagen de Mussolini trillando trigo sin camisa el 9 de julio de 1934 bajo la mirada de la cámara del noticiario fue interpretada inmediatamente por muchos como una expresión ejemplar de demagogia populista. El eslogan "ir al pueblo" fue, además, en aquella época retomado por muchos órganos de prensa y subrayado sobre todo por aquellos círculos más radicales –en su

[69] Véase Juan Linz, "Totalitarian and Authoritarian Regimes", en Nelson Polsby y Fred Greenstein (eds.), *Handbook of Political Science. Vol. 3: Macropolitical Theory*, Addison-Wesley, Reading. Mass., 1975, pp. 175-411, passim. Para una discusión sobre este punto remitimos a Marco Tarchi, *Italia populista*, il Mulino, Bolonia, 2015, pp. 68-77.

[70] Véase Jens Petersen, *La nascita del concetto di "Stato totalitario" in Italia*, en "Annali dell'Istituto storico italo-germanico in trento", I, 1975, p. 157.

mayoría jóvenes– que esperaban abiertamente una "segunda ola" que devolviera al partido a sus orígenes movimientistas y revolucionarios, rompiendo los compromisos con la burguesía que habrían contaminado su naturaleza. Y en poco tiempo esa consigna se convirtió en uno de los motivos impulsores de la propaganda del régimen y también, al menos en parte, de su acción. Ilustra su sustancia no solo la exaltación holográfica de las virtudes populares (de *todo* el pueblo, pero a menudo sobre todo de la gente más humilde, a la que se promete la redención de la miseria) y el heroísmo de los trabajadores manuales que constituyen su núcleo fundamental, sino también una institución como el Dopolavoro[71], a la que se confía la misión de erradicar las viejas enemistades entre clases y devolver a la nación el carácter de una comunidad cohesionada, cimentada en la igual dignidad de sus miembros.

El populismo fascista, además, ha tenido ilustres precedentes. La exaltación del pueblo como columna vertebral del Estado y alma de la sociedad tiene una larga historia en Italia: ya en la época de la Restauración, su representación bajo la forma de una "presencia humilde", la de un pueblo "virtuoso, frugal, devoto, paciente [pero] también feroz en la defensa de la tradición" es uno de los puntos fuertes de los argumentos legitimistas, mientras que los jacobinos subrayan su función soberana de "potencial revolucionario inagotable, como origen de toda innovación que traería la justicia igualitaria y la felicidad general"[72]. En resumen, tanto si sirve para apuntalar el mito del progreso como si se evoca para cantar las alabanzas de la conservación, su función política en los albores del siglo XIX ya era esencial, como demostraría más tarde la extendida retórica nacional-popular del Risorgimento, alimentada por una vasta producción literaria y artística, desde los años de la lucha por la reunificación del país hasta las manifestaciones de los intervencionistas que exigían la entrada de Italia en la Primera Guerra Mundial. Antes de la marcha sobre Roma, fueron los himnos a la fraternidad de los combatientes madurados en las trincheras, impregnados de apelaciones emocionales

[71] Véase Victoria De Grazia, *Consenso e cultura di massa nell'Italia fascista. L›organizzazione del Dopolavoro*, Laterza, Bari, 1981.

[72] Carlo Tullio-Altan, *Populismo e trasformismo*, Feltrinelli, Milán, 1989, p. 49.

igualitarias y comunitarias, y el papel desempeñado por Gabriele D'Annunzio, exaltado por la conquista de Fiume, los que prepararon el terreno para la utilización de la imagen del pueblo como guía en el proceso de reconstrucción de la nación, herida por el odio de clase fomentado por los socialistas.

Incluso antes de reencarnarse en el duce del fascismo, Mussolini ya había dado sobradas muestras de su sensibilidad hacia ciertos temas que gozan de amplia difusión en el imaginario populista: en el periodo de su militancia socialista lanzó anatemas contra la "charlatanería" y el "cretinismo" de los parlamentarios, contra los burócratas y los intelectuales[73], objetivos todos ellos contra los que seguiría esforzándose incluso después de convertirse al intervencionismo, sin renunciar a tronar contra la ineptitud de las clases dirigentes, a apoyar las aspiraciones de todo el pueblo a la justicia social y a reivindicar la institución de instrumentos de democracia directa. Tras la conquista del poder, la vena populista de Mussolini se ejercitaría en el contacto directo con la multitud desde el balcón del Palazzo Venezia y en los frecuentes mítines organizados con ocasión de la inauguración de las obras definidas como "populares" (y no simplemente públicas) deseadas por el régimen.

Hay, en esta relación entre Capo y Massa, una buena dosis de demagogia, pero también transpira un deseo de integración que realza el ideal comunitario: imponer la colaboración entre las clases mediante la conciliación de intereses aparentemente opuestos, y luego borrar la mentalidad antagónica ligada al concepto de clase, es un paso crucial en el intento de recrear la unidad orgánica de la nación. La apología del mundo rural y de sus tradiciones, las llamadas a la sabia concreción de quienes conocen la dureza de la vida, las frecuentes polémicas contra la actitud psicológica que lleva a la burguesía a separarse del pueblo del que, por el contrario, debería ser un componente indispensable y solidario, pero también los rituales de exaltación colectiva de las "concentraciones oceánicas" en las que una multitud jubilosa recibe al Duce en las plazas de

[73] Véase Pierre Milza, «Mussolini entre fascisme et populisme», *Vingtième Siècle*, 56, 1997, p. 118.

las ciudades italianas, son todos instrumentos de este proyecto de nacionalización de las masas que tiene en la unión entre el Estado y el pueblo el vínculo esencial. Al lado de las instituciones, y a veces en una polémica larvada contra ellas, la cultura fascista se encargó de arraigar más firmemente en la sociedad italiana, y especialmente en las jóvenes generaciones, el mensaje sobre el que descansa este proyecto, sin dudar en algunos casos en llegar a los límites de la santificación de un pueblo estereotipado tomado como modelo, como en el panegírico de la "barbarie" popular de Curzio Malaparte, en el que los vicios atribuidos habitualmente al pueblo llano, como la ignorancia, el instinto, la desconfianza, la superstición, se transfiguran en virtudes providenciales[74] .

LAS DIFERENCIAS

Junto a estos rasgos populistas, el régimen muestra, sin embargo, otros de signo opuesto. Consideremos, por ejemplo, las ideas tan diferentes que el populismo y el fascismo tienen de la relación entre la sociedad y los poderes públicos: el primero subordina el Estado al servicio de las necesidades expresadas por la sociedad y propone severas limitaciones a su esfera de intervención, mientras que el segundo le rinde un verdadero culto y lo convierte en el instrumento indispensable que da forma, sustancia y dirección al pueblo, que de otro modo estaría destinado a seguir siendo una masa indiferenciada y anárquica, sometida a continuos accesos de egoísmo individualista. O pensemos en lo diferente que es la función de la apelación al valor de la nación en los dos casos: en el fascismo, esta sentida apelación sirve para apoyar una política expansiva y agresiva hacia los países rivales, mientras que en el populismo se utiliza en cambio con fines defensivos, contra las temidas invasiones de

---

[74] Es de nuevo Carlo Tullio-Altan, *op. cit.*, quien toma este elogio como ejemplo de una actitud muy extendida en la cultura fascista, que muchos historiadores atribuyen sobre todo a las corrientes "izquierdistas" del movimiento. Sobre la concepción fascista del pueblo, véase Piergiorgio Zunino, *L'ideologia del fascismo*, Il Mulino, Bolonia 1985,, pp. 200-202.

capitales, mercancías y trabajadores extranjeros y para justificar una postura aislacionista en política exterior. Y las diferencias también destacan en muchos otros ámbitos: por ejemplo, en las distintas concepciones que fascistas y populistas tienen del individuo, de la relación entre las esferas privada y pública, y de la relación entre el pasado, el presente y el futuro, en las que se basa la referencia aparentemente común al valor de las tradiciones y los modos de vida heredados de generaciones anteriores.

La imagen de estas diferencias se aclara si, situándolas en un plano teórico pero extrayendo los elementos de valoración del análisis comparado de las experiencias históricas que pueden remontarse al fascismo y al populismo, identificamos una serie de conceptos que, si bien desempeñan un papel importante en ambos campos, han adquirido significados bien distintos en la retórica y la práctica de los sujetos que pueden asignarse a cada uno de ellos. Una primera catalogación nos permite identificar al menos diez: pueblo, nación, estado, sociedad, individuo, líder, élite, democracia, mercado, etnia.

I. El *pueblo* es visto por los populistas como una comunidad cohesionada y virtuosa, cuya voluntad constituye el único principio legitimador de la acción de un gobierno; para los fascistas, es originalmente una masa amorfa que debe ser educada bajo la dirección de una élite, fundiéndola en la nación para hacerla consciente de su propia identidad.

II. La *nación* es, para los populistas, el producto de las tradiciones culturales que un pueblo ha acumulado a lo largo del tiempo y que le proporcionan una identidad estable. Los fascistas le asignan el valor de una comunidad espiritual, que tiene la tarea de formar y dirigir al pueblo, asignándole un destino.

III. El *Estado es* visto por los populistas como el simple administrador del interés público, subordinado a la voluntad del pueblo, que debe controlar y, si es necesario, limitar su acción, mientras que para los fascistas es la encarnación suprema del principio de autoridad, fundamento de la organización social. De ello se deduce que en el fascismo, el orden de relevancia jerárquica consagra la primacía del Estado sobre la nación y el pueblo; para el populismo, ocurre lo contrario: en la cúspide de la pirámide está el pueblo, en una posición intermedia se encuentra la nación y el Estado se sitúa en una posición subordinada.

IV. La *sociedad* en el populismo es vista como el contexto natural en el que se desarrolla la vida del pueblo, y es autónoma del Estado, sobre el que tiene un papel prioritario. En el pensamiento fascista es vista como materia prima que debe ser formada, controlada y dirigida por el Estado, al que está subordinada.

V. El *individuo*, en la visión populista, es la piedra angular de la vida social, que, sin embargo, para escapar a las tentaciones del egoísmo, enemigo del bien común, debe encontrar en el pueblo el contexto natural para la manifestación de sus necesidades y aspiraciones. Para los fascistas, es esencialmente un simple componente de la nación, a cuyas necesidades debe ajustarse, sacrificando sus propios intereses si es necesario.

VI. El *líder* populista es el portavoz o ventrílocuo del pueblo, el intérprete de sus necesidades, dotado de cualidades ordinarias en grado extraordinario. El líder fascista es el guía del pueblo y de la nación, a los que indica el destino, y a los ojos de los seguidores debe aparecer dotado de cualidades extraordinarias y carismáticas.

VII. Los populistas ven a *la élite de forma* negativa, como un bloque de poder que debe ser controlado por el pueblo para proteger sus derechos, mientras que en la visión fascista adopta el papel de una aristocracia espiritual, cuya tarea es supervisar al pueblo y dirigirlo para que cumpla sus deberes para con la nación y el Estado.

VIII. La *democracia* es considerada por los populistas como la forma ideal de régimen, que consagra la soberanía del pueblo y que debe realizarse en su totalidad mediante instrumentos de expresión popular directa y sin mediación institucional. Los fascistas la critican porque invierte el principio de autoridad y está sujeta a la volubilidad de las masas.

IX. Los populistas ven positivamente el *mercado*, aunque haya que moderarlo con medidas protectoras reservadas a la población autóctona (el llamado "chovinismo del bienestar"). Los fascistas lo ven negativamente y creen que debe subordinarse a las necesidades de la nación y controlarse mediante nacionalizaciones o corporativismo dirigido por el Estado.

X. *La etnicidad* es para los populistas el sustrato unificador del pueblo "auténtico" y está vinculada principalmente a rasgos culturales, estilos de vida, tradiciones que deben preservarse de la contaminación y las corrupciones inducidas por factores externos, en una perspectiva diferencialista; de ahí la xenofobia entendida como miedo al forastero. En la visión fascista está vinculada a características tanto espirituales como biológicas de los pueblos, de los que determina una jerarquía, en una perspectiva racista.

A estas distinciones se podrían añadir otras, empezando por el ideal humano que cultivan el populismo y el fascismo: por un lado está la valorización del hombre común y de sus virtudes ordinarias, por otro la exaltación del héroe, el modelo del "hombre nuevo" que hay que construir. Y podrían encontrarse otros motivos de contraste en la vocación de conservación o de revolución, en el dualismo entre realismo y utopía, en el anclaje en el presente o en la proyección hacia el futuro, etc. Nos parece, sin embargo, que ya desde este somero reconocimiento histórico-teórico emerge con claridad el resultado fundamental de la comparación: a saber, que, aun siendo innegable la existencia de un cierto número de afinidades entre ambos fenómenos, las diferencias entre ellos parecen aún más significativas, y aconsejan -como sugería recientemente Gianfranco Pasquino- "ofrecer respuestas prudentes, inevitablemente matizadas, a la pregunta de si existe una conexión, y cuál, entre populismo y fascismo"[75] , evitando solapar o mezclar en exceso dos conceptos, y dos realidades, inequívocamente distintos.

[75] Véase Gianfranco Pasquino, *Autoritarismi e populismi*, en ídem (ed.), *Fascismo. Quel che è stato, quel che rimane*, Treccani, Roma, 2022, p. 431.

MUSSOLINI, EL HOMBRE Y EL MITO: DE LA REVOLUCIÓN SOCIALISTA AL POSTFASCISMO

Matteo Re
Universidad Rey Juan Carlos[1]

"Un uomo intelligente non può essere una cosa sola. Non può –se è intelligente– essere sempre la stessa cosa. Deve mutare. Non si può essere sempre socialisti, sempre repubblicani, sempre anarchici, sempre conservatori".
Benito Mussolini

MUSSOLINI REVOLUCIONARIO

A poco más de veinte años de la proclamación del Reino de Italia, en 1883, nació Benito Mussolini. Lo hizo en el seno de una familia humilde, cuyos orígenes proletarios serán hábilmente explotados por algunos de sus biógrafos una vez convertido en *duce* del fascismo[2]. La madre era muy devota de la fe católica, el padre profesaba un incendiario socialismo revolucionario. Tanto es así que bautizó a su hijo Benito Amilcare Andrea, tres nombres altamente simbólicos con los cuales pretendía homenajear a Benito Juárez, el líder revolucionario mejicano, a Amilcare Cipriani, el patriota anarquista italiano héroe de la Comuna de París, y a Andrea Costa, el primer diputado socialista italiano.

Mussolini cultivó desde muy joven ese ideario revolucionario de tintes *anarcoides* y no tardó en meterse en problemas. Entre 1902 y

[1] Trabajo enmarcado en el Grupo de Investigación (Categoría: Alto Rendimiento) en Libertad, Seguridad y Ciudadanía en el Orden Internacional de la URJC (INTERCIVITAS).
[2] Antonio Beltramelli: *L'uomo nuovo*, Milano, Mondadori, 1923. Margherita Sarfatti: *Dux*, Milano, Mondadori, 1926.

1904, para evitar el servicio militar, se fue a Suiza, donde comenzó su activismo político, siendo detenido en 1903 tras pronunciar un discurso durante una huelga. Allí malvivía dando clases de italiano y escribiendo en periódicos socialistas. Sin embargo, Suiza fue la palestra para Mussolini como periodista, y aún más como orador y agitador de masas. Entró en contacto con ambientes cercanos al socialismo revolucionario y conoció a Angelica Balabanoff, una marxista rusa que había estudiado en Italia, la cual contribuyó en la formación intelectual y política del futuro duce del socialismo[3]. La admiración mutua terminó años después, cuando Mussolini, como veremos, decidió apoyar la intervención de Italia en la Gran Guerra.

Mucho se ha especulado sobre un posible encuentro, en el país helvético, entre él y Lenin, ya que ambos, a principios de 1904, vivían en Ginebra (probablemente frecuentaban incluso la misma biblioteca). Sin embargo, entre los dos la diferencia de edad era grande. El primero tenía tan solo veintiún años y el segundo acababa de cumplir treinta y cuatro. Según Renzo de Felice, el mayor biógrafo de Mussolini, es altamente probable que no se hayan siquiera cruzado por las calles de esa ciudad[4]. El revolucionario ruso fue, en un principio, admirador de Mussolini, al que le llegó a considerar como al único socialista capaz de llevar al pueblo italiano a la revolución. Cuando vio que eso no iba a ocurrir, criticó duramente ese tipo de socialismo que no compartía su idea de paz inmediata.

Los problemas para Mussolini en Suiza no terminaron, fue expulsado de Ginebra por falsificar la fecha de caducidad de su pasaporte. Se mudó a Lausana y, en diciembre de 1904, regresó a Italia gracias a una amnistía que le permitió alistarse al servicio militar y cumplir así con sus deberes sin incurrir en ninguna sanción de tipo legal.

Terminada la mili, se dedicó a la enseñanza, que compaginaba con su verdadera pasión: el periodismo. Dirigió varias revistas de inspiración socialista revolucionaria, abiertamente anticlericales y antimilitaristas. Se opuso de manera firme a la guerra italo-turca para la conquista de Libia. Lo hizo no solo redactando artículos de

---

[3] Emilio Gentile: *Mussolini contro Lenin*, Roma-Bari, Laterza, 2017, p. 9.

[4] Renzo De Felice: *Mussolini il rivoluzionario (1883-1920)*, Torino, Einaudi, 1965, p. 35n.

repulsa a la invasión colonial, sino también activamente, en calidad de secretario de la federación socialista de Forlì, en manifestaciones de protesta callejera contra ese acto imperialista que pretendía que Italia tuviera su «lugar bajo el sol». Cuando lo hizo con especial vehemencia, durante la huelga general el 27 de septiembre de 1911, acabó preso.

MUSSOLINI DUCE DEL SOCIALISMO

En la cárcel, Mussolini coincidió con Pietro Nenni, en aquel entonces republicano y que solo más tarde se convertiría en gran figura del Partido Socialista Italiano. Ambos estrecharon amistad[5], extendida a sus respectivas familias[6], la cual se interrumpió pocos años después. De hecho, una vez fundados los *Fasci di combattimento*, Nenni participó por poco tiempo en ellos, pero cuando vislumbró el alma violenta de ese movimiento creado por Mussolini, se alejó y entró de pleno en el Partido Socialista Italiano[7].

Una vez cumplida la condena de ocho meses de reclusión, el futuro duce del fascismo irrumpió en la escena política italiana. Tenía veintinueve años cuando, el 8 de julio de 1912, durante el XIII Congreso Nacional del partido en Reggio Emilia, destacó como la "figura más popular del socialismo italiano"[8]. Dio un discurso incendiario, aupando el socialismo revolucionario en detrimento del ala reformista, considerada tibia e inconcluyente. Tras el verano, fue elegido miembro de la nueva dirección nacional del partido y nombrado director del periódico socialista *Avanti!*, desde cuyas páginas no ahorraba críticas ni a los Saboya ni al jefe del gobierno, el liberal Giovanni Giolitti.

Mussolini se convirtió así en el tan ansiado "hombre nuevo" para los socialistas. Su carisma y su determinación lograban atraer a las masas más radicales. Sin embargo, al poco tiempo de brotar,

---

[5] Pietro Nenni: *Sei anni di guerra civile*, Milano, Rizzoli, 1945.
[6] Arrigo Petacco: *Storia bugiarda*, Roma-Bari, Laterza, 1989.
[7] Giuseppe Tamburrano: *Pietro Nenni*, Roma-Bari, Laterza, 1986.
[8] Emilio Gentile: *Fascismo. Historia e interpretación*, Madrid, Alianza, 2002, p. 26.

ese idilio se marchitó. Cierto es que la situación internacional había cambiado rápidamente. Al aproximarse la Primera Guerra Mundial, y más aún una vez que esta empezó, Mussolini abandonó su profundo antimilitarismo, acogiendo posiciones neutralistas, primero, e intervencionistas, después. Interpretó la guerra como un momento catártico para el país, como la manera de madurar como nación. Esta visión de unidad y orgullo nacional, que no había incorporado en su ideario hasta esa fecha, se fue fraguando hasta convertirse en un elemento de distinción en su etapa siguiente. Tras la guerra, de hecho, el futuro duce irá incluyendo a su discurso unos marcados toques patrióticos, en detrimento de la lucha de clases, lejana reminiscencia de su periodo socialista, sentando las bases de una "revolución sin proletariado" o, lo que llega a ser lo mismo, de una "revolución nacional"[9].

El viraje de la neutralidad a la intervención militar le supuso la expulsión del partido, oficializada el 19 de octubre de 1914. Su socialismo, sin embargo, no se vio afectado. Mussolini lo explicitó en su discurso de despedida, cuando afirmó que, a pesar de haberle quitado el carné de las manos, nadie iba a impedirle mantenerse en primera fila luchando por el socialismo[10].

Una vez fuera del partido, Mussolini tuvo que abandonar también la dirección del periódico socialista *Avanti!*. Poco después, fundó otro rotativo, *Il Popolo d'Italia*, que pretendía mantener la tradición socialista; y eso hizo, por lo menos al principio. En las páginas de ese nuevo diario se fue impulsando el intervencionismo, interpretándolo como el único modo para desencadenar un proceso revolucionario que cimentara el rescate social del pueblo italiano, que estaba todavía por formarse y consolidarse a nivel de identidad nacional.

Este otro mito mussoliniano terminó en tan solo dos años. Siguieron momentos de odio visceral por parte de sus antiguos compañeros y de la base del partido, que consideraron a Mussolini un traidor oportunista.

---

[9] Alessandro Campi: *Mussolini*, Bologna, Il Mulino, 2001.
[10] Emilio Gentile: *Fascismo...*, *op. cit.*, p. 82.

EL MUSSOLINI MILITARISTA

El cambio estratégico de Mussolini lo llevó a promover la necesidad de una intervención militar en la Primera Guerra Mundial y enrolarse él mismo como voluntario. Luchó en las trincheras desde septiembre de 1915 hasta febrero de 1917. Tras sufrir un accidente que le dejó al borde de la muerte, fue dado de baja para que se recuperase de las heridas. Esa recuperación adquirió toques casi taumatúrgicos que promovían una imagen de un Mussolini inmortal, la cual, años después, será recuperada durante el fascismo tras cada intento de asesinato del que fue víctima[11].

Una vez terminada la contienda, cómplice también un acuerdo de paz considerado hasta ofensivo para una Italia[12] que, según la interpretación de Mussolini, había demostrado con orgullo un espíritu de unidad nacional y un modelo de 'italianidad' a seguir, se fue fraguando la idea de que el valor y el sacrificio de los soldados merecían una recompensa. Al frente del país debían de situarse aquellos que hubieran demostrado su valentía en las trincheras. Hasta se llegó a crear el neologismo *trincherocracia*, "la aristocracia de las trincheras", es decir, "el aristócrata de mañana"[13]. Mussolini vivió la victoria de Italia en la guerra como un triunfo personal, atribuyéndose el mérito de haber abandonado la neutralidad justo a tiempo para abrazar la intervención, pero enemistándose con sus excompañeros socialistas. El 23 de marzo de 1919 creó en Milán un movimiento, los *Fasci di Combattimento*, inspirado en esta nueva interpretación política. Estaba conformado, en ese momento todavía embrionario, por pocas decenas de personas de diferente procedencia: futuristas, sindicalistas revolucionarios, anarquistas, casi todos jóvenes veteranos de guerra. Los *Fasci* proponían unas políticas sociales de corte progresista[14], como el sufragio universal (incluyendo el voto y la elegibilidad de las mujeres), la abolición del Senado, una fuerte tasación progresiva que podía hasta culminar con la expropiación

---

[11] Luisa Passerini: *Mussolini immaginario*, Roma-Bari, Laterza, 1991, pp. 29 y 31.
[12] Gaetano Salvemini: *Scritti sul fascismo*, (vol. III), Milano, Feltrinelli, 1974.
[13] Emilio Gentile: *Quando Mussolini non era il duce*, Milano, Garzanti, 2020, p. 120.
[14] Renzo De Felice: *Breve storia del fascismo*, Milano, Mondadori, 2000, p. 9.

parcial de las riquezas para los más pudientes, el secuestro de todos los bienes de las congregaciones religiosas, la gestión corporativa de la producción agrícola y la concesión de tierras a los campesinos[15].

En esta fase, los *protofascistas* lograron conformar una especie de movimiento de tintes populistas, antisistema, enfrentado a la gerontocracia liberal. Un año más tarde, en plena ebullición social, con la ocupación de las fábricas en el triángulo industrial en el norte y de las tierras en el centro-sur, los *Fasci* se estructuraron como una milicia que brindaba apoyo a los terratenientes en clave *antibolchevique*, en un periodo en el que algunos jefes políticos del proletariado miraban con cierta admiración a la revolución rusa de 1917. Más que la clase dirigente, por lo menos en esta fase, fue la clase media rural, espantada por las posibles consecuencias de la llegada de una revolución al estilo soviético, la que más comulgó con Mussolini y los suyos, considerándolos como la única opción posible para lograr protección.

EL FASCISMO LLEGA AL PODER

En las elecciones de 1919, los *Fasci di Combattimento* consiguieron unos resultados decepcionantes. Mussolini orientó poco a poco ese movimiento hacia la burguesía productiva y las clases medias decepcionadas y críticas con los partidos tradicionales, impulsando un giro conservador que abandonaba toda sospecha de admiración hacia objetivos revolucionarios. Ese cambio le dio buenos resultados. El número de inscritos aumentó, logrando 35 escaños en las generales de 1921 y abriendo la puerta a la evolución de movimiento a partido. Nacía así el Partido Nacional Fascista. Un año más tarde, ya estaba en el poder. El periodo dictatorial, tal y como lo conocemos, comenzó de manera no oficial en el mes de enero de 1925, tras el escándalo del asesinato del líder socialista Giacomo Matteotti y una vez pronunciado ese famoso discurso en el cual Mussolini se

[15] Claudio Vercelli: *L'anno fatale*, Torino, Edizioni del Capricorno, 2019, p. 91.

hacía cargo de toda la responsabilidad política, moral e histórica de lo ocurrido.

A partir de 1926, la mística del *duce* no tuvo límites. Ese "hombre nuevo" tan ansiado parecía haber llegado. Las masas, en su mayoría alejadas de todo tipo de participación política, venían de tres años de guerra y de un largo periodo de crisis social, factores que habían acentuado las inquietudes de cara al futuro[16].

El mito del Mussolini fascista se debe a muchos factores. Para empezar, a la dinámica vertiginosa del "hijo del pueblo", de quien ha llegado a lo más alto sin la necesidad de ayudas externas, solo por sus propios medios, lejos de enchufismos y de turbios favores. Con un padre herrero y una madre maestra, sus contactos a nivel político siempre habían sido nulos. El hombre hecho a sí mismo siempre tiene una cierta fascinación.

La propaganda es otro factor importante para entender la locura colectiva de una parte de los italianos hacia el duce. Su presencia fue constante en la vida pública, e incluso privada, gracias a la proliferación de biografías y de entrevistas. Su imagen estaba por todas partes[17]. Mussolini viajó a lo largo del territorio nacional, transmitiendo cercanía a la gente común, actitud inusual en la política de la época, caracterizada por un cierto elitismo. Se le representó, a través de fotografías y vídeos, recolectando el maíz, vestido de minero, bañándose en la playa, montando en motocicleta o a caballo. Pero también elegantemente vestido rodeado de los mandatarios mundiales o en uniforme pasando revista a las tropas. En un país donde el analfabetismo alcanzaba cuotas importantes, la imagen se convirtió en un arma de consenso mucho más inmediata. Sin olvidarnos de que, obviamente, una parte de la población no quería a Mussolini, tampoco podemos olvidar la conexión que se creó entre él y el pueblo. El líder del fascismo solía recibir numerosas cartas de personas que demostraban su admiración y su amor incondicional. Alberto Vacca analizó una gran cantidad de ellas. Se trata de misivas enviadas entre 1930 y 1943 y redactadas en su mayoría por niños y niñas (eso no

[16] Silvio Lanaro: *Nazione e lavoro*, Venezia, Marsilio, 1979, p. 219 y ss.
[17] Luisa Passerini: *Mussolini immaginario*..., *op. cit.*

debería de extrañarnos ya que una de las actividades obligatorias en la escuela era justamente escribir una carta al duce) y por mujeres[18]. Merece la pena citar la adjetivación que se solía usar para dirigirse a Mussolini: "queridísimo", "sumo", "bueno", "grande", "sabio", "inteligente", "generoso", "augusto", "invencible", "magnífico", "valiente", "justo", "santo" o "bendito", entre otros. En definitiva, se le consideraba "una segunda deidad", un "nuevo Dios", el "Dios de nuestra Italia", "nuestra Religión", "*duce* santo", "hombre sobrenatural", un "Milagro", un "Taumaturgo", el "Salvador de Italia", el "Defensor de la civilización romana y cristiana", el "Creador de un Imperio", el "destructor del mundo bolchevique".

El fascismo había logrado transformarse en una especie de religión laica[19] basada en la superioridad del Estado, a cuyo mando estaba el 'hombre nuevo' capaz de levantar pasiones. Al contrario de lo que ocurrió en Alemania y en la Unión Soviética, donde el partido se sobreponía al Estado, en el fascismo este se colocaba en posición subalterna y Mussolini, a través de una hábil operación propagandista, se convirtió en la figura visible para llevar a cabo la "obra de mediación entre las varias piezas del régimen"[20]. El mito del Mussolini fascista, prácticamente intacto hasta la guerra, no se extendió al resto de los altos mandos del gobierno, que fueron objeto de críticas y burlas, acaparando en sí (y exculpando, por lo tanto, al líder) las acusaciones de mala gestión[21].

Los elementos culturales también influyeron en la perpetuación del mito de Mussolini. Hubo arquitectura fascista, con destacados arquitectos como Piacentini, inspirado en el neoclasicismo y en la *romanità*, o Terragni, que representaba un movimiento más moderno y más europeo como fue el racionalismo. Hubo arte fascista como el grupo *Novecento*, que representaba la tendencia de un regreso al orden y un rechazo frontal a las vanguardias; incluso el futurismo que, como sabemos, participó de manera activa en el primer fascismo.

---

[18] Alberto Vacca: *Duce! Tu sei un dio!*, Milano, Baldini & Castoldi, 2013.
[19] Emilio Gentile: *Il culto del littorio*, Roma-Bari, Laterza, 1993.
[20] Renzo De Felice: *Intervista sul fascismo*, Roma-Bari, Laterza, 2011 [1ª ed. 1975], p. 42.
[21] Patricia Dogliani: *Il fascismo degli italiani*, Valencia, Universitat de Valencia, 2017, p. 132.

El teatro fascista fue escaso[22], y el cine no produjo muchas películas de propaganda. Esa labor la llevaba a cabo el Instituto LUCE, que se ocupaba de producir noticiarios retransmitidos en los cines antes del comienzo de la película. Por lo tanto, con llenar los cinematógrafos proponiendo largometrajes exitosos era suficiente para que el espectador entrara en contacto con material audiovisual de apoyo al régimen[23].

El bombardeo al que estaba expuesta de manera constante la población italiana estaba conformado por programas radiofónicos, carteles, pancartas y discursos del Duce[24]. De Mussolini se recuerda, de hecho, su capacidad de comunicación, su particular gestualidad, su oratoria vehemente y su indudable fascinación personal, a la cual incluso algunos líderes mundiales cayeron rendidos. El papa Pio XI lo definió como "el hombre de la providencia"; para Winston Churchill Mussolini era "el nuevo Cesar del siglo XX"; y hasta Gandhi lamentaba no ser un hombre superior como Mussolini. Sin mencionar a Franco, Hitler y Salazar.

¿LA GUERRA Y EL FINAL DEL MITO?

En la segunda mitad de los años treinta, el fascismo y Mussolini alcanzaron su punto de máxima notoriedad y expansión. Eso coincidió con la aceleración totalitaria que se dio en el país y con el belicismo que atrajo el duce y lo llevó a empeñarse a que Italia se convirtiera en una potencia militar y civilizadora. Su ejército conquistó Etiopía, participó en la Guerra Civil española, invadió Albania en 1939. A nivel político, el régimen selló sendos pactos con Alemania en 1936 y en 1939, aprobando las leyes raciales, una

---

[22] Donald Sassoon: *Cultura*, Barcelona, Crítica, 2006, p. 1351.

[23] Mino Argentieri: *L'occhio del regime*, Roma, Bulzoni, 2004; Gian Piero Brunetta, *Cent'anni di cinema italiano*, Roma-Bari, Laterza, 1991, p. 180; Gian Piero Brunetta, "Mise en page dei cinegiornali e mise en scene mussoliniana", en Riccardo Redi (dir.): *Cinema italiano sotto il fascismo*, Venezia, Marsilio, 1979, pp. 165-184.

[24] Donald Sassoon: *Cultura*..., *op. cit.*, p. 1935.

medida impopular que empezó a minar los consenso de los que disfrutaba Mussolini hasta la fecha.

El fin del mito mussoliniano se aceleró tras la entrada en la Segunda Guerra Mundial, cuando a la población italiana le quedó claro que las pretensiones imperialistas chocaban con una potencia militar muy deficitaria. El deseo de convertir el país en una gran potencia mundial se vio frustrado desde los primeros compases de la contienda. Los éxitos de los años anteriores no fueron más que un espejismo y la población fue poco a poco abandonando a su líder. Sin embargo, el momento de definitivo colapso se dio el 25 julio de 1943, día en el cual, tras una moción de censura aprobada por el Gran Consejo del fascismo, Mussolini fue detenido por orden del rey[25]. Parte de la población pasó rápidamente de la exaltación al rechazo, de la admiración al escarnio, del amor al odio más visceral. El sueño de convertir Italia en una gran nación respetada a nivel internacional había fracasado. La liberación del duce de la prisión en el Gran Sasso y la proclamación de la República Social Italiana (RSI), solo prolongaron la agonía. El mito mussoliniano en esta fase fascista, el mito más longevo, sufrió unas rápidas e inesperadas variaciones los días 27, 28 y 29 de abril de 1945. El 27, Benito Mussolini intentó alcanzar Suiza bordeando el Lago de Como. Iba disfrazado de soldado alemán, en compañía de un puñado de líderes fascistas y de su amate, Claretta Petacci, y llevaba consigo una cantidad de dinero que había sustraído del Banco de Italia. Interceptado por la *Resistenza*, fue detenido y condenado a muerte, siendo ejecutado al día siguiente junto con el resto de las personas que lo acompañaban. Su detención y su muerte fueron descritos por sus captores de manera humillante con la intención de enterrar no solo el cuerpo del duce, sino también su recuerdo, su mito. Se hizo hincapié en su cobardía en los momentos previos de su muerte, en su infidelidad innata al intentar huir del país y hacerlo, además, no con su familia, sino con su amante, y se remarcó el hecho de que había sustraído dinero

[25] El 26 de julio de 1943 algunas estatuas de Mussolini fueron atadas a los tranvías en Roma y arrastradas por la ciudad. Los retratos del *duce* ensuciados. Aparecieron escritos de "muerte al *duce*" que se quedaron en las paredes sin que nadie los borrara (Sergio Luzzatto: *Il corpo del duce*, Torino, Einaudi, 2019, pp. 42-45).

público. Esas noticias, aparecidas en la prensa afín a la *Resistenza*[26], habían logrado disparar el rechazo hacia el duce, no solo entre los que ya de por sí no lo querían o entre los que, una vez emprendida la cuesta abajo, habían rápidamente abandonado el carro perdedor, sino también entre muchos de los incondicionales, los cuales habían vivido el final del régimen como una traición en toda regla. Es famosa la frase de Giuseppe Bottai, quien declaró que "perder nuestra propia vida es grave, pero moralmente reparable. Perder nuestra propia muerte no tiene remedio"[27].

Sin embargo, el 29 de abril los partisanos decidieron trasladar el cadáver de Mussolini hasta Milán y exponerlo al vilipendio público colgándolo boca abajo en la marquesina de una gasolinera del *Piazzale Loreto* de Milán; a él, a su amante y a un puñado de jerarcas del régimen. Esa imagen de un hombre humillado y ultrajado activó entre los fascistas más nostálgicos una cierta *pietas* que hizo que se rehabilitara al líder, resucitando y perpetuando su mito.

EL MITO QUE SOBREVIVE A LA MUERTE

El espíritu de la derrota, el martirio, la victimización, el discurso funerario fueron elementos que el neofascismo heredó del modelo en el que se inspiraba. En Italia se pasó de un día a otro del fascismo al antifascismo. Se planteó desde el principio un problema: qué hacer con aquella enorme cantidad de exfascistas. La mayoría de ellos no había cometido ningún delito, muchos simplemente pertenecían a la Administración pública, era impensable apartarlos sin entorpecer el funcionamiento del Estado[28]. Sin embargo, para tolerar la presencia de los exfascistas, ya no solo en la vida pública sino especialmente en la política, era necesario absolverlos, de alguna manera, de su pasado. Para ello, se les tenía que convertir

[26] Alberto vacca: *Duce! Tu sei un dio!...*, *op. cit.*, p. 59.

[27] Giuseppe Bottai: *Diario 1944-1948*, Milano, Rizzoli, 1998, p. 396.

[28] Italo De Feo: *Diario político*, Milano, Rusconi, 1973. En efecto, la continuidad en la administración pública fue mantenida. Valga como ejemplo lo ocurrido con el *questore* de Milán en la posguerra, Vincenzo Agnesina, el cual había tenido importantes cargos durante el fascismo.

en víctimas de quienes habían sido los responsables de ese pasado: los líderes del Partido Nacional Fascista, el rey y Mussolini[29]. Los primeros habían muerto en guerra, habían sido ejecutados (algunos incluso en ajustes de cuentas entre ellos, tal y como ocurrió en el juicio de Verona), habían sido detenidos o habían abandonado el país (y de allí a unos años acabarán siendo amnistiados)[30]. La Casa Real, tras la victoria del sistema republicano en el referéndum del 2 de junio de 1946, fue exiliada. El líder del fascismo, sin embargo, se seguía percibiendo como una amenaza, incluso después de su muerte. Tanto es así que, la noche del 23 de abril de 1946, su cadáver fue sustraído del cementerio de Musocco, en Milán. Un puñado de neofascistas lograron mantenerlo oculto algo más de tres meses. Luego, la Policía lo encontró, detuvo a los autores del robo, pero las autoridades italianas no devolvieron el cuerpo del duce a su familia hasta 1957. Ese año, el presidente del Gobierno, Adone Zoli, intencionado a acercar la Democracia Cristiana al Movimiento Social Italiano (MSI), accedió a restituir el cadáver de Mussolini como gesto de entendimiento con los *missinos* y dando comienzo a los peregrinajes para rendirle homenaje en el cementerio de San Cassano, en Predappio, donde fue sepultado[31].

Volviendo a los primeros momentos de la posguerra, el neofascismo de aquel entonces estaba reunido más alrededor de la figura nostálgica del líder ejecutado y humillado por la *Resistenza* que por una unidad interior[32], la cual, en realidad, brillaba por su ausencia. En esa fase, Mussolini se convirtió, idealmente, en el principal elemento unificador del neofascismo, ajeno a críticas, intacto en su carisma, a pesar incluso de la derrota y de su intento de fuga[33]. Los primeros grupúsculos empeñados en reconstituir el fascismo eran

---

[29] Furio Diaz: "La guerra antifascista e la nuova coalizione delle forze democratiche", *Rinascita*, año 2, 11 (1945), p. 233.

[30] Davide Conti: *Gli uomini di Mussolini*, Torino, Einaudi, 2017.

[31] Sergio Luzzatto: *Il corpo del duce...*, *op. cit.*, p. 282. Entre los detenidos del 8 de septiembre de 1957 destaca un joven Stefano delle Chiaie.

[32] Marco Tarchi: *Esuli in patria*, Parma, Guanda, 1995, p. 26.

[33] Giuseppe Parlato: *Fascisti senza Mussolini*, Bologna, Il Mulino, 2006, p. 172; Mario Tedeschi: *Fascisti dopo Mussolini*, Roma, Settimo Sigillo, 1996 [1ª ed. 1950], y Antonio Carioti: *Gli orfani di Salò*, Milano, Mursia, 2008.

semiclandestinos o totalmente clandestinos, y estaban organizados según esquemas paramilitares[34].

En diciembre de 1946, dieciocho meses después del final del conflicto, nació el Movimiento Social Italiano (MSI), partido que unificó a los herederos del fascismo y que, por lo menos en un primer momento, comulgaba mayormente con el fascismo republicano[35], que con el *fascismo regime*, es decir con el fascismo del *Ventennio* en el cual Mussolini había comandado el país[36]. El nacimiento de un partido de esa índole no fue ajeno a polémicas. Resultaba por lo menos extraño que fuera posible la legalización de una formación política que se declaraba abiertamente nostálgica del régimen. Sin embargo, el MSI pretendía, sin renegar de su pasado, integrarse en la política nacional[37].

Los comunistas, por lo menos al principio, se empeñaron en atraer hacia su partido a los exfascistas inspirados en el *fascismo movimento*, es decir a aquellos más interesados en la vertiente revolucionaria y no en la conservadora del fascismo en el poder. Como factor de atracción el PCI se aprovechó del ferviente antiamericanismo de quienes habían sido derrotado por la gran potencia capitalista y del sentimiento de abandono que estaban padeciendo los neofascistas, huérfanos y exiliados en su propia patria[38]. Finalmente, la amnistía promovida por el mismo líder del partido, Palmiro Togliatti, en

---

[34] Entre los grupos que más repercusión tuvieron destacan las *Squadre d'Azione Mussolini* (SAM) (Brigadas de Acción Mussolini), responsables de algunos atentados y de la difusión de carteles con la imagen del Duce. Curiosamente, años más tarde (en 1969), el diputado del Movimiento Social Italiano Franco Servello patrocinó el grupo organizado de hinchas del Inter de Milán bautizándolo con el nombre de Boys SAN, donde SAN significaba *Squadre d'Azione Nerazzure* (Brigadas de Acción Azulynegro), en clara referencia a las *Squadre d'Azione Mussolini* (SAM).

[35] En el programa de este nuevo partido se podían ver claras referencias a la Carta de Verona, el programa elaborado en 1944 en el I Congreso del Partido Fascista Republicano que sentó las bases del «fascismo-movimiento», con tintes revolucionarios, socializadores, anticapitalistas y antiburgueses, nostálgicos del primer fascismo de los *Fasci di Combattimento*.

[36] Sobre la distinción entre *fascismo regime* y *fascismo movimento* véase Renzo de felice: *Intervista sul fascismo…*, *op. cit.*, p. 29.

[37] Se habla, para definir la estrategia política del MSI de la segunda mitad de los cincuenta, de los "años de la inserción" (*anni dell'inserimento*), Piero Ignazi: *Il polo escluso*, Bologna, Il Mulino, 1989, p. 88 y ss.

[38] Marco Tarchi: *Esuli in patria...*, *op. cit.*

junio de 1946, fue un elemento importante para la reintegración de los exfascistas[39].

Los democristianos abandonaron pronto todo tipo de afán de incorporación en el partido al ver que la corriente más progresista nunca hubiera aceptado esa complicada convivencia. Para la DC, en el fondo, la mejor opción consistía en promover la creación de un partido autónomo y explotar el sentimiento anticomunista de sus integrantes. Incluso los norteamericanos se convencieron de que esa era la mejor alternativa para reintegrar a los exfascista en la política italiana en clave anticomunista.

En este sentido, y cabalgando los prolegómenos de un mundo bipolar, los neofascistas que se empeñaron en la creación de un partido propio optaron por convertirse en una fuerza de oposición al bando comunista, suscitando además una cierta aceptación por parte de los norteamericanos, bastante reacios (en un principio) a incorporarlos a los engranajes de la política italiana. Siguieron el referéndum sobre la forma institucional del Estado (donde se impuso el sistema republicano)[40] y la amnistía, medidas sin las cuales el Movimiento Social Italiano nunca se habría legalizado.

La aparición de este nuevo partido no pareció suscitar especial rechazo entre los demás partidos ni entorpecer el funcionamiento democrático del país hasta finales de la década de los cincuenta. En el verano de 1960, sin embargo, el Gobierno democristiano presidido por Fernando Tambroni recibió el respaldo decisivo para gobernar por parte del MSI. Eso activó protestas en clave antifascista que alcanzaron su punto más álgido cuando los *missinos* intentaron celebrar su congreso nacional en Génova, ciudad medalla de oro de la *Resistenza*. Como consecuencia de los disturbios, Tambroni dimitió y el MSI volvió a la oposición, relegado, una vez más, a una posición

---

[39] Giuseppe Parlato: *La sinistra fascista*, Bologna, Il Mulino, 2000, pp. 334-335; Pietro NEGLIE: *Fratelli in camicia nera. Comunisti e fascisti dal corporativismo alla Cgil (1928-1948)*, Bologna, Il Mulino, 1996.

[40] Mucho se ha especulado sobre la posición de los neofascistas en el referéndum. Según Galli Della Loggia la victoria de la República se debió al peso determinante de los apoyos de los exfascistas; Tarchi discrepa y considera que, a pesar de la actitud del rey, los neofascistas aspiraban al mal menor que, en ese caso, era la Monarquía (Marco Tarchi y Antonio Carioti: *Cinquant'anni di nostalgia*, Milano, Rizzoli, 1995, p. 45).

marginal. Se llegó hasta a proponer la ilegalización del partido, opción que la ley n. 645 (mejor conocida como ley Scelba), aprobada en 1952, permitía, al introducir la posibilidad de prohibir aquellos partidos claramente apologetas del fascismo. Si eso nunca ocurrió fue por los importantes resultados electorales que ese partido ya estaba cosechando, ilegalizarlo, a esas alturas, hubiera creado alteraciones del orden público complicadas de gestionar[41].

CORRIENTES ENFRENTADAS

Tal y como ocurría con el fascismo original, el MSI cobró vida como un acervo de corrientes (o sensibilidades) internas, a menudo en contraste entre sí. A un centro estrictamente conservador y mayoritario le acompañaba una corriente de izquierda socializadora, antiburguesa, que pretendía "conjugar el amor por la patria con la aspiración a una mayor justicia social"[42] típicamente *salotina*[43] y otra, inspirada en Julius Evola (y de menor peso), que proponía un fascismo espiritual, con toques esotéricos, muy centrado en la búsqueda de la tradición y en la lucha contra el mundo moderno.

Dentro del Movimiento Social Italiano la tendencia izquierdista gozaba de un amplio apoyo en el norte del país, mientras que la que acabó siendo la inclinación mayoritaria, es decir la conservadora, recogía consensos especialmente en el centro-sur de Italia. Esa división territorial tenía su lógica: en la parte septentrional de la península se había vivido la experiencia del fascismo republicano, que ostentaba una interpretación política socializadora; en el resto del país, el fascismo, que no había conocido la experiencia de Salò, fue más monárquico y conservador.

Sin un líder carismático como Mussolini, el neofascismo basó su unidad en algunos conceptos clave, entre los cuales destacaban el de nación (especialmente emotivo a partir de los años sesenta) y

[41] Merece la pena recordar que contra esa ley se expresaron el PCI y el PSI, ya que consideraban que el MSI podía erosionar votos a la Democracia Cristiana.
[42] Marco Tarchi y Antonio Carioti: *Cinquant'anni di nostalgia…*, *op. cit.*, p. 32.
[43] Nostálgica de la experiencia republicana fascista de Salò.

el de oposición al comunismo, muy sentido sobre todo por los más veteranos[44]. La línea que se fue imponiendo en el MSI fue la más moderada y conservadora. Al carecer de un líder carismático, los *missinos* tuvieron que lidiar constantemente con la contradicción de ser "fascistas en democracia", tal y como reconoció públicamente Giorgio Almirante en 1956 en el V Congreso Nacional del partido[45].

De todas formas, las diferentes orientaciones programáticas sufrían cambios dependiendo de quien estuviera al frente del partido. Conservador, y burgués con De Marsanich y Michelini; *movimentista*, antielitista, con toques populistas y antisistema con Almirante. En realidad, este último, para mantener el partido dentro del arco constitucional, tuvo que limar bastante esos aspectos, perpetuando, eso sí, la vertiente emocional del pasado fascista. El mito de Mussolini, el espíritu de la derrota, la victimización que imponía una automarginación, al mismo tiempo que exaltaba el orgullo de ser diferentes, caracterizaron el primer MSI almirantiano, nostálgico de la experiencia *salotina*. En la campaña electoral de 1948, el mismo Almirante presentó un programa con referencias a la idea social, a la defensa del trabajo femenino y a una gestión no exclusivamente privada de las empresas[46], rechazó el individualismo liberlaconservador y abrazó las exigencias colectivas, comunitaristas: ideas heredadas de la República Social Italiana.

Augusto De Marsanich (1950-1954), que le sustituyó en 1950, y su sucesor, Arturo Michelini (1954-1969), anclados en el área conservadora, atlantista y empeñados en introducir el partido en el sistema político nacional, impulsaron la reacción interna de los almirantianos, de la izquierda nacional[47] y de los jóvenes espirituales evolianos, reunidos alrededor de Pino Rauti y Enzo Erra, quienes

---

[44] Pietro Neglie: "Il Movimento Sociale Italiano tra terzaforzismo ed atlantismo", *Storia Contemporanea*, vol. XXV, 6 (1994), pp. 1167-1195.

[45] Paolo Nello: "Fascisti in democracia", *Nuova Storia Contemporanea*, vol. IX (1) (2005), pp. 51-66; Davide Conti: *L'anima nera della Repubblica*, Roma-Bari, Laterza, 2013 y Giuseppe Pardini: *Fascisti in democracia. Uomini, idee, giornali (1946-1958)*, Firenze, Le Lettere, 2008. A pesar de la frase pronunciada por Almirante, hay que tener en cuenta que, tras el primer congreso del partido, celebrado en 1948, quedó claro que el Movimiento Social Italiano no quería suprimir la democracia, Piero Ignazi: *Il polo escluso...*, *op. cit.*, p. 49.

[46] Marco Tarchi: *Esuli in patria...*, *op. cit.*

[47] Los principales representantes de la corriente de izquierda del Movimiento Social Italiano eran (entre otros) Giorgio Pini, Concetto Pettinato, Ernesto Massi. Almirante

interpretaron esa nueva orientación política como una traición. El neofascismo (así como el fascismo tradicional), conformado por múltiples fuerzas y diferentes ideas, carente de un líder carismático como Mussolini, encontró serias dificultades de convivencia y tuvo que lidiar con contradicciones internas claramente expresadas en el lema de De Marsanich que advertía: "ni renegar del fascismo ni restaurarlo". El neofascismo encontró "el factor de cohesión [...] en la mitificación del régimen, de Mussolini y de su muerte, de sus logros, en la socialización, en el corporativismo, borrando de un plumazo viejos debates siempre abiertos y haciendo caso omiso a antiguas contraposiciones, en nombre de la unidad política"[48] la cual, en numerosas ocasiones estaba lejos de cumplirse.

EL DEBATE SOBRE EL FASCISMO

El neofascismo juvenil se inspiró en el espiritualismo de Evola. En sus textos, el filósofo romano, proponían un rechazo frontal al mundo material y rescataba de la historia del ser humano algunas pocas épocas. La Antigua Roma, cuyo imperio no fue simplemente "una expresión territorial o militar o mercantil, sino espiritual y moral"[49], y entre otras, el periodo fascista. El neofascismo *evoliano* abrazaba el racismo identitario, el mito del aislamiento político y humano, la exaltación del espíritu guerrero y el rechazo de la política tradicional, proponiendo una elitista "*apolitìa*", un profundo nihilismo (la "bella muerte" en lugar de un compromiso político) y fomentando un discurso funerario y de victimización[50]. Evola era hostil al progreso y rechazaba cualquier forma de masificación, proponiendo, en cambio, un neofascismo aristocrático.

---

no formaba oficialmente parte de ella. Aún así, se le consideró como su líder político natural.

[48] Giuseppe Parlato: *La sinistra fascista...*, *op. cit.*, p. 331.

[49] Benito Mussolini y Giovanni Gentile: *La dottrina del fascismo*, Firenze, Passaggio al bosco, 2018 [1ª ed. 1932], p. 84.

[50] Claudio Vercelli: *Neofascismi*, Torino, Edizioni del Capricorno, 2018.

Con Evola se impone el mito de Europa como tercera posición frente al capitalismo norteamericano y el socialismo soviético[51]. Se promueve una unidad territorial, cultural e ideológica europea[52], abandonando los nacionalismos internos, acercándose más (en esto) al concepto nazi propulsado por las Waffen-SS de lucha común de los europeos.

Esa corriente, tras el Congreso del MSI de 1956, crítica con el calado reformista que se iba adoptando, abandonó el partido para crear un movimiento con características de grupo extraparlamentario denominado Centro Studi Ordine Nuovo. Esta nueva formación comenzó una deriva que la llevó a plantearse soluciones golpistas[53]. Sus militantes proponían un neofascismo cada vez más alejado del modelo original y donde la figura de Mussolini se comenzaba a percibir de manera cada vez más difuminada[54]. En 1969, tras la muerte del secretario Arturo Michelini y la vuelta de Giorgio Almirante a la secretaría del Movimiento Social Italiano, una parte del Centro Studi Ordine Nuovo se reincorporó al partido. Otros fundaron el Movimento Politico Ordine Nuovo, liderado por Clemente Graziani y caracterizado por una cierta fascinación hacia la lucha armada[55].

Siguió un periodo en el cual el MSI, gracias también a los buenos resultados electorales cosechados en las administrativas de 1971[56] y en las generales de 1972[57], se abrió a los monárquicos y a elementos externos a la tradición neofascista en clave de remodelación cultural, cuyo objetivo era despojarse de las referencias nostálgicas del

---

[51] Marco Tarchi: *Esuli in patria…*, *op. cit.*

[52] Julius Evola: *Gli uomini e le rovine e Orientamenti*, Roma, Mediterranee, 2001 [1ª ed. 1953], p. 215 y ss.

[53] Alfredo Villano: *L'ultima legione nera. Il movimiento «Ordine Nuovo» tra tradizione e rivoluzione (1954-1973)*, Biella, Storia Ribelle, 2007.

[54] Antonio Carioti: *I ragazzi della fiamma*, Milano, Mursia, 2011, p. 231.

[55] Sandro Forte: *Ordine Nuovo parla*, Milano, Mursia, 2020; Nicola Rao: *Neofascisti!*, Roma, Edizioni Settimo Sigillo, 1999, p. 165 y ss..

[56] En Roma el MSI obtuvo el 16%, superando a los socialistas y siendo el tercer partido más votado.

[57] En la campaña electoral de 1972, Almirante optó por un programa moderado para que el partido se fuera escorando poco a poco hacia el centro. El secretario del partido quería enseñar una imagen de responsabilidad institucional en un periodo complicado como fueron los años de plomo. Ese cambio surtió efectos, ya que en las urnas el MSI obtuvo el 8,7% de los votos, su mejor resultado.

pasado. El intelectual, y exmilitante comunista, Armando Plebe, fue el encargado de liderar ese momento de autocrítica. Sin embargo, esa operación de lavado de cara resultó ser un fracaso y la presencia de Plebe fugaz[58]. La secretaría de Almirante, si bien poco a poco comenzó a cuestionarse el legado fascista, en su interior continuó considerando el régimen fascista como el "único momento épico en la historia de Italia"[59].

A pesar de los éxitos electorales, y de algunos tibios intentos de reinterpretar críticamente el pasado fascista, los *missinos* seguían marginados en la vida política nacional.

MOMENTOS DE CAMBIO

La revista *L'Orologio* (El Reloj), fundada en 1963, de la cual a su vez nació, en 1968, un grupo informal homónimo, propuso una visión totalmente rupturista del neofascismo, en un periodo en el cual los cambios sociales se impusieron en todo el escenario político (aunque con mucha más contundencia en la izquierda)[60].

En sus páginas se empezó a debatir sobre la necesidad de curar las heridas provocadas por la derrota en la guerra, abandonando la nostalgia del fascismo y empezando a mirar hacia el futuro procurando abandonar el lastre del pasado, sin sentirse, de alguna manera, culpables por lo ocurrido veinte años antes[61]. El debate pivotaba alrededor de una sencilla pregunta: *¿Adiós al fascismo?* ¿Había llegado el momento de despojarse de esa pesada herencia? La fractura entre quienes "vivía[n] de la renta mussoliniana", pretendiendo mantener "una realidad que ya forma parte de la historia"[62] y quienes "sostenían la necesaria continuidad del fascismo como pensamiento político y

[58] Piero Ignazi: *Postfascisti?*, Bologna, Il Mulino, 1994, pp. 45-47.

[59] Davide Conti: *L'anima nera della Repubblica*..., *op. cit.*

[60] Luca Tedesco: "Contro gli imperialismi americano e soviético. Il nacionalismo popolare e rivoluzionario dell'Orologio di Luciano Lucci Chiarissi", *Nuova Storia Contemporanea*, 16 (5) (2012).

[61] Alfredo Villano: *Da Evola a Mao*, Milano, Luni Editrice, 2017, pp. 251-275.

[62] Giuseppe Monserti [seudónimo de Giuseppe Sermonti]: "Fascismo addio?", *L'Orologio*, n. 3-4 (1966).

como método de gobierno"[63], quedó evidente. Los últimos pretendían perpetuar el mito de Mussolini; los primeros pretendían seguir justamente los pasos del fundador del fascismo, el cual tuvo el valor de evolucionar desde el socialismo al fascismo y más aún desde el fascismo a la experiencia *salotina*. En esa última fase, además, la palabra "fascismo" había sido sustituida por República Social Italiana.

Esta nueva generación proponía la convivencia del mito de Mussolini con otros mitos que los demás coetáneos ensalzaban como el *Che* Guevara, los vietcong, las organizaciones para la liberación de Palestina... Con el paso del tiempo, el principal objetivo del neofascismo juvenil, o por lo menos de parte de él, fue salir del gueto, dejar atrás la *damnatio memoriae* que perseguía a los fascistas política y culturalmente. Se propusieron nuevas experiencias, más afines al periodo histórico que se estaba viviendo, especialmente en la fase post-68.

La publicación de *La voce della fogna* (La voz de la alcantarilla) (1974-1983), un cómic que pretendía mofarse del antifascismo militante, animando a que, en efecto, los fascistas salieran del "alcantarillado" donde los querían encerrar los comunistas con su lema "*fascisti, carogne, tornate nelle fogne*" ("fascistas, carroñas, volved a las alcantarillas"), constituyó un proyecto metapolítico que explicitaba un malestar generacional. En aquellas páginas se recogían elementos contraculturales que describían inquietudes comunes entre las nuevas generaciones de la época, no solo de extrema derecha[64]. Sin renegar de sus orígenes neofascistas, se rechazaba "cada forma de nostalgia, todo tipo de refugio en el pesimismo, todo ritualismo anacrónico"[65].

Esta nueva generación, al mismo tiempo que deseaba salir del gueto, se oponía al materialismo, se preocupaba por el medio ambiente, era más anticonsumista que anticomunista y repudiaba las dos superpotencias que imponían el orden mundial. Al patriotismo nacional anteponía el europeísmo. Sustituía a Evola y a la nostalgia

---

[63] Giuseppe Parlato: *La sinistra fascista...*, *op. cit.*, p. 385.

[64] Luca Falciola: "La generazione introvabile. Destra radicale e movimiento del '77", en Simone Neri Serneri y Monica Galfré (dirs.): *Il movimiento del '77. Radici, snodi, luoghi*, Roma, Viella, 2018.

[65] *La voce della fogna*, 2019: XIII.

del *Ventennio* con el "fascismo romántico" de Codreanu, Drieu La Rochelle, Brasillach, Spengler[66] o la emboscadura del rebelde *jüngueriano*[67]. Estos jóvenes neofascistas intentaron pasar del victimismo de antaño, del discurso de la derrota, de la imagen del gueto, a una perspectiva de futuro más optimista.

A la experiencia de *La voce della fogna* siguieron los *Campos Hobbit*, unos encuentros culturales de convivencia en campamentos organizados entre 1978 y 1980 por el Frente de la Juventud, la sección juvenil del partido. Durante esos encuentros los jóvenes neofascistas comenzaron a reflexionar sobre su pasado, incluso haciendo autocrítica, promoviendo una conformación más *movimentista* de su militancia, en línea con lo que estaban haciendo en ese mismo periodo los militantes de extrema izquierda, y en claro contraste con el espiritualismo evoliano (ya en declive a mediados de los años setenta). Para esos jóvenes era necesario abandonar el nihilismo y rehusar de una vez por todas del pasado nostálgico[68].

Aquellas experiencias favorecieron el alejamiento de una parte de la juventud nacional de los dictámenes del partido y la creación de la Nuova Destra, inspirada a la Nouvelle Droite francesa[69]. En esta nueva fase, para los jóvenes neofascistas que proponían una nueva forma de sentirse de derechas, el legado *mussoliniano* comenzaba a considerarse un lastre incapaz de generar pulsiones movilizadoras[70], y el neofascismo, un hecho que pertenecía al pasado. Se fueron imponiendo la música, el cine, los elementos contraculturales *underground* y, en general, todas aquellas formas de expresión apreciadas por las nuevas generaciones, sin importar la orientación política (es más, intentando acercar el mundo juvenil más allá de la polarización

[66] Marco Tarchi: *La rivoluzione impossibile*, Firenze, Vallecchi, 2010, p. 18.

[67] Ernst Jünger: *Der Waldgang*, Frankfurt, Klostermann, 1951.

[68] La nostalgia conformada por una gestualidad que incluía el saludo fascista, una cierta agresividad y los «*viva il duce*» no desapareció en los *Campos Hobbit* (especialmente en la edición de 1978). Además, a pesar de que aquellos eventos fueran presentados como de público acceso, con el objetivo también de abrirse a la sociedad y darse a conocer, a nivel práctico, se les impidió a los periodistas acceder a los recintos. Dicho lo anterior, hay que destacar que la prensa y la televisión mantenían una idea estereotipada negativa de los jóvenes nacionales.

[69] Massimiliano Capra Casadio: *Storia della nuova destra. La rivoluzione metapolitica dalla Francia all'Italia*, Bologna, CLUEB, 2013.

[70] Marco Tarchi: *Esuli in patria...*, *op. cit.*, p. 113.

derecha-izquierda; tanto es así que un intelectual comunista como Massimo Cacciari fue invitado a los congresos organizados por la Nuova Destra)[71].

Al margen de la Nuova Destra, en aquellos mismos años, es decir, en la segunda mitad de los setenta, en el entorno de la extrema derecha italiana surgieron organizaciones como Terza Posizione[72], Lotta popolare o Costruiamo l'azione, que proponían unas políticas antisistema, coqueteaban con la violencia y rechazaban la división entre izquierda y derecha, considerándola una burda manera de dividir a los jóvenes. Estos grupos, en línea con la tradición neofascista de la época, proponían (sobre todo Terza Posizione) un "eurocentrismo revolucionario" favorable a una tercera vía alternativa al "frente rojo" y a los "regímenes reaccionarios"[73].

Mientras tanto, en el XII Congreso del Movimiento Social Italiano-Derecha Nacional (celebrado del 5 al 7 de octubre de 1979) se confirmaba el fascismo como elemento fundacional del partido. Al mismo tiempo se impulsaba un giro hacia una posición antipartidista. El "enemigo" tradicional, el comunismo, iba paulatinamente cediendo paso al *sistema* y se mantenía la exaltación orgullosa del gueto en el cual los neofascistas se veían obligados a permanecer[74]. Si, por un lado, los jóvenes nacionales querían salir de allí, el partido se sentía cómodo en esa posición de exclusión, explotando una cierta dosis de victimismo (por otra parte, no del todo injustificada, ya que la extrema izquierda no cesaba su enfrentamiento violento contra los neofascistas, especialmente a nivel juvenil) y ensalzando las referencias nostálgicas del fascismo. Valga, en este sentido, la frase "el fascismo está aquí" pronunciada por Almirante durante el XIII Congreso del MSI (1982), aunque fuera para introducir a su invitado, el líder del Partido Radical, Marco Pannella, en un periodo

---

[71] Matteo Re: "La deriva radical: Casapound Italia y el fascismo del tercer milenio", *Revista de Estudios Políticos*, 189 (2020).

[72] Arianna Streccioni: *A destra della destra*, Roma, Edizioni Settimo Sigillo, 2006.

[73] Gabriele Adinolfi y Roberto Fiore: *Noi Terza Posizione*, Roma, Edizioni Settimo Sigillo, 2000, p. 30.

[74] Piero Ignazi: *Il polo escluso…*, *op. cit.*, p. 209.

en el cual la *temperatura* ideológica iba bajando, pero no pasaba lo mismo con la *distancia* ideológica[75].

FASCISMO NO MUSSOLINI SÍ (A MODO DE CONCLUSIÓN)

Mientras una parte del sector juvenil neofascista intentaba desprenderse del incómodo legado del pasado, el Movimiento Social Italiano, hasta su disolución a principios de los noventa, mantuvo una cierta nostalgia hacia el *fascismo regime*, ese fascismo conservador del *ventennio*. Aún con todo, el proceso de historización del fascismo dentro del partido se llevó a cabo en la década de los ochenta, un periodo histórico para Italia menos ideologizado (y violento) que el decenio precedente. Poco a poco los elementos nostálgicos del MSI acabaron siendo simplemente eso, reductos de un pasado que ya no iba a volver.

Al definitivo cambio de rumbo contribuyó también un escándalo de corrupción política, *Tangentopoli*, que derrumbó los partidos tradicionales y dio luz verde a aquellos conjuntos que se habían mantenido al margen del sistema y habían propuesto una alternativa cada vez más antipolítica y antipartítica. Gianfranco Fini, neosecretario del partido, supo explotar el alegato antipartidista que ya iba madurando desde la década anterior, reformó el partido, le cambió el nombre (Alianza Nacional) e impulsó un giro copernicano en su primer congreso (celebrado en Fiuggi en 1995), despojándolo de la tradición fascista para convertirlo en una fuerza de derecha conservadora *tout court*, con algunos toques de conservadurismo liberal. Eso sí, sin disimular su aprecio hacia Mussolini, algo que suele ser común entre los postfascistas, los cuales tienden a considerar el duce el "mejor estadista del siglo" o conservar algunas reliquias, tal como

[75] Giovanni Sartori: *Parties and Party Systems*, Cambridge, Cambridge University Press, 1976, pp. 135-136.

ocurre hoy con el presidente del Senado, Ignazio La Russa, quien se jacta de tener en su despacho un busto de Mussolini[76].

Fini, a la hora de modernizar la imagen del partido, privándolo del sentimentalismo fascista, dio un paso aún más contundente en 2003. Durante un viaje diplomático a Jerusalén, visitó el Museo del Holocausto, y allí denunció públicamente la política de discriminación racial del régimen fascista y de la República Social Italiana[77].

Ya en tiempos más recientes, tras la victoria de Fratelli d'Italia en las elecciones de 2022, Giorgia Meloni, una vez investida como primera ministra, procuró desmarcarse del pasado fascista de su partido, heredero de Alianza Nacional, a su vez, heredero del Movimiento Social Italiano. Lo que no hizo fue renegar de Mussolini, algo que, en el fondo, ni los neofascistas ni los exfascistas suelen hacer. Parece que la figura de Mussolini se interpreta como un elemento ya historizado, alejado de todo tipo de críticas. De él se puede si acaso juzgar el legado, interpretar sus acciones durante el *Ventennio*, pero a él como persona y como personaje histórico se le debe respeto.

---

[76] *La Repubblica*, "La Russa: 'Non butterò mai il busto del Duce, è un regalo di mio padre'", 8 de febrero de 2023.

[77] Simona Colarizi: *Storia politica della Repubblica 1943-2006*, Roma-Bari, Laterza, 2007, p. 260.

DE BERLUSCONI A MELONI. LA MEMORIA DEL FASCISMO EN LA ITALIA DE LA SEGUNDA REPÚBLICA.

Steven Forti
Universitat Autònoma de Barcelona[1]

Tras el fin de la Guerra Fría y la descomposición de la Unión Soviética, Italia fue el primer país de la Europa occidental que sufrió en su sistema político las consecuencias del cambio de época. En la primavera de 1992, el estallido del escándalo de Tangentópolis destapó un generalizado sistema de corrupción que involucraba a todos los partidos que habían gobernado el país después de la Segunda Guerra Mundial[2]. En menos de un bienio la todopoderosa Democracia Cristiana (DC) y el Partido Socialista Italiano (PSI), así como los republicanos, los liberales y los socialdemócratas desparecieron del mapa político bajo los golpes de la magistratura en una masiva protesta, rebosante de impulsos populistas, contra la "odiada" partidocracia[3]. Salieron más o menos indemnes solamente las formaciones que, por la llamada *conventio ad excludendum*, habían sido excluidas del gobierno en las décadas anteriores: por un lado, el Partido Comunista Italiano (PCI), que tras la caída del muro de Berlín se había transformado en el Partido Democrático de la Izquierda (PDS), y, por el otro lado, el Movimiento Social Italiano (MSI), la más longeva formación neofascista europea fundada a finales de 1946 por los excombatientes de la República Social Italiana (RSI).

En las elecciones que se convocaron de forma anticipada en marzo de 1994 el panorama político cambió de forma abrupta, tanto que se

[1] Esta publicación es parte del proyecto de I+D+i PID2020-112679GB-I00, financiado por MCIN/ AEI/10.13039/501100011033.

[2] Tangentópolis toma su nombre de la palabra *tangente* que en italiano significa soborno o mordida. Al respecto, véase Andrea Marino: *L'imprevedibile 1992. Tangentopoli: rivoluzione morale o conflitto di potere?*, Roma, Viella, 2022.

[3] Véase Simona Colarizi: *Passatopresente. Alle origini dell'oggi, 1989-1994*, Bari-Roma, Laterza, 2022.

habló del paso de una Primera a una Segunda República[4]. La entrada en escena de Silvio Berlusconi fue un revulsivo notable. Dos meses antes, el empresario milanés había fundado un nuevo partido, Forza Italia, con el objetivo de evitar la llegada al gobierno de la izquierda y convertirse en el referente del electorado católico y conservador que se sentía políticamente huérfano tras la desaparición de la DC. Su inesperada victoria, gracias a una alianza espuria con el MSI y la Liga Norte de Umberto Bossi, puso fin a la "República de los partidos" dando paso a la que se definió con acierto "República de la antipolítica"[5]. El giro tenía implicaciones también culturales que ponían en cuestión uno de los principales cimientos del sistema político transalpino. Por primera vez, de hecho, "Italia era gobernada por una mayoría que no hacía referencia, ni formalmente, al antifascismo" ya que "los partidos que habían fundado la república, dando vida a la Constitución [...], habían desaparecido"[6]. La ruptura fue notable ya que, tras la derrota del fascismo en abril de 1945, el antifascismo y la Resistencia se habían convertido en la "fuente de legitimación del nuevo Estado democrático republicano"[7]. Como se mostrará en las siguientes páginas, este debilitamiento de los valores antifascistas tuvo un doble efecto: "el surgimiento de un anticomunismo radical y la normalización de la derecha extrema"[8].

Si bien 1994 marcó sin duda un antes y un después, cabe apuntar que en los años ochenta se habían abierto ya numerosas grietas en el

---

[4] Hubo quién cuestionó la oportunidad de hablar de una Segunda República ya que en 1994 no cambió la Constitución, sino solo el sistema de partidos. Para una historia de la Segunda República, véase Simona Colarizi y Marco Gervasoni: *La tela di Penelope. Storia della Seconda Repubblica*, Roma-Bari, Laterza, 2012 y, en castellano, Alfonso Botti: "La 'Segunda República' en Italia: crónica política de una transición sin fin", *Ayer*, 104 (2016), pp. 17-42.

[5] Véanse, respectivamente, Pietro Scoppola: *La repubblica dei partiti. Evoluzione e crisi di un sistema politico, 1945-1996*, Bolonia, Il Mulino, 2021 (ed. or. 1991) y Miguel Gotor: *L'Italia del Novecento. Dalla sconfitta di Adua alla vittoria di Amazon*, Turín, Einaudi, 2019, p. 454.

[6] Aurelio Lepre: *Storia della prima Repubblica. L'Italia dal 1943 al 2003*, Bolonia, Il Mulino, 2004, p. 358.

[7] Filippo Focardi: *Nel cantiere della memoria. Fascismo, Resistenza, Shoah, Foibe*, Roma, Viella, 2020, p. 195.

[8] Gustavo Corni: *Fascismo. Condanne e revisioni*, Roma, Salerno Editrice, 2011, p. 75. Sobre la normalización de la extrema derecha en la Italia de la Posguerra Fría, véase Steven Forti: "Un laboratorio político ultraderechista: la Italia de la Segunda

relato hegemónico antifascista. Por un lado, en la década anterior a la "*grande slavina*" ("la gran avalancha"), es decir Tangentópolis, los partidos estaban cada vez más desacreditados[9]. Por el otro, el antifascismo aparecía reducido cada vez más a "la retórica celebracional de las conmemoraciones oficiales"[10]. Por último, tuvieron mucha más circulación mediática temas polémicos sobre la memoria de la Resistencia que recuperaban la *vulgata* anticomunista de los primeros años de la Guerra Fría. Alrededor de 1947, de hecho, en una Italia que fue tierra de frontera entre los dos bloques, al lado del relato antifascista –mayoritario– y del relato neofascista –minoritario y mantenido vivo esencialmente por el MSI–, se conformó también un "contrarrelato 'anti-antifascista'" que se fundaba "en el rechazo *qualunquista* de la 'República de los partidos' y en un anticomunismo radical de tipo macartista"[11]. Este anti-antifascismo se convirtió en "la cultura identitaria y la autorepresentación de una parte de esa 'zona gris' [que] se quedó profundamente escéptica frente a la salida democrática de la guerra y el colapso de la dictadura"[12].

Paralelamente, en los medios de comunicación aparecieron relatos banalizantes del régimen fascista que se presentaba como menos represivo comparado con la Alemania hitleriana. En numerosas obras, periodistas como Indro Montanelli, Roberto Gervaso, Arrigo Petacco o Antonio Spinosa difundieron la idea de que la de Mussolini, mostrado principalmente en su dimensión íntima y familiar, fue una dictadura más bien benévola. Ya en la década de los ochenta

República", en Eduardo Tena Sanz y Sonsoles Dieste Muñoz (eds.): *La derecha radical europea en la actualidad. Discurso de odio e islamofobia*, Valencia, Tirant Lo Blanch, 2023, pp. 29-51.

9 Véase, Luciano Cafagna: *La grande slavina. L'Italia verso la crisi della democrazia*, Venecia, Marsilio, 2011 (ed. or. 1993).

10 F. Focardi: *Nel cantiere della memoria...*, *op. cit.*, p. 197.

11 Alberto De Bernardi: *Fascismo e antifascismo. Storia, memoria e culture politiche*, Roma, Donzelli, 2018, p. 113. Con *qualunquismo* se hace referencia a una mezcla de desconfianza en las instituciones, desinterés y apatía política. La creación de este neologismo se vincula al partido populista del Hombre Común –en italiano: *L'Uomo Qualunque*– fundado por Guglielmo Giannini en la segunda posguerra. Al respecto, véase Marco Tarchi: *L'Italia populista. Dal qualunquismo a Beppe Grillo*, Bolonia, Il Mulino, 2015, pp. 171-194. Acerca del relato neofascista, véase Francesco Germinario: *L'altra memoria. L'Estrema destra, Salò e la Resistenza*, Turín, Bollati Boringhieri, 1999.

12 A. De Bernardi: *Fascismo e antifascismo...*, *op. cit.*, p. 115.

se fue dando, en suma, una mezcla de "revisionismo institucional, revisionismo 'anti-antifascista' y revisionismo historiográfico" que explotó tras Tangentópolis[13]. En todo esto jugó un papel notable la figura del historiador Renzo De Felice que con sus trabajos, y especialmente con la famosa *Entrevista sobre el fascismo* (1975) y las dos entrevistas concedidas a Giuliano Ferrara, periodista del *Corriere della Sera*, en 1987, contribuyó a "transformar el revisionismo de fundamental práctica del oficio del historiador a un segmento del bagaje ideológico de las nuevas derechas tras el colapso de la Primera República"[14].

LOS AÑOS DEL BERLUSCONISMO

Esta contraofensiva cultural se desplegó con mucha más fuerza tras el terremoto político de 1994, al desaparecer los partidos políticos que habían fundado la república y elaborado la Constitución. Más allá de la que podía considerarse la voluntad de superar desde un punto de vista intelectual lo que De Felice definió como el *paradigma antifascista*, de fondo había principalmente la necesidad para un *parvenu* de la política como Berlusconi de neutralizar el antifascismo como factor discriminante de legitimación política y así poder presentar el MSI, "polo excluido" de la política italiana durante medio siglo, como una fuerza legitimada para gobernar el país[15]. Esta contraofensiva tuvo como principal pilar la profundización de esa obra de banalización del fascismo que había empezado ya en los años anteriores. Entre un sinfín de libros de divulgación, memorias de antiguos fascistas y familiares de Mussolini, programas y series de televisión o publicaciones en los periódicos, la imagen que se iba ofreciendo del *ventennio* era la de su reducción a:

---

[13] F. Focardi: *Nel cantiere della memoria...*, *op. cit.*, p. 203.
[14] A. De Bernardi: *Fascismo e antifascismo...*, *op. cit.*, p. 60.
[15] Sobre el MSI en la Primera República, véase Piero IGNAZI: *Il polo escluso. Profilo storico del Movimento sociale italiano*, Bolonia, Il Mulino, 1998.

> un asunto más cómico que trágico, una especie de farsa colectiva histriónica, representada durante veinte años por los italianos, bajo una dictadura personal, ligeramente autoritaria, que, considerándolo todo, no habría hecho mucho daño a Italia, hasta que fue desviada por la Alemania nazi, que le inoculó el racismo y el antisemitismo, y la condujo por el camino de la perdición[16].

A este respecto Emilio Gentile, el más renombrado discípulo de Renzo De Felice, habló con acierto de un proceso de "defascistización retroactiva del fascismo"[17]. El caso más evidente de esta falta de "reconocimiento de la naturaleza totalitaria del régimen"[18] se encuentra en la entrevista que Berlusconi, entonces jefe del gobierno italiano, dio al periódico británico *The Spectator* en 2003 al afirmar que "el fascismo fue una dictadura benigna" que "enviaba a la gente de vacaciones al confinamiento [político]"[19]. Se trató en todo caso de una operación constante y continua en los años de la Segunda República que como una gota malaya cambió paulatinamente la forma en que los italianos vieron el pasado de la nación y, especialmente, el *ventennio* mussoliniano. Como apuntó Marcello Flores, "la banalización de algunos aspectos del fascismo propuestos por Berlusconi [...] y su recuperación de tópicos pertenecientes a la tradición 'a-fascista' del conservadurismo y del *qualunquismo* [...] conquistaron mayor visibilidad convirtiéndose a menudo en memoria 'común' del italiano medio"[20].

El segundo pilar de esta contraofensiva cultural y política fue el de la crítica al rol histórico de la Resistencia que se convirtió rápidamente en un verdadero "odio por los partisanos", acusados

---

[16] Emilio Gentile: *Il fascismo in tre capitoli*, Roma-Bari, Laterza, 2007, p. 6.
[17] Emilio Gentile: *Fascismo. Storia e interpretazione*, Laterza, Roma-Bari, 2002, p. VII.
[18] Luca Falsini: *La storia contesa. L'uso politico del passato nell'Italia contemporanea*, Roma, Donzelli, 2020, p. 97.
[19] Véase "Berlusconi: Mussolini non ha mai ammazzato nessuno", *Il Corriere della Sera*, 11 de septiembre de 2003, en https://www.corriere.it/Primo_Piano/Politica/2003/09_Settembre/11/berlusconi.shtml [Consultado el 10 de abril de 2023].
[20] Marcello Flores: *Cattiva memoria. Perché è difficile fare i conti con la storia*, Bolonia, Il Mulino, 2020, p. 55.

ya de todos los crímenes posibles[21]. En su origen encontramos, en el comienzo de la Segunda República, las obras que alrededor del quincuagésimo aniversario de la liberación del nazifascismo, celebrado en 1995, publicaron el mismo De Felice y Ernesto Galli della Loggia[22]. Los dos historiadores remarcaban principalmente que el antifascismo no era equiparable a la democracia, consecuentemente no podía ser la fuente de legitimación del sistema político italiano. La contribución de los partisanos en la guerra fue minoritaria y la victoria contra el Eje se debía a los Aliados. Además, tanto De Felice como Galli della Loggia insistieron en poner de relieve la "doble moral" de los partisanos comunistas: sus objetivos no eran patrióticos, sino más bien antinacionales porque eran subalternos a los intereses soviéticos y seguían al pie de la letra las indicaciones de Stalin. Esta reinterpretación del fenómeno tiene un cierto aire a ese intento de "denacionalización de la Resistencia" llevado a cabo después de 1945 por la memorialística y las publicaciones neofascistas de autores como Pino Romualdi, Giorgio Pisanò o Pino Rauti[23].

Descontextualizando o mal interpretando las investigaciones desarrolladas por Claudio Pavone, historiador, expartisano y autor de una obra valiente e innovadora publicada justamente a principios de los años noventa[24], esta relectura de la Resistencia, ampliada por los medios de comunicación y por una derecha desacomplejada que había llegado por primera vez al gobierno, presentaba a la guerra

[21] Valerio Romitelli: *L'odio per i partigiani. Come e perché contrastarlo*, Nápoles, Cronopio, 2006. Véase también Michela Ponzani: *Processo alla Resistenza. L'eredità della guerra partigiana nella Repubblica, 1945-2022*, Turín, Einaudi, 2023. El libro de Ponzani pone de manifiesto cómo en realidad las críticas e inclusive las condenas por parte de la magistratura a los partisanos –por acciones militares cometidas en el marco de la Segunda Guerra Mundial– estuvieron muy presentes desde el comienzo de la historia republicana, aunque la retórica antifascista fuese el relato oficial de los gobiernos de la Primera República.

[22] Renzo De Felice y Pasquale Chessa: *Rosso e nero*, Milán, Mondadori, 1995 y Ernesto Galli Della Loggia: *La morte della patria. La crisi dell'idea di nazione fra Resistenza, antifascismo e Repubblica*, Roma-Bari, Laterza, 1996.

[23] F. Germinario: *L'altra memoria*..., *op. cit.*, pp. 91-131.

[24] Claudio Pavone: *Una guerra civile. Saggio storico sulla moralità nella Resistenza*, Turín, Bollati Boringhieri, 1991. En su obra, Pavone presentaba a la Resistencia como una triple guerra: una guerra de liberación nacional o patriótica contra el invasor alemán; una guerra civil entre italianos fascistas y antifascistas; y una guerra de clase entre proletariado y burguesía.

de liberación únicamente como una guerra civil –tradicional reivindicación de la narrativa neofascista después de 1945– donde los partisanos habrían sido una reducida minoría, mientras que la mayoría de la población habría representado la llamada "zona gris" que no tomó partido para ninguno de los dos bandos. *Dulcis in fundo*, como colofón de esta relectura se pedía una definitiva conciliación y pacificación nacional entre los dos bandos de esa guerra civil: los partisanos y los *repubblichini* de Salò[25].

La contraofensiva cultural lanzada por la derecha italiana permitió así la "definitiva legitimación de la 'memoria anti-antifascista'"[26]. Se presentó a la OVRA –la policía política creada por Mussolini– como un "jueguecito onomástico del *duce* para asustar a los cuatro gatos que seguían siendo antifascistas también después del Aventino"; la guerra de Etiopía como una simple aventura colonial, depurada de las violencias cometidas por el ejército italiano; la firma del Eje Roma-Berlín como un "accidente diplomático de Mussolini" que no entendió los propósitos bélicos de Hitler; la aprobación de las leyes raciales como una obra de "cosmética legislativa" para complacer a los nazis; y la RSI como el intento del *duce* para proteger al pueblo italiano de las violencias de los alemanes[27]. El fascismo, además, no solo fue presentado como una dictadura *benigna*, sino que –se repitió incesantemente– hizo también muchas cosas buenas, desde la bonificaciones de pantanos a la construcción de nuevas ciudades pasando por las políticas asistenciales. A medio y largo plazo, esta operación convirtió la experiencia del régimen de Mussolini en una "narrativa pública" y "un relato mítico de felicidad perdida"[28].

Se trató de una verdadera "guerra de la memoria" en la cual, además de los ya citados, aparecieron otros *topoi* que cobraron un notable protagonismo[29]. Por un lado, se presentó de forma trivial el

[25] G. Corni: *Fascismo…*, *op. cit.*, p. 73.

[26] F. Focardi: *Nel cantiere della memoria…*, *op. cit.*, p. 210.

[27] Sergio Luzzatto: *La crisi dell'antifascismo*, Turín, Einaudi, 2004, p. 76.

[28] Francesco Filippi: *Mussolini ha fatto anche cose buone. Le idiozie che continuano a circolare sul fascismo*, Turín, Bollati Boringhieri, 2019, p. 5.

[29] Aram Mattioli: *"Viva Mussolini!" La guerra della memoria nell'Italia di Berlusconi, Bossi e Fini*, Milán, Garzanti, 2011, pp. 77-173. Véase también Filippo Focardi: *La guerra della memoria. La Resistenza nel dibattito politico italiano dal 1945 a oggi*, Roma-Bari, Laterza, 2005.

colonialismo italiano en África, negando los genocidios cometidos en Libia y Etiopía, para reforzar el mito de los *italiani brava gente* ("italianos buena gente") que se podía utilizar también en el marco de la Segunda Guerra Mundial. Frente a la imagen de los "malos alemanes", se invisibilizaban así las acciones cometidas tanto en los territorios ocupados de los Balcanes como en la misma península italiana por los miembros del ejército del Reino de Italia hasta septiembre de 1943 y los miembros de la Guardia Nacional Republicana o las Brigadas Negras de la RSI en los veinte meses siguientes, respectivamente[30]. Por otro lado, como se apuntaba anteriormente, se pusieron de relieve y se magnificaron los crímenes de los partisanos, descontextualizándolos de la coyuntura bélica en la cual se insertaron y obviando la represión ejercida durante dos décadas por el régimen fascista. Cobraron una especial centralidad mediática las publicaciones y los debates sobre el llamado "triangulo de la muerte" en Emilia donde al término del conflicto fueron asesinados algunos millares de fascistas y los acontecimientos de la frontera italo-yugoslava con las acciones de los partisanos comunistas de Tito[31].

Por último, hubo un especial esfuerzo con el objetivo de relativizar la elección de los jóvenes que se alistaron en el ejército de la RSI al lado de la Wehrmacht entre 1943 y 1945, llamados eufemísticamente los *ragazzi di Salò* ("los muchachos de Salò"). La definición intentaba irresponsabilizar a quiénes eligieron luchar al lado de la Alemania hitleriana, "allanando el camino para una visión que absolvía totalmente de esa experiencia a esos jóvenes" y "la consideración no solo de su buena fe subjetiva, sino también de sus razones ideales: el amor a la patria, el honor, la lealtad al aliado alemán"[32]. El siguiente paso fue el de pedir una necesaria "pacificación nacional" para construir una "memoria compartida" lo que era funcional para "construir indiscriminadamente, en el nombre de las víctimas, un gran contenedor de dolor, carente de razones, incapaz de distinguir

[30] Al respecto, véanse Angelo Del Boca: *Italiani, brava gente? Un mito duro a morire*, Vicenza, Neri Pozza, 2005 y Filippo Focardi: *Il cattivo tedesco e il bravo italiano. La rimozione delle colpe della seconda guerra mondiale*, Roma-Bari, Laterza, 2013.

[31] A. Mattioli: *"Viva Mussolini!"...*, *op. cit.*, pp. 140-173.

[32] Giovanni De Luna: *La passione e la ragione. Il mestiere dello storico contemporaneo*, Milán, Bruno Mondadori, 2004, p. 92.

entre el bien y el mal"[33]. Esta "monumentalización de las víctimas" apoyada en una "idea penitencial del siglo XX" no se dio obviamente solo en Italia en las últimas décadas, pero en el país transalpino esta operación "reduccionista [...] consistente en aplastar las vidas sobre las muertes" fue especialmente visible[34].

Como se decía, esta contraofensiva que tenía el propósito de quebrar la herencia moral y cultural de la Resistencia y desprestigiar el antifascismo tuvo principalmente dos vertientes: la mediática y la política. En cuanto a los medios de comunicación, se ha subrayado –aunque no lo suficiente– el papel crucial de los "agentes de historia", es decir la prensa, la televisión, internet y la publicidad, que han llevado –y siguen llevando– a cabo una cuestionable labor de divulgación histórica apoyándose a menudo en "tesis historiográficamente débiles, simples e inmediatas" cuyas características son "el rechazo de la complejidad y el recurso a anécdotas o detalles insignificantes"[35]. En el caso concreto del fascismo italiano, divulgadores como los nombrados al principio de este texto y ya activos en los años ochenta, como Montanelli, Gervaso, Petacco y Spinosa, a los cuales se sumaron otros como Giordano Bruno Guerri, Giampaolo Pansa o Bruno Vespa, para citar a los más conocidos, ofrecieron una visión del régimen mussoliniano de la cual desaparecieron la violencia, el escuadrismo y la represión sustituidos por la biografía, la personalización y el psicologismo. El resultado que el lector medio obtiene al final es el de un "fascismo suavizado, en el mejor de los casos con algunos rasgos autoritarios, en el que el uso de la violencia aparece poco característico, secundario y en todo caso justificado por la necesidad de contener el riesgo revolucionario comunista"[36].

Se publicaron decenas y decenas de libros como el exitoso *Il sangue dei vinti* (2003) de Giampaolo Pansa, que vendió, según los datos divulgados por la editorial, más de 400.000 ejemplares. Pansa, un afirmado periodista con un pasado de izquierdas, se ciñó en los

---

[33] L. Falsini: *La storia contesa...*, *op. cit.*, p. 64.

[34] S. Luzzatto: *La crisi dell'antifascismo*, *op. cit.*, pp. 43-45. Al respecto, véase también Enzo Traverso: *Il secolo armato. Interpretare le violenze del Novecento*, Milán, Feltrinelli, 2012.

[35] L. Falsini: *La storia contesa...*, *op. cit.*, p. 11.

[36] L. Falsini: *La storia contesa...*, *op. cit.*, p. 100.

ajustes de cuentas posteriores al 25 de abril de 1945 en el "triangulo de la muerte" emiliano, criminalizando a los partisanos, irresponsabilizando a los fascistas asesinados y atacando a la historiografía que habría supuestamente ocultado estos acontecimientos[37]. En su relato, que junta ficción narrativa e investigación histórico-periodística, se interpreta la Resistencia como "una inútil y despiadada guerra civil, prolongada después de 1945 a instancias del Partido Comunista, movido por el odio de clase y las intenciones revolucionarias"[38].

Un papel importante lo jugaron también películas y series televisivas de notable éxito, impulsadas por el servicio público en tiempos de los gobiernos de Berlusconi. Entre los primeros, destaca el filme *El Alamein: La linea del fuoco* (Enzo Monteleone, 2002) que mitifica las gestas heróicas de los militares italianos que lucharon en la batalla de El Alamein, en medio del desierto de Libia, pasando por alto que estaban combatiendo en defensa del Nuevo Orden Europeo nacionalsocialista al lado de las tropas de Rommel[39]. Entre las segundas, es menester mencionar *Perlasca. Un eroe italiano* (2002) e *Il cuore nel pozzo* (2005), ambas dirigidas por Alberto Negrin. La primera serie televisiva relata la historia de Giorgio Perlasca que en 1944, tras haber luchado como voluntario fascista en Etiopía y España, se hizo pasar por cónsul español en Budapest y consiguió salvar a millares de judíos de la deportación. La encomiable labor de Perlasca se inserta en la tendencia a "privilegiar la celebración de los actos de solidaridad y ayuda realizados por italianos a favor de los judíos" y refuerza en la opinión pública la imagen de los "buenos italianos", convirtiéndose en una "conveniente cortina de humo para la conciencia nacional, reacia a asumir la responsabilidad del país en la persecución antijudía"[40].

Il cuore nel pozzo, visto por 17 millones de espectadores, relata, en cambio, los crímenes cometidos por los partisanos yugoeslavos en la frontera oriental y la emigración forzada tras el final de la segunda

[37] Giampaolo Pansa: *Il sangue dei vinti. Quello che accadde in Italia dopo il 25 aprile*, Milán, Sperling & Kupfer, 2003. La cita es un fragmento de la contracubierta del libro.
[38] F. Focardi: *Nel cantiere della memoria..., op. cit.*, p. 219.
[39] A. Mattioli: *"Viva Mussolini!"..., op. cit.*, p. 85.
[40] F. Focardi: *Nel cantiere della memoria..., op. cit.*, p. 223.

contienda mundial de millares de italianos de las regiones de Istria y Dalmacia, por una parte anexionadas por los italianos después de la Gran Guerra y, por otra, ocupadas a partir de 1941[41]. Repleta de "tópicos, ambigüedades, errores y omisiones", la serie de Negrin pone la lupa en la cuestión de las *foibe*, unas simas típicas de la zona del Carso en la frontera entre Italia y Eslovenia, en que fueron asesinadas entre mil y dos mil personas, la mayoría italiananos. A estas se sumó una represión política llevada a cabo por el nuevo gobierno yugoeslavo que no se realizó tanto en las *foibe*, sino en las calles, las cárceles o los campos de detención. La memorialística de corte neofascista ya en tiempos de la Primera República, así como las obras de divulgación de la contraofensiva anti-antifascista de los años de la Segunda República hablan de más de 20.000 italianos asesinados, cuando los trabajos de investigación desarrollados por académicos han rebajado la cifra total a cerca de 5.000 personas[42]. También en este caso, como en los anteriores, además de las desconcertantes imprecisiones, la contextualización histórica brilla por su ausencia: falta, por ejemplo, "una mirada retrospectiva sobre los años de ocupación fascista en Istria, así como sobre los excesos de la ocupación alemana" que, obviamente, no justificarían, pero ayudarían a situar y comprender esos acontecimientos[43].

La segunda vertiente fue la más propiamente política donde se sumaron declaraciones de cargos institucionales, propuestas de leyes y creaciones de nuevas fiestas. A partir de 1994, las críticas al 25 de abril, fiesta nacional de la liberación del nazifascismo, fueron constantes. En esto Berlusconi, que no provenía, como los dirigentes *missinos*, de una tradición neofascista, jugó un papel crucial con sus

---

[41] Sobre los cambios de fronteras entre Italia y Yugoslavia tras el desmoronamiento del Impero austrohúngaro y las tensiones sociales y étnicas existentes, véase Steven Forti: "El síndrome de la victoria mutilada. Italia, el tratado de Londres y la paz de París", en Josep Pich Mitjana, David Martínez Fiol y Jordi Sabater (eds.), *La paz intranquila. Los tratados de paz de la guerra que no acabó con todas las guerras (1918-1923)*, Barcelona, Bellaterra, 2020, pp. 119-140.

[42] L. Falsini: *La storia contesa...*, *op. cit.*, pp. 139-158. La cita en la p. 158. Sobre las *foibe* y la emigración forzada de población italiana, véase Raoul Pupo: *Il lungo esodo. Istria: le persecuzioni, le foibe, l'esilio*, Milán, Rizzoli, 2005.

[43] A. Mattioli: *"Viva Mussolini!"...*, *op. cit.*, p. 165.

"calculadas rupturas de los tabúes" existentes en el país transalpino[44]. En sus dos primeros mandatos como presidente del gobierno no participó en las celebraciones institucionales del 25 de abril, algo absolutamente inédito, y expresó en más ocasiones su preferencia por el 18 de abril, día de la victoria electoral de la DC en 1948 frente a la alianza de socialistas y comunistas. Asimismo, figuras cercanas al líder de Forza Italia tomaron partido por la abolición del día de la liberación del nazifascismo como fiesta nacional, proponiendo su sustitución con el 4 de noviembre, día en que se celebra la victoria italiana en la Primera Guerra Mundial.[45] La versión berlusconiana de la Constitución de 1948 como una carta de "marca comunista" ha sido en buena medida adoptada por todo el centroderecha y también por quién ocupó entre 2001 y 2006 la presidencia del Senado, segundo cargo del Estado, el *forzista* Marcello Pera, que tachó el antifascismo de "mito incapacitante"[46].

En cuanto a la equiparación de los partisanos y los combatientes de la RSI, tema del cual se ha hablado anteriormente, no hubo solo las declaraciones de un importante cuadro neofascista como Ignazio La Russia, ministro de Defensa entre 2008 y 2011 y coordinador del Pueblo de la Libertad (PdL) berlusconiano tras la fusión entre Forza Italia y Alianza Nacional (AN), o las del mismo Berlusconi cuando en 2008, tras su tercera victoria electoral, pidió una "pacificación nacional y definitiva"[47]. Hubo también iniciativas legislativas como la que los senadores de AN propusieron en 2003 para equiparar los militares de Salò con los de los demás países involucrados en el conflicto o la que los diputados del PdL presentaron en 2003 que pedía la creación de la Orden de la Tricolor –en referencia a la bandera del país– que se debía entregar a los combatientes italianos que lucharon en todos los bandos de la Segunda Guerra Mundial[48]. Ya antes, a partir de 1997, el entonces alcalde de Milán, Gabriele Albertini, de Forza Italia, empezó a conmemorar todos los caídos en 1943-45, sin

[44] A. Mattioli: *"Viva Mussolini!"...*, *op. cit.*, pp. 67 y 168.
[45] F. Focardi: *Nel cantiere della memoria...*, *op. cit.*, p. 211.
[46] S. Luzzatto: *La crisi dell'antifascismo*, *op. cit.*, pp. 86 y 33.
[47] A. Mattioli: *"Viva Mussolini!"...*, *op. cit.*, p. 168.
[48] F. Focardi: *Nel cantiere della memoria...*, *op. cit.*, p. 205.

hacer diferenciaciones entre partisanos y fascistas de Saló. No resulta extraño pues que en diferentes ayuntamientos gobernados por la coalición de centroderecha se dedicasen calles y plazas a fascistas o neofascistas, empezando por el histórico secretario del MSI y antes jefe de gabinete en el Ministerio de la Cultura Popular de la RSI, Giorgio Almirante, o que en 2012 el alcalde derechista de Affile, en provincia de Roma, inaugurase un monumento dedicado al jerarca fascista Rodolfo Graziani, juzgado como criminal de guerra por la comisión de las Naciones Unidas[49].

Sin embargo, los resultados más concretos de esta contraofensiva cultural se percibieron con la introducción en el calendario civil italiano de dos nuevas festividades. En 2004 la mayoría parlamentaria de centroderecha instituyó para el 10 de febrero el Día del Recuerdo de la "masacre de las *foibe* y el éxodo juliano-dálmata" que acababa equiparándose implícitamente con el Día de la Memoria de las víctimas del Holocausto, instituido internacionalmente para el 27 de enero. Al año siguiente, se creó el Día de la Libertad para el 9 de noviembre, aniversario de la caída del muro de Berlín, con un claro significado anticomunista[50]. La voluntad era la de equiparar fascismo y comunismo, resuscitando el concepto de totalitarismo tan en boga en tiempos de la primera Guerra Fría, para desmontar definitivamente el "mito" del antifascismo que no podía ser el fundamento democrático de la república italiana a causa de la presencia hegemónica de los comunistas entre los partisanos.

Efectivamente, esta había sido la operación más importante desde el punto de vista teórico que había lanzado Gianfranco Fini para la transformación del MSI en Alianza Nacional en los turbulentos años del comienzo de la Segunda República. En el Congreso de Fiuggi, celebrado en enero de 1995, la reformulación del partido neofascista impulsada por su joven secretario pasaba no solo por el cambio de nombre, sino también por una propuesta que intentaba superar el anclaje sentimental al *ventennio* a través de tres ideas: la recuperación del *Risorgimento* como momento crucial de la historia

[49] Véanse, F. Falsini: *La storia contesa...*, *op. cit.*, pp. 98-99 y A. Mattioli: *"Viva Mussolini!"...*, *op. cit.*, pp. 150-156.

[50] F. Focardi: *Nel cantiere della memoria...*, *op. cit.*, pp. 213-215.

nacional; una visión acrítica y deideologizada del fascismo, y "la revisión del concepto de antifascismo, presentado bajo la fórmula de antitotalitarismo" interpretado principalmente como anticomunismo[51]. Cabe recordar que Fini, tras una breve etapa como secretario del MSI entre 1987 y 1990, volvió a liderar el partido al año siguiente proponiendo lo que definió el "fascismo del 2000"[52]. Aún el 28 de octubre de 1992, en ocasión del setenta aniversario de la marcha sobre Roma, Fini había participado en la celebración que su partido organizó en el centro de la capital italiana para recordar la llegada de Mussolini a la presidencia del gobierno y, tras la victoria de la coalición berlusconiana en las elecciones de marzo de 1994, de la cual el MSI era parte integrante, había afirmado en una entrevista que el *duce* había sido "el más grande estadista del siglo"[53]. En los años siguientes, y a raíz de la *svolta* de Fiuggi, el sucesor de Almirante impulsó, sin embargo, un giro para transformar AN en un partido posfascista que en la década siguiente intentó mirar sobre todo hacia los modelos nacional-conservadores en boga en Europa, como el de Sarkozy en Francia o el de Cameron en el Reino Unido. No faltaron tensiones y rupturas en una comunidad fuertemente vinculada a una serie de valores: prueba de ello son las escisiones de dirigentes como Alessandra Mussolini en 2003 o Francesco Storace en 2007, críticos con el camino que estaba imprimiendo Fini[54]. Cabe mencionar también que la creación de Alianza Nacional no implicó un cambio de los cuadros del partido, ya que más del 80% de los miembros de la dirección de AN provenía del MSI[55].

Ahora bien, a partir de finales del pasado siglo, Fini aceleró en la realización de la operación empezada en Fiuggi: en 1999, viajó a Auschwitz y en 2003, en calidad de ministro de Exteriores, visitó

---

[51] F. Falsini: *La storia contesa…*, *op. cit.*, pp. 28-29.

[52] Al respecto, véase Andrea Ungari: "Da Fini a Fini. La trasformazione del Movimento Sociale Italiano in Alleanza Nazionale, 1987-1995", en Giuseppe Parlato y Andrea Ungari: *Le destre nell'Italia del secondo dopoguerra. Dal qualunquismo ad Alleanza Nazionale*, Soveria Mannelli, Rubbettino, 2021, pp. 209-246.

[53] F. Focardi: *Nel cantiere della memoria…*, *op. cit.*, pp. 206-208.

[54] Salvatore Vassallo y Rinaldo Vignati: *Fratelli di Giorgia. Il partito della destra nazional-conservatrice*, Bolonia, Il Mulino, 2023, pp. 63-68, 73 y 254-255.

[55] Piero Ignazi: "Fascismo, neofascismo, postfascismo", en Corrado Fumagalli y Spartaco Puttini (eds.): *Destra*, Milán, Fondazione Giangiacomo Feltrinelli, 2018, p. 31.

el Yad Vashem durante un viaje institucional a Israel y condenó el fascismo como un "mal absoluto", haciendo referencia a las leyes raciales aprobadas por el régimen mussoliniano en 1938. El intento de Fini para convertir AN en una formación nacional-conservadora arraigada en la democracia no se puede menospreciar, pero, para lo que nos interesa en este texto, es menester poner de relieve como la superación del pasado pasó esencialmente a través de la condena del elemento más espantoso de la experiencia mussoliniana, es decir el antisemitismo y la persecución de los judíos, eludiendo, evitando o postergando lo más posible una condena sin ambages del fascismo en sí[56]. Además, la definición del fascismo como *mal absoluto* –que, por cierto, parece que Fini nunca pronunció: se debería únicamente al título que una agencia de noticias dio de unas declaraciones mucho menos tajantes del líder de AN– lo expulsa de la dimensión histórica, convirtiéndolo, en palabras de Luca Falsini, en "algo incomprensible para los humanos"[57].

LOS AÑOS DEL POST-BERLUSCONISMO

Si en 2004, a una década de distancia del terremoto de Tangentópolis, Sergio Luzzatto afirmaba que el antifascismo estaba viviendo una "crisis irreversible", casi veinte años más tarde, en 2022, Paolo Barcella sentenciaba que este no estaba tan solo en un "avanzado estado de evaporación", sino que, literalmente, "se había reducido a una lucecita"[58]. Para explicar esta progresión no basta con recordar los efectos a largo plazo de la contraofesiva anti-antifascista empezada con la Segunda República: es necesario analizar también los cambios políticos, sociales y culturales que se dieron en el país

[56] F. Focardi: *Nel cantiere della memoria…*, *op. cit.*, pp. 206-208.

[57] F. Falsini: *La storia contesa…*, *op. cit.*, p. 99. Sobre la libre reinterpretación por parte de la prensa de las declaraciones de Fini, véase Francesco Severini: "Battista: fake news? La più clamorosa fu la frase sul fascismo 'male assoluto' attribuita a Fini", *Secolo d'Italia*, 29 de junio de 2021, en https://www.secoloditalia.it/2021/06/battista-fake-news-la-piu-clamorosa-fu-la-frase-sul-fascismo-male-assoluto-attribuita-a-fini/ [Consultado el 11 de abril de 2023].

[58] Véanse, respectivamente, S. Luzzatto, *La crisi dell'antifascismo…*, *op. cit.*, p. 7 y Paolo Barcella: *La Lega. Una storia*, Roma, Carocci, 2022, p. 155.

transalpino en los años diez del siglo XXI. En resumidas cuentas, después de 2012 la banalización del fascismo sufrió una ulterior aceleración también porqué la extrema derecha se ha ido normalizando cada vez más a nivel político. Este fenómeno, que había empezado ya en los años noventa con la llegada del MSI al gobierno del país como *junior partner* de la coalición berlusconiana, ha tenido su consagración definitiva con la victoria electoral de Hermanos de Italia (HdI) en las elecciones de septiembre de 2022[59].

El proyecto berlusconiano de un gran partido conservador italiano, representado por el Pueblo de la Libertad fundado en 2008, fracasó en el lustro siguiente[60]. La crisis económica que golpeó duramente Italia a partir de 2010, las dimisiones de Berlusconi a finales de 2011 y la experiencia del ejecutivo técnico de Mario Monti que el centroderecha apoyó en el Parlamento, además de la ruptura entre el fundador de Forza Italia y Gianfranco Fini, comportaron la abrupta conclusión de la experiencia del PdL y marcaron el inicio del declive político del empresario milanés, cada vez más desprestigiado por diferentes escándalos de naturaleza económica y sexual[61]. Por un lado, Forza Italia dejaba de ser el partido hegemónico de la coalición de centroderecha, como se verá a partir de las elecciones italianas de 2018. Por el otro, el espacio representado históricamente por el neo y el posfascismo se encontraba huérfano de un partido de referencia tras la desaparición de Alianza Nacional. Además, la experiencia del PdL significó "el fracaso de toda la segunda generación" del neofascismo italiano que se había propuesto crear el "partido de la nación", antes con AN y luego mediante la fusión con el berlusconismo[62].

---

[59] Al respecto, véase Steven Forti: "'*Prima gli italiani!*'. Cambios y continuidades en la ultraderecha italiana: la Lega y Fratelli d'Italia", *Revista CIDOB d'Afers Internacionals*, 132 (2022), pp. 25-48. DOI: doi.org/10.24241/rcai.2022.132.3.25. Para una crónica periodística de la política italiana en los años diez de este siglo, véase Lucia Annunziata: *L'inquilino. Da Monti a Meloni: indagine sulla crisi del sistema politico*, Milán, Feltrinelli, 2022.

[60] Véase, Javier Del Palacio Martín, "Popolo della Libertà: auge y caída de un partido conservador", *Revista de Estudios Políticos*, 189 (2020), pp. 167-196.

[61] S. Colarizi y M. Gervasoni: *La tela di Penelope...*, *op. cit.*, pp. 195-232.

[62] S. Vassallo y R. Vignati: *Fratelli di Giorgia...*, *op. cit.*, p. 83.

Una de las principales consecuencias políticas de esta crisis en el centroderecha italiano fue la constitución de Hermanos de Italia, partido fundado a finales de 2012 por un núcleo de dirigentes, provenientes mayoritariamente de AN, insatisfechos con el apoyo del PdL al gobierno de Monti y la gestión paternalística del partido por parte de Berlusconi[63]. En segundo lugar, la Liga Norte, acosada por los escándalos de corrupción que golpearon a su fundador, Umberto Bossi, y la dirigencia histórica de la formación, emprendió desde finales de 2013 un giro lepenista bajo el liderazgo de Matteo Salvini. La fuerza política que en los años noventa había reivindicado la secesión de la llamada Padania se transformó rápidamente en una fuerza nacionalista italiana que sustituyó el sol de los Alpes –el símbolo de la Padania– con la bandera tricolor. Salvini abandonó las reivindicaciones autonomistas y federalistas que habían sido el principal estandarte de la Liga Norte y se centró principalmente en el rechazo a la inmigración y el antieuropeismo, cabalgando la creciente insatisfacción de parte de la población por las políticas de austeridad decretadas por Bruselas[64]. La crisis del berlusconismo se hizo cada vez más evidente también por la avanzada edad del fundador de Forza Italia y su incapacidad o, más bien, falta de voluntad por renovar el partido dando paso a una nueva generación. La lucha por la hegemonía en el centroderecha italiano que se dio a partir de 2012 comportó así una paulatina radicalización de su electorado que se desplazó antes hacia la Liga salviniana y posteriormente hacia Hermanos de Italia.

En esta nueva fase, marcada también a nivel internacional por el auge de los nacionalpopulismos, la defascistización retroactiva del fascismo, de la cual habló Emilio Gentile a principios del milenio, fue mucho más explícita y ya sin ningún tipo de complejos. En 2018 y 2019, cuando era ministro del Interior y vicepresidente del gobierno, Salvini, por ejemplo, utilizó a menudo en las redes sociales frases mussolinianas, como el famoso "Muchos enemigos,

---

[63] S. Vassallo y R. Vignati: *Fratelli di Giorgia...*, *op. cit.*, p. 85-97.

[64] Al respecto, véanse Gianluca Passarelli y Dario Tuorto: *La Lega di Salvini. Estrema destra di governo*, Il Mulino, Bolonia, 2018 y P. Barcella: *La Lega...*, *op. cit.*, pp. 137-158.

mucho honor". Asimismo, dio un discurso electoral desde el balcón del ayuntamiento de Forlì, ciudad natal del *duce*, algo inédito en la historia republicana o, durante la pandemia, se dejó fotografiar con una mascarilla negra con el lema acuñado por Gabriele D'Annunzio, "Memento Audere Semper", muy en voga entre los grupos neofascistas[65]. También llegó a publicar un libro-entrevista con Altaforte Edizioni, la editorial de los autodenominados "fascistas del tercer milenio" de CasaPound Italia (CPI)[66]. Estas reiteradas *provocaciones* iban acompañadas de afirmaciones de que el fascismo es "una idea muerta" que no volverá o inclusive de elogios a numes tutelares de la izquierda italiana como el intelectual y político comunista Antonio Gramsci o el cantautor Fabrizio de Andrè que el líder liguista ponía en el pantheón de sus referencias ideológicas y culturales[67]. Salvini desarrolló una estrategia que mezclaba una manifiesta carga transgresora en el lenguaje y el estilo políticos –romper tabúes y convenciones existentes, presentarse como un rebelde frente al orden existente, etc.– con un cierto parasitismo ideológico, aunque fuese solo a nivel retórico. Esta estrategia, que es una de las características de las nuevas extremas derechas a nivel global, tenía en la memoria

---

[65] "'Tanti nemici, tanto onore!'. Salvini cita Mussolini nel giorno della nascita del Duce. Insorge la sinistra", *HuffingtonPost Italia*, 29 de julio de 2018, en https://www.huffingtonpost.it/2018/07/29/tanti-nemici-tanto-onore-salvini-cita-mussolini-nel-giorno-della-nascita-del-duce-insorge-la-sinistra_a_23491728/; "Forlì, Salvini fa un comizio dallo stesso balcone di Mussolini. Il sindaco: 'Scimmiotta il duce'", *Il Corriere della Sera*, 4 de mayo de 2019, en https://www.corriere.it/politica/19_maggio_04/forli-salvini-fa-comizio-stesso-balcone-mussolini-sindaco-scimmiotta-duce-38e6d968-6e4f-11e9-9f5c-13325bb45f74.shtml; "Salvini, polemica per la scritta sulla mascherina: 'Memento audere semper'", *La Repubblica*, 7 de agosto de 2020, en https://www.repubblica.it/cronaca/2020/08/07/news/salvini_polemica_per_la_scritta_sulla_mascherina_memento_auder_semper_-263998608/ [Consultados el 15 de abril de 2023].

[66] Chiara Giannini: *Io sono Matteo Salvini. Intervista allo specchio*, Roma, Altaforte Edizioni, 2019.

[67] Sébastien Le Fol y Anna Bonalume: "Salvini: 'Les "populistes" incitent les autres partis à vouloir changer'", *Le Point*, 16 de octubre de 2019, en https://www.lepoint.fr/monde/matteo-salvini-macron-est-le-nouveau-visage-de-l-ancien-systeme-16-10-2019-2341737_24.php [Consultado el 15 de abril de 2023]. Sobre las referencias a Gramsci y De Andrè, véase Matteo Salvini: *Secondo Matteo. Follia e coraggio per cambiare il Paese*, Milán, Rizzoli, 2016, p. 9.

del fascismo –y, obviamente, también del antifascismo– uno de sus principales pilares[68].

Al mismo tiempo, Salvini se convirtió en el "garante para la galaxia neofascista" italiana[69]: entre 2014 y 2016 entabló alianzas electorales con CasaPound Italia bajo el nombre Noi con Salvini ("Nosotros con Salvini"). Los vínculos con todo un entramado de partidos, movimientos o grupos neofascistas y neonazi, como también Forza Nuova (FN) y Lealtà Azione (LA), fueron estrechos, llegando a la inclusión en las listas electorales de la Liga de dirigentes provenientes de esas formaciones[70]. En esos mismos años, la presencia de altos dirigentes liguistas en los congresos, encuentros o fiestas de estos grupos fue constante, como la de otros representantes del llamado centroderecha italiano. Así, en 2019 dos de los principales dirigentes de Hermanos de Italia, Ignazio La Russa y Carlo Fidanza, participaron en la fiesta nacional de CPI y en la Fiesta del Sol de los hammerskin de LA, respectivamente, mientras que el año anterior el alcalde berlusconiano de Trieste, Roberto Dipiazza, intervino oficialmente en el encuentro organizado en la ciudad por el partido neofascista FN[71]. Cabe recordar que el 9 de octubre de 2021, Forza Nuova organizó una manifestación en Roma contra las restricciones decretadas por el gobierno debido al Covid-19: tras la imposibilidad de acceder al Parlamento por un amplio desplegamiento de fuerzas del orden, los manifestantes, coordinados por los líderes de FN, Roberto Fiore y Giuliano Castellino, asaltaron y destruyeron la sede de la Confederación General Italiana del Trabajo (CGIL), el primer sindicato italiano, con una modalidad que recordaba claramente

[68] Sobre el parasitismo ideológico de las nuevas extremas derechas y su capacidad por presentarse como fuerzas transgresoras y rebeldes, véanse Steven Forti: *Extrema derecha 2.0. Qué es y cómo combatirla*, Madrid, Siglo XXI de España, 2021, pp. 114-127 y 169-204 y Pablo Stefanoni: *¿La rebeldía se volvió de derecha?*, Buenos Aires, Siglo XXI, 2021.

[69] G. Passarelli y D. Tuorto: *La Lega di Salvini...*, *op. cit.*, p. 91.

[70] Al respecto, véanse Claudio Gatti: *I demoni di Salvini. I postnazisti e la Lega*, Milán, Chiarelettere, 2019, pp. 159-219 y Paolo Berizzi: *NazItalia. Viaggio in un Paese che si è riscoperto fascista*, Milán, Baldini+Castoldi, 2018, pp. 15-64.

[71] Paolo Berizzi: *L'educazione di un fascista*, Milán, Feltrinelli, 2020, pp. 158-159 y 176.

las acciones escuadristas de las camisas negras de Mussolini en la primera posguerra[72].

Si bien es cierto que grupos explícitamente neofascistas siempre existieron en la Italia republicana y que también en los años anteriores hubo relaciones entre el centroderecha y las franjas más radicales –en 2006, por ejemplo, Berlusconi incluyó Fiamma Tricolore y Alternativa Sociale en la coalición que lideraba en las elecciones legislativas–, no cabe duda de que, por un lado, la presencia social de los grupos neofascistas ha crecido exponencialmente en los años diez del siglo XXI y, por otro, tal y como se comentaba anteriormente, los vínculos entre estos y la derecha *mainstream* han sido mucho más estrechos[73]. No cabe olvidar, además, que estos vínculos se han dado con formaciones, como la Liga salviniana o Hermanos de Italia, que se han situado, respecto a la Forza Italia berlusconiana, en la extrema derecha del espectro ideológico. Es en este marco que debemos entender también la consolidación de CasaPound Italia: fundado en 2003, el movimiento neofascista ha conseguido arraigarse en el territorio en las dos décadas siguientes, obteniendo concejales en más de una docena de ayuntamientos y penetrando con fuerza entre los estudiantes de secundaria y los universitarios, ofreciendo una interpretación seductora del fascismo *mussoliniano*[74].

De hecho, CPI ha propuesto una "relectura estratégicamente selectiva del fascismo" que valoriza algunos aspectos anticapitalistas o las políticas sociales del régimen, negando sin embargo sus aspectos totalitarios[75]. Es decir, el fascismo, elaborado como "un universo

---

[72] Paolo Berizzi: "Assalto No Pass, la regia neofascista: Fiore e Castellino guidano l'attacco alla Cgil", *La Repubblica*, 10 de octubre de 2021, en https://www.repubblica.it/cronaca/2021/10/10/news/no_pass_fascisti_destra_roma_no_vax_estrema_destra-321559409/ [Consultado el 15 de abril de 2023].

[73] La persistencia de estos vínculos y, al mismo tiempo, su intensificación es muy evidente en ámbito local. Véase, por ejemplo, el caso de la ciudad de Verona en Paolo Berizzi: È gradita la camicia nera. Verona, la città laboratorio dell'estrema destra tra l'Italia e l'Europa, Milán, Rizzoli, 2021.

[74] Véanse, Elia Rosati: *CasaPound Italia. Fascisti del terzo millennio*, Milán, Mimesis, 2018 y, en castellano, Matteo RE: "La deriva radical: CasaPound Italia y el fascismo del tercer milenio", *Revista de Estudios Políticos*, 189 (2020), pp. 259-287. Doi: https://doi.org/10.18042/cepc/rep.189.09.

[75] Matteo Albanese *et al.*: *Fascisti di un altro millennio? Crisi e partecipazione in CasaPound Italia*, Acireale-Roma, Bonanno, 2014, p. 4.

cultural no conformista y, por lo tanto, revolucionario", es presentado como una "herejía antimaterialista y nacionalista del socialismo" y un "proyecto de emancipación de las clases trabajadoras"[76]. Así, en el pantheón de CPI, en una evidente operación de parasitismo ideológico, al lado de Mussolini, Codreanu o figuras heterodoxas de los fascismos de entreguerras, como Ezra Pound, Pierre Drieu La Rochelle o Nicola Bombacci, aparecen también personajes vinculados a la izquierda, como Ernesto Che Guevara, Fidel Castro o Thomas Sankara. Evidentemente, esta relectura del fascismo no es nueva. CPI recupera y amplifica aquí la interpretación del "fascismo inmenso y rojo" que en tiempos de la Guerra Fría hicieron los sectores rautianos del MSI, y principalmente Giano Accame[77]. Sin embargo, una vez más, es menester poner de manifiesto como esas ideas han calado mucho más en la sociedad italiana respecto al pasado. Como apuntó el periodista Christian Raimo en una investigación sobre los adolescentes y la extrema derecha, en los años diez del siglo XXI "en contextos cada vez más amplios ser fascista está de moda, en otros es directamente el elemento determinante de una nueva unidad que se estaba buscando"[78].

No extraña, pues, que una investigación de 2016 contabilizase solo en Italia más de 600 páginas que exaltaban explícitamente el fascismo en las redes sociales o que libros como *Perché l'Italia amò Mussolini* (2020) del periodista Bruno Vespa, lleno de imprecisiones y graves errores historiográficos, así como *Io sono Giorgia* (2021), la autobiografía de la líder de Hermanos de Italia, Giorgia Meloni, se hayan convertido rápidamente en superventas[79]. Tampoco debería

---

[76] Francesco Germinario: *CasaPound. La destra proletaria e la "Comunità di lotta"*, Trieste, Asterios, 2018, pp. 131 y 60.

[77] Giano Accame: *Il fascismo immenso e rosso*, Roma, Settimo Sigillo, 1990.

[78] Christian Raimo: *Ho 16 anni e sono fascista. Indagine sui ragazzi e l'estrema destra*, Milán, Piemme, 2018, p. 11.

[79] Carlo Greppi: "Come Ce Lo Raccontiamo: Il Fascismo In Rete", En Giovanni DE LUNA (ed.): *Fascismo e storia d'Italia. A un secolo dalla marcia su Roma. Temi, narrazioni, fonti*, Milán, Feltrinelli, 2022, pp. 342 y 352. No hace falta decir que también en otros países se ha dado una más o menos marcada banalización del fascismo y que la extrema derecha ha aprovechado las potencialidades ofrecidas por Internet y las redes sociales para difundir discursos que lo reivindican y celebran. Véase, para el caso francés, Dominique Albertini y David Doucet: *La Fachosphere. Comment l'extrême droite remporte la bataille d'Internet*, París, Flammarion, 2016.

extrañar, teniendo en cuenta lo que se comentaba anteriormente respecto a Salvini, que la impunidad por parte de cargos públicos haya ido *in crescendo* en lo que se refiere a menciones, gestos o referencias al fascismo en un país –no se olvide– que no solo en su Constitución prohibe la reconstitución del Partido Nacional Fascista, sino que a través de la conocida como ley Mancino contra los crímenes de odio, aprobada en 1993, castiga "quién exalta públicamente miembros, principios, hechos o métodos del fascismo o sus finalidades antidemocráticas"[80]. Una ley, dicho *en passant*, que tanto Forza Nuova, como la Liga y Hermanos de Italia, han pedido abrogar en más ocasiones. Para poner solo dos ejemplos recientes, en mayo de 2022 el alcalde berlusconiano de Rieti, Antonio Cicchetti, con un pasado en el Frente de la Juventud del MSI, cerró un mítin electoral al grito fascista de "*Boia chi molla!*", mientras que en enero de 2021, durante una sesión del consejo municipal de Cogoleto, cerca de Génova, tres concejales –uno de la Liga, otro de Hermanos de Italia y un independiente– hicieron el saludo romano al votar unas resoluciones en ocasión del Día de la Memoría[81].

La victoria electoral de HdI en septiembre de 2022 y la toma de posesión de Giorgia Meloni como presidenta del gobierno a pocos días, además, del centenario de la marcha sobre Roma dieron pie a un amplio debate sobre la naturaleza de su partido y las conexiones con el fascismo histórico y el neofascismo. Si no cabe duda de que es inexacto definir Hermanos de Italia como un partido fascista o neofascista *tout court*, es también problemático catalogarlo como un

---

[80] "Testo del decreto-legge 26 aprile 1993, n. 122, coordinato con la legge di conversione 25 giugno 1993, n. 205, recante: 'Misure urgenti in materia di discriminazione razziale, etnica e religiosa'", *Gazzetta Ufficiale della Repubblica Italiana*, 148, 26 de junio de 1993, p. 31, en https://www.gazzettaufficiale.it/eli/gu/1993/06/26/148/sg/pdf (Consultado el 16 de abril de 2023).

[81] Véanse Clemente Pistilli: "'Boia chi molla', il grido di battaglia del sindaco di Rieti al comizio elettorale", *La Repubblica*, 7 de mayo de 2022, en https://roma.repubblica.it/cronaca/2022/05/07/news/rieti_voto_antonio_cicchetti_fratelli_ditalia_fascismo-348515663/ y A. D.: "Saluto fascista in aula a Cogoleto: a processo consiglieri comunali", *GenovaToday.it*, 27 de julio de 2022, en https://www.genovatoday.it/politica/processo-consiglieri-saluto-fascista-cogoleto.html (Consultados el 16 de abril de 2023).

partido simplemente conservador o nacional-conservador[82]. Más bien, se le puede considerar como un miembro de la derecha radical europea[83] o, más acertadamente en opinión del autor de este texto, como una de las posibles declinaciones de la extrema derecha 2.0[84]. Como apuntan Salvatore Vassallo y Rinaldo Vignati, la formación liderada por Meloni puede considerarse, de hecho, el "tercer partido de la *Fiamma*", en referencia a la llama tricolor del MSI que aparece en el símbolo de HdI: Meloni y los fundadores del partido se propusieron "recoser la fractura [con el pasado], reconstituyendo la continuidad de la historia de la derecha y las relaciones de una comunidad que el individualismo de Gianfranco Fini había [...] interrumpido"[85]. Es decir, Hermanos de Italia encarna el "retorno a la derecha de la comunidad político-cultural *missina*" tras la etapa de AN y del PdL mediante "la reapropiación de un vocabulario y un imaginario (neo)fascista: nación, patria, pueblo, tradición y familia", bien representado en las Tesis de Trieste, el principal documento programático del partido[86]. Esta continuidad con el fascismo, "reivindicada y escondida" al mismo tiempo, la hace explícita la misma Meloni[87]. En su autobiografía afirma, de hecho, que HdI es "un

---

[82] Para este blanqueamiento de HdI, véase la obra de un joven intelectual meloniano, Francesco Giubilei: *Giorgia Meloni. La rivoluzione dei conservatori*, Roma-Cesena, Giubilei Regnani, 2020.

[83] Alessia Donà: "The rise of the Radical Right in Italy: the case of Fratelli d'Italia", *Journal of Modern Italian Studies*, 27 (2022), pp. 775-794. Doi: 10.1080/1354571X.2022.2113216. Sobre la definición de derecha radical, cuyas principales características desde el punto de vista ideológico serían el nativismo, el autoritarismo y el populismo, véase Cas Mudde: *La ultraderecha hoy*, Barcelona, Paidós, 2021, pp. 45-53.

[84] Véase S. Forti: *Extrema derecha 2.0...*, *op. cit.*, pp. 81-87.

[85] S. Vassallo y R. Vignati: *Fratelli di Giorgia...*, *op. cit.*, pp. 9 y 16. Según las reconstrucciones más fiables, la llama tricolor del MSI fue dibujada por Giorgio Almirante y representaba el espíritu del fascismo que resurgía de la tumba de Mussolini. Véase, Davide Maria De Luca: "La fiamma neofascista che arde ancora nel simbolo di Giorgia Meloni", *Domani*, 10 de agosto de 2022, en https://www.editorialedomani.it/politica/giorgia-meloni-fratelli-ditalia-fiamma-tricolore-fascismo-significato-o0030-pne (Consultado el 16 de abril de 2023).

[86] Andrea Mammone: "'È tempo di patrioti'. Il ritorno (a destra) dei neofascisti", en Corrado Fumagalli y Spartaco Puttini (eds.): *Destra*, Milán, Fondazione Giangiacomo Feltrinelli, 2018, p. 35. Véase también S. Forti, "“'*Prima gli italiani!*..., *op. cit.*, pp. 37-40.

[87] Franco Ferrari: "Giorgia Meloni e la parola impronunciabile", *Il Mulino*, 17 de junio de 2021, en https://www.rivistailmulino.it/a/giorgia-meloni-e-la-parola-impronunciabile (Consultado el 16 de abril de 2023).

nuevo partido para una antigua tradición" y añade que "he recogido el testimonio de una historia larga setenta años, he cargado en mis espaldas los sueños y las esperanzas de un pueblo que se había encontrado sin un partido, sin un líder", en referencia al MSI y a la comunidad neofascista[88].

Efectivamente, alrededor del 80% de los dirigentes, los diputados y los senadores de HdI provienen del MSI o de AN, así como la mayoría de ministros y subsecretarios –7 sobre 12 y 12 sobre 16, respectivamente– del gobierno constituido en octubre de 2022[89]. Más en concreto, el *inner circle* meloniano se ha formado en el grupo de los Gabbiani ("Gaviotas") de Colle Oppio, la sección romana del MSI liderada en los años ochenta y principios de los noventa por Fabio Rampelli, actual videpresidente de la Cámara de Diputados. Se trataba de "una comunidad cerrada, totalizante" cuyo trasfondo era el del movimento rautiano, donde "las historias y los mitos sobre el fascismo" constituían "el principal elemento identitario unificante"[90]. Junto a esto, otro elemento identitario importante que conecta "la tercera generación de la *Fiamma*" con las anteriores es la memoria de los jóvenes militantes del MSI asesinados durante los años de plomo, como Sergio Ramelli, recordado inclusive por Meloni en su discurso de investidura en el Parlamento italiano en octubre de 2022[91].

Desde su fundación, Hermanos de Italia mantuvo una constante ambigüedad acerca del régimen fascista, moviéndose entre las condenas a medias, los silencios, el victimismo frente a las críticas recibidas y las reivindicaciones más o menos explícitas de ese pasado, presentadas en todo caso como simples expresiones folclóricas de poca importancia. El listado es largo, pero sea suficiente aquí mencionar algunos casos paradigmáticos que involucran cargos institucionales.

---

88 Giorgia Meloni: *Io sono Giorgia. Le mie radici, le mie idee*, Milán, Rizzoli, 2021, pp. 162 y 175.

89 S. Vassallo y R. Vignati: *Fratelli di Giorgia…*, *op. cit.*, pp. 118-122.

90 S. Vassallo y R. Vignati: *Fratelli di Giorgia…*, *op. cit.*, pp. 87-88.

91 Alessandra Benignetti: "'Innocenti uccisi in nome dell'antifascismo'. Meloni ricorda le vittime degli anni di piombo", *Il Giornale*, 25 de octubre de 2022, en https://www.ilgiornale.it/news/politica/innocenti-uccisi-nome-dellantifascismo-meloni-ricorda-2079067.html (Consultado el 17 de abril de 2023). La cita relativa a la tercera generación de la *Fiamma* en S. Vassallo y R. Vignati: *Fratelli di Giorgia…*, *op. cit.*, p. 30.

El 28 de octubre de 2019, el entonces diputado Francesco Acquaroli, que al año siguiente se convirtiría en presidente de la región de las Marcas, participó en una cena conmemorativa de la marcha sobre Roma organizada por la sección de su partido de Acquasanta Terme, en provincia de Ascoli Piceno[92]. En enero de 2021, la consejera de Educación de la región del Véneto, Elena Donazzan, cantó la canción fascista *Faccetta Nera* en un programa radiofónico: tras las críticas recibidas, acusó a quiénes pidieron su dimisión de escuadristas y llegó a afirmar que "cuando se habla de fascismo, [en Italia] no vivimos en una democracia"[93]. Finalmente, en septiembre de 2021, el eurodiputado Carlo Fidanza hizo el saludo romano y alabó a Hitler en una reunión electoral en Milán a la cual participaron dirigentes de grupos neofascistas y neonazis[94].

También las decisiones políticas –quién invitar a los congresos y las fiestas del partido; quiénes presentar como candidatos en las elecciones, etc.– y las propuestas legislativas muestran un panorama similar. En el primer congreso de HdI, celebrado en marzo de 2014, de hecho, la invitada de honor fue Assunta Almirante, viuda del histórico líder del MSI, Giorgio Almirante. La elección simbólica en cuanto a apellidos que tienen una conexión emotiva muy estrecha con el pasado fascista y neofascista es fehaciente también en la decisión de presentar como candidato en las elecciones europeas de 2019 a Caio Giulio Cesare Mussolini y en las municipales de Roma de 2016 y 2021 a Rachele Mussolini, bisnietos del *duce*[95]. En cuanto

---

[92] Susanna Turco: *Re Giorgia. Controstoria della donna che si è presa l'Italia*, Milán, Piemme, 2022, p. 130.

[93] Enrico Ferro: "Veneto, l'assessora che canta 'Faccetta Nera': 'Non sono pentita, sono io che ho subito un attacco squadrista'", *La Repubblica*, 11 de enero de 2021, en https://www.repubblica.it/cronaca/2021/01/11/news/veneto_l_assessora_che_canta_faccetta_nera_non_sono_pentita_sono_io_che_ho_subito_un_attacco_squadrista_-282133756/ (Consultado el 16 de abril de 2023).

[94] "Chi è Carlo Fidanza, dai saluti nazisti all'autosospensione farsa dopo il coinvolgimento nell'indagine sulla 'lobby nera'", *La Repubblica*, 29 de junio de 2022, en https://milano.repubblica.it/cronaca/2022/06/29/news/chi_e_carlo_fidanza_europarlamentare_fratelli_ditalia_indagato_per_corruzione_lobby_nera_milano-355961095/ (Consultado el 16 de abril de 2023).

[95] Lorenzo Zamponi: "L'importanza di chiamarsi Mussolini", *Jacobin Italia*, 8 de octubre de 2021, en https://jacobinitalia.it/limportanza-di-chiamarsi-mussolini/ (Consultado el 16 de abril de 2023).

a a la actividad legislativa en relación a la memoria del fascismo, además de pedir la abrogación de la ley Mancino, HdI votó en 2017 también en contra de la ley Fiano –finalmente rechazada por el Parlamento italiano– que proponía introducir un nuevo delito de apología del fascismo y se manifestó en contra de la ilegalización de Forza Nuova tras el asalto a la sede de la CGIL[96]. Asimismo, en esa ocasión Meloni mantuvo una calculada ambigüedad en sus declaraciones sobre las responsabilidades del partido de Fiore y Castellino al afirmar desconocer la "matriz" del ataque[97].

Esta ambigüedad se mezcla frecuentemente con el intento de establecer paralelismos con el comunismo, evitando así condenar explícitamente el fascismo. En el discurso de investidura pronunciado en el Parlamento en octubre de 2022, Meloni condenó sí las leyes raciales, pero se preocupó sobre todo de hacer referencias a los totalitarismos que "dilaniaron toda Europa, no solo Italia, durante más de medio siglo", evitando tomar una postura clara sobre el fascismo, como una parte de la opinión pública le había pedido[98]. Como apuntó Sofia Ventura, se trata de una "condena superficial que no se articula en una elaboración crítica del *ventennio*"[99], algo evidente también en la autobiografía de Meloni y en el silencio

---

[96] "FdI favorevole ad abrogazione legge Mancino. Condividiamo parole Ministro Fontana", *www.giorgiameloni.it*, 4 de agosto de 2018, en https://www.giorgiameloni.it/2018/08/04/fdi-favorevole-ad-abrogazione-legge-mancino-condividiamo-parole-ministro-fontana/ y Federica FANTOZZI: "Sulla mozione per sciogliere Forza Nuova silenzio di Meloni", *Huffington Post Italia*, 10 de octubre de 2021, en https://www.huffingtonpost.it/entry/sulla-mozione-per-sciogliere-forza-nuova-silenzio-di-meloni-e-salvini_it_61631d61e4b019644425f90e/ (Consultados el 17 de abril de 2023).

[97] "Giorgia Meloni dice di non conoscere la matrice dell'assalto alla sede romana della CGIL", *Il Post*, 11 de octubre de 2021, en https://www.ilpost.it/2021/10/11/giorgia-meloni-matrice-assalto-sede-cgil/ (Consultado el 17 de abril de 2023).

[98] Silvia MOROSI: "Fascismo, leggi razziali, totalitarismi, violenza politica: così Meloni condanna gli errori del passato", *Il Corriere della Sera*, 25 de octubre de 2022, en https://www.corriere.it/politica/22_ottobre_25/fascismo-leggi-razziali-totalitarismi-violenza-politica-storia-parole-meloni-camera-428c62d8-5453-11ed-a58a-ad027d5a5146.shtml (Consultado el 17 de abril de 2023).

[99] Simonetta FIORI: "La marcia su Roma e quella fiamma ancora accesa", *La Repubblica*, 25 de octubre de 2022, en https://www.repubblica.it/cultura/2022/10/25/news/marcia_su_roma_destra_fascismo-371683168/ y "Molinari: 'Il silenzio di Meloni sul centenario della Marcia su Roma ha radici ideologiche'", *La Repubblica*, 31 de octubre de 2022, en https://video.repubblica.it/dossier/tv/molinari-il-silenzio-di-meloni-sul-centenario-della-marcia-su-roma-ha-radici-ideologiche/430687/431642 (Consultados el 17 de abril de 2023).

sepulcral que el nuevo gobierno de ultraderecha mantuvo en ocasión de una fecha tan simbólica como el centenario de la marcha sobre Roma[100]. En un terreno abonado por tres décadas de contraofensiva anti-antifascista, HdI ha seguido pues utilizando los principales *topoi* de la guerra de la memoria comenzada a principios de los años noventa. Así, no solamente Meloni no nombró el antifascismo y la Resistencia en su discurso de investidura, sino que en los años anteriores había considerado el 25 de abril como una fiesta "divisiva" y había propuesto sustituirla como fiesta nacional con el 4 de noviembre, día de la victoria en la Primera Guerra Mundial[101]. En lo que respecta a las *foibe*, Hermanos de Italia, junto a toda la nueva ultraderecha italiana, llegó a aprobar en marzo de 2019 una iniciativa en la Asamblea regional del Friuli Venecia-Julia por la cual se suspenden todos los contributos económicos o el patrocinio "en beneficio de los sujetos públicos y privados que, directa o indirectamente, concurran con cualquier medio a negar o reducir el drama de las *Foibe* o del Éxodo"[102].

Tras la llegada al gobierno del país, esta estrategia se ha desplegado de forma aún más explícita al disponer Hermanos de Italia de una visibilidad mediática y de un peso político incomparablemente mayores que en el pasado. No resulta extraño, consecuentemente, que el presidente de la empresa pública 3-i, Claudio Anastasio, muy cercano a la dirigencia del partido y nombrado para ese cargo por Meloni en octubre de 2022, se tomase la libertad de enviar un mail a los trabajadores de la empresa en que parodiaba el discurso de Mussolini tras el asesinato del diputado socialista Giacomo Matteotti[103]. O que el nuevo presidente del Senado, Ignazio La Russa, fundador de HdI y en los años setenta líder de las juventudes del MSI, reivindicase

[100] La única referencia, en un libro de más de 300 páginas, es esta frase: "No tengo ningún miedo en repetir por la enésima vez que no tengo el culto del fascismo", en G. Meloni: *Io sono Giorgia...*, *op. cit.*, p. 271.

[101] "'Il 25 aprile è divisivo'. Meloni chiede che la festa nazionale sia il 4 novembre", *Agi. it*, 31 de octubre de 2018, en https://www.agi.it/politica/meloni_festa_nazionale_4_novembre_25_aprile-4554680/news/2018-10-31/ (Consultado el 17 de abril de 2023).

[102] Citado por F. Falsini: *La storia contesa...*, *op. cit.*, p. 156.

[103] Antonio Fraschilla: "Bufera sul manager che cita Mussolini. Palazzo Chigi impone le dimissioni", *La Repubblica*, 15 de marzo de 2023, p. 6.

sin ambages conservar en casa un busto de Mussolini[104]. Asimismo, el ministro de Educación, Giuseppe Valditara, cercano a la Liga salviniana, condenó públicamente a la directora de una escuela de secundaria de Florencia por haber enviado a sus estudiantes una carta en que recordaba los valores antifascistas de la Constitución italiana a raíz de la paliza propinada por grupos neofascistas a unos estudiantes fuera de un instituto de la ciudad toscana[105]. Los militantes que habían organizado el asalto eran miembros de Casaggì y Acción Estudiantil, organizaciones juveniles de Hermanos de Italia, cuyos líderes fueron elegidos en el consejo municipal de Florencia y en la asamblea regional de Toscana en las listas del partido de Meloni[106].

Merece la pena mencionar por su relevancia un último ejemplo de esta estrategia de "reduccionismo histórico" que lleva, según Ezio Mauro, a una "inversión cultural" con el objetivo de "separar el concepto de fascismo del sentido común que lo condena" para "reincorporarlo sin alguna penalidad de juicio en el cauce de la tradición nacional"[107]. El 24 de marzo de 1944 las tropas de ocupación alemanas, coadyuvadas por los colaboracionistas italianos de la RSI, asesinaron en Roma a 335 personas, principalmente prisioneros políticos antifascistas y judíos, como represalia por un atentado cometido el día anterior por parte de los partisanos en que murieron 33 soldados del Polizeiregiment Bozen, un cuerpo militar creado por el ejército alemán[108]. La matanza, conocida como de las Fosse Ardeatine por el nombre del lugar en que se ejecutó, fue una de las más feroces cometidas por las tropas alemanas durante la Segunda Guerra Mundial en Italia y es recordada cada año por las instituciones del país, junto a la comunidad judía y el asociacionismo

[104] Véase Davide Leo: "La storia del 'busto' di Mussolini non è proprio come la racconta La Russa", *Pagella Politica*, 9 de febrero de 2023, en https://pagellapolitica.it/articoli/la-russa-busto-mussolini (Consultado el 21 de abril de 2023).

[105] Ilaria Venturi: "Valditara contro la preside che ha scritto la lettera sul fascismo: 'Atto improprio, ridicolo parlare di rischio fascista'", *La Repubblica*, 23 de febrero de 2023, en https://www.repubblica.it/cronaca/2023/02/23/news/valditara_lettera_preside_firenze-389143440/ (Consultado el 21 de abril de 2023).

[106] Véase Paolo Berizzi: "Quei bravi ragazzi dell'estrema destra futuri dirigenti di FdI", *La Repubblica*, 20 de febrero de 2023, p. 23.

[107] Ezio Mauro: "L'inversione culturale", *La Repubblica*, 27 de febrero de 2023, p. 27.

[108] Al respecto, véase Alessandro Portelli: *L'ordine è stato eseguito. Roma, le Fosse Ardeatine, la memoria*, Roma, Donzelli, 1999.

civil. Desde los tiempos de Berlusconi, la derecha italiana y sobre todo los herederos de la tradición neofascista utilizaron este trágico acontecimiento para desprestigiar a la Resistencia o reescribir la historia. En ocasión del aniversario del años 2023, Meloni difundió un comunicado oficial en que recordó la matanza, pero se preocupó de matizar que esas 335 personas fueron asesinadas "solo por ser italianas", lo que es evidentemente una sutil, si se quiere, operación de revisionismo histórico ya que esas personas fueron asesinadas no porqué italianas, sino porqué eran antifascistas y judías[109]. Asimismo, en una entrevista concedida en los mismos días, el presidente del Senado, La Russa, afirmó que la responsabilidad de la matanza era en realidad de los partisanos que no solamente "no querían una Italia libre y democrática", sino que, además, escribieron una "página sin gloria" de la historia italiana al asesinar "una banda musical de semi-jubilados", en referencia al Polizeiregiment Bozen que operaba bajo las órdenes de la Wehrmacht y de las S.S.[110].

Las declaraciones de Meloni y La Russa muestran de forma explícita, en las acertadas palabras de Ezio Mauro, "la obstinada negativa o incapacidad de emitir un juicio histórico, moral y político sobre la naturaleza del fascismo" por parte de los dirigentes de Hermanos de Italia y de la gran parte de la derecha transalpina, así como la voluntad de abrir una grieta cada vez mayor hacia "la neutralización del fascismo histórico, la delegimitación del antifascismo como experiencia fundacional de la República, de la reconquista nacional de la democracia y la libertad"[111]. Como se ha podido ver a lo largo de este texto, no se trata en absoluto de algo novedoso en el contexto italiano. Sin embargo, la normalización de la extrema derecha y la banalización del fascismo junto a la criminalización de la Resistencia, llevadas a cabo sin prisa, pero sin pausa desde principios de los años noventa en el marco de la contraofensiva que se ha descrito

---

[109] Lorenzo De Cicco: "'Uccisi perché italiani'. Meloni revisionista sulle Fosse Ardeatine", *La Repubblica*, 25 de marzo de 2023, p. 2.

[110] "La Russa sull'attentato di via Rasella: 'I partigiani hanno ucciso dei musicisti pensionati, non i nazisti. Pagina ingloriosa'", *La Repubblica*, 31 de marzo de 2023, en https://www.repubblica.it/politica/2023/03/31/news/la_russa_via_rasella_attentato_resistenza_nazisti-394370107/ (Consultado el 21 de abril de 2023).

[111] Ezio Mauro: "Il peccato originale", *La Repubblica*, 3 de abril de 2023, p. 25.

anteriormente, ha permitido plantear y hacer cada vez más aceptable esa inversión cultural anti-antifascista y llegar a superar líneas rojas impensables en tiempos de la Primera República. Más allá de los esfuerzos realizados por parte de los historiadores para divulgar los resultados de sus investigaciones fuera de los angustos espacios de la academia, entre la entrada en política de Berlusconi en 1994 y la llegada al poder de Meloni en 2022 la memoria del fascismo en la opinión pública italiana no ha evolucionado hacia una mayor toma de conciencia de la experiencia totalitaria que ha marcado hace un siglo la historia del país. Más bien, al contrario, ha involucionado hacia la incapacidad y la falta de voluntad para hacer las cuentas con el pasado y llegar a un acuerdo sobre "estables juicios de valor compartidos" que tengan en cuenta los trabajos académicos[112].

[112] Francesco Filippi: *Ma perché siamo ancora fascisti? Un conto rimasto aperto*, Turín, Bollati Boringhieri, 2020, p. 11.

FASCISMO: ORIGEN IDEOLÓGICO Y CONQUISTA DE LA SOCIEDAD ITALIANA

José Luis Orella
Universidad CEU-San Pablo. CEU Universities

El fascismo es un movimiento político difícil de definir. Acostumbrados en la ciencia política a dividir desde la revolución francesa a las corrientes ideológicas entre derechas e izquierdas, cada vez esta división va perdiendo más su valor, y en el momento actual vivimos una nueva frontera ideológica que marca a soberanistas y globalistas, en cuyos bloques encontramos a antiguos miembros de las antiguas definiciones. En el caso del fascismo, fue un antecedente de la actual indefinición de algunas corrientes políticas, al proceder del socialismo izquierdista, pero también tener claros antecedentes derechistas, lo que provocará qué en diversos países, cuando surjan grupos miméticos del italiano, unos procedan de una radicalización de la derecha y otros lo sean en su origen de una izquierda que iba perdiendo su discurso internacionalista a favor de un programa más nacionalista. Estos diferentes orígenes, hace más complejo su estudio y favorece que muchos investigadores promuevan una descripción del fascismo como oposición del liberalismo, del comunismo, y del internacionalismo, lo que no ayuda a aclarar su discurso político. La variedad de fascismos depende de los países donde se desarrollaron, lo que imposibilita algo tan sencillo como crear unos mínimos ideológicos que los agrupe y favorezca su estudio de manera global[1]. La aparición del nazismo posteriormente es un hecho que aún provoca más confusión cuando se tratan de fenómenos con similitudes, pero no idénticos. El historiador con mayor conocimiento del fascismo italiano, Renzo De Felice, negó que el nacionalsocialismo alemán se

[1] Sobre su complejidad, Aristotle Kallis, "El concepto de fascismo en la historia anglófona comparada" en Joan Antón Mellón (coor.) *El fascismo clásico (1919-1945)*, Tecnos, Madrid, 2012, pp. 15-70.

pudiese clasificar como un tipo de fascismo[2]. Al mismo tiempo, el propio fascismo italiano fue mutando y transformándose, dejándose seducir por nuevas incorporaciones procedentes de otras familias políticas. La institucionalización en los años veinte del fascismo le llevará a un proceso de conservacionismo en los famosos años del ventennio que le llevará aceptar principios e ideas contradictorias con algunos puntos de su programa revolucionario.

INTRODUCCIÓN

Los estudios del fascismo se iniciaron con Ernst Nolte y Renzo de Felice[3], quienes inauguraron los estudios académicos alejados de la polémica política. Entre los seguidores de los estudios del profesor de Felice, destacan en la actualidad Emilio Gentile y Alessandra Tarquini, con incorporaciones estadounidenses como Marla Stone. George L. Mosse fue pionero en la historia cultural y de las mentalidades que hicieron aparecer el fascismo, aunque por su condición de judío berlinés, buscó el condicionamiento consciente del exterminio de su comunidad[4], llegando al origen francés del fascismo, como Zeev Sternhell, quien se recreó en sus investigaciones en los antecedentes intelectuales de un movimiento excesivamente ecléctico[5]. El británico Roger Griffin por su condición de politólogo siguió las líneas de sus mayores, pero dando al fascismo un carácter evolutivo y esencialmente palingenético, lo que explicaría su fuerza de atracción en una juventud deseosa de modernizar y transformar la sociedad[6]. A su vez ese carácter revolucionario chocará con los

[2] Renzo de Felice, *Breve storia del fascismo,* Mondadori, Roma, 2000

[3] Ernst Nolte, *La guerra civil europea, 1917-1945. Nacionalsocialismo y bolchevismo,* Fondo de cultura económica, México, 1996. Y Renzo de Felice, que inició su obra con *Mussolini il rivoluzionario, 1893-1920,* Einaudi, Turín, 1995, y le añadió otros seis volúmenes más, concluyendo una obra definitiva.

[4] George L. Mosse, *La nacionalización de las masas: simbolismo político y movimientos de masas en Alemania desde las Guerras Napoleónicas al Tercer Reich,* Marcial Pons, Madrid, 2005.

[5] Zeev Sternhell, Mario Sznajder, y Maia Asheri, *El nacimiento de la ideología fascista,* Siglo XXI, Madrid, 1994.

[6] Roger Griffin, *Modernismo y fascismo. La sensación de comienzo bajo Mussolini y Hitler,* Madrid, Akal. 2010.

conservadurismos autoritarios de época. El sociólogo Juan José Linz diferenció el fascismo de los regímenes conservadores autoritarios, como los de España y Portugal, que fueron los más representativos del ámbito mediterráneo[7].

El historiador norteamericano Stanley Payne, gran referente en el estudio sobre el fascismo histórico, marcó la diferencia entre una derecha conservadora de tintes autoritarios, una derecha radical y los movimientos claramente fascistas. La primera, procedente del mundo conservador, fue abandonando sus posiciones parlamentarias a favor de un incremento del poder ejecutivo. La segunda, en su mayor radicalidad, buscaba una mayor eficacia sustituyendo el sistema liberal por el corporativo, más representativo de la sociedad al evitar la delegación de su soberanía en una casta política unida por sus intereses económicos. Finalmente, la tercera corriente correspondería a un movimiento modernizador y palingenésico que tratará de crear un nuevo marco vital para la sociedad, eliminando los males provenientes del modelo liberal, en el cual como movimiento ecléctico reunió principios procedentes del mundo de la derecha y de la izquierda, variando la importancia de sus aportaciones según los diferentes países[8]. Este paradigma había sido usado por el historiador francés, René Rémond en su estudio de la derecha francesa, al dividirla en la derecha contrarrevolucionaria, la liberal u "orleanista" y la cesarista o "bonapartista"[9]. El primer caso está representado por un político de pesq como Juan Donoso Cortés, el intelectual extremeño que desde la revolución de 1848 fue evolucionando hacía posturas de autoridad, buscando el fundamento teológico del discurso político, y subrayando que la verdadera lucha se daba entre el catolicismo y el socialismo y su contraparte, el liberalismo. Estos dos últimos movimientos políticos negadores de la interpretación católica y por tanto de la verdad, negaban la libertad al atar al hombre

[7] Juan José Linz, *Fascismo, perspectivas históricas y comparadas,* CEPC, Madrid, 2008.

[8] Stanley Payne, *Historia del fascismo,* Planeta, Barcelona, 1995.

[9] René Rémond, *La Droite en France de 1815 à nos jours. Continuité et diversité d'une tradition politique,* Aubier-Montaigne, París, 1954.

a las servidumbres de sus ideologías, cómo explicaría de forma más detallada en el *Ensayo sobre el catolicismo, el liberalismo y el socialismo.*

En el segundo caso, el intelectual representativo será el franco-británico Hilaire Belloc en su obra *The Servile State* quien criticaba a un capitalismo surgido del liberalismo que eliminaba la libertad económica mediante su control por una poderosa oligarquía, y a su vez también la libertad política favoreciendo una tercera vía que sería el organicismo político, una forma política que por su representación natural de la sociedad tendría una representación más exacta de la sociedad y que tuvo una extensión amplia en el campo teórico de Europa y América. Su carácter universal se identificó mejor con el catolicismo, por lo que después de las encíclicas, *Rerum Novarum* de León XIII, del 15 de mayo de 1891, y la *Quadragessimo Anno* de Pío XI, del 15 de mayo de 1931, este sistema político fue el más preconizado por los católicos como una tercera vía entre el capitalismo y el socialismo. A pesar de todo, las excelencias del sistema le hicieron ser reconocido por políticos del mundo protestante y del ortodoxo. Siendo uno de los de este último, el rumano Mihail Manoilescu, uno de los más capacitados teóricos del corporativismo, un régimen que el consideró ideal para naciones en fase de desarrollo industrial [10]. En España será el pensador carlista Víctor Pradera quien elaboró lo que sería su gran obra *El Estado Nuevo*, donde describirá la formación de un Estado corporativo fiel a la tradición católica española[11].

Para el historiador israelí Zeev Sternhell Francia fue la cuna del fascismo, por serlo del sindicalismo revolucionario soreliano, precedente intelectual del fascismo, y que se desarrolló en Italia con gran empuje intelectual, político y social. A cuya corriente hay que sumar la ya expuesta de Charles Maurras[12], pero también a Maurice Barrès quien, con su síntesis de autoritarismo, culto al líder, anticapitalismo, antisemitismo y cierto romanticismo revolucionario, preanunció algunas de las características más llamativas del fascismo. La modernización sufrida por la derecha francesa por la reivindicación de Alsacia y Lorena, mantuvo un discurso de constante antigermanismo

[10] Mihail Manoilesco, *El Partido único,* Heraldo de Aragón, Zaragoza, 1938.
[11] Víctor Pradera, *El Estado nuevo,* Editorial Española, Madrid, 1937.
[12] Charles Maurras, *Mis ideas políticas,* Fides, Tarragona, 2019.

y favoreció la necesidad de reformar a la Francia de la Tercera República de sus debilidades, para el profesor de Jerusalén, el nuevo discurso derechista convirtió al país galo en un precedente importante a nivel del mundo de las ideas, imprescindible para poder entender el surgimiento del fascismo.

Sin embargo, el fascismo no tendrá nada de particular con estos movimientos derechistas, sin la aportación de otras corrientes dinámicas procedentes de la izquierda, como la iniciada por Georges Sorel, uno de los principales impulsores de la corriente del sindicalismo revolucionario, quien impulsó una nueva corriente de renovación del socialismo desde el irracionalismo vital[13]. Esta línea ideológica se manifestó en nuevos ámbitos como el Círculo Proudhon, formado por nacionalistas y sindicalistas, que tenía en común la lucha contra la democracia para poder trabajar y vivir de forma honesta. Georges Sorel, como administrador de la *École des Hautes Études Sociales* de París, luchará no por integrar al obrero en la sociedad burguesa liberal, sino por independizarlo de ella, creando una conciencia propia, dispuesta para aniquilar al régimen burgués, como expresará en Reflexiones sobre la violencia, su obra más célebre. La violencia para Sorel era instrumento necesario en la historia para transformar las cosas ante la incapacidad del socialismo parlamentario de cambiar la sociedad.

Sorel propugnará la vuelta del gremio como organismo base de una sociedad sustituta de la liberal capitalista. Desde 1909 colaborará con *Action Francaise* y apoyará el discurso político de Maurice Barrès, quien se había definido como un republicano, socialista y nacionalista. Barrès usó como sinónimos el nacionalismo y el socialismo, ya que el primero debía tener como principal objetivo la mejora de la capa social más numerosa y pobre. El nacionalismo debía luchar contra el nuevo feudalismo capitalista en manos de financieros protestantes y judíos. Algunas publicaciones como *Los Cuadernos del Círculo Proudhon* tuvieron participación de Charles Maurras y su discípulo Georges Valois, quien será el primer fascista francés,

[13] Marino Díaz Guerra, Marino, *El pensamiento social de Georges Sorel*, Instituto de Estudios Políticos, Madrid, 1977.

donde reivindicará al anarquista Proudhon y rendirá homenaje a Georges Sorel.

Otros intelectuales de gran influencia serán el sociólogo Gustave Le Bon, quien a través de su obra *La psychologie des foules*, describirá por primera vez la importancia del liderazgo en la conducción de las masas, la cual publicó en 1895, pero se hará evidente la transformación de la sociedad europea después del impacto de la Primera Guerra Mundial. El alemán Oswald Spengler filósofo de la historia, quien será recordado principalmente por *La decadencia de Occidente*, defendía que la cultura debía verse como un macroorganismo con una vida limitada, y por tanto con un ciclo predecible de decaimiento final. De ese modo predijo qué en el 2000, el occidente vería nacer un movimiento cesarista que restaurase el ciclo civilizador. Una de las soluciones que proponía, la expresó en 1919 en su obra *Preußentum und Sozialismus (Prusianismo y socialismo)*[14], donde defendía un socialismo prusiano hijo del comunitarismo del principal estado prusiano, que debía de servir de base para el fortalecimiento de Alemania frente al liberalismo y al marxismo. En este campo coincidió plenamente con uno de los mayores sociólogos del momento, el también alemán Werner Sombart, en sus últimas obras, *Deutscher Sozialismus (el socialismo alemán)*[15]. Aquella visión asentada en la principal obra de Ferdinand Tönnies, *Gemeinschaft und Gesellschaft (Comunidad y sociedad)*, donde la comunidad debía ser entendida a modo de un organismo vivo y emocional, y la sociedad como algo artificial y accidental[16]. La comunidad era natural, como la familia, el trabajo o el hogar, y se enorgullecía del pasado, como Maurice Barrès había resumido en el término "tierra y muertos", y por su voluntad de esencia la comunidad tenía tendencia hacia el amor y la fidelidad, mientras que por el contrario la sociedad, por su artificialidad, se guiaba de forma relativista, movida por el egoísmo e intereses del momento, como la lucha por la ganancia en el mundo capitalista.

Otro de los puntos a tener en cuenta en la nueva sociedad de masas, es que por su propio crecimiento y alcanzada la democracia

[14] Oswald Spengler, *Prusianismo y socialismo*, Fides, Tarragona, 2017.
[15] Werner Sombart, *El socialismo alemán*, Fides, Tarragona, 2017.
[16] Ferdinand Tönnies, *Comunidad y sociedad*, Península, Barcelona, 1979.

directa con el sufragio universal masculino y después de la Primera Guerra Mundial con el derecho del voto de la mujer, la imposibilidad de gobernar con el conocimiento de la opinión de todos conducirá al régimen liberal hacia la oligarquía como Hilaire Belloc había criticado por su experiencia de diputado. En esta línea, los padres de la sociología moderna, Wilfredo Pareto, Gaetano Mosca y Robert Michels estudiaron la formación de los cuadros elitistas para la dirección de la sociedad, y las consecuencias de su renovación por contacto con los elementos más activos de los sectores inferiores más inmediatos o su perpetuación en el poder mediante la coacción, favoreciendo periodos de decadencia e incluso de violencia por la reivindicación de una alternancia por los sectores sociales marginados de forma permanente del poder. En la obra principal de Robert Michels *Los partidos políticos*, se expresaron las tendencias oligárquicas de la democracia y el mantenimiento del poder mediante el control, y no por la representatividad de los intereses del bien común de la sociedad.

En resumen, en el inicio del siglo XX gran parte de la intelectualidad de vanguardia era crítica contra la democracia liberal, pero no por ser favorables a posiciones autoritarias, sino por el contrario, por considerar que el liberalismo en realidad había propiciado desde la revolución francesa el control del poder por parte de la elite más enriquecida, mientras el resto de la sociedad, aunque fuese de un modo gradual accediendo al uso del voto, en realidad no veía reflejada su representatividad ni la defensa de sus intereses. La aparición de los movimientos de masas que proporcionasen seguridad y estabilidad a las personas, ante el desamparo del individualismo egoísta del liberalismo, se generará desde la segunda mitad de siglo XIX, alcanzando su eclosión en las primeras décadas del XX. Estos movimientos sociales tendrán en común ser contestatarios por naturaleza a un sistema que afectaba por su explotación capitalista a la dignidad de la persona. Por esta razón, los socialistas y los católicos sociales desde la segunda mitad del siglo XIX construyeron sus respectivas sociedades civiles formadas por asociaciones pedagógicas, sociales, deportivas, culturales, juveniles, femeninas, estudiantes, obreras, casas del pueblo en un caso, círculos católicos en el otro, cooperativas, cajas rurales, medios de prensa, incluso equipos de futbol. En definitiva, un mundo completo organizado y jerarquizado donde la persona se encontrase a salvo de la depredación sufrida en el mundo liberal donde subsistía el poder dinero. Las masas populares encontraban de esa forma en los postulados socialistas o católicos un respeto a sus personas y un compromiso por su dignificación. Sin embargo, aquellos mundos alternativos por su propio origen vivirán el dilema de ser alternativas al régimen liberal a través de la defensa de la dictadura del proletariado o la culminación de un estado corporativo como se difundió desde la universidad católica de Lovaina, relanzada por Desirée-Joseph Mercier, quien fue profesor de filosofía, fundador del Instituto de Filosofía y rector de la universidad. Desde 1907 Desirée-Joseph Mercier se convirtió en cardenal y primado de Bélgica, añadiéndose al nombramiento de arzobispo de Malinas, el año anterior.

EL NACIMIENTO DE LOS FASCI ITALIANI DI COMBATTIMENTO

En este contexto de profundos cambios es donde el 23 de marzo de 1919, en la plaza del Santo Sepulcro de Milán, el fascismo se hizo realidad ante 206 participantes, en su mayoría excombatientes, arditi, futuristas, nacionalistas, sindicalistas revolucionarios, pero también Cesare Goldmann, presidente de la sociedad de crédito comercial italiano, de familia judía y principal donante económico del naciente movimiento. La asamblea fundacional fue presidida por el capitán de arditi, Ferruccio Vecchi, quien además era escultor del movimiento futurista, ejerciendo de secretario, el sindicalista revolucionario Michele Bianchi, y completando la primera junta directiva junto a Enzo Ferrari, Mario Giampaoli, Ferruccio Ferradini y Carlo Meraviglia[17]. El nombre del nuevo movimiento le unía al pasado romano, pero esencialmente era una palabra vinculada al pueblo y a un sentido de rebeldía como en 1891, cuando los campesinos sicilianos formaron los *Fasci siciliani* para luchar contra los terratenientes y sus sicarios. También era evidente la impronta de Alceste de Ambris, dirigente

---

[17] Renzo de Felice, *Mussolini il rivoluzionario, 1893-1920,* Einaudi, Turin, 1995.

sindicalista revolucionario como redactor del manifiesto fundacional del fascismo y fundador de los *Fasci d'Azione rivoluzionaria*.

El nuevo movimiento se describió como una vía intermedia entre el socialismo marxista y el liberalismo capitalista. La aparición de fascismo generado después de la experiencia traumática de la Primera Guerra Mundial llevó a la generación excombatiente a unir el nacionalismo hiperdesarrollado de su experiencia en combate y heredero de los radicalismos derechistas decimonónicos, con las reivindicaciones sociales del sindicalismo revolucionario de George Sorel y los socialismos nacionalistas de Benito Mussolini. El sindicalismo revolucionario se convirtió en una de las principales aportaciones del fascismo, y fue Sorel, quien influyó a un joven Mussolini que, en 1913 fundó, en el seno del PSI, la revista *Utopía*, en la que colaboraba, desde el inicio, el sindicalista revolucionario Sergio Pannunzio, teórico del sindicalismo revolucionario, y quien se sumará al fascismo como teórico.

Otro de los componentes imprescindibles del fascismo será la generación de los excombatientes, especialmente los Arditi. Este aporte se generó durante la Guerra mundial, que convirtió Europa en un gigantesco cementerio, sus trincheras, especialmente las del frente occidental, se convirtieron en una hecatombe donde se sacrificaron centenares de miles de hombres por las ambiciones imperiales de sus países. Un modo de economizar vidas humanas provendrá de la necesidad de seleccionar, instruir y preparar unidades menores, altamente incentivadas para que protagonizasen acciones casi-suicidas en la retaguardia enemiga. Estas unidades de asalto vivirán el presente, sin preocuparse del futuro, introduciendo un modo de entender las cosas, muy diferente al mundo que estaba pereciendo en las trincheras europeas[18]. La Primera Guerra Mundial dará origen a la nueva sociedad de masas que servirá de suelo nutricio al fascismo y al comunismo. *Tempestades de acero*, las memorias de guerra del oficial alemán, Ernst Jünger, en el frente occidental durante el conflicto, describe su evolución, donde la guerra se convierte en una incomparable escuela de valor. En sus páginas presenta a los protagonistas

[18] Angelo Pirocchi, *tropas de asalto italianas,* RBA, Barcelona, 2009, p. 7.

de aquellas unidades cómo: "Los jefes de las unidades de asalto son los príncipes de la trinchera. Son hombres duros, decididos, temerarios, hombres con ojos avizores y sedientos de sangre, hombres que están a la altura de su momento"[19]. Aquellos supervivientes del conflicto volverán a unos países en ruinas, donde la vorágine política los atrapará y volverá a darles una oportunidad para poder quemarse en un acto heroico en beneficio de sus patrias. El poeta futurista y arditi, Mario Carli escribió sobre el futuro de los *Arditi* en 1918, en la revista *Roma futurista*: "Ahora tenemos una misión. Italia creó a los Arditi para que la salvaran de todos los enemigos... Nuestra daga sirve para exterminar a todos los monstruos internos y externos que amenazan a nuestra patria... Los Arditi son la verdadera vanguardia de la nación"[20]. Benito Mussolini apelará a la generación de las trincheras, a la que pertenecía, como una nueva elite surgida para mandar. Los que proporcionarán su sello al fascismo serán los Arditi, quienes incluso darán su grito de guerra a las escuadras fascistas, su ¡Eia! ¡Eia! ¡Eia! ¡Alalá!. El escritor y combatiente de los freikorps, Ernst von Salomon, dirá algo semejante en Alemania:

"No, aquellos hombres no eran obreros, ni campesinos, ni estudiantes; no eran tampoco artesanos, ni empleados, ni comerciantes, ni funcionarios. ¡Eran soldados! No eran hombres disfrazados con un uniforme, ni hombres que se limitan a obedecer órdenes, ni hombres delegados para luchar por otros hombres, sino seres que obedecen a una llamada interior, a la secreta llamada de la sangre y del espíritu, voluntarios en una y otra manera, hombres acostumbrados a una dura fraternidad y que han aprendido a ver lo que se oculta detrás de las apariencias de las cosas y que en la guerra han encontrado una patria. Patria, pueblo, nación. Son grandes y hermosas palabras. ... Pues la patria está en ellos y en ellos la nación"[21].

Otro de los componentes fundamentales será el futurismo de Filippo Tommaso Marinetti, movimiento de vanguardia surgido en el seno del cubismo, pero qué a diferencia de este, que retrataba naturalezas muertas sin perspectiva de profundidad, infundirá la

[19] Ernst Jünger, *Tempestades de acero,* Tusquets, Barcelona, 1987.
[20] Angelo Pirocchi, *op. cit.*, p. 61.
[21] Ernst von Salomon, *Los proscritos,* Luis de Caralt, Barcelona, 1966, p. 31.

velocidad, el movimiento y la apelación a la juventud en sus manifestaciones artísticas. Sus escritores y artistas se convirtieron en promotores abiertos de la heroicidad, incluso se mostraron favorables al papel de la guerra como elemento "higiénico" de cambio, y defendieron el honor y deseo de la juventud en "quemarse" en algo importante, al punto de que muchos se fueron voluntarios a la Primera Guerra Mundial encabezados por su propio líder Filippo Tommaso Marinetti, y encontrándose algunos de ellos en el *Battaglione Lombardo di Volontari Ciclisti e Automobilisti*. El pintor Umberto Boccioni y el arquitecto Antonio Sant'Elia murieron en el conflicto, abandonando unas prometedoras vidas creadoras. El músico Luigi Russolo, iniciador de la música electrónica, fue herido grave durante el conflicto, formando parte de los Alpini. El futurismo expresaba velocidad y movimiento, características vinculadas con la juventud, por lo que una motocicleta se convertía en un símbolo propició de aquella generación[22].

Desde que el 23 de marzo de 1919 nació el fascismo italiano en la moderna ciudad de Milán, de manos de Benito Mussolini. El nuevo movimiento político se caracterizó por su mensaje revolucionario en lo social, intensamente nacionalista y marcadamente rupturista con el parlamentarismo liberal. El fascismo entró con decisión en los ámbitos sociales donde nadie antes había hecho política, como el mundo de la mujer o el juvenil. Se identificó como el hermano político del futurismo vanguardista que Filippo Tommaso Marinetti capitaneaba en el espacio cultural, rompiendo las viejas barreras de derecha e izquierda. El fascismo era un movimiento revolucionario transgresor que se convirtió en el espacio mestizo de confluencia de desengañados de la derecha, como de la izquierda. Sin embargo, ese perfil de nacionalismo revolucionario no conseguirá triunfar electoralmente.

Hasta el nombramiento de Benito Mussolini como primer ministro, hubo cuatro primeros ministros representativos de la vieja elite liberal italiana, expertos en la composición de ejecutivos de coalición

---

[22] Selena Daly, "Futurismo en el frente, el vanguardismo italiano y la Gran Guerra", en *Anuario IEHS: Instituto de Estudios históricos sociales*, vol. 33, n.º 1, 2018, pp. 119-138.

donde el apoyo de los católicos sociales y del ala reformista de los socialistas mantuvo un orden liberal quebrado y que no correspondía a la sociedad italiana nacida después de la Primera Guerra Mundial. Los gobiernos de Francesco Nitti (1919-1920), Giovanni Giolitti (1920-1921), Ivanoe Bonomi (1921-1922) y Luigi Facta (1922), representaron el poder tradicional de las oligarquías liberales de centro izquierda que habían gobernado desde la unificación[23].

Sin embargo, Benito Mussolini conociendo la situación italiana y a los socialistas, fue creando sus propias corporaciones sindicales como alternativa a los sindicatos vinculados con la izquierda y sus escuadras paramilitares, compuestas por antiguos Arditi, se lanzaron a desarraigar a los socialistas de su poder municipal, sus éxitos en el restablecimiento del orden, ayudó a que las unidades de autodefensa se integrasen en bloque en el fascismo y los temerosos miembros del empresariado financiaron la extensión del movimiento mussoliniano a otras partes del país. El fascismo revolucionario ira quedando en minoría ante la llegada en aluvión de los miles de nuevos fascistas procedentes de los escalones medios de la sociedad que derechizaban el movimiento. Benito Mussolini en su primer discurso en el Parlamento, el 21 de junio de 1921, aprovechó para hablar de forma moderada, ganando respetabilidad política y manifestando su respeto por la tradición católica y por el Papa. El estado estaba en plena parálisis, las huelgas eran rotas por los fascistas que impedían la paralización de los servicios llevando sus propios técnicos y haciendo aparición allí donde el estado no estaba, ni se le esperaba[24]. El fascismo fue convirtiéndose en un verdadero movimiento de masas, si en julio de 1920, tenía 108 fascios locales que reunían 30.000 afiliados; a fines de 1921, los números eran, de 830 fascios y 250.000 camisas negras, llegando en el congreso celebrado en Roma del 7 al 9 de noviembre de 1921 a los 320.000 afiliados[25], que será el congreso donde los *Fasci italiani di combattimento* pasaron a denominarse Partido Nacional Fascista. Los fascistas prepararon la "marcha sobre Roma", una

[23] Indro Montanelli, *La "Belle Époque" italiana,* Plaza & Janés, Barcelona, 1976.
[24] Francesco Ercole, *La revolución fascista,* Heraldo de Aragón, Zaragoza, 1940, p. 65.
[25] Oscar González, Pablo Sagarra y Lucas Molina, *"O Roma o muerte",* Gallandbooks, Valladolid, 2022, pp. 21-32.

concentración que debía reunir a todos sus efectivos escuadristas sobre Roma para exigir la entrega del poder.

El 30 de octubre de 1922 el Rey Víctor Manuel III nombró a Benito Mussolini nuevo jefe del Gobierno de Italia por un período de aproximadamente un año, después del cual debía abandonar, tomando como fecha última el 31 de diciembre de 1923. Ese día los 30.000 se habían triplicado y su número aumentaba con ganas de ver a su líder con levita y sombrero de copa. El 16 de noviembre se constituyó el Gobierno de Mussolini, que fue de Coalición, y donde de catorce ministros, solo cuatro eran fascistas de origen, el resto representaban a otras fuerzas parlamentarias. El nuevo ejecutivo juró en el Parlamento (Aventino), donde recibió el apoyo mayoritario de la cámara y dos semanas después, el 3 de diciembre de 1922, en la Cámara del Senado, el apoyo fue más unánime a favor del nuevo ejecutivo mussoliniano[26].

LA CONQUISTA DE LA SOCIEDAD

El PNF aunque tuviese voluntad de ser un movimiento totalitario, por el espíritu de regeneración total que Giovanni Gentile quería darle al fascismo, y que la sociedad en aquel momento no veía mal, por la experiencia de concentración de poder que las "uniones sacras" habían proporcionado a favor de la victoria militar en el último conflicto, con un exhaustivo control de los recursos humanos, materiales y gestión de los medios de producción. Sin embargo, a diferencia de la URSS cuyo poder estaba en manos del Estado-partido único, en Italia finalmente será al contrario, el Estado crecerá de forma desmesurada, pero el fascismo revolucionario no conseguirá convertirse en la médula del régimen, sino serán las nuevas clases medias carentes de referentes políticos, y los sectores jóvenes liberales, católicos sociales y nacionalistas quienes, integrados en el partido único, se conviertan en el verdadero referente de un fascismo eficaz en la gestión, pero conservador en lo social.

[26] Oscar González, Pablo Sagarra y Lucas Molina, "O Roma o muerte"... p. 70.

El PNF en 1927 llegó a los 938.000 afiliados, y en 1939, a los 2.633.000 miembros oficiales. El partido se había convertido en un movimiento de masas, representativo de la sociedad italiana, pero como tal, mastodóntico, plural e incapaz de sentir ningún atisbo de espíritu crítico o de aportaciones novedosas a lo ya dicho. Los elementos primigenios fueron excluidos del poder y los sectores de clase media procedente del liberalismo y el catolicismo coparon gran parte de la administración, convirtiéndose el PNF en el movimiento de los funcionarios de la administración[27]. Su masa popular quedó definitivamente en minoría con respecto al funcionario público, cuya adhesión duraría el tiempo que le fascismo se mantuviese en el poder.

La sociedad italiana pudo aceptar la novedad que significaba el fascismo porque no era un país tan atrasado como algunos escritores han retratado. En el censo de 1936, según María Castellani, más de 5.200.000 mujeres trabajaban, con respecto a unos trece millones de hombres. 2.428.000 mujeres estaban empleadas en el campo, pero otras 1.416.000 en la industria, principalmente en el norte del país, y otro millón en establecimientos comerciales y el servicio doméstico[28]. El potencial femenino fue visto por el fascismo fundacional, que solicitó la igualdad en derechos y su participación en el voto en 1919. La influencia de la crítica de arte, Margherita Sarfatti, procedente del socialismo, y pieza clave en la relación del fascismo con el mundo del arte, ayudó a dar aquel aire de novedad y vanguardia al nuevo movimiento, como la cercanía de figuras exiliadas como Tamara de Lempicka. La artista del Art déco, tuvo que exiliarse en Italia huyendo de la revolución bolchevique, amiga del poeta Gabriele D'Annunzio, a quien visitó en su residencia del Vittoriale en 1927. Su libertad provocativa por sus diferentes relaciones íntimas, la mostrarán como una mujer única en su tiempo. La participación de la mujer italiana en la cultura será internacionalizada con la presencia de Grazia Deledda, que fue galardonada con el Premio Nobel de

---

[27] Renzo de Felice, Mussolini il fascista (Vol. 2): L' organizzazione dello Stato fascista, 1925-1929, Einaudi, Turín, 1995. Y Álvaro Lozano, *Mussolini y el fascismo italiano*, Marcial Pons, Madrid, 2012, p. 184.

[28] Maria Castellani, *Mujeres de Italia,* Sociedad editora Novíssima, Roma, 1937, p. 78.

Literatura en 1926. Grazia Deledda se dedicó a través de sus novelas, a narrar las tradiciones rurales y arcaicas de la isla de Cerdeña[29].

El PNF será de los primeros movimientos políticos que organice asociaciones exclusivamente femeninas. Las *Fasci Femminili* fueron el organismo encargado de encuadrar a las mujeres, como las *Massaie Rurali*, surgidas en 1933, que se encargaron de reunir a las mujeres del campo, la *Sezione Operaie e Lavoratrici a Domicilio*, surgidas en 1937, que a su vez reunieron a las obreras y empleadas de los ámbitos urbanos, y la *Gioventú Universitaria Fascista*, con las universitarias. Las diferentes ramas femeninas llegaron a reunir a más de tres millones de mujeres[30]. Una de las principales referentes será Paola Benedittini Alferazzi, considerada la líder del movimiento feminista romano y miembro de varios comités por los derechos de la mujer, fue directora de *Il giornale della donna*, un quincenal que había nacido en 1919 como medio pionero de feminismo y portavoz italiano del movimiento sufragista internacional, quedando integrado en los medios del fascismo. Bajo el fascismo nacieron las revistas femeninas más famosas, en 1919 *Lidel*, en 1925 *Mani di Fata*, en 1927 *Sovereign*, en 1930 *Rakam*, y en 1933 *Lei*. Incluso, a diferencia de gran parte de otros movimientos políticos, en el "culto a los caídos", los fascistas serán de los únicos en preocuparse de incentivar el ejemplo de militante de la joven Ines Donati, procedente de los scouts católicos, estudiante de Bellas Artes, fue la única mujer miembro de los *Sempre Pronti*, milicia del ANI, aunque posteriormente se integró en el fascismo, y como miembro de su escuadristas, agredió a socialistas y fue malherida por ataque de los contrarios, fallecida por una tisis a los 24 años, la joven fue proclamada una "mártir política", y ejemplo de la entrega y sacrificio de la mujer fascista italiana.

El otro segmento social importante que el fascismo tratará con privilegio será la juventud. La exaltación de la energía, del coraje y de la audacia; la admiración por la velocidad, la lucha contra el pasado, la emulación de las virtudes guerreras estarán encarnadas en la juventud. Las cualidades desarrolladas por las tropas de asalto, consideradas de

---

[29] Eurialo de Michelis, *Grazia Deledda e il decadentismo,* La Nuova Italia, Firenze, 1938.
[30] Maria Castellani, *Mujeres de Italia...*, pp. 55-76.

elite, que viven intensamente el presente, pero con un fuerte espíritu de cuerpo, se amoldan muy bien al del joven inconformista, que quiere cambiar la realidad social con ímpetu y virilidad. La energía desarrollada por los futuristas, rompiendo de forma abrupta con el pasado, se corresponde perfectamente a la juventud de postguerra, y se amolda en el fascismo. La desaparición de una generación masculina en la guerra favorece que las generaciones jóvenes se vean interpeladas con un mayor protagonismo al ocupar el hueco dejado por los caídos en combate. En el pasado se pasaba de la niñez a la responsabilidad adulta, ahora la extensión de la vida hace aparecer un periodo intermedio, denominado juventud, que toma protagonismo fuerte después del conflicto mundial. Su relevancia le hará influir con sus propias connotaciones en el mundo político y social.

Quien mejor personificará esto será Ferruccio Vecchi, el artista futurista, de los Arditi, y más tarde miembro relevante de los *Fasci di combattimento* en el momento de su fundación en Milán. Vecchi publicó entre 1919 y 1920 una serie de artículos, que tienen una concepción utópica del empleo de los jóvenes para la construcción de una nueva sociedad civil, donde aquellos contribuirían a eliminar enérgicamente las disensiones antipatrióticas y acabarían por transformarse en una estructura perpetuamente movilizada, que daría vigor a la acción del Estado, de igual forma a como los Arditi hicieron en las tropas regulares. Los jóvenes universitarios y bachilleres italianos, preferentemente de clase media, educados en un intenso nacionalismo, estaban muy influidos por la ANI, que a través de sus clubes y revistas habían desarrollado el nacionalismo integral de Charles Maurras. Este componente serviría de caldo nutricio al espíritu revolucionario del fascismo italiano. El principal triunfo del fascismo será conseguir identificarse con el espíritu de protesta juvenil e intentar ser el intérprete político, de lo que el futurismo era a nivel cultural. El espíritu de cambio, la lucha patriótica, vivida casi como una religión, le llevará aglutinar una parte importante de la juventud, especialmente la más secularizada, a combatir a los enemigos de la nación, personificados en el comunismo y el liberalismo.

Sin embargo, cuando el fascismo llegue al poder en 1922, aquellos jóvenes deberán convertirse en el espejo ideal del nuevo régimen a construir, la nueva Italia que surgía con voluntad de ser una nueva Roma. La Italia de Mussolini será el modelo a seguir para educar una juventud, convertida en una "juventud del Estado", sin influencias externas, y educada en los valores propios emanados del régimen[31]. En la Europa balcánica, las dictaduras conservadoras desarrollaran modelos de control de la juventud para evitar su afinidad, no a movimientos revolucionarios de signo comunista, ya que aquellos países de base agraria mantenían unos valores fundamentalmente tradicionales, sino por los movimientos fascistas, que no dejaban de ser revolucionarios en sus contenidos sociales.

El régimen de partido único se convirtió para los jóvenes en una plataforma de ascenso al poder, y los jóvenes que promocionasen en el sistema ya no serán aquellos que servían de inspiración a los carteles futuristas, sino burócratas voraces de cargos públicos, que construirán su carrera de forma meticulosa en las organizaciones juveniles del régimen fascista, e incluso sobrevivirán como flamantes cuadros de la Democracia Cristiana después.

No obstante, algunos jóvenes fascistas intentaron mantener el espíritu revolucionario en la juventud, completando principalmente la formación de los miembros universitarios del GUF. En Milán, el 4 de abril de 1930 nació la Escuela de Mística Fascista, dirigida por Niccoló Giani, fascista de primera hora y profundamente católico, impidió la presencia de los admiradores del paganismo, y tuvo como objetivo coordinar, interpretar y procesar el discurso fascista iniciado por Mussolini. Amparados por Arnaldo Mussolini, se dedicaron a la organización de conferencias y actos culturales, y especialmente a la labor de desarrollar un misticismo fascista que bebiese de la izquierda su hambre de justicia social y de la derecha su afán creativo de imperio. Durante la Segunda Guerra Mundial, 16 de sus profesores murieron en combate al presentarse voluntarios en las legiones de CCNN. Su director Giani murió en el frente albanés luchando contra los griegos, otros como el anticapitalista Berto Ricci o Guido Pallotta, amigo cofundador de la EMF con Giani, murieron en el

[31] Marco Fincardi, "Italia: Primer caso de disciplinamiento juvenil de masas", *Hispania*, n.º 225, Madrid, 2007, pp. 43-72.

desierto líbico, y Renzo Bertoni, experto en el mundo ruso, murió combatiendo a los soviéticos. Su subdirector, Fernando Mezzasoma, fue ministro en la RSI y será fusilado por los partisanos. En 1943, con el armisticio, 14 alumnos de la escuela serán asesinados por los primeros incontrolados comunistas[32].

El inició de la organización con los más jóvenes será el 3 de abril de 1926, cuando Mussolini, a través del vicesecretario del Partido Nacional Fascista, Giuseppe Bastianini, funde la Opera Nazionale Balilla, con el objetivo de reorganizar e instruir a la juventud, ordenando a principios del año siguiente la integración de todas las organizaciones juveniles existentes bajo el paraguas del fascismo oficial. El resultado de esta medida provocará el principal encontronazo con la iglesia católica, al disolverse los Scouts Católicos y la Federación Católica Italiana de Asociaciones Deportivas.

La juventud quedó dividida mediante una orden del Ministerio de Educación Nacional en 1927 según franjas de edad y sexo de la siguiente manera: los Hijos e Hijas de la Loba entre los 6 y 8 años; los Balilla de 8 a 13 años, y las Piccole Italiane serían las chicas de edades similares; los Avanguardisti, eran los chicos de 13 a 18 años y las Giovane Italiane las chicas, además de existir una rama más militante denominada *Fasces Juveniles de Combate*[33]. La unión de estos últimos con los Scouts católicos dará origen a la *Gioventù Italiana del Littorio*. Todos ellos tuvieron programas de instrucción deportiva, paramilitar e ideológica impartida por oficiales del Ejército Real Italiano o de los Camisas Negras de la Milicia Voluntaria para la Seguridad Nacional[34]. La formación de la juventud desde su más tierna niñez pretendía asegurar una nueva generación forjada en los valores del fascismo, más de 8 millones de jóvenes italianos se formaron bajo sus principios. El fascismo aportó campamentos, excursiones, actividades deportivas, ejercicios gimnásticos, concursos culturales. Una experiencia que nunca los hijos de las clases populares

---

32 Eduardo Basurto, *Niccolò Giani y los fascistas intransigentes*, Fides, Tarragona, 2021.

33 Niccoló Zapponi, "Le organizzazioni giovanili del fascismo 1926-1943", *Storia contemporánea*, n.º 4-5, 1982, p. 569.

34 Legge 3 aprile 1926, n. 2247, Istituzione dell'Opera nazionale Balilla per l'assistenza e l'educazione fisica e morale della gioventù, *Gazzetta Ufficiale del Regno d'Italia* n.º 7, 11 gennaio 1927.

habían podido disfrutar al formar parte aquellas actividades, en el periodo anterior, del ocio de las elites dominantes[35].

Con respecto al resto de la sociedad, el 1 de mayo de 1925 nació la *Opera Nazionale de Dopolavoro* (OND), ocupando en 1927su cargo de máxima responsabilidad, Augusto Turati, que simultaneó con la secretaria general del PNF. Turati fue un hombre entregado al deporte presidiendo algunas de sus federaciones, como tenis, esgrima y atletismo, también fue miembro del CONI, y por su gran querencia por el cine, se dio cuenta del importante protagonismo que el deporte podía tener a nivel propagandístico. La OND será una organización de masas, que por su carácter lúdico atraerá a más de 4 millones de trabajadores, siendo organizados por un centenar de miles de voluntarios. La divulgación del deporte, pero especialmente la organización de viajes de vacaciones a otras regiones, estimulo el conocimiento global de Italia para una generación de trabajadores que nunca habían salido de sus regiones, como no fuesen para emigrar y no volver jamás. También la aspiración de poder disfrutar de actividades culturales, en 1930, la OND disponía para sus miembros de una estructura de 1.350 teatros, 8000 bibliotecas, 2000 sociedades de arte dramático y 3000 bandas de música hasta en las más pequeñas localidades. El disfrute del deporte y de la cultura, actividades consideradas de "gusto burgués", y poder disfrutar de vacaciones, días de ocio pagados en la playa o en el monte, nunca había sucedido antes y se convertirá en el principal argumento de apoyo al régimen, antes que ninguna sesuda conferencia política. La creación del sábado fascista, que consistía en poder disponer de la tarde libre, para dedicarla al ocio junto a la familia, tendrá una gran aceptación en el público italiano[36].

---

[35] Francisco Morente Valero, *"Libro e moschetto": política educativa y política de juventud en la Italia fascista (1922-1943),* Promociones y Publicaciones Universitarias, Barcelona, 2001 y Tracy H. Koon, T. H, *Believe, Obey, Fight: Political socialization of youth in fascist Italy. 1922-1943,* Stanford University, Ph. D., 1977, capítulo II

[36] Victoria de Grazia, *Consenso e cultura di massa nell'Italia fascista. L'organizzazione del dopolavoro*, Laterza, Roma/Bari, 1981.

LA CONQUISTA DE LA ECONOMÍA

La sociedad italiana va a ir transformándose a través del difícil equilibrio que el fascismo mussoliniano había realizado con las nuevas elites. En 1929 más de 2.500.000 hectáreas pasaron a manos de 500.000 nuevos propietarios agrícolas. Aunque muchas de las nuevas tierras no procedieron de expropiaciones, sino de la desecación de pantanos malsanos muy abundantes en la región del agro pontino, que permitió la entrega de nuevas tierras de cultivo a sus nuevos moradores. Arrigo Serpieri, técnico agrónomo y subsecretario de Agricultura entre 1929 y 1935 fue uno de los responsables de tamaña operación. Serpieri creó institutos técnicos agrícolas, fue el principal responsable de la intervención pública en la recuperación de tierras pantanosas y empujó a favor de las intervenciones necesarias en las áreas de las montañas con inversiones. También presionó a los grandes propietarios hacia la modernización de sus haciendas, bajo pena de expropiación, mostrándose favorable a la pequeña propiedad.

Para 1942, más de nueve millones y medio de hectáreas habían sido intervenidas para asentar a miles de familias de nuevos colonos campesinos, creándose doce nuevas ciudades. La *Opera Nazionale Combattenti* (ONC) fue el instrumento que llevó a cabo el gobierno para llevar a cabo las tareas de saneamiento, parcelación, y construcción de viviendas, para los nuevos colonos, principalmente antiguos excombatientes de la Primera Guerra Mundial, que veían de ese modo un pago por su patriotismo en el frente. La política de Serpieri será frenada por el lobby de los propietarios que conseguirán su sustitución por uno de los suyos. Después la colonización se realizó en el ámbito siciliano. Arrigo Serpieri será uno de los mayores expertos en política agraria en la universidad de Florencia, convirtiéndose en miembro de la Academia italiana de Ciencias Forestales[37].

El fascismo, aunque defendiese posiciones pseudorrevolucionarias por lo radical de sus reivindicaciones sociales, podía llegar a promocionar un corporativismo respetuoso y conciliador con

---

[37] Pino Riva, *Fascismo, politica agraria, O.N.C., nella bonificazione pontina dal 1917 al 1943*, Editrice Sallustiana, Roma, 1983 y Fabrizio Marasti, *Il fascismo rurale. Arrigo Serpieri e la bonifica integrale*, Settimo Sigillo, Roma, 2001.

los intereses de las elites financieras tradicionales. De ese modo, el corporativismo se convertirá en el modelo de vertebración de la producción económica a través de la conciliación de los diferentes sectores sociales que formaban la totalidad de una unidad de producción, y que tendrán cada una de ellas su representación fija en la cámara de corporaciones. Este modelo tenía su antecedente en el eminente veneciano Giuseppe Toniolo. Pionero de la sociología económica, que fue profesor en Padua, Modena y desde 1879, en la Universidad Pública de Pisa. El profesor Toniolo consideraba la economía como una parte de la civilización, y que los sistemas políticos que no se basaran en Dios no podían perdurar, como eran el liberalismo y el socialismo[38].

La primera piedra de ese cambio será la Carta del Lavoro emanada del Gran Consejo del Fascismo el 21 de abril de 1927, que fue redactada por Giuseppe Bottai, secretario de Estado de Empresas. En el documento se afirmaba que "la nación es una unidad moral, política y económica que se realiza íntegramente en el Estado fascista. En su declaración II, declaraba que el trabajo estaría tutelado en todas sus formas organizativas y ejecutivas, intelectuales, técnicas y manuales como deber social, y en la declaración V, que las corporaciones constituían la organización unitaria de las fuerzas de producción y representan íntegramente los intereses de aquéllas en cuanto tales; las corporaciones son reconocidas como órganos del Estado y pueden dictar normas obligatorias en materia de disciplina laboral y en relación con la coordinación de la producción, siempre que reciban la correspondiente autorización de las asociaciones a ellas conectadas.

El corporativismo italiano será descrito por la *Carta del Lavoro* y estaba inspirada por sus objetivos de solidaridad y armonía social con la doctrina social católica. Sin embargo, sería criticada por los católicos sociales por la ausencia de una verdadera democracia interna, al no proceder a una elección directa de los representantes de los trabajadores y de los empresarios, que eran elegidos dentro del filtro del partido único. En el ámbito fascista, el corporativismo fue planteado por Ugo Spirito, en su obra *Capitalismo e corporativismo*,

[38] Mario Martini, *L'Opera di Giuseppe Toniolo,* Editrice Fiorentina, Firenze, 1923.

como un corporativismo integral, en el que la propiedad se concentraría en manos de los trabajadores mediante la autogestión. El modelo corporativo divulgado en Italia será objeto de estudio por muchos intelectuales extranjeros. La *Carta del Lavoro* fue copiada casi de forma literal por los portugueses en su *Estatuto do Trabalho Nacional*, en 1933, y por los españoles en su *Fuero del trabajo*, en 1937. El español Eduardo Aunós, ministro de Trabajo de Miguel Primo de Rivera, escribió varios libros sobre corporativismo, citanto la *Carta de Carnaro*. Para Eduardo Aunós, la sociedad liberal había muerto y las únicas alternativas eran el comunismo o el corporativismo. El corporativismo debía ser la estructura de un Estado contrario al liberalismo, que tuviese su inspiración en la tradición histórica y la moral cristiana[39].

No obstante, el crack de 1929 provocó en Italia intensos cambios económicos, aumentando la necesidad de intensificar la autarquía. La recuperación que el ministro de Finanzas, Giuseppe Volpi, estaba realizando de una manera ortodoxa, deberá enfrentarse a una serie de medidas novedosas para combatir el fuerte incremento del desempleo por la destrucción de empresas y del tejido comercial internacional. El bisturí que evitó una catástrofe mayor y proyecto al fascismo como un gestor eficaz será el Instituto para la Reconstrucción Industrial (IRI), cuyo presidente, Alberto Beneduce, antiguo profesor de estadística de la universidad de Nápoles y socialista reformista, se transformó en el responsable del intervencionismo público en la economía italiana. Beneduce recuperó el sistema bancario, hundido por su inversión en el sector industrial, tomando el control de las industrias propiedad de los bancos, y obteniendo un control sobre la producción industrial solo superada por la URSS. También estableció ayudas para reflotar las empresas con severas dificultades económicas, y situó al IRI como proveedor de capital para generar un flujo de inversión económica a la industria[40]. El IRI será una gran escuela de gerentes de empresas industriales con experiencia que recalarán en el ámbito privado y

[39] Eduardo Aunós, *Las corporaciones del trabajo en el estado moderno*, Torrent, Madrid, 1928.

[40] Mimmo Franzinelli, Marco Magnani, *Beneduce. Il finanziere di Mussolini*, Mondadori, Milano, 2009.

serán los protagonistas de la recuperación económica italiana después de la Segunda Guerra Mundial.

Los logros económicos fueron claros por la colaboración del IRI con las grandes empresas privadas. Sin embargo, el periodo de crisis fue aprovechado para la modernización de las principales infraestructuras portuarias, aéreas y de ferrocarril, añadiendo una gran red de carreteras y autopistas desconocidas hasta entonces. Sin embargo, se necesitaba un escenario internacional idóneo para "vender" la imagen de la nueva Italia. Los Juegos Olímpicos, los mundiales de futbol y los Campeonatos Mundiales de Boxeo serán utilizados como verdaderos escaparates de la nueva Italia. Para ello, y aprovechando el gasto en obras públicas para absorber el desempleo, se hizo una fuerte inversión en la construcción de estadios y polideportivos en las principales ciudades italianas. Las victorias deportivas italianas encumbraron al país hacia lo más alto, lo situaron en la elite y convirtió a los atletas en verdaderos modelos a seguir por la sociedad. Los deportistas eran jóvenes, sanos y atractivos, convertidos en verdaderos héroes por sus proezas deportivas, como el ciclista Gino Bartali el piloto Tazio Nuvolari, el boxeador Primo Carnera, el futbolista Giuseppe Meazza o los atletas, el mediofondista Luigi Beccali y la vallista, Trebisonda "Ondina" Valla. La apuesta por el futbol tendrá efectos positivos de propaganda para Italia, al proclamarse campeona del mundo de fútbol en el Mundial de 1934, y cuatro años después repetir el liderazgo en el campeonato de 1938, disputado en Francia. No obstante, en los Juegos Olímpicos es donde los italianos destacaron, quedando en segundo puesto con 36 medallas, 12 de oro, 12 de plata y 12 de bronce, en Los Ángeles, en 1932; en los famosos Juegos Olímpicos de Berlín de 1936, que inmortalizó Leni Riefenstahl en Olympia, Italia que quedó tercero con 22 medallas, 8 de oro, 9 de plata y 5 bronce, detrás de Alemania y los EE.UU.

CONCLUSIONES

La Marcha sobre Roma fue una cortina que ocultó las negociaciones que permitieron a Benito Mussolini asumir la jefatura del gobierno de forma legal y democrática, de un ejecutivo de coalición donde estuvieron presentes gran parte de las fuerzas políticas del momento. Sin embargo, Mussolini será quien tenga el olfato de ir tomando el poder e integrar a los elementos técnicos a su formación política. Su liderazgo sirvió para poder conducir al fascismo revolucionario a pragmatismo que integró a una mayoría de italianos con capacidad de gestión que buscaban una oportunidad en otras formaciones políticas. La Primera Guerra Mundial cambio la mentalidad de la sociedad, e hizo entrada la sociedad de masas. El fascismo supo encauzar hacia un proyecto político aquel sentimiento nacionalista. La crisis económica de 1929 brindó la oportunidad para demostrar su capacidad de gestión, a través de un intervencionismo del estado que, aliado con un empresariado exhausto, pudieron realizar las ingentes inversiones necesarias para modernizar el país y proporcionar los beneficios de unos servicios públicos inexistentes, que ahora podían ser usados por todos los italianos, creando una conciencia de ser una comunidad nacional.

LA CONTRAMARCHA SOBRE ROMA. EL 8 DE SEPTIEMBRE DE 1943 Y SU LECTURA EN CLAVE FRANQUISTA

Álvaro de Diego González
Universidad San Pablo-CEU. CEU UNiversities

Bajo el régimen italiano de Mussolini,

> el ejército obedecía al Rey, la milicia al Duce. Había Consejo de Ministros y un Gran Consejo Fascista. La guardia del rey eran los *carabinieri*, la del Duce los *moschetieri*, y hasta en los himnos se seguía esta división. La marcha real de Gabetti era el himno de la monarquía y la *Giovinezza* del partido. Todo terminó de modo fatal con el encarcelamiento de Mussolini por orden del Rey, decretado en un momento propicio, seguido más tarde del hundimiento de la monarquía de los Saboya para dar paso a las legiones de Togliatti.[1]

Este texto fue redactado en abril de 1956, más de una década después del derrumbe del fascismo italiano y de la derrota del Eje en la Segunda Guerra Mundial. No lo firmaba un italiano, sino un jurista de Falange que se proponía evitar "el acontecimiento nefasto de Italia a que llevó aquella diarquía del Gobierno y el Duce". En otras palabras, el delegado nacional de Justicia y Derecho del Movimiento, Joaquín Reguera Sevilla, era consciente de que España se encaminaba hacia la solución monárquica. Alertaba, en consecuencia, sobre la necesidad de rodear al futuro rey y sucesor de Franco de todas las limitaciones y contrapesos que, a la muerte del caudillo, le impidieran conducir al país hacia el liberalismo. El destinatario de estas afirmaciones fue el secretario general del Movimiento, José Luis de Arrese, quien no

[1] Citado en Álvaro de Diego, *El franquismo se suicidó*, Málaga, Sepha, 2009, pp. 144-145.

pudo conseguir una definición institucional del régimen que salvase la orfandad de Franco.[2]

Este trabajo no pretende abordar la polémica confluencia sobre Roma de las multitudes organizadas que llevaron a Mussolini y a su partido al poder en Italia. Por el contrario, se propone analizar los acontecimientos del derrumbe de aquel régimen político entre el 25 de julio de 1943, con la destitución de Mussolini por el Gran Consejo Fascista y el regreso al Estatuto Albertino, y el 8 de septiembre, con el anuncio del cambio de bando de Italia en la Segunda Guerra Mundial. Y todo, desde la perspectiva de un país como España que, salido de un Guerra Civil, contemplaba la experiencia transalpina con suma atención.

Ningún testigo mejor para avizorar esa trayectoria histórica de bumerán que Rafael Sánchez Mazas (1894-1966), fundador de Falange, escritor y periodista, luego académico de la Lengua (que no llegó a tomar posesión de la plaza) y hoy mejor conocido por una novela de resonante y algo sobrevalorado éxito.[3] Como corresponsal del diario monárquico *ABC* en Roma desde junio de 1922, Sánchez Mazas asistió al ascenso inicial del fascismo desde una posición favorable que se basaba en su sentido aristocrático y pasión por la antigua Roma, así como en el repudio del comunismo y el desorden. Así ha de entenderse la clave de su entusiasmo defensivo tras la Marcha sobre Roma ("No se sabe lo que trae. Pero se sabe lo que quita", apuntó), anclado en la interpretación católica del movimiento de Mussolini. Dicha afinidad, sin embargo, no evitó algunos reparos iniciales, como los derivados de constatar los desórdenes que provocaba una ideología exaltada y la crueldad que podía llevar aparejada su conquista del poder.[4] Dos décadas más tarde, Sánchez Mazas firmaría el epílogo de un sensacional *best-seller, Italia fuera de combate*.[5] En él, su autor, otro falangista, otro periodista, Ismael Herraiz hacía el diagnóstico

[2] Para esta operación constitucional citada véase José Luis de Arrese, *Una etapa constituyente*, Barcelona, Planeta, 1982 y la citada de Álvaro de Diego, *El franquismo se suicidó*, Málaga, Sepha, 2008.

[3] Javier Cercas, *Soldados de Salamina*, Barcelona, Tusquets Editores, 2001.

[4] Para esta corresponsalía romana de Sánchez Mazas véase José Luis Rodríguez, *Historia de Falange Española de las JONS*, Madrid, Alianza Editorial, 2000, pp. 29-39.

[5] Ismael Herraiz, *Italia fuera de combate*, Madrid, Atlas, 1944.

del derrumbe del fascismo. Frente a un peso pesado intelectual y literario, Herraiz resultaba probablemente un peso medio. Sin embargo, revelaba inquietantes paralelismos con la situación española, como veremos.

Ismael Herraiz Crespo (1913-1969) había estudiado en la Escuela de Periodismo de *El Debate* y velado sus primeras armas profesionales en *El Debate* y el *Ya*. "Camisa vieja" falangista, sin embargo, había sido redactor durante el Frente Popular del clandestino *No Importa*, sucesor del semanario *Arriba*. Incorporado como oficial a las filas de Franco, combatió con los Regulares durante la Guerra Civil, que concluyó como teniente muy condecorado. De su honestidad personal y política habla el reconocimiento de un partidario de la monarquía tradicional como Eugenio Vegas Latapié hacia un visceral enemigo de la monarquía, no por casualidad forjador de la expresión "peste borbónica". Vegas, que trato de disuadirle de regresar a los frentes durante una hospitalización en Salamanca, lo tuvo por "uno de los más altos ejemplos de nobleza y desinteresado altruismo que pudo ofrecer nuestra guerra".[6]

En el verano de 1939 Herraiz se presentó en *Arriba*, el periódico de la Falange de José Antonio Primo de Rivera ahora reconvertido en el órgano oficial del partido unificado franquista. En este rotativo, cuya redacción y talleres se instalaron en la antigua sede del liberal *El Sol*, hizo la mayor parte de su vida laboral. En el diario *azul* fue redactor, jefe de sección, editorialista, corresponsal, enviado especial, subdirector (1943) y finalmente director (1948-1956), tras lo cual partió para Austria en calidad de agregado cultural de la embajada en Viena.

Resulta bien significativo que Herraiz protagonizara la etapa más destacada de su carrera profesional antes de los treinta, quizá por un doble motivo: la resonante cobertura de sensacionales acontecimientos en el transcurso de la Segunda Guerra Mundial y el tono militante de sus publicaciones, que acabaría por resultar incómodo para el

[6] Para una caracterización del personaje véase Álvaro de Diego: "Ismael Herraiz, cronista azul del esplendor y la ruina del Eje", en Antonio César Moreno Cantano (coord.): *Propagandistas y diplomáticos al servicio de Franco (1936-1945)*, Gijón, Trea, 2012, pp. 243-271.

propio régimen franquista aun antes de finalizar la conflagración internacional.

Como se ha indicado, fue la cobertura periodística de la Segunda Guerra Mundial la que le reportó merecida fama. Nuestro hombre ejerció como corresponsal en Berlín de mayo a diciembre de 1940, periodo en cuyo transcurso cubrió el conocido sitio y evacuación de Dunkerque, así como las firmas del Pacto Tripartito y la rendición francesa en el vagón de Compiègne.[7] Recogería todo en un libro, *Europa a oscuras*,[8] de menor fortuna que aquel *Italia fuera de combate* al que nos referiremos con extensión. De hecho, este último lo dedicaría a su visión, instalado desde abril de 1942 en Roma, como testigo de la acelerada y estrepitosa descomposición del fascismo.

No cabía duda de las abiertas simpatías del informador, que no vaciló en tomar partido. Herraiz confió, a toro pasado, haber esperado la victoria del Eje, de Alemania incluso.[9] De ahí que un joven plumilla y luego brillante columnista le recordara luego como "una figura que jamás conoció los burladeros".[10]

EL *BEST-SELLER* Y LAS CRÓNICAS

El contrapunto a las crónicas de las campañas victoriosas del Eje en Flandes y Francia, lo representan las piezas que Herraiz firma desde Roma a partir de la primavera de 1942 y hasta la caída del fascismo. La confección del libro citado, *Italia fuera de combate*, a su regreso a España, le reportaría gran fama. En la obra, basada en 17 meses de presencia en el país, admitía que no había pisado ningún frente de guerra y elogiaba la figura "ejemplar" del Duce –un encomio que no amagaría siquiera en el caso de Hitler–: "En torno a su tumba

---

[7] Su crónica del armisticio concluía así: "Las ramas de una opulenta primavera se han curvado esta vez hacia la frente de Alemania, y el soldado Hitler, sobre la revolución de su pueblo, ha podido expresar ante Francia el gran ademán de la victoria". Ismael Herraiz, "Nuestro enviado especial, en Compiegne", *Arriba*, 23-VI-1940.

[8] Ismael Herraiz, *Europa a oscuras*, Madrid, Atlas, 1945.

[9] Nada más finalizar la Segunda Guerra Mundial pronunció una conferencia ante un auditorio falangista cuyo solo título ya constituía una reveladora *excusatio non petita*: Ismael Herraiz, *Si yo fuera un vencido*, Madrid, Ediciones de la Camisa Azul, 1945.

[10] Jaime Campmany, "Ismael, fuera de combate", *Arriba*, 22-VI-1969.

desosegada y reciente hoy solo puede flotar un duro silencio, con la esperanza de que la Historia habrá de rescatar un día el nombre de Benito Mussolini y presentarlo ejemplarmente a la posteridad y a la gloria".[11] Precisamente esa estimación del líder del fascismo le permitía desenmascarar la traición de un pueblo y una clase política que, desde el desembarco aliado en el norte de África –noviembre de 1942–, había decidido cambiar de bando para esquivar los rigores de la guerra. Se trataba, en realidad, de una de sus confesiones más amargas:

> Cuando yo abandoné la desventurada tierra, dos meses después del armisticio, Italia era la resultante caótica y desconsoladora del turbio sistema de propaganda y de criterios a que fue sometida el alma popular. Este apresurado relato adquirirá contornos increíbles en el instante en que, rendida la Ciudad Eterna, las divisiones alemanas de paracaidistas se instalan pacíficamente en sus calles. Los italianos, sin más razón que un determinismo geográfico, se entregaron sin lucha al soldado extranjero que encontraron más próximo: inglés, alemán, canadiense, croata, indio, norteamericano, negro o francés. Toda la dispersión y atomización del alma italiana quedó entonces de relieve, sin posibilidad alguna de paliativos. La caída aparatosa de un régimen arrastró a su vez toda la tarea de setenta y tres años de unidad dificilísima y apenas conseguida.[12]

De lo que no cabe duda ninguna es de la conmoción suscitada por su *best-seller*, que al parecer el propio Mussolini leería en una versión traducida y que motivó la elegante réplica, poco menos que una enmienda a la totalidad, firmada por un profesor italiano residente en España. Hasta el rotativo británico *The Times* llegaría a glosar la "la dureza y brusquedad de su estilo".[13]

Y es que el autor había confiado en el prólogo a su obra que le "serviría de infinito desencanto el comprobar que la dolorosa lección

[11] La cita en Ismael Herraiz, *Europa a oscuras*, p. 8.
[12] Ismael Herraiz, *Italia fuera de combate*, p. 126.
[13] Mario Penna, *Italia, otra vez*, Madrid: Mayfe, 1945; *The Times*, 26-VI-1944.

que nos ofrece la tragedia de Italia, en lugar de aportar severas reflexiones al hombre español, le proporcionara simples ocasiones para el retruécano de café".[14] No parece el caso puesto que:

> ...nada menos que dieciséis ediciones logró el año de su aparición, a despecho de alguna retención censorial (que no hizo, por otro lado, sino incrementar la curiosidad que suscitaba). ¿A qué pudo deberse tal recelo gubernativo?, cabe preguntarse. Y responderse, a renglón seguido, que no lo fue a las explícitas simpatías mussolinianas que respira sino a la cruda habilidad artística con la que supo Herraiz evocar... la caída de un régimen totalitario, sin ocultar el entusiasmo popular que acompañó a la conmoción y, sobre todo, la vertiginosa defección de los leales.[15]

Miguel Pardeza insiste, en parecida línea, en que el autor de la obra no había ocultado, "para sofoco de la tutela censoria, el jolgorio que aquella ruina ideológica y política engendró en un pueblo hastiado de tanta grandilocuencia teórica casi nunca correspondida por la práctica de éxitos militares".[16] Lo cierto es que, haciendo gala de la ingenuidad que acompaña a los convencidos, Herraiz confeccionaba algo así como un apresurado memorial de culpas colectivas que apuntaba a los aburguesados intelectuales, la desleal corona, el pacifismo vaticano o el chaqueteo de los políticos. Todo lo cifraba, en definitiva, en "una voluntad colectiva de ruptura, un movimiento tectónico de la opinión cuya clave popular puede despreciarse pero no minimizarse".[17] El que su editor definiría como "el documento más sensacional de la guerra" recompensaría a su autor con la declaración de "*persona non grata* en la Italia de Polichinela".[18] Pero no es imprescindible acudir

---

[14] Ismael Herraiz, *Italia fuera de combate*, p. 9.

[15] José-Carlos Mainer, "La segunda guerra mundial y la literatura española", en José Luis Delgado (ed.), *El primer franquismo. España durante la Segunda Guerra Mundial*, Madrid: Siglo XXI, 1989, pp. 247-248.

[16] Del prólogo a César González-Ruano: *Obra periodística*, Madrid, Fundación Cultural Mapfre Vida, 2003, Tomo II, p. 845.

[17] Ismael Herraiz, *Italia fuera de combate*, pp. 248-249.

[18] Joaquín Arrarás, "Un éxito de periodista", *La Vanguardia Española Española*, 5-VIII-1944. El juicio bufo sobre aquella Italia es de Aquilino Duque, "Medio siglo de actualidad", *ABC*, 15-XII-1992.

a los correligionarios y afectos. Un frontal adversario ideológico, el monárquico Torcuato Luca de Tena, reconocería en sus memorias que *Italia fuera de combate* constituía "uno de los mejores, por no decir el mejor, reportaje histórico de la Guerra Mundial".[19]

El periodista falangista acude a mediados de 1942 a Roma. En la capital de Italia se integra en la nutrida y selecta colonia de informadores españoles, de entre los que destacan Luis González Alonso, del católico *Ya*; Miguel Moya y Julio Moriones, que confeccionan sus piezas para la agencia EFE; o Juan Ramón Masoliver, de *La Vanguardia Española*. Quizá el mayor contraste de su corresponsalía tenga lugar con respecto a la de este último: Masoliver, más bien un tradicionalista que admiraba a Mussolini por el acervo católico que intuía en su obra, había asistido a la fase ascendente del fascismo de los años treinta y ahora lo juzgaba con distanciado realismo y escéptica mirada.[20] Junto a Luis de la Barga, Herraiz suministraría piezas a los periódicos del Movimiento, sobre todo a *Arriba*, de Madrid, y *Solidaridad Nacional*, de Barcelona. Y durante una larga temporada incluso firmaría bajo pseudónimo numerosos textos para *La Vanguardia*.

Elías Durán, en su monografía sobre la actividad del periodista Henry Crabb Robinson en la guerra de la Independencia, ha destacado las características que se supone debe reunir todo corresponsal de guerra:

1. Ser un civil o periodista profesional.
2. Informar sistemáticamente de un conflicto, no tan solo unos días.
3. Estar presente en el frente o ser testigo de una o varias batallas.
4. Correr el riesgo de ser una víctima del conflicto.

---

[19] Torcuato Luca de Tena, *Franco, sí, pero...*, Barcelona, Planeta, 1993, p. 350.

[20] Un texto muy revelador de Masoliver, en contraste con los de Herraiz, es aquel en el que comenta la ocupación militar, en el avance aliado, de las Lagunas Pontinas, cuya desecación había sido "batalla" predilecta de Mussolini. A su juicio, aquella "la niña de los ojos del Régimen", esa tarea pacífica fue la que verdaderamente importó al Duce. Por el contrario, la entrada en la Segunda Guerra Mundial había representado el colosal error del antiguo socialista. Juan Ramón Masoliver, "La cabeza de puente", *La Vanguardia Española*, 6-2-1944.

5. Buscar la verdad: narrar el sufrimiento de los soldados o de las víctimas civiles y sufrir los efectos de la guerra en la información (censura, logística, propaganda, parcialidad, etc.).

6. Debe tener influencia para cambiar el desarrollo de la guerra.[21]

Pues bien, nos detendremos en el punto tercero. Una de las características consustanciales al cronista es la de espectador de los acontecimientos que relata, de tal modo que la crónica se define como "una información de hechos noticiosos, ocurridos en un periodo de tiempo, por un cronista que los ha vivido como testigo, investigador, e incluso, como protagonista y que al mismo tiempo que los narra, los analiza e interpreta mediante una explicación personal".[22] Si consideramos que la crónica es un tipo de pieza que prepara un testigo de los acontecimientos o alguien que se ha desplazado al lugar donde han tenido lugar, se entenderá la importancia que adquiere esa presencia para el resultado. El hecho de que Herraiz firme el grueso de sus crónicas desde Roma, alejado de los frentes bélicos (con la sola excepción quizá de los primeros –y escasos- bombardeos aliados sobre la Ciudad Eterna), va a resultar determinante. Esta circunstancia le colocará en una cierta torre de marfil y, por tanto, le inclinará por afinidad electiva a dar por buena la propaganda fascista sobre la guerra. Resulta curioso, por ello, que un entusiasta de su trabajo elogie la máxima que equipara a cronistas y soldados, pisar el terreno, al abordar su otro libro, *Europa a oscuras*:

> Es increíble cómo algo escrito hace medio siglo pueda tener más actualidad que la mayoría de las crónicas reportajes que hoy nos llegan a los pocos minutos de haberse producido los acontecimientos. Y es que el problema sigue siendo el mismo y el arte del cronista estuvo en contar sus efectos sin perder de vista sus causas.

---

[21] Citado en Alfonso Bullón de Mendoza, *Charles Lewis Gruneisen: un corresponsal de guerra británico en la Primera Guerra Carlista*, Madrid, Real Academia de Doctores de España, 2022, p. 26. Véase Elías Durán, *Galia, The Times y la Guerra de la Independencia. Henry Crabb Robinson y la corresponsalía de The Times en A Coruña*, La Coruña, Fundación Barrie de la Maza, 2008.

[22] Manuel Bernal, *La crónica periodística. Tres aproximaciones a su estudio*, Sevilla, Padilla, s.f., p. 27.

> Por otro lado, hay una gran diferencia entre hinchar telegramas y patearse el terreno, arriesgando el pellejo si es preciso. Hoy la televisión nos lleva sin riesgo a todas partes; entonces había que acercarse al frente si se quería ser fidedigno.[23]

Las crónicas firmadas por Herraiz en el verano de 1942 son las únicas en las que se alberga una cierta confianza en la victoria italiana en el norte de África. No escatima entonces el encomio de las virtudes morales del fascismo y del heroísmo combatiente de sus soldados en Libia, que combina esos con la burla de la fallida apertura de un segundo frente por parte de los británicos: "¿Aquellos soldados de Dunkerque serán capaces de hacer desde el mar lo que no fueron capaces de hacer en tierra firme?". Su seguidismo hacia la propaganda del Eje le lleva a sugerir la posibilidad de una alianza indio-árabe contra el imperio británico.[24] En octubre continúa sosteniendo que el escenario bélico norteafricano se mantiene en tablas, a la espera de que tanto los aliados como el Eje echen toda la carne en el asador –"las jornadas más emocionantes aún tienen que sonar"–. Por tanto, responde con firmeza a las insinuaciones anglosajonas relativas a un "desmoronamiento político de las naciones enemigas". No merece la pena atender a "estas teorías sobre los frentes interiores".[25] No era consciente del inminente vuelco que se avecinaba; ni mucho menos del desmoronamiento de la moral en la retaguardia que le seguiría.

La situación cambia radicalmente a raíz del desembarco aliado en Marruecos y Argelia, territorios bajo la autoridad de Vichy. Desde 8 de noviembre de 1942 la "Operación Torch" supone una limitación manifiesta en las condiciones de trabajo de los informadores en Roma. Junto al director general de Prensa fascista aparece entonces un "experto militar" que, vestido de paisano, deniega el permiso para

[23] Aquilino Duque, "Medio siglo de actualidad", *ABC*, 15-XII-1992.

[24] Ismael Herraiz, "La actitud de Grandi puede reflejarse en El Alamein", *Arriba*, 11-VIII-1942; "Triunfo del Eje en el Mediterráneo", *Arriba*, 14-VIII-1942; "La tentativa de Dieppe fue resultado de un plan elaborado en Moscú", *Arriba*, 21-VIII-1942; y "La permanencia espiritual en plena guerra", *Arriba*, 23-VIII-1942.

[25] Ismael Herraiz, "XX aniversario del Régimen fascista", *Solidaridad Nacional*, 18-X-1942; "Liberia, cabeza de puente yanqui", *Solidaridad Nacional*, 19-X-1942; "Tensión bélica en África", *Solidaridad Nacional*, 22-X-1942; e "Inalterabilidad en las líneas africanas", *Solidaridad Nacional*, 31-X-1942.

"escribir, comentar o insinuar algo de lo que estaba impúdicamente a la luz del día".[26]

Pese a las nuevas alusiones al "heroísmo" –ahora defensivo– de las tropas del Eje, Herraiz empieza a desconfiar de la solidez de sus posiciones norteafricanas. Los lamentos por el agua pasada suelen ser síntoma de malas premoniciones. Ahora el corresponsal denuncia el presunto exceso de generosidad que Hitler había mostrado hacia los franceses en Compiègne. De cualquier modo, la suerte de Stalingrado va a invertir definitivamente las tornas.[27]

Una cosa era, no obstante, la situación bélica, muy determinada por la evidente superioridad de efectivos y recursos militares aportados por los norteamericanos, y otra, muy distinta, la moral de combate del fascismo. De este modo, Herraiz reconocía que la ocupación de territorios en el Magreb prestaba "una solidez todavía mayor a la situación de las fuerzas aliadas en África". Nuevamente, por tanto, era Francia el objeto de sus críticas. A su juicio, el país derrotado no podía salir "incólume" en la hipotética tesitura de que el Eje hubiera de acometer "un gesto numantino de proporciones cósmicas sobre Europa". Por aquellas fechas, y sin sombra de cinismo, manifestaba Herraiz: "Desde que desempeñamos las corresponsalía en Roma, no hemos visto –lo escribimos con absoluta objetividad– un instante más decidido ante la guerra".[28] Y es que, como recogería luego, "la Navidad de 1942 no fue excesivamente huraña con la Italia en guerra"; no escaseaban los alimentos y las flores brotaban "luminosamente en todas las esquinas de Roma".[29]

A propósito del viaje del monarca a las guarniciones de Sicilia, el corresponsal alababa al rey-emperador, un "valeroso" soldado consciente de cuál era su puesto y "jefe de una empresa militar, de la cual acepta completamente sus razones, sus objetivos y sus alianzas".

---

[26] Ismael Herraiz, *Italia fuera de combate*, p. 61.

[27] Ismael Herraiz, "La atención del mundo se concentra en torno a Stalingrado", *Arriba*, 28-VIII-1942; "La guerra de Rusia va a tener un efecto inmediato en Egipto", *Arriba*, 30-VIII-1942; "Heroísmo de las tropas del Eje ante la avalancha enemiga en África", 6-XI-1942; "La fortaleza moral de Italia y su cohesión ante la más dura de las batallas", *Arriba*, 8-XI-1942; y "Consecuencias de un armisticio generoso", *Arriba*, 10-XI-1942.

[28] Ismael Herraiz, "Decisión inquebrantable", *Solidaridad Nacional*, 26-XI-1942.

[29] smael Herraiz, *Italia fuera de combate*, p. 76.

Qué contraste con su visión tras el 8 de septiembre de 1943, cuando la palabra más suave que dirigiría al Saboya sería la de "traidor".[30]

De cualquier modo, el Eje perdía Trípoli unos días más tarde y Herraiz sugería por vez primera la posibilidad de la derrota. Sin embargo, ser vencida Italia a manos de las democracias, a su juicio, no conllevaría la devastación que aparejaría ser vencida por Rusia. Si bien se habían arriado con honores sus banderas sobre la arena norteafricana, el Imperio había quedado liquidado y "toda esperanza" de supervivencia del fascismo dependía ya de Alemania.[31] La capitulación de Stalingrado apenas unos días después provocaba una lúgubre premonición en nuestro hombre: "los meses venideros pueden ser los últimos que se ofrezcan a una civilización para supervivir".[32] Varias semanas después, ya en España, confiaría que "el invierno no dejó más que desolación y escarcha sobre las banderas. Ciento quince generales y trescientos cincuenta mil soldados se rindieron, entregando hasta la última frontera del Imperio".[33]

Pese a todo, en los meses de abril y mayo, en vísperas del desembarco aliado en las islitas próximas a Sicilia, Herraiz todavía confiaba en que el país pudiera deparar alguna sorpresa al enemigo que "con profundo desconocimiento, gusta de desvalorizar la auténtica fuerza de Italia".[34] Aún se hacía altavoz de la propaganda oficial, aún aseguraba que el fascismo italiano no depondría las armas "hasta conseguir la victoria".[35]

Desde el 6 de junio de 1943 Herraiz une a sus responsabilidades profesionales para la prensa del Movimiento, la de sustituir para *La*

[30] Ismael Herraiz, "Comentarios al viaje del Rey-Emperador", *Arriba*, 8-I-1943.
[31] Ismael Herraiz, "Las operaciones en África", *Arriba*, 23-I-1943; "Inglaterra recoge el fruto de la actitud francesa del 8 de noviembre", *Arriba*, 24-I-1943; "Bizerta, superior estratégicamente a Trípoli", *Arriba*, 26-I-1943; y "La prensa italiana reafirma los sentimientos de solidaridad con Alemania", *Arriba*, 31-I-1943.
[32] Ismael Herraiz, "Turquía sigue fiel a la alianza turcobritánica y a la amistad germanoturca", *Arriba*, 4-II-1943.
[33] Ismael Herraiz, "Italia o la nación partida", *El Español*, 1-I-1944.
[34] Ismael Herraiz, "Pantelaria no sirve para calibrar la verdadera potencia material de los beligerantes", *Arriba*, 15-IV-1943.
[35] Ismael Herraiz, "Italia no depondrá las armas hasta conseguir la victoria", *Arriba*, 21-V-1943.

Vanguardia Española a Juan Ramón Masoliver.[36] El contraste entre la labor cronística de ambos resultó patente. *La Vanguardia* cobijaba a parte del grupo pro-Aliado catalán tanto en su propiedad como en su plantilla de redactores (que no en su dirección, al imponer Madrid al visceral Luis de Galinsoga).[37] Masoliver, de hecho, escribiría sobre "una guerra no deseada por el pueblo y mantenida por unas tropas insuficientemente adiestradas, mal equipadas y siempre traicionadas". Pese a todo, coincidía con su colega en calificar de "ominoso" el periodo del 25 de julio al 8 de septiembre de 1943, cuando la traición campó a sus anchas, por lo que justificaba la "pérdida de fe en los jefes, casi en Italia misma".[38]

En la misma línea mesurada de Masoliver, se puede considerar una pieza fechada entonces en Roma, sin firma (¿quizá se debía a Santiago Nadal, el monárquico y aliadófilo redactor jefe de Internacional?) y con el rótulo de "Especial para *la Vanguardia*". Con motivo de la onomástica del Papa, el texto afirmaba que "el panorama del Mundo es triste, y tal vez más que ninguno el que presenta la amena y en otros tiempos riente Italia". Las peticiones en favor de la paz del Pontífice representaban "el único bálsamo en medio de tan general desolación".[39]

A diferencia de Masoliver y este reservado firmante, Herraiz va a perseverar en una singular ceguera de amor hacia el fascismo. En el prólogo al desembarco en Sicilia, la isla de Pantelaria se le aparece así –y resulta significativo que parafrasee al propio Mussolini- como "portaviones de Italia y nido de avispas" que replica "bizarramente" a la flota y aviación enemigas e incluso se permite rechazar "con dureza

---

[36] Ismael Herraiz, *Italia fuera de combate*, p. 61. Para este periodo véase Alberto Pellegrini: "Ismael Herráiz: el desencanto de un corresponsal franquista", en Actas del VII Encuentro de Investigadores sobre el franquismo, Santiago de Compostela, 11-13 noviembre de 2009.

[37] Para este conflicto interno en el diario de los Godó véase Laia Arañó y Francesc Vilanova, *Un mundo en guerra: crónicas españolas de la Segunda Guerra Mundial*, Barcelona, Destino, 2008.

[38] Juan Ramón Masoliver, "Sorprendente encuentro con un fascista", *La Vanguardia Española*, 17-II-1946. Quizá la crónica más representativa del predecesor de Herraiz sea la de Juan Ramón Masoliver, "Noche y día de Roma", *Destino*, 21-8-1943, pp. 6-7. La redactó desde España acudiendo al recuerdo de los primeros días de la guerra en Roma.

[39] "En torno a Su Santidad Pío XII", *La Vanguardia Española*, 2-VI-1943.

y hombría (...) un tanteo más profundo". Más tarde, el corresponsal español cargará desaforadamente contra la cobardía de los defensores transalpinos de la anteriormente colonia penal, en ese momento avanzada defensiva y en nuestros días lugar de desembarco habitual de la inmigración norteafricana.

En todo caso, siguen latiendo en Herraiz razones del corazón que expresan su afinidad electiva. Se pregunta así si los anglosajones buscarán "a cuerpo limpio el camino del desembarco" o, por el contrario, se limitarán a "neutralizar, bajo un huracán de fuego, el sistema defensivo de la isla". No obstante, la alusión a las consignas desplegadas en la prensa de "odio al enemigo y retórico modo y estilo de la vieja guardia" por parte del secretario del Partido, Carlos Scorza, no ocultan su decepción ante la frívola indiferencia de la vida romana.[40] A Herraiz le pasma que "a los tres años de cruenta lucha" resulte "casi patético observar este esfuerzo doctrinal del Fascismo por justificar y hacer válidas ante la conciencia entera de la nación las razones que exigieron la guerra".[41] Por ello, no sorprende que el objetivo de sus críticas sean los intelectuales de Italia, de entre los que apenas salva al senador Gentile. A los académicos poco más les preocupaba que recibir su asignación mensual, pues "la pasión no es defecto que aqueje a la Italia actual".[42]

Pese a todo, continúa negándose a aceptar la realidad. La pérdida de Pantelaria supone solo una "fase calculada de la 'defensa estática'", que insostenible –conforme al parte oficial, siempre conforme al parte oficial– por la falta de agua, carece de "gran valor táctico" para conquistar la Península.[43] Herraiz tiene que defenderse de la prensa británica, que le acusa por entonces de parcialidad informativa:

---

[40] Ismael Herraiz, "Bajo sibilinos augures", *La Vanguardia Española*, 6-VI-1943; y "Guarniciones heroicas y eficaces", *La Vanguardia Española*, 9-VI-1943.

[41] Ismael Herraiz, "Ineludibles razones históricas", *La Vanguardia Española*, 11-VI-1943.

[42] Ismael Herraiz, "Los intelectuales ante la guerra", *La Vanguardia Española*, 25-VI-1943.

[43] Ismael Herraiz, "Pantelaria, fase calculada de la 'defensa estática'", La Vanguardia Española, 13-VI-1943. Más tarde, en *Italia fuera de combate*, negaría que la rendición, tras seis bajas escasas -civiles incluidos-, se hubiera debido a la falta de agua y añadía que su defensor, un anciano almirante, no había querido interrumpir su luna de miel con una jovencita. Ismael Herraiz, *Italia fuera de combate*, pp. 187-189. Mario Penna le replicaría que la isla no se rindió presa del pánico, sino de "la inaudita violencia del

> Nuestra disciplina de periodista neutral nos impide colocar nuestra misión como punto de referencia de cualquier beligerante y, muchísimo menos, contra aquél en cuyo territorio recibimos hospitalidad amistosa y cordial y cuya suerte, si el destino lo elige como campo de batalla, nos tocará compartir honrosamente. (...) Sigamos a las flotas, pero que se tenga en cuenta que el corresponsal de *Arriba* no se embarca.[44]

Desde ese momento, la "sólida unidad militar" del Eje se demostraría en una defensa "continental" y no insular. No es difícil interpretar que Herraiz minusvaloraba, por omisión, a los italianos al considerar que "el Reich espera –casi diríamos necesita– un encuentro a pie firme con el ejército anglosajón". Frente a la "impresionante catarata de material bélico norteamericano", el cronista confiaba aún en los "milagros" que podía hacer "el sargento alemán". Una curiosa oposición entre fe y materia, muy pertinente en quien luego sería un adversario visceral de la "tecnocracia".

El 10 de julio de 1943 los aliados desembarcan en el sudeste de Sicilia sin apenas bajas. Las crónicas de Herraiz relativas a la campaña militar en la isla arrancan con la orden cursada desde Roma de lucha enconada contra el invasor -"el espectáculo de Pantelaria no volverá a repetirse seguramente"-. A su juicio, el avance por Italia puede convertirse en un "callejón sin salida" por la orografía ("crestería alpina"), el precedente austriaco en la Gran Guerra, el pudor británico de convertir a los monumentos italianos en "parapeto" (ninguna de las tres ciudades más "notables" de Italia había sido aún bombardeada); y la escasa posibilidad de subversión interna entre los italianos. Herraiz consideraba que probablemente los aliados invadieran antes Francia que la Italia peninsular, pues sería "más justo" que la batalla "se desplegara sobre el país que la desveló, la patrocinó y luego se dejó vencer estrepitosamente". Incluso, en caso

bombardeo que había desmantelado todas las baterías"; y que el enclave disponía de agua, pero no apta para el consumo humano. Mario Penna, *Italia, otra vez*, p. 165.

[44] Ismael Herraiz, "Los medios de difusión británicos y un despacho del corresponsal de *ARRIBA* en Roma", *Arriba*, 30-VI-1943. El ataque de los medios británicos vino motivado por la publicación de la crónica de Ismael Herraiz, "Una formidable formación naval anglosajona en el Mediterráneo", *Arriba*, 29-VI-1943.

de que no fuera así, los asaltantes podrían sufrir un revés, debido a que la batalla se había planteado "en circunstancias singularmente claras, sobre todo por la eliminación del factor sorpresa".[45]

Si los corresponsales en Londres y Nueva York auguraban la victoria de los desembarcados,[46] Herraiz seguía transmitiendo –nunca mejor dicho– "cierto optimismo" en los responsables italianos, que ya pronunciaban la palabra "contraofensiva"; incluso abundaba en las posibilidades inexploradas de la Flota fascista.[47] Pese a la estrecha "camaradería italogermánica", la superioridad de medios humanos y materiales –"riada astronómica de la producción norteamericana"– había roto las defensas costeras. El cronista refería casi de pasada el lanzamiento sobre Roma de octavillas de propaganda en las que los estadounidenses animaban a la población italiana a levantarse contra el fascismo. La amarga constatación del "aire despreocupado y feliz" de Roma en verano, le empujaba a "la observación simple de lo acaecido en estos siete días de lucha" en Sicilia:

> éxito inicial del desembarco y, sobre todo, importancia decisiva de la ocupación de los puertos de Siracusa y Augusta; optimismo en las primeras cuarenta y ocho horas, con el consabido y completo giro en la situación en la tarde del lunes; llamada apremiante desde las columnas de un periódico romano a la ayuda y colaboración alemanas; entrada en liza de fuerzas de reserva italogermanas, entre ellas la formidable división 'Hermann Goring', que se lanza sobre la llanura de Catania para contener la marcha de Montgomery y, por último –y esta es, según la opinión italiana, la situación del

[45] Véanse Ismael Herraiz, "Visto desde Roma", *La Vanguardia Española*, 11-VII-1943; y "El desembarco en Sicilia no ha causado sorpresa en Italia", *Arriba*, 11-VII-1943. Pese a todo, el lento avance aliado por la península itálica lo confirmaría, unos meses después y desde Ginebra, un periodista más templado con afortunada metáfora: "La bota italiana se llena despacio". Ignacio Agustí, "Italia, tierra de volcanes", *La Vanguardia Española*, 3-XII-1943.

[46] A este respecto pueden verse las crónicas de Augusto Assía: "El inquietante recuerdo de Gallípolli", *La Vanguardia Española*, 13-VII-1943; y "Cautelas ante el porvenir inmediato", *La Vanguardia Española*, 14-VII-1943; o la de Francisco Lucientes, "Baños de cultura mediterránea", *La Vanguardia Española*, 14-VII-1943.

[47] Ismael Herraiz, "Contraofensiva inminente", *La Vanguardia Española*, 13-VII-1943; y "*La batalla de Sicilia se hace cada vez más dura*, escribe Virginio Gayda", *Arriba*, 15-VII-1943.

momento–, heroica barrera impuesta por los defensores al choque, cada vez más impresionante y poderoso, de las fuerzas asaltantes.[48]

EL DERRUMBE FASCISTA, EN CLAVE ESPAÑOLA

Dos acontecimientos se iban a revelar decisivos en el devenir de la Segunda Guerra Mundial en lo que se refería a la política italiana: los primeros ataques aéreos aliados sobre Roma y la conquista de Sicilia. El 21 de julio Herraiz informaba del primer bombardeo sobre Roma y de los relevantes daños artísticos causados en San Lorenzo Extramuros.[49] Al día siguiente, aun concediendo que "el aspecto de las calles de Roma oprimía el corazón", contraponía el dolor de los habitantes de los barrios populares romanos a la "emoción guerrera –todo lo cruel que se quiera-; pero bélicamente impecable" de los asaltos de los *stukas* en Dunkerque o a las fortificaciones de la Maginot. Más tarde aludiría, entonces ya sin tapujos, al estoico valor de berlineses y londinenses, frente a los vecinos de la capital del Tíber.

Resultaba muy significativo que un reportero visceralmente enemigo de la objetividad periodística ("noticia es lo que los periodistas creen que les interesa a los lectores, por tanto, noticia es lo que interesa a los periodistas", dejó escrito en otra parte) se esforzara por relatar con imparcialidad ("contamos lo que hemos visto, y nada más") sobre la destrucción causada y los muertos. La providencial llegada del Papa propiciaba un dibujo escasamente comprensivo por parte del cronista:

> En aquel momento descubrimos entre la polvareda al Pontífice, que se acerca a la iglesia de San Lorenzo. La gente, enloquecida, le mira sin comprender. Me arrodillo junto al boquete de una explosión, y entonces alguna monja llorosa y un oficial cubierto de

[48] Ismael Herraiz, "Firmeza de la alianza italogermana", *Arriba*, 17-VII-1943; "El refuerzo germánico en Sicilia", *La Vanguardia Española*, 18-VII-1943; "Hermandad de armas germanoitaliana", *La Vanguardia Española*, 18-VII-1943.

[49] Ismael Herraiz, "Diluvio de fuego sobre la Ciudad Eterna", *La Vanguardia Española*, 21-VII-1943.

> sudor y de polvo me imitan. El pueblo empieza de pronto a entender. El Pontífice camina sin sombrero, con un abrigo blanco, dejando la huella de su sandalia bordada sobre la tierra removida por el bombardeo, pisando cables rotos de tranvía, vidrios y hierros, dejando su paz sobre las piedras empapadas por la sangre. El grupo que rodea al Pontífice aumenta rápidamente. Se hace compacto, primero, y después es una muchedumbre inmensa, silenciosa, de dramatismo y mirada inolvidables. Van detrás en peregrinaje absurdo, indescriptible. Monjas con un saco a cuestas, enfermeros del hospital con colchones, gentes con maletas y mantas, mujeres con niños vendados... Soldados, curas, heridos y hasta una mujer que dos hombres acaban de extraer bajo un montón de ruinas y que conducen apoyada sobre el cuadro de una bicicleta, se hace llevar en pos de la peregrinación.[50]

A su juicio, para el Vaticano esos bombardeos habían sido un "jarro de agua fría sobre todas las antiguas confianzas". Frente a ese clima derrotista, poco importaba ya la resistencia de la "legendaria" división Goring o las presuntas acciones de la guerrilla siciliana. Se acababa de perder Palermo y la retirada sobre Catania no garantizaba el cierre del estrecho de Messina.[51] Como confesaría mucho más tarde, ese decisivo bombardeo sobre Roma le había abierto definitivamente los ojos acerca de la derrota de Italia: "Ahora no dudé. Conocía el espectáculo de la juventud emboscada, el diluvio de insultos contra el aliado que no trajo la victoria inmediata, y el estado comatoso de la moral". Políticos y militares quisieron salir de la guerra de inmediato "y a Dino Grandi le bastó solicitar la reunión del Gran Consejo Fascista" para consumarlo.[52]

En este sentido. el 24 de julio de 1943 el mariscal Kesselring informaba a Berlín de que se había perdido todo el oeste de Sicilia y los Aliados se disponían a lanzarse sobre Mesina. Ese mismo día

---

[50] Ismael Herraiz, "La augusta figura del Pontífice entre ruinas, sangre y lágrimas", *La Vanguardia Española*, 22-VII-1943.

[51] Ismael Herraiz, "Mensajes de todo el Mundo expresan al Vaticano el dolor por el bombardeo de la Ciudad eterna", *La Vanguardia Española*, 24-VII-1943.

[52] Ismael Herraiz, *Italia fuera de combate*, pp. 215-217.

se reunió el Gran Consejo Fascista. El encuentro concluyó la madrugada del día siguiente con la destitución del duce,[53] al que el rey sustituiría de inmediato por el mariscal Badoglio. Este se apresuró a tranquilizar a los alemanes: el Pacto de Acero seguía en pie o, lo que era lo mismo, Italia continuaba la lucha.

Prueba la preocupación que el desmoronamiento fascista causó en las autoridades franquistas que la cobertura de la crisis la monopolizaran la agencia EFE y los corresponsales no radicados en Italia. La demora en la publicación de las crónicas denota las retenciones y embargos de la censura. Es así que una semana después de la decisiva reunión del Gran Consejo, *Arriba* llevaba a su primera el "Relato escueto y telegráfico de las últimas veinticuatro horas de régimen fascista". En él Herraiz aseguraba que Mussolini "ignoraba por completo" ("nobilísima ceguera de amor") el ataque que iba a sufrir en la reunión del Directorio. Sugiriendo que la decisión podía relacionarse con la salida de la guerra, el reportero español concluía:

> Ha terminado la Historia de veinte años, y ante el porvenir de Italia se abre una incógnita de cuya solución es responsable todo el pueblo, absorto trágicamente en esta desembocadura extraña. En su propio y altísimo organismo deliberante, el Fascismo ha decidido su suerte. Han reaparecido los viejos ropajes constitucionalistas y de esta inesperada y fantasmal resurrección se han extraído las máximas consecuencias políticas. Si hace nada más una semana nos hubieran dicho que el 'Estatuto albertino' había sido puesto sobre la mesa del organismo supremo de un movimiento llamado revolucionario con veinte años de constancia y de fuerza sobre la

[53] Aunque muy caracterizada en términos ideológicos, una versión de la conspiración es la de Salvatore Francia, "Italia: preparación del golpe de Estado del 25 de julio de 1943", *Arbil*, n.º 114: https://www.arbil.org/114ital.htm [consultado el 27 de enero de 2023]. La visión del principal conspirador en Dino Grandi, "Tutta la verità sul 25 luglio. Memorandum dei rapporti tra Dino Grandi e la Corona prima del 25 luglio 1943", *Nuova storia contemporanea*, Anno 17, n.º 3, 2013, pp. 37-88. También resulta interesante a este respecto el testimonio de Indro Montanelli, *Personajes*, Barcelona, Plaza&Janés, 1966, pp. 367-371.

> vida del pueblo, ¿quién habría tenido una capacidad de inocencia suficiente para creerlo?[54]

En su *Italia fuera de combate* daría más tarde detalladísima cuenta de la "violentísima escena" de aquella reunión: diez horas de deliberaciones zanjadas con la destitución del duce. Si había un gran traidor para Herraiz, ese era Dino Grandi, quien había procurado que su versión de los hechos se conociera de inmediato en España. Al parecer, el presidente de la Cámara de los Fascios y de las Corporaciones tenía mucho interés en que la deposición de Mussolini no se interpretara como una "berenguerada" (*sic*), esto es, como un retorno al liberalismo semejante al que Alfonso XIII había intentado en 1930 con un general de confianza tras la caída de Primo de Rivera. En realidad, se trataba de un procedimiento "perfectamente legal" del fascismo, por lo que no cabía hablar de traición. Un crítico del *Italia fuera de combate* como Penna aseguró, en este sentido, que el Gran Consejo había heredado de las cámaras la facultad de proponer un nuevo jefe de Gobierno al rey, por lo que se podía inferir que, por lo tanto, también había heredado la de advertirle de que un determinado jefe no gozaba de la confianza del país. En definitiva, había un curso "perfectamente legal" de todas las decisiones adoptadas conforme a la "constitucionalidad" del fascismo.[55] A Herraiz, sin embargo, Grandi no le engañaba: la Corona trataba de desembarazarse del fascio para rendirse ante los Aliados y sobrevivir a la guerra.

Se diría que, por lo pronto, la censura –española e italiana– impidió registrar el progresivo deslizamiento de Herraiz desde el pasmo y arrebatamiento íntimo hasta la abierta indignación. Hubo, como se ha sugerido, que esperar al día 7 de agosto para que se reanudara la publicación de sus crónicas. Como reconocería más tarde, su "primer contacto con la libertad" resultó "desastroso". El nuevo Ministerio de Cultura Popular estimó sus críticas al Estatuto Albertino "como un

[54] Ismael Herraiz, "Relato escueto y telegráfico de las últimas veinticuatro horas de régimen fascista", *Arriba*, 31-VII-1943. Más adelante, abordaría la narración minuciosa y detallada, extensa, de cómo, agolpado ante el balcón ahora desierto del Palacio Venecia, la multitud coreaba un grito transido de cobardía y vileza: "*Buf-fo-ne, buf-fo-ne...*". Ismael Herraiz, *Italia fuera de combate*, p. 246.

[55] Mario Penna, *Italia, otra vez*

desacato a la augusta persona del monarca". Su petición de expulsión de territorio italiano daría finalmente paso a la suspensión por unos días de su servicio telegráfico para *La Vanguardia*.[56]

Al retomar este servicio recalcaría que las decenas de muertos en Nápoles por los bombardeos demostraban que "nadie se apea tan fácilmente como se sueña del apocalíptico caballo de la guerra". Badoglio se le aparecía curiosamente aún como el "sincero" y "heroico" mariscal que mantenía a Italia en el Eje ignorando los cantos de sirena de quienes habían adivinado en el retorno constitucional posibilidades abandonistas. ¿Se trataba de un forzado guiño para evitar nuevas retenciones censoras? Las manifestaciones liberales de júbilo no conducirían, en todo caso, a negociaciones con los Aliados ni a que estos suavizaran sus ataques aéreos. Muy por el contrario, podían prologar la desembocadura en el comunismo como habría sugerido Benedetto Croce. Y es que el filósofo liberal habría comprendido que la experiencia española podía repetirse en Italia pues "también ante el gozoso azul de Sorrento puede alzarse un día la espantosa anécdota de las checas y los 'paseos'".[57]

La denuncia de la reconversión en museo del palacio Venecia, de evidente significación mussoliniana, tenía para Herraiz mucho de metáfora, de negación del futurismo a lomos del que se había erigido en gran parte el mito vital fascista. Si Marinetti había polemizado con incendiar el Louvre, la conversión en pieza histórica del escenario de los principales anuncios del duce representaba algo así como una regresión histórica.[58] Sin embargo, el 21 de agosto Herraiz todavía reservaba amables palabras para Badoglio, de quien alababa el que no hubiera eludido ante el pueblo "la confesión de la derrota"

[56] Ismael Herraiz, *Italia fuera de combate*, p. 247.

[57] Ismael Herraiz, "La prensa enjuicia el bombardeo de Nápoles", *La Vanguardia Española*, 8-VIII-1943; "La guerra continúa", *La Vanguardia Española*, 7-VIII-1943; "Digresiones de Benedetto Croce", *La Vanguardia Española*, 13-VIII-1943; "El enemigo no ha cambiado su actitud sobre Italia y con el bombardeo de Roma terminan todas las ilusiones", *Arriba*, 15-VIII-1943.

[58] Ismael Herraiz, "El Palacio de Venecia será un verdadero Museo", *La Vanguardia Española*, 15-VIII-1943. El contrapunto a esta crónica puede ser la firma por Juan Ramón Masoliver, "La muerte del futurismo", *La Vanguardia Española*, 5-XII-1944, quien, desde su mayor sensibilidad artística, glosaba la muerte de Marinetti para concluir que era el fascismo el que, en su final trágico, se había llevado por delante al movimiento futurista.

en Sicilia. La guerra había representado para Italia "una empresa superior a las propias fuerzas", pero no debían hacerse reproches. Ante el "aplastamiento numérico" y los medios materiales aliados, el ejército italiano había demostrado siempre "hacer honor a sus más auténticas y reconocidas tradiciones".[59] Tardaría bien poco Herraiz en cambiar de opinión.

Poco tardó en dar paso a amargas constataciones: "Cometa errante en el firmamento bélico, barco a la deriva en el mar de la política, la nación italiana ha seguido con la serenidad más absoluta –imperturbable en su viaje fatal, sin meta y sin rumbo– las deliberaciones de Quebec". Mostraba así Herraiz su estupefacción por la forma objetiva y aséptica, como si con ella no fuera, en que la prensa transalpina comentaba una asamblea en la que se jugaba el destino de Italia. A su entender, el país había aceptado, "de antemano, con fatalismo que la Historia se encargará de juzgar, la suerte final que le aguarda el último día de las hostilidades". Y concluía: "Con una victoria militar de la alianza de la cual forma parte Italia, ¿podría continuar un lenguaje político muy cercano al vencido?". Sorprendentemente, Italia enarbolaba "palabras y conceptos de libertad y democracia" mucho más afines a sus enemigos que a sus camaradas en los campos de batalla.[60]

En este sentido, el mentís a una huelga general por parte de varios grupos "antifascistas", los comunistas incluidos, casaba bien poco con la suspensión de los partidos políticos por causa de la guerra. En medio de los bombardeos y ante el –totalitario– aliado alemán se desenvolvía casi a plena luz del día un conglomerado de fuerzas que incluía "desde respetables y decimonónicos representantes del liberalismo, hasta furibundos partidarios de la Tercera Internacional".[61]

Para el corresponsal en Roma la actitud tranquila de los paseantes en medio de la alarma parecía obedecer a que los Aliados hubieran aceptado la declaración de "ciudad abierta". Esa manifestación

[59] Ismael Herraiz, "Viejas virtudes inmarcesibles", *La Vanguardia Española*, 21-VIII-1943.
[60] Ismael Herraiz, "La actitud italiana ante la conferencia de Quebec", *La Vanguardia Española*, 27-VIII-1943.
[61] Ismael Herraiz, "Anuncio fanfarrón...", *La Vanguardia Española*, 2-IX-1943; "Y un desenlace bufo", *La Vanguardia Española*, 2-IX-1943

unilateral había producido "alaridos de júbilo" entre los romanos, que se creyeron libres de "las torturas que sufren las gentes napolitanas o calabresas". La indignación del reportero se hacía cada vez más expresa: "En tanto los calabreses, a unos centenares de kilómetros más al Sur, aguantan el aluvión gigantesco del asalto, el mundillo de la Vía Veneto, con sus bares de una cursilería irreparable y su intrascendente fauna desarraigada de todas las angustias, rueda".[62]

EL "DIAGNÓSTICO DE LA TRAICIÓN"

El mismo día en que se publicaban esas últimas crónicas de Herraiz, día 8 de septiembre de 1943, los acontecimientos se precipitaron en arrebol tragicómico. A las 10 de la mañana el rey, en audiencia de presentación de credenciales, recibía en el Quirinal al encargado alemán von Rahn, a quien le participaba que Italia combatiría hasta el final al lado de Alemania. Una hora después, el jefe de Gobierno, mariscal Badoglio, recibía a su vez al funcionario alemán y le confiaba: "*Soy uno de los tres mariscales más viejos de Europa: Mackensen, Pétain, Badoglio. ¿Podéis pensar que, estando yo, se pueda faltar a una palabra dada?*". Dicho y hecho: a las 18:30 horas Eisenhower anunciaba por Radio Argel la rendición incondicional de Italia, finalmente confirmada por Badoglio desde Radio Roma. La ciudad estalló de júbilo y, sin haber mandado previamente ninguna orden clara a su flota ni a su ejército, el Gobierno y la familia real huyeron de la capital amparados en la oscuridad de la noche.[63] Como meros delincuentes. De inmediato, el mando militar alemán en Roma activó el Plan Alarico. Se requería sustituir a 65 divisiones en la península Itálica y

---

[62] Ismael Herraiz, "Los anglosajones siguen sin contestar la propuesta del Gobierno", *La Vanguardia Española*, 8-IX-1943; y "Los aliados no adoptan posición ante la declaración de Roma como ciudad abierta", *Arriba*, 8-IX-1943. Esa visión indiferente de la retaguardia romana ante la guerra no era exclusiva de Herraiz. En una crónica sin firma del mayo anterior se aludía al sobrevuelo de Roma por cazas aliados y el bombardeo de su campiña: "La guerra se ha acercado al corazón de Italia, pero el corazón de la nación italiana tiene en estos momentos de mayor peligro un ritmo inalterado". Interino, "Alarma, bajo la aviación enemiga", *La Vanguardia Española*, 18-V-1943.

[63] Rick Atkinson, *El día de la batalla*, Barcelona, Crítica, 2008, pp. 306-309.

los Balcanes. Badoglio y el rey habían cambiado de bando sin avisar a nadie. Sin cursar órdenes.

De aquel tragicómico arrebol de acontecimientos dos circunstancias continúan resultando asombrosas. La primera: el miserable abandono con el que fue dejado a su suerte el combatiente italiano de a pie, con escasas excepciones como la del general Ferrante Gonzaga, descendiente del condotiero de Carlos V, quien echó mano de su Beretta para caer abatido por una ráfaga de ametralladora alemana.[64] La segunda: "la paciencia franciscana, la mórbida candidez, la clamorosa falta de reflejos y el consentir todo sin oponer nada" de los tedescos entre el 25 de agosto y el 8 de septiembre de 1943.[65]

La delicada situación decidió a la censura de Madrid a establecer un nuevo apagón informativo en la corresponsalía romana. Herraiz no retomaría sus publicaciones periodísticas hasta el 6 de octubre. Para entonces anunciaba ya que sus días como cronista en Roma habían concluido:

El resto lo escribiremos ya sobre tierras de España. Italia ha vuelto a plegar sus destinos sobre la fría definición de Metternich, que no la concebía más que como una 'expresión geográfica'. Sobre sus tierras, con valor y audacia semejantes, poniendo un ímpetu clamoroso en la conquista de una victoria que resume un siglo de ideas y contrastes, anglosajones y alemanes riñen una gigantesca batalla. Mientras tanto, la joven unidad del pueblo italiano, espectador inerme, cruje bajo el peso de la guerra.[66]

Las piezas del reportero falangista ya no resultaban incómodas en Italia, donde los alemanes controlaban la situación. Empezaban

---

[64] Rick Atkinson, *El día de la batalla*, p. 319.

[65] La cita, en realidad, corresponde a la actitud inocente de los consejeros del Reino a los que embaucó Torcuato Fernández Miranda con el nombramiento de Adolfo Suárez, pero se puede aplicar perfectamente al caso que nos ocupa. Véase José Miguel Ortí Bordás, *La Transición desde dentro*, Barcelona, Planeta, 2008, p. 244.

[66] Ismael Herraiz, "Italia, expresión geográfica solamente", *La Vanguardia Española*, 6-X-1943. La censura de las nuevas autoridades –alemanas– en Roma determinó, con respecto a España, que tendrían prioridad para enviar sus crónicas los representantes de la prensa del Movimiento y de la agencia estatal EFE. Antonio César Moreno Cantano, "Proyección propagandística de la España franquista en Italia (1936-1945)", en Actas del VII Encuentro de Investigadores sobre el franquismo, Santiago de Compostela, 11 al 13 noviembre de 2009.

a importunar en España, donde el giro bélico en favor de los Aliados aconsejaba regresar a una estricta neutralidad.

El sesgo de estas piezas contrastaba con el impreso por el redactor-jefe de Internacional de *La Vanguardia*. El monárquico juanista Santiago Nadal impuso un tono "lo menos germanófilo posible" a la información sobre la Segunda Guerra Mundial, para lo que contó con las plumas de Augusto Assía, desde Londres, o Carlos Sentís, destacado junto a De Gaulle en Brazzaville o Argel.[67] Algo parecido ocurría con *ABC*, rotativo monárquico (de empresa, en definitiva) y el semanario *Destino*. Como nota discordante, el director (impuesto gubernamentalmente) de *La Vanguardia* descartaba aun antes de que se hubiera producido la capitulación todo paralelismo con Italia "porque en España no pasará nada aciago interiormente en función del exterior, mientras el Caudillo esté en el puesto mando y apretados en torno a él los españoles".[68] *Excusatio non petita*, sin duda. Por el contrario, *Destino* sugería el 11 de septiembre "un momento trascendental" de la guerra de similar magnitud (bien que en sentido contrario) al de la primavera-verano de 1940.[69]

Un mes después del armisticio, Herraiz abordaba la posible intervención vaticana. Aunque excluía al papa de las intrigas, denunciaba actuaciones "peligrosas" y "moralmente discutibles" que contrastaban con la corrección diplomática de los mandos alemanes, quienes tras el derrumbe fascista se habían limitado a comunicar a la Secretaría de Estado la colocación de dos centinelas en el límite marcado por los acuerdos de Letrán.[70]

Ninguna comprensión mostraba, sin embargo, con la felonía de las autoridades monárquicas pues "la documentación casi farragosa de fechas, acontecimientos, telegramas y cifras" revelaba cómo los dirigentes italianos habían traicionado el acuerdo con Alemania comprometiendo "los conceptos del honor y la dignidad nacionales".

---

[67] Véase Anna Nogué y Carlos Barrera, *La Vanguardia. Del franquismo a la democracia*, Madrid, Fragua, 2006.

[68] Luis de Galinsoga, "Aviso a los agoreros y a los ilusos", *La Vanguardia Española*, 1-VIII-1943.

[69] "La capitulación de Italia", *Destino*, 11-IX-1943, p. 2.

[70] Ismael Herraiz, "La noble neutralidad del Vaticano", *La Vanguardia Española*, 9-X-1943.

El centro de todos los denuestos era Víctor Manuel III, quien había comprendido a raíz de los bombardeos sobre Roma que la exigencia de responsabilidades "amenazaba arrastrar a la Monarquía". A juicio de Herraiz, "cuando el odio al Fascismo por cansancio de la guerra despertó el alma del pueblo", el monarca optó por Badoglio "decidido a cualquier cosa antes que a abdicar". En ese sentido, al desplegarse la amplia consigna antimonárquica –que auspiciaba desde la democracia cristiana hasta los comunistas– ordenó al mariscal que "precipitara silenciosamente todas las fases para entregarse". La conclusión era diáfana, sonrojante: el rey "creyó que la única esperanza consistía en ofrecer la Corona a la conmiseración de los posibles vencedores. Subió a un avión y, caso único en la Historia, consignóse al enemigo". En estas circunstancias, el cronista español no lo dudaba: la única alternativa para Italia consistía en el "fascismo renacido", bajo la histórica fórmula republicana, esto es, el protectorado nazi de Saló.[71]

Sus últimas crónicas sobre suelo italiano abundaban en el "patio de monipodio" en que se había convertido lo que fue un "gran Estado". Frente al heroísmo de los alemanes, centrados en las urgencias bélicas, el "careo entre italianos" producía un "sofoco de asombro" y revestía al país entero "con la túnica del escarnio". Italia, que a fin de cuentas podía haber permanecido neutral, entró en la guerra "por decisión del Rey, con Badoglio como Jefe de Estado Mayor y con Dino Grandi como ministro". Los tres personificaban la cara más abyecta de ese juego "descarnado y cruel" de "adquirir seguridades victoriosas sin grandes sacrificios". Y "el error alemán", según el español, había estado en no valorar la proclama del mariscal: "La guerra continúa, de acuerdo con la palabra dada y fiel a nuestras tradiciones". Los Saboya, a diferencia del honorable monarca de los belgas, habían hecho siempre "cualquier cosa menos ponerse, en la suerte y en la desgracia, al frente del Ejército en la hora terrible de su pueblo".[72] Sin duda, esas amargas crónicas vapuleaban la imagen

---

[71] Ismael Herraiz, "Caso único en la Historia", *La Vanguardia Española*, 12-X-1943

[72] Véanse Ismael Herraiz, "Pre-traición, traición y post-traición", *La Vanguardia Española*, 13-X-1943; "A la luz de los precedentes", *La Vanguardia Española*, 16-X-1943; "La lealtad de Roma consigo misma", *Arriba*, 17-X-1943; y "Pieza política y no militar", *La Vanguardia Española*, 19-X-1943.

de toda Italia pues, como aseguraría Malaparte, "la libertad obtenida con la traición es cosa frágil y sucia".[73]

Herraiz regresó a España en el otoño de 1943. Al cerrarse el año adelantaba el tono y contenido del libro que preparaba sobre un mundo desagradable de traiciones haciendo "desfilar en la memoria la cohorte infinita de traidores, de Iscariotes sin nombre y sin ejemplo". Abandonados a su suerte por políticos y jefes militares, patrullas enteras de italianos llegaban a rendirse ante contingentes alemanes de un solo hombre. "Quienes no han sido testigos de los acontecimientos encontrarán mi relato duro; los que lo presenciaron lo juzgarán excesivamente blando", [74] confiaba con la misma perplejidad que trasladaría luego al prólogo de su *Italia fuera de combate*. Si bien su relato chirriaba y parecía "áspero", le había resultado imposible aplicarle "más sordina y piedad".[75] Y es que, como concluiría González-Ruano, a Herraiz no le movía el "despecho", sino el "dolor".[76]

En definitiva, sus crónicas italianas son significativas de una sincera –y honesta– postura falangista pro-Eje progresivamente desplazada tanto en la prensa como en la política exterior española. El éxito de *Italia fuera de combate* no se cifraría tan solo en su pulso narrativo y testimonio de primera mano, que los tenía, sino en los más que explícitos paralelismos que abiertamente ofrecía con la situación española. El derrumbe fascista se atribuía a la acción oscura de unas fuerzas financieras, intelectuales, políticas, castrenses y aristocráticas que, también existentes en España, habían minado el régimen desde dentro y permitido la rebelión de unas masas de horrendas reminiscencias frentepopulistas. La política exterior española, dirigida por el conde de Jordana, a quien *Newsweek* había bautizado como un

[73] Curzio Malaparte, *Picotazos*, Barcelona, Luis de Caralt, 1964, p. 68.
[74] Ismael Herraiz, "Italia o la nación partida", *El Español*, 1-I-1944.
[75] Ismael Herraiz, *Italia fuera de combate*, p. 12.
[76] César González-Ruano, "*Non dispetto, ma doglia*", *La Vanguardia Española*, 27-VI-1944, p. 11.

posible "Badoglio español", entraba en una fase de estricta neutralidad a la que perjudicaban exabruptos falangistas como los de Herraiz.

Ninguna lectura mejor de la situación para concluir que la de Rafael Sánchez Mazas. A ello se ha aludido al principio. En el epílogo de *Italia fuera de combate* rescataba un pasaje concreto de *Los novios*, no por casualidad la novela de un antiespañol tan destacado como Alejandro Manzoni. Se trataba del capítulo CXIII, desarrollado durante la "peste negra" de Milán en 1628. En ese momento algaradas de las turbas (por crisis de aprovisionamientos) desfilaban ante la figura pétrea de quien –precisamente para un embajador italiano– había sido "señor del mundo" y, ya desaparecido, continuaba siendo símbolo de la dominación española:

> (...) eran muy pocos los que [al pasar por delante] no echaban una ojeada a la gran estatua que allí campeaba, a aquel rostro serio, adusto, ceñudo, y no digo bastante, de don Felipe II que, incluso desde el mármol, imponía no sé qué respeto, y con aquel brazo extendido, parecía a punto de decir: ahora voy, canalla.[77]

Sánchez Mazar estimaba que lo relatado en aquella novela constituía un "precursor estudio sobre la psicología de la plebe italiana y universal". En una interpretación muy conservadora de *La rebelión de las masas*, aquello remitía a una denuncia del cáncer interior que derriba a los Estados desde dentro por una combinación de "tolerancia culpable, intriga permanente, abusivo privilegio, delación odiosa y arbitrariedad consentida". Con dicha receta había engordado el fascismo a los suyos, como buitres llamados más tarde a sacarle los ojos. De ahí la persistente memoria de un jurista de Falange que en 1956 advertía sobre la posibilidad de reverdecer la nefasta experiencia italiana en España.

---

[77] El pasaje citado en Alessandro Manzoni, *Los novios*, Madrid, Cátedra, 2005, p. 301. En curiosa pirueta afín a una malhadada memoria histórica la figura sería descabezada un siglo después, rebautizada como de Marco Bruto (significativamente un parricida) y definitivamente derribada.

EL GOLPE DE PRIMO DE RIVERA EN LA CRISIS DEL CONSTITUCIONALISMO EUROPEO

Roberto Villa García
Universidad Rey Juan Carlos

El 14 de septiembre, a las nueve y cuarto de la mañana, Alfonso XIII llegó a Madrid en el tren sur-expreso de Irún. El rey lucía el uniforme de diario de capitán general, y le acompañaban los infantes Alfonso y Fernando; el jefe de su cuarto militar, general Joaquín Miláns del Bosch; el jefe superior de Palacio, marqués de la Torrecilla; su ayudante, marqués de Zarco; y su secretario particular, duque de Miranda. En el andén le esperaban, como estaba previsto, el Gobierno en pleno y los altos mandos de las fuerzas armadas y de orden público. El presidente del Consejo de Ministros, Manuel García Prieto, observó cómo Alfonso XIII pasó por delante del capitán general y del director general de la Guardia Civil sin saludarles, y se dirigió a los ministros, cuyo jefe debía ser "el primero que recibiera al Rey". Pese al gesto, el capitán general de la Primera Región Militar, Diego Muñoz-Cobo, apeló al monarca para que le recibiera "lo más pronto posible", a lo que este contestó sin inmutarse, citándole a las once. Pero antes se dirigió a García Prieto para que acudiera de inmediato a Palacio.

El presidente llegó cinco minutos después de que entrara en él el monarca. Durante la entrevista, que se desarrolló en el tono cordial que había sido la constante en las relaciones entre ambos, García Prieto pidió destituir a los capitanes generales de la Cuarta (Barcelona) y Quinta (Zaragoza) regiones militares, Miguel Primo de Rivera y Carlos Palanca respectivamente, que se hallaban en ese momento sublevados; y también a Muñoz-Cobo y a los generales que comandaban las brigadas de Infantería y la división de Caballería de Madrid, a los que consideraba implicados en el movimiento militar. También propuso reunir las Cortes para el martes 18 de septiembre, con el fin de examinar "los cargos" que los sublevados formulaban contra el Gobierno y depurar, de ese modo, "las responsabilidades de los hombres que hemos gobernado y de los que no han dejado gobernar" y establecer "claramente el resultado de la actuación de cada cual". A todo ello objetó Alfonso XIII que el presidente no necesitaba de su refrendo para actuar, y le planteó si, cursada la destitución de los altos cargos militares, García Prieto podía garantizarle "que restablecerás el orden y la disciplina sosteniendo la autoridad de la Monarquía y el Gobierno", "que cesará el movimiento iniciado" y "que las demás guarniciones no imitarán la conducta de las de Barcelona y Zaragoza". El presidente le contestó "que no podía garantizar nada, pero que, no obstante, había que someter a Primo de Rivera a un Consejo de Guerra".

Ante la "Numancia política" que se le proponía, la versión oficial fue que el rey, por carecer de "elementos de juicio" suficientes para sostener medidas de tanta "gravedad" y "trascendencia", necesitaba "meditarlas". En realidad, Alfonso XIII aseguró a García Prieto "por dos veces en el curso de la conversación" que él "no había tenido el menor conocimiento del movimiento realizado por los Generales sublevados", pero que, aun así, era "una responsabilidad superior a sus fuerzas la de dividir el Ejército y ensangrentar España". Antes de actuar, le pidió un plazo para "informarse y decidir". Interpretando García Prieto que la decisión "debía ser instantánea" o, en caso contrario, era señal de que le faltaba la confianza regia, se apresuró a devolver "respetuosamente" los poderes y le presentó la dimisión de todo el Gobierno[1].

¿QUÉ DICTADURA?

En realidad, aquella renuncia fue puramente formularia pues, como recordó un cronista bien informado de aquellos sucesos, el periodista Francisco Hernández Mir, se marchaban unos ministros que, en

[1] Aquella histórica entrevista fue revelada por García Prieto a la Comisión de Responsabilidades de las Cortes Constituyentes de la Segunda República. Vid. Archivo del Congreso de los Diputados (en adelante ACD), Leg. 615.

aquellas horas, "ya no eran siquiera dimisionarios" pues antes de la llegada del rey el triunfo de los sublevados parecía incontestable. No obstante, Alfonso XIII no aceptó las dimisiones de inmediato pues, de acuerdo con su presidente, estas solo debían facilitar el libre desenvolvimiento de la regia prerrogativa para que pudiera contemplar todas las soluciones posibles, una vez que el monarca iniciara la ronda de consultas habitual con los dirigentes de los partidos políticos, y pudiera también sopesar hasta dónde llegaban las exigencias de los militares alzados. En todo caso, como refirió a García Prieto, la idea del rey pasaba por encargar la presidencia del Consejo de ministros a Primo de Rivera, "a fin de que formara un Gobierno con políticos de la confianza del General, con técnicos, con militares y marinos" que disolviera las Cortes "en el plazo legal" y convocara otras "dentro de la ley". En resumidas cuentas, Alfonso XIII pretendía canalizar aquella situación explosiva a través de un Ejecutivo regular, una solución a la que García Prieto no puso objeciones "por ser perfectamente constitucional"[2].

Precisamente por esto último, el propósito del rey parecía contraponerse a los planes de Primo de Rivera de formar un directorio que gobernara sin el Parlamento. Lo que ni Alfonso XIII ni García Prieto parecían conocer aún es el telegrama que esa misma mañana Primo de Rivera había enviado a Muñoz-Cobo, "en el que se conminaba con palabras violentas para imponer la voluntad de la sublevación", y que, por conducto del ministro de la Gobernación, duque de Almodóvar del Valle, llegó también a conocimiento de los ministros que aguardaban a García Prieto en la sede de la antigua Real Casa de Correos. En realidad, el telegrama se dirigía a Alfonso XIII, del que Primo de Rivera ignoraba aún "la actitud que con relación a [el movimiento] tenía"[3]:

[2] ACD, Leg. 615. *Heraldo de Madrid*, *La Correspondencia de España* y *La Época*, 14-IX-1923. *ABC*, 15 y 25-IX-1923. Francisco Hernández Mir, *La Dictadura ante la Historia*, Madrid, CIAP, pp. 102-103. Julián Cortés Cavanillas, *Confesiones y muerte de Alfonso XIII*, Madrid, Colección ABC, 1951, p. 67.

[3] Miguel Primo de Rivera, *La obra de la Dictadura. Sus cuatro últimos artículos*, Madrid, Sáez Hermanos, 1930, p. 16.

> Ruego a V.E. haga presente respetuosamente S. M. el Rey urgencia dar resolución cuestión planteada respecto a la cual recibo continuas y valiosas adhesiones. Tenemos la razón y por eso tenemos la fuerza, que hemos empleado con moderación hasta ahora. Si por una habilidad se nos quiere conducir a transigencias que nos deshonrarían ante nuestras propias conciencias, extremaríamos petición sanciones y las impondríamos. Ni yo ni mis guarniciones, ni las de Aragón, que acabo recibir comunicación en ese sentido, transigimos con nada que no sea lo pedido. Si los políticos, en defensa clase, forman frente único, nosotros lo formaríamos con el pueblo sano que almacena tantas energías contra ellos, y a esta resolución, hoy moderada, le daríamos carácter sangriento[4].

El mensaje no quedó en una comunicación privada, pues el capitán general de Barcelona había anunciado su contenido a los periodistas: el rey debía resolver la situación "en el sentido íntegro del manifiesto de los sublevados" y no "admitía componendas", para lo que estaba dispuesto a llegar hasta el fin "cueste lo que cueste". Lo que revelaba hasta qué punto aquel movimiento autodenominado monárquico aspiraba en realidad a coartar la decisión de la Corona con la presión de los hechos consumados. Como le reveló Leopoldo Saro, uno de los generales que dirigió el movimiento en Madrid, a Miguel Maura cinco días más tarde, habrían estado incluso dispuestos a derribar al monarca si se hubiera erigido en obstáculo a sus propósitos, un designio que Primo de Rivera ya había anticipado al entonces ministro de Fomento, Manuel Portela. Lo que el capitán general de Barcelona planteaba con claridad es que no toleraría en la decisión regia nuevas mixtificaciones que, como ya había ocurrido con las crisis de gobierno provocadas por las Juntas militares de Defensa entre 1917 y 1918, escamotearan el triunfo a los sublevados[5].

Precisamente por ello, cuando Alfonso XIII recibió al capitán general de Madrid y le refirió que García Prieto le había presentado

---

[4] *Diario de Sesiones del Congreso de los Diputados* (en adelante *DSC*), 19-XI-1931, pp. 2507-2508.

[5] *El Liberal*, *El Sol* y *La Época*, 15-IX-1923. Javier Tusell y Juan Avilés, *La derecha española contemporánea. Sus orígenes: el maurismo*, Madrid, Espasa, 1986, p. 169. Manuel

la dimisión del Gobierno, Muñoz-Cobo le contestó pidiéndole que la aceptara de inmediato y que no abriera consultas con los demás representantes de los partidos, como el monarca pretendía. Debía, por el contrario, aceptar el movimiento militar. "¿Por qué tanta prisa?", repuso Alfonso XIII: "Porque en estas circunstancias los minutos son días", le contestó el capitán general, que le anunció que la guarnición de Madrid estaba con Primo de Rivera y que solo había conseguido de ella diferir la declaración del estado de guerra hasta la llegada del monarca, pero en el entendimiento de que este reconocería la victoria de los sublevados y consagraría como poder derecho al "directorio inspector militar", que actuaba ya en la capital de España como poder de hecho y del que formaban parte, junto a Muñoz-Cobo, los generales del llamado "Cuadrilátero": los jefes de las brigadas de Infantería Leopoldo Saro, Antonio Dabán y Federico Berenguer, y el de la división de Caballería José Cavalcanti. El capitán general rogó al monarca que telefoneara de inmediato al presidente del Gobierno para que tanto él como los ministros cedieran sus puestos a los oficiales de mayor rango de sus respectivos departamentos, y se ofreció a acudir al domicilio de García Prieto para explicarle una decisión tan expeditiva. Tras esto, Muñoz-Cobo pidió al rey que llamara a Primo de Rivera a Madrid, lo que Alfonso XIII hizo delante del capitán general. Pero cuando, por último, el capitán general le solicitó permiso para declarar el estado de guerra en Madrid y en toda España, con el fin de hacer ostensible la adhesión de las guarniciones a Primo de Rivera, el monarca se resistió.

Muñoz-Cobo salió de Palacio y volvió de inmediato acompañado de los cuatro generales "directores". Alfonso XIII les anunció que había llamado a Primo de Rivera, pero que también iniciaría consultas para la formación de un Gobierno constitucional, y por ello les pidió desistieran de la declaración del estado de guerra por no parecerle necesaria. Entonces el rey entabló una discusión con Cavalcanti "que como más caracterizado entre ellos llevaba la voz".

Portela, *Memorias*, Madrid, Alianza, p. 104. Roberto Villa García, *1917. El Estado catalán y el Soviet español*, Madrid, Espasa, 2021, pp. 269-274, 462-485 y 648-656.

El general le atajó advirtiéndole "que no se podía hacer consultas como él pensaba, ni hacer nada más que aceptar el movimiento". El monarca le planteó "que quiénes eran los que mandaban, si ellos o él", a lo que Cavalcanti adujo "que ellos eran los que mandaban para bien de España y para bien del propio Rey". Como la conversación estaba tomando una peligrosa deriva, Muñoz-Cobo la cortó en seco afirmando "que ya estaba enterado de lo que deseaba el Rey": que se observara la legalidad en la formación del Gobierno, y que el estado de guerra se declarara con un bando "muy humanitario". Tras despedirse del monarca, el capitán general acudió al domicilio del presidente del Gobierno para explicarle lo sucedido, y fue cuando oyó de García Prieto su célebre frase: "Ya tengo un santo más a quien encomendarme, a San Miguel Primo de Rivera, porque me ha quitado de encima la pesadilla del Gobierno". Nunca sabremos si se refería a aquellas horas en las que hubo de permanecer en el puesto sin autoridad ni fuerza para desempeñarlo, o si hacía balance de toda su experiencia al frente del Gobierno de la Concentración Liberal.

En todo caso, la tarde del 14 de septiembre, el estado de guerra quedó declarado en toda España, y los generales del "Cuadrilátero" hicieron público, ante una nube de periodistas, que el rey "aceptaba los hechos" y también la autoridad del directorio inspector militar, "ya nombrado" por los mismos sublevados y que se encargaría de conservar el orden "hasta que el nuevo presidente del Gobierno organice el Gabinete". O, como aclaró días más tarde al director de *ABC* el propio Alfonso XIII, este se había limitado a encauzar unos "hechos consumados que el Gobierno no supo evitar" ante la perspectiva "de que el Ejército se dividiera en dos bandos, ensangrentando a España con una guerra civil". Parecía que el "directorio inspector militar" no ponía objeciones a la fórmula: Primo de Rivera presidiría un Ejecutivo que debía gobernar con poderes excepcionales, para desbrozar "el camino de los problemas urgentes" como el terrorismo anarcosindicalista y la guerra de Marruecos, no más allá de noventa días, el plazo legal para convocar y reunir nuevas Cortes, a partir del cual debía restablecerse "el imperio de la Constitución". Ese Gobierno formado por los hombres "de más prestigio del país", como puntualizó el general Cavalcanti, debía sustituir de inmediato al "directorio inspector militar", y suya sería la misión de convocar un Parlamento "que fuera verdadera representación nacional sin que pudiera achacársele influencias ni caudillajes que no fueran legítimos"[6].

No obstante, esa no era la idea del hombre del momento, Primo de Rivera, cuando esa misma tarde del 14 de septiembre se despidió de Barcelona en olor de multitud. Fue el principio de un viaje triunfal en el que los homenajes se repitieron en las diversas paradas que realizó: Sitges, Reus, Caspe, Zaragoza y Guadalajara. Idéntico fue el recibimiento en Madrid la mañana del 15, cuando al fin pudo encontrarse con los "directores provisionales". De la estación de ferrocarril, todos marcharon a Capitanía. Allí, Muñoz-Cobo anunció a Primo de Rivera que a las doce lo recibiría Alfonso XIII para encargarle la formación del Gobierno. Antes, sin embargo, debía visitar al "presidente dimisionario", a lo que el capitán general de Barcelona replicó que no lo haría porque "ni quería nada de lo antiguo", ni "pensaba formar un Gobierno, sino un Directorio militar". Muñoz-Cobo le atajó argumentando que eso era imposible, porque no se habían sostenido "dos guerras civiles" en el XIX para que el Rey dejara de ser "constitucional", y para que lo fuera "había de tener un Ministro responsable". Todo ello hacía necesario que Primo de Rivera jurara "el cargo como Presidente del Consejo de Ministros". Pero el capitán general de Barcelona insistió en que "no juro nada ni hago nada de eso"[7].

Este nuevo choque obligó a Muñoz-Cobo a acudir a Palacio y poner sobre aviso a Alfonso XIII. Insistió en que el monarca no debía aceptar la pretensión de Primo de Rivera para "no cargase con las responsabilidades del Gobierno". En realidad, aquél no estaba en posición de imponer nada y, en la entrevista posterior que sostuvo con el capitán general de Barcelona, aceptó sus pretensiones con

[6] ACD, Leg. 615. Archivo de la Real Academia de la Historia, Fondo Natalio Rivas, Leg. 11-8916. ACD, Leg. 615. *Heraldo de Madrid*, *La Correspondencia de España* y *La Época*, 14-IX-1923. *ABC*, 25-IX-1923. Cándido Pardo, *Al servicio de la verdad*, Madrid, A.E.L., 1930, pp. 380-381.

[7] ACD, Leg. 615. M. Primo de Rivera, *La obra... op. cit.*, p. 17. Gabriel Maura, *Bosquejo histórico de la Dictadura*, vol. I, Madrid, Tipografía de Archivos, 1930, p. 44. Eduardo Benzo, *Al servicio del Ejército. Tres ensayos sobre el problema militar de España*, Madrid, Javier Morata, 1931, p. 165. Manuel Aguirre de Cárcer, *Glosa del año 23*, Madrid, Gráficas LAR, 1944, pp. 261-262.

el único matiz de que Primo de Rivera acabó allanándose a una fórmula que salvaguardaba la inviolabilidad constitucional de la Corona. El líder del movimiento militar aceptaría el cargo genérico de "jefe del Gobierno" de manos del rey y jurándolo ante el ministro de Gracia y Justicia del último Gobierno constitucional, Antonio López Muñoz. Primo de Rivera quedaría así como una suerte de "ministro universal" y se obligaba a refrendar con su firma todos los decretos gubernativos que sometiera al monarca. A partir de ahí podría constituir el Directorio que deseaba, en el que figuraría un general de brigada por cada región militar, un general de la Armada y un coronel-secretario, ninguno de los cuales tendría carácter o funciones de ministro. "Queda usted complacido", le dijo Primo de Rivera a Muñoz-Cobo cuando volvió aquél de Palacio. En realidad, al margen de aquella fórmula para legalizar sus poderes, el que salía ganancioso era el capitán general de Barcelona, y así lo interpretó también el ex ministro de Gracia y Justicia, al que el marqués de Zarco hubo de salir a buscar por orden del rey, ya que alegaba estar enfermo para no verificar la jura de Primo de Rivera[8].

Este parecía haber dado su anuencia a que el nuevo Directorio no durara más de noventa días. Cuando el subsecretario del Ministerio de la Guerra, general Luis Bermúdez de Castro, quiso dimitir el 15 de septiembre, Primo de Rivera le pidió que no lo hiciera: "Tranquilízate, porque esto es un puente muy rápido. No pienso estar aquí más que tres meses. Mañana mismo me oirás decirlo a toda la prensa de España y a la extranjera. El tiempo suficiente para restablecer la disciplina social, rectificar el censo, hacer unas elecciones puras y nombrar un Gobierno perfectamente constitucional". Por ello, no había querido dimitir la capitanía general de Barcelona, a la que pensaba reintegrarse. El testimonio parecía reflejar el pensamiento de Primo de Rivera en aquel momento, que plasmó en el decreto de constitución del Directorio:

---

[8] *ABC*, *El Liberal* y *El Sol*, 16-IX-1923. F. Hernández Mir, *La Dictadura...*, *op. cit.*, p. 122.

> Honrado por Vuestra Majestad con el encargo de formar Gobierno en momentos difíciles para el país, que yo he contribuido a provocar, inspirándome en los más altos sentimientos patrios, sería cobarde deserción vacilar en la aceptación del puesto que lleva consigo tantas responsabilidades, y obliga a tan fatigoso e incesante trabajo. Pero Vuestra Majestad sabe bien que ni yo ni las personas que conmigo han propagado y proclamado el nuevo régimen, nos creemos capacitados para el desempeño concreto de las carteras ministeriales, y que era y sigue siendo nuestro propósito constituir un breve paréntesis en la marcha constitucional de España para establecerla tan pronto como ofreciéndonos el país hombres no contagiados de los vicios que a las organizaciones políticas imputamos podamos nosotros ofrecerlos a Vuestra Majestad para que se restablezca pronto la normalidad[9].

Sin embargo, los plazos que el capitán general de Barcelona se marcó ante los periodistas no aparecían en los preámbulos de los decretos que llevó a la *Gaceta de Madrid*, que en la práctica suspendían la facultad regia de nombrar y separar a sus ministros hasta que aparecieran esos "hombres" al margen de la política profesional que se pudieran encargar del Poder. Esa omisión iba a permitir que la "letra a noventa días" se convirtiera en otra a seis años y medio.

La indefinición, incluso falta de acuerdo, entre los militares comprometidos en la sedición triunfante el 13 de septiembre de 1923 convertiría un movimiento colectivo de las Fuerzas Armadas en una dictadura de carácter personal que incluso concitaría la oposición, desde el principio, de uno de sus directores, el general Cavalcanti: "¿Que el General Primo de Rivera no cumplió sus compromisos y en lugar de un Gobierno constitucional formó un Directorio? No se hizo con nuestra anuencia"[10].

[9] *Gaceta de Madrid*, 16-IX-1923.
[10] ACD, Leg. 615.

LA ESPECIFICIDAD ESPAÑOLA EN LA CRISIS DE ENTREGUERRAS

Estas claves son fundamentales para entender de qué forma se plasmó la quiebra del constitucionalismo en la España de 1923, única manera de contextualizarla y, por tanto, de ofrecer una comparación plausible con situaciones más o menos semejantes en otras naciones europeas. Quizás la clave más relevante es que el movimiento iniciado por Primo de Rivera en Barcelona propició una nueva fase de la vida política española en la que quienes la vivieron no podían aún atisbar si lo que se había producido, en las jornadas decisivas del 13 al 15 de septiembre, era un cambio de régimen, como Primo de Rivera aseguraba aunque sin aclarar muy bien cuál era la alternativa que patrocinaba, o un Gobierno de excepción que, sin romper con el régimen constitucional, debía cortar en seco las convenciones que habían organizado el turno de los partidos o los Ejecutivos de concentración multipartidista tal y como se habían verificado en los años inmediatamente anteriores, una alternativa esta última que también había resultado fallida. Lo que los observadores de aquel suceso trascendental sí captaron es que, en tanto que la sublevación de septiembre de 1923 ponía como mínimo fin al Gobierno de los "políticos profesionales" que entonces se asociaba a los partidos que habían gobernado desde 1876, se colmaba el objetivo fundamental de las Juntas militares de Defensa, el movimiento de jefes y oficiales que, desde 1917, había vinculado sus aspiraciones de cuerpo a la defenestración de los partidos constitucionales, y que se había pronunciado para conseguirlo en junio y octubre de 1917 con el apoyo explícito de las formaciones políticas de oposición a la Monarquía constitucional, agrupadas en la autodenominada asamblea de parlamentarios. En todo caso, la significación puramente negativa del movimiento, combinada con la ambigüedad de sus objetivos, explica el ambiente de expectación benevolente, incluso de popularidad relativa, que rodeó a Primo de Rivera y que contribuyó en todo caso a privar de aliento público cualquier política de resistencia por parte del último Gobierno constitucional.

Precisamente, conviene fijar la atención en que ni siquiera Alfonso XIII o los dirigentes de los partidos constitucionales eran conscientes de que la llegada de Primo de Rivera suponía una tajante ruptura con la Constitución. Es verdad que el cambio de Gobierno se había originado en una acción militar contraria a la ley, pero lo mismo había sucedido ya tanto en junio como en octubre de 1917, y aunque ambas situaciones habían desatado una grave crisis constitucional, el monarca y sus ministros habían logrado sortear la quiebra. Primo de Rivera tampoco era el primer militar que había formado Gobierno durante la Restauración. Ciertamente, el resultado de la acción del Ejército en 1923 había propiciado una situación inédita, la formación de un Directorio militar, por imposición del general triunfante, que tuvo el innegable éxito de capitalizar un movimiento en el que, aunque contaba con importantes adhesiones personales en las Fuerzas Armadas, el liderazgo del capitán general de Barcelona no era ni mucho menos aceptado con unanimidad. No obstante, los políticos constitucionales creían estar ante un simple *impasse* que llevaría a un rápido fracaso cuando los militares pasaran la prueba de la gestión. De ahí que aconsejaran a Alfonso XIII con sorprendente coincidencia que facilitara el gobierno "de los que no dejaban gobernar", la máxima que el dirigente conservador Antonio Maura había patentado desde 1917. En última instancia, todos contaban con la expectativa de unas próximas elecciones a Cortes, que Primo de Rivera estaba obligado a convocar para no hacer incumplir al monarca con la Constitución, un episodio que, como ya había sucedido tras las llamadas "elecciones de la renovación" de 1918, debía permitirles recuperar la iniciativa.

No parecían ser conscientes, sin embargo, de una realidad insoslayable que distinguía el movimiento de 1923 de sus precedentes de 1917. A diferencia de aquellos, el primero fue un verdadero golpe de Estado que, aun cuando pudiera catalogarse de "desarmado"[11], postuló a Primo de Rivera como el recambio incuestionable del último Gobierno constitucional, suspendiendo de facto la efectividad de las confianzas regia y parlamentaria en la conformación del nuevo Ejecutivo. Se trató, por tanto, de una verdadera conquista del

[11] Miguel Alonso Baquer, *El modelo español de pronunciamiento*, Madrid, Rialp, 1983, p. 210.

Poder ante la que hubieron de plegarse, con total independencia de su presumible complacencia u hostilidad, las elites militar y política, comenzando por el propio monarca, que había dado suficientes muestras de no estar especialmente convencido de que Primo de Rivera pudiera ser ese "cirujano de hierro" costista que solventara la guerra de Marruecos y, menos, que procurara la regeneración de la política española.

Los políticos constitucionales parecían, en aquellas jornadas, conscientes de ello y eso explica que se esforzaran por salvaguardar la legitimidad de la Corona, a fin de cuentas la piedra angular sobre la que sustentar un futuro cambio de gobierno. Eso explica que ninguno de ellos, ni siquiera los que después se alinearon en posturas abierta o veladamente republicanas, cuestionara en las semanas posteriores la actuación de Alfonso XIII durante el golpe. Eran muy conscientes de que el monarca carecía de alternativas y que, por eso, no había dejado de actuar como le indicaron esos mismos hombres públicos. Por eso, solo se centraron en solicitarle que no permitiera que Primo de Rivera utilizara su Gobierno excepcional para arrumbar definitivamente la Constitución de 1876[12].

El golpe de Primo de Rivera sucedió en un momento en que la primera ola de la democratización que siguió al final de la Gran Guerra comenzaba a amansarse e iniciaba su repliegue, especialmente en los países de la Europa mediterránea y la centro-oriental. En ellos comenzó un proceso de rápida implantación de regímenes autoritarios, la gran mayoría dictaduras militares o regidas al menos por caudillos extraídos de las fuerzas armadas e incluso, como el caso de Yugoslavia, por los monarcas mismos. Aquel reflujo dejaba entrever que aquella ola democratizadora había tenido más que ver con el impulso externo de los vencedores de la Gran Guerra, que incentivó la organización de regímenes constitucionales en los nuevos países que surgieron de la desintegración de los imperios austriaco, ruso y turco, que con una evolución interna que hubiera creado, antes de

[12] Véase al respecto, los manifiestos de los partidos Liberal y Liberal-Conservador ante la nueva situación, en *ABC*, 16-IX-1923; y *La Época*, 17-IX-1923.

1914, una serie de condiciones objetivas que permitieran aclimatar la política constitucional.

Cierto es que, antes de la Gran Guerra, parecía que el constitucionalismo avanzaba, a diversos ritmos, por toda Europa, incluso en el antiguo Imperio de los Zares. No obstante, el conflicto introdujo una cesura radical que, larvada durante los primeros años, se explicitó de manera radical a partir de 1917. En el año revolucionario por excelencia del siglo XX, cuarto año de la contienda, estalló la conmoción europea más importante desde 1848. El detonante fue la inopinada caída del zar de Rusia, Nicolás II, que inauguró una oleada revolucionaria a escala continental que afectó tanto a los países beligerantes como a los neutrales. Los actores destacados no fueron exclusivamente los socialistas bolchevizados, aquella izquierda desligada de la Segunda Internacional en las célebres conferencias de Zimmerwald y Kienthal, pues los anarquistas y los sindicalistas seducidos por el "sorelianismo" tuvieron también un protagonismo fundamental. Estos actores trataron de reconvertir el descontento que se apreciaba en todos los países europeos por las consecuencias sociales y económicas de una guerra terriblemente total y de la que no se vislumbraba el final, en una desafección hacia sus respectivos Gobiernos y también hacia los sistemas políticos que estos gestionaban, un ambiente que debía otorgar la asistencia necesaria a las insurrecciones con las que aquellos pretendían derrocarlos. En esta primera oleada revolucionaria de 1917, con la muy notoria excepción de Rusia, no lograrían su objetivo, pero aquélla fue lo suficientemente potente como para provocar graves crisis que afectaron a casi todos los regímenes constitucionales, fuesen beligerantes o neutrales. En bastantes casos, estas crisis ya no encontrarían reequilibrio en los años sucesivos y estuvieron tras la quiebra del liberalismo constitucional en buena parte de la Europa continental. Sus ecos se reprodujeron con más fuerza todavía entre 1918 y 1919, y apenas puede hablarse de estabilización en una década, la de los años veinte, en la que a la instauración de la democracia siguió ese goteo de quiebras de los regímenes constitucionales que definió la etapa de entreguerras.

Si la crisis de la democracia de aquellos años es un fenómeno continental y, por tanto, sus características generales y, especialmente, su desembocadura autoritaria parecen asimilarse hasta el punto de establecer comparaciones fructíferas, conviene también retener que aquel fenómeno no produjo los mismos resultados en todas partes. Juan José Linz distinguió, con su agudeza analítica y su capacidad para cotejar y reducir racionalizando la diversidad de la casuística nacional, los factores que explicaron este fenómeno en la Europa de entreguerras. Estos fueron, a saber, los niveles de legitimidad de las sociedades políticas, de las naciones-estado, entre los ciudadanos que la componían, y también la de las instituciones liberales o liberal-democráticas a través de las cuales se gobernaban; la estabilidad, eficacia, efectividad y capacidad de integración de estas mismas instituciones; el margen de maniobra de quienes gestionaban estas instituciones, donde pueden incluirse los incentivos o déficits vinculados a su estructura presidencial o parlamentaria y su desenvolvimiento práctico, además de la configuración de los sistemas de partidos y de los sistemas electorales y, claro está, la capacidad de liderazgo de la elite política. El diseño institucional, que ha sido no muy tenido en cuenta por los historiadores, resulta un factor de primer orden si se tiene en cuenta que en el constitucionalismo experimental del periodo de entreguerras dotó, sobre todo en las democracias instauradas *ex novo*, de lo que Ferdinand Aloys Hermens calificó de "canales impropios" de gobierno. Hermens incidiría especialmente en el escrutinio proporcional, que potenció la fragmentación parlamentaria y la inestabilidad gubernativa que estuvieron tras las diversas "crisis de eficacia", pero que también permitió la penetración de los nuevos movimientos políticos revolucionarios a izquierda y derecha dentro del régimen constitucional, y facilitó el uso de las reglas y de las instituciones democráticas contra la democracia misma[13]. Vinculado a esto último, Linz insistió en que debía tenerse muy en cuenta la deslealtad o semilealtad de los partidos al sistema democrático y su compromiso con los rasgos pluralistas y competitivos que lo caracterizan; los niveles de violencia política y su gestión por parte de las autoridades –conforme al imperio de la ley o con parcialidad hacia algún sector político– y la capacidad

[13] Ferdinand A. Hermens, *The Representative Republic*, Notre Dame (Indiana), University of Notre Dame, 1958, p. V.

de estas de preservar el monopolio de la fuerza legítima y el control del espacio público; y, muy conectado con esto último, la actitud ante los diversos actores políticos de los órganos administrativos y judiciales del Estado y, especialmente, de las fuerzas armadas y de la magistratura. De la presencia, incidencia y combinación de estos factores se infiere la trayectoria específica de cada país y, en concreto, los rasgos concretos de su quiebra o, por lo contrario, su capacidad de sortearla por medio de un reequilibrio institucional[14].

Todo ello impele a que cualquier comparación dé cuenta de los fenómenos históricos que, por su novedad, son difíciles de extrapolar. En Rusia, la caída del Zar inauguró un proceso revolucionario que desembocó, tras un nuevo golpe de Estado y una guerra civil, en la instauración de una realidad completamente inédita, la del Partido-Estado bolchevique, un resultado que había facilitado la previa desintegración de la administración imperial. Una mutación tal solo es comparable, ya en los años veinte, con el ascenso del fascismo en Italia. Y ello con muy notorios matices de grado, que se sustentan no solo en las diferencias doctrinales del fascismo con el comunismo sino también en el gradualismo táctico de Mussolini y, concretamente, en la forma en la que el *Duce* alcanzó el poder, liderando al principio un gobierno de coalición todavía en el seno la Monarquía liberal italiana que formalmente venía a sancionar, más que a romper, los mecanismos legales e institucionales establecidos por esta. No por ello hay que aislar el fascismo del proceso general de crisis y quiebra de las democracias pero, a diferencia de lo que ocurrió en otras naciones de la Europa central, oriental o mediterránea, en Italia lo que conquistó el Gobierno fue una organización política rígidamente jerarquizada, sometida al mando de un *ruler* carismático, sostenida en una imponente movilización cívica, y que contenía en su seno un proyecto de reordenación revolucionaria de la comunidad nacional. El caso italiano, sustentado en una política que podía catalogarse ya de masas por lo menos en los años inmediatamente posteriores a la Primera Guerra Mundial, se separa de manera decisiva

---

[14] Juan José Linz, "La quiebra de las democracias", en *Obras Escogidas*, vol. 3, Madrid, CEPC, 2009, pp. 3-118.

de los demás países que en los años veinte establecieron algún tipo de dictadura, y se asimila al tipo de proceso de cambio de régimen que protagonizaría el nacional-socialismo en otra sociedad política, la alemana, también con un altísimo grado de movilización política.

Por tanto, es la radical originalidad del fascismo la que hace a Italia tan difícilmente asimilable a otros países de la Europa del sur, cuyos procesos de quiebra del constitucionalismo solo cabría catalogar, desde una laxitud extrema, de parangonables. Sobre todo porque, a diferencia de los casos español, portugués o griego, el fascismo acabaría, aún con sus indefiniciones doctrinales, construyendo una alternativa de régimen autoritario ideológico no marxista, moderno, sincrético, militarista pero no sostenido sobre el Ejército, basado al menos teóricamente en un partido estatal único –aunque en la práctica tolerara un cierto semipluralismo respecto de sectores no fascistas que no se catalogaban de adversarios del proyecto mussoliniano–, y que se consolidaría de tal forma que su caída solo vendría propiciada por una intervención militar externa. Frente a esto, un militar como Miguel Primo de Rivera, aunque gobernara más tiempo que su contrafigura griega Theodoros Pangalos, llegó como este al Poder apoyado fundamentalmente en las Fuerzas Armadas, y solo con el auxilio externo, complementario, condicionado y breve de las formaciones políticas que, a izquierda y derecha, se habían posicionado contra la Monarquía constitucional. Además, ni Primo de Rivera ni menos Pangalos lograrían convertir sus dictaduras en algo más que un mero Gobierno de excepción, esto es, no completaron la institucionalización ni mucho menos supieron consolidar un verdadero régimen autoritario. No mayor fortuna tuvieron, de primeras, los generales portugueses que derribaron en mayo de 1926 al gobierno de Antonio María de Silva, pues por sí mismos tampoco lograron establecer una alternativa política a la Primera República, por lo menos hasta que cedieran la primacía política al técnico civil que había logrado estabilizar con éxito el sempiterno problema financiero de Portugal, Antonio de Oliveira Salazar[15].

[15] La aproximación comparativa del "salazarismo" con el "franquismo" ha sido sugestivamente realizada por Juan Carlos Jiménez Redondo, *Franco y Salazar: la respuesta dictatorial a los desafíos de un mundo en cambio*, Madrid, Sílex, 2019.

En realidad, lo más revolucionario del Gobierno de Primo de Rivera en España fue, no la alternativa que pretendió personificar, sino la ruptura radical que introdujo en la política constitucional española, en concreto a través de la persecución administrativa que deglutió a los partidos que habían gobernado desde 1874, hasta el punto de dificultar después de su caída el rápido retorno a la Monarquía liberal. Por contraste, y aunque su trayectoria fuera diametralmente divergente con la de un Mussolini, el *Estado Novo* de Salazar acabó dando una salida autoritaria al Gobierno de excepción de unos militares portugueses mal avenidos entre sí y que solo se habían unido para apartar del Gobierno a los republicanos autodenominados "democráticos", una facción del viejo Partido Republicano Portugués que venía ejerciendo desde 1910 un monopolio violento del Poder y, por ello, frustraba la alternancia entre partidos distintos y la política de integración característicos del periodo monárquico anterior, que con mayor fuerza incluso se habían asentado en las convenciones constitucionales del régimen constitucional más próximo, el español. Primo de Rivera no fracasó tan rápidamente como Pangalos, cuya breve dictadura apenas duró un año y no supuso un gran obstáculo para retornar a esa versión de República constitucional convulsa y sometida a la injerencia militar en la que vivía Grecia desde 1924. De hecho, la mayor diferencia entre ambos generales es que, aun cuando los dos fracasaron en institucionalizar sus alternativas autoritarias, la gestión de Primo de Rivera fue notablemente más exitosa en las cuestiones que, como el terrorismo anarcosindicalista o la guerra de Marruecos, habían supuesto un verdadero calvario para los Gobiernos que le precedieron. Eso explica la prolongación en el tiempo, sin una oposición considerable, de una dictadura que no necesitó de un notorio grado de represión para perdurar, y que solo puso fin Alfonso XIII cuando el monarca recuperó el apoyo del Ejército. De hecho, sin las represalias a los liberales y a los liberal-conservadores, formaciones sobre las que habían descansado los apoyos sociales a la Monarquía liberal y sobre cuyas ruinas se pretendía erigir el "partido oficial" del régimen, la Unión Patriótica; y sin el apoyo que Primo de Rivera prestó a los socialistas de la

UGT y el PSOE, a los que la dictadura convirtió por vez primera en organizaciones implantadas por casi toda España pese a que después engrosarían el movimiento republicano, da la impresión de que la salida de la dictadura podría haberse completado sin que la Corona pagara un excesivo precio político.

Aparte, el caso español presenta la peculiaridad de que fue el único país, de entre los que permanecieron neutrales durante la Primera Guerra Mundial, que vio caer su régimen constitucional. España carecía de reivindicaciones o conflictos fronterizos de la relevancia de los italianos o los griegos. La perturbadora guerra de Marruecos consistía más bien en un intento de pacificar la parte del Protectorado que los Gobiernos españoles habían asumido desde 1912, pensando más bien en asegurar con el menor coste posible su frontera meridional y, especialmente, el Estrecho de Gibraltar y las ciudades de Ceuta y Melilla, frente a las aspiraciones alemanas y francesas. Por otra parte, las instituciones políticas de la Restauración parecían haberse solidificado después de que el restablecimiento de la Monarquía constitucional en 1874 finiquitara con éxito aquella inestabilidad crónica que había sido la constante desde principios del XIX. Incluso contando con esta última, España había sido uno de los países en que más tempranamente había arraigado el régimen constitucional, y los derechos civiles habían sido asimilados de tal modo que ni siquiera en 1923, cuando el cuestionamiento del *statu quo* político parecía mayor, se atisbaba otro proyecto político capaz de lograr el nivel de legitimidad o de apoyo social alcanzado por la Monarquía liberal. La sociedad española no estaba segmentada en dos polos opuestos, sino que había alcanzado un elevado grado de diferenciación y complejidad, con unas clases medias en crecimiento y notables posibilidades de ascenso social. Las tasas de analfabetismo podía ser aún elevadas en comparación con las restantes naciones de Europa occidental, con la excepción de Portugal, pero eran mejores que las del conjunto de la Europa oriental y balcánica, donde solo en unos pocos islotes, en territorios que habían pertenecido por lo general al antiguo Imperio de los Habsburgo, no eran elevadas. La conjunción de esos factores hacía a España muy distinta de los nuevos países surgidos de la Gran Guerra o de aquéllos que habían establecido *ex novo* y recientemente el gobierno representativo[16].

Sorprendentemente, esta clara diferenciación apenas varía si restringimos la comparación a la coyuntura de 1917 a 1923, especialmente crítica para España. Por supuesto, aquí había existido un relevante grado de descontento por la prolongada crisis económica derivada de la Gran Guerra y de sus consecuencias, que en España se materializó en una desconocida y dramática estanflación, esto es, en una severa combinación de subida constante de los precios y de crecimiento nulo o hasta recesión. Desde el año expansivo de 1916, la economía española había padecido dos años consecutivos de decrecimiento en 1917 (-1,4%) y 1918 (-1,1%), y el crecimiento de 1919 (+1,1%) había sido demasiado modesto como para paliar la insatisfacción. Y sin embargo, las tasas de ese año indicaban que había pasado ya lo peor de la crisis: los precios comenzaron a caer y, de hecho, la nueva década iba a inaugurar una de las coyunturas más brillantes de la economía española. Pese a que esta suele asociarse a la dictadura de Primo de Rivera, los porcentajes de crecimiento del PIB en 1920 (+7,7%), 1921 (+3,2%), 1922 (+4,4%) y 1923 (+1,8%) lo desmienten, aunque también señalan cierta ralentización del ritmo expansivo justo el año del golpe de Primo Rivera, un fenómeno que la serie completa muestra que solo fue coyuntural. En definitiva, los factores puramente económicos apenas explican en España la llegada de la dictadura, pues hacía ya un cuatrienio que se había superado la crisis de la guerra y la postguerra[17].

Fue la absoluta primacía de los factores internos y, específicamente, las relaciones cada vez más conflictivas entre los políticos constitucionales y los militares –apoyados por aquellos partidos que pretendían desalojar a liberales y conservadores del Poder– lo que hace tan difícil de comparar las circunstancias que hicieron posible el establecimiento de una dictadura en España con las de los demás

[16] Fernando del Rey Reguillo, "¿Qué habría sucedido si Alfonso XIII hubiera rechazado el golpe de Primo de Rivera en 1923?", en Nigel Townson, *Historia Virtual de España (1870-2004)*, Madrid, Taurus, 2004, pp. 115-130.

[17] Porcentajes calculados a partir de Leandro Prados de la Escosura, *El progreso económico de España (1850-2000)*, Bilbao, Fundación BBVA, p. 329.

países que se vieron afectados por la oleada autoritaria de los años veinte. El hecho de que en su gran mayoría se tratara de naciones con fronteras recientes e inseguras, con economías con mayor peso del sector primario que en España, todavía sumidos en una grave crisis económica a principios de los años veinte y, a excepción de Italia y Portugal –y quizás Grecia–, con escasa tradición constitucional, son todos ellos factores que los separan decisivamente del nuestro. Más aún si se tiene en cuenta que todos salvo España habían sufrido, como beligerantes, las consecuencias más dramáticas de la Gran Guerra, que legó durante los años de la postguerra situaciones de inflación galopante, alto desempleo e infraestructuras desmanteladas; y que buena parte de ese grupo se había visto sometidos, por su vecindad con Rusia, a una presión más relevante del expansionismo bolchevique y, muy en relación con esto, presentaban una polarización y una violencia políticas más dramáticas que en España.

Ni siquiera el grado de deslegitimación del régimen constitucional español parecía más grave que en cualquier otro momento anterior, pues las fuerzas adversas al sistema volvieron a mostrarse electoralmente impotentes en las últimas elecciones de 1923, donde las fuerzas constitucionales obtuvieron, con 356 escaños de los 409 del Congreso de los Diputados, su mejor resultado desde los comicios de 1905[18]. Los problemas de eficacia y efectividad que lastraban aquella Monarquía constitucional devenían menos de la fortaleza de sus adversarios que de la fragmentación de sus partidarios, un problema que España compartía con Grecia, Italia y Portugal, aun cuando la influencia parlamentaria y el potencial de inestabilidad que pudieran introducir las fuerzas desleales o semileales con el sistema fuera aquí mucho menor, sin que tampoco se hubiera sufrido la extrema desintegración del sistema de partidos que se produjo en Italia con la introducción del sistema proporcional, que a la postre frustraría el reequilibrio de su régimen constitucional[19]. La legitimidad del

[18] Roberto Villa García, "¿Un sufragio en declive? Las elecciones al Congreso de 1923", *Historia y Política* 43 (2020), pp. 255-290.

[19] Juan José Linz, "La quiebra de las…, *op. cit.*, pp. 37-48. Ferdinand A. Hermens, *Democracy or Anarchy. A Study of Proporcional Representation*, Notre Dame, University of Notre Dame, 1941, pp. 183-184.

gobierno representativo español podía reputarse cuestionada desde 1917, pero en 1923 esto tampoco tuvo una traducción electoral en términos de abstencionismo activo, y eso que ya había un potente sindicato antielectoral como la CNT, o de un grado de violencia electoral comparable a las coetáneas de Alemania, Italia o incluso Portugal[20]. Ciertamente, las elecciones de 1923 deben analizarse resaltando su carácter transicional, pues no se está aún ante los comicios democráticos de 1933 o 1936, aunque compartieran con estos cierta tendencia regresiva ligada a la fragmentación del sistema de partidos, y que se cifraba en la inseguridad de que pudiera surgir de las urnas un instrumento de gobierno. No habían desaparecido distorsiones como el uso partidista de la Administración, el fraude y la corrupción, o el hábito de pactar las elecciones, que conllevaba un importante número de distritos sin lucha. La Concentración Liberal derrocada por Primo de Rivera no trajo, desde luego, la renovación electoral. Su prioridad estribaba más bien en alcanzar una mayoría que permitiera acabar con la inestabilidad gubernativa y la esterilidad legislativa. Pero, aún con todo eso, tampoco es cierta la imagen de anquilosamiento que, a través de estas elecciones, se ha proyectado sobre el comportamiento electoral de la última etapa de la Restauración, caracterizada por un incremento sostenido de la competencia electoral y por la reducción del fraude y la corrupción electorales, que ya no explicaban principalmente la distribución general de los votos y los escaños entre las distintas fuerzas políticas[21].

Por supuesto, eso no quiere decir que España fuera inmune al proceso revolucionario continental abierto en 1917. A partir de ese año, las críticas, siempre presentes, al sistema político, a la falta de autenticidad electoral y a la palmaria falta de eficacia de sus gobiernos ante los desafíos de aquella difícil postguerra se hicieron estentóreas. Aunque la economía española no carecía de dinamismo, y con el cambio de siglo incluso había acelerado su expansión, todavía era de base agraria, con una industria y unos servicios comparativamente menos desarrollados que en todos los países de Europa occidental

[20] Roberto Villa García, "Violencia en democracia: las elecciones republicanas en perspectiva comparada". *Historia y Política* 29 (2013), pp. 247-267.
[21] R. Villa García, "¿Un sufragio..., *op. cit.*, pp. 288-289.

con la excepción, nuevamente, de Portugal, y un sistema educativo infradotado que debía lidiar con un importante número de analfabetos. La movilización democrática se hallaba lastrada por elecciones subcompetitivas, que eran la consecuencia de la invariable continuidad del pacto entre la elite política que se turnaba en el Poder segmentada en liberales y liberal-conservadores, y ante la que se postulaban opciones a izquierda y derecha que quedaban lejos de ser verdaderas alternativas por su falta de implantación territorial y peso electoral, y que además no habían descartado, y hasta las habían reactualizado, las estrategias antidemocráticas de ruptura revolucionaria como vía para establecer su propio monopolio político. Con todo, aunque puedan encontrarse ciertas semejanzas, muy a grandes rasgos, entre el "bienio rosso" italiano y el "trienio bolchevique" español, lo cierto es que los importantes intentos de los grupos anarquistas y de los anarcosincalistas españoles de la Confederación Nacional del Trabajo de desestabilizar la Monarquía constitucional por medio del terrorismo y de las ocupaciones de fábricas y tierras, fueron cuantitativa y territorialmente más limitados que las acciones de los socialistas revolucionarios y sindicalistas italianos. De ahí también puede colegirse la distancia que hace inasimilables los *squadristi* fascistas a las diversas guardias cívicas que aparecieron en España, singularmente el somatén en Cataluña, que Primo de Rivera ponderaría como la columna vertebral de los apoyos sociales a su dictadura. En resumidas cuentas, mientras en Italia hubo dos potentes fuerzas que se movieron entre la semilealtad y la abierta deslealtad hacia la Monarquía liberal, el ala mayoritaria de los socialistas italianos –los *massimalisti*– y el movimiento fascista, en la España de 1923 el anarcosindicalismo solo fue capaz de revitalizar de manera más limitada que en años anteriores sus actos de terrorismo, con algunos sonados atentados y una oleada de atracos a bancos. No obstante, la CNT carecía de fuerza para poner en cuestión por sí misma el sistema político y, además, en España no hubo una fuerza de extrema derecha capaz de capitalizar el descontento. Solo los nacionalistas catalanes asumieron, parcialmente, ese papel y limitándose a instigar la intervención de los militares contra los partidos constitucionales.

Ciertamente, el impacto especial que tuvo sobre Barcelona el terrorismo y la radicalización del nacionalismo catalán, parte del cual había iniciado una deriva separatista y otra postulaba como solución una remodelación del país sobre bases confederales, explica que aquella provincia se convirtiera en el epicentro del golpe y que su capitán general, Primo de Rivera, encontrara allí un extenso apoyo militar y civil que, a la postre, le permitiría postularse sin oposición como cabeza del nuevo Gobierno de excepción. El nacionalismo catalán, y en menor medida el vasco y solo como auxiliar de la Lliga, ya había tenido un protagonismo relevante en la coyuntura crítica de 1917-1918, pues intentó aprovechar el contexto de la Gran Guerra para presentar ruidosamente sus reivindicaciones a las naciones beligerantes con vistas a beneficiarse de una futura remodelación de las fronteras europeas sobre la base de lo que entonces se denominaba, bien que difusamente, las "nacionalidades". En España hicieron más. Ante la negativa de los Gobiernos constitucionales de refrendar sus pretensiones, que se cifraban en superar la vía de la descentralización recién inaugurada en 1914 a través de la Mancomunidad, para reconvertir Cataluña en una suerte de Estado libremente asociado al resto de España, los dirigentes de la Lliga quisieron aprovechar el pronunciamiento de las Juntas militares de Defensa y el subsiguiente periodo de subversión para destruir el turno de los partidos y pilotar desde el Poder una profunda revisión de la Constitución pactada con las fuerzas republicanas y socialistas[22]. Estos planes, que retomaron con brío al finalizar la Primera Guerra Mundial, quedarían desdibujados a partir de 1919, cuando se recrudeciera en Barcelona la "guerra social" alentada por los anarcosindicalistas de la CNT con vistas a crearle ambiente a una revolución similar a la que había llevado a los bolcheviques al poder en Rusia y también, brevemente, en otros lugares de la Europa central y oriental. En ese contexto, los catalanistas se convirtieron en debeladores de la política de orden público de los Gobiernos constitucionales, que con diversas alternativas intentaron separar las reivindicaciones laborales de la acción rupturista de la CNT, y en firmes partidarios de una solución militar

[22] R. Villa García, *1917. El Estado catalán...*, *op. cit.*, pp. 262-351.

que cortara radicalmente la preponderancia que, con su repertorio de "acción directa", habían alcanzado los anarcosindicalistas. En 1923, el nacionalismo catalán se encontraba en una situación de declive, con unos resultados electorales que dejaban ver un descenso de apoyos desde su máximo de 1918. Su líder más caracterizado en la política nacional, Francesc Cambó, se había retirado de la política nacional, y su ala más radical se había escindido para constituir el partido de Acció Catalana. Sin un horizonte despejado que le permitiera imponer su programa de máximos, la Lliga estaba preparada para convertirse en un importante factor de apoyo político a Primo de Rivera.

Con todo, en última instancia, el éxito del capitán general de Barcelona se debió a la "huelga de fusiles caídos", como la llamó el entonces subsecretario de la Guerra Bermúdez de Castro, de sus compañeros del Ejército, que se negaron a sostener al último Gobierno constitucional del que se habían enemistado en bloque por su dubitativa y meramente defensiva política marroquí. Aunque España no se viera implicada en la Gran Guerra, su pequeño conflicto en el norte de Marruecos pareció ser el factor decisivo que explica la quiebra del régimen constitucional, sobre todo en tanto que rompió la relación entre el alto mando y los cuadros del Ejército con el Ejecutivo de la Concentración Liberal, incapaz de articular una estrategia coherente más allá del lema vacuo del civilismo, y al mismo tiempo inhábil a la hora de solventar el agudo problema de las responsabilidades por el desastre de Annual y, en concreto, de responder a la exigencia de los militares de que estas no cayeran exclusivamente sobre las Fuerzas Armadas sino que se extendieran también a los políticos. La contraposición entre militares y políticos acabó difuminando la previa división dentro del Ejército entre "africanistas" y "junteros", e impidió además cualquier salida constitucional ante la desdibujada oposición de los conservadores de Sánchez-Guerra, un líder debilitado por el impacto de las responsabilidades dentro de su propio partido y que, en aquel contexto, se comportó con tan extremada lealtad al Gobierno que fue incapaz de articular un programa alternativo a la cuestión marroquí con el fin de desalentar el apoyo de una parte de los militares a la solución autoritaria de Primo de Rivera. Por tanto, en España fue la cuestión marroquí el precipitante de la caída del régimen constitucional, y no ese *Red Scare* ante el que los fascistas pudieron erigirse en Italia como solución contrarrevolucionaria, y que le permitió a Mussolini acceder al Poder coaligado con los liberales, sin que a la "Marcha sobre Roma" siguiera, en primera instancia, la ruptura del régimen constitucional. Por el contrario, en España Primo de Rivera se erigió en una suerte de cónsul que vino a establecer un Gobierno de excepción cuyo propósito primero era apartar a los "políticos profesionales" y barrer tanto a la derecha como a la izquierda liberal. Alfonso XIII no tendría el abanico de opciones de Víctor Manuel III, por otra parte reducido ya en el caso del monarca italiano por el veto mutuo entre las diversas fuerzas políticas y la ausencia táctica de Giolitti en la crisis de gobierno a resultas de la Marcha sobre Roma[23], para encarrilar la acción extralegal de Primo de Rivera por vías constitucionales, como sin duda había pretendido para disgusto del capitán general de Barcelona y de sus partidarios.

ALGUNAS CLAVES COMPARATIVAS CON LA EUROPA DEL SUR

Teniendo en cuenta la especificidad del caso español y las desemejanzas más generales de los diversos procesos de quiebra del constitucionalismo que ocurrieron en la Europa de los años veinte, los diversos factores comentados revelan que, no obstante, puede establecerse una comparación fructífera de España con las naciones más próximas del área mediterránea –Grecia, Italia y Portugal–, y añadirle incluso el caso de Polonia, como Javier Tusell propuso ya en su obra seminal sobre el golpe de Primo de Rivera. La comparación con Bulgaria podría ser también sugerente al ocurrir en este país un golpe de Estado militar que derrocó al Gobierno semiautoritario del agrario de izquierdas Aleksander Stamboliski en junio de 1923, solo tres meses antes del golpe de Primo de Rivera. No obstante, en

[23] Renzo de Felice, *Mussolini il fascista*, Turín, Einaudi, 1966, pp. 337-387. Paolo Farneti, "Social Conflict, Parliamentary Fragmentation, Institutional Shift, and the Rise of Fascism: Italia", en Juan José Linz and Alfred Stepan, *The Breakdown of Democratic Regimes*, Baltimore, The John Hopkins University Press, pp. 30-31.

la medida en que en Bulgaria se restauró más o menos el Gobierno constitucional, aunque con una mayor influencia del rey Boris y del Ejército, el resultado fue de primeras diametralmente opuesto a lo sucedido en España[24]. Es evidente que, aún con las diferencias de grado que se han señalado, los países mediterráneos y Polonia tenían en común entre sí una economía de transición en la que una industrialización ya más que incipiente se combinaba todavía con la presencia muy relevante de las actividades agropecuarias, que inclinaba a todas estas sociedades hacia un ruralismo que predominaba sobre la urbanización. Los cinco países coincidían además en la existencia de una crítica estentórea a sus regímenes constitucionales que les habían restado legitimidad ante la opinión pública, es decir, ante aquellas personas que se ocupaban de la política. Sumada esta a la inestabilidad gubernativa y a la fragmentación parlamentaria que, combinadas, habían creado una crisis de eficacia, sus instituciones se habían sumido en un descrédito preocupante. A ello se añadían frustraciones derivadas de derrotas militares o de victorias que no habían alcanzado unos objetivos que compensaran por los sacrificios y privaciones de una guerra.

De entre el grupo de países mencionado, Polonia fue el único que no experimentó, descontados los enormes costes, una guerra con resultados frustrantes. De hecho, había salido de la Gran Guerra con su recién recuperada independencia, y fortalecida además con una victoria *in extremis* contra la invasión de la Rusia soviética. No obstante, la situación económica era apuradísima, con un grave fenómeno inflacionario y un desempleo que todavía en 1925 llegaba a un 30% de la población activa. El golpe no llegó hasta mayo de 1926 y lo protagonizó el general Józef Pilsudski, un militar muy popular por su destacada contribución a la independencia polaca y que, entre otras diferencias con Primo de Rivera, se había adscrito originariamente al socialismo y contaba ya con experiencia gubernativa por haber liderado un Ejecutivo. Y, sin embargo, como el general español o el político griego Venizelos –que a su modo también había estado en el

[24] Javier Tusell, *Radiografía de un golpe de Estado. El ascenso al Poder del general Primo de Rivera*, Madrid, Alianza, 1987, p. 272. Stanley G. Payne, *La Europa revolucionaria. Las guerras civiles que marcaron el siglo XX*, Madrid, Temas de Hoy, 2011, p. 169.

Ejército y que contaba con numerosas complicidades en él–, Pilsudski lideró una alternativa, la "sanacija", que denunciaba la política de partidos, su colonización de la administración y su corrupción, y que se ganó a la izquierda de clase, que mostró su aquiescencia al derrocamiento de un Ejecutivo de significación conservadora. El golpe de Pilsudski, sin embargo, no fue "desarmado" como el de Primo de Rivera, pues el Gobierno le ofreció mayor resistencia y necesitó de violencia material para imponerse. A cambio, preocupado fundamentalmente más por la potenciación del Ejército que por los asuntos de gobierno, permitió la subsistencia, bien que atenuada, de la política parlamentaria. En todo caso, el frente político gubernamental de Pilsudksi parecía en su organización y objetivos más asimilable a la Unión Patriótica de Primo de Rivera, que a ningún partido nacionalista sostenido en la movilización popular[25].

Mayor frustración bélica existía en la Grecia de 1922, donde la debacle contra los turcos supuso un aldabonazo político probablemente muy superior a la derrota española en Annual, y por ello sus consecuencias fueron igualmente más graves. Tras una revolución liderada por jefes y oficiales del Ejército, el rey Constantino I hubo de abdicar, y varios políticos y militares a los que se achacó la responsabilidad de lo sucedido fueron juzgados y ejecutados. El sucesor de Constantino, Jorge II, no pudo estabilizar la situación, y hubo de expatriarse sin que su gesto pudiera evitar que, en marzo de 1924, se proclamara una República. El nuevo régimen fue, sin embargo, muy inestable y solo pareció en trance de consolidarse bajo un antiguo político monárquico del Partido Liberal, Elefthérios Venizelos, que no obstante había liderado una opción "regeneracionista" y contraria a los partidos imperantes en la política griega. Con veintitrés cambios de gobierno y trece golpes de Estado, lo más asimilable a Primo de Rivera que sucedió en aquel periodo fue la breve experiencia dictatorial del general Pangalos. Con todo, este, a diferencia de su

[25] Joseph Rotschild, *Pilsudski's coup d'Etat*, New York, Columbia University Press, 1966. Jerzy J. Wiatr, "The Military Regime in Poland 1926-1939", en Morris Janowitz y Jacques van Doorn (eds.), *On Military Intervention*, Rotterdam, Rotterdam University Press, 1971, pp. 61-91. Stanley G. Payne, *El fascismo*, Madrid, Alianza, 2006, p. 134.

contraparte español, estableció su dictadura tras recibir un voto de confianza parlamentario, pues la mayoría de los diputados había confiado en su condición de militar afín a Venizelos. Luego se hizo elegir presidente de la República en una elección prácticamente sin competencia, aunque con votos "no enteramente falsificados". A diferencia también de Primo de Rivera, Pangalos falló en su gestión de gobierno y se cerró cualquier posibilidad de prolongar aquel régimen de excepción lo suficiente como para poder institucionalizarlo, cosa que acabó frustrándose en agosto de 1926 con el golpe del general Georgios Kondilis. El régimen republicano acabaría cediendo el testigo, en 1935, a la restauración de la Monarquía por iniciativa nuevamente de Kondilis, una situación que el repuesto Jorge II, tras dar paso a una nueva Monarquía constitucional, acabó por frustrar cuando, tras una amenaza de huelga revolucionaria, acabó aceptando la dictadura del general "antivenizelista" y jefe del Partido de la Libre Opinión, Ioannes Metaxas, que presidía un Gobierno-puente a la espera de un acuerdo de coalición de los partidos griegos y que se erigió en la garantía de que el Ejército no tolerara un gobierno venizelista con apoyo comunista. El régimen de Metaxas tendría ya, en consonancia con el periodo en que rigió, una significación política más nacionalista radical que el menos ideológico régimen de Primo de Rivera[26].

Más cercana a España es indudablemente la política portuguesa. No en vano, por las secuelas de ambos golpes, suele compararse la situación española de 1923 con la portuguesa de 1926. Ciertamente, en Portugal la intervención del Ejército tuvo lugar tras la quiebra del proyecto de regeneración democrática con que el republicanismo había pretendido rectificar las convenciones constitucionales vigentes bajo la Monarquía liberal. No obstante, lo que se estableció, en un contexto de movilización electoral mínima y de comicios férreamente controlados, fue el monopolio primero del Partido Republicano Portugués y luego el de su ala izquierda, la facción autodenominada "democrática", apenas matizado por breves gobiernos de otras

---

[26] George Th. Mavrogordatos, *Stillborn Republic Social Coalitions and Party Strategies in Greece, 1922-1936*, University of California Press, 1983, pp. 33 y 52-54. S. G. Payne, *El fascismo*, *op. cit.*, p. 132.

facciones y, sobre todo, por el del coronel Sidónio Pais (1917-1918), de significación regeneracionista y que trató de establecer una rectificación presidencialista y plebiscitaria de la república. En este contexto, Portugal se convirtió en el país más inestable y convulso de la Europa occidental, hasta un grado difícilmente comparable con la Monarquía liberal española. Y, sin embargo, como en España, una acción colectiva del Ejército portugués, en la que destacaron los generales Manuel Gomes da Costa y Antonio Óscar de Fragoso Carmona y el almirante José Mendes Cabeçadas, coincidió en su carácter apenas violento con el golpe de Primo de Rivera, un paralelismo que se estrecha si se tiene en cuenta que también se benefició de una opinión pública hastiada y que además, aunque mantuvo la forma republicana, sin embargo articuló un Estado autoritario inspirado en el modelo que Primo de Rivera parecía pergeñar en España. Atendiendo, sin embargo, a la diferencia entre el convulso contexto portugués y el inestable pero más ordenado de España, probablemente se explique la razón de por qué Primo de Rivera no logró establecer un sistema nuevo, a diferencia de sus congéneres lusos, que acabaron erigiendo el régimen autoritario no comunista más longevo de Europa, bajo parámetros corporativos semejantes a los españoles aunque desarrollados de manera más completa, y con un partido, la Unión Nacional, asimilable a la Unión Patriótica.

En este sentido, conviene subrayar otras similitudes más. La primera, que el movimiento del 28 de mayo de 1926 en Portugal fuera, como el español, una acción colectiva de las Fuerzas Armadas, sin necesidad de una actividad conspirativa demasiado intensa, para derrocar al Gobierno de la facción "democrática", pero que al mismo tiempo exteriorizara su vocación "antipolítica" apartando a todos los dirigentes civiles que habían gobernado la República. El segundo, que se impusiera prácticamente sin disputa, en un ambiente de expectación incluso favorable, y que contara además con la benevolencia de la oposición republicana y monárquica al Partido Democrático y, en cualquier caso, con el convencimiento de todos de que ante la impotencia de los Gobiernos de partido, había llegado la hora de los militares. El tercero, que lo que concedió fuerza al movimiento militar, su objetivo de derrocar al Gobierno de Antonio María de

Silva, era también su debilidad a medio plazo, esto es, la falta de una alternativa clara, la indefinición política, más allá de la aspiración de constituir un Ejecutivo de excepción que pudiera gobernar sin el Parlamento. El *Estado Novo* no fue, por tanto, una consecuencia directa del movimiento portugués del 28 de mayo de 1926, como la Dictadura tampoco lo fue, de primeras al menos, del movimiento español del 13 de septiembre de 1923. En todo caso, la mayor inestabilidad de inicio de la solución portuguesa también tendría que ver con la más importante de las diferencias: que, después de una serie de forcejeos que se prolongaron varios días, el movimiento militar portugués estableciera un triunvirato por carecer de un caudillo que, por medio del golpe, se postulara personalmente como alternativa de poder indiscutible, algo que Primo de Rivera sí fue capaz de hacer de una forma más completa[27].

Si, para terminar, centramos la atención en los factores de crisis y quiebra del régimen constitucional, y en el papel de la Corona en la legitimación de una acción extralegal encargando el poder al líder de una sedición triunfante, la comparación de España con Italia resulta atractiva. Incluso por las desemejanzas de partida, pues si antes de la Gran Guerra Italia era un país económicamente más desarrollado que España, sin embargo su estructura política parecía menos liberal, con un Senado de nombramiento real, con alcaldes gubernativos y con un cuerpo electoral censitario que, sin embargo, había sido notablemente ampliado en 1912 y que ya en la primera postguerra mundial se había universalizado. De modo que en Italia había entrado en el estadio de masificación de la política, con un escrutinio proporcional que facilitó la entrada de fuerzas políticas, como los socialistas, los católicos o los fascistas, que terminaron con la hegemonía del liberalismo histórico. No obstante, estos cambios, lejos de consolidar la democracia, la debilitaron, pues las nuevas fuerzas políticas eran incompatibles entre sí. A esto hay que añadir las convulsiones posteriores a 1918, en un ambiente de frustración por la "vittoria mutilata" de la Gran Guerra, con casi 600.000 soldados

[27] Douglas Wheeler, *Republican Portugal. A Political History, 1910-1926*, Madison, The University of Wisconsin Press, 1978. S. G. Payne, *El fascismo*, *op. cit.*, p. 168. Rui Ramos, *História de Portugal. A Segunda Fundaçao*, Lisboa, Estampa, 1994, pp. 560-566.

muertos y un enorme esfuerzo de guerra que se tradujo, sin embargo, en muy escasas ganancias económicas y territoriales. De hecho, Italia sufrió especialmente la crisis de la postguerra, con graves trastornos económicos y desórdenes sociales en un contexto de ingobernabilidad y fragmentación parlamentaria. El ala *massimalisti* del PSI se lanzó a una ofensiva para implantar el socialismo por medio de grandes huelgas y ocupaciones de fincas y fábricas, con un considerable nivel de violencia que, sin embargo, no se encauzó hacia una insurrección directa para tomar el Poder, pese a que todos esos sucesos parecían poner a Italia al borde de la revolución y de la guerra civil. Fue precisamente este contexto el que propició el fortalecimiento, a partir de 1920, de un movimiento, el fascista, que hasta entonces solo había sido marginal, y el hecho de que el grado de movilización política y de violencia protorrevolucionaria fuera indudablemente menor en España explica por qué aquí no hubo espacio político para una alternativa ultranacionalista. Y ello aun cuando la relativa impunidad de los activistas de la CNT, ya fuera por la ineficacia o la falta de medios de la policía o por la coacción a la que eran sometidos jueces y jurados –una realidad especialmente denunciada en la Barcelona de los últimos años de la Restauración– pueden explicar, como se señaló, la amplitud de los apoyos militares y civiles que suscitó en esa provincia el golpe de Primo de Rivera.

La irrupción de los fascistas, acaudillados por un antiguo dirigente *massimalisti* del PSI, Benito Mussolini, con sus violentas tácticas de acción directa contaron, igualmente, con simpatías crecientes en los sectores antirrevolucionarios, pese a que postulaban también una significativa transformación autoritaria de la política italiana. Esto hace inteligible el triunfo de Mussolini, que no sería hostilizado ni siquiera tras poner en marcha una demostración de fuerza. La célebre Marcha sobre Roma, en realidad una manifestación de militantes fascistas para exigir que se nombrara a su líder presidente del Gobierno, sirvió para testar el apoyo o la benevolencia del grueso del Ejército, de la Corona y de la mayoría de los políticos liberales. Sólo así se entiende que los últimos Gobiernos constitucionales no tomaran medidas contra las milicias armadas de Mussolini, un problema por lo demás muy alejado del contexto español de 1923, y que la reacción del liderado por Luigi Facta no fuera muy distinta a la de García Prieto: dimitido de facto y tras una formularia petición de medidas contra los fascistas, acabó echándose a un lado. Pero Víctor Manuel III aún retendría el suficiente apoyo en el Ejército para poder ejercer su prerrogativa y encargar la formación de Gobierno, una situación que no era ya la de Alfonso XIII, como ha podido verse al comienzo de este capítulo. Por eso, en Italia, como en la España de 1917 o 1918, la llegada de Mussolini no se tradujo en la quiebra inmediata de la Monarquía liberal, una ruptura que sí se haría, en definitiva, más patente y perceptible con Primo de Rivera[28].

[28] Adrian Lyttelton, *The Seizure of Power. Fascism in Italy (1919-1929)*, London, Weidelfeld and Nicolson, 1973. Renzo de Felice, *Mussolini il fascista…*, *op. cit.*, pp. 286 y 317. S. G. Payne, *La Europa revolucionaria…*, *op. cit.*, p. 157.

LA MONARQUÍA LIBERAL DE VÍCTOR MANUEL III, ¿FASCISMO O IMPERIO?

Cristina Barreiro
Universidad San Pablo-CEU. CEU Universities

Cuando en octubre de 1922, el rey Víctor Manuel III de Saboya tuvo que hacer frente a la situación consecuente a la "marcha sobre Roma" arrastraba ya un largo historial de crisis políticas que evidenciaban la debilidad de la monarquía liberal que, desde los días de la unificación, habían tratado de hacer del Reino de Italia un estado en la vanguardia de las monarquías europeas. La posición italiana posterior a la Gran Guerra fue un elemento. Pero no solo. Eran muchas las grietas que atravesaba un sistema en el que los gobierno no siempre parecían ir de la mano de la jefatura del estado. En este sentido, la personalidad del propio soberano así con el contexto de las relaciones diplomáticas y dinásticas en las que se movía el propio Víctor Manuel se convertirán en uno de los condicionantes que ayuden a comprender, cien años después de lo ocurrido, la posición que hubo de adoptar el soberano en ese otoño en el que los "camisas negras" de Benito Mussolini, marchaban hacia la capital del reino.

El fascismo –como se dijo entonces– "avanzaba colándose por asalto en las guaridas de un politiqueo ruin" en el que al gabinete de Luigi Facta, entonces en el gobierno, solo le quedaba la opción de dimitir[1]. Italia arrastraba meses de luchas, huelgas, paro, salpicados por la teoría de la "brutalización" con la que algunos han querido

[1] "Las imposiciones fascistas y la crisis italiana", *Heraldo de Madrid*, 30-X-1922. Para este trabajo se han tomado como obras de referencia los trabajos del profesor Roger Griffin, *El Fascismo*, Madrid, Alianza Editorial, 1980; Sternhell, Z. *et al.*, *El nacimiento de la ideología fascista*, Madrid, Siglo XXI de España Ediciones, así como el reciente trabajo de José Luis Orella, *Historia del Fascismo*, Córdoba, Almuzara, 2023. Payne califica el fascismo como uno de los términos políticos contemporáneos más vagos e indefinidos. Stanley G., Payne, *El fascismo*, Madrid, Alianza Editorial, 1980, p. 4. Sobre la complejidad de la definición del fascismo puede verse José Luis Orella Martínez, *Historia del fascismo*, Almuzara, Córdoba, 2023, pp. 11-17.

explicar la violencia política del periodo de entreguerras[2]. Pero ¿podría argumentarse también como un paso más en la "crisis de la autoridad del Estado"? Para los fascistas, el Parlamento de los primeros años veinte no representaba fielmente a la opinión del país. Y es posible que tuviesen razón. Pero utilizaron este motivo para reclamar el derecho a gobernar y exigir la convocatoria de nuevas elecciones. Pero aun cuando las columnas fascistas continuaban en dirección hacia la capital, Víctor Manuel III seguía confiando en soluciones legalistas: en la posibilidad de integrar el fascismo en la monarquía liberal. No fue posible.

En este capítulo trataremos de ver como la configuración de las instituciones del Reino de Italia se convirtieron en un elemento catalizador a la hora de determinar la posición adoptada por el soberano en octubre de 1922. Para ello repasaremos la génesis del modelo político vigente en la Italia unificada hasta la aparición de Mussolini en el mapa político y trataremos de entender las motivaciones que llevaron a Víctor Manuel a apostar, una vez producida la marcha, por el modelo institucional subyacente. Revisaremos el papel consustancial que tuvo la Iglesia como institución en el contexto social y político del primer tercio del siglo xx, en relación con los órganos de poder posteriores al modelo liberal en la contradictoria simbiosis que podría llegar a encontrase entre catolicismo y fascismo. Así mismo, trataremos de sintetizar la expansión como Imperio del modelo de la monarquía italiana en la figura de Víctor Manuel: un intento de asimilar el ideal fascista con un nacionalismo de corte dinástico que llevó a la proclamación del soberano como rey de Albania y emperador de Abisinia. ¿Era una posibilidad viable? Aquello terminará causando una crisis internacional que unida al estallido y evolución de la Segunda Guerra Mundial catalizará el giro en la posición de la dinastía hacia Mussolini, con las derivaciones que ello tuvo en las pérdidas de apoyo hacia los Saboya y el plebiscito que determinó el final de la Monarquía en Italia. Veinte años de convivencia con el

[2] Ángel Alcalde, "La tesis de la brutalización (George L. Mosse) y sus críticos: un debate historiográfico", *Pasado y Memoria*, n.º 15, Monográfico, Mentalidades en Guerra. pp. 17-42.

fascismo se habían convertido en un obstáculo para la supervivencia de la institución.

FASCISMO Y MONARQUÍA

La monarquía italiana tiene su origen en el periodo de unificación de 1859 a 1870. En 1861, Víctor Manuel II asumió el título de Rey de Italia para sí y para sus sucesores. Fue un proceso en el que se conjugaron plebiscitos y guerras, como la que llevó a la participación de "revolucionarios de barricada" como Garibaldi a tomar parte en la anexión del Reino de las dos Sicilias, liquidando del trono a la rama borbónica que reinaba en el sur de la península desde tiempos de Carlos III. Lo que si quedaba claro es que, prese a veleidades republicanas de primera hora como las de movimientos románticos del estilo de "la joven Italia", esa unificación se haría alentada por Cavou –entre otros– bajo un modelo de monarquía liberal[3]. Los Saboya, dinastía del primigenio ducado piamontés del siglo XV, estaba decidida a liderar un proceso que colocaría su monarquía, alineada con los corrientes liberales que habían alumbrado en Europa desde los años treinta.

Italia había finalizado su unificación política en 1871, por lo que su nivel de nacionalismo era muy elevado, igual que había sucedido a Alemania. Una patria unida, pero de múltiples contrastes donde el norte liderado por Turín y Milán daban una imagen de modernidad industrial y el valle del Po –una de las regiones más desarrolladas del viejo continente–, contrastaban con un sur clientelar, profundamente agrario, en el que la emigración a Estados Unidos o Argentina era el futuro de miles de jóvenes campesinos sin tierra. Una nación liberal y democrática, pero en la que por la ley de 1882 se privaba del derecho al voto al 78 % de la población, lo que hacía de este derecho una cualidad de las élites propietarias liberales, reforzando su visión laicista

[3] Pese a los años trascurridos desde su publicación, sigue resultando una buena síntesis de la situación italiana en el último tercio del siglo XIX el trabajo del profesor Antonio Eiras Roel, "La unificación italiana y la diplomacia europea" *Revista de Estudios Políticos*, 113, 1964. pp. 129-156.

por la incomparecencia electoral católica hasta después de la Primera Guerra Mundial, por motivo de la anexión de los Estados Pontificios durante la unificación[4]. Cómo en gran parte de los países europeos en ese último tercio del siglo XIX, los poderes ejecutivos "cocinaban" sus mayorías parlamentarias mediante el clientelismo y la compra del voto, donde el protagonismo de los prefectos, responsables máximos de la administración a nivel comarcal será determinante junto a los notables locales. Si nos propusiésemos hacer una comparativa entre ambas realidades, España sería un ejemplo.

El reinado de Víctor Manuel III comenzó cuando Humberto I, su padre, murió asesinado en 1900 en Monza a manos de un anarquista[5]. Desde tiempo atrás, los movimientos ácratas venían operando con fuerza en el corazón de los diferentes imperios europeos en un tiempo en el que, las derivaciones de los sistemas bismarkianos que habían venido buscando el equilibrio continental, empezaban a amenazar con su fracaso. La guerra franco-prusiana de 1870 había dejado un halo de revanchismo entre la nueva Alemania unificada y la posterior Tercera República Francesa que mucho determinará las posteriores tiranteces territoriales que alentará la creación de bloques y alianzas en plena eclosión, por otro lado, del Imperio de los Habsburgo carcomido por las diferentes nacionalidades de aquel crisol étnico y cultural. El reino de Italia jugaba, en este escenario, un papel clave, ¿sería capaz de ganar para sus fronteras todo lo que desde el "irredentismo" decimonónico que consideraba propio?

Víctor Manuel III, que había accedido al trono con treinta años y había recibido formación militar, disfrutaba de un poder ejecutivo semejante a otros monarcas europeos[6]. La situación era similar a la española establecida para la corona por el sistema canovista o,

---

[4] José Luis Orella, *Historia del Fascismo*. p. 27

[5] *El Imparcial* (31-07-1900)

[6] Resulta bastante sorprendente que no dispongamos de una biografía de referencia sobre el rey Víctor Manuel III, más allá de los trabajos de corte periodístico llevados a cabo hace décadas por Domenico Bartoli, *Víctor Manuel III*, Hispano Americana de Ediciones, 1946. Su implicación biográfica se ha circunscrito siempre al proceso de asunción de la monarquía del fascismo y muy especialmente al papel del monarca desde el 38 y el giro del 43. Si encontramos notas biográficas al Víctor Manuel de este periodo, en Renzo de Felice, *Mussolini, il fascista. La conquista del potere (1921-1925)*. vol. 1, 2019.

incluso, por la monarquía portuguesa previa al regicidio de Lisboa –Carlos I y su heredero el príncipe Luis Felipe– de 1908. Italia tenía una constitución que era la establecida en el reino del Piamonte a mediados del siglo XIX: a través del sufragio censitario se elegían dos cámaras, un Senado y una Cámara de Diputados. Incluso durante el gobierno de Benito Mussolini, la constitución se mantuvo formalmente en vigor sin sufrir alteraciones.

Pese al papel moderador y de contrapeso político otorgado constitucionalmente a la Corona, el primer periodo del reinado de Víctor Manuel, está dominado por la figura de Giovanni Giolitti, un liberal progresista que por su formación funcionarial va a demostrar una visión clara del estado liberal[7]. Desde un firme proteccionismo, favoreció a las elites industriales del norte de Italia y desarrolló un proceso amplio de modernización del país, proporcionándole a través de la "corrupción electoral" en boga, la estabilidad política necesaria. Uno de sus éxitos será el intento de absorber a las nuevas fuerzas políticas de masas, marginando a los elementos que podían mostrarse contrarios al liberalismo, en línea, en parte, con las políticas regeneracionistas que trataría de aplicar Canalejas en España. De ese modo, la apertura de Gioliti al sufragio universal masculino posibilitó la entrada en las dos cámaras legislativas del PSI, el Partido Socialista Italiano de Andrea Costa, que se inició como fuerza parlamentaria con éxito creciente de 28 diputados en 1904 a los 79 en 1913, si nos atenemos a los datos proporcionados por el profesor José Luis Orella. Del mismo modo, con respecto a los católicos, Giovanni Giolitti aplicó políticas dirigidas a mantener la moral católica sin ahondar, todavía más, en los enfrentamientos con la Iglesia: no permitió el divorcio, aunque sí la educación religiosa en las escuelas públicas, no se opuso al nombramiento de obispos y pagó las indemnizaciones debidas a la Santa Sede. De ese modo, los ejecutivos de Gioliti consiguieron gozar del apoyo político de los elementos sociales católicos hasta el estallido de la Primera Guerra Mundial. Gracias a ello, en parte, el mundo católico social

[7] Una buena aproximación biográfica al hombre político encontramos en, Giovanni Ansaldo, *Il ministro della buona vita. Giovanni Giolitti e i suoi tempi*. Biblioteca di Nuova Storia Contemporánea, 2002.

vertebrado en cooperativas, cajas rurales, asociaciones de obreros, de estudiantes, de mujeres etc… conseguirá en las elecciones de 1913 sus primeros resultados. Eran las primeras con sufragio universal y lograrán poner de relieve el papel del voto católico al obtener 29 diputados en esa legislatura. Este segmento católico-social terminará tomando cuerpo en el Partido Popular de Luigi Sturzo, con un centenar de escaños y cuya aparición terminará contribuyendo al detrimento de los liberales, convirtiendo el norte lombardo y veneto, en el nicho electoral del voto católico.

En lo que hace referencia a la política internacional, el 29 de septiembre de 1911, el Reino de Italia declaró la guerra al Imperio Otomano. Pretendía ser una demostración al resto de los países europeos de que Italia estaba dispuesta a sumarse al papel de potencia regional en el área del Mediterráneo y esencialmente en el norte de África. En octubre de 1912, el Ejército Italiano había ocupado las islas del Dodecaneso y Libia ganadas a los turcos, posicionándose como un nuevo protagonista político en el antiguo "Mare Nostrum". Como pone de manifiesto el profesor Orella en su libro *Historia del Fascism*o "el resultado positivo de la guerra colonial ensalzó el nacionalismo italiano a altas cotas, pero no se tradujo en un apoyo de las fuerzas liberales del gobierno. El liberalismo se había mimetizado con las instituciones y había perdido la fuerza atrayente de la emotividad de un patriotismo surgido en el romanticismo que iniciaba un camino separado de aquel"[8]. Para empeorar la situación, el aumento de los precios y la imposibilidad de exportar por la defensa de un fuerte proteccionismo provocó protestas, huelgas y revueltas generalizadas en un sur empobrecido que fueron reprimidas con dureza. Socialistas y católicos sociales alimentaron y lideraron aquellas protestas consideradas como bolcheviques en ese tiempo, fuesen rojos o blancos, según el lenguaje liberal.

Si hacemos un repaso por los posicionamientos que en aquellos días podían percibirse en el mundo socialista, es claramente perceptible que desde 1912 se estaban produciendo giros evidentes: el momento quizá más evolutivo lo encontramos cuando el líder revolucionario

---

[8] José Luis Orella, *Historia del Fascismo*, p. 28.

Constantino Lazzari, tome el control de la organización política y nombre para la dirección del periódico *L'Avanti* –su órgano oficial– a Benito Mussolini. Por entonces delegado de la federación de Forli, Mussolini había destacado por su agresividad dialéctica contra llos sectores moderados, expulsados finalmente del partido. Mussolini, hijo de un herrero líder local socialista y de una maestra de Predappio, se había acercado a las ideas proletarias de su progenitor, pero terminó en Suiza, dilatando su ingreso en el servicio militar y como cabecilla de altercados que le llevaron a un juvenil expediente delictivo.

En esos primeros años del siglo XX cuando todavía se estilaba la idea del "socialismo revolucionario", las colaboraciones de Mussolini en prensa fueron habituales hasta llegar a mantener un choque periodístico con un joven Alcide de Gasperi, que ya dirigía el diario católico *Il Trentino*. Los periódicos le sirvieron a Mussolini para caldear el ambiente contra el Imperio Austrohúngaro, llegando al *cénit de su profesión con la dirección del milanés Avanti*, órgano del Partido Socialista. Renzo de Felice afirmó en su antología de este periodo que "fue uno de los más grandes periodistas de su época y el primero en utilizar la prensa como arma letal de propaganda", a la vez que destacó las frases de Prezzolini y del propio dirigente del fascismo identificándose con la profesión[9]. Vino después su irredentismo y posiciones contrarias a la neutralidad hasta su participación, como soldado, en la Gran Guerra y fundación de *Il Popolo d'Italia*. Desde entonces fue enfrentándose a monárquicos, católicos y republicanos, en defensa de las ideas socialistas, pero en adelante con un fuerte elemento nacionalista. Y en este sentido, no podemos obviar cómo el Estado liberal ejerció un control de la prensa en diversos modos (censura, suspensión de publicaciones e ilegalización de periódicos) y que este control fue mayor en las situaciones de crisis que vivió la monarquía italiana. Así pues, parece que la influencia de la guerra del 14 en la conformación de las ideas de Mussolini y en el nacimiento

[9] Renzo de Felice, *Mussolini giornalista*, Rizzoli, Milano, 2001, p. VI. La frase figura en la contraportada del libro. En 1924 se publicó una primera antología con los artículos de *Il Popolo d'Italia*. Benito Mussolini, *Diuturna*, Casa Editrice Imperia, Milano, 1924. Sobre Mussolini "periodista" puede verse también la versión de la obra de Adolf Dresler, *Mussolini giornalista*, Pinciana, 1939.

del fascismo es evidente: podemos afirmar que su ideología fue la consecuencia de un proceso de maduración, acelerado durante la guerra y compatible durante un tiempo con su pertenencia al Partido Socialista Italiano[10]. Pero desde ese momento vivirá una especie de metamorfosis, una evolución hacia posicionamientos nacionalistas que devolviesen a Italia el orgullo de una nación imperial. Desde esa perspectiva, el régimen liberal que sustentaba la monarquía de Víctor Manuel III se descomponía por los cuatro costados

En este sentido, parece claro que el fascismo como ideología se alimentó de la idea de crisis así como del cuestionamiento radical del mundo demoliberal del siglo XIX y de las convulsiones político-ideológicas de inicio del siglo XX[11]. Por todo ello, podemos concluir que la situación política italiana previa al conflicto mundial ya anunciaba su profunda crisis social y el deterioro del régimen liberal, amparado en las oligarquías locales, que veían en los movimientos de masas que se estaban gestando, una amenaza palpable para su hegemonía socio-política así como para el orden institucional que se pretendía mantener.

EL REINO DE ITALIA EN LA ÓRBITA DE LA ENTENTE

En los meses previos al comienzo de la Primera Guerra Mundial, Italia tenía un tratado defensivo con la Triple Alianza, con Alemania y con el Imperio Austro-Húngaro, por la ampliación colonial francesa en el área de influencia italiana y esta alianza estuvo en pie desde 1882 hasta 1913. Pero en abril de 1915, los italianos firmaron el Tratado secreto de Londres con la Triple Entente modificando su posicionamiento internacional para entrar en la Primera Guerra Mundial junto a británicos, franceses y rusos. Entre los motivos que

[10] La guerra y la revolución fueron claves para entender la eclosión del fascismo. Ángel Alcalde plantea que "La Revolución rusa es el primer y principal factor para explicar la deriva de Mussolini hacia una nueva ideología que ensalzaría a los futuros excombatientes como campeones de la nación". Ángel Alcalde, *Excombatientes y fascistas en la Europa de entreguerras*, PUV, València, 2022, p. 783.

[11] Marco Tarchi, *Fascismo. Teorie, interpretazioni e modelli,* Roma/Bari, Laterza, 2003, p. 12.

llevaron al monarca Víctor Manuel III a cambiar de opinión, nos encontramos con las promesas aliadas de que se les entregarían los territorios del Imperio de los Habsburgo de mayoría italiana y que se situaban en el Adriático. Por ese motivo, en 1915 Italia aceptó la invitación británica de unirse a la Entente en la Primera Guerra Mundial: le prometieron una compensación territorial a costa de Austria-Hungría. Estamos todavía en los comienzos de la guerra y la corona saboyana mantenía aún el timón del control de la política exterior del país y todavía mantenía su ascendencia en el Ejército como garante de la monarquía italiana.

Pero a pesar de una situación previa que podría suponerse ventajosa para los intereses del país, la participación militar de Italia en la Primera Guerra Mundial tuvo poco que ver con las expectativas iniciales de Víctor Manuel III: aunque el conflicto tuvo algunos puntos beneficiosos para el estado, la realidad para el conjunto del país no resultó positiva. Es cierto que la participación en la guerra permitió absorber el desempleo, introducir a las mujeres como mano de obra en el mercado laboral y activar todas las ramas de la producción para una economía de guerra. También se potenciaron áreas como la industria aeronáutica y automovilística, hasta entonces marginales en el país, y que en el ámbito del campo, la producción agrícola aumentase por la necesidad de alimentar. La guerra ayudó a un mayor desarrollo industrial principalmente en el norte y a un mayor proceso de protagonismo de aquel empresariado innovador que tendrá ambiciones de carácter político. Pero la guerra tuvo sobre todo consecuencias políticas y económicas negativas: la Gran Guerra convirtió la crítica en desencanto, achacando a la democracia liberal todos los males que habían conducido a la guerra[12]. Además de los aspectos humanos y de desmoralización juvenil, la ausencia de materias primas derivada de su participación en el conflicto (carbón, hierro y cereal como alimento básico) así como de armamento pesado, obligó

[12] Roger Griffin, *Nature of Fascism.* New York, St. Martin's Press, 1991, p. XI.

a Italia depender del extranjero y a subordinarse cada vez más ante Francia y Gran Bretaña.

Al final del conflicto, Italia se encontraba entre los vencedores de la Gran Guerra, pero el coste en vidas, heridos y muertos entre la población civil resultó muy elevado. Cuando se llevaron a cabo las negociaciones en París para reordenar el mapa europeo frente a los vencidos, los acuerdos no resultaron satisfactorios para los políticos y civiles que habían apoyado entrar en el conflicto con la esperanza de obtener ventajas territoriales. En el Reino de Italia no se vio con buenos ojos el reparto que se hizo de las colonias africanas de Alemania que quedaron a merced de británicos y galos, sin concesiones de ningún tipo cuando amparaban a Grecia en su posterior extensión en Asia menor a costa de los turcos. Tampoco resultó favorable para los italianos la formación de Yugoslavia bajo el liderazgo del rey serbio, Alejandro I que terminará asesinado en Marsella en 1934, que tanto había conspirado contra su padre en una unión fatal con su esposa Draga Maschin, antigua dama de corte de su madre, la reina Natalia. El tamaño de este estado la convertía en un rival de Italia en lo que pretendía que ser su zona de influencia: el Tratado de Rapallo del 12 de noviembre de 1920 asentó la frontera con el reino de los Serbios, Croatas y Eslovenos. Excepto algunas islas, la Dalmacia fue para los yugoslavos e Italia tuvo que renunciar al reconocimiento diplomático de Montenegro, como había mantenido hasta entonces pese a los vínculos dinásticos que les unían con la corona de los Petrovìc-Njegos [13].

El 23 de marzo de 1919, Benito Mussolini fundaba en Milán los *Fasci italiani di combattimento.* Hasta el nombramiento de Benito Mussolini como primer ministro, hubo cuatro primeros ministros representativos de la vieja elite liberal italiana –Francesco Nitti, Giovanni Giolitti, Ivanoe Bonomi y Luigi Facta–, expertos en la

[13] La reina y esposa de Víctor Manuel III era la princesa Elena de Montenegro. La dinastía Petrovìc-Njegos se había consolidado en el Reino de Montenegro en 1873 y desde entonces aspiraba a jugar su equilibrio en el avispero en el que se había convertido los Balcanes. La pareja se había casado en 1898 en un intento claro de aportar savia nueva a la sangre de los Saboya. Aunque no eran un matrimonio estéticamente armónico, tuvieron cinco hijos, entre los que se encuentran el efímero Humberto II y Juana, última reina de Bulgaria.

formación de ejecutivos de coalición donde, como se ha visto, el apoyo de los católicos sociales y del ala reformista de los socialistas mantuvo un orden liberal quebrado y que no correspondía a la sociedad italiana nacida después de la Primera Guerra Mundial. El fuerte endeudamiento causado por la guerra y las duras medidas que hubo de adoptar para hacer frente a la situación económica, no ayudaron a reforzar el peso a los gobiernos de la vieja política. El sufragio universal masculino permitió la entrada de los partidos de masas como verdaderos interlocutores los intereses de los italianos, representados por el PSI (Partido Socialista Italiano) y el PPI (Partido Popular Italiano). Sin embargo, la revolución rusa trajo el temor al peligro comunista suscitado a causa de la agitación obrera y la falta de respuesta por parte del estado y que tuvo su papel importante en el apoyo de las organizaciones patronales y agrarias hacía aquellos que quisiesen mantener el orden social frente a los revolucionarios. Los fascistas de Mussolini pronto se vieron convertidos en un movimiento de masas, ya que, entre otras causas, poco a poco se les fueron agregando elementos de los sectores medios de la sociedad que hasta ese momento simpatizaban con el liberalismo.

¿FAMILIA REAL Y "FASCISMOS"?

Inicialmente el rey Víctor Manuel III, siente desconfianza por el fascismo y su forma de actuar. El rey llevaba desde 1898 casado con la princesa Elena de Montenegro y de esa unión habían nacido tres hijas, Yolanda, Mafalda, Juana y María, y un varón, Humberto, futuro heredero del trono. De entre la Familia Real, la posición de la reina Margarita, viuda de Humberto I, madre de Víctor Manuel y con un peso destacado en el Quirinal, parecía converger con algunos de los principios del fascismo, sobre todo en cuanto al nacionalismo, del nuevo movimiento que se estaba ganando las simpatías de buena parte de la sociedad italiana. Y ello a pesar de su fuerte catolicismo, no siempre bien entendido entre algunos elementos profascistas. Su fallecimiento en 1926 en su casa de Bordighera (Liguria) le impedirá ver cómo su hijo perderá el trono del

Reino de Italia y el país se convertirá en una República tras el final de la Segunda Guerra Mundial.

Elena de Montenegro, la reina *infacto* como esposa de Víctor Manuel no parecía simpatizar con la ideología ni, mucho menos, con la situación derivada del ocaso del modelo liberal consecuente al acceso al poder de Benito Mussolini y quiso distanciarse del autoritarismo con el que, a su juicio, la nueva situación había salpicado a la monarquía. Tampoco la princesa de Piamonte, María José de Bélgica, casada desde 1930 con Humberto, heredero del trono, mostrará agrado hacia el autoritarismo del movimiento fascista. De las hijas de Víctor Manuel, la segunda, Mafalda, terminó contrayendo matrimonio en 1925 con Felipe de Hesse-Kassel, convertida en Landgravina de este pequeño estado y, por un tiempo, bajo la óptica de la futura disciplina nazi a pesar de que los sucesos de 1943 terminarán convirtiéndola en presa fácil de la persecución nazi.

La tercera de las hijas de los reyes, Juana, iba a contraer matrimonio en 1930 con Boris III de Bulgaria, lo que, en el plano de política exterior había supuesto una unión ventajosa entre los dos reinos, aunque supusiese una perspectiva poco halagüeña para Yugoslavia y sus aliados. La mayor, Yolanda, se había casado en abril de 1923 con un aristócrata de peso menor en el plano internacional mientras que la pequeña, la princesa María, lo hizo ya en 1939 con Luis de Borbón-Parma, hermano de quien había sido última emperatriz del Imperio Austro-Hungaro, Zita y del príncipe Félix, esposo desde 1919 de la gran duquesa Carlota de Luxemburgo.

Sin embargo y a pesar de este abanico familiar inicialmente distanciado de las nuevas corrientes ideológicas, en el movimiento fascista militaba desde sus inicios el primo de Víctor Manuel III, Amadeo de Saboya-Aosta. El nieto del antiguo monarca de España, Amadeo I de Saboya, había ascendido en el ejército por méritos de guerra en la Primera Guerra Mundial y en las campañas de Libia y podía convertirse, apoyado por los "camisas negras", en un rival posible ante el rey. El hermano de Amadeo, el príncipe Aimón de Saboya-Aosta, llegará a ser proclamado rey de Croacia en 1941 con el nombre de Tomislav II, una especie de estado títere de Mussolini, aunque jamás pisó aquellas tierras[14]. Su esposa era la princesa Elena de Grecia, hija del rey Constantino y Sofía de Prusia, exiliados en Italia, en Florencia, desde el comienzo de la guerra grego-turca de 1921.

VÍCTOR MANUEL ANTE LA "MARCHA SOBRE ROMA"

Los fascistas prepararon la "marcha sobre Roma", como una concentración que debía reunir a todos sus efectivos escuadristas para converger desde distintas localidades sobre Roma y exigir al rey Víctor Manuel la entrega del poder. En ese momento, el partido fascista era ya una minoría parlamentaria pero no parecía suficiente. La "marcha sobre Roma", fue organizada por cuatro dirigentes que serán conocidos como los *quadrumviros*, que fueron Michele Bianchi, Italo Balbo, Cesare María de Vecchi y el general Emilio de Bono. Los dos últimos correspondían al perfil nacionalista, liderando a los monárquicos que como el citado príncipe Amadeo de Saboya-Aosta, se habían adherido al fascismo. Roma estaba defendida por un contingente cercano a los treinta mil soldados, muchos de los estaban dispuestos a defender la ciudad, si el rey lo ordenaba. Hasta tal punto llegaba su determinación de frenar a los fascistas, que habían ordenado arrancar los raíles del tren para incomunicar Roma con el exterior.

El 28 de octubre de 1922, Víctor Manuel III recibió al primer ministro Luigi Facta y se negó al establecimiento del estado de sitio. Facta volvió a su despacho después de presentar su dimisión. Mussolini –en Milán porque él no "marchaba"– se negó después de la movilización de sus escuadristas, a integrarse en gabinete presidido por el conservador Antonio Salandra. Esa había sido la proposición inicial del soberano en un claro intento de confiar en soluciones legalistas y en la posibilidad de integrar el fascismo en la monarquía liberal. Por eso no es de extrañar que la reacción de la prensa española pasase por hablar de una "revolución adecentadora" en intención de justificar los propósitos de la marcha. En este sentido, hasta el elitista *El Sol*

[14] *Legiones y Falanges*, 1-VII-1941.

abría su edición con un lacónico "El fascismo, camino del poder"[15]. Pero, poco más tarde Mussolini recibía en su despacho de Il *Popolo d'Italia* el telegrama en el que se le solicitaba que viajase a Roma para reunirse con el rey. Partió esa misma noche en un tren directo a la capital. El 30 de octubre de 1922, Víctor Manuel III nombró a Benito Mussolini nuevo jefe del Gobierno de Italia por un período de aproximadamente un año. Después, debía abandonar, tomando como fecha última el 31 de diciembre de 1923. ¿Podría haberse enfrentado el Ejército, monárquico, a las huestes fascistas? Es posible, aunque muy probablemente a costa de un sangriento enfrentamiento civil que el monarca prefirió evitar.

El 16 de noviembre se constituyó el Gobierno de Mussolini, que inicialmente fue de coalición, y donde de catorce ministros, solo cuatro eran fascistas de origen ya que el resto representaban a otras fuerzas parlamentarias. El nuevo ejecutivo juró en el Parlamento y recibió el apoyo de 306 votos a favor, 116 en contra y 7 abstenciones. El liberalismo, como tal, se mostraba acabado, por mucho que algunos viesen en el movimiento fascista una especie de eclipse pasajero: un fenómeno contingente que se apaciguaría con la entrada en las instituciones. Se equivocaron. El *Duce* acababa de asumir los poderes políticos, aunque para la conversión del Estado al fascismo todavía faltaba un tiempo.

En febrero de 1923 la Asociación Nacionalista Italiana de Enrico Corradini fue absorbida, integrando a sus diputados, a sus cuadros directivos, y a una importante representación en el mundo de la cultura. A nivel paramilitar, en la MVSN (Milicia Voluntaria para la Seguridad Nacional) se integró la milicia del ANI (Asociación Nacionalista Italiana), una especie de milicia de seguridad creada inicialmente para proteger mítines, compuesta por más de 80.000 camisas azules celestes, denominados *Sempre Pronti*. En cuanto a los liberales, estos se agrupaban hasta la fecha bajo la denominación de PLI (Partido Liberal Italiano), mayoritariamente seguidores de Antonio Salandra, y también de Vittorio Emanuele Orlando, quienes "se dejaron llevar por los canticos de sirena del fascismo como elemento

[15] *El Sol*. "El fascismo, camino del poder", 28-X-1922.

que garantizaba el orden"[16]. Como se ha visto, la integración de los políticos liberales era posible por su intenso patriotismo proveniente por ser los responsables del *Risorgimento* que acabó con la unificación política de Italia en la idea de cumplir con el mandato de los padres fundadores del siglo XIX y educar en aquel patriotismo. Pero para los fascistas esta integración era necesaria porque les proporcionaba respetabilidad política y la estructura clientelar en el mezzogiorno. Pero sobre todo, sumar a los políticos liberales suponía garantizar la confianza del rey y del ejército.

Mussolini sabía que inicialmente dependía del respaldo del jefe del estado, el rey Víctor Manuel III, quien contaba con importantes sectores monárquicos dentro de las mismas filas del PNF (Partido Nacional Fascista) y sobre todo, del Ejército. El Ejército del Rey era una fuerza que aunque contase con simpatizantes fascistas debía constitucionalmente fidelidad al monarca de la casa Saboya. La Milicia Voluntaria para la Seguridad Nacional, conocida como los "Camisas Negras", nunca llegará a convertirse en un ejército paralelo, como terminaron siendo las SS del partido nazi alemán. La agrupación de las legiones italianas en divisiones se produjo para agrupar a los voluntarios en la campaña de Etiopía y posteriormente, en la de España de 1936.

MONARQUÍA, CUESTIÓN RELIGIOSA Y FASCISMO

Desde que Mussolini dio su salto a la esfera pública, se había caracterizado por sus actitudes provocadoras. Incluso escribió una novela titulada *La amante del cardenal* que se había publicado por entregas en *Il Popolo* y que resultaba muy soez contra la Iglesia. El suyo, además, era un movimiento de claros posicionamientos seculares. La Iglesia tenía razones suficientes para "desconfiar" del movimiento creado por Mussolini quien, además, parecía profesar abiertamente cierto ateísmo. Sin embargo, el proceso de integración de los elementos derechistas al fascismo, fue progresivamente haciéndole más tolerante

[16] José Luis Orella, *Historia del Fascismo*, p. 52.

hacia el catolicismo hasta terminar asumiendo esta identidad religiosa como algo propio de los italianos. Esta "cuestión religiosa" fue quizá, uno de los elementos que hicieron posible la tolerancia de la reina Margarita, de incuestionable fe católica, hacia un movimiento de raíces paganas[17]. No obstante, los elementos contradictorios entre entre el régimen de Mussolini y la Iglesia católica, hace que esta fuese en su momento aliada, pero al mismo tiempo, resistente, a sujetarse al totalitarismo fascista. En este sentido si puede afirmarse que el fascismo italiano no desarrolló radicalmente todas las potencialidades de lo que en los círculos académicos se ha venido conociendo como la "sacralización" de la política, al terminar haciendo de ese catolicismo un rasgo nacional permanente como soporte espiritual del régimen[18].

El gobierno fascista era heredero de una tradición laicista del estado liberal e incluso combativa entre los nacionalistas, quienes por su fuerte patriotismo supeditaban todo al ideal de la patria, incluso al catolicismo que se había opuesto a la integración de los Estados Pontificios en la unificación ya desde los días de Víctor Manuel II. Muchos de los nacionalistas militaban en logias masónicas, algo muy extendido desde comienzos del siglo XIX en los antiguos círculos de poder liberales y más especialmente en el ejército. Sin embargo, la "cuestión romana" era una de las asignaturas pendientes, sin resolver, que el ejecutivo de Mussolini había heredado y cuyas respuestas podía atraer a las masas católicas a una opinión favorable hacia el fascismo. Como afirma Orella en su último trabajo los crucifijos habían vuelto a las escuelas y los hospitales, la instrucción religiosa en la educación fue obligatoria, los seminaristas quedaron exentos de hacer el servicio militar, la Misa se añadió a la celebración de las

---

[17] El problema de la "cuestión romana" surgido cuando el ejército piamontés puso fin al Estado Pontificio, con la toma de Roma el 20 de septiembre de 1870, que había supuesto el alejamiento político de los católicos de la vida pública italiana, y el monopolio de su actividad por los liberales línea laicista, se solucionaba con la firma de los Pactos de Letrán el 11 de febrero de 1929, fiesta de la Virgen de Lourdes. Los difíciles nexos entre fascismo y catolicismo han sido también trabajados por Emilio Gentile, *El culto del Littorio. La sacralización de la política en la Italia fascista*, Siglo XXI, 2007 y *Le religioni della política, Fra democrazie e totalitarismi*, Economica Laterza, 2007.

[18] Emilio Gentile, *El culto a El culto del Littorio*, p. 560 y Franco Savarino Roggero, "Fascismo y sacralidad: Notas entorno al concepto de "religión política", *Noésis. Revista de Ciencias Sociales y Humanidades*. Vol. 14 (jul-dic 2015). pp. 132-133.

grandes solemnidades y los capellanes fueron incorporados a las organizaciones juveniles fascistas. La pregunta sería entonces, ¿habría sido posible la formación de este fascismo social sin la integración de estos elementos católicos?, ¿tuvo algo que ver la monarquía?

La Iglesia tuvo que aceptar como se disolvía el PPI (Partido Popular Italiano) de corte democristiano y las organizaciones sindicales y juveniles católicas tuvieron que aceptar su integración en las asociaciones fascistas, que eran las únicas autorizadas. Arnaldo Mussolini, hermano menor del duce, editor de *Il Popolo d'Italia,* y siempre fiel fue quien sirvió de enlace con la Iglesia para favorecer un acercamiento, que junto a sectores propiamente religiosos de simpatías fascistas, contribuyeron a limar una herida permanente en uno de los países que todavía se percibía como católicos del continente. La solución se materializó el 11 de febrero de 1929, cuando se firmaron los Pactos de Letrán entre el cardenal Pietro Gasparri, en nombre del papa Pío XI, y el primer ministro de Italia, Benito Mussolini, en nombre del rey Víctor Manuel III[19]. En el concordato, Italia compensaba económicamente a la Iglesia por las pérdidas ocasionadas por la violenta anexión militar, y la Iglesia garantizaba la neutralidad política de sus obispos. A su vez, el Estado italiano reformaba una serie de leyes para adaptarlas a la doctrina católica en temas como el divorcio y matrimonio. El punto principal era la creación y reconocimiento del Estado de la Ciudad del Vaticano, con capacidad para el autogobierno y con opción a establecer relaciones diplomáticas. El reconocimiento del nuevo estado garantizaba la libertad e independencia del papa, como cabeza de la Iglesia católica. Como muestra de aquel vuelvo en la situación, el mismo 8 de mayo de 1930, día del enlace en la capilla del Quirinal del heredero Humberto con la

[19] Una visión crítica sobre los Pactos Lateranenses de 1929 encontramos en Franco Savarino Roggero, "Fascismo y sacralidad...", pp. 123-126. El autor afirma que "La Italia de Mussolini, incluso, con los Pactos Lateranenses de 1929, le garantizó a la Iglesia católica su independencia formando el Estado de la Ciudad del Vaticano. La Iglesia católica (...) logró obtener más del Estado totalitario fascista que del Estado liberal anterior" p. 123.

princesa María José de Bélgica, los nuevos esposos se dirigieron al Vaticano para ser recibidos y bendecidos, por el pontífice[20].

La resolución de la "cuestión romana" proporcionó a Mussolini amplios porcentajes de popularidad, y también la pérdida de influencia dentro de la Iglesia de algunos antifascistas de peso[21]. El cambio de contexto significó a nivel educativo un aumento considerable de los centros administrados por órdenes religiosas, que durante el régimen liberal no habían podido desarrollarse. El momento será bien aprovechado y los centros educativos de enseñanza media y superior se multiplicaron de una forma espectacular. Sin embargo, el pacto de Letrán no evitó los problemas que siguieron siendo palpables entre catolicismo y fascismo, sobre todo desde que la disolución de la Acción Católica, y las reivindicaciones del fascismo sobre la juventud en su empeño de control en organizaciones instrumentalizadas desde el poder.

El 29 de junio de 1931, el papa Pío XI publicaba la encíclica *Non abbiamo bisogno,* en la que se palpaban ya cuáles eran los los elementos más palpables de tensión[22]. En un principio, después de la disolución y desaparición del Partido Popular, los que pertenecían ya a la Acción Católica, continuarían perteneciendo a ella, sometiéndose con perfecta disciplina a su ley fundamental, es decir, absteniéndose de toda actividad política. Esto es lo que hicieron también los que entonces solicitaron su admisión. La misma dualidad, con los matices propios que encontramos en la génesis del estado nacional español tras la victoria de Franco en la Guerra Civil, la encontraremos también en los elementos católicos y los más afines a la identidad totalitaria de corte fascista, al menos hasta finales de

---

[20] *Heraldo de Madrid* y *La Época* (7-01-1930).

[21] Es el caso de Giuseppe Donati, activista de la Liga Democrática Nacional, de posturas rebeldes contra la autoridad eclesial, intervencionista a favor de la guerra, colaborador con los nacionalistas en sus publicaciones y crítico con la formación del PPI de Luigi Sturzo. Sobre estas cuestiones puede verse, José Luis Orella, *Historia del Fascismo,* pp. 73-76.

[22] El texto de la Encíclica *Non abbiamo bisogno* puede consultarse en https://www.vatican.va/content/pius-xi/es/encyclicals/documents/hf_p-xi_enc_19310629_non-abbiamo-bisogno.html [Texto consultado el 27-II-2023]

la década de los cuarenta[23]. Por otro lado, también se hace referencia a la inexacta identificación que se produce entre el PPI y la Acción Católica, cuando ya existía una incompatibilidad anteriormente de simultanear cargos políticos con los apostólicos. Aunque se acuse a la Acción Católica de ser el PPI, los dirigentes con "pasado popular" son escasos y las acusaciones provenían, mayoritariamente, de la propaganda anticatólica. A su vez, la Iglesia protestaba, porque el cambio de gobierno no había supuesto la eliminación de sus oponentes, sino que incluso se habían integrado en el nuevo movimiento fascista, desarrollando su espíritu anticatólico desde sus filas. Así lo trasmite en la Encíclica, en su epígrafe 14: "Nosotros, por el contrario, Nosotros, la Iglesia, la religión, los fieles católicos (y no solamente el Romano Pontífice), no podemos estar agradecidos a quien después de haber disuelto el socialismo y la masonería, nuestros enemigos declarados (pero no solo de Nosotros), les ha abierto una amplia entrada, como todo el mundo lo ve y lo deplora, y ha permitido que lleguen a ser tanto más fuertes y peligrosos cuanto más disimulados y más favorecidos por el nuevo uniforme"[24].

Pero como hemos visto, también liberales y nacionalistas mantuvieron una dialéctica combativa contra el catolicismo. Julius Evola, aunque sin influencia determinante, se vislumbraba como uno de los pocos intelectuales auténticamente paganos de la Italia fascista[25]. Por otro lado, la visión global de que el estado era la única institución que podía educar a los jóvenes, chocó con la Iglesia al ver en los posicionamientos factistas más intransigente una amenaza a la idea de libertad: "Una concepción que hace pertenecer al Estado las generaciones juveniles enteramente y sin excepción, desde la edad primera hasta la edad adulta, es inconciliable para un católico con la verdadera doctrina católica; y no es menos inconciliable con el derecho natural de la familia; para un católico es inconciliable con la doctrina católica el pretender que la Iglesia, el papa, deban limitarse

[23] Cristina Barreiro, *Historia de la ACNDP. La Presidencia de Fernando Martín-Sánchez (1935-1953)*, Madrid, CEU-Ediciones, 2010, pp. 87-110.

[24] Véase https://www.vatican.va/content/pius-xi/es/encyclicals/documents/hf_p-xi_enc_19310629_non-abbiamo-bisogno.html [Texto consultado el 27-II-2023]

[25] Julius Evola. *Imperialismo pagano. Il fascismo dinanzi al pericolo eurocristiano,* Padova, Edizioni di Ar, 1996. [1928]

a las prácticas exteriores de la religión (la Misa y los Sacramentos) y todo lo restante de la educación pertenezca al Estado...", leemos en el punto 27 de la Encíclica.[26]

No obstante, a pesar de la dureza de las palabras de Pío XI, con los años se lograría, en parte, llegar a un acuerdo en el tema educativo que se materializá a finales del año 1931, a través de un Estatuto y que reducía el campo de acción de la Acción Católica a lo religioso y parroquial. De este modo, Acción Católica y la Federación Universitaria Católica Italiana se comprometían a realizar únicamente labores de asistencia religiosa y a dejar el resto de actividades lúdicas al mundo de las asociaciones propiamente fascistas. Sin embargo, cuando esto se produce, el papel político de la corona como agente de equilibrio en la balanza de poderes derivada del propio sistema liberal, había desaparecido por completo. Víctor Manuel III, plegado ya a la nueva realidad derivada de la conquista del estado por parte del fascismo, se verá avocado a dejarse llevar por la corriente totalitaria en la que Europa había devenido tras el fracaso de los sistemas políticos liberales.

VÍCTOR MANUEL, EMPERADOR ¿UN IMPERIO ITALIANO?

La expansión del nuevo imperio que pretendía Benito Mussolini, convirtió a Víctor Manuel III, en emperador de Abisinia en 1936, en un momento en el que los expansionismos de corte nacionalista en Europa empezaban a sentirse como una amenaza aún tolerada por las potencias democráticas. Cuando el 9 de mayo de 1935, Italia conquistada Abisinia, Víctor Manuel III era coronado como Emperador de Abisinia, creando el África Oriental Italiana con Abisinia, Somalia y Eritrea[27]. Aquello desencadenó una crisis política y una guerra en la que empezaron a hacerse evidentes muchas de las carencias

---

[26] Véase https://www.vatican.va/content/pius-xi/es/encyclicals/documents/hf_p-xi_enc_19310629_non-abbiamo-bisogno.html [Texto consultado el 27-II-2023]

[27] Una buena aproximación a la situación de Abisinia en aquellos días aunque muy crítica con el fascismo de Mussolini, encontramos en Eduardo Ortega y Gasset. *Etiopía. El conflicto italo-abisinio*. A Coruña, Ediciones del viento, 2009.

y algunas de las contradicciones, que podían entenderse en lo que hasta esa fecha había significado el ideario político de los Saboya.

En 1939, el estado de Albania, dependiente económicamente de Italia y que gozaba de una monarquía contestada por algunos clanes sociales y económicos, fue anexionada a Italia. Víctor Manuel III se convertida, además, en rey de Albania (1939-1944). Este será el momento de la máxima expansión y popularidad de Benito Mussolini, pero también, del rey Víctor Manuel que veía, como su país recuperaba parte del orgullo perdido en la victoria con sabor a fracaso del 19.

Sin embargo, la entrada en la Segunda Guerra Mundial causará no solo la derrota, sino la pérdida del Imperio, los títulos y por ende, la monarquía. Víctor Manuel III destituyó a Benito Mussolini en 1943 y encargó formar gobierno al general Pietro Badoglio. Esta decisión del monarca de desvincularse del *Duce*, fue el comienzo del drama que iba a vivirse en la familia real como consecuencia del inicio de la llamada "operación Abeba", por la que Hitler ordenaría el inicio de la búsqueda de los miembros de la casa de Saboya. La propia princesa Mafalda, cierto que formalmente casada con quien desempeñaba el puesto de gobernador nazi de la provincia de Hesse, terminaría muriendo en el campo de concentración de Buchenwald en agosto de 1944 como consecuencia de las heridas provocadas durante un bombardeo aliado. Había confiado fallidamente en que su presencia en Roma, en condición de ciudad abierta, la protegería del peligro: acababa de regresar de Sofía donde había acudido a los funerales de su cuñado Boris III, rey de Bulgaria y esposo de su hermana Juana de Saboya. Se encontraba en su residencia de Villa Polissena, cercana a la capital italiana, cuando fue detenida por las autoridades alemanas. Sus hijos, sin embargo, bajo la protección de la Santa Sede, se librarían de la persecución.

La decisión del destituir a Mussolini tomada por el rey, ha llevado a interpretaciones que quieren ver a posteriori, la disconformidad de Víctor Manuel a enfrentarse con las democracias occidentales, al lado de las cuales había luchado en la Primera Guerra Mundial. Pero esta visión peca de excesivo simplismo. Lo cierto es que sabedor de su impopularidad, traidor ante los fascistas, y poco fiable para los antifascistas, Víctor Manuel III abdicaba en su hijo, "lugarteniente general del Reino", el 9 de mayo de 1946.[28] El nieto del primer rey de la Italia unificada se machaba con la reina Elena, en el buque de guerra Duque de los Abruzzos, con dirección a Egipto. Llevaba cuarenta y seis años en el trono.

Humberto II reinó teóricamente desde esa fecha, aunque por entonces, la monarquía se había convertido ya en una institución desprestigiada que, tras el referéndum del 2 de junio de 1946 y con cerca de dos millones de voto de diferencia, daba paso a la República. Esa misma noche, la reina María José, esposa de Humberto, junto a sus hijos, embarcaba desde Nápoles con dirección al exilio[29]. Solo un día después, el "rey de mayo" Humberto II –como se le conoció– efectuó la transmisión de poderes y abandonó en avión Italia con dirección a Portugal.

Víctor Manuel murió en Alejandría el 28 de diciembre de 1847, al día siguiente de la firma de la Constitución de la República Italiana. El estado confiscaba todos los activos en el país de los antiguos reyes de la casa de Saboya.

---

[28] *ABC* (10-V-1946). Enzo Selvaggi era el jefe del Partido Monárquico Italiano y Falcone Lucifero, ministro de la Casa Real.

[29] *ABC* (7-VI-1946). "La reina de Italia ha salido con sus hijos para Portugal". Los resultados publicados en la prensa de los resultados fueron: cristiano-demócratas, 8.049. 101; socialistas, 4.696, 490; comunistas, 4.294.875; Unión Nacional Democrática, 1.535.546; *Uomo Qualunque*, 1.201.763; republicanos, 998.091 y accionistas, 335.935.

MAURISTAS Y COSTISTAS, LAS PRIMERAS APROXIMACIONES AL FASCISMO EN ESPAÑA

Carlos Caballero Jurado
Profesor de Educación Secundaria y Bachillerato

Ernesto Giménez Caballero consiguió convencer a casi todo el mundo de que la partida bautismal del fascismo español debía extenderse en febrero de 1929 con su *Carta a un compañero de la Joven España.* En realidad, bastante antes de esa fecha, otros españoles habían levantado la bandera del fascismo, en el sentido de que se habían atrevido a proclamarse fascistas. Tampoco se puede afirmar que él fuera el primero en divulgar una visión que no fuera la derechista y reaccionaria del fascismo. Y ni siquiera puede decirse que, en el caso de Giménez Caballero, esté a su favor la continuidad dentro de una actividad pro-fascista, ya que -como vamos a ver– existe también esta continuidad en otras figuras, algunas de ellas tan importante como Delgado Barreto[1].

Aunque sería posible encontrar elementos prefascistas en la historia española de antes de 1922, dejaré de lado el tema para reseñar como en corrientes político-ideológicas que ya existían antes de 1922, hubo quienes manifestaron su interés –y su aprobación– por el fascismo italiano. Me centraré solo en el costismo y el maurismo. La eventual vinculación del primero con el fascismo quizás sorprenda a alguien.

Tierno Galván –a quien me atrevo a catalogar como pensador influyente aunque no demasiado interesante– estudió el caso del regeneracionismo de Joaquín Costa, con un enfoque excesivamente

[1] Nacido en las Canarias en 1879, desde su traslado a Madrid Manuel Delgado Barreto se convirtió en uno de los periodistas más influyentes en el ámbito de la derecha radical española. Escribió en numerosos periódicos y revistas hasta alcanzar la categoría de director. Estuvo al frente de *La Acción, Gracia y Justicia* y *Bromas y Veras* (estas últimas, revistas satíricas) y el diario *La Nación*, así como el abortado semanario *El Fascio*. Detenido al empezar la Guerra Civil, fue asesinado a principios de noviembre de 1936 en una de las matanzas masivas realizadas por elementos del Frente Popular.

beligerante, sin dudar en presentarlo como propagandista del bando franquista en su libro *Costa y el Regeneracionismo,* algo que sorprendió a muchos, ya que por sus feroces críticas a la Restauración y su sistema oligárquico eran muchos quienes le catalogaban en la izquierda. Escribía Tierno:

> La importancia del hecho 'costismo' es a mi juicio grande. Llegó por dos caminos claros a los fundamentos del movimiento de julio de 1936. Uno de ellos es el grupo jonsista de Valladolid, cuya admiración por Costa y el costismo, a través, particularmente, de Macías Picavea, es conocida. Otro la admiración incondicionada del General Primo de Rivera y bastantes de sus adeptos hacia Costa.

Costa se ofrece a esta luz como un prefascista y la presencia del costismo y su significación, en cuanto símbolo de lo que ciertos sectores del país veían como salvación y engrandecimiento nacional, justifica la rapidez con que se construyó un andamiaje teórico de contenido español en el sector 'fascista' de las fuerzas contendientes en la última guerra civil española. No es absolutamente exacto que el totalitarismo español fuera una imitación del italiano con ingredientes del nazismo alemán. Existía un prefascismo en España, impreciso, incluso contradictorio, que sirvió de fundamento para la teorización posterior de quienes buscaron justificar ideológicamente la guerra intestina española[2].

En realidad, Tierno no era nada original y Dionisio Pérez ya había aludido al carácter prefascista de Costa en su libro *El enigma de Joaquín Costa*[3]. Pero estaba en lo correcto al afirmar que Costa, Macías Picavea, Lucas Mallada y otros autores regeneracionistas deberán ser estudiados desde esta perspectiva de prefascistas al estudiar detenidamente la genealogía del fascismo español.

---

[2] Enrique Tierno Galván, *Costa y el regeneracionismo,* Editorial Barna, Barcelona, 1961, pp. 10-11.

[3] Dionisio Pérez Gutiérrez, *El enigma de Joaquín Costa, ¿Revolucionario?, ¿Oligarquista?,* Editorial CIAP, Madrid, 1930.

En cuanto al maurismo, su carácter prefascista ya era diagnosticado incluso en los textos de uso común en las facultades universitarias de Historia. En el libro *Introducción a la Historia de España* de los profesores Ubieto, Reglà, Jover y Seco, un manual de consulta cuando quien suscribe estudiaba en la Universidad, se podía leer:

En 1913, al aceptar Dato –ante la negativa de Maura– el encargo de formar un gabinete conservador que sucediera al liberal hasta entonces en el poder, se consumó la secesión del partido: los que siguieron a Dato (...) quedaron al margen del "maurismo" en sentido estricto. Ahora bien, este último, apartado de la usual mecánica constitucional, pierde su rigidez de partido político para convertirse en "movimiento", más afín por su ideario y su talante colectivo a los nuevos movimientos de signo nacionalista y prefascista que a la clásica formulación dada por Cánovas al partido conservador (...). En el fondo el maurismo manifiesta el impacto en los sectores conservadores de la sociedad de esa marea irracionalista –propicia a la mística de la acción– a la cual no escapa tampoco, según vimos, el movimiento obrero, y que da el tono por entonces, de manera creciente, a la cultura europea[4].

Sin embargo, fue bastante tardíamente cuando los historiadores comenzaron a tratar el tema de las relaciones directas que pudieron existir entre costismo, maurismo y fascismo. Que yo sepa, nadie había hecho constar la existencia de *La Camisa Negra* como primera publicación fascista española hasta 1977[5]. Esta revista, como se verá, tuvo una neta impronta maurista. Y hasta 1979 no me consta que se hubiera señalado en un libro que el primer texto escrito por un español sobre el fascismo tiene un inequívoco tono regeneracionista[6]. Y, en fin, hasta 1983 no he visto que quedara reflejado en las páginas de una revista histórica de amplia difusión el hecho de

[4] Antonio Ubieto, Juan Reglá, José María Jover y Carlos Seco, *Introducción a la Historia de España,* Editorial Teide, Barcelona, 1963. pp. 831-832.

[5] Ese año un libro de cierta difusión publicó una fotografía de la primera página del único número de esta revista, sin ningún comentario en el texto. José Luis Jerez Riesco, *La Falange, partido fascista,* Ediciones Bau, Barcelona, 1977. Dos años después Javier Jiménez Campos realizaba un somero examen de esta revista en su libro *El fascismo en la crisis de la II República*, Centro de Investigaciones Sociológicas, Madrid, 1979.

[6] Se refería al libro de Clavel, que se verá aquí con detalle. El mérito le cabe esta vez a Jiménez Campos, en su libro citado.

que los jóvenes mauristas agrupados en la redacción de *La Acción* fueron los primeros en presentarse como fascistas en España, ya en el año 1922[7]. Sin embargo, estas líneas de interpretación apenas han llegado al público.

El 30 de octubre de 1922, recientísima aún la Marcha sobre Roma, el diario *La Acción*, órgano de expresión de los jóvenes mauristas más activos, lanzaba al cargado aire político español de la época el primer grito a favor de un fascismo español: *Contra el profesionalismo político. La significación fascista y el anhelo español* era el título de un artículo firmado por el "Duque de G.". Bajo este pseudónimo se arropaba el director de la publicación, Manuel Delgado Barreto, exactamente el mismo personaje que años después, en 1933, lanzará desde dos órganos periodísticos, la revista humorística *Broma y Veras* y el abortado semanario *El Fascio*, una nueva campaña de agitación en pro del fascismo, la que conducirá a la fundación de Falange Española. Ya desde este primer artículo sobre el fascismo italiano en *La Acción*, Delgado subrayó dos cosas: la necesidad de inspirarse en el fascismo italiano y la afirmación de que el maurismo se adelantó, en realidad, al fascismo:

> Si yo tuviera las condiciones de agitador y de tribuno del jefe fascista italiano Mussolini, a estas horas estarían en las calles madrileñas las escuadras asaltando ministerios y oficinas (...). Me importan poco los orígenes impuros del fascismo, que tal vez no sean tan condenables como las apariencias nos dicen; me interesa su orientación revolucionaria ahora (...). Esto no es una revolución demoledora que quiera derribar un régimen y sustituirlo; es una rebelión adecentadora y reconstructiva, que pretende cambiar un sistema <<cogiendo por el cuello a la miserable clase política dominante>>, que en España, como en Italia, se comen al país, desmoralizándolo y arruinándolo. Esto no tiene nada que ver con el Régimen. Suponerlo así no se le ha ocurrido más que a nuestros revolucionarios de opereta, que solo han pensado en destronar al rey (...). Mussolini y sus fascistas discurren de un modo distinto,

[7] Antonio Elorza, "Caballeros y fascistas", *Historia 16*, 91 (1983), pp. 20-35.

> más positivo y racional (...) y así, dispuesto a respetar la monarquía y a no dejar con cabeza a un solo profesional de la política, avanza el fascismo (...). ¿No os parece una revolución a la medida para España? ¿Y no os recuerda aquel noble y alentador conato de las Juventudes Mauristas?[8]

El artículo de Delgado ("El Duque de G.") tuvo un eco inmediato en la prensa nacional, según afirmaba al día siguiente el artículo, también aparecido en *La Acción,* y titulado *Significación del triunfo fascista. Conviene que meditemos,* que esta vez aparecía con la firma de Delgado Barreto, y que aprovechaba la ocasión para continuar su campaña:

> El triunfo del fascismo en Italia ha sorprendido a muchos españoles, porque aquí tenemos la mala costumbre de mirar al extranjero solo para cosas que, en realidad, no nos afectan. Así, la sacudida rusa, la transformación del Imperio Alemán (...). En cambio el desarrollo de la obra fascista, que tantas analogías tiene con la política española, poco menos que se ha silenciado, como si esta gran sacudida que sufre Italia no pudiera influir poderosamente en la transformación política de Europa (...) estos hechos que estamos presenciando en Italia, que representan una revolución dentro del régimen, una revolución conservadora –valga la paradoja– (...) apenas si tienen comentaristas en nuestro país, ni siquiera del lado conservador.

Delgado está partiendo, como se ve, de una interpretación básicamente reaccionaria del fascismo, ya que lo presenta como un fenómeno inequívocamente conservador. Para Delgado, existían en España todos los ingredientes para hacer lo mismo que se había hecho en Italia. El enrarecido ambiente político y social de la época en que se escribieron estos artículos era, según él, obra de los "políticos

[8] Manuel Delgado (El Duque de G.), "Contra el profesionalismo político. La significación fascista y el anhelo español", *La Acción*, 30 octubre 1922, p. 1.

profesionales", auténticas bestias negras para el maurismo, contra quienes dirige todo su odio.

Como esta agitación en pro del fascismo de *La Acción* había asustado incluso a los conservadores, el "Duque de G." subrayaba al día siguiente, esto es, el 1 de noviembre, lo que él consideraba esencial: *¿Acaso no se han enterado todavía de que la revolución fascista ha sido una revolución eminentemente conservadora?* Que el fascismo italiano respetase la corona y la religión, eso era lo importante para Delgado.

En los primeros días de noviembre de 1922 se intentó articular una acción política concreta. Así el día 4 el "Duque de G." pedía la formación de *un frente de combate contra el profesionalismo político*, asegurando que *el temor a que se nos llame fascistas no debe arredrarnos*. En la práctica, se convocó una *Asamblea Nacional contra el profesionalismo político* y, poco después desde las columnas de *La Acción* se pedía, la creación de una *Legión Nacional*, cuya inspiración estaba clara: *A esa Legión se le ha llamado en Italia fascismo, y esa Legión ha triunfado y está dirigiendo el país desde el poder, después de desterrar moralmente a las clases políticas dominantes*[9].

Toda esta agitación provocó la apertura de un amplio debate en el seno de la derecha española sobre la conveniencia y la posibilidad de que en España surgiera un fascismo. José María Salaverria[10] escribía en *ABC* que lo consideraba imposible, basándose en una visión bastante pesimista de la vitalidad nacional:

---

[9] *La Acción*, 10 noviembre 1922, p. 1.

[10] El vasco José María Salaverría Ipenza, nacido en 1873, fue coetáneo de la Generación del 98, a la que sin embargo no perteneció por abominar de su pesimismo, y había simpatizado con el "Regeneracionismo", fue un gran escritor y un combativo periodista, hoy postergado. Se le puede calificar como un auténtico profeta del nacionalismo español. Llegó a mandar una colaboración al órgano jonsista *La Conquista del Estado*, pero en el periodo de la Segunda República no militó políticamente en ningún grupo. Diversos autores (Enrique Selva Roca de Togores, Pedro Carlos González Cuevas, Juan Pablo Fusi o Ferrán Gallego) lo señalan como netamente prefascista. Apoyó al Bando Nacional en la Guerra Civil y murió en 1940.

> Por diversos modos se ha sugerido aquí la posibilidad de que en España pudiera repetirse el fenómeno del fascio. Los que así piensan creen sin duda que el movimiento fascista es algo que solo cuenta de que Italia ha soportado la profunda y larga conmoción de la guerra (...) ha sufrido desde la derrota casi inminente al triunfo casi repentino e inesperado, y desde la bancarrota financiera a la amenaza de un comunismo violento. Italia, por otra parte, está en contacto con las fuerzas vivas de Europa (...). Italia está en un período de ascensión, de fe, de energía, Italia quiere ser grande (...). En cambio, España carece de aquellos motivos de exaltación que da a un país una guerra dura, difícil y victoriosa (...). Si ahora examinamos con alguna atención el temple moral de los pueblos de Europa, observamos como la energía de esos pueblos ha variado considerablemente en los últimos años (...), la potencia europea no es Alemania, es Francia; Austria no amenaza a Italia, es ésta la que protege a la antigua enemiga. La misma Grecia, que fue insignificante, la hemos visto empeñada en una empresa que para sus fuerzas es colosal[11]. Grecia hierve también en fiebre nacionalista y en ideas de alto vuelo. Al mismo tiempo vemos declinar la fortuna de Inglaterra (...) solo España y nuestro melancólico vecino, Portugal, disuenan en este resurgimiento de los pueblos latinos[12].

Por el contrario, Álvaro Alcalá-Galiano[13] creía ver en nuestra nación, en Costa y en Maura concretamente, precedentes del fascismo:

> Ahora es el audaz Mussolini el que implanta su dictadura, impuesta por las fuerzas más vitales de la nación latina. Este antiguo socialista revolucionario va a hacer, desde el poder, la <<revolución

[11] Se refiere a la guerra greco-turca de 1919-1922 o Guerra de Anatolia, en la que Grecia pretendió arrebatar al agonizante poder otomano las tierras de Anatolia tradicionalmente habitadas por griegos, las zonas costeras.

[12] José María Salaverría, "El Fascio y España", *ABC* , 7 noviembre 1922, p. 3.

[13] Álvaro Alcalá-Galiano y Osma, nacido en 1886, escritor y periodista de formación maurrasiana, fue un intelectual muy influyente en la derecha monárquica española. Militante del partido Renovación Española durante la Segunda República, en 1934 se enfrentó directamente con José Antonio Primo de Rivera, porque este no lanzaba a sus escuadristas a la acción violenta. Detenido en Madrid por los comunistas apenas se produjo el inicio de la Guerra Civil, fue asesinado ese mismo mes de julio de 1936.

desde arriba>> con la que soñaba el Sr. Maura (…). Yo siempre he soñado con una especie de fascismo para España, con ese dictador que gobernará sin Cortes, como quería aquel republicano desengañado que se llamó D. Joaquín Costa[14].

El órgano católico *El Debate* intervino en el debate con una editorial, ironizando en sus comentarios sobre la propensión a copiar al extranjero que apreciaba en la política española: *Nuestro acreditado ministerio de 'imitaciones extranjeras' (...) anda ahora buscando un Mussolini hispano que sea fiel copia del que se ha adueñado teatralmente de Italia*[15]. Y esta crítica del órgano católico sobre el carácter teatral del fascismo, que según él lo hacía inviable en España, era retomada dentro de un análisis más general por otro periódico derechista, *La Época*, en una larga editorial, con duras críticas a la "moda del fascismo" y en defensa de soluciones democráticas:

> En un país meridional como el nuestro no debe extrañar el culto al fascismo que se ha desarrollado y que preconizan diferentes clases sociales. Hay dos notas en nuestro carácter que predisponen al imperio de esta moda: una el culto a un Mesías político sin molestarnos demasiado en las prácticas ciudadanas (...) otra, el amor a la violencia (...). Con esos antecedentes de temperamento, ¿qué menos que ver un Mussolini en lo más temprano de su plenitud juvenil que se encarama a la jefatura del Gobierno y que dispone de una organización que ha sofocado el movimiento comunista a palos y a tiros, aquí se exalten muchos y piensen con fruición en el fascismo y en la camisa negra? (...) es lo cierto que van aumentando los que en España suspiran por el fascismo, sin saber lo que el fascismo es (...). El fascismo en Italia ha tenido una explicación lógica y casi diremos que fatal: la debilidad de los gobiernos (...). Pero eso es un mal menor, un sustitutivo necesario (...). Organícense los ciudadanos para pedir el imperio del derecho, el cumplimiento de la ley, el reinado de la justicia (...). Debemos aconsejar

[14] Álvaro Alcalá-Galiano, "La reacción contra la anarquía", *ABC*, 8 noviembre1922, p. 3.
[15] "Buscando un Mussolini", *El Debate* , 28 noviembre 1922, p. 1.

> a las clases sociales de la burguesía que hablan del fascismo que no se dejen arrastrar por esas ideas simplistas y esas modas fáciles. El fascismo es la violencia, que excita a otra violencia. Y en un régimen de agresiones y luchas no puede cimentarse ningún progreso. Robustézcase el Estado, pero rindamos culto a la ley, no a la camisa negra[16].

Como vemos, la agitación profascista de Delgado estaba muy lejos de conseguir un apoyo mayoritario en la derecha española. Pero provocó bastante revuelo. La prensa de aquellos días traía noticias como la de que en España se estaban empezando a fabricar camisas negras, que Mussolini había sido nombrado socio de honor de Unión Ciudadana[17], o que los somatenistas empezaban a verse a si mismos como los *squadristi* españoles. Toda esta ebullición alegraba profundamente a Delgado, como se reflejó en el artículo *El fascio en España. Los legionarios nacionales*[18], y en otros y sucesivos artículos, en los que fue respondiendo a las críticas al proyecto de fascistización con sus propios argumentos. Así, a principios de 1923, publicaba el artículo: *Fascismo a la española. Con cualquier camisa*:

> El fascismo existe en España desde hace mucho tiempo. Claro que es un fascismo a la española, adaptado al carácter español y en armonía con las circunstancias por las que atraviesa el país (...). Creo, sin embargo, que el fascismo español, es decir, la corriente que ha de arrollar al sistema político imperante, no se parecerá al fascismo italiano, ni necesitará valerse de sus procedimientos. En Italia hubo necesidad de una conquista por ataque, de un esfuerzo intensísimo en el asalto. Para ello se necesitó un ejército organizado y hasta un poco de teatralidad enardecedora. Aquí no será preciso tanto. Tenemos delante una fortaleza de cartón, que se destruye de un soplo (...). Para hacer en España la revolución

[16] *La Época*, 20 diciembre 1922, p. 1.

[17] Organización de tipo miliciano creada en 1919 para combatir la agitación izquierdista, en especial las huelgas. Se la ha señalado como organización prefascista y sus miembros eran en su mayor parte jóvenes mauristas.

[18] Manuel Delgado, "El fascio en España. Los legionarios nacionales", *La Acción*, 20 diciembre 1922, p. 1.

> contra el sistema imperante no es necesario vestir una camisa de un color determinado (...). El ambiente general está invitando al intento. No nos preocupemos del color de la camisa. Lo que importa es que la revolución no la hagan los descamisados[19].

Delgado despacha así las acusaciones de mimetismo extranjero, de organización de la violencia política, de teatralidad, subrayando de paso lo que para él es esencial: prevenir una revolución obrera. El mismo Delgado, casi siempre con su pseudónimo, lanzará también varias advertencias a los que creían que todo se basaba en la aparición de un "Mussolini español", y señalaba que pese a la amenaza revolucionaria latente eran muchos los conservadores españoles que:

> (...) no se mueven, en espera de que surja un Mussolini español que les haga felices, amparándoles contra la acometida de la rebelión arrasadora. Convendría quitarles las ilusiones para que no esperen más. Aquí no habrá un Mussolini porque las condiciones y la situación de España son distintas a las de Italia (...) El «Mussolini», es decir, la fuerza que dé el empuje para quitar de en medio al estorbo de la clase política dominante, está en la unión, en la compenetración íntima del rey con el pueblo[20].

La idea expresada aquí por Delgado, la de hacer intervenir al monarca, estaba ya en el ambiente y el mismo rey Alfonso XIII era uno de sus defensores. Como pudimos leer en el libro de Shlomo Ben-Ami sobre la Dictadura de Primo de Rivera, el rey estaba dispuesto a "coquetear" con una solución extraparlamentaria, y en distintas ocasiones había contribuido a crear *la imagen del rey como un mártir patriótico, mantenido en cautiverio por un puñado de políticos corruptos de cuyas manos era necesario rescatarlo si se quería salvar al país*[21].

---

[19] Manuel Delgado, "Fascismo a la española. Con cualquier camisa", *La Acción*, 12 enero 1923, p. 1.

[20] *La Acción*, 2 marzo 1923, p. 1.

[21] Shlomo Ben-Ami, *La Dictadura de Primo de Rivera, 1923-1930*, Planeta, Barcelona, 1984, p. 29.

La agitación de los jóvenes mauristas en pro de una solución fascistizante no se limitaba a la prensa. En mítines mauristas se hará la apología del fascismo y –por ejemplo– *La Acción* de 13 de enero de 1923, informaba sobre un mitin en el Teatro de la Comedia, donde Goicoechea y Delgado Barreto declararon públicamente sus simpatías por el ejemplo fascista. A la vez se intentaba lanzar –sin éxito– el "movimiento legionario", con artículos sin firma donde se convocaba a un acto público *donde los oradores expondrán los puntos de contacto entre el movimiento fascista de Italia y el legionario de España*[22]. Pese a que *La Acción* llegó a dar cuenta de la constitución de la *Legión Nacional*, tal proyecto jamás se concretó. Y eso que en el aire casi se palpaba que el año 1923 iba a ser un año cargado de trascendencia, como Delgado no dejó de señalar:

> El año 1923, anótese el augurio, será el año de la transformación redentora o de la Monarquía incoercible. Porque el Mussolini que no surja redentor de la compenetración de vuestros intereses [los de las clases acomodadas, N. d. A.] con los intereses populares, surgirá vengador de la turbulencia. Y ese Mussolini siniestro no gritará «Príncipes, triarios[23], camisas negras, a gobernar!» sino «¡Explotados, hambrientos, perseguidos... al saqueo»[24].

El problema, como se ve, parecía ser encontrar un "Mussolini hispano". Delgado llegó a proponer una curiosa solución:

> Yo me atrevería a proponer que las clases mercantiles nombraran una representación, otra la de los agricultores, y así sucesivamente todas las fuerzas poderosas del país, hasta constituir un gran núcleo directivo (...). Ese núcleo directivo podría ser... el verdadero

---

[22] Manuel Delgado, "Por la senda del fascismo. Un mitin de acción legionaria", *La Acción*, 24 marzo 1923, p. 2.

[23] Las palabras "príncipes" y "triarios", tomadas de las Legiones de la Roma clásica, se habían incorporado al lenguaje de la época por ser usadas por las milicias fascistas italianas.

[24] Manuel Delgado, "Por la senda del fascismo. Un mitin de acción legionaria", *La Acción*, 24 marzo 1923, p. 2.

> Mussolini que, ofreciéndose al Soberano salvase a España mientras los políticos piensan en chanchullos electorales[25].

La peregrina idea, como el intento de constituir la *Legión Nacional,* fue un fracaso. La posibilidad de un "fascismo civil", llamémoslo así, no se materializaba, pese a todas las campañas periodísticas y políticas. Así que al final Delgado no va a dudar en declarar claramente cuál es la única solución que, según él, quedaba: *La última esperanza. El Ejército, mudo, disciplinado, puede salvar al país*, tal es el revelador título del artículo del "Duque de G." en *La Acción* del 3 de julio de 1923. Cuando pocas semanas más tarde se produzca el golpe de Estado del general Primo de Rivera los titulares también serán bien expresivos: *La hora suprema del adecentamiento: el Ejército interpreta el sentir de España.* Y a poco de haber culminado el golpe de Estado militar, una editorial del órgano maurista daba esta visión de los hechos:

> Entre el golpe de Estado de Italia y el de España no hay, en realidad, diferencia esencial. Lo de Italia fue un movimiento nacional con la simpatía pasiva del Ejército. Lo de España ha sido un movimiento del Ejército con la simpatía pasiva del pueblo[26].

El mismo Delgado Barreto admitirá en una editorial que él ha sido incapaz de organizar una revuelta inspirada en el fascismo, por lo que solo ha quedado la solución militar: *El Ejército era la única fuerza organizada capaz de imponerse y dar cima a la empresa y el Ejército fue el Mussolini español*[27]. El hecho de que este primer intento español de crear algo más o menos similar al fascismo –aunque realmente muy alejado de su contenido más genuino– acabe por lanzarse totalmente en brazos del Ejército no podemos pasarlo por alto.

La Acción continuará su campaña en pro de la imitación del fascismo italiano con motivo de la visita que, muy poco después

---

[25] Manuel Delgado, "Mientras los políticos chanchullean: el Mussolini español", *La Acción*, 6 marzo 1923, p. 1.
[26] *La Acción*, 28 septiembre 1923.
[27] Ibídem.

del golpe de Estado, realizaron a Italia el rey y el general Primo de Rivera. A propósito de ella, desde las páginas de *La Acción* se formula constantemente una invitación: que se copie todo lo posible el modelo italiano, que se traiga el máximo de inspiración de Italia. La ocasión fue también aprovechada para ensalzar la herencia latina de ambos pueblos y tratar de poner de relieve paralelismos entre los procesos políticos de Italia y España, mediante numerosos artículos: *En vísperas del viaje regio: Mussolini y Primo de Rivera*; *Ante el viaje real. La tregua del Patriotismo. Mussolini y Primo de Rivera*; *La gran lección de Italia* y *Las coincidencias de Mussolini y Primo de Rivera*, que aparecerán sucesivamente el 14, el 18, el 19 y el 27 noviembre de 1943.

Pero conforme pasó el tiempo y el Directorio se consolidó, *La Acción* fue abandonando su interés por el tema fascista. Ciertamente el "Duque de G." lo sigue poniendo como ejemplo siempre que puede. La información sobre Italia y Mussolini sigue siendo abundante y absolutamente favorable. En un artículo, que sirve como ejemplo significativo, leemos: *Goethe intentaba idealizar la realidad y lega a la humanidad su 'Ifigenia'. Mussolini intenta realizar el ideal y surge el fascismo italiano*[28]. Pero resulta evidente que aquella urgencia, aquella pasión que *La Acción* había puesto para que surgiera un fascismo español, se diluye hasta desaparecer ¿Cuál es la causa?

No puede señalarse otra que la deformada y muy oportunista interpretación del fascismo de la que partía Delgado, reflejada en estas palabras:

> En el fascismo hay que distinguir entre la ideología y la acción (...). La doctrina no puede ser más liberal (*sic*). Consiste en la restauración del principio de autoridad y, en el tiempo, de la decencia (...). De modo que el procedimiento fascista, de acción legionaria, que nosotros estimulamos, es algo accidental, transitorio, de carácter táctico, que no prejuzga el predominio ni la derrota de estos o los otros ideales en la futura gobernación del Estado (...). La

[28] Antonio Piga, "Goethe y Mussolini", *La Acción*, 15 noviembre 1923, p. 3.

> acción del fascismo se reduce en España a enterrar para siempre la vieja política de expoliaciones y de enredos[29].

El fascismo, pues, no es sino la forma de acabar con el régimen de dominio de los denostados "políticos profesionales", pero Delgado no encuentra en él ningún otro valor, como no sea su carácter conservador. Hay, eso sí, una serie de actitudes en el fascismo que agradan tremendamente a Barreto y los otros mauristas como la reducción del gasto público, el ataque a los "políticos profesionales", etc. Pero sobre todo se trata de la barrera que se ha opuesto ante el comunismo; si para eso hace falta una dictadura, bienvenida sea, ya que como argumentaba Delgado en una editorial justamente dos días después del golpe militar de Primo de Rivera *la primera expresión de un movimiento verdaderamente revolucionario ha sido siempre una dictadura. Los conservadores tienen un ejemplo en Mussolini y los más radicales en Lenin*[30].

Antes de acabar con la exposición de esta primera agitación de signo fascista, que incluyó un frustrado intento para crear una *Legión Nacional*, es conveniente volver sobre el tema de como los jóvenes mauristas analizaron el problema de las relaciones entre maurismo y fascismo. Ya en los primeros tiempos de la campaña de agitación "pro-fascista", en su artículo del 30 de octubre de 1922 ya citado, Delgado escribió en *La Acción*:

> El maurismo nació con mayor pureza que el fascismo. Además, nació vertebrado y conformado, con cerebro y corazón, con un ideal y unas soluciones concretas (...). Tenía un hombre que podía iluminar los horizontes desde las cumbres del poder y tenía un credo, un cuerpo de doctrina sabia y honesta. Pero para llegar al triunfo era preciso barrer el campo de la política profesional (...). Es necesario desalojar de las fortalezas en que se defienden a las fuertes hordas caciquiles, poderosas concentraciones de feudalismo bárbaro que hacen imposible todo avance renovador. A eso

[29] Manuel Delgado, "El fascismo practicado en España", *La Acción*, 26 marzo 1923, p. 2.
[30] *La Acción*, 15 septiembre 1923, p. 1.

> va el fascismo (...) y ese era el sentido, aunque tuviera una más delicada expresión, de aquellas exteriorizaciones callejeras de las Juventudes Mauristas.

Este es el tono general que se mantuvo durante toda la campaña. En realidad es una constante en los movimientos que por Europa surgieron bajo el impacto del triunfo fascista en Italia, el atribuir al fascismo un origen autóctono. Así por ejemplo, el francés Georges Valois argumentó que la paternidad del fascismo, no era italiana, sino que había que buscarla en Maurras[31]. Algo similar dice Delgado para quien *Maura fue un formidable apóstol del fascismo* y *el maurismo ha sido precursor del fascismo*. A quienes parecían no creerlo les argüía *¿Incompatibilidad entre el fascismo y el maurismo? Podrá haber diferencias en los procedimientos para llegar a la implantación de las ideas (...) pero una vez el fascismo en el poder, ¡maurismo puro!* [32].

No conocemos bien qué vinculaciones pudo tener la campaña lanzada desde *La Acción* con la aparición de una pequeña revista, con pretensiones de semanario –aunque solo se conoce un número, de 16 de diciembre de 1922– y que llevaba un inequívoco nombre: *La Camisa Negra*. Lo poco que sabemos sobre sus impulsores se debe a informes de los servicios de espionaje franceses; según estos impulsores eran un dirigente maurista, Joaquín Santos Ecay, y el presidente de los sindicatos patronales de Madrid, Tomas Benot, según contó Antonio Elorza[33]. Conseguí en su día hacerme con fotocopias de *La Camisa Negra*, que conservo en mi archivo, así que puedo comentar su contenido. El artículo que sirve de editorial a ese aparentemente único número se sitúa, ciertamente, en la mejor tradición maurista:

> Somos amigos del obrero y, como tales, ni le adularemos, ni para halagarle combatiremos sistemáticamente a las demás clases sociales (...) a las empresas que comercian con la fatiga del hombre

[31] Después de haber sido anarcosindicalista y maurrasiano, Georges Valois creó en 1925 *Le Faisceau*, el primer grupo francés que afirmó explícitamente ser un movimiento fascista.
[32] *La Acción*, números de 26 marzo 1923, 2 abril 1923 y 27 marzo 1923.
[33] Antonio Elorza, "Caballeros y fascistas", *Historia 16*, 91 (1983), pp. 20-35.

> y al Sindicato que cotiza su exasperación, combatiremos enérgica y razonablemente.

El contenido del número, que incluye una fotografía de fascistas desfilando y un dibujo de Mussolini, es diverso, desde un folletón (fragmento de la novela titulada *Mujer antigua y mujer moderna*) a un reportaje de como se construyen los rascacielos, pasando por crónica teatral, relatos costumbristas sobre Madrid, etc. La orientación de la revista está clara: se trata de aproximarse al mundo obrero, de atraerlo hacia las posiciones mauristas, ahora barnizadas con una nota de fascismo. La redacción declara su propósito de incluir en cada número una sección que se titulará "Movimiento Obrero". Maura está presente en las páginas por la transcripción del resumen de una conferencia suya. Paradójicamente casi de lo que menos se habla, pese a lo que sugiere el título, es del fascismo. A él se dedica la última página con un artículo titulado *El fascismo en el poder. Economía, trabajo, disciplina*, y en el que podemos leer:

> No espere quien nos lea encontrar en todos y cada uno de los números de este semanario la exaltación del ideal que propugnan y por el cual se han erigido en el poder los continuadores de los "fasci" italianos; pero hoy por hoy son para nosotros modelo de abnegación, de disciplina, espejo de patriotismo y en cuanto creemos dignas de imitación estas virtudes, ¿por qué no vamos a recoger su ejemplo? (...) El carácter de Mussolini ha dado al traste con los prejuicios de quienes miraban a los "fasci" como un elemento cuya única finalidad estaba en derrocar al actual régimen [monárquico] de Italia. ¿Cuándo surgirá en España el brazo de hierro que levante muy en lo alto el estandarte nacional e imponga y haga cumplir a todos un programa de economía, trabajo y disciplina?

Es imposible no ver en este "brazo de hierro" al "cirujano de hierro" con que soñó Costa. Algunos españoles vieron en Mussolini precisamente la personificación de esta figura. Vicente Clavel escribía a propósito del líder fascista italiano que *su actuación primera como árbitro de los destinos de Italia ha sido fuerte y sin contemplaciones. El mal exigía un cirujano de hierro.* Clavel es el autor de *El Fascismo. Ideario de Mussolini*[34], el primer libro escrito por un español sobre el tema. No se ha prestado atención a este libro, pese a tener varios méritos: no solo es el primero que escribía un español, sino que además es notoriamente original en sus enfoques (dentro de lo que fue la interpretación derechista del fascismo) y es –además– una prueba irrefutable de la existencia de eslabones perdidos entre el costismo y el fascismo.

El texto está escrito usando libros de diversos autores fascistas italianos, e incluye una pequeña biografía del Duce, desde sus primeras luchas políticas hasta la Marcha sobre Roma, pasando por su participación en la guerra como soldado. A partir de la página 164 y hasta el final encontramos la reproducción de textos enteros de Mussolini, aunque ya antes de esa página los artículos y discursos del Duce aparecen a menudo.

Aunque el autor reconoce que *no es tiempo todavía de formular un juicio acerca del fascismo. Para nosotros no es más que un fulgor de luz deslumbrante en la cámara oscura de la política. Es una conmoción histórica que ha revuelto el mar de las ideas sociales y políticas*[35], el autor lanza sus propias hipótesis interpretativas, a menudo en franca oposición a las que va a sostener la derecha española. Delgado Barreto y sus compañeros mauristas de *La Acción* posiblemente firmarían este párrafo de Clavel:

> Por virtud el fascismo, Italia ha vuelto, fortificada, a la normalidad de su vida de trabajo y la paz se ha restablecido bajo el gobierno de fascistas y nacionalistas, que se ha impuesto la tarea de restablecer la calma en los espíritus conturbados, de higienizar la organización burocrática del Estado y de reconstruir económicamente el

[34] Vicente Clavel, *El fascismo. Ideario de Mussolini,* Editorial Cervantes, Biblioteca de Actualidades Políticas. Barcelona, 1923. Se trata de un volumen de 211 págs. Según atestigua una dedicatoria personal del autor en el ejemplar del libro que obra en mi poder, apareció en marzo. La cita anterior es de la página 63.

[35] Vicente Clavel, *El fascismo,* p. 79.

> país (...), en el mundo se han hecho pocas revoluciones tan ordenadas, tan rápidas, tan renovadoras[36].

Pero se horrorizarían ante este comentario de Clavel al texto de un discurso de Mussolini:

> A través de las palabras de Mussolini se distingue la trampa de su ideario primitivo. En la exaltación del patriotismo se ve al italiano viril, apasionadamente enamorado de la grandeza nacional; pero en los instantes en que le obliga a expresar ideas su conciencia política, a referirse al contenido social de su programa, habla de organizaciones sindicales, de cooperativas, base de una acción futura antiburguesa, mejor dicho, anticapitalista, pues es conocida la fuerza reivindicadora de estas instituciones[37].

A diferencia de otros autores de la derecha española, Clavel no ve con antipatía ni suspicacia la pasada militancia política de izquierdista radical de Mussolini y comenta favorablemente hechos como las treguas establecidas con los socialistas antes de la "Marcha sobre Roma" uno de los hechos que más a menudo le criticó la derecha española. Clavel no ve en el fascismo un *origen impuro* como textualmente había escrito Delgado Barreto. Aún más, no pierde la esperanza de que el fascismo rompa con la monarquía:

> Al constituirse se sumaron [al fascismo] las fuerzas del nacionalismo, partido de tendencias monárquicas y conservadoras; pero esto no ha sido obstáculo para que el fascismo fuera desde su origen de tendencia republicana. Esta tendencia no ha desaparecido del todo (...). Si ha aceptado la monarquía, si ha transigido con ella, ha sido por un motivo circunstancial, por comprender que en el momento presente el régimen monárquico es la base, el fundamento de la unidad italiana[38].

---

[36] Ibídem, p. 103.
[37] Ibídem, p. 119.
[38] Ibídem, pp. 121-122.

Como ocurría en el caso de Delgado Barreto, Clavel ve en el fascismo italiano una ruptura con los viejos partidos, con la "vieja política":

> El Estado italiano era la antítesis del fascismo, todo idealidad y acción. Las clases directoras que integraban los viejos partidos se habían distinguido por su incapacidad y su cobardía (...). El fascismo es, hoy por hoy, indudablemente una fuerza política capaz de robustecer el Estado vacilante, de levantar a la nación postrada. La desaparición del liberalismo y el conservadurismo burgueses ha permitido a los fascistas asumir las funciones gubernamentales, abandonadas por los que tenían la misión de dignificarlas[39].

Pero para Clavel este "acabar con la vieja política" no supone convertirse en un baluarte defensivo del capitalismo. Desde el principio al fin de su obra pocas cosas hay que mantenga con más empeño:

> Los fascistas no iban a defender privilegios ni a actuar en nombre de la reacción burguesa (...). El fascismo no irá nunca con esos magnates de la industria y de las finanzas, con los responsables del hambre del pueblo, con los despilfarradores del erario público, por ser enemigo natural de esas oligarquías saturadas de dominio y de bienes materiales[40]

Clavel insiste expresamente en el hecho de que pese a su virulento anticomunismo, el fascismo no es algo reaccionario, ni mucho menos:

> La necesidad de actuar de una manera violenta contra los comunistas (...) dio al fascismo un carácter de reacción eminentemente burguesa. Y, sin embargo, el fascismo no era el odio de una clase en lucha contra otra, que trataba de arrebatarle preeminencias y privilegios. La violencia no era un fin y si un medio; y el mismo Mussolini se cansaba de repetir que el empleo sistemático y prolongado de la violencia acabaría por serle fatal al partido (...)

[39] Ibídem, pp. 132-133.
[40] Ibídem, p. 136.

> El mismo grado de exaltación de la ardiente juventud fascista demuestra la poca intervención de las altas clases burguesas en el fascismo, por ser eminentemente egoístas y por su misma cobardía (...) Si el fascismo se lanzó valerosamente al restablecimiento del orden social no fue por influencia de la burguesía, sino en aras del instinto supremo de conservación de la Patria[41].

Nuestro autor no oculta el hecho de que las clases burguesas tuvieron un peso decisivo en el fascismo (*no es posible* –dice– *negar las simpatías con que le acogió la burguesía*), pero matiza el hecho arguyendo que la burguesía es, en realidad, el conjunto de la clase media, un grupo social muy extenso, de límites sociológicos imprecisos, tanto por arriba como por abajo; y que además, en definitiva, *de las clases burguesas suelen salir los mantenedores de una política conservadora y también los defensores más acendrados de la revolución social*[42]-(afirmación rigurosamente exacta, pues como vemos en la historia la práctica totalidad de líderes intelectuales y políticos de la izquierda tienen un origen burgués) así que nada definitorio debe inferirse del hecho de su apoyo al fascismo. En cambio, Clavel quiere subrayar la existencia de un amplio apoyo popular al fascismo, por lo que:

> No es de temer, por ahora, la amenaza de la insurrección capitalista [*sic*]. El fascismo, con su potente organización semimilitar, tiene medios sobrados para asegurar su obra de gobierno dignificadora. Además, se han pasado a él (...) organizaciones socialistas y sindicalistas y otras fuerzas sanas de los elementos productores, convencidos de que su orientación, francamente izquierdista en sentido gubernamental [*sic*] es una garantía de que (...) han de implantarse los principios inmortales de la justicia[43].

---

[41] Ibídem, pp. 107-108.
[42] Ibídem, pp. 119-120.
[43] Ibídem, p. 137.

Pese a lo que pueda parecer, Clavel no tiene simpatía alguna por la izquierda, y menos aún por la revolucionaria. Significativamente opone las figuras de Mussolini y de Lenin:

> Mussolini y Lenin son dos personalidades descollantes de las nuevas tendencias políticas y sociales creadas por el destructor cataclismo guerrero, y ambas son símbolos opuestos. Mussolini representa la resurrección gloriosa de una nación juvenil y entusiasta; Lenin es la triste mueca de un pueblo que muere en la miseria, agotada su virilidad y extinguida su fe[44].

Aún más, Clavel no desea situar el fascismo dentro de una perspectiva de lucha de clases, ya que, para él, *el fascismo no es burgués ni antiburgués: fue un fruto de la guerra, el resultado del proceso destructor y creador de la historia forjada por los grandes hechos militares, políticos y sociales*. Como otros muchos han hecho más tarde, Clavel está situando en el origen del fascismo en las trincheras; el fascismo es visto como un movimiento de jóvenes patriotas galvanizados por la experiencia de la guerra; por eso afirma que *el fascismo no nació en rigor de un partido, sino de un estado de ánimo que se apoderó de la juventud italiana, capaz de vibrar por un ideal, de perder la vida en un momento de abnegación patriótica*[45].

Precisamente por todo esto, aunque cree que la juventud española desea firmemente la "regeneración" de la vida política de España (*La juventud española, pletórica de ideal y fortalecida por el ansia de una pronta regeneración (...) no puede resignarse a este vegetar fakiriano de nuestra vieja política*) sospecha que se ha perdido una ocasión única de "regenerar" al país al permanecer neutrales en la I Guerra Mundial (*La guerra europea pudo sacarnos de la pobreza moral y fisiológica, pero el pueblo español ha preferido su miseria (...) Hemos renunciado voluntariamente a posibles sueños de grandeza*). Esta opinión de que alejándonos de la guerra habíamos perdido la ocasión de sacar al país de su modorra –coincidente con la de

[44] Ibídem, p. 62.
[45] Ibídem, pp. 120 y 80

Salaverría vista más arriba– le lleva a afirmar que quizás en la guerra de Marruecos se produzca el "chispazo" que despierte al país: *No será vana la esperanza que pongamos en nuestra regeneración (...). La catástrofe de Annual ha sido como el despertar de un sueño de muerte, el principio de una acción salvadora*[46].

A sus orígenes "europeos" (o lo que es lo mismo "bélicos", en la Gran Guerra), Clavel añade otros específicamente italianos, con raíces en el *Risorgimento* –un fenómeno que siempre atrajo a los regeneracionistas hispanos: *Los antecedentes históricos del Fascismo (...) se remontan a los tiempos de «Risorgimento» italiano y se relacionan con la doctrina y los acontecimientos que han conducido a la formación y afirmación del Estado libre nacional*[47].

Pero Clavel deja bien claro que para él el fenómeno fascista está llamado a tener unas dimensiones europeas o incluso mundiales y nuestro autor no deja de señalar los ecos españoles de la victoria de Mussolini, aunque sin comentarlos:

> Aunque los generadores de este nuevo movimiento de 'Risorgimento' italiano han negado que el fascismo pueda tener realidad internacional, lo cierto es que su acción ha trascendido (...). En la misma España (...) se ha hablado ya de la existencia de un fascismo militar y de la creación de un fascio civil, con destino al cual se fabricaban las clásicas camisas negras en una manufactura catalana. También se han creado en Hungría y en Alemania milicias fascistas y con frecuencia nos habla el cable del incremento que el fascismo adquiere en la república hermana y querida de México. Leopoldo Lugones (en 'La Nación' del 17 de septiembre de 1922) decía en Buenos Aires que el <<fascismo>> indica la probable constitución del partido nacional argentino[48].

Hay aún otros dos aspectos que deben tratarse, pues serán parte habitual del debate entre las interpretaciones derechistas españolas del fascismo. En primer lugar, las relaciones del fascismo con la

[46] Ibídem, pp. 10, 12 y 14.
[47] Ibídem, p. 87.
[48] Ibídem, pp. 19-20.

Iglesia y el catolicismo. Clavel no manifiesta, como muchos otros posteriormente, un punto de vista integrista, pero anota con alivio la ausencia de grandes contenciosos entre la Iglesia y el Fascismo: *Al surgir en la vida política de Italia el nuevo partido fascista, la Iglesia no tomó posiciones de defensa contra los imaginarios peligros que suele ver en todo movimiento nacido espontáneamente de las masas populares (...). Si bien la juventud genuinamente clerical no se sumó al fascismo, los sacerdotes abstuviéronse de toda campaña hostil. Verdaderamente el fascismo no pretendió destruir la religión*[49].

En segundo lugar, está el importante problema de las relaciones entre el fascismo y democracia. Una idea que estaba en el *Zeitgeist*, la de la irrupción de una nueva forma de democracia plebiscitaria dirigida por un líder carismático, es intuida por Clavel como personificada en Mussolini cuando escribe: *Si Mussolini ha podido representar la reacción contra el democratismo, la ley de los más y el imperialismo de las masas gregarias, durante la fermentación revolucionaria de Italia, hoy, elevado al poder, representa el equilibrio democrático que se establece entre el héroe y el pueblo, que con el héroe llegó* al máximo grado de exaltación[50].

En la realidad no encontramos solo una justificación de la relación carismática entre el líder y las masas; Clavel no veía incompatibilidad forzosa entre fascismo y parlamentarismo:

> El descrédito del poder público no fue jamás el descrédito del liberalismo. Los desacreditados son, en último término, los que gobiernan en nombre de principios que traicionan. Lo que se desacredita no es el parlamentarismo, sino los malos Parlamentos (...) y no comprenderemos el interés que los reaccionarios españoles han puesto en demostrar que el triunfo de Mussolini en Italia equivale a la derrota del liberalismo y el parlamentarismo, unidos fatídicamente para corromper a los pueblos. Al contrario, con Mussolini ha triunfado la esencia del viejo liberalismo y él, desde el Gobierno, ha hecho comprender al Parlamento que su deber es

[49] Ibídem, pp. 125-126.
[50] Ibídem, pp. 144-145.

> el de servir a la Nación y no a los intereses privados (...). Sepan los comentaristas reaccionarios que Mussolini es liberal, liberalísimo y demócrata[51].

Estas ideas pueden parecer hoy totalmente peregrinas, pero en 1923, cuando en el Aventino aún no existía un Parlamento monocolor, no era tan descabellada. Ya vimos como Delgado Barreto afirmaba que el fascismo era "liberal" y el político catalán Françesc Cambó, otro de los primeros españoles en estudiar el fascismo -fue autor de *En torno al fascismo italiano*[52]– afirmó que la gran misión del fascismo sería la de reformar el parlamentarismo. La fascistización del Estado italiano y la teorización sobre la necesidad de implantar el totalitarismo aún estaba lejos en 1923.

El libro de Clavel, escrito del principio al fin en clave regeneracionista, no va a encontrar un eco apropiado hasta las primeras campañas de Giménez Caballero en *La Gaceta Literaria*. Por el contrario, desde el principio de los años 1920 la versión más difundida del fascismo en España va a estar mucho más próxima a la intrínsecamente reaccionaria de Delgado Barreto, el "Duque de G.", un hombre de quien agudamente diría Ramiro Ledesma Ramos años después –con motivo de la aparición de *El Fascio*– que no entendía nada del fascismo, pero que en cambio sabía perfectamente como se hacía un periódico

Sería ingenuo querer ver en aquella primera campaña profascista el origen de la Dictadura de Primo de Rivera. Shlomo Ben Ami ni tan siquiera la comenta en el libro que ya hemos citado. Pero eso no desmiente el hecho de que tanto el rey como los militares golpistas pensaban en una solución que ellos llamaban "a lo Mussolini": la derecha española hacía suya, desde el primer momento, la imagen del *Duce* italiano, interpretando los hechos ocurridos en Italia solo en una dimensión reaccionaria, lo cual, como los más recientes estudios

[51] Ibídem, pp. 145-147.

[52] Françesc Cambó, *En torno al fascismo italiano*, Editorial Catalana, Barcelona, 1925. Una edición catalana de la obra, *En torn del feixisme italià*, estuvo disponible ya en 1924.

históricos nos demuestran, está muy lejos de ser lo exacto[53]. El libro de Clavel se editó antes del golpe de Estado, pero sin duda los que hablaban de una solución "a lo Mussolini" habían prestado mucha más atención a las columnas del periódico de Delgado Barreto que a las páginas del libro de Clavel.

La difusión del fascismo en España aparecía desde el principio, como conclusión, hipotecada por una interpretación derechista. Algo que sin duda va a tener notable influencia en su escasa capacidad para lograr eco en las clases sociales más humildes. Por otra parte, el que estos brotes de los años 1920 no tuvieran continuidad demuestra que la Dictadura del general Primo de Rivera fue factor decisivo para abortar los procesos de fascistización entre los movimientos políticos españoles. Su existencia los hacia innecesarios.

[53] Z. Sternhell, M. Sznajder, y M. Asheri, *El nacimiento de la ideología fascista*, Siglo XXI de España Ediciones, Madrid, 1994. Y R. Griffin, *Fascismo*, Alianza Editorial, Madrid, 2018.

EL "AUSTROFASCISMO" DE DOLLFUSS, UN RÉGIMEN ENTRE MUSSOLINI Y HITLER

Carlos García de Polavieja
Investigador en Formación. CEU Escuela Internacional de Doctorado (CEINDO)

> Cualquiera que no rechace abiertamente cualquier asociación con los terroristas y sus organizaciones secretas, cualquiera que se siente a la mesa con los terroristas y sus partidarios, es su igual.
>
> Engelbert Dollfuss

En este capítulo se abordan de forma sucinta las principales líneas que marcaron la política exterior del Estado Social Cristiano de Austria, quizá uno de los sistemas políticos más singulares del periodo de entreguerras pues tuvo que mantener una difícil posición entre la Alemania de Hitler y la Italia de Mussolini. Entre los años 1920-1930, las democracias liberales, instauradas artificialmente en Europa oriental tras la Primera Guerra Mundial retornaron a regímenes autoritarios de corte tradicional y casi inmediatamente, buena parte del continente cayó seducido por la ideología fascista.[1] Austria no fue ajena a este fenómeno, y a partir de 1933 contó con un nuevo régimen político impulsado por Engelbert Dollfuss, un político socialcristiano que en mayo de 1932 había sido elegido canciller de Austria.

Con treinta y nueve años era el jefe de gobierno más joven de Europa y también el más pequeño de todos ellos. Su corta estatura le hizo recibir de sus enemigos el apelativo de Minimetternich. Nació en una familia de campesinos con hondas raíces cristianas. Antes de estudiar derecho, cursó dos años de teología en la universidad de Viena donde fue presidente del Club de Estudiantes católicos.

---

[1] Berstein, S. *Los regímenes políticos del siglo XX*. Barcelona: Ariel, 2013, p. 92.

Sus estudios fueron interrumpidos por la Primera Guerra Mundial. Como oficial combatió en el frente italiano y en el Tirol recibiendo ocho medallas al valor. Con veinte años inició su carrera política en el partido socialcristiano. En él desempeñó diferentes cargos y logró una rápida promoción política hasta que en 1933 fue nombrado ministro de agricultura. Cuando llegó al poder, se encontró con el enorme desafío de rescatar la economía austriaca que se tambaleaba en medio de la depresión europea.[2] El número de desocupados ascendía a 362.000 aumentando mes a mes. Las bancarrotas se habían duplicado con respecto al año 1929 y el ingreso medio de un hogar vienés se había reducido en un treinta y cuatro por ciento.[3] La situación política no era más halagüeña. El continuo enfrentamiento entre los partidos había provocado una gran inestabilidad y una polarización creciente, hasta el punto de que la posibilidad de una guerra civil se vislumbraba en el horizonte. En las elecciones del nueve de noviembre el partido socialcristiano, al que Dollfuss pertenecía, sufrió un significativo retroceso perdiendo la hegemonía en el parlamento en contraposición al partido socialista que incrementó sus escaños. Sin embrago, el partido socialcristiano pudo seguir gobernando gracias a la coalición que formó Dollfuss en su primer gobierno con el apoyo de la Liga Agraria (Lanbund) y el Bloque Nacional (Heimatblock), ala política de la Heimwehr, milicia de tendencia fascista y conservadora que había surgido de forma espontánea por toda Austria en los años de la posguerra con objeto de defender las fronteras y frenar los saqueos perpetrados por los marxistas. Todas las demás fuerzas políticas, incluido el partido socialcristiano recelaban de la Heimwehr, pues buscaba hacerse con el control del Estado y reorganizarlo en beneficio del pueblo rechazando el parlamentarismo democrático y el estado de partidos. A pesar de este conglomerado de fuerzas, el gobierno se encontraba en una situación de debilidad, pues con todo, en el parlamento tan solo tenía mayoría por un voto.[4]

[2] Howard M. Sacher, *The Assassination of Europe 1918-1942*. Estados Unidos: University of Toronto Press, 2015, pp. 191-194.

[3] Inés Rieder y Diana Voigt, *Sidonie Csillag, la "joven homosexual" de Freud*. Buenos Aires: El Cuento de Plata, 2004, p. 195.

[4] Gema Martínez de Espronceda, *El Canciller de Bolsillo, Dollfuss en la prensa de la II República*. Zaragoza: Universidad de Zarragoza, 1988, p. 48.

Fuera del gobierno quedaron los socialistas como principal fuerza de oposición. Su facción más radical concebía la democracia como un paso necesario para alcanzar la dictadura del proletariado y esperaba el momento propicio para tomar el poder con ayuda de su milicia particular la "Schutzbund".[5] Además estaban los granalemanes y los nacionalsocialistas que, aunque en ese momento eran una fuerza extraparlamentaria, iban a ser los que pronto condicionarían toda la política austriaca.

Desde el primer momento, Dollfuss tuvo que lidiar con los obstáculos ocasionados por los nacionalsocialistas cuyo principal objetivo era conseguir el "Anchluss", la anexión de Austria a Alemania. No hay que olvidar que Hitler había nacido en la región austriaca de Braunau[6] y que en la primera página de "Mi Lucha" había escrito: "La Austria germana debe volver al acervo común de la patria alemana".[7] Para el líder nacionalsocialista la cuestión austriaca era, por tanto, un asunto que afectaba a su propio prestigio personal. Hitler tenía una visión muy negativa de su patria y pensaba que la alianza del Imperio austrohúngaro con Alemania solo había implicado un perjuicio para esta. Igualmente, tenía una forma particular de entender la política exterior, como el mismo formuló:

> "La principal razón y principio rector que [...] siempre debemos tener presente es que la política exterior es solo un medio para un fin, pero exclusivamente la promoción de nuestra propia nacionalidad. Ninguna consideración de política exterior puede orientarse desde otro punto de vista que no sea la de nuestro pueblo, ahora o en el futuro, ¿o hará daño? Esta es la única noción preconcebida que debe aplicarse en la negociación de esta cuestión: se

[5] Winston Churchill, *La Segunda Guerra Mundial. De Guerra a Guerra.* Barcelona: Orbis, 1989, p. 91-104.

[6] Si bien es verdad que Hitler nació en la provincia fronteriza de Braunau, en la práctica esta era culturalmente más babara que austriaca. Está situada en la región de Oberosterreich, a lo largo del río Inn, que hace frontera con Baviera. Hitler solo vivió en esta durante tres años y no regresó a ella hasta 12 de marzo de 1938, día del Anchluss con Alemania, cuando cruzó la frontera justo al lado de la ciudad para ir a Linz. (Felix Michael Hafner, "Braunau e la casa natale de Hitler: un eredità pesante." Bologna:. E-Review Dossier 6, 2018, p. 2.)

[7] Adolf Hitler, *Mi lucha*. Chile: Jusego, 2003, p. 8.

> eliminan por completo los puntos de vista partidistas, religiosos, humanitarios y, en general, todos los demás."

Austria era pues el primer objetivo dentro de la política expansionista del nacionalsocialismo. Aunque la idea de anexión se remontaba a los años de la Primera Guerra Mundial –incluso mucho antes–, fue con la aparición del nazismo cuando cobró especial fuerza la idea de crear un Reich de base racial. Como depósito de importantes materias primas, era el punto de partida para conseguir el dominio militar y económico del sureste de Europa.[8]

Por su parte, Dollfuss, que en un principio había sido partidario de la unión, pues no podía dejar de reconocer la base germánica de Austria –cultural y lingüística– y los fuertes lazos históricos que compartían ambas naciones, quiso evitarla por todos los medios en la idea de que la ideología nazi era una perversión de la auténtica tradición germana, así como que su hegemonía conllevaría a la anulación de la soberanía e identidad austriacas.

En la república alpina los nazis se habían constituido en partido político en 1925, pero no fue hasta 1932 cuando se presentaron por primera vez a las elecciones provinciales en las que obtuvieron tan solo unos pocos asientos en el parlamento.[9] No conforme Alemania con este resultado y deseando afianzarse aún más en el país, intensificó sin éxito su presión sobre el gobierno de Dollfuss para que este introdujese en su gabinete y en ciertos resortes de la administración a miembros del partido nazi austriaco, satélite del alemán. De ahí pasaron a una campaña permanente de atentados contra ferrocarriles y centros de turismo orquestada desde Múnich, que logró perturbar sensiblemente la vida del país como es fácil de imaginar.[10] Las autoridades austriacas no se dejaron doblegar, pero tuvieron grandes dificultades para neutralizar las agresiones, al carecer de los medios necesarios, tanto económicos como materiales, especialmente para proteger las fronteras

---

[8] Ricardo Shober, *Der österreichische "Ständestaat" und die europäischen Mächte: Von der Machtubernahme Hitlers zum Juliabkommen (1933-1936)*. Wien: Bohlau, 2021, p. 19.
[9] John Duncan Gregory, *Dollfuss and his Times*. Londres: Hutchinson, 1935, p. 176.
[10] Winston Churchill, *La Segunda Guerra Mundial. De Guerra a Guerra*. Barcelona: Orbis, 1989, pp. 91-104.

y los senderos montañosos por donde los nazis actuaban. El servicio militar obligatorio había quedado prohibido por los tratados de paz y las fuerzas armadas austriacas habían quedado reducidas a la mínima expresión por lo que apenas tenían capacidad de reacción.[11]

Con el propósito llenar este vacío, a finales de 1932, las autoridades austriacas recurrieron a la ayuda de la organización paramilitar "Heimwehr", ya mencionada, que con el tiempo llegó a ser uno de los pilares sobre los que se apoyó el Estado socialcristiano. Su líder era el príncipe Ernst Rüdiger Starhemberg (1899-1956)[12], miembro de una de las principales familias de la nobleza austriaca –uno de sus antepasados fue el famoso conde Starhemberg (1638-1701) que defendió Viena del asedio turco en 1683–. En un principio había simpatizado con el nacional socialismo e incluso en 1923 participó junto a Hitler en el malogrado Putch de Beer Hall en Munich, más al cerciorarse del verdadero carácter de esta ideología cortó toda conexión con el nazismo e incluso se vio en la necesidad de combatirlo.[13] Pero ni siquiera, los esfuerzos conjuntos del gobierno y la Heimwehr fueron suficientes para detener los atentados y restablecer el orden.

LA CUESTIÓN ECONÓMICA

Dollfuss se había involucrado en política movido por su preocupación social ante la crisis económica y moral en la que Austria se estaba hundiendo. Cuando asumió el cargo de canciller consideró su nombramiento como una misión que Dios le había encomendado y no

[11] Kurt von Schuschingg, *Austria patria mía*. Santiago de Chile: ZIG-ZAG, 1938, p. 127.

[12] En 1938 Starhemberg huyó con su mujer y su hijo a París. Con el estallido de la Segunda Guerra Mundial, hizo público su deseo de combatir contra los nazis y se propuso organizar un regimiento antinazi austriaco en Francia. El 9 de octubre de 1939 se le privó de la ciudadanía alemana. Su hermanos y familiares que permanecieron en Austria fueron cesados de sus empleos y el patrimonio familiar formado por trece castillos y cientos de acres de tierra fue confiscado por las autoridades nazis. (Robert Loeffel, *Family Punishment in Nazi Germany*. England: Palgrave Macmillan, 2012, pp.34-35).

[13] Robert Gerwarth y John Horne, *War in peace. Paramilitary Violence in Europe after the Great War*. New York: Oxford University Press, 2012, p. 69.

simplemente como un mandato político temporal.[14] Su formación como economista le llevó a buscar soluciones de gran calado para lograr el rescate y recuperación que en un primer momento solo veía posible por la cooperación de las distintas fuerzas nacionales incluidos sus oponentes políticos.[15] Así lo había manifestado ya en su primer discurso inaugural del 27 de mayo:

> "consciente de la grave responsabilidad que tiene el gobierno actual en un momento en el que todo depende de nuestra recuperación económica, de nuestros asuntos internos, así como nuestro destino respecto a las relaciones exteriores, dirijo este llamamiento: reconozcan con nosotros la gravedad de la hora y cooperen con nosotros. De lo contrario me temo que el destino de nuestro país he llegado a un punto crucial".[16]

Aspiraba a impulsar proyectos comerciales y agrarios que mejoraran la vida de los campesinos, a limitar la inflación, lograr un presupuesto equilibrado y mitigar el problema de la desocupación que tanto afectaba a obreros y empresarios. De la evolución económica dependía la evolución social y el destino interior y exterior del Estado.[17]

En el plano económico, el canciller cosechó algunos éxitos. En julio de 1932 logró en el Tratado de Lausana un gran préstamo de trescientos millones de chelines de la Sociedad de Naciones. En contrapartida se exigía a Austria renunciar durante los próximos veinte años a cualquier idea de unión, incluso aduanera, con Alemania. Estas ayudas mejoraron algo la situación financiera, pero también contribuyeron a exacerbar las divisiones políticas existentes entre los

[14] Noelle Venz, *Die Februarkampfe 1934 und Aspekte ihrer historisch-Politischen Rezeption in der Zweiten Republik*. Graz: Universitat Graz, 2015, p. 28.

[15] Kurt von Schuschnigg, *Austria patria mía*. Santiago de Chile: ZIG-ZAG, 1938, pp. 151-162.

[16] Kurt von Schuschnigg, *When Hitler took Austria. A memoir of Heroic Faith by the Chancellor's Son*. San Francisco: Ignatius Press, 2008, p. 14.

[17] Kurt von Schuschnigg, *Austria patria mía*. Santiago de Chile: ZIG-ZAG, 1938, pp. 151-162.

nacionalistas alemanes, los socialdemócratas y los nacionalsocialistas que veían en esto una claudicación ante las potencias occidentales.[18]

El ascenso de Hitler al poder en enero de 1933 repercutió notablemente en la política austriaca. La presión para desestabilizar el gobierno y provocar la anexión se incrementó enormemente por distintos medios, incluido el terrorismo. El éxito arrollador de los nazis en Alemania y su milagro económico, cuando Austria todavía atravesaba una situación financiera grave, provocaron que una parte de la sociedad austriaca comenzara a simpatizar con el Reich alemán. Hitler se fue convirtiendo en una amenaza cada vez mayor para la hegemonía social cristiana de Austria y para el programa político que Dollfuss estaba intentando desarrollar.

EL APOYO DE MUSSOLINI

Impelido por este peligro, Dollfuss fijó su mirada en la Italia fascista desde donde había recibido promesas de ayuda. Mussolini veía con preocupación la posibilidad del Anchluss incluso antes de producirse el ascenso de Hitler al poder. A pesar de que la independencia de Austria se había reconocido sucesivamente en los tratados de Versalles (1919) y de Génova (1922), el gobierno italiano sabía que tanto en Austria como en Alemania existían fuertes movimientos en pro de la unión.[19] El primer ministro italiano, no sentía especial simpatía por el nazismo, cuyos intereses focalizados sobre el sureste de Europa y Austria no coincidían con los suyos.[20] Si Italia quería mantener el control del Tirol del Sur –de habla alemana–, no tenía más remedio que velar por preservar la independencia de Austria, que actuaría como un Estado amortiguador contra las pretensiones revisionistas del nacionalismo alemán.[21]

---

[18] Steven Beller, *Historia de Austria.* Madrid: Akal, 2009, p. 243.

[19] Martin Kitchen, *The Coming of Austrian Fascism.* New York: Routledge, 2017, p. 144.

[20] Winston Churchill, *La Segunda Guerra Mundial. De Guerra a Guerra.* Barcelona: Orbis, 1989, pp. 91-104.

[21] Iñigo Bolinaga, *Breve Historia del Fascismo.* Madrid: Nowtilus, 2007.

A principios de los años treinta, el ministro de asuntos exteriores italiano Dino Grandi (1895-1988), había ideado la posibilidad de establecer un acuerdo aduanero entre Italia y Austria, con la finalidad de frustrar un convenio análogo entre esta y Alemania, pero la precaria situación económica de Austria lo hizo inviable. En julio de 1932 Grandi fue relevado de su cargo y sustituido por el mismo Mussolini, quien a partir de entonces ejerció también como ministro de Relaciones Exteriores, aunque las cuestiones referentes a la política austriaca fueron encomendadas a Fulvio Suvich (1887-1980), en calidad de Subsecretario de Estado. Como judío Suvich era radicalmente contrario al Anchluss. Su idea era crear una confederación danubiana entre Roma, Viena y Budapest, que uniera a las tres naciones económica y políticamente. Hitler conocía cuales eran los planes de Mussolini respecto a Austria. Estaba convencido de que fracasarían. Del mismo modo, estaba seguro de que su victoria en Alemania conduciría inevitablemente al Anchluss[22], y que los nacionalsocialistas se harían con el poder en Austria por la vía electoral, al obtener un resultado suficientemente favorable como para controlar el gobierno y exigir el cese de Dollfuss.[23]

En abril de 1933 el líder austriaco se encontró por primera vez con Mussolini en Roma llegando a un acuerdo en virtud del cual Austria, a cambio del apoyo italiano, modificaría su constitución para aproximarla al modelo fascista.[24] Así mismo, el Duce dejó claro que la única manera de aplastar a los nazis era realizar un ataque contundente contra la socialdemocracia que reforzara la imagen del canciller ante la sociedad austriaca y privara a los nazis de argumentos para seguir alegando que el canciller era demasiado indulgente con los marxistas.[25] Desde entonces Mussolini ejerció una poderosa influencia sobre el régimen austriaco y se convirtió en el principal valedor de su independencia.[26]

---

[22] Martin Kitchen, *The Coming of Austrian Fascism*. New York: Routledge, 2017, p. 146.
[23] Clifton Eral Edmonson, *La Heimwher and Austrian politics, 1918-1936*. Atenas: Prensa de la Universidad de Georgia, 1978, p. 352.
[24] Gordon Brook Shepherd, *Dollfuss*. London: Macmillan, 1962, p. 197.
[25] Martin Kitchen, *The Coming of Austrian Fascism*. New York: Routledge, 2017, p. 148.
[26] David Kaiser, *Economic Diplomacy and the Origins of the Second World War*. New Jersey: Princeton University Press, 1980, p. 66.

Dos meses después de esta reunión, se desencadenó una grave crisis parlamentaria a raíz de un incidente con los trabajadores ferroviarios cuyos sueldos habían quedado suspendidos por la insolvencia de las compañías ferroviarias. El gobierno resolvió pagar las nóminas en tres plazos, pero la decisión no fue aceptada por los trabajadores quienes convocaron una huelga. El ejecutivo respondió con la aplicación de un decreto imperial de 1914 que preveía penas de prisión para los huelguistas. Varios fueron arrestados. A instancias de los socialistas se celebró una sesión en el congreso para debatir el pago de los ferroviarios y la liberación de los detenidos. En el momento de la votación, el presidente de la asamblea Karl Renner, miembro del partido socialista, renunció a su cargo a fin de poder emitir su voto. Los vicepresidentes, que eran conservadores, hicieron lo propio para votar en sentido contario y la cámara sin ninguna autoridad que mantuviera el orden, quedó sumida en el caos. Dollfuss entonces aprovechó la situación para suspender el parlamento temporalmente amparándose en varios artículos de la constitución. Días después, en una locución dirigida a la nación anunciaba que la democracia parlamentaria había dejado de existir. A partir de entonces comenzó a gobernar vía decreto.[27] Había llegado el momento de establecer un liderazgo fuerte capaz de tomar decisiones de forma inmediata, lo que Kurt von Schuschnigg llamó "la hora de la necesidad".[28]

Durante todo este proceso Dollfuss se esforzó por mantener un difícil equilibrio entre conservar la relación con Alemania y, al mismo tiempo, frenar las pretensiones de Hitler. Así, en su afán por evitar un enfrentamiento irreparable con el gobierno alemán, en mayo de 1933 realizó varios intentos de negociación con los nazis, pero no llegaron a buen puerto. Los nazis no aceptaron el ofrecimiento del canciller de entregarles dos carteras ni este accedió a convocar elecciones y a apartar a la Heimwehr del gobierno como le exigían.[29] Mientras la paciencia del canciller se agotaba, Hitler seguía reclamando nuevas

---

[27] Patrick G. Zander, *Fascism. Through History.* ABC-CLIO, 2020, p. 101.

[28] Noelle Venz, *Die Februarkampfe 1934 und Aspekte ihrer historisch-Politischen Rezeption in der Zweiten Republik.* Graz: Universitat Graz, 2015, p. 31.

[29] Bruce F. Pauley, *Hitler and the Forgotten Nazis: A History of Austrian National Socialism.* University of North Carolina Press: Macmillan, 1981, p. 122.

elecciones en Austria tratando de convencer a la opinión pública de que Dollfuss era enemigo de la democracia parlamentaria.[30]

Por entonces, otro acontecimiento iba a tensar aún más las relaciones entre Viena y Berlín. Como reacción a la deportación por el gobierno del ministro de justicia bávaro Hans Frank (1900-1946), alto dirigente nazi que había visitado Austria en tono provocativo y desautorizando la política de Dollfuss, Hitler anunció que a partir de ese momento se impondría una tasa de mil francos a todos los alemanes que quisieran entrar en Austria desde el Reich. Así socavó el negocio de turismo de invierno austriaco en un momento en el que la economía seguía pendiendo de un hilo y cuando la temporada prometía ser la mejor para la industria hotelera desde la guerra.[31] Los agentes nazis en Innsbruck y otras regiones del país quisieron hacer creer a los empresarios que sus desgracias eran debidas a la incompetencia de Dollfuss.[32] Al mismo tiempo, los nazis se dedicaron a sabotear ferrocarriles, puentes, líneas eléctricas y a poner bombas en diferentes establecimientos como joyerías, cines o cafeterías, además de atacar una organización juvenil cristiana con granadas de mano que provocó varios muertos.[33] Estos sucesos repercutieron sensiblemente en los presupuestos del Estado que tuvo que compensar a los damnificados con una partida de diez millones de chelines.[34]

Como consecuencia de todo lo anterior, Theodor Habicht (1898-1944), líder de los nacionalsocialistas austriacos, fue expulsado de Austria y el 19 de junio de 1933 el partido y todas sus formaciones paramilitares quedaron prohibidas, al igual que había sucedido poco antes con el partido comunista. Del mismo modo, se establecieron una serie de campos de detención (Anhaltelager) para internar a oponentes

---

[30] Martin Kitchen, *The Coming of Austrian Fascism*. New York: Routledge, 2017, p. 149.

[31] El año anterior, en 1932, los alemanes habían representado el 60 por ciento de todos los turistas en cuatro de los nueve estados austriacos: Tirol, Voralberg, Salzburgo y Carintia. (Kurt von Schuschnigg, *When Hitler took Austria. A memoir of Heroic Faith by the Chancellor's Son*. San Francisco: Ignatius Press, 2008.)

[32] John Duncan Gregory, *Dollfuss and His Times*. London: Hutchinson & Co., 1935, pp. 216-217.

[33] Michael Burleigh, *Combate Moral, una historia de la Segunda Guerra Mundial*. España: Taurus historia, 2011, p. 57.

[34] John Duncan Gregory, *Dollfuss and His Times*. London: Hutchinson & Co., 1935, pp. 216-217.

políticos.[35] En torno a 4.700 activistas nazis fueron internados en Wollersdorf (junto con 550 socialistas), lo que no hizo sino avivar la indignación de Hitler.[36] Miles de nacionalsocialistas huyeron a Baviera[37] y en respuesta, los núcleos clandestinos que permanecieron en el interior de Austria acrecentaron su actividad subversiva para derrocar al régimen.[38] Dollfuss se encontró frente a un enemigo perfectamente organizado que a través de sus células extendía sus tentáculos por toda Austria.[39] Bajo esta coyuntura Mussolini ofreció un acuerdo de carácter militar a Austria por el que Italia enviaría efectivos para reforzar la defensa en caso de una invasión alemana, pero Dollfuss, preocupado por la injerencia que la presencia italiana también podía suponer, declinó la propuesta. No obstante, Italia advirtió a Hermann Goring (1893-1946), ministro alemán y fundador de la Gestapo, de que, si Austria sufría una invasión o un putch, Italia no vacilaría en acudir en su ayuda.

Llegados a ese punto, se planteó la posibilidad de recurrir también al apoyo de Francia y Gran Bretaña aun sabiendo que solo obtendría este si tendían la mano a los socialdemócratas, cosa que Mussolini no estaba dispuesto a aceptar.

Dollfuss estaba trabajando ya en la nueva constitución, pero no había prescindido aún de los socialdemócratas y se justificaba ante Mussolini alegando que los nazis se habían convertido en su prioridad.[40]

---

[35] Gert Schultze Rhonhof, *1939 -The War that Had Many Fathers*. Germany: Olzog, 2011, p. 130.

[36] Michael Burleigh, *Combate Moral, una historia de la Segunda Guerra Mundial*. España: Taurus historia, 2011, p. 58.

[37] Los nazis austriacos refugiados en Baviera formaron una unidad paramilitar conocida como "La Legión Austriaca" – unos diez mil hombres – destinada a intervenir en el momento decisivo en Austria. Fueron entrenados en campamentos cercanos a la frontera austriaca. Operaron de 1933 a 1938, aunque demostró ser ineficaz y en algunos casos perjudicial para la política de Alemania en la república alpina. (Michael E. Holzmann, "...und steht die Legion auf dem ihr zugewies' nen Posten". Münster: Lit, 2018, p. 17).

[38] Gema Martínez de Espronceda, *El Canciller de Bolsillo, Dollfuss en la prensa de la II República*. Zaragoza: Universidad de Zarragoza, 1988.

[39] John Duncan Gregory, *Dollfuss and his Times*. Londres: Hutchinson, 1935, p. 157.

[40] Martin Kitchen, *The Coming of Austrian Fascism*. New York: Routledge, 2017, p. 151.

Los dos líderes se entrevistaron nuevamente en Riccione (Italia) el 19 y 20 de agosto de 1933 para seguir analizando la situación política de Austria. Satisfecho el italiano por los pasos que se estaban dando, instó a Dollfuss a que la nueva ley fundamental afectara a toda la estructura política, económica y social del país. En último término, le animó a crear una organización patriótica que remplazara a los partidos políticos estatales y consiguiera aglutinar a todas las fuerzas de derecha.[41] Dollfuss acogió la idea con agrado –siempre había buscado la unidad política– y la llevó a cabo aquel mismo año. El Vaterlandische Front o Frente Patriótico se constituyó sobre el principio del líder y adoptó toda la parafernalia externa propia de un movimiento fascista siendo la única organización política permitida, pero nunca llegó a convertirse una organización de masas ni a lograr una auténtica movilización de la sociedad, como sucedería en Italia y Alemania.[42] Estuvo constituido principalmente por social cristianos que se reconocían como los verdaderos patriotas austriacos frente al pangermanismo.[43] Algunos historiadores han creído encontrar un paralelismo entre el militarismo nazi y la estética del Frente Patriótico. Lo cierto es que no existió ninguna pretensión de rearme ni de militarizar a la sociedad, elementos tan fundamentales en la política fascista. Lejos de ello, Dolfuss y la Heimwehr se limitaron a exaltar algunos valores castrenses como la disciplina y el sacrificio, y a lucir el uniforme militar en actos oficiales como una manera de hacer justicia al ejército austriaco, tan denostado por la república con la caída del Imperio Austrohúngaro. Austria nunca se planteó una guerra de agresión y menos aún una agresión imperialista.[44]

Tomó para si los colores rojo y blanco de la vieja Austria y adoptó el emblema la cruz griega (Krukenkreuz), símbolo del Santo Sepulcro y del Reino de Jerusalén, que fue considerada por los nazis como

---

[41] John T. Lauridsen, *Nazism and the Radical Rights in Austria 1918-1934*. Denmark: The Royal Librar Museum Tusculanum Press, 2007, p. 254.

[42] Günter Bischof, Anton Pelinka y Alexander Lassner, *The Dollfuss/Schuschnigg Era in Austria*. United States: 2003, pp. 22-23.

[43] Gordon Brook Sheperd, *Dollfuss*. London: Macmillan, 1961, p. 105.

[44] Martin Kitchen, *The Coming of Austrian Fascism*. New York: Routledge, 2017, p. 279.

un desafío hacia la esvástica[45] Era también representación de los más altos ideales de la caballería medieval, de las cruzadas. En este sentido, el historiador británico-canadiense Martin Kitchen sostiene que la Krukenkreuz fue el reflejo de un anhelo por el pasado y de una conciencia en el poder de los símbolos para inspirar y unir a los pueblos. La Heimwehr, que era la organización más netamente fascista de las que integraban el gobierno, trató de hacerse con su control, pero tampoco consiguió un dominio total.[46]

Las demás fuerzas y organizaciones políticas que se habían opuesto a Dollfuss y que habían sido prohibidas sucesivamente formaron por su parte una alianza conocida como la "Oposición Nacional". Su punto de unión, además de su oposición al Estado social cristiano, era su común apoyo a la anexión con Alemania.[47] Esta postura radicaba en su preocupación por que Austria, al quedar independiente, fuera dominada por los conservadores, debido al tradicionalismo de los campesinos, y en una posición económica desfavorable.[48]

A raíz de la entrevista de Riccione, Mussolini tuvo el amistoso gesto de devolver a Austria la artillería austrohúngara de la que se habían apoderado los italianos tras la Primera Guerra Mundial.[49]

La prensa extranjera seguía con detenimiento la situación creada por los atentados ocurridos en Austria y la lucha del canciller por mantener la independencia de su país. El diario *Národni Politika* de Praga, al tratar de la situación afirmaba: "el canciller Dollfuss ha mostrado hasta ahora suficiente energía defendiendo a Austria del peligro de Hitler y apoyando sus planes contra sus adversarios. Ha preparado bien su acción tanto diplomática como política, pero los resultados dependen de la resistencia de las fuerzas armadas a disposición del gobierno. Si Dollfuss no logra evitar la guerra civil con

---

[45] John Duncan Gregory, *Dollfuss and His Times*. London: Hutchinson & Co., 1935, p. 211.

[46] Martin Kitchen, *The Coming of Austrian Fascism*. New York: Routledge, 2017, pp. 175-278.

[47] Gert Schultze Rhonhof, *1939 -The War that Had Many Fathers*. Germany: Olzog, 2011, p. 130.

[48] Douglas Alder, "Catholic and Marxist Paradigms: Ignaz Seipel and Otto Bauer in the First Austrian Republic". Austrian History Year Book. Volumen XIX. Reino Unido: Cambridge University, 1984, pp. 111-112.

[49] Gordon Brook Sheperd, *Dollfuss*. London: Macmillan, 1961, p. 206.

sus medidas preventivas, los acontecimientos austriacos se convertirán en un peligro internacional, porque el destino de Austria está directamente afectado por dos grandes potencias, Alemania e Italia, y varios otros vecinos...". En términos similares se pronunciaba el periódico húngaro *Pesti Hiralp*, que aludiendo a las agresiones de los nacionalsocialistas aseveraba: "lo que está pasando hoy en Austria y Alemania es un fenómeno que debe preocupar a toda Europa. La actividad de Berlín destinada a realizar a toda costa el Anschluss contra el que se opone toda Europa solo perturba la paz del continente".[50]

Como era fácil de suponer, las amenazas que se cernían sobre Austria acabaron recayendo sobre el canciller. El 3 de octubre de 1933 Dollfuss sufrió un intento de asesinato a la salida del Parlamento a manos de Rudolf Dertil[51], un miembro del partido nazi. Al día siguiente, aún convaleciente de sus heridas, se dirigió al pueblo austriaco en un discurso radiofónico animando a resistir y manifestando su convencimiento de que había salvado la vida gracias a la divina providencia.[52] Miles de personas se acercaron a Baliplats en el vecindario de la residencia del canciller, que recibió muestras de apoyo y adhesiones desde todos los puntos del país. Por la noche presidió un consejo de ministros de emergencia, donde su gobierno le felicitó por su escape milagroso y renovó su lealtad.[53] Pese la consternación general, el acontecimiento no sorprendió del todo a la nación, pues los nazis no habían escondido su intención de acabar con Dollfuss, hasta el punto de que en 1934 el líder nacionalsocialista austriaco Frauenfeld[54], que había huido a Alemania, pronunció

---

[50] *Rassegna settimanale della stampa estera*. Anno 8. Roma: Biblioteca Nazionale Centrale di Roma, 1933, p. 1405.

[51] Rudolf Dertil, de 22 años había sido expulsado del ejército austriaco por sus convicciones nacionalsocialistas. Tras el atentado cometido contra Dollfuss en octubre de 1933 fue condenado por un tribunal penal de Viena a cinco años de prisión. (*The New York Times*. 19 de November de 1933, p. 12).

[52] Carlo Moos, *K)ein Austrofaschismus? Studien zum Herrschattssystem 1933-1938*. Wien: Lit, 2021, p. 36.

[53] *The Sun*. Newcastel: Wednesday, October 4, 1933, p. 1.

[54] Alfred Eduard Frauenfeld (1898-1977) fue un líder nazi austriaco. Ejerció como jefe del partido en Viena realizando una intensa actividad propagandística. Estuvo implicado en las actividades terroristas dentro de Austria y en 1933 fue recluido en el campo de internamiento de Wollersdorf. (David Francis Steele, *Alfred E. Frauenfeld*

varias alocuciones por la radio de Munich exigiendo abiertamente el asesinato del canciller federal.[55]

El 12 de diciembre Suvich, subsecretario italiano, visitó Berlín para tratar la cuestión austriaca y pudo conocer a las principales personalidades del Reich alemán. Hitler le concedió dos largas entrevistas, en las que mostró poco interés en el Anchluss, pues según su parecer la precaria situación económica que atravesaba Austria no conllevaría más que una pesada carga financiera para Alemania. Asimismo, manifestó que una Austria fortalecida evitaría su corrimiento hacia la Entente y que la situación solo se resolvería con la celebración de nuevas elecciones y la formación de una amplia coalición que aunara a las fuerzas sanas del país. El Fuhrer llegó incluso a elogiar a Dollfuss por su determinación de combatir al marxismo y a la masonería, aunque alegó que la legalización del partido nazi en Austria era condición indispensable para llegar a cualquier tipo de acuerdo. Suvich no se dejó embaucar y llegó a la conclusión de que la reconciliación era inviable. Mussolini compartía las mismas impresiones que su subalterno y comunicó al Gran Consejo Fascista que si Italia no conseguía mantener a Dolfuss en el poder, los alemanes pronto se encontrarían en las fronteras de Hungría e Italia y esta se vería obligada a salir de los Balcanes.[56]

EL LEVANTAMIENTO DE FEBRERO DE 1934

Por fin a principios de 1934 el gobierno austriaco se decidió a cumplir con las exigencias de Italia de aplicar una política más dura hacia los socialdemócratas e hizo un llamamiento a la Heimwher,[57] a la que Mussolini llevaba tiempo patrocinando, para que procediera a requisar sus depósitos de armas. Como reacción a los registros,

---

and the Developement of the Nazi Party in Vienna, 1930-1933. Minnesota: Universiry of Minnesota, 1992, pp. 551.).

[55] Charles A. Gulick, *Austrian From Habsburg to Hitler. V. II. Fascism's subversion of democracy*. Los Angeles: University of California Press, 1948, p. 1657.

[56] Martin Kitchen, *The Coming of Austrian Fascism*. New York: Routledge, 2017, p. 158.

[57] Alan Cassels, *Ideology and International Relations in the Modern Word*. New York: Routledge, 1996, p. 158.

detenciones e incautación de armas realizados por la Heimwher y el ejército, entre los días doce y dieciséis de febrero se produjo un levantamiento de las fuerzas de izquierda en Viena[58], y otras ciudades industriales como Graz, Bruck, Wiener Neustadt, Steyr, Sank Polten y Linz. Estas cinco jornadas de combate, conocidos como la Guerra Civil Austriaca, que se saldaron con más de trescientos muertos, la ilegalización del partido socialista y demás organizaciones afines, supusieron un punto de inflexión en el devenir autoritario de Austria y la desaparición definitiva del sistema parlamentario democrático.[59] Dollfuss perdió el apoyo de los socialistas quienes habrían sido un poderoso aliado contra los nazis y muchos de ellos acabarían pasándose al nacional socialismo como la mejor manera de combatir al gobierno. En cualquier caso, Austria dejó de contar con el apoyo de Francia e Inglaterra, dependiendo cada vez más de Italia[60] y se dedicó plenamente a contrarrestar los continuos ataques de los nazis.

Es importante remarcar aquí que el régimen también combatió el nazismo en el plano intelectual. Puso en marcha una serie de iniciativas como fue la creación de una revista de carácter político bautizada con el nombre *Der Christliche Standestaat* [El Estado corporativo cristiano] dedicada a desenmascarar los fundamentos filosóficos del Nacional Socialismo y alertar a la sociedad del peligro que este representaba, no solo para la identidad cristiana de Austria, sino para la misma supervivencia de Europa. Su principal promotor y fundador fue el conocido filósofo personalista alemán Dietrich von Hildelbrand (1889-1977)[61], huido de Alemania en marzo de

[58] Como bastión del partido socialdemócrata, Viena se convirtió en uno de los principales núcleos del levantamiento. Los miembros de la Schutzbund ofrecieron una fuerte resistencia, atrincherados en el ayuntamiento –*Gemeindebauten*– de la ciudad. Aprovecharon la ocasión para intentar atraerse a los reacios lideres socialdemócratas vieneses, pero con el fracaso de la revuelta el partido socialdemócrata quedo desarticulado y muchos de sus líderes huyeron al extranjero. (Pasquale Cuomo, *Il miraggio danubiano. Austria e Italia política ed económica 1918-1936.* Milano: FrancoAngeli, 2021, p. 189).

[59] James William Miller, *Política agraria en la universidad de entreguerras.* Estados Unidos: Universidad de Minesota, 1992, p. 15.

[60] Frederick Raymond Zuber, *The watch on the Brenner: a study of Italian involvement in Austrian foreign and domestic affair: 1928-1938.* Texas: Rice University, 1975, p. 130.

[61] Dietrich von Hildelbrand (1889-1977) fue un pensador católico alemán. Su obra filosófica se enmarca dentro de la corriente personalista. Opositor del nazismo desde

1933, y al que Dollfuss concedió una cátedra en la Universidad de Viena en su proyecto de restituir y expulsar de Austria a todos los profesores universitarios que comulgaran con la ideología nazi.[62] La cuestión judía ocupó una parte importante de sus páginas, en ellas se denunció sin ambages las políticas antisemitas que se estaban implantando en el Tercer Reich. En este sentido, John Connelly, profesor de historia europea en la Universidad de Harvard, sostiene que el Estado austriaco: "lejos de defender abiertamente el racismo, ni siquiera era nacionalista, y mucho menos estaba involucrado en misiones de «limpieza nacional»".[63]

LA CONSTITUCIÓN AUSTRIACA DE 1934

La nueva forma de Estado austriaco se fue implantando durante los años 1933-1934 en etapas muy similares a las que había seguido el fascismo italiano entre los años 1922-1929: eliminación de la democracia constitucional, eliminación de la libertad de prensa, prohibición de los sindicatos y partidos, regulación estatal de las organizaciones de interés, represión de la oposición, establecimiento de tribunales especiales y fortalecimiento del poder ejecutivo.[64] La instauración definitiva de este Estado federal (Standestaat)[65] se produjo el uno de

los primeros días, en marzo de 1933 abandonó Munich (Alemania) y se refugió en Austria. Allí ocupó una cátedra en la Universidad de Viena, al tiempo que fundo una revista de carácter político con el respaldo de Dolfuss. Por su labor en la revista fue incluido en la lista negra de Hitler. De él dijo el político alemán Franz von Papen: "En Austria, el mayor obstáculo para el nacionalsocialismo es ese maldito Hildelbrand. No hay nadie que haga más daño que él.". En 1934, a instancias de Kurt von Schuschnigg escribió un libro apologético sobre la figura y la obra de Dollfuss. En 1938 escapó de Vinea antes de que los nazis ocuparan la ciudad.

[62] Alice von Hildelbrand, *Alma de León, Biografía de Dietrich von Hildelbrand*, pp. 271-278.

[63] John Connelly, *From Enemy to Brother, The Revolution in catholic Teaching*. London: Harvard University Press, 2012, pp. 103-104.

[64] Carlo Moos, *K)ein Austrofaschismus? Studien zum Herrschattssystem 1933-1938*. Wien: Lit, 2021, pp. 4-6.

[65] El concepto de *Standestaat* proviene de la noción de *Stande* (propiedades o corporaciones). Se define la sociedad en términos corporativos más que en términos de clase. El stand era una entidad que desafiaba la organización social en términos de partido. Esta concepción era defendida por la Iglesia católica. En la encíclica Quadragesimo Anno, el papa argumentó que la sociedad ideal era aquella en la que: "todo el cuerpo,

mayo de 1934 con la promulgación de una nueva constitución.[66] El antiguo sistema de partidos fue abolido definitivamente y remplazado por instituciones corporativas que representaban a los diferentes cuerpos sociales del país.[67] Sin embargo, y como ha defendido Stanley Payne, la carta magna se alejaba del fascismo pues era "conservadora, católica y virtualmente teocrática".[68] En este sentido, cabe destacar también, el importante papel que jugó la Iglesia católica dentro del régimen. Si bien es cierto que Italia y Alemania firmaron concordatos con la Iglesia, con la dictadura austriaca esta no solo mantuvo una relación mucho más estrecha y cercana, sino que el "catolicismo" se convirtió en un elemento constitutivo del Estado, que se declaró oficialmente cristiano y que se comprometió a hacer suya la Doctrina Social de la Iglesia. Fue por ello, por lo que la carta magna llegó a ser conocida popularmente como la "Quadragesimo anno", en referencia a la enorme similitud que el texto constitucional guardaba con los principios defendidos en la encíclica del papa Pio XI.[69] Los nazis se opusieron a la reorganización católica del Estado y a cualquier intento de introducir los principios católicos en la vida pública, pues sabían que en el fundamento cristiano de Austria radicaba el principal obstáculo para lograr su anexión.[70] Dollfuss tenía claras

estando compactado y bien unido entre sí, por lo que cada coyuntura suple, según la operación en la medida de cada parte, hace crecer el cuerpo, en la edificación de si mismo, en la caridad." Dollfuss fue capaz de aplicar esta concepción a la política nacional. En su famoso discurso en Trabenplatz del 23 de 1933 afirmó: "Exigimos una Austria social, cristiana y alemana sobre una base corporativa y bajo un fuerte liderazgo autoritario." (Michael P. Steimberg, *Austria as Theater and Ideology*. New York: Cornell University Press, p. 127).

[66] Steven Beller, *Historia de Austria*. España: AKAL, 2009, p. 245.

[67] Eugene K. Keefe, *Area Handbook for Austria*. Washington: Foreign Area Studies, 1976, p. 19.

[68] Stanley G. Payne, *El Fascismo*. Barcelona: Altaya, 1996, p. 116.

[69] Günter Bischof, Anton Pelinka y Alexander Lassner, *The Dollfuss/Schuschnigg Era in Austria*. United States: 2003, pp. 22-23.

[70] Johannes Messner, *Dollfuss: An Austrian Patriot*. Estados Unidos: HIS Press, 2003, p. 77.

las diferencias insoslayables que existían entre su idea política y el proyecto hitleriano:

> "Hoy en día, las cuestiones políticas ya no son puramente políticas; se centran en cuestiones de cosmovisión. Para mí, la lucha contra el Nacional Socialismo es esencialmente una lucha en defensa del concepto cristiano del mundo. Mientras que Hitler quiere revivir el viejo paganismo germánico, yo quiero revivir la Edad Media cristiana".[71]

Todavía en uno de sus últimos grandes discursos celebrado el veintinueve de junio de 1934 en Feldkirch destacó:

> "Para nosotros, ser alemanes significa también ser cristianos al mismo tiempo. Como el pueblo alemán una vez fue llevado por el cristianismo desde el paganismo hasta el punto más alto de la civilización, ahora nuestra ambición deber ser una vez más en nuestro suelo alemán un cristianismo devoto, humilde y verdaderamente práctico. Quizá llegue el momento en el que lo que nos esforzamos por lograr en Austria se consiga también fuera de nuestras fronteras, allí donde haya voluntad y camino".[72]

El Standestaat se distanciaba en ciertos aspectos de las pretensiones que perseguía Mussolini. No obstante, el príncipe Starhemberg, que acababa de ser nombrado vicecanciller, trató de incorporar los aspectos más conservadores del régimen fascista e incluso llegó a negociar con el duce por su propia cuenta. No tuvo éxito.[73] Con todo, las relaciones entre Austria e Italia eran cada vez más estrechas y el 17 de mayo de 1934, Italia, Austria y Hungría firmaron los Protocolos de Roma, un proceso de cooperación económica entre los tres gobiernos signatarios que buscaba a su vez incrementar su

[71] Alice von Hildelbrand, *Alma de León, Biografía de Dietrich von Hildelbrand.* Madrid: Biblioteca Palabra, 2005, p. 271-278.

[72] Johannes Messner, *Dollfuss: An Austrian Patriot.* Estados Unidos: HIS Press, 2003, p. 75.

[73] Stanley G. Payne, *El Fascismo.* Barcelona: Altaya, 1996, p. 116.

influencia sobre la cuenca del Danubio. El acuerdo implicaba una serie de medidas ventajosas como la reducción de aranceles para Italia en la importación de productos metalúrgicos y farmacéuticos austriacos. Además, las tres naciones se comprometieron a prestarse ayuda mutua siempre que las circunstancias lo exigiesen.[74]

Entre tanto, el subsecretario de Asuntos Exteriores italiano Fulvio Suvich, declarado defensor de la independencia de Austria seguía ejerciendo una fuerte influencia sobre su política exterior. En Alemania sus declaraciones sonaban cada vez más hostiles. Las sucesivas quejas de Austria desataron una creciente hostilidad de la prensa italiana contra el gobierno nazi. Auspiciada por el propio Mussolini, en mayo la campaña mediática adquirió tintes más violentos teniendo su punto más álgido en la publicación de un artículo del periodista Virginio Gayda, portavoz de Mussolini, en todos los periódicos italianos con el título "Detened el terrorismo en Austria". En él se denunciaba que las acciones terroristas dirigidas y preparadas por agitadores alemanes estaban amenazando seriamente las relaciones entre Italia y Alemania. [75]

Tratando de mejorar la situación internacional de su país Dollfuss recurrió una vez más a Francia e Inglaterra, que seguían preocupadas por el auge del nazismo tanto dentro como fuera de las fronteras alemanas. Esto disgustó a Mussolini, quien no era partidario de llegar a acuerdos con naciones alejadas de la órbita fascista. También dirigió una instancia a la Sociedad de Naciones a través de una nota enviada por el consejo de ministros de Viena. La apelación, sin embargo, no tuvo apenas recorrido, pues varios miembros del gobierno se negaron a darle validez obstinados en seguir el camino marcado por Mussolini de no recurrir a ningún organismo internacional y democrático. La nota no se tramitó y permaneció guardada en un cajón de la Sociedad de Naciones.[76]

---

[74] Pierre Renouvin, *Historia de las Relaciones Internacionales (Siglos XIX y XX)*. Madrid: Akal, 1998, p. 1995.

[75] Santi Corvaja, *Hitler and Mussolini. The secret meetings*. New York: Enigma Books, 2008, pp. 36-38.

[76] Marco Stevic, *Benito Mussolini und der Tod des ostterreichischen Bunddeskanzler Engelbert Dolfuss*. GRIN, 2009, pp. 10-11.

ASESINATO DE DOLLFUSS (25 DE JUNIO DE 1934)

Bajo esta coyuntura, el catorce de junio de 1934 Mussolini se entrevistó con Hitler en Venecia y obtuvo de este la promesa de que Alemania disminuiría su presión sobre Dollfuss. Aquel compromiso estaba vacío de contenido, pues los nazis, insatisfechos porque el encuentro no hubiese supuesto ningún avance para la causa del Anchluss, se prepararon para asestar el golpe definitivo. Días después tuvo lugar una reunión secreta en Zurich entre Theodor Habicht, jefe de los nazis austriacos en el exilio y Fridolin Glass, su cabecilla en el ejército, en la que se acordó llevar a cabo una acción para detener a los ministros austriacos y forzar un gobierno nazi[77] encabezado por el embajador austriaco en Italia Anton Rintelen (1876-1946),[78] que se había pasado a sus filas.[79] En el mes de julio se intensificaron los complots y los movimientos en los caminos montañosos que unen Baviera con Austria. La policía fronteriza austriaca capturó a un emisario alemán con documentación que probaba que los nazis estaban preparando una insurrección y que su principal impulsor era Rintelen. Ante la gravedad del peligro y las continuas amenazas a su persona y familia, Dollfuss decidió poner a salvo a su esposa e hijas y las envió a Italia donde esperaba reencontrarlas más adelante para pasar las vacaciones.[80] No pudo ser. El 25 de julio un grupo de insurgentes irrumpió en la cancillería e hirió de muerte al canciller de dos tiros de revolver.[81] Con todo, el golpe de Estado fracasó pues el

---

[77] Santi Corvaja, *Hitler and Mussolini: The Secret Meetings*. New York: Enigma Books, 2008, pp. 36-38.

[78] Anton Rintelen (1876-1946) fue un académico, jurista y político austriaco. Perteneció al Partido Social Cristiano y pese a que fue durante un tiempo miembro de uno de los gobiernos de Dollfuss, apoyó en secreto al movimiento nacionalsocialista. Entre 1933 a 1934 fue ministro plenipotenciario de Austria en Roma y utilizó su poder para favorecer la política de Alemania en Italia. En 1935 fue condenado a cadena perpetua por su participación en el golpe de Estado de julio, aunque fue liberado por los nazis en 1938.

[79] Clifton Earl Edmondson, "Early Heimwehr Aims and Activities". Minnesota: Austrian History Yearbook, 1972, pp. 105-147.

[80] John Duncan Gregory, *Dollfuss and His Times*. London: Hutchinson & Co., 1935, p. 278.

[81] Winston Churchill, *La Segunda Guerra Mundial. De Guerra a Guerra*. Barcelona: Orbis, 1989, p. 100.

ejército austriaco permaneció leal, el plan para secuestrar al presidente Miklas fracasó y los miembros del gabinete austriaco consiguieron recuperar el control y restablecer el orden.[82] El magnicidio desató una reacción de condena por parte de las potencias occidentales. Los gobiernos de Francia y Gran Bretaña emitieron declaraciones en las que defendían la independencia de Austria contra cualquier propósito de anexión.[83]

Mussolini, enterado de la noticia telegrafió al príncipe Starhemberg, jefe de la Heimwehr, para asegurarle que Italia defendería la independencia de Austria y marchó a Venecia para notificar el suceso a la esposa de Dollfuss. Además, envió a la frontera de Brenner tres divisiones italianas y fuerzas aéreas para hacer frente a cualquier eventualidad, movimiento que ayudó a salvar la integridad de Austria por algún tiempo.[84]

Hitler, por su parte, no tuvo más remedio que retroceder y buscar una estrategia más eficaz para lograr su plan de anexionarse Austria. Con este objetivo designó a Franz Von Papen (1879-1969)[85] como su ministro en Viena. Su misión era eximir de culpabilidad al gobierno alemán, responsable del crimen, y lavar así su imagen de cara a la sociedad austriaca. Papen utilizó su reputación de católico para ganarse la confianza de destacadas personalidades del régimen al tiempo que seguía estimulando a los nazis.[86] El asesinato de Engelbert Dollfuss no acabó de con el Estado Socialcristiano, ni posibilitó el Anchluss,

---

[82] Gerhard L. Weinberg, *Hitler's foreign policy 1933-1939*. New York: Enigma Books, 2004, p. 84.

[83] Álvaro Lozano, *La Alemania Nazi (1933-1945)*. Madrid: Marcial Pons Historia, 2011, p. 241.

[84] Alan Cassels, *Ideology and International Relations in the Modern Word*. New York: Routledge, 1996, p. 158.

[85] Fran von Papen había liderado el Partido Católico Centrista alemán a principios de los años treinta. Cuando fue nombrado canciller en 1932, en un gobierno de minoría, llevo a cabo diversas medidas en favor de los nazis como la legalización de las SA. Con el ascenso de Hitler en 1933, Papen se convirtió en vicecanciller, pero falto de autoridad, dimitió en 1934, tras la "Noche de los cuchillos largos", y el asesinato de Ernst Rohm, líder de las SA. Pese a ello aceptó el cargo de embajador alemán en Viena y ejerció un papel fundamental en el desarrollo de los acontecimientos que condujeron al Anchluss en 1938. (James Owen, *Nuremberg: el mayor juicio de la historia*. Barcelona: Crítica, 2006, p. 35).

[86] Winston Churchill, *La Segunda Guerra Mundial. De Guerra a Guerra*. Barcelona: Orbis, 1989, p. 91-104.

pero cambió irreversiblemente el curso de los acontecimientos en Austria.[87] El ministro de educación Kurt von Schuschnigg sustituyó a Dolfuss al frente del Estado y continuó su obra, pero no consiguió mantener la misma firmeza. El quince de enero de 1938 el gobierno austriaco cedió a las demandas de Hitler y aceptó los Acuerdos de Berchtesgaden, que entre otros puntos establecía la integración de los nazis en el Frente Patriótico y una amnistía para los detenidos.[88]

CONCLUSIONES

La política irredentista alemana, radicalizada a principios de los años treinta con el auge del nacional socialismo, movió al canciller federal de Austria, Engelbert Dollfuss, a buscar el amparo de la Italia fascista de Mussolini para mantener su independencia. Italia marcó en buena medida la política exterior de Austria e influyó poderosamente en sus asuntos internos. A partir de 1933 Dollfuss fue forjando la estructura de un nuevo Estado autoritario moldeado en parte bajo las premisas de la Italia fascista, un sistema que algunos estudiosos han etiquetado como "austrofascismo". Aunque todavía no existe un verdadero consenso para catalogar la verdadera naturaleza del régimen, somos de la opinión de que la asimilación que el Estado social cristiano hizo de ciertos elementos del fascismo en su acercamiento a Italia tuvo un carácter más estético que real. No obstante, es innegable que este guardaba algunas similitudes importantes con el fascismo como su acendrado carácter antiliberal y antimarxista. En una perspectiva comparada resulta llamativo que su orientación hacia el autoritarismo se produjese de manera más acelerada que en Italia, pues Dollfuss eliminó el parlamento y el sistema de partidos en el primer año de su mandato, mientras que en Italia la abolición definitiva del parlamento no se produjo hasta marzo de 1939, diecisiete años después de que

[87] Marco Stevic, *Benito Mussolini und der Tod des ostterreichischen Bunddeskanzler Engelbert Dolfuss*. GRIN, 2009, p. 4.

[88] Frederick Raymond Zuber, *The watch on the Brenner: a study of Italian involvement in Austrian foreign and domestic affairs: 1928-1938*. Huston: Rice University, 1975, p. 238.

Mussolini se hiciera con el poder.[89] A diferencia de los regímenes de Italia y Alemania el sistema austriaco no fue un sistema totalitario, pues siempre se respetaron algunas voces disidentes.[90] Las medidas represivas no tuvieron el mismo alcance que en otros estados fascistas, y se concentran en las ejecuciones efectuadas en febrero de 1934. El "Estado Corporativo" de Austria lejos de pretender la eliminación de antiguos valores y la creación de un nuevo sistema, perseguía la recuperación de las tradiciones y costumbres perdidas.[91] No iba pues desencaminado Otto Bauer[92] al afirmar que el régimen de Dollfus era un estado medio fascista.[93] Austria no se hizo completamente fascista hasta 1938 y no fue por su propia dinámica interna sino por el dominio político de la Alemania nazi, pues el nazismo nunca contó con el apoyo de toda la población austriaca.[94]

Probablemente fue Dollfuss el más consciente de los políticos de su época en advertir del peligro que la Alemania de Hitler y el nazismo representaban no solo para Austria, sino para el conjunto de Europa. Pese a que sostuvo una férrea oposición al nacional socialismo y sufrió los efectos de todas sus artimañas hasta en sus propias carnes, posiblemente su alianza con la Italia fascista y su compromiso con la Iglesia católica ha hecho que su figura no haya gozado de la atención y el reconocimiento que merece. Su idea era recuperar la identidad cristiana de Austria, desaparecida con el ocaso de los Habsburgo y actualizarla a los tiempos modernos, en la creencia de que el verdadero germanismo era contrario al totalitarismo nazi.

---

[89] Carlo Moos, *K) ein Austrofaschismus? Studien zum Herrschattssystem 1933-1938*. Wien: Lit, 2021, p. 7.

[90] Martin Kitchen, *The Coming of Austrian Fascism*. New York: Routledge, 2017, p. 280.

[91] Noelle Venz, *Die Februarkampfe 1934 und Aspekte ihrer historisch-Politischen Rezeption in der Zweiten Republik*. Graz: Universitat Graz, 2015, p. 32.

[92] Otto Bauer (1881-1938) fue un político y diplomático austriaco de ideología socialdemócrata. Es considerado como uno de los mayores exponentes del austromarxismo. Entre 1918 y 1919 ocupó el cargo de ministro de Asuntos Exteriores en el gobierno de coalición surgido tras la disolución del Imperio Austrohúngaro. Tras el levantamiento de febrero de 1934 se exilió en París, donde falleció en 1938, unos meses antes de producirse el Anschluss. (Ramón Maíz Suárez, *La cuestión de las nacionalidades y la democracia*. Madrid: Ediciones Akal, 2020.)

[93] Rudolf Neck y Adam Wandruszka, *Beitrage zur Zeitgeschichte*. Austria: Editorial Baja Austria, 1976, p. 180.

[94] Bruce F. Pauley ,*Hitler and the Forgotten Nazis: A History of Austrian National Socialism*. Texsas: University of North Press, 1981, p. 292.

Como el mismo Chesterton afirmó, Dollfuss era "un hombre de ascendencia pobre y campesina, levantado por el antiguo instinto de tal ascendencia, resuelto a salvar el remanente de la civilización romana de Alemania."[95]

[95] Johannes Messner, *Dollfuss and Austrian Patriot.* United States: Gates of Vienna Books, 2004, p. 10.

LA FASCISTIZACIÓN DE LAS JUVENTUDES CATÓLICAS. DOS MODELOS PARALELOS: BÉLGICA, *REX*; ESPAÑA, LA JUVENTUD DE ACCIÓN POPULAR (J.A.P.)

Erik Norling
Abogado e Historiador

INTRODUCCIÓN

El catolicismo social surgido a finales del siglo XIX al calor de las encíclicas papales, en especial la *Rerum Novarum* de 1891 de León XIII, ayudó al católico a acceder a la vida pública como respuesta a una sociedad liberal y secularizada[1]. Desde Roma se propuso el establecimiento de un orden social cristiano, como forma de apostolado moderno para el cuál era preciso la intervención del católico en la política. De gran importancia fue también la creación de Acción Católica (A.C.), que pronto tuvo reflejo en toda Europa, con subdivisiones en ramas femeninas, masculinas, estudiantiles y obreras, cantera de intelectuales y dirigentes públicos. La conmoción de la Gran Guerra (1914-1918), la Revolución bolchevique y la toma del poder de Mussolini en Italia, forma parte de las circunstancias que empujaron a grandes sectores del catolicismo social a contemplar un modelo autoritario como la necesaria evolución que afrontase los problemas que aquejaban a las democracias parlamentarias. Sensación que se acentuó cuando los felices años 20 tornaron en una permanente crisis económica en la década siguiente[2]. El catolicismo político accedió al poder en algunos países a modo de partido democráticos (caso de Bélgica) mientras que en otros con el apoyo de

[1] Feliciano Montero, "El catolicismo social en España. Balance historiográfico", en Benoit Pellistrand (ed.): L'Historie religieuse en France et en Espagne. Collection de la Casa de Velázquez (87). Madrid, 2004, pp. 389-409.

[2] Wolfran Kaiser y Helmut Wohnout (eds.): *Political Catholicism in Europe, 1918-1945*. Londres. Routledge, 2004.

los grupos más ultrarreaccionarios (Portugal o Austria). Parte de sus bases pasaron de un conservadurismo autoritario al Nuevo Orden fascista durante la Segunda Guerra Mundial[3].

Bélgica, en apariencia estable y modelo de una democracia parlamentaria, de reducido tamaño y apenas 8 millones de habitantes, había visto acentuadas las fricciones entre las comunidades flamenca y la francófona (dividida casi al 50-50% en dos regiones, Flandes al oeste y Valonia al este), unido a las reivindicaciones sociales desde la izquierda, unido a la amarga victoria de 1918 sobre Alemania. Se forjó un ambiente de permanente fractura institucional que afectó al, hasta entonces, mayoritario Partido Católico que había gobernado el país durante décadas[4]. Frente a ello, el intento de reacción que encabezó Léon Degrelle y su equipo de la editorial Rex, nacida de la Acción Católica, como fenómeno generacional, expresión de un movimiento de jóvenes católicos indignados[5].

En España, la crisis de la Restauración del primer tercio del siglo XX culminó con la llegada de la Segunda República, periodo en el que fue relevante, muy pocas veces destacado, la movilización de un amplio sector de jóvenes católicos que se sentían abandonados, sin referencias a las que seguir, a modo de "una generación en la intemperie"[6]. Descrita por el militante católico, después converso fascista, Pedro Laín Entralgo: "la mía, amigos, es una generación

---

[3] Alfonso Botti, Feliciano Montero y Alejandro Quiroga (eds.), *Católicos y patriotas. Religión y nación en la Europa de entreguerras*. Madrid. Sílex, 2013; Pablo Hispán Iglesias de Usel, *Los católicos entre la democracia y los totalitarismos. Política y religión 1919-1945*. Madrid. CEPC, 2016.

[4] Chanoine A. Simon, *Le Parti catholique belge, 1830-1945*. Bruselas. La Renaissance du Livre, 1958. Martin Conway, "Building the Christian City: Catholics and Politics in Inter-War Francophone Belgium", en *Past & Present*, n.º 128 (Agosto 1990), pp. 117-151 (35 pages), Oxford University Press.

[5] José Streel, *Ce qu'il faut penser de Rex*. Bruselas. Les Editions Rex, 1935, p. 119. Jean Marie Delaunois, *De l'Action catholique à la collaboration. José Streel*. Bruselas. Courcelles, 1993.

[6] Expresión acuñada por el fascismo español, *Arriba*, n.º 18, 7.XI.1935, pp. 1-2. Ramón de Rato, *Una generación a la intemperie. Perfil juvenil de Europa*. Madrid. Ediciones A.B.F., 1936. SAZ, I.: "Entre la reacción y el fascismo: las derechas europeas en la primera mitad del siglo XX", en Maximiliano Fuentes Codera, Ángel Duarte y Patrizzia Dogliani (coords.), *Itinerarios reformistas, perspectivas revolucionarias*. Zaragoza. Institución "Fernando el Católico", 2016, pp. 143-159.

sangrienta y espiritualmente astillada"[7]. Un grupo que nació y se formó bajo la batuta de Ángel Herrera Oria. Uno de los personajes más interesantes del catolicismo social político español desde la influyente Asociación Católica Nacional de Propagandistas (ACN-dP), *alma mater* de la movilización de masas para intentar crear una tercera fuerza a semejanza de otros países del entorno, organizaciones políticas que pudiesen competir en la arena electoral en defensa del orden social cristiano[8].

REX Y LÉON DEGRELLE

La Asociación Católica de la Juventud Belga (A.C.J.B.), fundada en 1912, agrupó a decenas de miles de militantes, en su mayoría francófonos[9]. Dependiente del Cardenal Mercier, primado de Bélgica, y tutelado por el abad Louis Picard, rechazó la involucración de la misma en actividades políticas, aunque en sus círculos de estudios fue imposible sustraerse de ello. Entre 1923 y 1935 estuvo dirigido por el Presidente General, Giovanni Hoyois, años de transformación de las juventudes católicas[10]. Es en esta época cuando aparece un personaje que devendrá esencial en la escisión que se producirá en las filas católicas pocos años después: Léon Degrelle. Había nacido en 1905 en el seno de una familia católica burguesa en Bouillon, cerca de la frontera francesa. Desde su juventud fue militante de la A.C.J.B., estudió en los jesuitas en Namur y a sus dieciocho años, en 1924, comenzó sus estudios universitarios de Filosofía. Tres años después se decidió por la carrera de Derecho en Lovaina, al tiempo

[7] Pedro Laín Entralgo, *España como problema*. Madrid. Seminario de problemas hispanoamericanos, 1949, p. 131.

[8] Pablo Sánchez Garrido, "Genealogía intelectual de Ángel Herrera (1886-1908). Una revisión desde nuevas fuentes historiográficas" en *Aportes*, n.º 90, año XXXI (1/2016), pp. 29-63. José María García Escudero, *De periodista a Cardenal. Vida de Ángel Herrera*. Madrid. BAC, 1998.

[9] Giovanni Hoyois, *Gestes de jeunes. L'Association Catholique de la Jeunesse Belge 1912-1937*. Lovain. Editions de l'A.C.J.B., 1937. Giovanni Hoyois, *Aux origines de l'action catholique: Monseigneur Picard*. Bruselas. Action catholique des Hommes, 1960.

[10] Trascendió al extranjero la importancia de la organización belga, plagiada en España. *Impresiones del Congreso de la A.C.J.B. en Charleroi*. Bilbao. Ediciones procírculos de Estudio, 1924.

que se hizo cargo en octubre de 1927 de la dirección del órgano de los estudiantes católicos, *Avant Garde*, logrando convertirlo en un medio de gran tirada (más de 10.000 ejemplares). Dejando de lado sus estudios, cada vez se dedicó más a cuestiones editoriales, siendo autor de numerosos artículos, poemas y folletos de gran difusión sobre temas variados que le fueron dando resonancia. Desde 1925 ya escribía en los influyentes *Les Cahiers de la Jeunesse catholique*, convirtiéndose en miembro del consejo de redacción.

En 1929, no tiene más de 23 años, el abad Norbert Wallez le ofreció un puesto de redactor en *Le XXe Siècle*, un periódico conservador de obediencia católica de gran tirada. Poco después director de la editorial de la A.C.J.B., *Rex*, en alusión a Cristo Rey, con un equipo de jóvenes periodistas y plumas con talento la hasta entonces languideciente y medio abandonada editorial se transformó en un poderoso medio de comunicación. Las elecciones de 1932 demostraron la capacidad de Degrelle, al convertirse en el departamento de propaganda del Partido Católico, con unos resultados excepcionales.

En julio de 1933 la Secretaría General de AC decidió desgajar la editorial de su organigrama y enajenada al equipo de Degrelle con el que mantendría una estrecha relación, permaneciendo en los locales de la A.C.J.B. como inquilinos. Sin embargo, la línea editorial de *Rex* comenzó a inquietar a las altas instancia del partido católico pues no cesaban de sus críticas acerca de la inacción, falta de liderazgo y estructura anticuada. La crisis se agudizó en diciembre, cuando la jerarquía religiosa le exigió elegir entre ser una editorial sujeta a la disciplina católica o desvincularse. Al no aceptar plegarse, provocó que la Acción Católica anunciase la ruptura con el díscolo grupo, cesando el Monseñor Picard y otros dirigentes católicos como miembros del Consejo de Administración. Como colofón, fue rescindido el contrato de alquiler de los locales.

Rex respondió organizando a nivel local equipos de apoyo a la editorial, que actuaron de distribuidores de las publicaciones al margen de la estructura de la A.C.J.B., aunque siguieran definiéndose como "un movimiento de jóvenes; un movimiento de Acción Católica". Para muchos, Degrelle era la expresión del descontento existente entre las juventudes. Necesitado de medios económicos lanzó una campaña de imagen y para el 21 de octubre de 1934 convocó en Charleroi un "Congreso de prensa de los jóvenes católicos", al que acudirían más de 7.000 asistentes, después elevado a 10.000. En ambientes católicos la expectación fue máxima, interviniendo las autoridades eclesiásticas que ordenaron su no celebración. De manera curiosa, Degrelle obedeció (seguramente por haber logrado el objetivo de tener publicidad y mostrarse de esta manera como el verdadero líder de las juventudes católicas). Declaró sumiso que "Un rexista es un soldado, con todo el coraje y toda la disciplina que esta palabra contiene; un deseo de un obispo es para él una orden [...] Estamos aquí abajo para servir al catolicismo. Para servir útilmente, hace falta obedecer"[11]. Por poco tiempo, la fractura fue pronto un hecho y la popularidad de *Rex* fue en ascenso. Picard llegó a confesar al cardenal Van Roey en una carta privada de marzo de 1935, que "Rex reemplazará a la Acción Católica en poco tiempo. Incluso muchos sacerdotes (centenares) están en esta mentalidad [...] El fondo del asunto es saber si, sí o no, Rex está sujeta a la autoridad religiosa"[12].

Convencido de la imposibilidad de conquistarlo desde dentro, menos de un año desde su acatamiento a las jerarquías, Degrelle optó por enfrentarse de manera directa al poderoso partido Católico. Eligió el congreso anual de la Federación de Asociaciones y Círculos católicos a celebrarse en noviembre de 1935 en Courtrai. Hizo aparición allí con varios centenares de partidarios en el acto central, denunciando la corrupción en el seno del partido, en especial del ministro del Interior, Paul Segers. Fue un escándalo mayúsculo que hizo reaccionar al cardenal Van Roey, que público un decreto prohibiendo a los católicos participar en sus actividades. La A.C.J.B. también hizo una declaración tajante al respecto: "No es admisible que un joven hombre pertenezca a los grupos rexistas si quiere permanecer fiel a

[11] *Rex*, 12.X.1934, portada, Léon Degrelle, "Al servicio de la Iglesia".

[12] *Repr.* en Juan Michael Etienne, *Le mouvement rexiste jusqu'en 1940, op. cit.*, pp. 25-27. Narrado el propio protagonista en detalle en *Léon Degrelle. Firma y rúbrica*. Madrid. Ediciones Dyrsa, 1986.

su ideal de acción católica. Nuestra consigna no puede ser otra que una categórica advertencia contra las formaciones rexistas".

Ya no había vuelta atrás. *Rex* se convirtió una escisión de las juventudes católicas condenado por las jerarquías, que no dudó en afirmar "que explota el idealismo religioso y el entusiasmo apostólico suscitado por la A.C.J.B. para dirigirlos hacia sus objetivos, un poco vagos"[13]. Ya no podía ser presentarse como parte de la constelación católica, sino enarbolar su propio proyecto.

NATURALEZA DE *REX*

El movimiento nació como expresión de la angustia de una juventud que deseaba superar tanto el marxismo como el liberalismo desde posiciones católicas[14]. Se nutrió de esquemas que comenzaban a adoptarse en Europa tras el ascenso del fascismo: la importancia creciente de la figura del "*Chef*" [jefe], encarnado en Degrelle; un creciente antiparlamentarismo con desdén hacia el sistema democrático; anticomunismo (accesorio en su primera época, no será hasta después cuando lance el eslogan "*Rex o Moscú*"); exigencia de renovación política del país junto a un discurso populista de corte nacionalista y monárquico. Su propaganda profundizó en una mística de combate por la que se alcanzaría la "Revolución rexista", reforma del Estado siguiendo el corporativismo en boga en el momento, con crítica al capitalismo, defensa de la familia tradicional, el papel social de la mujer, y la solución del "problema lingüístico" con los flamencos[15]. La engrasada prensa rexista trabajó sin descanso. Lanzaron un diario, Le Pays réel, subtitulado órgano de combate del Frente Popular de

---

[13] Yves de Lanascol, *Rex et le Catholicisme, de la réflexion sociale à l'action politique*. Memoria inédita de licenciatura en Historia, Universidad de la Sorbona, París, 1995. La cita final en *La revue Catholique des Idées et de faits*, Bruselas, n.º 36, 29.XI.1935, editorial, p.1.

[14] Léon Degrelle, *J'accuse Monsieur Segers*. Bruselas. Les Editions Rex, 1936.

[15] Usmard Legros, *Vers l'Etat rexiste*. Bruselas. Éd. Rex, 1937 y Jean Denis, *Principes rexistes* y *Bases doctrinales de Rex*, ambos Bruselas. Éd. Rex, 1936.

Rex, que pronto obtuvo grandes tiradas (en su punto álgido hasta un millón de ejemplares) [16].

Los cuadros del nuevo movimiento se forjaron la mayoría en la editorial, con nombres como Jean Denis, doctor en Filosofía y antiguo secretario del Consejo general de la A.C.J.B.; José Streel, una de las plumas más reputadas de la A.C.J.B.; Raphaël Sindic, también doctor en Filosofía; Usmard Legros; Carlos Leruitte; y Hubert d›Ydewalle. Para cubrir las listas electorales, pronto se le unieron destacadas personalidades de la sociedad belga, como Pierre Daye, el conde Xavier de Grünne o Paul De Mont. A la cabeza del movimiento un Consejo Político compuesto por diez miembros.

La organización se sostuvo en las secciones locales, base para la campaña electoral de de 1936, con especial implantación en la zona francófona del país. Se crearon los servicios femeninos, los de propaganda (Cuadros Activos de Propaganda-C.A.P.) y un Servicio de Orden y Protección (S.O.P.), disuelto por el Gobierno en enero de 1937. En muchas secciones funcionaba un servicio gratuito de asesoría jurídica, laboral y fiscal. La militancia fue ante todo juvenil nutriendo las filas de las Juventudes Rexistas, disueltas también enero de 1937 al ser considerada una milicia paramilitar, pero reorganizadas como la A.C.T. (Asociación de campamento y turismo)[17]. En julio de 1936 apareció la Confederación Rexista del Trabajo (C.R.T.) y una rama agrícola.

DE LAS ELECCIONES DE 1936 AL FRACASO DE ABRIL DE 1937

En un primer momento previstas para octubre de 1936, las elecciones generales se convocaron para el 24 de en mayo. *Rex* anunció la creación de listas electorales y se inscribió como partido político. El programa, simple y provocador, se concentró en atacar a sus antiguos dirigentes: "no hay posibilidad de entenderse con el Partido Católico". Reclamó en su propaganda una "operación quirúrgica"

[16] Lionel Baland, *Léon Degrelle et la presse rexiste*. París. L'Aencre, 2021.

[17] Étienne estimó la militancia en 115.000, en su momento de mayor apogeo a principios de 1937. *Le mouvement rexiste jusqu 'en 1940, op. cit.*, pp. 79-80.

para salvar al país (una alusión no lejana del "cirujano de hierro" reclamado años antes por el español Costa) con la implementación de un régimen corporativo. La respuesta inicial del poderoso Partido Católico fue doble. Por un lado intentar atraer a Degrelle a sus listas, ofreciéndole un puesto destacado en Lieja, que este rechazó; por el otro, ignorarle considerando que no tenía posibilidades reales de lograr un resultado suficiente como para desestabilizar el sistema bipartidista existente[18].

Tras una frenética campaña electoral, que se había vaticinado tranquila, la irrupción de los rexistas fue un revulsivo, el resultado fue inesperado: 21 diputados y 12 senadores, el 11,49% de los votos, convirtiéndolo en el cuarto partido del país. En su mayoría francófona, en Valonia *Rex* logró resultados cerca del 20% (en la provincia de Luxemburgo, el 29%), arrebatados tanto al Partido Católico que quedó en tercer lugar por detrás en muchas circunscripciones, como al Partido Obrero Belga. Cuando se llevaron a cabo las elecciones provinciales en junio, los resultados rexistas incluso mejoraron. De inmediato, se desató una campaña antiRex, acusándoles de fascistización[19].

Los meses que siguieron fueron de imparable actividad. Degrelle y sus hombres estaban en la cresta de su popularidad. Apoyaron con vehemencia a los huelguistas en las oleadas de protestas sociales de junio de 1936 y en octubre convocaron una gran manifestación en la capital que debía reunir 250.000 rexistas, que fue prohibida por el Gobierno[20]. Entre el 19 y 24 de enero de 1937 las "Seis jornadas de *Rex*" reunieron a decenas de miles de entusiastas seguidores, lo que animó a su líder a urdir una estratagema para que se convocasen unas elecciones parciales para elegir un diputado por Bruselas, donde él mismo se presentó retando al jefe del Gobierno, Van Zeeland, a

[18] Paul Struye, « Le mouvement rexiste en Belgique », en *Études. Revue Catholique d'intérêt général*, n.º 10, 20.V.1936, París, pp. 487-488.

[19] Muestra de su nerviosismo fue que desde la imprenta de la A.J.C.B. se editase *Judex*, un semanario irónico antirexista, junto a libros en los que se difamaba sin pudor a Degrelle. Robert de Vroylande, *Quand REX était petit…*, Lovaina. Les Éditions Lovanis, 1936.

[20] Léon Degrelle, *Léon Degrelle. Firma y rúbrica, op. cit.*, pp. 131-133.

enfrentarse cara a cara. Lo que fue una sorpresa es que el católico aceptó el duelo. La capital debería votar sí o no al rexismo.

Tras una dura pugna propagandística, donde se forjó una coalición de todos los partidos contra *Rex*, que solo tuvo el apoyo de los nacionalistas flamencos del V.N.V., el 11 de abril de 1937 el reto de Degrelle se saldó con una rotunda decepción. Obtuvo tan solo el 19,05% de los votos, frente al 75,89% de su rival. Un fracaso que inició el declive del movimiento. Lo esencial y relevante, que pesó en los ambientes de los votantes católicos, fue la declaración que hizo el cardenal Van Roey, cabeza de la Iglesia belga, dos días antes de las elecciones, en las que condenó de manera explícita a Rex y a su candidato: "sus métodos y sus principios fundamentales [...] (y) constituye un peligro para el país y para la Iglesia"[21]. Una controvertida intervención en la política pues nunca hasta entonces se había adoptado una posición tan clara contra un candidato por parte de la máxima jerarquía religiosa en el país.

REX Y EL FASCISMO

En sus inicios Rex y sus dirigentes negaron su adscripción a la órbita ideológica del fascismo, lo que no impidió que existieran afinidades entre el rexismo y los movimientos fascistas europeos, incluso el germánico pese su política religiosa y el acentuado racismo que le hizo ser acusado de neo-pagano. En fecha tan temprana como 1933, coincidiendo con la llegada de Hitler al poder, Degrelle y un equipo de redactores viajaron al proclamado Tercer Reich y publicaron un número especial de *Soirées* donde se reconocía la trascendencia del momento revolucionario del nacionalsocialismo[22].

Degrelle obtuvo un apoyo decidido de Mussolini (giras por Italia con gran repercusión mediática y entrevistas con el *Duce*, la intervención de este ante el papa para evitar la condena de *Rex* el otoño de 1936). El corporativismo económico, las medidas sociales,

[21] Léopold Levaux, *Devant le rexisme.* Bruselas. Unitas Catholica, 1937.

[22] N.º 84, 12.V.1933, Degrelle, L., "Pourquoi parler de Hitler» y «Berlin 1933. Reportage inedit".

la latinidad como defensora de Occidente, atrajeron la atención de las plumas habituales de la prensa rexista, como sucedió con el *Estado Novo* lusitano de Salazar. Al estallar la guerra civil española, se posicionó sin ambages al lado de los alzados, viajando a España invitado por Falange, lo que fue descrito en detalle por Degrelle en *Le Pays réel* y el semanario parisino *Gringoire*. Como líder del rexismo, Degrelle fue también objeto de atención en el extranjero, en especial en ambientes filofascistas franceses[23].

Las dificultades por mantener la cohesión del partido mostraron una crisis profunda en el mismo. Tras la derrota de abril de 1937, siguieron las elecciones municipales de octubre de 1938 donde perdió la mitad de sus votantes y en las legislativas de abril de 1939 tan solo cosechó el 4,43% de los votos escrutados y cuatro diputados. Un declive paralelo a la fascistización del discurso de Degrelle e imagen estética del partido[24]. En el congreso de Lombeek-Notre-Dame en julio de 1938, la escenificación fue claramente fascista, con milicias uniformadas con camisas negras y boinas, estandartes, banderas y cánticos, imitando los eventos nacionalsocialistas[25]. Nadie albergó ya dudas de que *Rex* se había convertido en un partido fascista.

En 1940 Bélgica fue ocupada por el Tercer Reich y Degrelle junto a sus fieles abrazó sin fisuras la causa del Eje, declarándose nacionalsocialista, encarnando el sector más paneuropeo y social de las fuerzas partidarias del Nuevo Orden, colaborando a nivel administrativo (asumiendo alcaldías y puestos funcionariales)[26]. El mismo líder rexista, que no había hecho el servicio militar, se alistó junto a la Legión Valona de la *Wehrmacht* en la *Cruzada contra el*

---

[23] El más entusiasta, el declarado intelectual fascista francés Robert Brasillach, que le comparó a su admirado José Antonio Primo de Rivera. *Léon Degrelle et l'avenir de Rex*. París. Plon, 1936.

[24] Algunos de sus dirigentes más conocidos abandonaron Rex por su deriva autoritaria.

[25] Se editó una revista especial con amplio material gráfico, en varios idiomas, entre ellos en español, del congreso.

[26] Martin Conway, *Collaboration in Belgium. Léon Degrelle and the Rexist Mouvement*. New Haven. Yale University Press, 1993.

Bolchevismo, concluyendo su carrera como pluricondecorado jefe militar de la Waffen-SS[27].

LA MOVILIZACIÓN POLÍTICA JUVENIL CATÓLICA DURANTE LA SEGUNDA REPÚBLICA ESPAÑOLA: LA J.A.P.

Tras el fracaso de los primeros intentos en España de creación de un partido de masas donde confluyera la militancia del catolicismo social (primero el maurismo, después el breve proyecto del *Partido Social Popular*), la llegada de la dictadura de Primo de Rivera supuso un intermedio[28]. Momento en el que se aprovechó para crear estructuras juveniles subordinadas a la Iglesia católica desde un eficaz y reducido grupo: la ACNdP. Una asociación formada por laicos en cuya fundación participó y presidió durante décadas Ángel Herrera, que siempre destacó por su carácter elitista y composición social (alta burguesía profesional y funcionarial), concebida como una "*obra de formación y conservación de una minoría de hombres apostólicos con capacidad de prestigio*"[29]. Activa en la formación político-moral de sus miembros, con sus *círculos de estudios,* y creación de una red de diarios católicos para llegar a la opinión pública. Aparte de las decenas de cabeceras provinciales ligadas a la Editorial Católica, el principal periódico fue *El Debate,* portavoz del catolicismo social político de la época (los integristas y tradicionalistas tuvieron otros medios)[30].

Las jerarquías eclesiásticas encargaron a los propagandistas la dirección de la A.C., con sus ramas juveniles, así como de asesorar a los sindicatos católicos. Entre estas organizaciones, las más relevantes,

[27] *¡Llamada a los franceses!,* discurso en París, 5.III.1944. Traducción española en Erik Norling, *Léon Degrelle y el Rexismo, op. cit.,* pp. 77-80. Degrelle, L., *Memorias de un fascista.* Publicado en folletines semanales en el diario falangista *Pueblo,* Madrid, 1969. Existen numerosas reediciones, tanto en español como en otros idiomas.

[28] Óscar Alzaga, *La primera Democracia Cristiana en España.* Barcelona. Editorial Ariel, 1973. Javier Tusell, *Historia de la Democracia Cristiana en España.* Vols. I-II. Madrid. Sarpe, 1986 y, Juan Avilés, *La derecha contemporánea. Sus orígenes: el maurismo.* Madrid. Espasa, 1986. En la misma época, de adscripción católica y con la misma vocación, estuvo el PNV como la Unió Democràtica de Catalunya.

[29] *BACNdP,* n.º 227, 1.XI.1938, p. 3.

[30] Juan Cantavella y José Francisco Serrabi, *Ángel Herrera Oria y el diario* El Debate. Madrid. Edibesa, 2006.

por su futura intervención de sus miembros en política, fueron la Confederación Nacional de Estudiantes Católicos de España (C.E.C.E.) y la Juventud Católica Española (J.C.E.)[31]. Hacia el final de la Dictadura la ACNdP asumió con convicción la determinación de intervenir en política ante el previsible derrumbe de los ejecutivos militares, al que había apoyado, comprendiendo la necesidad de adaptarse a las nuevas circunstancias.

Con la llegada de la Segunda República en abril de 1931, la ACNdP inspiró un movimiento político que se alzase como defensor de los ideales de orden social capaz de presentar una alternativa electoral de derecha católica ante las inminentes elecciones a las Cortes constituyentes, bautizado Acción Nacional[32]. Su programa fue un compendio de consignas tradicionalistas y conservadoras (omitiendo de manera deliberada la cuestión monárquica), que reclamó agrupar a "los elementos de orden en la defensa de los principios de: Religión, Patria, Orden, Familia, Trabajo y Propiedad, dentro del acatamiento y apoyo al poder constituido".

Pese al fracaso cosechado en las elecciones de 1931, rebautizado ahora como Acción Popular y núcleo de la futura C.E.D.A. (Confederación Española de Derechas Autónomas), el partido se transformó en una eficiente máquina que coordinó las diferentes formaciones conservadoras surgidas a lo largo del país, desde partidos agrarios, uniones de campesinos, a derechas regionales[33]. Liderado por el joven abogado y catedrático salmantino José María Gil-Robles junto a un equipo de *propagandistas,* se convirtió en hegemónico como el primer partido de masas católico español, transversal de clase media[34]. Cuando llegaron las elecciones de noviembre de 1933 se convirtió

[31] Con estrechos contactos con las juventudes católicas belgas. En 1926 visitó España su presidente Giovanni Hoyois. *BACNdP,* n.º 25, 5.X.1926, pp. 1-2.

[32] Pablo Hispán Iglesias de Ussel, *Los católicos entre la democracia y los totalitarismos, op. cit.*

[33] *Confederación Española de Derechas Autónomas. Programa aprobado en el Congreso de Acción Popular y entidades adheridas y afines convocadas para constituir la C.E.D.A., febrero-marzo 1933.* Madrid. Editorial Ibérica, 1933.

[34] Considerada la fuente esencial para la historia de la CEDA, *vid.* José Monge y Bernal, *Acción Popular,* Madrid. Sáez Hermanos, 1936. El único estudio amplio existente sobre este partido, el clásico de José Ramón Montero, *La CEDA. El catolicismo social y político en la II República.* Vol. I-II, Madrid. Ediciones de la Revista de Trabajo, 1977. José María Gil Robles, *No fue posible la paz.* Barcelona. Ariel, 1968.

en el primer partido del país, incorporándose meses después en el Gobierno.

NACE LA J.A.P.

En febrero de 1932, con el nombre de Juventud de Acción Nacional (J.A.N.), se constituyó en Madrid la rama juvenil del partido, rebautizada poco después como J.A.P.[35]. Estuvo dirigida en sus inicios por José M.ª Valiente Soriano, un abogado de treinta y un años, *propagandista* con una conocida trayectoria como activista católico y presidente del Consejo de las Juventudes Católicas de España, ahora mano derecha de Gil-Robles en la secretaría general de la CEDA[36]. Tras su dimisión el verano de 1934 (por desacuerdos sobre la cuestión monárquica), le sucedió al frente de las juventudes José M.ª Pérez de Laborda Villanueva, hasta entonces su vicepresidente, un abogado de 29 años de edad, también *propagandista*[37].

Los tres fines principales que se atribuyó a las juventudes (de entre 16 y 35 años de edad según el reglamento) fue: 1.º La formación política y social para crear "un plantel de futuros gobernantes", mediante círculos de estudios, cursillos, actividad editorial; 2.º La propaganda, convirtiéndose en sus equipos en la calle, coordinadores de los mítines, reparto de material electoral; y 3.º "organización para la defensa de nuestros derechos ciudadanos" con grupos de "Defensa

[35] *Juventud de Acción Popular. Un año de actuación.* Madrid. Editorial Ibérica, 1933. Debido al cambio de nombre del partido, por imposición gubernativa.

[36] Mercedes Vázquez de Prada, "José M.ª Valiente Soriano: una semblanza política", en *Memoria y Civilización*, Universidad de Navarra, vol. 15 (2012), pp. 249-265.

[37] Al igual que sucede con la CEDA, pendiente queda un estudio profundo de las juventudes de los partidos derechistas durante la II República. Apenas existen algunas aportaciones introductorias, Juan Báez y Pérez de Tudela, "El ruido y las nueces: la Juventud de Acción Popular y la movilización cívica católica durante la Segunda República", en *Ayer*, n.º 59 (3/2000), pp. 123-145. José Ramón Montero, "Entre la radicalización antidemocrática y el fascismo: las juventudes de Acción Popular", en *Studia Histórica*, 1987, n.º 5, Universidad de Salamanca, pp. 47-64. Olga Cuquerella Gamboa, "Primero la violencia, la razón. Frente a la violencia, la razón y la fuerza. Juventudes de la CEDA", en *Aportes*, n.º 43, XV; 2/2000, pp. 79-70. Más reciente Sid Lowe, *Catholicism, War and Foundation of Francoism. The Juventud de Acción Popular in Spain, 1931-1939*. Brighton. Sussex Academic Press, 2018.

Ciudadana", que encubiertas mediante "actividades deportivas", estarían dirigidas a la "defensa de los derechos ciudadanos [...] y protección y defensa en día de elecciones"[38].

La base de sus dirigentes era la ACNdP y demás organizaciones católicas, desde las juventudes de A.C. a los estudiantes de la C.E.C.E., que sirvieron de plataforma de lanzamiento. Por órdenes expresas del partido, se evitaron los ademanes paramilitares y los uniformes (que por otro lado era algo habitual en todas las juventudes políticas de la época) y se intentó reprimir cualquier manifestación externa que pudiera sugerir veleidades fascistizantes[39]. Ello no impidió que comenzase a atribuirse una parafernalia con emblemas e insignias (la cruz de Covadonga sobre fondo blanco y rojo), banderas, himnos, saludo propio consistente en el brazo derecho sobre el pecho a la altura del hombro y actitud marcial. El grito adoptado fue "¡España!", repetido en tres ocasiones, respondido en cada ocasión con "¡Una!; ¡Justa!; ¡Imperial!"[40]. El himno, con letra del cedista José M.ª Pemán y adaptada de una marcha de Grieg, comenzaba con "Adelante, con la fe en la Victoria. Por la Patria y por Dios a vencer o morir".[41]

En el congreso de abril de 1934, celebrado en Madrid y que culminó con la gran concentración en El Escorial, se desarrollaron *Los 19 puntos de la J.A.P.*, un compendio ideológico que sintetizó los aspectos más ultraconservadores que inspiraron al movimiento[42]. Entre ellos: "Disciplina. los jefes no se equivocan". "familia cristiana" (5.º); "fortaleza de la raza" (6.º); "Ni capitalismo egoísta, ni marxismo destructor" (10.º), unido al antiparlamentarismo y denuncia de la

[38] *Juventud de Acción Popular. Un año de actuación, op. cit.*, p. 4.

[39] Eduardo González Calleja y Sandra Souto Krustrin, "De la dictadura a la república: orígenes y auge de los movimientos juveniles en España", en *Hispania*, 225 (vol. LXVII), enero-abril 2007, pp. 73-102.

[40] Muy parecido al de ¡España! ¡Una!, ¡Grande!, ¡Libre! de los falangistas. Lo que señalaron en su prensa calificándola de "copia ridícula". *Haz*, n.º 7, 19.VII.1935, portada.

[41] *Himno de la J.A.P.*, sin fecha, ca. 1936, San Sebastián, Casa Erviti.

[42] *El Debate*, 12.I.1934, p. 3. Las ponencias en el congreso *repr.* en José Monge y Bernal, *Acción Popular, op. cit.*, pp. 251-308. Inevitable las similitudes con Falange, con sus "puntos iniciales" de 1933, después desarrollados en los conocidos 27 puntos.

"democracia degenerada" (13.º); "guerra a la lucha de clases" (14.º); "poder ejecutivo fuerte" (17.º).

Fue el año de expansión y consolidación, acercándose a los 112.000 afiliados esa primavera con cerca de mil centros abiertos, hasta en las zonas rurales más inhóspitas[43]. El más numeroso, el de Madrid con cerca de 3.500 afiliados. En el primer reglamento se crearon los grupos de distrito o Movilización Social[44]. Vieron la luz publicaciones periódicas a nivel provincial y un semanario, J.A.P. Órgano nacional de las Juventudes de Acción Popular de España[45].

Con el aumento de la violencia política tuvieron sus víctimas[46]. Se anunció un ritual propio para los "mártires del Ideal", un término procedente del carlismo y sus "*mártires de la Tradición*", recordando sus nombres en todos los actos de las juventudes, seguido de un sonoro "*¡Presente!*"[47]. Rafael Roca de Ortega fue primer caído de la J.A.P. de Madrid en abril de 1934[48]. En el homenaje al joven asesinado Valiente anunció que "Cuando se llega a este estado de cosas de indefensión social, hay que pensar en la propia defensa, decididamente, aunque con serenidad, sin perder el dominio de los nervios"[49]. En provincias, algunos los dirigentes de la organización advirtieron con dureza a los agresores izquierdistas que, si bien "la J.A.P. no tiene en sus filas a profesionales del pistolerismo, no emplea la táctica de la acción directa [...], pero si a su vez es atacada [...], la lucha se entablará a muerte, hasta aniquilar al enemigo..."[50]. Pese a todo, desde Madrid

---

[43] *Gaceta de Tenerife*, 3.IV.1934, p. 1, entrevista a Valiente.

[44] *Juventud de Acción Popular: Estatutos y reglamento*. Madrid, Editorial Ibérica, 1933.

[45] *Desperta Ferro* (Barcelona); *Acción* (Santiago de Compostela); *J.A.P.* (Ávila y Cádiz); *Adelante* (Mérida y Málaga); *Rutas* (Cádiz); *Boletín de la Federación de la Derecha Regional Valenciana de Juventudes* y, después, *Guías* (Valencia); *Presente y Adelante* (Oviedo).

[46] En el primer número del semanario *J.A.P.* (27.X.1934, p. 3) se incluyó un homenaje a estos primeros caídos.

[47] *El Debate*, 12.I.1934, p. 3. Se instalarían lápidas con los nombres en cada local, siendo el primero la sede central en Madrid. También utilizado por Falange, con el *Telón de los caídos* que presidía la pared del estrado de sus actos. Grito utilizado por los movimientos autoritarios europeos, primero por el fascismo italiano, pero también en Francia o Bélgica.

[48] *C.E.D.A.*, n.º 24, 1.V. 1934, portada con imagen del japista asesinado.

[49] *El Debate*, 22.IV.1934, portada, "Homenaje de la J.A.P. a Roca Ortega y a los heridos".

[50] *La Región* (Orense), 13.IV.1934, p. 3, "La bandera de la J.A.P.".

se tomaron decisiones de no crear unidades de autodefensa, a fin de evitar que la organización se iniciase en la espiral violenta.

Los sucesos revolucionarios que se desencadenaron en octubre de 1934, en todo el país aunque con mayor virulencia en Cataluña y Asturias, deben ser considerados como el segundo punto de inflexión para las derechas españolas (el primero fue la quema de las Iglesias y los debates anticlericales de 1931), por lo que no debe sorprender que afectasen al activismo y la conciencia política de los jóvenes militantes católicos, que se radicalizó de manera palpable. Sería un antes y un después en la percepción de esta generación que habían creído en la posibilidad de una República moderada, con la vista puesta en una restauración monárquica a muy largo plazo. Se había frustrado, de forma definitiva, su confianza en el orden institucional, percepción que se extendió a amplios grupos de la sociedad española. Fue el momento en que la J.A.P. bajó a la arena política dispuesta a plantar cara, incluso con uso de la violencia, a los revolucionarios, poniendo en marcha sus grupos de Movilización Civil[51]. Sus dirigentes advirtieron, sin embargo, que "no se trata de crear milicias", sino "preparar núcleos, esencialmente juveniles, decididos y disciplinados, que en caso de peligro sean la más firme defensa de la Patria contra las fuerzas empeñadas en su destrucción"[52].

DERIVA FASCISTIZANTE

No se equivocó Ramiro Ledesma Ramos, cuando al año siguiente, separado de Falange, afirmó: "¿Quiénes son los fascistizados? Empresa bien fácil y sencilla es señalarlos con un dedo, poner sus nombres en fila: Calvo Sotelo y su Bloque nacional. Gil Robles y sus fuerzas; sobre todo las pertenecientes a la J.A.P. Primo de Rivera y sus grupos, hoy todavía a la órbita de los dos anteriores, aunque

[51] *El Debate*, 12.X.1934, p. 6, "Milicias civiles"; *El Debate*, 20.X.1934, contraportada, "La movilización civil de la J.A.P. ha sido una gran lección de civismo". *C.E.D.A.*, n.º 33, octubre 1934, pp. 13-16, "Servicios prestados por la J.A.P. durante la huelga revolucionaria" con un amplio despliegue gráfico.

[52] *J.A.P.*, n.º 1, 27.X.1934, pp. 9-10.

no, sin duda, mañana"[53]. Una apreciación que también tenían los despachos diplomáticos remitidos a Roma, que siempre puso empeño en utilizar el fascismo como una herramienta de propaganda italiana en el exterior[54]. Distinto eran sus suspicacias sobre las posibilidades de Gil-Robles. En el otro bando, las acusaciones de fascismo había sido una constante por parte de la izquierda, por lo que sus dirigentes tuvieron que defenderse de estas de manera recurrente, siempre de manera sincera pues no cabe duda alguna de que la doctrina socialcatólica estuvo en las antípodas del fascismo, al que acusaban de estatismo y producto de la denostada Modernidad[55]. En palabras de Gil-Robles: "Nuestro ideal al atraer masas juveniles a esta casa, no es formar bandas de pistoleros, ni lanzar muchachos irresponsables a que sean mártires, a que sean muertos en la calle", como hacen otras "fuerzas nacionalistas empapadas en el fondo de espíritu extranjero [...] (pues) no es necesario hacer grandes paradas exhibiendo vistosos uniformes y extendiendo el brazo con ademán dramático"[56]. Decisión adoptada incluso sabiendo que en numerosos sectores de sus votantes existían abiertas simpatías por el fenómeno fascista[57].

De igual manera fue contundente en despegarse del fascismo en su discurso en el Monumental Cinema de Madrid en octubre de 1933, aunque sin renunciar a sus principios antiparlamentarios y reclamar una política totalitaria para reconducir el régimen republicano, con una de las citas más reproducidas (y tergiversadas) del líder católico: "Nuestra generación tiene encomendada una gran misión. Tiene

[53] Roberto Lanzas (Pseud.), *¿Fascismo en España? (Sus orígenes, su desarrollo, sus hombres)*. Madrid. Ediciones La Conquista del Estado, 1935, p. 47.

[54] SAZ, I.: *Mussolini contra la II República*. Valencia. Edicions Alfons el Magnànim, 1986, pp. 57-66.

[55] Pese a la obsesión por asimilarlo al fascismo por parte de algunos historiadores, entre los más recientes: Eduardo González Calleja, *Contrarrevolucionarios. Radicalización violenta de las derechas durante la Segunda República, 1931-1936*. Madrid. Alianza Editorial, 2011. En contra, el trabajo de Olga Cuquerella, "Primero, la razón...", *art. cit.* Ejemplo de estas acusaciones por parte de la izquierda, *Euskadi Roja. Semanario Comunista*, n. 60, 12.V.1934, p. 2, "¿Qué significan los 19 puntos del Congreso de Acción Popular?".

[56] *C.E.D.A.*, n.º 28, 1.VII. 1934, pp. 13-17.

[57] "El pensamiento de la CEDA ante el fascismo", en *El Debate*, 22.III.1933, p. 3. Este rechazo de colaborar la CEDA con FE, compartido por la dirección falangista, no existió siempre en provincias, p.ej. en Valladolid, donde las JONS de Redondo ya en 1933 formaron parte del frente electoral de derechas. *El Debate*, 19.III.1933, p. 5.

que crear un espíritu nuevo, fundar un nuevo Estado, una Nación nueva, dejar la Patria depurada de masones, de judaizantes… (grandes aplausos)"[58]. El presidente de la JAP, en abril de 1934 desmintió el carácter fascista de la organización. No negó su adhesión a los principios de patriotismo, culto a los caudillos, ataques a las formas democráticas, si bien advirtió que les separaba cuestiones esenciales como el estatismo absorbente que reducía la libertad del individuo, arguyendo que se trataba de una doctrina tan solo válida para Italia[59].

La prensa católica y las manifestaciones públicas de los dirigentes de la CEDA, no dudaron en mantener siempre sus distancias frente al nacionalsocialismo, aunque para el congreso del Partido de septiembre de 1933 en Nüremberg, Gil-Robles había aceptado la invitación para asistir, reconociendo su admiración por la vitalidad del movimiento hitleriano[60]. En cambio, la Italia de Mussolini atrajo muchas mayores simpatías. Ese mismo verano de 1933 la organización viajó en una gira de estudios al país transalpino, encabezados por Pérez de Laborda, del que retornaron pletóricos tras comprobar los avances logrados en los años al frente del país. Asombrados ante "el espíritu de disciplina, de orden, de respeto a la ley que por doquier se respira, la austeridad y modestia en la vida de los dirigentes políticos, y sociales del régimen, el enviadle orgullo que de ser italianos sentían todos […]. El genio sobrehumano del Duce todo lo absorbe, su figura adquiere grandeza mitológica y existe por él veneración"[61].

A lo largo del año 1935 la JAP no disimuló su radicalización, con una clara alusión a los principios más sociales y autoritarios del programa derechista, reclamando una reforma constitucional, justicia social (posicionándose contra los sectores del partido que habían hecho fracasar al efímero ministro de agricultura, Manuel Giménez Fernández, y su proyecto de reforma agraria), además de acusar sin

[58] *El Debate*, 17.X.1933, p. 2. Gil-Robles omitió la mención a los masones y judaizantes en su recopilación de *Discursos parlamentarios*. Madrid. Taurus, 1971, p. 269.

[59] *ABC-Blanco y Negro*, "¿Son o no son fascistas las juventudes de Acción Popular?, n.º 2.227, 18.II.1934, p.1.*C.E.D.A.*, n.º 19, 15.II.1934, p. 18.

[60] *Repr. C.E.D.A.*, n.º 10, 30.IX.1933, pp. 5-6, "Antidemocracia" y "Sus impresiones sobre el Congreso de Nuremberg".

[61] *C.E.D.A.*, n.º 11, 15.X.1933, pp. 9-10, José María Pérez de Laborda, "Viaje de estudios a Italia de Acción Popular".

miramientos a los más reaccionarios[62]. El semanario de las juventudes fue retirado de la circulación en al menos una ocasión por orden de Gil-Robles, además de algunas suspensiones gubernamentales. Esto no impidió la estrategia de la CEDA de presentarle como un líder natural (pese a su escasa imagen de dirigente carismático), con una aureola fascistizante[63]. Era el *Jefe* que encarnaba las virtudes propias de los grandes hombres de la Historia: "El verdadero caudillo. Tiene todas las condiciones físicas y morales para serlo. [...] ¡el Salvador de España! [...] ¡la esperanza de España!"[64]. Lo que las juventudes católicas lo asumieron desde el principio con su grito: "Un solo Jefe: ¡el nuestro! Un solo objetivo: ¡España!"[65].

Incluso un moderado como Pérez de Laborda, a meses de la guerra civil, estaba dejándose llevar por los ademanes fascistizantes, como en el gran mitin organizado por las juventudes en el cine Monumental de Madrid el 10 de febrero, donde el dirigente católico concluyó su intervención ante varios miles de entusiastas seguidores, "cuadrado", –destacó la crónica periodística–, con "el saludo de nuestros antiguos Tercios", al grito de "¡España! ¡Una!, ¡España! ¡Justa!, ¡España!, Imperio!", respondido por el auditorio con un sonoro "¡Presente!" en memoria de los camaradas caídos[66].

LAS ELECCIONES DE FEBRERO DE 1936

Convocada la pugna electoral, fue asumido con entusiasmo por las juventudes del partido, que se pusieron a disposición de las candidaturas llamadas *contrarrevolucionarias*. Con un manifiesto exceso

---

[62] *J.A.P.*, n.º 43, 30.XI.1935, portada.
[63] *J.A.P.*, n.º 47, 4.I.1936, p. 8, "Gil Robles, JEFE de España".
[64] Adelardo Fernández Arias, ¡¡Gil Robles. La esperanza de España!! Madrid. Unión Poligráfica, 1936, pp. 147-148. J. Arrabal, *José María Gil Robles. Su vida, su actuación, sus ideas.* Ávila. Tip. Senén Martín, 1935 (2.ª ed.). Una opinión en la que no coincidía todos en la derecha, p.ej. *El Caballero Audaz* (pseud. de J. M.ª Carretero): *Traidores a la Patria.* Madrid. Ediciones Caballero Audaz, 1935.
[65] *J.A.P.*, n.º 2, 10.XI.1934, portada.
[66] *El Debate*, 11.II.1936, p.1. Esa misma jornada se celebraron otros nueve mítines en la capital, en los que "*3000 muchachos de la J.A.P. aseguraban el orden*". *J.A.P.*, n.º 50, 25.I.1936, funerales por un camarada caído.

de confianza, la prensa cedista no había dudado en lanzar su eslogan "¡A por los 300!" (imposible pues los candidatos proclamados bajo esta etiqueta en las listas de la coalición con el resto de las fuerzas de derechas apenas alcanzaron los dos centenares)[67]. Una consigna que se mezclaba en los multitudinarios mítines a lo largo del país con los gritos de "¡Jefe! ¡Jefe! ¡Jefe!" al aparecer Gil-Robles[68]. Todos estaban convencidos de una amplia victoria de las fuerzas derechistas.

La estrategia electoral, donde la JAP trabajó sin descanso, fue presentar a la CEDA como portaestandarte del Orden frente a la Revolución, la "Verdadera España" frente a la "AntiEspaña", alentando el temor a una subversión marxista en caso de una victoria del Frente Popular, con un lenguaje apocalíptico[69]. La importancia de las juventudes fue cada vez más evidente, reservándose un puesto en teoría para los japistas en cada circunscripción provincial. Los diputados con esta etiqueta en puestos de salida fueron numerosos: Bermúdez Cañete y Mariano Serrano Mendicute por Madrid, Pérez de Laborda por Lugo, Ramón Serrano Súñer por Zaragoza, Eduardo Piñán Malvar por Oviedo[70]. La campaña fue muy violenta con al menos cuatro muertos de las juventudes y otros tantos del partido[71]. Los ataques a las derechas se generalizaron por toda la geografía y la organización juvenil decidió contrarrestarlo aplicando los mismos métodos, como se anunció en su prensa: "¡Preparados los grupos de

[67] Los candidatos proclamados fueron 177, *El Debate*, 11.II.1936, pp. 7-8.

[68] *J.A.P.*, n.º 30, 31.VIII.1935, pp. 4-5, "Una sola solución: ¡Todo el poder para el JEFE!".

[69] *El Debate*, 6.II.1936, p. 2, "Declaraciones del jefe de la CEDA". Las octavillas no eran menos expresivas, "*¡Contra la revolución y sus cómplices!* [...] *Judaísmo, masonería, separatismo, marxismo* [...] *Para evitarlo, Gil Robles os pide TODO EL PODER*". Archivo del autor. Ya en las elecciones de 1933 se había apuntado a los mismos enemigos, véase el cartel electoral: "*Marxistas, masones, separatistas, judíos, quieren aniquilar España. Votad a las derechas*". Archivo del autor.

[70] *El Debate*, 6.II.1936, portada.

[71] Manuel Álvarez Tardío, "Un momento decisivo: la estrategia de la CEDA ante las elecciones de 1936", en *Bulletin d'Histoire Contemporaine de l'Espagne*, Presses Universitaires de Provence, [en línea], 51, 2017, pp. 53-68. *El Debate*, 9.II.1936, suplemento extraordinario "¡La derecha en pie por Dios y por España!". *J.A.P.* anunció que tenían 26 caídos, n.º 55, 14.II.1936.

defensa de la J.A.P.! [...] ¡No importa dejar la vida y aumentar la lista de los mártires del Ideal!"[72].

El resultado electoral del 16 de febrero fue un cataclismo, con una amplia victoria de las izquierdas, en escaños (que no en votos y con serias dudas de fraude), mientras el partido de Gil-Robles cosechó la magra cifra de 88 diputados (sobre 473). El pánico se desató entre los dirigentes derechistas, tanto que el propio Gil-Robles temiendo un estallido de violencia generalizada, como narró un testigo privilegiado de esas jornadas, decidió huir a refugiarse en Portugal, "abandonando todo"[73].

PRIMAVERA SANGRIENTA

La situación social del país tornó en caótica. Uno de los objetivos de las turbas izquierdistas, dispuestas a acabar con todo vestigio de las odiadas derechas, fue la JAP, con clausura de numerosos centros, detenciones y agresiones físicas a militantes, como se había hecho contra Falange[74]. La situación interna de la organización juvenil derechista era dramática y quedó amenazada de desaparición[75]. El semanario nacional dejó de publicarse y muchas actividades previstas se suspendieron[76]. Un dirigente malagueño les describió como "una organización que no es sino el Muro de las Lamentaciones de las derechas cobardes y conservadoras del dinero"[77]. Algunas regiones se deslizaron por la senda insurreccional, ejemplo de Barcelona y

---

[72] *Acción* (Santiago), 12.II.1936, p.3. El Consejo Nacional de diciembre de 1935 ordenó que "*cada juventud local o provincial, por mínima que sea, afianzará e intensificará sus secciones de defensa*". *C.E.D.A.*, n.º 55, diciembre 1935, p. 16.

[73] *La II República y la Guerra Civil en el Archivo Secreto Vaticano*. Madrid. BAC, 2016, tomo IV, documento 1641, Informe de Taboada Lago, 3.VI.1936, pp. 580-582. Solo la intervención de Herrera pudo evitar su huida.

[74] *Mundo Obrero* exigió que "*hay que disolver las organizaciones fascistas del crimen: Falange Española, Jap, Requetés Tradicionalistas y todas las de este jaez*", 13.III.1936, portada.

[75] Un aspecto que ya se había comenzado a aflorar semanas antes. P.ej., la destitución de la directiva de la JAP en Lugo, *Alborada*, 2.II.1936, p. 11.

[76] *El Debate*, 24.III.1936, p. 2, "La suspensión en Cuenca de la Asamblea de la J.A.P.".

[77] Alfonso Braojos Garrido y Leandro Álvarez Rey, *Manuel Giménez Fernández (1896-1968), op. cit.*, p. 177. Misiva de Ramos Galdeano de Málaga a MGF, 24.II.1936.

Valencia. En esta última, la dirección se tuvo que enfrentar a la efervescencia juvenil[78]. En otras, se produjeron disputas internas por el control de la organización, caso de Orense[79].

La posibilidad de una escisión y ruptura con el partido estaba en todos los mentideros. Los rumores de que la JAP podría unificarse con la ilegalizada Falange se generalizaron, tanto que Pérez de Laborda, por orden de Gil-Robles, tuvo que hacer unas declaraciones señalando que "todos los rumores circulados de su desaparición o fusión con Falange son falsos totalmente"[80]. El dirigente nacional y sus colaboradores no cesaban de intentar aplacar los ánimos en provincias para apagar el incendio, pero con pocos resultados[81].

Las relaciones con FE habían sido tensas desde el primer momento. La prensa falangista dedicó mucho espacio para ridiculizar y distanciarse de los católicos. Los "japoneses", apelativo irónico con el que etiquetaban a los derechistas, eran presentados como «un simulacro de fascismo", sus actos públicos como "carnavalada" o «tarde alcohólica", y sus afiliados calificados como "el que busca una novia rica" o "decrépitos ancianos"[82]. Se le criticó sobre todo su deriva fascistizante, plagiado en muchos aspectos de los azules[83]. El sindicato estudiantil de FE, que estaba en proceso de atracción de

[78] Vicent Comes Iglesia, *En el filo de la navaja. Biografía política de Luis Lucía Lucía (1888-1943).* Madrid. Biblioteca Nueva, 2003, pp. 350-357. Se potenció sus *Grupos de Acción* y se unieron a un comité de enlace con otras milicias paramilitares. Rafael Valls, *La Derecha Regional Valenciana (1930-1936).* Valencia. Edicions Alfons el Magnanim, 1992, pp. 228-229.

[79] *La Región*, 5.VI.1935, portada; 2.VII.1936, p. 1 y 4.VII.1936, p. 3. Autor del único libro publicado en la época sobre la Falange, *¡Arriba España!*, Madrid, Imp. Helénica, 1935, con prólogo de J.A. Primo de Rivera. En su libro había calificado a la JAP de "*muerta por falta de capacidad revolucionaria y por ausencia de estilo*", p. 85.

[80] *El Debate*, 17.V.1936, p.2, "La J.A.P. está donde estaba".

[81] Alfonso Braojos Garrido y Leandro Álvarez Rey, *Manuel Giménez Fernández (1896-1968), op. cit.*, p. 203. Misiva de un miembro de la J.A.P. segoviana en la que se reconoció que las visitas de Pérez de Laborda no habían surtido mucho efecto. En junio de 1936 la dirección central instó a todas las provinciales a "*recordarles la disciplina*", misiva de Ernesto del Campo a MGF, 16. VI.1936, p. 200.

[82] *F.E.*, n.º 8, 1.III.1934, p. 3, "J.A.P."; *F.E.*, n.º 12, 26.IV.1934, p.4, "El Congreso de la J.A.P."; *F.E.*, n.º 15, 19.VII.1934, p. 3, "La España que se deshace. La J.A.P.".

[83] *Arriba*, n.º 12, 6.VI.1935, portada, "Nuevas lindezas de la J.A.P."; n.º 13, 13.VI.1935, pp. 4-5, con fotos de supuestos actos de la J.A.P. pero en realidad unos cerdos y vacas, "*¡JAP, JAP! A veces los jefes se equivocan*"; n.º 15, 27.VI.1935, p. 2, "¿Qué pretende la J.A.P.?".

los estudiantes católicos de las facultades, procuró hacer públicas las diferencias entre ambos movimientos: "Primero se les prohibieron las camisas; luego, las milicias; después una por una, todas las características que hubieran podido tener de juventud y de arrogancia"[84]. Adalides de la virilidad, eran lo contrario a los japistas: "no hombres", «pobres hombres", "cuerpo de barrenderos", que en sus publicaciones anunciaban sastrerías y tenían que conminarles a portar la insignia en la solapa[85]. "Jóvenes sin nervio" añadió un estudiante falangista en sus memorias, que "intentaban gestos externos de aire fascista. [...] (que) no pasó de triste caricatura"[86]. La respuesta de la JAP ante la competición para atraer a sus militantes fue moderada, buscando de igual forma distancias[87].

Uno de los efectos fue el trasvase generalizado de las juventudes de la derecha católica a las filas de la clandestina Falange, con crecimiento imparable de las escuadras de acción, como también sucedió con los requetés (milicias carlistas), únicas formaciones que abiertamente propugnaban la subversión armada como respuesta al reto izquierdista. No fue excepcional, también se reprodujo en el Partido Nacionalista Español y Renovación Española hasta casi quedar inanes sus organizaciones[88]. En sus memorias, Gil-Robles dio por buenas las cifras que había dado José Antonio de que 15.000 japistas se habían incorporado a FE, no sin después admitir que, además, "muchas gentes que permanecían fieles a las directrices de la CEDA, ayudaban al mismo tiempo [...], sobre todo, a Falange Española"[89].

Como se quejó un dirigente japista a Giménez Fernández en esos meses, "en los pueblos que hace tres meses no sabían lo que era (bueno, ni hoy tampoco lo saben) el fascio, ya andan hablando de él... [...] (y se preguntan cuál es el camino) si que organicen la J.A.P.

---

[84] *Haz*, n.º 6, 15.VII.1935, p. 3, "La J.A.P. y nosotros".

[85] *Haz*, n.º 7, 19.VII.1935, portada, "Decanatos".

[86] David Jato Miranda, *La rebelión de los estudiantes (Apuntes para una Historia del alegre S.E.U.)*. Madrid. CIES, 1953, p. 99.

[87] *J.A.P.*, n.º 31, 7.IX.1935, p. 4, "El terrible fascismo".

[88] Julio Gil Pecharromán, *Conservadores subversivos. La derecha autoritaria alfonsina (1913-1936)*. Madrid. Eudema, 1994, pp. 249-250.

[89] José María Gil Robles, *No fue posible la paz*, *op. cit.*, p. 573. Se refiere a la entrevista de Ramón Blardony, *repr.* en *Últimos hallazgos de escritos y cartas de José Antonio*. Madrid. Ediciones del Movimiento, 1962, p. 127.

o las juventudes fascistas"[90]. Algo que en provincias se acentuó, donde era habitual la doble militancia. Ejemplo de ello, el caso del *mártir* Ruiz de la Hermosa de Daimiel, el primer caído, en noviembre de 1933, que fue reivindicado tanto por las J.O.N.S., la JAP y la recién fundada FE[91]. Como recordó un falangista de época en su diario, "fantástico como inesperado es el aluvión de gente que se nos viene encima... para afiliarse [...] del 16 de febrero aquí se ha triplicado nuestro número"[92]. Dos semanas después, el 9 de marzo de 1936, el mismo joven estudiante anotaba: "En mi escuadra, la mayoría son nuevos; proceden de la Federación de Estudiantes Católicos y de la JAP [...]. Estas elecciones han sido una desgracia para España, pero, al menos, para la Falange han constituido un choque vitamínico". Otro testimonio, en esta ocasión de un japista ilicitano, coincide en el relato: "Ingresé en Falange poco después del 20 de febrero de 1936, cuando se pasó a Falange la mayoría de la JAP, algunos requetés (por ejemplo, Alfredo y Pepe Tormos) y otros sin militancia anterior"[93].

Un detallado informe, de pluma anónima, remitido el 9 de julio de 1936 a Roma a través de la nunciatura en Madrid lo señaló: "El partido de Acción Popular [...] ha perdido mucho de su influencia en las masas que le seguían, [...] no pocos de sus partidarios, viendo hundirse la nación y no sufriendo esperas lentas de dudoso éxito, se pasan a Falange Española o a otros grupos que se preparan para una acción rápida y contundente"[94].

En un giro importante e inesperado, la CEDA aceptó incluir a José Antonio Primo de Rivera, en prisión preventiva, en la candidatura

---

[90] Alfonso Braojos Garrido y Leandro Álvarez Rey, *Manuel Giménez Fernández (1896-1968), op. cit.*, p. 203.

[91] Jesús Gutiérrez Torres, "Un caso de violencia política en Daimiel: contexto y suceso del asesinato de José Ruiz de la Hermosa", en *II Jornadas de Historia de Daimiel.* Daimiel. Ayuntamiento, 2013, pp. 197-213. *J.A.P.*, n.º 20, 1.VI.1935, p. 7; *JONS*, n.º 6, noviembre 1933, p. 288.

[92] Alejandro Corniero Suárez, *Diario de un rebelde. La República, la Falange y la Guerra.* Madrid. Ediciones Barbarroja, 1991, entrada de 28.II.1936, p. 145.

[93] Juan Martínez Leal, *Los socialistas en acción. La II República en Elche (1931-1936).* Alicante. Universidad, 2005, p. 157.

[94] *La II República y la Guerra Civil en el Archivo Secreto Vaticano, op. cit.*, doc. 1661, "Informe sobre el estado religioso, político y económico de España", 9.VII.1936, pp. 620-626. Otro también había advertido a Roma de como "*Acción Popular está perdiendo adictos, principalmente entre la juventud que simpatiza abiertamente con*

unificada de la derecha por Cuenca, donde las elecciones se tuvieron que repetir en mayo. Misma estrategia, aún más patente, que se acreditó en Granada, donde la lista se distribuyó entre cedistas y falangistas (entre ellos a los encarcelados Raimundo Fernández Cuesta y el fundador Ruiz de Alda). Se decidió que junto a los *fascistas* fueran en la lid los máximos dirigentes de la JAP, Pérez de Laborda y Avelino Parrondo. Ello demuestra como el partido católico ahora estuvo dispuesto a una alianza incluso con los más extremistas y en circunscripciones donde estaban convencidos de vencer. Diputados cedistas fueron los que defendieron en las Cortes al líder falangista tras la derrota de su candidatura en la ciudad castellana (En Granada la lista de coalición se retiró antes de la votación), acusando al nuevo Gobierno del Frente Popular de amañar las elecciones[95].

En la Universidad, los estudiantes católicos se vieron sobrepasados por la radicalización. El *propagandista* y catedrático Francisco M.ª Castiella, entonces ajeno a la vida política pero que se acercará a las posturas totalitarias durante la Segunda Guerra Mundial, describió esta situación de manera tajante en una carta a su amigo, el diputado Giménez Fernández: "Lo cierto es que la juventud cada vez siente más asco de estas democracias nominales que hoy día padecemos"[96]. La rama juvenil de los tradicionalistas (Agrupación Escolar Tradicionalista-AET) y, a partir de 1934, de Falange (Sindicato Español Universitario-SEU), comenzaron a ocupar más espacio por su activismo, lo que percibieron los jóvenes católicos.[97] La identificación entre estos fue tal que en Madrid llegaron compartir los locales[98].

El líder de la minoría parlamentaria de la CEDA se encontró forzado a reconocer a finales de abril esta sangría de militantes, "que

el fascismo". Doc. 1612, "Sobre el momento actual en la política española", autor: Reverendo Rodríguez Villasante, remitido el 6.V.1936, p. 518.

95 *El Debate,* 3.VI.1936, p. 2. Serrano Súñer y el moderado Giménez Fernández.

96 Castiella a MGF, 19.IV.1936, *repr.* en Alfonso Braojos Garrido y Leandro Álvarez Rey, *Manuel Giménez Fernández (1896-1968), op. cit.*, pp. 191-193.

97 Rafael Calvo Serer, *el exilio y el reino*. Barcelona. Laia, 1976, p. 8. El intelectual democristiano confesó que, al llegar la primavera de 1936, "estuve a punto de hacerme de Falange porque estaba muy claro que los de la derecha no teníamos nervio, veíamos que la CEDA no iba a ningún sitio y estábamos convencidos de que la lucha era inevitable".

98 David Jato Miranda, *La rebelión de los estudiantes, op. cit.*, p. 210.

se van por el camino de la violencia", dejando abierta la puerta para que "tornen a la casa común". En un tono pragmático, añadió que "pueden constituir unos magníficos auxiliares el día de mañana", cuando sea preciso aplicar "los remedios heroicos... (de) la sociedad que no se resigna a morir por la anarquía"[99]. El pesimismo en las filas japistas era a todas luces evidente, lo que trasluce de la circular dirigida por Pérez de Laborda a todas las provinciales, fechada el 18 de junio de 1936, exigiendo disciplina y la necesidad de propiciar de que "la masa entusiasta encuadrada en nuestras filas, [...] no se desoriente", al tiempo que estuvieran "todos dispuestos a dar la vida por España"[100]. Consciente del peligro que se cernía sobre la organización –prosiguió el dirigente–, era imprescindible no "perder nuestro carácter y personalidad en una fusión con otros partidos políticos llámense fascistas o como sea". Cada vez era más difícil distinguir entre japistas y falangistas, actuando los primeros cada vez más como fascistas, apelativo con que se aglutinaba a todos los derechistas sin distinción en los cada vez más numerosos informes sobre desórdenes públicos de los gobernadores civiles[101].

El estallido de la contienda supuso una tragedia para las juventudes católicas. En algunas provincias hubo contactos con los militares que conspiraban contra el República, pero en la mayoría fue una sorpresa[102]. En las regiones alzadas intentaron incorporarse al esfuerzo bélico y crear milicias, pero pronto fueron engullidas por la omnipresente Falange y los tradicionalistas. Mientras, en las zonas controladas por el Gobierno sufrieron una feroz represión que causó numerosas víctimas. Pérez de Laborda fue asesinado en Madrid en noviembre de 1936 en Paracuellos del Jarama, como la plana mayor de su Consejo Nacional. Las listas de caídos en el frente y de *asesinados por las hordas rojas* fueron largas siendo el pasaporte

---

[99] *La Región,* 29.IV.1936, pp.1 y 6, "Trascendentales declaraciones del Sr. Gil Robles".
[100] BDPO/FPA, *Instrucciones*, 18.VI.1936. *Cit.* Emilio F. Grandío Seoane, "Organización y poder en la CEDA gallega", en *Espacio, Tiempo y Forma,* Serie V, H.ª Contemporánea, t. 10, 1997, pp. 223-249.
[101] Fernando Ayala Vicente, *La violencia política en la provincia de Cáceres durante la Segunda República (1931-1936)*. Brenes (Sevilla), Editores Extremeños, 2003.
[102] Rafael Valls, *La Derecha Regional Valenciana (1930-1936), op. cit.*, pp. 229 y ss.

para integrarse en las estructuras del *Nuevo Estado*, aunque, ya sin enarbolar la bandera del catolicismo político[103].

CONCLUSIONES: DOS GUERRAS, DOS TRAGEDIAS

El periodo de entreguerras fue mucho más que los *felices años veinte* y la posterior crisis económica y política que amenazó la prosperidad y estabilidad de las democracias liberales occidentales, convirtiéndose en un preámbulo de la tragedia que sumió al Continente en una sangrienta década. Tanto España como Bélgica compartieron experiencias históricas que no fueron muy diferentes a las de otros países de Europa occidental. Pese a los intentos de la historiografía posterior de construir una *vulgata* por la que los colaboracionistas fascistas francófonos habrían sido una minoría de aventureros sin arraigo popular. En España, tanto por parte del franquismo como por la historiografía de izquierdas, se intentó acreditar que la Guerra Civil y los conflictos que la precedieron tuvieron una impronta y sesgo propio de la idiosincrasia hispana, sin paralelismo con lo acontecido allende de los Pirineos. Ahora sabemos que ni lo uno ni lo otro[104].

La guerra civil española truncó el proceso evolutivo de la JAP, engullida en la vorágine de la centralización jerárquica que exigían las necesidades bélicas. Tras el Decreto de Unificación de 1937 dejó de existir, pese a los intentos de Gil-Robles en los primeros meses de la guerra de obtener un hueco entre las fuerzas dominantes[105]. La postura accidentalista que habían mostrado, evitando la cuestión de la restauración monárquica nunca fue perdonado, a modo de pecado original del catolicismo político. Unido a que la reconstituida Falange (junto a los requetés en algunas provincias) asumió la dirección de la política social y de juventudes, lo cual condenó a los militantes

103 Sid Lowe, *Catholicism, War and Foundation of Francoism, op. cit.*

104 Sonsoles Gómez Carbonero, "Dos procesos paralelos hacia el final trágico de la democracia: las culturas políticas de Weimar y de la II República española", en *Investigaciones históricas: Época moderna y contemporánea*, n.º 21, 2001, pp. 281-300.

105 Carlos María Rodríguez López-Brea y Eduardo González Calleja, "Un derrotado en 'La Victoria'. José María Gil Robles y la Guerra Civil española (1936-1939)", en *Revista Universitaria de Historia Militar*, vol. 7, n.º 13 (2018), pp. 104-133.

socialcatólicos al ostracismo, obligados a replegarse a las actividades eclesiales y educativas, convertidos en acérrimos enemigos de los sectores *azules* durante el franquismo.

En cuanto a *Rex*, a finales de la Segunda Guerra Mundial era un movimiento minoritario, reducido a la zona francófona y desprestigiada por su enardecida defensa del nacionalsocialismo y su política colaboracionista con las autoridades de ocupación. Concluida la contienda, decenas de millares de sus militantes fueron condenados por los tribunales de excepción, centenares condenados a muerte mientras otros optaron por el exilio, entre ellos el propio Léon Degrelle que se refugió en España, donde residió protegido por el Régimen hasta su muerte en 1994, sin renunciar a sus ideales y propagando los mismos hasta esa misma fecha.

Representaron ambos la deriva radical del catolicismo político juvenil del período de entreguerras, su progresiva fascistización, y cómo el estallido bélico fue un punto y final de esta experiencia, como representantes, en palabras de Stanley Payne, del conservadurismo autoritario imperante en Europa[106]. Pueden considerarse como paralelos, con una evolución parecida y poso doctrinal común: culto a los jefes, rechazo a la democracia y al parlamentarismo, antimarxismo y contrarrevolucionarios, rituales de masas (concentraciones, saludos, banderas, homenaje a los caídos, etc.). Un programa que podría ser calcado el uno del otro. Tan solo dispusieron de apenas unos años para su desarrollo, lo que fue su tragedia. No resulta aventurado señalar que la JAP podría haber seguido el mismo camino del movimiento rexista de no haberse llegado a la Guerra Civil, rompiendo con la dirección del partido del que procedían y encabezado de manera independiente una disidencia fascistizada del catolicismo social. En tal caso, la entonces insignificante en votos FE, como la *Legión Nacional* en Bélgica, podría no haber cruzado el umbral de partido extraparlamentario.

[106] Stanley Payne, *El Fascismo*. Madrid. Alianza, 1986, pp. 21-24.

LA INFLUENCIA DEL FASCISMO EN LOS ACTOS LLEVADOS A CABO POR FET Y DE LAS JONS DURANTE EL DÍA DE LOS CAÍDOS Y EL DÍA DE JOSÉ ANTONIO

Francisco Javier Jiménez de Cisneros Taratiel
Universidad de Valladolid

El Fascismo es esencial a la hora de entender los convulsos sucesos de la primera mitad del siglo XX. Este movimiento político que surge tras la Primera Guerra Mundial es el resultado de las corrientes políticas que rechazaban el liberalismo y el marxismo, e intentaba ser una tercera opción política para los ciudadanos. La nueva ideología intentará crear un Estado nuevo donde el individuo quedará totalmente subordinado a la colectividad. Es decir, estamos ante un nuevo tipo de régimen, donde el partido será la única vía de participación política, tendrá una simbiosis con el Estado, encuadrará a las masas y desarrollará una serie de ritos para dar culto a un líder[1].

El nuevo movimiento de masas, que fue revolucionario y que surgió en Italia, también desarrolló a través del partido una sacralización de la política con toda una serie de símbolos, ritos de paso, mitos y nuevos dogmas que todos los ciudadanos del nuevo Estado tendrían que seguir. Con esto, aparte de formar ciudadanos, se buscaba una homogenización de la sociedad y se intentaba aglutinar a la población en torno a una ideología y a un líder mesiánico que había venido para salvar y dirigir la Nación. Dentro de esta nueva ideología los caídos serán uno de los elementos centrales de la nueva política, y servirán a los diferentes regímenes para sacralizar sus políticas y permitirles con el culto que desarrollan propagar sus doctrinas políticas entre la población.

[1] Emilio Gentile, *Fascismo. Historia e interpretación,* Madrid: Alianza Editorial, 2004, pp. 71-87.

De esta manera, el culto a los caídos que se produce en Europa se nutrirá del concepto de religión política formulado por Emilio Gentile. Esta nueva religión se producirá a partir de la Revolución Francesa por la secularización y el declive de las religiones tradicionales. Como hemos señado anteriormente, el fascismo usa hábilmente mitos, ritos, símbolos... e institucionaliza la primacía del partido sobre lo demás. De esta manera, el partido será fundamental para organizar las nuevas creencias y liturgias en las que se intentará que participen los ciudadanos. Por tanto, lo que se busca es "acelerar el proceso de nacionalización e integración de las masas a través de la sacralización del Estado"[2] creándose lugares sacros donde los ciudadanos acudirían a los actos que se realizarían en recuerdo a los fallecidos[3].

Estas nuevas religiones políticas que aparecen en Europa tendrán su máximo exponente en Italia y Alemania, puesto que en estos países tanto el fascismo como el nazismo tenían una fuerza enorme por su capacidad para movilizar, influir y llegar a todos los rincones de la vida de sus ciudadanos. En Italia la nueva religión intentó rivalizar con la Iglesia Católica por el control y la formación de las conciencias, mientras que en Alemania[4] directamente buscará sustituir a la religión tradicional. Estas nuevas religiones también trataban de crear nuevas mentalidades y valores para un hombre nuevo, que tenía que vivir en un mundo moderno que se abría paso luchando contra todo lo que representaba lo antiguo.

Como se verá durante el siglo XX toda la nueva liturgia que organizan los diferentes partidos en sus respectivos países tendrá como objetivo la movilización de los ciudadanos, y que estos participaran en los diferentes actos que se programaban. En algunos casos se puede hablar de una movilización directa, en la que los habitantes de las ciudades participarían en las actividades del partido y en otros de forma indirecta, puesto que verían los desfiles, los actos y les llegaría a través de los medios de comunicación toda la nueva

---

[2] Ibídem, p. 244.

[3] Jays Winter, *Sites of memory, sites of mourning. The Great War in European Cultural History*, Cambridge, University Press, 1995.

[4] Jesús Casquete, *El culto a los mártires nazis. Alemania, 1920-1939*, Madrid: Alianza Editorial, 2020, pp. 313-321.

doctrina política que estaba desarrollando en esos momentos. Linz nos señala que las denominadas religiones tradicionales veían todo esto como el resultado de un proceso de secularización que había arrancado siglos atrás y que estaba en esos momentos en su máximo apogeo[5]. Hay que tener en cuenta que los nuevos regímenes en estos casos buscaban hacer una competencia a las antiguas religiones que habían tenido gran influencia en los valores y la mentalidad de la población con el objetivo de ocupar ellas ese lugar y poder tener esa capacidad de influencia en los ciudadanos.

En el caso español, como se verá a continuación, FET y de las JONS se encargará de desarrollar todos los actos, ritos y desfiles perfectamente diseñados y estudiados con el objetivo de sacralizar a los fallecidos[6]. De este modo Falange[7] transforma la muerte de los caídos utilizándola con una simbología y una liturgia en la que los muertos juegan un importante papel de legitimación en la configuración del nuevo régimen[8]. Sin embargo, en el caso español, la importancia de la religión católica diferenciará el culto a los caídos españoles de otras naciones con regímenes totalitarios y que tenían ciertas semejanzas con el régimen franquista.

En el siglo XX la muerte tendrá un impacto central en la sociedad[9], y su recuerdo siempre estará presente en la construcción de los nuevos regímenes en Europa. Hay que tener en cuenta que a partir de la Primera Guerra Mundial se asiste a un antes y un después en la historia, teniendo lugar un encuentro masivo con la muerte por la enorme cantidad de fallecidos que se producen durante el conflicto bélico. De esta manera se generalizará la indiferencia de la vida

---

[5] Juan Linz, "El uso religioso de la política y/o el uso político de la religión: la ideología sucedáneo versus la religión sucedáneo", *Revista Española de Investigaciones Sociológicas,* n.º 114, Madrid, 2006, p. 14.

[6] Antonio Elorza, "El franquismo, un proyecto de religión política", en Javier Tussell, Emilio Gentile y Giuliana Di Febo (eds.): *Fascismo y franquismo cara a cara: una perspectiva histórica*, Madrid: Biblioteca Nueva, 2004, p. 79.

[7] Sheelagh Ellwood, *Prietas las filas. Historia de la Falange Española, 1933-1983*, Barcelona: Crítica, 1984.

[8] Pablo Baisotti, "Los "caídos" falangistas como germen de la religión política en España (1933-1936)", *Historia del presente*, n.º 28, (2016), pp. 143-153.

[9] Michael Burleigh, *El Tercer Reich, Una nueva historia*, Madrid, Punto de Lectura, 2004.

humana y se desarrollará la animalización del adversario que tendrá nefastas consecuencias[10].

En España la Guerra Civil fue un conflicto bélico que no había tenido comparación por los miles de muertos que se habían producido, y la posterior sacralización de la memoria de los caídos será uno de los pilares del nuevo régimen[11]. Zira Box señala acertadamente que, "la dictadura española construiría su propia teodicea para lograr dar sentido a tantas pérdidas humanas"[12]. Por lo que el culto a la muerte alcanza enorme importancia sobre todo en los primeros años del franquismo[13] y se produce una politización de la muerte[14], que será la principal herramienta de legitimación de los vencedores. Los caídos habían hecho un acto de servicio con los vivos y con la nación y, por tanto, entrarían en la categoría de héroes a los que habría que venerar y seguir su ejemplo, puesto que habían entregado lo más valioso que poseían, que habían sido sus vidas. Este culto impregnará la esfera política y se mezclarán los actos en recuerdo a los fallecidos con actos con una importante carga política dando a estos últimos un carácter religioso[15].

El culto a los caídos también tendrá una vertiente muy importante en la construcción de monumentos que recuerden a los que habían entregado su vida por la nación y que también se desarrollaría en

---

[10] Fernando del Rey Reguillo, Manuel Álvarez Tardío, *Políticas del odio violencia y crisis en las democracias de entreguerras*, Biblioteca de Historia y Pensamiento Político, Madrid, Tecnos, 2017, p. 45.

[11] Luis Castro, *Héroes y caídos. Políticas de la memoria en la España Contemporánea*, Madrid, Catarata, 2008.

[12] Zira Box, La fundación de un régimen. La construcción simbólica del franquismo, tesis dirigida por Fernando del Rey Reguillo, Universidad Complutense de Madrid (2008), p. 116.

[13] José L. Ledesma Y Javier Rodrigo, "Caídos por España, mártires de la libertad. Víctimas y conmemoración de la Guerra Civil en la España Posbélica (1939-2006)", *Ayer*, n.º 63(2006), pp. 233-255.

[14] Francisco Sevillano Calero, "Caídos por Dios y por España. El culto a la muerte en la dictadura Franquista". *Historia Contemporánea, Universidad de Alicante*, n.º 55, (2017), pp. 609-635.

[15] Jesús Alonso Carballés, "Banalización de la Violencia y usos políticos del culto a los mártires y caídos de la cruzada en el primer franquismo", *Amnis* [En ligne], 17 | 2018, mis en ligne le 15 juillet 2018, consulté le 03 juin 2020. URL: http://journals.openedition.org/amnis/3672; DOI: https://doi.org/10.4000/amnis.3672, (2018).

Europa, en especial después de la Primera Guerra Mundial[16]. De esta manera, las cruces a los caídos que se erigirán en España serán espacios con una tremenda carga simbólica y ejercerán también un importante papel propagandístico del nuevo régimen.

Aunque la influencia del fascismo fue importante a la hora de recordar a los caídos del bando franquista después de la guerra civil por la politización su muerte y, sobre todo, por los actos y discursos falangistas que se desarrollan en estos actos, no se puede olvidar el esencial elemento cristiano a la hora de recordar a los fallecidos. La religión cristiana representaba un terreno ideal, no solo porque se trataba de la religión profesada por muchos de los combatientes, sino porque conectaba con la idea de sacrificio, muerte, pasión y resurrección de Cristo. De esta manera, los familiares de los fallecidos y los propios caídos tenían una esperanza en encontrar otra vida después de la muerte y estar al lado de Jesucristo, lo que les proporcionará esperanza en el sufrimiento y en el dolor.

Lo que veremos a continuación es que, en España a diferencia de otros países europeos, habrá una doble influencia[17] a la hora de recordar a los fallecidos. Falange, con su proyecto, monopolizará el culto a los caídos, y tendrá en la Iglesia Católica, en España con un peso fundamental,[18] un importante complemento a la hora de desarrollar la liturgia de los actos que se celebrarán.

De este modo encontraremos cómo Falange, a través de la Vicesecretaría de Educación Popular, será el organismo encargado de organizar, dirigir y controlar los actos en memoria a los caídos. Además esta institución funcionará como un perfecto engranaje con el objetivo de propagar el modelo ideológico de Falange[19] entre los ciudadanos con los múltiples actos que desarrollaría durante los primeros años de la dictadura. Los actos falangistas en recuerdo

---

[16] George Mosse, *Soldados Caídos, La transformación de la memoria*, Zaragoza: Prensas de la Universidad de Zaragoza, 2016.

[17] José Andrés Gallego, *¿Fascismo o Estado Católico? Ideología, religión y censura en la España de Franco, 1937-1941*, Madrid, Encuentro, 1997.

[18] Ismael Saz, "Las culturas políticas de los nacionalismos franquistas", *Ayer*, n.º 71, (2008), pp. 153-174.

[19] Benito Bermejo Sánchez, "La Vicesecretaría de Educación Popular (1941-1945): Un ministerio de la propaganda en manos de Falange." *Espacio, tiempo y forma. Serie V, Historia contemporánea*, n.º 4 volumen (1991), pp. 73-96.

a los fallecidos se complementarán usando la liturgia cristiana, y serán dirigidos por los sacerdotes católicos como por ejemplo con la celebración de las misas o los múltiples rezos del rosario que se produjeron en recuerdo a los difuntos.

Es importante tener en cuenta que la gran diferencia entre los fascismos europeos y la Falange es que esta se presentaba como un proyecto político compatible con el catolicismo ya que muchos de sus militantes eran creyentes[20], y esto sería esencial a la hora de elaborar y comprender las actividades que se hacían en honor a los caídos.

El culto a los caídos se complementará con el uso masivo de la propaganda que se convertirá en un elemento central de la cultura de la victoria después de la guerra civil. En este momento el espacio público jugará un papel fundamental tanto para el recuerdo permanente de las víctimas como, sobre todo, para el discurso excluyente que presenta[21]. Como se verá posteriormente las calles, las plazas y las principales iglesias serán parte esencial de las actividades propagandísticas ya que la ocupación del espacio público para conmemorar a los caídos era fundamental para que el discurso político que salía de estos actos llegara a toda la población. Además, la labor del nuevo régimen se centraría en el control e intervención de los medios de comunicación[22], dando una enorme relevancia a la publicidad de los actos que se desarrollarían. En estos primeros años con el tema de los caídos y posteriormente con los logros de régimen franquista la prensa será fundamental puesto que "El periodismo desempeña... una función de enorme magnitud en la España franquista en su diaria lucha de inculcar principios, actitudes, formas de comportamiento, un auténtico código ideológico..."[23]. Es decir, estamos en una épo-

[20] Gonzalo Maestre, "El tema religioso- católico en Falange Española durante la Segunda República", *Aportes: Revista de Historia Contemporánea,* vol. 31, n.º 90 (2016), p. 96.

[21] Miguel Ángel Del Arco Blanco, "Las cruces de los caídos instrumento nacionalizador en la cultura de la victoria" en Miguel Ángel Del Arco Blanco, Carlos Fuentes Muñoz, Claudio Hernández Burgos y Jorge Marco Carretero, (eds.), *No solo miedo actitudes políticas y opinión popular bajo la dictadura franquista,* Granada: Editorial Comares, 2013, pp. 65-83.

[22] Francisco Sevillano Calero, "Cultura, propaganda y opinión en el primer franquismo". *Ayer,* Universidad de Alicante, n.º 33, (1999), pp. 147-166.

[23] Ricardo Martín de la Guardia, "Los medios de comunicación social como formas de persuasión durante el primer franquismo" en José Miguel, Delgado Idarreta,

ca donde los medios de comunicación serán de una extraordinaria importancia a la hora de apoyar la causa del nuevo régimen.

LOS CAÍDOS EN EL FRANQUISMO

La brutal violencia desatada en la retaguardia republicana contra el universo conservador[24] produce que el franquismo tenga un importante apoyo social entre los familiares de los asesinados y los perseguidos durante la guerra lo que posteriormente hará que el nuevo régimen se apropie de la memoria de todos ellos, usando el lema de "Caídos por Dios y por España". Poco importaría que en muchas ocasiones los fallecidos tuvieran una adscripción política diferente a la falangista o que el número de religiosos asesinados fuera elevadísimo en algunas provincias. Todos ellos a través de la Vicesecretaría de Educación Popular y a través del Ministerio de Propaganda serían recordados por Falange y que controlará todo el proceso que hubo a la hora de erigir los diferentes monumentos que se construyeron y, sobre todo, a la hora de desarrollar los actos en recuerdo a los fallecidos. La fecha escogida no tenía lugar a dudas por el simbolismo y la unión que se intentaba trasmitir, puesto que el día señalado para conmemorar a los caídos sería el 29 de octubre, es decir, el mismo día en que se fundó la Falange Española por José Antonio Primo de Rivera en el teatro de la Comedia en Madrid en el año 1933. Otro punto que marcaba Falange frente a otras tendencias políticas sobre el recuerdo a los caídos es que consigue que la Oración que escribió Rafael Sánchez Mazas por los muertos de Falange en 1934[25] pasaría a denominarse la Oración de los caídos, y desde la Vicesecretaría de Educación Popular se haría llegar a todas las provincias para que se leyera durante los actos. La prensa se encargaría de anunciar el aniversario de la

Propaganda y medios de comunicación en el primer franquismo (1936-1959), Logroño: Universidad de la Rioja, 2006, pp. 15-28.

[24] Fernando del Rey Reguillo, *Retaguardia roja. Violencia y revolución en la guerra civil española*, Barcelona: Galaxia Gutenberg, 2019, pp. 385-386.

[25] Ismael Saz y Zira Box, "Spanish Fascism as a political religion (1931-1941)". *Politics, Religion and Ideology*, n.º 4, (2011), p. 377.

Marcha sobre Roma junto con las noticias que hacían referencia a la celebración del Día de los Caídos y de la fundación de Falange[26].

Los diferentes actos que se desarrollaron en la inmediata posguerra en recuerdo a los caídos nos muestran que había una perfecta organización por parte de la Delegación Nacional de Propaganda que llegaba a las diferentes Vicesecretarías de Educación para que todos los actos fueran similares y tuvieran una carga política importante. Todas las actividades eran diseñadas con antelación y siempre buscando que la doctrina falangista llegará al máximo de la población.

En las diferentes conmemoraciones que se suceden por todas las ciudades españolas el denominado Día de los Caídos el 29 de octubre, se conmemoraría a todos los caídos fueran o no falangistas y hubieran fallecido en combate, hubieran sido víctimas de la represión republicana o muertos en la División Azul. Para la preparación de la jornada se debía hacer una potente campaña propagandística que llegara a todas las personas posibles, y por eso se usaría la radio y la prensa días antes para que la población fuera consciente de lo que se iba a celebrar. Un claro ejemplo por parte de la prensa es la noticia del periódico Baleares que directamente animaba con su portada de una manera tajante diciendo "Español: Asiste al funeral que por nuestros caídos se celebrará mañana día 29, a las 11, en la Santa Iglesia Catedral Basílica"[27]. El mensaje era de cierta manera contundente y se remarcaba la importancia de que los ciudadanos fueran al templo al oficio religioso. Otro ejemplo se encuentra cuando se animaba también en el periódico a rezar por los difuntos "Los que cayeron te piden una oración. Reza junto al altar que la Patria levantó"[28].

La organización de la jornada venía marcada por la directriz número 103[29] que la Delegación Nacional de Propaganda enviaba

---

[26] Baleares Órgano de Falange Tradicionalista y de las JONS, 28 de octubre de 1942, p. 1.

[27] Baleares Órgano de Falange Tradicionalista y de las JONS, 28 de octubre de 1942, p. 1.

[28] Baleares Órgano de Falange Tradicionalista y de las JONS, 28 de octubre de 1942, p. 1.

[29] AGA, Cultura, Delegación Nacional de Prensa y Propaganda, correspondencia vicesecretaría y provincias sobre el día de la madre, muerte de José Antonio, día de los caídos, día de la hispanidad (foto y prensa), sobre 543-609, Delegación Nacional de Propaganda, circular 103, 1942, 21/00126.

unos días antes y que detalla cómo se debían preparar los actos. Por parte de las emisoras privadas de radio se deberían hacer programas en donde se explicase al público la importancia de la fecha que se conmemoraba. El discurso que dio José Antonio el día de la fundación de Falange debía de aparecer asimismo junto con una explicación de la trascendencia de aquel acto y de la importancia de la revolución nacionalsindicalista que se debía llevar a cabo. También habría que hacer un especial que recordar a los fallecidos, poner solamente música clásica y, por supuesto, que toda la publicidad fuese eliminada puesto que había que dar a la jornada la seriedad que se merecía.

Tras el marcaje que se hacía a los medios de comunicación, en donde tenían que participan y seguir las directrices que ordenaba Falange, llegaba el turno a todas las jefaturas de la provincia en donde se les señalaba cómo debían de organizarse los diferentes actos del día 29. Tras el envío de otra circular, esta vez la número 42[30] se detallaba el guión de la jornada que todas las jerarquías falangistas debían de hacer: en primer lugar, celebrar una misa en honor a los difuntos antes de la guerra, durante la guerra y los que habían muerto en los campos de Rusia, invitando a todas las autoridades de la localidad; a continuación, ante la cruz o lápida de los caídos, el jefe local leería del discurso que dio José Antonio en el acto fundacional de Falange y leería la Oración de los Caídos; finalmente, miembros de Falange colocarían las coronas de laurel y flores ante la lápida de los caídos, se cantaría el Cara al Sol, y finalmente se produciría un desfile de las fuerzas falangistas que estuvieran presentes. Es importante remarcar cómo desde Falange se le encargaba al jefe local que uno de los objetivos prioritarios era hacer partícipe al vecindario e invitarle a sumarse a todos los actos que se iban a desarrollar. Esto nos muestra el enorme interés que tenía FET y de las JONS en extender su doctrina entre la gente puesto que, como hemos visto, en todas las indicaciones se puede comprobar cómo el partido pretendía que la gente participara en los actos, aunque fuese con la colocación de

[30] AGA, Cultura, Delegación Nacional de Prensa y Propaganda, correspondencia vicesecretaría y provincias sobre el día de la madre, muerte de José Antonio, día de los caídos, día de la hispanidad (foto y prensa) sobre 543-609, informe de la Delegación Provincial de Zamora, circular número 42, 1942, 21/00126.

banderas y crespones en sus casas. La prensa nos lo muestra con la noticia que salía el día anterior a la celebración de los mismos: "Asóciate a los actos conmemorativos del Día de los Caídos. Cubre los balcones de tu casa con banderas que ellos llevaron a la victoria"[31].

El partido único, a través de la Jefatura Provincial del Movimiento, el Frente de Juventudes, la Vieja Guardia, y con la participación de la Sección Femenina, sería el encargado de gestionar todo lo relativo a la preparación de los actos durante el día. No había espacio para otras instituciones; los familiares, las autoridades locales, la Iglesia o el Ejército no diseñarían las diferentes actividades, quedando todo controlado por el partido único.

Una vez informada la población de la localidad, esta se preparaba para la ocasión, y el día señalado los edificios oficiales e incluso las casas particulares aparecían con las banderas de España y de Falange para conmemorar el día señalado. Esto se producía pues era algo que se animaba constantemente desde Falange y desde la prensa: "Se ruega al vecindario cuelgue sus balcones con crespones negros"[32]. De esta manera se lograba involucrar a los vecinos que serían partícipes de los actos que organizaba el partido. En la ciudad de Salamanca se iría un paso más allá, y contando con el gobernador civil se cerraría todo el comercio durante la celebración de los actos para que de esta manera todos los salmantinos pudieran participar y no tuvieran excusa[33].

Los actos de las diferentes ciudades tenían una característica común, y era que siempre comenzaba el día con una misa por la mañana. La iglesia no se elegía al azar, sino que se buscaba siempre que fuera un templo representativo y con una carga simbólica importante para la ciudad. Por ejemplo, en Palma de Mallorca directamente se escogió la Catedral, que sería el lugar donde se oficiaría la misa en honor a los caídos. En Logroño la misa se celebraría en la Concatedral de Santa María la Redonda del siglo XVI y que era monumento nacional desde 1931[34]. En la ciudad de Madrid, como había tantísimos

[31] *Correo de Mallorca*, periódico católico, 29 de octubre de 1942, p. 2.
[32] *La Rioja: Diario Político*, 28 de octubre de 1942, p. 1.
[33] *El Adelanto, Diario de Salamanca*, 29 de octubre de 1942, p. 1.
[34] *La Rioja: Diario Político*, 28 de octubre de 1942, p. 1.

afiliados a los que ubicar, más de 12.000[35], se optó por hacer una misa de campaña en la Puerta de Alcalá, donde se levantó un altar y una cruz a los caídos[36].

La misa de réquiem que se celebraba en honor a los difuntos en las principales ciudades estaba preparada para la ocasión. En Vitoria el informe señalaba que "se habían levantado numerosos mástiles con banderas y gallardetes de los colores nacionales y del Movimiento"[37]. El informe añadía cómo se había levantado un catafalco en representación a los muertos y que estaría cubierto por la bandera del Movimiento. Los asistentes que acudían al acto eran cuidadosamente escogidos, y se priorizaba siempre a las autoridades de todos los ámbitos. En los informes se señalan las mismas autoridades: militares, civiles, delegados de Falange, directores de centros educativos y miembros de la judicatura. Finalizada la misa seguían los actos visitando la Cruz de los Caídos o poniendo la primera piedra del monumento[38]. Ante la cruz se leía la Oración de los Caídos de Sánchez Mazas por el jefe Provincial de Falange que era muchas veces el Gobernador Civil[39]. Los informes señalan que "se prestaba poca atención a la lectura"[40]. lo que nos indica que el discurso político que se transmitía podía causar poco interés por la falta de conocimiento de la doctrina falangista del público. Es importante remarcar cómo para Falange era esencial recalcar este asunto y por eso quedaba reflejado en el informe, puesto que extender las ideas falangistas era un objetivo prioritario en este día.

---

[35] *El Pensamiento Alavés*, 29 de octubre de 1942, p. 1.

[36] *La Almudaina*, 28 de octubre de 1942, p. 1.

[37] AGA, Cultura, Delegación Nacional de Prensa y Propaganda, delegaciones provinciales, día de los caídos, 29 de octubre, informes y recortes de prensa, informe de la Delegación Provincial de Álava, 1943, 21/00804.

[38] AGA, Cultura, Delegación Nacional de Prensa y Propaganda, delegaciones provinciales, día de los caídos, 29 de octubre, informes y recortes de prensa, informe de la Delegación Provincial de Castellón de la Plana, 1943, 21/00804.

[39] Julián Sanz de Hoya, "El asalto falangista a los gobiernos civiles. La política de unión de los cargos de gobernador y jefe provincial de FET-JONS (1938-1945)", *Alcores: revista de historia contemporánea*, n.º 18, 2014, pp. 193-212.

[40] AGA, Cultura, Delegación Nacional de Prensa y Propaganda, delegaciones provinciales, día de los caídos, 29 de octubre, informes y recortes de prensa, informe de la Delegación Provincial de Cádiz, 1943, 21/00804.

A continuación, se ponían una serie de coronas de flores por parte de la Sección Femenina, el gobernador Civil, los centros de enseñanza y el alcalde. Muchas veces se leían los nombres de los cadetes que al tener 21 años pasaban a formar parte de FET y de las JONS dejando el Frente de Juventudes. En ocasiones se realizaban desfiles del Frente de Juventudes, y esto era una manera de hacer partícipes a los más jóvenes en el partido. Por ejemplo, tenemos la noticia de cómo se les ordenaba ir a la misa, escuchar el discurso de José Antonio y depositar la corona de flores ante la cruz de los caídos[41].

Como se observa esta jornada llevaba una carga política muy importante en los que se aprovechaba por parte de FET y de las JONS para que sus cargos puedan pronunciar un discurso político, promocionar a personas que cambiaban de escalafón dentro de la organización y controlar los actos de recuerdo a los muertos en la guerra.

El día continuaba con la celebración de los actos que recordaban la fecha de la fundación de Falange el 29 de octubre de 1933. Ese día había una serie de actividades, normalmente en teatros en los que se leía el discurso fundacional de Falange pronunciado por José Antonio en el teatro de la Comedia en 1933. En Madrid, como no podía ser de otra manera, el teatro escogido sería el de la Comedia puesto que tenía un simbolismo muy fuerte por ser el origen del nacimiento del falangismo. El escenario había sido adornado y colocado exactamente igual que estaba el día en que José Antonio explicó las bases de Falange. También se desarrollaría un acto en el cine Bilbao en donde participaría el Frente de Juventudes y en donde se les transmitiría el discurso de José Antonio, la historia de Falange, el estado de la organización y, sobre todo, se alentó a los jóvenes "en la trascendencia del apostolado, pues no debe satisfacernos poseer la verdad que solo en Falange tenemos y es menester darla a conocer"[42]. Con este ejemplo se tiene constancia de la importancia en estos actos de uno de los principales objetivos, que era la de transmitir la ideología falangista entre los ciudadanos durante estas jornadas. Además se refuerza esta idea del proselitismo que debían hacer los jóvenes extendiendo

[41] *Libertad, Diario Nacional Sindicalista*, 28 de octubre de 1942, p.4.

[42] *La Prensa: diario de la tarde de información mundial*, 29 de octubre de 1942, p.3.

las ideas falangistas, lo cual, por ejemplo, queda reflejado durante la jornada que se realizó en Cádiz en recuerdo a los caídos que, al finalizar la invocación ante la cruz, la colocación de las coronas de flores, la lectura del discurso de José Antonio y el pertinente desfile, se procedió a realizar una "siembra simbólica de ideas políticas"[43]. La entrega de las octavillas quedaba reflejada en el informe que se enviaba por parte de la Delegación Provincial de Cádiz de la Vicesecretaría de Educación Popular, en donde se remarcaba que "por indicación de esta Delegación el reparto se hizo por las flechas y cadetes que las entregaban a los pequeños preferentemente"[44]. Se relataba que se había procedido a que las octavillas llegaran a todos los barrios de la ciudad para que ningún joven se quedara sin la información necesaria para afiliarse al Frente de Juventudes.

Que uno de los objetivos del día era conseguir nuevos miembros para FET y de las JONS queda claro por las consignas que hemos visto y la importancia que tenían el reparto de propaganda entre los habitantes de las ciudades. También para dar impulso a conseguir nuevos afiliados se usaban cines para proyectar documentales. En el informe del delegado Provincial de Cuenca se relata cómo se utiliza el Cinema España para proyectar dos documentales sobre la vida en los campamentos del Frente de Juventudes[45]. Es evidente el impacto que debería tener en los jóvenes poder asistir al cine; ver lo bien que se lo pasaban y las diferentes actividades que se hacían en el Frente de Juventudes ayudaría a que los futuros flechas y cadetes se sintieran dentro de una institución con poder y prestigio. Además, se les proporcionaba un sentimiento de pertenencia en una etapa de la adolescencia donde formar parte de un grupo es muy importante.

Como se aprecia, FET y de las JONS realizaba un enorme esfuerzo en intentar que su mensaje político llegara a todo el mundo. Los

---

[43] *El Diario de Cádiz*, 30 de octubre de 1942.

[44] AGA, Cultura, Delegación Nacional de Prensa y Propaganda, delegaciones provinciales, día de los caídos, 29 de octubre, informes y recortes de prensa, informe de la Delegación Provincial de Cádiz, 1943, 21/00804.

[45] AGA, Cultura, Delegación Nacional de Prensa y Propaganda, correspondencia vicesecretaría y provincias sobre el día de la madre, muerte de José Antonio, día de los caídos, día de la hispanidad (foto y prensa) sobre 543-609, informe de la Delegación Provincial de Cuenca, 1942, 21/00126.

diferentes medios de comunicación eran fundamentales y anunciaban días antes el programa de actos del día 29 y a la mañana siguiente se hacía un resumen completo de la jornada anterior con el siguiente titular: "Ante la Cruz de los Caídos se ha conmemorado ayer el Día de la Falange"[46]. En las hojas siguientes todos los lectores podían leer los actos e incluso los discursos de las autoridades falangistas. Otro ejemplo de la importancia de los medios de comunicación lo tenemos en Segovia donde los actos conmemorativos que se realizan en el salón de actos de la Jefatura Provincial del Movimiento serán retrasmitidos por la emisora local de radio y "escuchada en todas las Jefaturas Locales de la Provincias, a cuyos jefes se les había ordenado que reuniesen a todos los afiliados en locales apropiados e instalasen altavoces precisos para la mayor eficacia de dicha retrasmisión"[47].

En los informes que se mandaban desde las diferentes delegaciones provinciales a Madrid nos muestra la verdadera importancia que tenía para FET y de las JONS el poder transmitir la ideología falangista a los ciudadanos y luego comprobar cuál había sido el resultado. Es decir, el partido quería comprobar si su discurso iba calando entre la ciudadanía, pero los informes que se recibían no eran los esperados a pesar de los grandes esfuerzos que hemos visto que se realizaban. Por ejemplo, en el informe que se manda a Madrid desde Soria se explica que el auditorio se mostraba frío e ignorante sobre los ritos de Falange, y al leer el discurso fundacional muchos lo desconocían[48]. Vemos cómo en una ciudad conservadora, sin influencia de otras opciones políticas ni de regionalismos, a Falange le seguía costando extender su discurso e ideología entre la población. Los ritos falangistas no debían de interesar mucho incluso a los asistentes al acto puesto que en otras ocasiones los problemas eran la falta de público. Otro ejemplo que muestra que muchas veces

[46] *El Diario de Cádiz*, 30 de octubre de 1942, p. 1.

[47] AGA, Cultura, Delegación Nacional de Prensa y Propaganda, correspondencia vicesecretaría y provincias sobre el día de la madre, muerte de José Antonio, día de los caídos, día de la hispanidad (foto y prensa) sobre 543-609, informe de la Delegación Provincial de Segovia, 1942, 21/00126.

[48] AGA, Cultura, Delegación Nacional de Prensa y Propaganda, correspondencia vicesecretaría y provincias sobre el día de la madre, muerte de José Antonio, día de los caídos, día de la hispanidad (foto y prensa) sobre 543-609, informe de la Delegación Provincial de Soria, 1942, 21/00126.

la población estaba alejada de FET y de las JONS es el informe que mandan desde Ávila donde el delegado provincial muestra su satisfacción después de los actos que se habían celebrado el día 29 de octubre de 1942. De este modo, el delegado provincial de educación popular escribía el 8 de noviembre orgulloso cómo los actos habían sido un éxito "habiendo acudido como en ninguna ocasión derivándose como consecuencia un acercamiento acentuado hacia nosotros de gentes que antes permanecían en la indiferencia"[49]. En esta ocasión podemos comprobar cómo el objetivo marcado se había cumplido, y aparte de recordar a los caídos se había conseguido atraer a gente que antes no simpatizaba o no se mostraba cercana con el partido.

No se puede olvidar que dentro del universo de los caídos Falange tiene en sus filas al difunto por excelencia, que es José Antonio Primo de Rivera[50]. Tras su muerte el 20 de noviembre del 1936 en Alicante, se generará un potente mito que el franquismo aprovechará con enorme inteligencia para tener al caído por excelencia[51]. Su nombre tendrá un lugar preeminente sobre el resto de los fallecidos en el conflicto y encabezará la lista de caídos en todos los monumentos.

El aniversario de la muerte de José Antonio será aprovechado hábilmente por Falange para conmemorar cada 20 de noviembre su pérdida, y organizar una serie de actos que sirvan para honrar y exaltar su memoria[52]. El líder de Falange tuvo un proceso de mitificación de su figura que lleva a que sea una de las máximas expresiones de la religión política que se produce en España por lo menos hasta 1941[53].

---

[49] AGA, Cultura, Delegación Nacional de Prensa y Propaganda, correspondencia vicesecretaría y provincias sobre el día de la madre, muerte de José Antonio, día de los caídos, día de la hispanidad (foto y prensa) sobre 543-609, informe de la Delegación Provincial de Ávila, 1942, 21/00126.

[50] Stanley Payne, *Falange. Historia del Fascismo español,* Madrid: Sarpe, 1985.

[51] Pablo Baisotti, "Ausente-Presente: las dos caras de José Antonio (1936-1938)" *Memoria y civilización,* n.º 18, (2015), pp. 163-189.

[52] Giuliana di febo, *Ritos de guerra y Victoria en la España Franquista,* Bilbao, Desclée de Brouwer, 2002.

[53] Ismael Saz y Zira Box, "Spanish Fascism as a political religion (1931-1941)". *Politics, Religion and Ideology,* n.º 4, (2011), p. 385.

La figura del líder falangista adquirió en ocasiones una especie de culto laico sobre todo durante los primeros años del franquismo[54].

Las actividades programadas para recordar a José Antonio también venían marcadas desde la Delegación Nacional de Propaganda, que se encargaba de organizar las principales actividades que había que desarrollar durante la jornada. Al igual que la celebración del Día de los Caídos, la función propagandística era esencial y se planeaba días antes; de esta manera se mandaba una circular el 9 de noviembre donde se indicaba que la fecha debía ser especialmente conmemorada por los diferentes medios de comunicación y se remarcaba que las emisoras de radio tendrían que ajustar sus programas para conmemorar y exaltar su figura[55]. En la circular número 114 quedaba reflejado todo lo que se tenía que hacer durante la jornada. En primer lugar, rememorar la vida y sobre todo la religiosidad del líder falangista. Había que conmemorar en la fundación de Falange que la organización era española, católica y revolucionaria, y resaltar que era la única salida a los problemas que habían generado las democracias y el comunismo. El documento continuaba describiendo que los textos sobre falangismo que se leyeran debían tener "estilo claro, sencillo y directo... resulten de fácil comprensión..."[56]. Como se observa se consideraba importante que la doctrina e ideas políticas fueran entendidas y comprendidas por todos los públicos, para que el mensaje no se perdiera o solo llegara a la gente más formada. Además, durante la jornada la publicidad debía ser controlada exhaustivamente puesto que había que "revestir de la máxima dignidad y seriedad, eliminado todo lo que pueda ser considerando de dudoso

[54] Francisco Morente Valero, "Hijos de un Dios menor. La Falange después de José Antonio", en Gallego Ferran y Morente Francisco (eds.): *Fascismo en España. Ensayos sobre los orígenes sociales y culturales del franquismo*, Barcelona, *El Viejo Topo*, 2005. p. 243.

[55] AGA, Cultura, Delegación Nacional de Prensa y Propaganda, correspondencia vicesecretaría y provincias sobre el día de la madre, muerte de José Antonio, día de los caídos, día de la hispanidad (foto y prensa) sobre 543-609, Delegación Nacional de Propaganda, circular 114, 1942, 21/00126.

[56] AGA, Cultura, Delegación Nacional de Prensa y Propaganda, correspondencia vicesecretaría y provincias sobre el día de la madre, muerte de José Antonio, día de los caídos, día de la hispanidad (foto y prensa) sobre 543-609, Delegación Nacional de Propaganda, circular 114, punto 2 apartado c, 1942, 21/00126.

gusto"[57]. La jornada era de luto y por lo tanto no se podía permitir que hubiera anuncios que rompieran con la importancia que se le quería dar a esta fecha tan señalada.

El informe de la Delegación Provincial de Baleares nos muestra la importancia capital que tenían los medios de comunicación a la hora de transmitir la información del día veinte de noviembre: "se realizó una intensa propaganda por la prensa local a base de entrefiletes, notas... programa de actos, etc. Por radio también se verificó una eficaz campaña que superó, quizás, la realizada por los periódicos"[58].

Como podemos ver, la prensa jugaba un papel fundamental a la hora de informar y transmitir información a la ciudadanía para que estuvieran informados de los actos que se iban a desarrollar. De esta manera, el día 18 de noviembre el periódico Baleares informaba en su portada las actividades que se desarrollarían el día 20: a las 11 se produciría el funeral en la catedral de la ciudad a la que asistirían todas las autoridades, a las 11.45 se produciría la colocación de las coronas de flores donde se encontraba grabado el nombre de José Antonio, y miembros de Falange harían guardia hasta la caída del sol. Paralelamente durante el día se produciría una emisión radiofónica a las 14 horas, a las 18.30 se producirían lecturas de los textos del fundador, a las 19.30 rezo del rosario y lectura del testamento siendo la última actividad otra emisión radiofónica para las 21 de la noche[59]. Con la información proporcionada que sería también transmitida por otro periódico[60] podemos ver que los ciudadanos de Palma de

[57] AGA, Cultura, Delegación Nacional de Prensa y Propaganda, correspondencia vicesecretaría y provincias sobre el día de la madre, muerte de José Antonio, día de los caídos, día de la hispanidad (foto y prensa) sobre 543-609, Delegación Nacional de Propaganda, circular 114, punto 3, 1942, 21/00126.

[58] AGA, Cultura, Delegación Nacional de Prensa y Propaganda, correspondencia vicesecretaría y provincias sobre el día de la madre, muerte de José Antonio, día de los caídos, día de la hispanidad (foto y prensa) sobre 500-515, informe de la Delegación Provincial de Baleares, 1942, 21/00126.

[59] Baleares: órgano de Falange Española Tradicionalista y de las JONS, 18 de noviembre de 1942, p. 1.

[60] *Correo de Mallorca*: periódico católico 18 de noviembre de 1942, p. 1.

Mallorca sabían con antelación las actividades que se iban a realizar y por tanto a las que podían unirse durante la jornada.

También se puede ver cómo Falange ponía en funcionamiento todos los recursos humanos disponibles y esto se comprueba incluso con llamamientos en prensa en donde se convocaba a todos los afiliados. El día 18 salía en prensa cómo todos los miembros de la Vieja Guardia quedaban convocados para participar en los actos que se iban a desarrollar e igual pasaría con la Sección Femenina puesto que el aviso no dejaba lugar a dudas: "Se recuerda a todas las afiliadas de la Sección Femenina de FET y de las JONS tanto activas como pasivas, la obligación ineludible de asistir al funeral que en la Catedral se celebrará a las 11 horas y al rosario que a las 19.30 se rezará en…"[61]. En Salamanca también se indicaba que "Todos los camaradas de esta Falange local, sin excepción alguna, se presentarán en la catedral para asistir al funeral que a las once de la mañana se celebrará por el eterno descanso del alma de José Antonio"[62].

Además de la total movilización de los afiliados en las ciudades también se cursaban a través de la prensa[63] órdenes para que en todas las pequeñas localidades se hicieran actos en recuerdo al fundador de Falange. El 17 de noviembre, desde la jefatura provincial de Logroño, se ordenaba que todos los jefes locales debían organizar un funeral el día 20 por el alma de José Antonio, hacer guardias frente al túmulo que se dispusiera, colocar una corona de laurel ante la cruz de los caídos, poner las banderas a media asta e indicar al vecindario que en los balcones se debían poner crespones negros[64]. Para intentar llegar al público y hacerlo participe de los actos desde la prensa el día anterior se llamaba a la población a unirse: "Mañana es el aniversario

---

[61] Baleares: órgano de Falange Española Tradicionalista y de las JONS, 18 de noviembre de 1942, p. 2.

[62] *El Adelanto: Diario político de Salamanca*, 19 de noviembre de 1942, p. 1.

[63] Se señalaba que era imposible de hacerlo personalmente y por eso se utilizaba la prensa para que las jefaturas locales se enterasen de las indicaciones que tenían que realizar.

[64] *La Rioja*: diario político 18 de noviembre de 1942, p. 1.

de la muerte de José Antonio. Deber de todos es asociarse a los actos que se celebrarán en su honor y memoria"[65].

Una vez llegado el día señalado se procedía a la preparación del lugar de culto donde se celebraría la solemne misa en recuerdo al fundador. Los templos escogidos siempre eran los más representativos e importantes de cada ciudad: en Oviedo se eligió la Catedral Basílica, en Salamanca también sería la catedral y se quería buscar un respeto absoluto y por eso desde la prensa se anunció el día anterior que "no se produzca ruido alguno en los alrededores de la iglesia, especialmente el producido por rodaje de vehículos de llantas metálicas"[66].

Durante la jornada FET y de las JONS intentaba que el ambiente estuviera dominado por los integrantes del partido y de esta manera organizaba a sus afiliados para que correctamente uniformados se situasen por las zonas en las que vivían para ir en grupo con un delegado al frente hacia la iglesia donde se celebraría la ceremonia religiosa. La importancia de esta medida era enorme ya que según refleja el informe que se envía desde Valencia "hizo que desde bastante tiempo antes al señalado para la celebración del acto se viera transitar por todas las calles de la ciudad nutridísimos grupos de falangistas camino del templo metropolitano"[67]. Esto daría una imagen muy buena de la organización pues los ciudadanos verían como el partido copaba todos los espacios de la ciudad durante la jornada.

Los asistentes al acto venían marcados por las directrices y tenían que ser todas las autoridades civiles, militares y, por supuesto, las educativas. Terminada la misa se dirigían a la fachada del templo donde se encontraba en la mayoría de los casos el nombre de José Antonio grabado en la pared o la cruz de los caídos. Allí se ofrendaban las coronas de laurel, siempre ofrecidas por falangistas, y se terminaba cantando el "Cara al Sol" por toda la multitud que estaba concentrada. Se remarcaba la importancia de que asistieran los más

---

[65] Baleares: órgano de Falange Española Tradicionalista y de las JONS, 19 de noviembre de 1942, p. 1.

[66] *El Adelanto: Diario político de Salamanca*, 19 de noviembre de 1942, p. 1.

[67] AGA, Cultura, Delegación Nacional de Prensa y Propaganda, correspondencia vicesecretaría y provincias sobre el día de la madre, muerte de José Antonio, día de los caídos, día de la hispanidad (foto y prensa) sobre 516-542, informe de la Delegación Provincial de Valencia, 1942, 21/00126.

jóvenes a estos actos, y en los informes se refleja su participación como en el de Ciudad Real: "Frente de Juventudes, niños de los colegios y numeroso público llenaban completamente el recinto de la Catedral"[68].

Hay que remarcar que este día se utilizaba para hacer otras labores propagandísticas, como era por ejemplo visitar después de los actos los hogares más humildes como sucedió en Huesca para repartir "espléndidos donativos a las familias necesitadas"[69]. De esta manera FET y de las JONS se acercaba a las personas más humildes y conseguía que estas apoyaran los postulados falangistas y tuvieran una mayor simpatía por el partido.

Por último, se recogía en los informes que se mandaban a Madrid la afluencia de público que había asistido a los actos y la repercusión que habían tenido las actividades desarrolladas, pues no hay que olvidar que la participación activa o pasiva de los ciudadanos era uno de los principales objetivos de la jornada. En el informe que se mandaba desde Huesca se señalaba que "miles de almas se sumaron a la ceremonia religiosa, cerrando el comercio por entero y figurando engalanados las calles y balcones con crespón negro"[70]. En el informe de Guadalajara se señala que había habido mucho público en el funeral y luego en el rosario que se llevó a cabo[71]. En Gerona se señalaba cómo a los funerales "asistieron contingentes notables

[68] AGA, Cultura, Delegación Nacional de Prensa y Propaganda, correspondencia vicesecretaría y provincias sobre el día de la madre, muerte de José Antonio, día de los caídos, día de la hispanidad (foto y prensa) sobre 500-515, informe de la Delegación Provincial de Ciudad Real, 1942, 21/00126.

[69] AGA, Cultura, Delegación Nacional de Prensa y Propaganda, correspondencia vicesecretaría y provincias sobre el día de la madre, muerte de José Antonio, día de los caídos, día de la hispanidad (foto y prensa) sobre 500-515, informe de la Delegación Provincial de Huesca, 1942, 21/00126.

[70] AGA, Cultura, Delegación Nacional de Prensa y Propaganda, correspondencia vicesecretaría y provincias sobre el día de la madre, muerte de José Antonio, día de los caídos, día de la hispanidad (foto y prensa) sobre 500-515, informe de la Delegación Provincial de Guadalajara, 1942, 21/00126.

[71] AGA, Cultura, Delegación Nacional de Prensa y Propaganda, correspondencia vicesecretaría y provincias sobre el día de la madre, muerte de José Antonio, día de los caídos, día de la hispanidad (foto y prensa) sobre 500-515, informe de la Delegación Provincial de Huesca, 1942, 21/00126.

de público"[72]. Las conclusiones de algunos informes nos muestran la enorme importancia que tenía la función propagandística que desde Falange se desarrollaba. El delegado Provincial de Oviedo se mostraba enormemente satisfecho puesto que los actos habían logrado "la máxima brillantez que buscábamos y una concurrencia extraordinaria"[73]. Finalmente, el informe de Palma de Mallorca no deja lugar a dudas ya que se señala la "concurrencia extraordinaria de camaradas y particulares que asistieron a todos los actos. Es quizá ello una reacción conseguida por el impulso dado con el ciclo de conferencias y, desde luego, por la campaña que previamente se hizo por la prensa y la radio"[74].

CONSIDERACIONES FINALES

Tras analizar los diferentes actos que desarrollaba FET y de las JONS en recuerdo a los caídos, vemos que hay ciertas influencias del fascismo que llegan a España a través de Falange en los primeros años de la posguerra. Hay que tener en cuenta que tanto los expedientes consultados como las noticias en prensa hacen referencia a los primeros años de la década de los cuarenta ya que posteriormente la cuestión de los caídos se irá diluyendo con el paso del tiempo para el régimen. De este modo, la guerra quedará como algo lejano y la coyuntura internacional tras la Segunda Guerra Mundial hará que el franquismo quite protagonismo a FET y de las JONS para dárselo a otros grupos políticos como el de los católicos. Una de las características más importantes del franquismo es su capacidad de adaptación

[72] AGA, Cultura, Delegación Nacional de Prensa y Propaganda, correspondencia vicesecretaría y provincias sobre el día de la madre, muerte de José Antonio, día de los caídos, día de la hispanidad (foto y prensa) sobre 500-515, informe de la Delegación Provincial de Gerona, 1942, 21/00126.

[73] AGA, Cultura, Delegación Nacional de Prensa y Propaganda, correspondencia vicesecretaría y provincias sobre el día de la madre, muerte de José Antonio, día de los caídos, día de la hispanidad (foto y prensa) sobre 516-542, informe de la Delegación Provincial de Oviedo, 1942, 21/00126.

[74] AGA, Cultura, Delegación Nacional de Prensa y Propaganda, correspondencia vicesecretaría y provincias sobre el día de la madre, muerte de José Antonio, día de los caídos, día de la hispanidad (foto y prensa) sobre 500-515, informe de la Delegación Provincial de Palma de Mallorca, 1942, 21/00126.

al contexto internacional y su capacidad de mutar con el paso de los años, pasando del totalitarismo y la cercanía a los regímenes fascistas a otras orientaciones más aperturistas[75].

Como hemos visto durante las conmemoraciones que se realizan en honor a los caídos y a la figura de José Antonio se observa cómo el partido usa a los caídos como un altavoz político para extender sus doctrinas entre los ciudadanos. Los fallecidos servirían para legitimar al nuevo régimen, su muerte sería una muerte útil puesto que habían dado su vida por salvar a la Nación y hacer posible la verdadera Revolución tal y como defendía Falange. Lo colectivo triunfaría frente a lo individual y hay una evidente sacralización de los fallecidos que serían recordados como ejemplos para las generaciones venideras frente a los muertos del bando contrario que serían directamente ignorados y olvidados[76]. El culto a los caídos que se desarrolla en España tiene influencias del fascismo italiano[77] puesto que los actos en recuerdo a los fallecidos fueron llevados y dirigidos por miembros del partido, en este caso FET y de las JONS. Además, se instituyó una verdadera liturgia política en donde había una entrega total de la militancia hacia la nación y, sobre todo, para transmitir la doctrina falangista a través de una movilización de las masas con diferentes ritos, actos, símbolos e incluso mitos. Hemos podido ver los desfiles que hacían los falangistas, los discursos que mezclaban a los fallecidos con doctrinas políticas, y los diferentes actos que se hacían para promocionar a miembros del partido de un escalafón a otro. La figura del fundador de Falange quedaría en cierta manera casi divinizada y sería un ejemplo al que habría que imitar y venerar. Por tanto, estas actividades que hemos visto estaban influenciadas de la denominada Religión Política[78] que se lleva a cabo en otros lugares de Europa pero que en España hay que tener en cuenta que hay un

[75] Ferran Gallego, *El Evangelio Fascista. La formación de la cultura política del franquismo (1930-1950)*, Barcelona, Crítica, 2014.

[76] Michael Richards, *Un tiempo de silencio. La guerra civil y la cultura de la represión en la España de Franco, 1936-1945*, Barcelona, Crítica, 1999.

[77] Emilio Gentile, *Il culto del littorio. La sacralizzacione della política nell'Italia fascista*, Roma-Bari 1993, 2001.

[78] Zira Box, "La tesis de la religión política y sus críticos: aproximación a un debate actual". *Ayer*, n.º 62, (2006), pp. 195-230.

fuerte componente católico que en otros lugares no lo habrá[79]. Los actos también contaron con un sentido religioso muy importante ya que se siguió la doctrina católica con las misas, los rosarios y con la creencia de una vida después de la muerte. Falange se presentaba como una opción política compatible con el catolicismo[80] y de hecho en la prensa se encargaba de recordarlo sobre todo para aquellas personas que pudieran ver con más distancia o escepticismo al falangismo.

Aparte del recuerdo a los caídos el objetivo principal y evidente tal y como hemos visto era que los ciudadanos conocieran y participaran en los diferentes actos que el falangismo hacía en las ciudades españolas durante la posguerra. Se podía participar de forma activa en las diferentes actividades que se organizaban o, como sucedería en la mayoría de las ocasiones, de forma pasiva, viendo los actos, los desfiles y escuchando los mensajes políticos que se transmitían por parte de las autoridades.

Es esencial destacar como FET y de las JONS usa hábilmente los medios de comunicación para extender la doctrina falangista entre la población ya que este era el principal objetivo y sobre el que habría que escribir en los informes que se enviaban a Madrid. Había una campaña propagandística muy importante sobre todo desde la prensa y la radio y en donde se trabajaba de una manera muy profesional y pormenorizada. Estos medios de comunicación fueron los canales de transmisión más importantes para extender la propaganda que quería el régimen siendo esenciales para que llegaran los textos y los discursos al mayor número posible de ciudadanos.

Falange fue capaz de movilizar todos sus recursos con el objetivo de conseguir más integrantes para el partido. Los afiliados eran formados e instruidos para que luego durante la jornada repartieran publicidad y pudieran conseguir nuevos miembros para la organización ya que esta era una de las misiones más importantes.

En definitiva, en los diferentes actos que se realizan se intentaba buscar que estos produjeran el máximo impacto en la sociedad,

[79] Juan Linz, "El uso religioso de la política y/o el uso político de la religión: la ideología sucedáneo versus la religión sucedáneo", *Revista Española de Investigaciones Sociológicas*, n.º 114, Madrid, (2006), pp. 11-35.

[80] Stanley Payne, *El fascismo*, Madrid: Alianza, 2009.

se buscaba insistentemente que la población participara en ellos, se animaba a los ciudadanos a participar días antes mediante la prensa y con la entrega de publicidad, aunque hay que tener en cuenta que no siempre se conseguía el objetivo propuesto. Como se ha visto en ocasiones, estos actos eran vistos por la mayoría de la población con cierta frialdad, desde la distancia, y como algo lejano a pesar de los enormes esfuerzos que se hicieron por parte de FET y de las JONS.

MEMORIA DEL FASCISMO EN EL ANTIFASCISMO POSTERIOR A 1945

Jorge Vilches
Universidad Complutense de Madrid

"Es un disparate pensar que el fascismo puede volver".
Emilio Gentile[1].

¿QUÉ ES EL ANTIFASCISMO?

El antifascismo surge casi de forma paralela al desarrollo del fascismo. La consideración de la amenaza fascista supuso la movilización del resto del espectro político. Ahora bien, conviene distinguir el antifascismo anterior a 1945, cuando fueron derrotadas la Alemania nazi y la Italia fascista, del que se construyó después. En este trabajo interesa el posterior, que elaboró una memoria del fascismo para legitimar su existencia. El éxito de esa narrativa y la redefinición constante del concepto "fascista" ha permitido la presencia del antifascismo hasta el día de hoy.

Michael Seidman, historiador norteamericano, distinguía un antifascismo revolucionario y otro contrarrevolucionario. Este último estuvo formado por liberales, socialdemócratas, conservadores y otras familias desde Churchill a De Gaulle. El primero, el revolucionario, estaba vinculado sobre todo al comunismo, y también al anarquismo y al socialismo. Ambas tendencias confluyeron para ganar la Segunda Guerra Mundial, pero nada más porque la distancia entre unos y otros era muy grande. Los segundos eran enemigos de la democracia liberal, y los primeros sus defensores. De hecho, cuando el concepto

---

[1] *El País*, 22 de octubre de 2022. https://elpais.com/internacional/2022-10-28/emilio-gentile-historiador-es-un-disparate-pensar-que-el-fascismo-puede-volver.html

de totalitarismo se hizo corriente al lenguaje político abarcando a fascistas, nacionalsocialistas y comunistas, los antifascistas revolucionarios lo rechazaron. En parte, como veremos más adelante, en el esfuerzo para diferenciar las dos primeras ideologías de la última, la comunista, el antifascismo trabajó para que se los vinculara con la verdadera democracia, el gobierno del pueblo, de la gente de la calle, de los trabajadores de barrio.

François Furet señaló en "El pasado de una ilusión" (1995) que hubo un antifascismo liberal o socialista que abandonó su animadversión al comunismo con la formación de los frentes populares. Es decir; que fueron anticomunistas que cedieron al comunismo para luchar mejor contra el fascismo. Esa animadversión fue instrumental, aunque es cierto que sirvió para ocultar los crímenes y la naturaleza totalitaria del comunismo, dándoles un maquillaje democrático que no encajaba. El primer Julien Benda, el anterior a su conversión al comunismo, indicó en 1926 que los intelectuales habían traicionado la libertad y la democracia para dar aires a las opciones autoritarias y totalitarias. Es muy parecido al trabajo de José María Marco, titulado "La libertad traicionada", en el que sigue la trayectoria de algunos intelectuales que dieron la espalda a las libertades cegados por el brillo del regeneracionismo. No hay que olvidar que Ortega y Gasset fue uno de los primeros en elogiar a Pablo Iglesias Posse, el fundador del PSOE, convirtiéndolo en un santo laico, a pesar de que el líder socialista había renegado de la democracia y aplaudido los magnicidios.

Stephen Holmes da alguna pista al respecto en "Anatomía del antiliberalismo", cuando muestra las duras campañas contra la idea liberal en la Europa de comienzos del siglo XX. Ataques que procedieron no solo del socialismo, sino del conservadurismo, ya que consideraban que el liberalismo era el origen y motor de los problemas sociales y políticos, como escribió Donoso Cortés en 1849 y retomó Carl Schmitt casi un siglo después.

Seidman apunta que el antifascismo revolucionario, de izquierdas, vinculado al comunismo y al anarquismo, surgió en 1936, con el inicio de la guerra civil española. Esa identificación del antifascismo con la revolución impidió, en opinión de Seidman, la formación de una alianza democrática. Apoyar al gobierno del Frente Popular era hacer el juego a Stalin, y las democracias occidentales no estaban dispuestas a eso. Esa distinción entre dos antifascismos hizo, en opinión de Seidman, que la guerra civil española fuera ganada por el bando franquista. El antifascismo no revolucionario, sobre todo el britanico, francés y estadounidense, consideró que la revolución había devorado a la República. No obsatnte, sin su esfuerzo, el de conservadores, liberales y socialdemócratas, incluso de los creyentes, como católicos, protestants y judíos, el fascismo no habría sido derrotado en 1945. En consecuencia, es impropio defender que fue el antifascismo revolucionario el verdadero baluarte contra el fascismo. Sin embargo, Seidman rebaja ese triunfalismo de unos y otros. Recuerda que Stalin pactó con Hitler el reparto de Polonia, Finlandia y los países del Báltico. En realidad, la relación entre nacionalsocialistas y comunistas de Stalin fue mucho más allá. No solo hubo una estrecha colaboración anterior a 1933, sino que, en palabras de Gerd Koenen, "el 'genocidio de clase' bolchevique proporcionó el modelo histórico al 'genocidio racial' nazi"[2]. La conclusión de Koenen es que se utilizaron mutuamente como recurso propagandístico para la agitación, mientras colaboraban mutuamente, y sin hacerse la guerra. Además, indica Seidman, los países democráticos tuvieron una relación hipócrita con los países fascistas: cerraron los ojos hasta que Alemania invadió Checoslovaquia y Polonia. Es decir; que si Hitler no hubiera movido un tanque en décadas, no habrían intervenido, y el nazismo y el fascismo italiano habrían perdurado más tiempo. La suerte de los judíos, marcada por las leyes de Núremberg de 1935, no le hubiera importado al resto de europeos. Roosevelt, además, tardó en convencer a los congresistas estadounidenses de la necesidad de intervenir, y con muchas contradicciones. Los enemigos más encarnizados del nacionalsocialismo fueron los Estados del Sur, mientras que los demócratas, liberales en terminología de EEUU, fueron quienes metieron a 112.000 personas de origen japonés en campos de concentración.

[2] Gerd Koenen, "¿Un nexo casual? Hacia una historia real del antifascismo y el antibolchevismo", *Pasajes*, 3, (mayo/agosto 2000), pp. 96-111.

Zinoviev, que fue ejecutado junto a Kámenev en 1936, por "fascista"[3], definió el fascismo en 1922, en el IV Congreso de la COMINTERN: era una reacción de la burguesía contra el proletariado. En la doctrina comunista el fascismo constituía parte de la lucha por el poder entre clases sociales, pero nada relativo al recorte de los derechos individuales. No había un vínculo entre ser fascista y la libertad, sino un mero combate entre totalitarios. El fascista era el brazo armado del burgués contra el obrero. En este relato, la socialdemocracia aparecía como la traidora a la clase obrera, porque al no decantarse por la dictadura del proletariado facilitaba el ascenso del fascismo. Clara Zetkin, en el mismo sentido que Zinoviev, aclaraba que el movimiento fascista era el último recurso del Estado burgués para sobrevivir frente al "imparable" ascenso de la revolución proletaria. Los fascistas eran así definidos por los comunistas como "contrarrevolucionarios".

> "En el fascismo el proletariado ha encontrado un enemigo extraordinariamente peligroso. El fascismo es la expresión más directa de la ofensiva general emprendida por la burguesía mundial contra el proletariado. Su derrocamiento es, por tanto, una necesidad absoluta, o mejor incluso, es parte de la existencia cotidiana. del pan de cada día de todo trabajador. Por estos motivos, todo el proletariado debe concentrarse en la lucha contra el fascismo"[4].

La definición soviética se matizó a partir de 1935. Dimitrov definió en el VII congreso de la Internacional Comunismo el fascismo. Era ya la época de la estrategia estalinista de los frentes populares contra los Estados fascistas: "el fascismo en el poder -dijo- es la dictadura terrorista descarada de los elementos más reaccionarios, más chovinistas y más imperialistas del capitán financiero", dijo Dimitrov. El fascismo en el poder no era un "cambio de gobierno", sino la

[3] Iósif Stalin, *Obras*, Moscú, Lenguas Extranjeras, 1953, tomo XIV, p. 171. https://www.marxists.org/espanol/stalin/obras/oe15/Stalin%20-%20Obras%2014-15.pdf

[4] Clara Zetkin, *Fascismo*, *The Labour Monthly*, órgano del Partido Comunista de Gran Bretaña, agosto 1923 (vol. 5, núm. 2), págs. 69-78. https://www.marxists.org/espanol/zetkin/1923/agosto/fascismo.htm

sustitución de la "democracia burguesa" (siempre el adjetivo) por la "dictadura terrorista abierta". Los "gobiernos burgueses", añadía Dimitrov, facilitaban el acceso del fascismo al poder a través de "medidas reaccionarias" contra las "libertades democráticas de los trabajadores" (crear un sóviet, por ejemplo). Y apostillaba:

> "Todo el que no luche en estas etapas preparatorias contra las medidas reaccionarias de la burguesía y contra el creciente fascismo, no está en condiciones de impedir la victoria del fascismo, sino que, por el contrario, las facilitará"[5].

Así, combatir el fascismo es luchar contra el capitalismo y viceversa. Esto significa que la mejor forma de impedir el aumento de los fascistas era eliminar la democracia liberal, por blanda, y el libre mercado, por ser el creador del fascismo. Tal idea expresada por un comunista de 1935 permanece en el antifascismo actual. Toda la izquierda, de una o de otra manera, relacionaba el fascismo con el capitalismo, entendido como una forma de explotación del pueblo. A esto añadieron el elemento emocional del miedo: las democracias parlamentarias, por blandas, por primar las libertades, podían derivar al fascismo, como en Italia. Gramsci así analizaba el movimiento fascista como una respuesta de la burguesía para mantener su hegemonía frente a la crisis y el avance del socialismo, el resultado de los cambios producidos por la Primera Guerra Mundial y la revolución bolchevique. El fascismo, decía Gramsci, había nacido entre la pequeña y mediana burguesía, temerosa ante las transformaciones, y alimentada por el gran capital, con el objetivo de mantener el poder conservando la forma externa del sistema democrático. La formación de un nuevo bloque para usarlo en su combate contra el otro totalitarismo, o usar la democracia para tener un papel protagonista que permitiera tomar el poder, llevó a un relato que establecía que el fascismo era la guerra y el

[5] Georgi Dimitrov, "La ofensiva del fascismo y las tareas de la Internacional en la lucha por la unidad de la clase obrera contra el fascismo. Informe ante el VII Congreso Mundial de la Internacional Comunista, 2 de agosto de 1935", en *Obras Completas*, Editorial del PCB, 1954. https://www.marxists.org/espanol/dimitrov/1935.htm

comunismo la paz. Aunque, en el fondo, como recoge Andreassi Cieri, el propósito era destruir las bases que permitían la aparición del fascismo; esto es, la democracia liberal[6]. Ahora bien, hubo una interrupción entre 1939 y 1941, como ya se indicó, en la lucha "antifascista" porque el comunismo y el nacionalsocialismo se convirtieron en aliados.

El mismo Seidman cuenta que tras la victoria de 1945 el antifascismo se convirtió en parte de la propaganda soviética para legitimar su dictadura, para dar a la URSS la imagen de vigilante universal contra la resurrección del fascismo en el Occidente capitalista y democrático. Se constituyó entonces como un fenómeno transnacional con un enorme éxito, siendo "quizá la ideología más poderosa del siglo XX". Lo que perduró es la creencia, ya establecida antes de 1936, de que una democracia liberal es un orden fascista. Y lo que ha desaparecido del antifascismo actual es la lucha contra el antisemitismo. Todo lo contrario, los antifascistas de hoy tienen a Israel por un "Estado fascista". Es lo mismo que escribió Norman Davies, que contaba que el mensaje tácito del antifascismo consistía en que "si el fascismo era el mal, el bien estaba del lado del creador del antifascismo, en la Unión Soviética de Iosif Stalin". Annie Kriegel, también historiadora, sostuvo que el antifascismo es uno de los "grandes mitos del estalinismo". La propaganda comunista, dice Kriegel, creó un gran saco al que llamó "fascismo", y en él que metió todo lo que le disgustaba, desde los fascistas italianos a los nazis alemanes, pero también a conservadores y tradicionalistas. La utilidad de dicho mito era tener un enemigo sobre el que ejercer la violencia interna y externa, y cerrar filas, hacer purgas y dictar[7]. Ese gran saco sin fondo llamado "fascismo" es la obra de Willi Münzenberg, al que también acabaron purgando.

---

[6] Alejandro Andreassi Cieri, "Fascismo y antifascismo en la cultura comunista. La resistencia antifascista y la internacionalización del movimiento comunista", *Afers*, vol. 53/54, 2006, pp. 245-265.

[7] Annie Kriegel: «Le mythe stalinien par excellence: l'antifascisme», en Marcello Flores y Francesca Gori (eds.): *Il Mito dell'Urss: la cultura occidentale e l'Unione Soviética*, Milán, Franco Angeli, 1990, pp. 217-223.

EL ANTIFASCISMO DESPUÉS DE 1945

Tras 1945 solo quedó la definición comunista de "fascismo", ya que se trataba de un recurso político. Se trató de una evolución de las primeras definiciones oficiales del partido antes de la guerra. El mito del antifascismo habría servido para movilizar e impulsar al sacrificio de los demás en pos de una causa que ya no existía como amenaza tras 1945, como era acabar con el fascismo. Está en la lógica de la propaganda; es decir, cuanto más malvado se presente al enemigo vencido y se recuerden sus maldades pasadas, en este caso el fascista, más útil resulta para ejercer mano dura y legitimarse.

De esta manera, el fascismo acababa siendo lo que escribió Augusto del Noce, una especie de mal histórico, eterno, constante, infiltrado en todas las facetas de la vida, como si fuera el demonio. Claro que, para Del Noce, su antifascismo era una oposición moral resultado de la lectura de "Humanismo integral", de Jacques Maritain[8]. Esa constancia o permanencia en el ser humano reside precisamente en una idea fascista, consistente, según Federico Finchelstein, en que el inconsciente colectivo del pueblo se encarna en un líder, un partido y un Estado. Si el fascismo es inconsciente, inherente al ser humano, constituye un peligro latente contra el que un antifascista debe estar alerta, hacer propaganda y acción directa. En realidad, el antifascista, siguiendo esta lógica, estaría luchando contra la naturaleza humana, quizá la peor naturaleza humana. Si el fascista piensa que da vida, que encarna, al espíritu del hombre colectivo, el antifascista es el guardian. "Los fascistas concebían su política como expresión de esa realidad" humana a través de la "violencia, guerra e imperialismo" porque son manifestaciones del instinto del hombre. El fascismo, por tanto, sería la encarnación de lo más puro del ser humano[9]. Aquí encontramos ciertas similitudes entre el esquema psicológico del fascismo y del antifascismo, en cuanto a considerase

[8] Massimo Borghesi, *Augusto Del Noce. La legitimación crítica de la modernidad*, Madrid, Encuentro, 2020, pp. 14-15.

[9] Federico Finchelstein, *Breve historia de la mentira fascista*, Madrid, Taurus, 2020, capítulo 7 (versión electrónica).

la expresión natural del ser humano y ver su futuro, tanto como al uso de los mitos en la política.

La construcción propagandística es así perfecta para la movilización, y perfila la contra ideología comunista. Se demoniza al enemigo, al fascismo, para santificar a la izquierda, sobre todo a su parte más pura y radical, la comunista. El poso que queda hoy incluso es que la derecha supone un riesgo para la democracia porque es tibia ante el fascismo, que es el verdadero enemigo, mientras que la izquierda es la seguridad aunque sean comunistas y adoradores de Stalin o Fidel Castro. Ya podemos ir señalando parte del perfil psicológico del antifascista: se trata de un salvador que se cree con la misión de exorcizar a los fascistas, de sacar el mal de los cuerpos poseídos, de los individuos, de la sociedad, de las tradiciones, los comportamientos, las mentalidades, de todo.

Umberto Eco es un buen ejemplo del complejo del exorcista no pedido. Porque el antifascista sabe mejor que nadie qué es fascismo, que resulta ser todo lo que no sea su dogma izquierdista. Umberto Eco describió en una conferencia los "14 síntomas del fascismo eterno" (o "ur-fascismo") que tomó forma de librito, titulado "Contra el fascismo", donde se lee "el fascismo puede volver con las apariencias más inocentes. Nuestro deber es desenmascararlo y apuntar con el índice sobre cada una de sus formas nuevas, cada día, en cada parte del mundo"[10]. El culto a la tradición con sincretismo es el primer síntoma, según Eco, lo que supone tomar ideas de pensadores de otras ideologías. El fascismo rechaza la modernidad en el sentido de que adoran la tecnología pero para volver a la "sangre y la tierra", condenar el mundo actual. Así, los fascistas rechazan la Razón, aunque Eco no define "razón" y lo vincula con la revolución norteamericana de 1776 –lo que contradice su afirmación de que el movimiento social que sigue a Trump, como el Tea Party, es fascista– y el "espíritu de 1789" –no sabemos cuál dentro de la pluralidad de manifestaciones y proyectos políticos que hubo en Francia ese año, la mayor parte intolerantes–. Es más; George L. Mosse demostró que el fascismo histórico podía considerarse heredero de la Revolución francesa. El

[10] Umberto Eco, *Contra el fascismo*, Barcelona, Lumen, 2018, p. 60.

irracionalismo, sigue Eco, rinde culto a la acción como remedio. No cita a George Sorel, padre de tal idea, quizá porque inspiró a comunistas y fascistas al mismo tiempo. Del mismo modo, ese culto a la acción directa como característica fascista se encuentra también entre los principios del antifascismo. La cuarta característica del fascismo es ser intolerante y no aceptar el pensamiento crítico. En fin, parece una afirmación muy osada cuando los activistas de izquierdas, los de la cultura de la cancelación, usan un repertorio de acción colectiva para impedir la expresión de ideas diferentes en foros universitarios, por ejemplo. Además, dice Eco, el "ur-fascismo", alienta el miedo a la diferencia y es racista, nace de la frustración. Por eso el fascismo busca el apoyo de los "pequeño-burgueses" frustrados. Todo esto resulta muy anticuado, con una fraseología marxista pasada por la Nueva Izquierda de los 60 y el socialismo del siglo XXI. Luego Eco habla de la identidad nacional, y de una vida dedicada a "la lucha". Es curioso pero esta misma característica la usa Miquel Ramos para definir a los antifascistas: dedican su existencia a luchar contra los fascistas, es su guía de vida, su identidad, su cosmovisión[11]. "El ur-fascismo –escribe Eco– habla la 'neolengua'" para evitar el "razonamiento complejo y crítico", dice el italiano que parece no haber leído a Ernesto Laclau y Chantal Mouffe cuando sostienen la importancia de que la izquierda utilice un lenguaje nuevo para forjar su hegemonía cultural. El uso de neologismos o la dotación de nuevos significados a conceptos en uso es una práctica habitual en los movimientos sociales vinculados a la izquierda, desde los diferentes feminismos, a los ecosocialistas, y al populismo socialista.

Es quizá también lo que dice Enzo Traverso cuando anima a los intelectuales de hoy a no olvidar su tarea antifascista de alerta constante, como herederos de la lucha intelectual contra el fascismo antes de 1945. Va más allá. Traverso afirma que "es imposible ser demócrata sin ser al mismo tiempo antifascista"[12], como si antifascismo fuera democrático. Tiene más lógica, es más ajustado a la razón, defender

[11] Miquel Ramos, *Antifascistas. Así se combatió a la extrema derecha española desde los años 90*, Madrid, Capitán Swing, 2022.

[12] Enzo Traverso, "Los intelectuales y el antifascismo. Por una historia crítica", Acta Poética, 24-2, Otoño, 2023, pp. 51-72

la democracia de todo tipo de autoritarismos y totalitarismos, incluido el comunismo y el anarquismo vestido de antifascismo. Hay en estos exorcistas no pedidos una búsqueda permanente del fascismo que da sentido a su existencia. Quizá sea, como ha escrito González Cuevas, que el antifascismo "va convirtiéndose en uno de los pilares ideológicos no solo de la izquierda política e intelectual, sino de la sociedad española y europea actual". El antifascismo, dice Gonzalez Cuevas, crece a medida que las instituciones asumen la idea de la amenaza de la vuelta al fascismo. Es un buen negocio político porque sirve para "estigmatizar a los enemigos políticos". Así, el fascismo (o "neofascismo", o cualquier de los neologismos) se identifica con el "machismo, la homofobia, la negación del cambio climático, la antiecología, o el antifeminismo"[13].

Cada día encuentran algo que es fascista o que llevó al fascismo o que será fascista. Es lo que Michel Winock llama "panfascismo" que es la introducción en el gran saco contenedor del fascismo a todo lo que no encaja con la izquierda, ya sea extrema derecha, derecha identitaria, nacional-populista, liberales, conservadores o tradicionalistas. Da igual: en el imaginario antifascista todo es lo mismo. Un buen ejemplo es la "alerta antifascista" que soltó Pablo Iglesias en la noche electoral andaluza cuando el PSOE perdió el poder e iban a formar gobierno el PP con Cs y el apoyo externo de Vox. Aquella alerta antifascista supuso llevar la violencia a las calles y a que cercaran el Palacio de San Telmo. Aquellos actos antidemocráticos no tuvieron repercusiones.

Los antifascistas definen a lo que llaman "neoliberalismo" como una forma de fascismo. Juan José Tamayo, que publicó "La Internacional del odio" en 2020, llama "cristoneofascismo" a la salida del capitalismo actual, el "neoliberal", y dice: "Las concesiones al neoliberalismo, incluso desde la socialdemocracia europea, han marcado una agenda del capitalismo más salvaje del siglo XIX"[14]. Son, en

[13] Pedro Carlos González Cuevas, *Antifascismo: mitos y falsedades*, La Tribuna del País Vasco, 2021, p.

[14] Entrevista de *El Salto* a Juan José Tamayo, 11/02/2021. https://www.elsaltodiario.com/extrema-derecha/entrevista-juan-jose-tamayo-internacional-cristoneofascismo-odio-no-es-algo-natural-inevitable-programa

expresión de Brey, "nazis con corbata". Alliez y Lazzarato, citando a Gramsci y Rosa Luxemburgo, hablan del "fascismo de mercado" que discrimina por raza, sexo, orientación sexual y creencia religiosa. Ese "neofascismo" es xenófobo, misógino y racista, basado en la explotación de Occidente al resto del mundo y satisfecho con las desigualdades materiales. Además, ese fascismo, dicen, está instalado dentro de la democracia liberal. La pregunta que se hacen los autores es que si este régimen que alienta prácticas fascistas, con un Estado policial, sometido a su ley, merece sobrevivir. "Los síntomas del declive del capitalismo y de sus centros históricos pueden acumularse, pero sabemos que este no morirá por causas naturales", dicen Alliez y Lazzarato. A su entender hubo un "fascismo histórico", el anterior a 1945, y otro posterior, el "neofascismo", que adquiere otras formas, que se institucionaliza, con una imagen aseada, pero que repite las mismas características del anterior. Ese nuevo fascismo, el neoliberal, lo ejemplifican Thatcher y Reagan, dicen los autores citados, y luego el presidente norteamericano Donald Trump. "El sueño norteamericano se transformó en la pesadilla de un planeta insomne", escribieron Alliez y Lazzarato, a pesar de que Trump no mantuvo ni una guerra exterior, como sí hicieron Obama –que tiene el récord con 13 conflictos exteriores– y Biden. El problema, por tanto, no es la violencia, sino contra quién se ejerce[15]. Estos antifascistas, que contemplan los métodos violentos como parte de la política, califican de riesgo para la humanidad la violencia del "neofascismo", pero liberadora la violencia antifascista.

Trump generó un tsunami antifascista, con ensayos de todo tipo y manifestaciones. Podría calificarse, siguiendo a González Cuevas, como el punto final del "antifascismo feliz" y el inicio del "antifascismo militante", un cambio muy similar, dice el historiador, al ocurrido en España con el surgimiento de Vox[16]. El trumpismo era fascista. No era tanto que quisiera acabar con la democracia liberal, que es lo propio del fascismo histórico, sino aprovecharse de ella para extender sus políticas machistas, racistas y homófobas. Madeleine Albright,

[15] Éric Alliez y Maurizio Lazzarato, *Guerra y capital,* Madrid, Traficantes de Sueños, 2022.

[16] Pedro Carlos González Cuevas, *Antifascismo, op. cit.*, p. 74.

la que dijo que “Hay un lugar especial en el infierno reservado para las mujeres que no apoyan a otras mujeres”, en la campaña electoral de la demócrata Hilary Clinton, publicó “Fascismo. Una advertencia” para despacharse contra Trump. El presidente era un “fascista” porque desde que llegó a la Casa Blanca:

> “ha hablado en términos muy duros de las instituciones y los principios sobre los que se funda un gobierno democrático. Durante este tiempo, ha degradado de forma sistemática el discurso político en Estados Unidos, ha mostrado un asombroso desprecio por los hechos, ha difamado a sus predecesores, amenazado con «encerrar» a sus rivales políticos, ha tildado a periodistas relevantes de «enemigos del pueblo estadounidense», ha difundido falsedades sobre la integridad del proceso electoral en nuestro país, ha promocionado sin motivo alguno políticas nacionalistas en materia de economía y de comercio, ha vilipendiado a los inmigrantes y a los países de los que proceden, y ha alimentado una intolerancia paranoica hacia los fieles de una de las religiones más importantes del mundo”[17].

Albright se quejaba en su ensayo de que la palabra “fascista” se utilizara para todo porque pierde fuerza acusatoria. Esto no es nuevo. Emilio Gentile mostró que se utilizaba la palabra como algo denigrante desde 1922. Gramsci y Togliatti lo usaban para referirse a sus adversarios políticos; en especial a los socialistas y a cualquiera que no luchara para “derribar también” a “la burguesía y al capitalismo”. Era, escribió Gentile, “objetivamente semifascista o socialfascista”[18]. Incluso tras 1945, nos recuerda el historiador, los comunistas italianos llamaban “fascistas” a los miembros de la democracia cristiana. Ajena a estos estudios, Madeleine Albright aporta una definición de fascista bastante ligera e inservible porque cabe, por ejemplo, la China comunista o la Venezuela de Hugo Chávez:

---

[17] Madeleine Albright, *Fascismo. Una advertencia*, Barcelona, Paidós, 2018, pp. 17-18.
[18] Emilio Gentile, ¿Quién es fascista?, Madrid, Alianza Editorial, 2019, p. 95.

> "A mi modo de ver, un fascista es alguien que se identifica en grado extremo con –y dice hablar en nombre de– un grupo o una nación entera, que no siente preocupación alguna por los derechos de los demás, y que está dispuesto a utilizar los medios que sean necesarios –inclusive la violencia– para alcanzar sus objetivos"[19].

Esto se puede deber a que, como señala Finchelstein, los políticos usan la palabra "fascista" como sinónimo de autoritario y represor[20]. Gentile va más allá: referirse a algunos dirigentes actuales como fascistas –en referencia a Trump– es confundir a un político que se aprovecha del temor a la modernidad, que cierra "puertas y ventanas" a la inmigración para salvaguardar la identidad nacional, y proteccionista en lo económico. Es más un nacionalpopulismo que un fascismo[21]. Que tenga el aspecto, "que parezca un pato", como escribió Roger Griffin, no significa que sea un fascista (un pato)[22]. El fascismo, por ejemplo, defiende la inutilidad de la democracia, mientras que el populismo la utiliza y distorsiona. El resultado en uno y otro caso puede ser una democracia iliberal. En realidad era el riesgo que señalaba Erskine May: la inclinación de la democracia a la demagogia. Lo mismo que señalaba Montesquieu, y que llevó a Kuehnelt-Leddihn a afirmar que "una democracia puede ser completamente iliberal. El fascismo y el socialismo nacional e internacional tuvieron en diversas épocas la pretensión de ser esencialmente democráticos"; es decir, expresión del poder del pueblo[23]. Ambos dan una régimen antiliberal, aunque el fascista pretende la creación del Hombre Nuevo subordinado al Estado totalitario o autoritario, y la expansión internacional.

---

[19] Madeleine Albright, *Fascismo*, *op. cit.*, p. 26.

[20] Federico Finchelstein, *Del fascismo al populismo en la historia*, Madrid, Taurus, 2019, p. 34.

[21] Emilio Gentile, ¿Quién es fascista?, *op. cit.*, pp. 139-140.

[22] Roger Griffin, *Fascismo. Una introducción a los estudios comparados sobre el fascismo*, Madrid, Alianza Editorial, 2018, pp. 15-16.

[23] Erik R. V. Kuehnelt-Leddihn, *Libertad o Igualdad*, Madrid, Rialp, 1962, p. 28.

UN FANTASMA FASCISTA RECORRE LAS DEMOCRACIAS

Un acercamiento al antifascismo tras la Segunda Guerra Mundial parece que permite vislumbrar dos vías: una académica[24] y otra popular, ambas con consecuencias políticas. Sigo aquí lo que apuntó Augusto del Noce: existe un "fascismo histórico" que es objeto de estudio de los historiadores académicos, y un "fascismo demonológico", que, dice, es tratado por "agitadores y estrategas"[25].

La primera estaría vinculada a la creación de identidades nacionales e ideológicas tras el conflicto bélico; especialmente en Italia y Francia para que sus democracias limpiaran el pasado fascista, pero también en los regímenes comunistas. Furet lo dejó señalado en 1995: el antifascismo era la contraseña del estalinismo para ser aceptable, todo un artificio sobre el que reconstruir una ideología. Fue la creación del "mito antifascista" en las democracias, como Italia y Francia, tanto como en las dictaduras comunistas europeas. La visión del antifascismo como una máscara del comunismo, o una forma de lavar su cara (y crímenes) habría acabado con el paradigma tradicional que presentaba a la resistencia la nazismo y al fascismo como demócratas. Es curioso, o no, que la última ley de memoria democrática aprobada por el Gobierno de Sánchez en 2022 se base en ese paradigma, acogiéndose al artificio de que los terroristas eran demócratas solo porque cometían sus atentados en tiempos de Franco. En el siglo XXI surgió otra tendencia académica, crítica con lo que llamaron "revisionismo" en forma despectiva, que ejemplificaba Furet. Para esta interpretación el antifascismo habría sido algo muy extendido, no únicamente comunista. Esto no quita, dicen autores como Enzo Traverso, que se pueda calificar de "fascista" a todo aquel que en esos tiempos no siguió la estrategia comunista del frente popular. Hablan, incluso, de un antifascismo no solo de élites, sino también impulsado por la gente común, y de carácter transnacional. Ese antifascismo habría perdurado con características similares en algunos países, reaccionando ante acontecimientos que recordaban

---

[24] Hugo García, "Presente y futuro de una ilusión: la historiografía sobre el antifascismo desde Furet, 1996-2015", *Ayer*, 100, 2015, pp. 233-247.

[25] Citado por Pedro Carlos González Cuevas, *Antifascismo, op. cit.*, p. 14.

al fascismo. Podía ser la fundación de un partido político, un mitin, un conflicto "colonial", o un problema con la inmigración.

El antifascismo hoy forma parte de la cultura de la cancelación, de la izquierda woke. El ascenso a la presidencia de Donald Trump en Estados Unidos fue un punto de inflexión. Muy pronto la izquierda y los liberales norteamericanos vincularon al republicano con el fascismo. Hubo un movimiento dentro del "mundo de la cultura" para denunciar el "fascismo" de Trump. Por ejemplo, se puso de moda la novela "La conjura contra América" de Philip Roth, publicada en 2004, y que se llevó a la televisión como serie en 2020. La historia, que es una ucronía ambientada en tiempos de Roosevelt y Lindbergh, combina el peligro de la democracia para la libertad –cosa de la que no suelen hablar los ensayistas– con la aceptación social paulatina o el fraude electoral. Surgieron innumerables ensayos sobre el retorno de lo fascista y el peligro para la democracia. Dicho riesgo se podía ver en dos sentidos dependiendo de la ideología del autor crítico. Hubo quien lo relacionó con la pérdida de las características liberales de la democracia; esto es, el contrapeso de las instituciones como el Parlamento o el Poder Judicial, y la pérdida, por tanto, de la calidad democrática. Otros lo vieron como el cuestionamiento del paradigma progresista en cuanto a la inmigración y el multiculturalismo como panacea, la lucha contra el cambio climático, y lo que denominan "derechos de las mujeres".

Los primeros, como Anne Appleabaum, Madeleine Albright, Steven Levitsky, Daniel Ziblatt, o David Runciman, insisten en el advenimiento de las democracias iliberales. En este sentido, autores como Robert Paxton y Roger Griffin han escrito que Trump no es un fascista en puridad, sino un populista. Los otros, los que lamentan que se cuestione su hegemonía cultural –por usar su terminología– son más de trazo grueso, donde la categoría "fascista" es usada con ligereza, tanto para Trump como para otros líderes como Le Pen, Salvini, Meloni o Santiago Abascal, o los grupos sociales que se les siguen. Para adaptar la situación usan palabras nuevas de contenido similar, como "neo-fascistas", "fascistas aspiracionales", "cuasi-fascistas", "alter-fascistas" o "ur-fascistas", como escribió Umberto Eco. Mientras los académicos hablan del deterioro de las instituciones que permiten un Gobierno sin control y que atenta a la libertad, los segundos, al pertenecer al universo de la extrema izquierda restan importancia al acogotamiento de las instituciones parlamentarias y judiciales de las instituciones liberales, y se centran en la amenaza fascista para la inmigración o el feminismo. Detrás del "neofascismo", argumentan estos izquierdistas, está la "crisis y recomposición del capitalismo financiero global"; es decir, de nuevo estaríamos con la idea de que el fascismo es un apéndice de los capitalistas, en concreto del neoliberalismo o la globalización[26]. Los académicos aluden a medidas concretas y explícitas propias del autoritarismo, mientras que los propagandistas de la izquierda hablan de un "fascismo sutil", imperceptible, que se inocula en la sociedad como un virus, un contagio como escribió Nidesh Lawtoo en *(New) Fascism* (2019). De ahí el que hayan surgido, dicen, los "rojipardos", cuyo pensamiento "recubre adscripciones de extrema derecha, e incluso fascistas, con una retórica de izquierda"[27]. En España, Joaquín Estefanía, ha definido a los "rojipardos" así: "son quienes abogan por políticas de izquierdas en la esfera de la economía, al tiempo que se alinean con la extrema derecha en las tradiciones, las guerras culturales y en la cuestión nacional"[28]. Un jacobino, por ejemplo, sería un "rojipardo". El "rojipardismo" cabría dentro de la etiqueta "neofascista", a imitación de lo que hizo la "derecha radical" en la República de Weimar uniendo clase y nación para establecer un régimen autoritario.

La sutileza del "neofascismo", dicen, sería la misma del fascismo del siglo XX: aprovechar las ideologías más comunes y movilizadoras. Pero va más allá. Por ejemplo, la moral en los estudios de las "escuelas de negocios", dicen, alienta el "capitalismo salvaje" y el individualismo contra la "cooperación colectiva", la raza negra, los inmigrantes y las mujeres. El neoliberalismo fomenta una violencia "estructural" que

[26] Adoración Guzmán, Alfons Aragoneses y Sebastián Martín, "Introducción" a *Neofascismo: la bestia neoliberal*, Madrid, Siglo XXI, 2019, pp. 12-16.

[27] Steven Forti, "Los rojipardos: ¿mito o realidad?", *Ctxt*, 21/08/2020. https://ctxt.es/es/20200801/Politica/33160/rojipardo-ultraderecha-vox-salvini-bolsonaro-trump-steven-forti.htm

[28] Joaquín Estefanía, "Las cuestiones materiales", *El País*, 06/02/2022. https://elpais.com/ideas/2022-02-06/las-cuestiones-materiales.html

define al neofascismo. Normalmente estos estudios contienen la frase "como explicó Gramsci". El neoliberalismo es una forma de reconstruir el fascismo, dicen. De hecho, eso es lo que explica el auge de la extrema derecha en Europa y Estados Unidos, que es un "populismo neofascista" que promueve el racismo y la xenofobia, contrario, por tanto, a la inmigración, y basado en el hiperliderazgo y la apología de la violencia. Slobodian escribió que las historias del movimiento neoliberal, en referencia a Thatcher y Reagan, "pasan por alto el contexto específicamente posfascista de las propuestas neoliberales de organización nacional e internacional"[29]. El "posfascismo" dice Traverso habría surgido por "el colapso del comunismo y la adopción de la gobernanza neoliberal por los partidos socialdemócratas"[30]. Es la vuelta de los socialfascistas.

La interpretación académica no ha calado entre los activistas, que prefieren usar un repertorio de acción colectiva usando tropos identitarios. Es cierto que existe una zona intermedia; esto es, ensayos que con el ropaje de académicos son propaganda militante. Esos son los que en mayor medida han alimentado al movimiento social "antifa" desde hace décadas. Tras la derrota de los países fascistas, el antifascismo fue un movimiento social minoritario, muy pequeño, que luchaba contra otros grupúsculos que se distinguían por su nacionalismo y racismo. Así, la historia que hace Mark Brey del antifascismo posterior a la Segunda Guerra Mundial, dejando a un lado su carácter retórico, se reduce a la actividad de barrio de bandas con nombres a los que se pretende dar un tono épico. Por ejemplo, habla del "Grupo 43", compuesto por excombatientes judíos, que se dedicó a boicotear y apalizar a los "fascistas" en el Reino Unido. Esos fascistas eran, dice, seguidores de Oswald Mosley, el líder de la Unión Británica de Fascistas, disuelto en 1940, que salió de la cárcel en 1947. Bray cuenta las peleas y otros hitos de la "acción directa" en los barrios, diciendo, además, que los vecinos simpatizaban con ellos.

[29] Quinn Slobodian, *Globalistas. El fin de los imperios y el nacimiento del neoliberalismo*, Madrid, Capitán Swing, 2021, p. 35.

[30] Enzo Traverso, "Posfascismo. Fascismo como concepto transhistórico", *El Viejo Topo*, 14/06/2021. https://www.elviejotopo.com/topoexpress/posfascismo-fascismo-como-concepto-transhistorico/

El fascismo no era un problema en el Reino Unido tras 1945, a pesar de lo cual estos grupos estaban atentos a la formación de cualquier pequeña agrupación que lo recordase. Eso ocurrió cuando apareció la Liga de los Leales del Imperio en 1954, formada por admiradores de Mosley, contra la descolonización y la inmigración. La aparición del Frente Nacional, y luego, por su ruptura, del Partido Nacional Británico, dio vida al movimiento antifascista. El objetivo era combatir a los que luchaban contra la inmigración. Era básicamente un movimiento antirracista.

Pronto, a partir de la década de 1960, se vinculó con la música para jóvenes. El esquema expuesto por Richard Hoggart en "Los usos del alfabetismo. Un retrato de la vida de la clase obrera", uno de los textos fundacionales de la sociología cultural, publicado en 1957, refería ese cambio generacional. Hoggart describió el impacto de los espectáculos y publicaciones masivas en la conformación de la mentalidad y las costumbres de los trabajadores británicos. Relató los usos y costumbres de la familia obrera tradicional, el papel de la madre y del padre, el hogar, el lenguaje y los afectos, la importancia del vecindario y de las amistades, de los juegos en la calle, las tabernas y las tiendas, con mucha nostalgia reivindicativa, como un mundo que se perdió por la irrupción de la modernidad comercial. Hoggart estaba convencido de que esa vida privada de los trabajadores, su identidad y conciencia, fueron transformadas por la industria del entretenimiento y el ocio. La aparición de la cultura de masas, uniformizadora e instrumental, suponía conferir identidad y felicidad a cualquiera. Hoggart afirmaba que la industria cultural eliminó el sentimiento identitario de clase social, con valores y actitudes propias, de los trabajadores, fundiendo gustos y modos de pensar con la clase media. Hoggart hacía mucho hincapié en la música resaltando que se perdieron las canciones obreras y populares en favor de las comerciales, propias de la burguesía. Hoggart no llegó a la música pop y punk, en cualquiera de sus vertientes, que, nacidas como alternativas, también fueron un negocio desde el inicio.

Bray en el mismo sentido encaja el movimiento antifascista con la música de los 70, "rock de bar", compuesta por "himnos masculinos y de clase obrera". La ideología antifascista, entonces, quedaba transformada en la letra de una canción y viceversa. Al tiempo, esas canciones enardecían a los antifascistas como un himno militar, y servían para reafirmaciones colectivas en festivales y conciertos. Incluso como motivo de reunión en locales.

En otros países, como Francia, la dinámica fue la misma. Antirracismo y acción directa de grupúsculos contra otros, violencia, asesinatos y escraches, y cuando se forma un gran partido fascista se produce una reacción. Son actores que se retroalimentan. Los amenazados no recurren a los mecanismos legales para denunciar el racismo o la violencia porque consideran que el Estado es cómplice. Es más; los antifascistas sostienen que la policía es fascista. Es por eso que la acción directa como se practicaba en la Europa de entreguerras, es la solución. Bray recoge el testimonio de un miembro de "Guerreros Rojos", un "grupo multirracial de punks franceses revolucionarios", que explicaba el nacimiento de su organización por el aumento del fascismo. Sus amigos habían decidido acabar con el dominio de los "fachas", y para eso constituyeron una "pandilla revolucionaria que no se achante, con el antifascismo radical como, para infundir miedo en el otro bando"[31].

La realidad de los grupúsculos fascistas choca con la sobreactuación del antifascismo. Roger Griffin limita el fascismo a lo ocurrido antes de 1945. Después fracasaron todos los intentos de resucitarlo, salvo, dice, en Ucrania, Hungría, Grecia y Eslovaquia. El resto era una subcultura clandestina, de culto a la simbología y a los mitos, pero de grupúsculos. Las redes dieron cobertura tambien a esos grupos, como el terrorismo, pero sin llegar a ser un peligro para la democracia liberal[32].

José María Faraldo, sin embargo, va más allá de los grupúsculos. Sitúa el antifascismo como parte de la identidad de la Rusia nacida después del fracaso de la URSS. La derrota del nacionalsocialismo constituiría un hito del nacionalismo ruso, y por tanto, bien explotado

[31] Mark Bray, *Antifa. El manual antifascista*, Madrid, Capitán Swing, 2017, p. 83.
[32] Robert Griffin, *Fascismo*, *op. cit.*

por la oligarquía del país[33]. En concreto, el nacionalismo ruso sigue incrustado en el alma de su pueblo, acostumbrado a los líderes fuertes, a los Gobiernos poderosos capaces de infundir orden interno y respeto internacional. Putin habría reconstruido ese nacionalismo recuperando el espíritu imperialista de la URSS, relacionándolo con un proyecto común de "grandeza" capaz de impulsar el orgullo ruso. El nacionalbolchevismo de Alexander Dugin, que en su día fue mano derecha de Putin, estaría detrás también de esa asunción del antifascismo como identidad rusa. De hecho, ha sido uno de los argumentos usados para la invasión de Ucrania: su supuesto pasado nazi y la persistencia del fascismo.

EL PASADO COMO EXCUSA

El uso de la historia está en la raíz del antifascismo posterior a 1945. En su activismo los antifascistas introducen un factor histórico, que se puede resumir con el lema "Porque fueron, somos. Y porque somos, serán". Como ya se indicó, fue uno de los mitos constructores de las democracias de posguerra, como la italiana y la francesa para dar legitimidad y echar al olvido el fascismo histórico en sus países. La Resistencia se mitificó. Renzo de Felice lo dijo en "Rojo y Negro", en 1995. Se había construido una "vulgata antifascista" para legitimar a los comunistas en la nueva República, pero la realidad era muy diferente: la Resistencia no fue mayoritaria ni democrática. Sergio Luzzatto, profesor en la Universidad de Turín, ha investigado esa contradicción en "Partisanos. Una historia de la Resistencia" (2015), un libro apasionante de microhistoria sobre la realidad de los partisanos y los fascistas de Saló. La conclusión es que no eran precisamente unos santos que velaban por los derechos humanos y la democracia. El libro contribuyó al debate en Italia sobre la "retórica de la Resistencia" y la "verdad histórica", iniciado con motivo de la obra de Giampaolo

[33] José María Faraldo, "An Antifascist Political Identity? On the Cult of Antifascism in the Soviet Union and post-Socialist Russia", *Rethinking Antifascism. History, Memory and Politics, 1922 to the Present*, Edited by Hugo García, Mercedes Yusta, Xavier Tablet and Cristina Clímaco, Berghahn, New York-Oxford, 2016, pp. 202-227.

Pansa titulada "La sangre de los vencidos» (2003), que demostraba la ejecución de numerosos civiles inocentes por los partisanos comunistas no en acto de guerra, sino después de la Liberación. Se calcula que unos 12.000 fascistas fueron ejecutados. Algo similar ocurre en Francia con el "mythe résistancialiste", en palabras de Henri Rousso en "Síndrome de Vichy" (1987), y la pasividad general ante la ocupación nazi y el régimen colaboracionista de Petain.

En España se ha hecho con dos leyes sobre la "memoria histórica". La última, impulsada por el Gobierno de Pedro Sánchez, con apoyo del PSOE, Podemos, ERC, Bildu y otros, pretende establecer la legitimidad de la democracia en el pasado antifranquista. De esta manera se liquida la Transición y su espíritu, basado en la inclusión de todos con independencia de su pasado, para la construcción de una democracia homologable a las europeas. Incluso, impulsado por Bildu, se alarga el periodo hasta 1983 al objeto de que se considere a los etarras víctimas del franquismo y del "posfranquismo". La infamia supone considerar a ETA uno de los padres fundadores de la democracia en España. Lo mismo se puede decir de otros grupos terroristas, como el FRAP o el GRAPO. El objetivo es marcar la legitimidad de un orden nuevo, el establecido por los miembros de lo que el socialista Alfredo Pérez Rubalcaba bautizó como "coalición Frankenstein", y la exclusión del resto de partidos. De esta manera, y utilizando los mecanismos del Estado imponen el paradigma de que la izquierda y los nacionalistas son la libertad y la democracia, con independencia de sus actos violentos pasados y presentes. Es así como esas dos leyes responden a la mentalidad antifascista.

El antifascismo utiliza el pasado en tres sentidos. El primero es la atribución de ser los herederos de la Resistencia popular al fascismo en el siglo XX. Se presentan como continuadores de la lucha antifascista anterior a 1945, de ahí el culto al himno "Bella Ciao" y la recuperación de la simbología en banderas y escudos de la guerra civil española, mitificada como la gran guerra contra el fascismo, con lemas ya internacionales como "No pasarán" o "Madrid será la tumba del fascismo".

La interpretación de la guerra civil española como guerra antifascista ha desplazado en el imaginario de la izquierda a la que lo ve como un conflicto armado provocado por unos golpistas contra la República. Ferrán Gallego señala que fueron los anarquistas los que vincularon la "guerra antifascista con una revolución estrictamente libertaria". El anarquismo no quiso defender la República, sino hacer la revolución. De hecho, se levantaron contra el régimen republicano en varias ocasiones al considerarlo un "sistema burgués" como otro cualquiera.

Noah Chomsky, el filólogo anarquista, es una buena muestra de cómo se construyó el mito antifascista tras 1945, centrado en la guerra española del 36. La historiografía militante de izquierdas, simplificando mucho, se divide en el relato de ocasiones truncadas, denuncias de opresiones, y rehabilitación de las personas que protagonizaron aquella ocasión perdida o fueron oprimidas. Esto se debe a que la historia se quiere ver más como el desempeño de un misión social para la transformación política que en la disciplina que desentraña el pasado de una forma inteligible, sin cuentos, oscuridades ni mitos. El relato de la Guerra Civil que hizo Chomsky en 1965, siguiendo sobre todo a Rudolf Rocker, está subordinado a la intencionalidad política. Dedicó muchas páginas a criticar el premio que dieron ese año a Gabriel Jackson por "La República española y la guerra civil".

El punto de partida de Chomsky era que todos los historiadores que habían escrito sobre la "revolución popular" en la guerra civil española sin declararse anarquistas eran instrumentos del "liberal-comunismo". Chomsky sostenía que había una "colaboración entre el bolchevismo y el liberalismo occidental en su oposición a la revolución popular", para evitar "movimientos revolucionarios espontáneos" de las "masas desposeídas".

Esto exige una explicación. Chomsky utiliza la jerga anarquista creada en tiempos de Bakunin. El mundo, dice, está dividido en explotados y explotadores. Estos últimos forman una élite que esgrime ideologías autoritarias, como el liberalismo y el comunismo, que oprimen al pueblo. En consecuencia, la verdadera revolución será popular y espontánea o no será; es decir, libre de la dirección de un partido y del capitalismo. En caso contrario, esa élite coloniza el Estado, que lo utiliza para reprimir al pueblo. Es lo que se llama "contrarrevolución".

Chomsky cuenta que entre julio y octubre de 1936 se produjo la revolución popular. La toma del poder espontánea se debió a que "los obreros se armaron por su cuenta". No solo no es cierto porque el Gobierno republicano repartió las armas entre las organizaciones afines, sino que la espontaneidad no existió. La CNT era el sindicato más poderoso desde hacía décadas, con 500.000 afiliados, organizó tres rebeliones contra distintos gobiernos de la República, y que junto a la FAI tiranizó allí donde pudo. Sin esa organización y propaganda dicha "espontaneidad" no hubiera nacido.

La "contrarrevolución" se produjo entre octubre de 1936 y mayo de 1937. Los comunistas disolvieron los comités locales, sustituyeron a los milicianos por un Ejército convencional, y terminaron liquidando a anarquistas y trotskistas. Esto hizo que las masas se desentendieran del conflicto, como escribió Borkeanu en "El reñidero español" (1937), porque no querían una dictadura comunista. El propósito de Chomsky es criticar al historiador marxista Eric Hobsbawm, que culpaba a los anarquistas de la derrota en la Guerra Civil porque eran un "desastre". Esto es un relato no exento de fantasía. Muchos milicianos de la CNT, sobre todo a raíz de las Jornadas de Mayo de 1937 en Barcelona, estaban convencidos de que una vez derrotados los fascistas habría otra guerra civil, esta vez contra los comunistas.

La revolución popular y espontánea era la colectivización de la propiedad, vieja aspiración anarcosindicalista. Para conseguirlo se dedicaron a expropiar con violencia, lo que para Chomsky es bueno porque está en la "realidad de la situación revolucionaria" (p. 80). Los abusos fueron el daño colateral de la revolución. De esta manera, Chomsky legitima la violación de los derechos humanos siempre que el objetivo sea la colectivización anarquista. Nada dice de las checas anarquistas de la CNT, la FAI y las Juventudes Libertarias, por ejemplo en Barcelona.

El historiador César Alcalá contabiliza 8.353 víctimas de las checas solo en Cataluña, aunque, dice, pueden ser 12.000. Eso no fue espontáneo, sino la organización de psicópatas para robar, violar, torturar y asesinar. Es ridículo, por tanto, hablar de declive de la "marea revolucionaria" por la "arremetida de la clase media", como hace Chomsky. Es lógico que ante tanta violencia este anarquista viera "hostilidad de (Gabriel) Jackson hacia la revolución", al que atribuye el "sesgo elitista del intelectual liberal" (p. 94).

La revolución consistió en opinión de Chomsky en la colectivización de la tierra en Aragón gracias a un acuerdo de la CNT con la Federación de Trabajadores de la Tierra de la UGT. Aquello convirtió el campo aragonés en una arcadia de producción anarcosindicalista porque, como escribió Bolloten, los campesinos eran "sensibles" a las ideas de la CNT y la FAI. Así fue hasta que llegó el ejército comunista de Líster a robar y a asesinar a los anarquistas, y el Gobierno en 1937 disolvió el Consejo de Aragón y destruyó las colectividades. Es cierto.

Chomsky denuncia a los historiadores que dicen que los comunistas acertaron al ejercer mano dura para fortalecer el Estado, de cara a conseguir la ayuda de las potencias democráticas. Era el viejo dilema de la guerra o la revolución, que dividió a comunistas y anarquistas. El filósofo norteamericano, sin embargo, se apunta a la solución propuesta por Camillo Berneri: conceder la independencia a Marruecos, incitar a la rebelión de los pueblos del norte de África, y fomentar la "revolución panislámica" para que las "tropas moras franquistas" se cambiaran de bando (pp. 110-111).

La propuesta de Berneri que recoge Chomsky en la década de 1960 es la misma que defendía el Che en 1967 de "crear dos, tres, ... muchos Vietnam" para derribar el capitalismo. De hecho, el texto aquí reseñado refiere el "éxito" de las guerrillas vietnamitas contra las tropas norteamericanas. El plan era extender la guerra de los "condenados de la Tierra", que escribió Frantz Fanon en 1961. Esta iniciativa no se llevó a cabo, asegura Chomsky, porque la "coalición política de liberales y comunistas" no estaba tan interesada en derrotar a Franco como en acabar con los anarquistas. El pueblo percibió esto, y redujo su voluntad de luchar contra el franquismo. En opinión de Chomsky, si esta cuestión no se cuenta es por la propaganda liberal y comunista que prevalece en el trabajo historiográfico.

El antifascista se siente guardián de la historia decente de los pueblos. Es lo que escribió Enzo Traverso si no se valora el antifascismo "se corre el riesgo de borrar el único rostro decente que

Italia supo dar de sí misma entre 1922 y 1945; Alemania, entre 1933 y 1945; Francia, entre 1940 y 1944; España y Portugal, durante cerca de cuarenta años"[34]. En este sentido, Renzo de Felice, en "Rojo y Negro" (1995), consideraba que esta "vulgata antifascista" estaba política e intelectuamente muerta. De Felice cargó contra el mito de la Resistencia contra Mussolini (muy parecido a lo que escribió Primo Levi). La Resistencia no había sido popular, sino un fenómeno minoritario, al igual que la República Social Italiana de Mussolini. La Resistencia, además, decía De Felice, no tenía la patente democrática de haber levantado la democracia italiana. La Resistencia se había construido como un mito legitimador de la izquierda comunista. Sin embargo, el objetivo de los antifascistas no había sido la democracia, sino la dictadura del proletariado. Lo mismo se ha dicho de los frentepopulistas en la guerra civil española, e incluso durante la Segunda República.

El segundo uso de la historia que hace el antifascismo es limpiar su imagen de totalitarios y los crímenes cometidos en nombre de su ideología. Como dijo Peter Sloterdijk, el antifascismo tiene el objetivo no declarado de hacer olvidar que el comunismo ha sido y es enemigo de los derechos humanos. Mostrarse antifascista sería el pasaporte a la superioridad moral. Solo así es posible que Alberto Garzón, por ejemplo, ministro, salga con una sudadera del régimen criminal de la RDA. Solo esto explica que haya gente con retratos de Lenin o del Che Guevara sin que exista un repudio general en defensa de la democracia, de la libertad y de los derechos humanos. Solo así se explica que cale la idea de que ser anticomunista es ser fascista.

El tercer uso de la historia que hacen los antifascistas es reescribirla para crear un relato político útil para el presente. Un relato que les confiera más legitimidad que a sus adversarios políticos. Los antifascistas quieren que exista una memoria oficial en la que los comunistas y aledaños sean los verdaderos luchadores por la democracia y el pueblo. Por eso se atribuyen la obligación de limpiar la Historia de elementos pre-fascistas, fascistas y post-fascistas. De

[34] Enzo Traverso, "Los intelectuales y el antifascismo. Por una historia crítica", *Acta Poética*, 24-2, Otoño, 2023, pp. 51-72.

ahí el que los antifascistas, por ejemplo, aplaudan la ley de memoria histórica y luego ley de memoria democrática, incluso que la vean corta, porque son leyes que convierten en demócratas a quien no lo fue y que cancelan históricamente las ideas y las personas del enemigo.

El cuarto sentido del uso de la historia que hacen los antifascistas es atribuirse los éxitos históricos ya aceptados por todos para legitimar su actuación actual. Por ejemplo, en la campaña "Black Lives Matter" se introdujeron diciendo que son continuadores del movimiento de liberación negro de las décadas de 1960 y 1970, contra lo que llaman el "supremacismo blanco", que es fascismo. Otro ejemplo son las campañas de antiglobalización que hablan del llamado "neoliberalismo" como un nuevo fascismo, y por esto se les puede encontrar donde se reúne por ejemplo el G20. Tiene un repertorio de acción colectiva recogido en varios folletos que circulan entre esta extrema izquierda, como el folleto de 72 páginas que circuló en Barcelona en 2017 titulado "BLACK BLOC, por qué la libertad no será parlamentada" y que da instrucciones precisas para la lucha callejera.

¿PSICOLOGÍA DEL ANTIFASCISMO?

En palabras de Mark Bray, el antifascismo es "es sencillamente una más de las manifestaciones del socialismo revolucionario". Es decir; es una forma de hacer la revolución[35]. Es una ideología totalitaria más, y como tal puede analizarse su psicología. Mattias Desmet, psicólogo clínico, partiendo del concepto de totalitarismo de Hannah Arendt, establece varias características de dicha psicología. La primera es una sensación de desconexión y soledad, de inadaptación frente al entorno. Básicamente se basa en la desconexión del individuo con el mundo, la frustración que deriva en agresividad, y el hallazgo de una identidad, un colectivo y un propósito en una religión civil[36]. El profesor norteamericano acierta si se leen los

[35] Mark Bray, *Antifa*, *op. cit.*, pp. 13-14.
[36] Mattias Desmet, *The Psychology of Totalitarianism*, Chelsea Green Publishing, 2022.

testimonios recogidos por Mark Bray o Miquel Ramos en sus obras citadas. Aunque Desmet se refiere a un totalitarismo burocrático, la mentalidad del hombre común es la misma: la restricción de las libertades de los otros para el cumplimiento de un objetivo político. Sería, dice, "una especie de hipnosis grupal que destruye la conciencia ética". Hay un anhelo creciente por una institución autoritaria que libere de "la carga de la libertad y [sus] inseguridades asociadas", la incertidumbre y el miedo a que no se cumplan los deseos colectivos. Esto es; lo que Desmet desvela es la existencia de una pulsión totalitaria en las nuevas generaciones, que desprecian el pluralismo, al otro, y que, por tanto, consideran que la democracia liberal no sirve como fórmula para la convivencia. Desaparece así el individuo para convertirse en miembro de un colectivo. Es el retorno de las masas como sujeto tras el que esconder el miedo al mundo y que proporciona cobijo y respuestas. La educación y la inteligencia no son frenos para el totalitarismo, como se ve en los antifascistas. No se trata de que un nivel de estudios libere de esa pulsión liberticida porque se trata de un proceso psicológico y social, no intelectual. Por eso los antifascistas repudian la razón, la ciencia y el debate, y se comportan como fanáticos.

El fanatismo, siguiendo a Emil Cioran, es la proyección de las demencias sobre las ideas[37]. El hombre es idólatra por instinto. Necesita religiones. Y cuando Dios no está, forja un simulacro. Son las religiones civiles o políticas, como el comunismo revestido de antifascismo, o el propio fascismo. Dios y las ideologías se pueden amar adecuadamente, pero no suele pasar. Lo corriente es que existan quienes quieren obligar a otros a amar a su Dios o a su ideología. Y si rehusan, los exterminan o los apartan, o impiden su vida social y pública, como hace el antifascismo. El fanático está lleno de entusiasmo y de fuerza. Debe imponer la buena nueva, la verdad y la salvación. Nos vienen a salvar aunque no queramos o no escuchemos. "Los verdaderos criminales –escribe Cioran– son los que establecen una ortodoxia sobre el plano religioso o político, los que distinguen entre el fiel y el cismático". Los fanáticos no

[37] Emil Cioran, *Breviario de podredumbre*, Madrid, Taurus, 2014.

reconocen que la duda y la pereza son virtudes más nobles que la certeza absoluta. La duda es fascismo, y ahí está el antifascista como buen fanático para impedir cualquier disidencia. El fanático esgrime una "megalomanía prometeica", un complejo de superioridad, la propia del que ha descubierto la fórmula que explica el pasado y el presente, y soluciona todos los problemas para el futuro. No tiene dudas en esa "mezcla indecente entre banalidad y apocalipsis". El fanático cree que ha encontrado la verdad, la respuesta a cualquier pregunta. Ante el fanatismo no vale la razón, la ciencia ni el debate. Se acepta la doctrina o no. La sociedad dominada por los fanáticos, como los antifascistas, es un "infierno de salvadores", de correctores del pensamiento y del comportamiento, de moralistas, de tiranos que hablan de un "nosotros" y un "otros".

La misión de imponer una situación moral, con el acogotamiento de los inmorales y apóstatas, los fascistas en general, supone basar la vida en la propaganda y la acción directa. Es un apostolado. El objetivo de los misioneros antifascistas es construir el Hombre Nuevo. Esta idea parte de la Escuela de Frankfurt, de Adorno y Horkheimer, que sostenían que el fascismo se apoya en la personalidad autoritaria del ser humano, con lo cual había que crear un Hombre Nuevo para una Sociedad libre de fascismo. Emilio Gentile lo ve más como una creación de la ingeniería social para transformar al burgués en un "ciudadano soldado"; es decir, que "el 'hombre nuevo' del fascismo" era la "encarnación de la nueva 'respetabilidad en uniforme' del hombre organizado colectivamente, educado según los principios de una moralidad militarista y bélica que era la antítesis de todo aquello que era típico de la 'respetabilidad en traje de paisano' de la burguesía"[38]. Ese Hombre Nuevo, una obsesión histórica de los totalitarios, se construye en el antifascismo acabando con el capitalismo, sus tradiciones, su educación, su lenguaje, e imponiendo unas nuevas formas alejadas de las costumbres patriarcales y morales de la burguesía. Todo es o tiende al fascismo, desde el lenguaje a la

[38] Emilio Gentile, *Fascismo. Historia e interpretación*, Madrid, Alianza Editorial, 2004, pp. 249-250.

educación basada en la tradición. Así, el antifascismo es un proyecto destructor de lo existente y constructor de la Sociedad Nueva.

El mito del Hombre Nuevo, como muy bien explicó Dalmacio Negro, se forjó en la Revolución Francesa, con la idea de progreso y la vulgata de Rousseau[39]. El moralismo y el sentimentalismo fueron las guías de esa construcción, totalmente definidas después por el socialismo y el fascismo. Es por esto, como se señaló antes, que Mosse escribió que la idea fascista es heredera de la Ilustración. El hombre nuevo, dice Negro Pavón, es el "tipo de hombre que sueña la trina contemporánea", y que merece el sacrificio de la libertad. Es un mito, el del Hombre Nuevo, forjado sobre otro, el de la "tabla rasa", el de "otro mundo es posible", el de Lenin barriendo el Mal en el mundo, el de los antifascistas limpiando de fascistas la vida pública y privada. Los forjadores "saben" la verdad, piensan por todos nosotros, y actúan al margen de la ley. Eso es lo que hacen los antifascistas con su repertorio de acción colectiva. El Hombre Nuevo del antifascismo es colectivista, no especista, no binario, ecosocialista, ateo o laico, anticapitalista, antiliberal, con una idea de democracia asamblearia, y enemigo de la diversidad política.

La construcción del Hombre Nuevo precisa de propaganda con expresiones nuevas. El antifascismo ha forjado un metalenguaje; es decir, y en palabras de Lakoff, han redefinido conceptos para crear una moral y hacer política. Esto es sencillo siempre y cuando se considere que la información y el lenguaje que se utiliza para dar noticias no es partidista sino objetivo[40]. Esa lucha por el lenguaje estuvo desde el inicio, cuando los comunistas llamaban "socialfascistas" a los socialistas, lo que duró hasta 1935, cuando Stalin dio la consigna de la formación de los frentes populares.

La segunda característica psicológica es que en el antifascista hay un complejo de vigilante y salvador, de mesías que rescata a la sociedad del mal. Talmon consideraba que junto a la democracia liberal que va construyéndose desde finales del siglo XVIII se levantó

[39] Dalmacio Negro, *El mito del Hombre Nuevo*, Madrid, Encuentro,

[40] George Lakoff, *Política moral. Cómo piensan progresistas y conservadores*, Madrid, Capitán Swing, 2016, p. 408.

otra a la que llamó "democracia totalitaria"[41]. Ambas crecieron juntas hasta enfrentarse en el siglo xx. La escuela totalitaria se funda en la existencia de una verdad política única y exclusiva. Esa actitud la llama Talmon "mesianismo político" en el "sentido de que postula esquemas de realidades perfectas, preordenadas y armoniosas, hacia las cuales los hombres son llevados irremisiblemente, y a las que están obligados a llegar". La característica del mesías político, el totalitario, es que no quiere que exista la vida privada, o mejor, que no haya diferencia entre el ámbito privado y el público, como escribió Julien Freund[42]. Toda la existencia humana tiene que ser transformadora o revolucionaria, no solo la pública, sino especialmente la privada, desde la artística a la sentimental. La vida entera se dedica a la revolución, y eso mismo se espera del rebaño del mesías.

El mesianismo político parte de las primeras concepciones de la Ciudad Perfecta, de la República de Platón, de la Utopía de Tomas Moro, Campanella, de su influencia en Rousseau, Diderot, Mably, Saint-Just o Buonarroti. El gran salto del mesianismo moderno es el de producir una revolución total en la sociedad universal. El mesianismo político es una actitud, una conducta y un discurso con las esencias de una religión secular que parte del jacobinismo y que llega al comunismo y también en su forma antifascsita.

La política es para el mesías la manera de llevar su ideología a la práctica. Es cuando dicen "todo es política", de manera que enjuician la vida privada íntima de cada uno en función de la ideología única, de su verdad y moral. "La política –escribió Talmon– es definida como el arte de aplicar esta filosofía a la organización de la sociedad, y el objeto final de la política solamente será conseguido cuando esta filosofía reine de una manera absoluta sobre todos los campos de la vida".

Esto era trascendental en un momento histórico en el que la política y la ética eran inseparables. De ahí la virtud republicana o cívica como guía de la política. Sin estamentos, los hombres viven en un plan exclusivo de existencia, en un plano horizontal y por tanto

[41] Jacob Leib Talmon, *Los orígenes de la democracia totalitaria*, Madrid, Aguilar, 1955.
[42] Julen Freund, *La esencia de lo político*, Madrid, Centro de Estudios Políticos y Constitucionales, 2018, pp. 329-332.

igualitario. Ese plano era la nación, un sujeto político colectivo que implica la existencia de un pensamiento y acción colectivas, de un espíritu colectivo también, un volkgeist que dijeron Fichte y Herder, con una finalidad general por encima de la libertad. Esta idea será una de las más poderosas del totalitarismo: el sacrificio personal por un bien colectivo que define quién gobierna el Estado.

La idea de virtud que acompaña a la acción política del totalitario, en este caso el antifascista, es entendida como el cumplimiento estricto de las normas y valores del proyectado para la armonía social perfecta y definitiva. Ser virtuoso es pensar y actuar en función del logro de ese modelo de mundo perfecto. Aquí surgió lo que Talmon llamó el "gran cisma": los liberales se basaron en la política del ensayo y error, mientras que el mesías político, el totalitario, se enquistó en el dogma, en la ideología representada por una vanguardia de iluminados, cuya defensa justificaba el uso de la violencia contra los que no eran virtuosos; en su mentalidad, aquellos que no comulgan con el antifascismo.

La segunda causa del gran cisma fue la propiedad. Fue una ruptura con la tradición liberal desde Locke, que consideraba la existencia de un pacto social para salvaguardar el derecho de propiedad. El mesianismo político consideró que era incongruente predicar la armonía social y política sin controlar la economía, ni controlar o dirigir los impulsos humanos en este ámbito, el azar, la espontaneidad, o el espíritu de ganancia de los hombres. Había que controlar la propiedad. Esto completó el mensaje de salvación social: no era algo solo político y social, de derechos individuales e igualdad, sino también de reparto de la riqueza para llegar al paraíso en la tierra.

Así, dice Talmon, los ideales sociales del siglo XVIII, de reordenación de la sociedad para la armonía, incluyeron la propiedad, y se transformaron en la democracia totalitaria. Ese proceso comenzó con el postulado social del siglo XVIII, el jacobinismo y el babuvismo, las ideas de Babeuf, que condujeron al comunismo económico y a la síntesis de la soberanía popular en una dictadura. Fue así como la voluntad general, la vuelta al estado natural, el origen de la desigualdad entre los hombres, y la ordenación de una sociedad racional, todas ideas de Rousseau, se convirtieron en el alma de una ideología totalitaria. De ahí viene la idea del progreso y las religiones seculares, de la que hablaremos en otra ocasión.

Talmon no hace una historia de las ideas, sino de su efecto en el comportamiento de la gente. Por eso habla de los creyentes en el proyecto de un mesías político, esos feligreses que sienten satisfacción cuando creen cumplir con los objetivos propuestos por su líder. Por esto también habla del proceso mental que viven los mesías políticos, los dirigentes, cuando examinan sus propios actos como expresión de la causa o como cumplimiento de un interés personal. Por esto, en último lugar, Talmon habla del conflicto entre la espontaneidad del estado natural; y la coerción, la revolución, la violencia y la imposición. Decididamente, entre permitir lo natural y la coerción, los mesías políticos se deciden por lo último, por la revolución violenta.

El mesías político propaga el miedo. Los antifascistas justifican su existencia y acción en la "amenaza fascista", lo que da sentido a su forma de vida y pensamiento, de relacionarse con el entorno y con los demás, e incluso de entenderse a uno mismo. Sin la percepción constante de esa "amenaza fascista" en cualquier aspecto de la vida pública y su misión salvadora a través del colectivo, esas personas carecen de identidad y de propósito en sus vidas. Hay muchos testimonios que demuestran esto. Isaac Rosa, por ejemplo, periodista que se califica de "antifascista", escribió en el prólogo a *Facha* de Jason Stanley: "Al fascismo, sea nuevo o viejo, merezca o no tal nombre, no lo van a frenar la democracia, ni la Constitución, ni la Unión Europea (...). Lo vamos a frenar nosotras, nosotros. Vamos"[43]. Es un ejemplo perfecto de mesianismo político para librar a la sociedad del "eterno mal", de desprecio a la democracia y a la ley, y de anuncio de acciones colectivas justicieras.

La tercera característica psicológica del antifascista es que alardea de superioridad moral, cultural y educativa. Se siente un ser superior. Actúa por encima de la ley porque la legitimidad de la causa está por encima de la legalidad. Sabe mejor que nadie qué tiene cabida en

[43] Isaac Rosa, "Antes de que sea (otra vez) demasiado tarde", Jason Stanley, *Facha. Cómo funciona el fascismo y cómo ha entrado en tu vida*, Barcelona, Blackie Books, 2018, p. XXXIII.

la sociedad y qué no. Por ejemplo, acosar violentamente a alguien para que no dé una conferencia en la Universidad o una clase porque esa persona es tildada de "fascista" es legítimo porque ayuda a su pretensión de crear o llegar a una sociedad futura perfecta. Es una acción colectiva que denominan "negar una tribuna al fascismo". Es el tratamiento de la violencia como un acto purificador y obligado por la inacción del sistema, tal y como escribía George Sorel, padre espiritual de Mussolini y Lenin.

El antifascismo está dividido en cuanto a cómo actuar. Hay quien piensa que al fascismo se le para legislando. Esta es una minoría, ya que la mayor parte del universo antifascista considera que el fascismo es el brazo armado del neoliberalismo, que controla superestructura jurídica. Ante el desamparado -esa característica psicológica de la que hablábamos más arriba- se toman la justicia antifascista por su mano. Esta es la mayoría. No están de acuerdo en pedir a los Gobiernos que prohíban el fascismo porque los definen como cómplices de la amenaza fascista.

El activismo es un vehículo para conseguir una identidad personal y un propósito vital. Al fundirse en un colectivo adquiere un respaldo social, el de los otros, y se mitiga así el aislamiento y la frustración porque el mundo no sea tal y como sueña. Es así como el antifascismo es una excusa para organizar la revolución contra el libre mercado y la democracia liberal. Así lo dice Mark Bray. El objetivo del antifascismo es librar al mundo de la "clase capitalista" y destruir "todos los Estados existentes por medio de un levantamiento popular internacional" contra las fuerzas de orden público. Vamos, una revolución sangrienta para tomar el poder. No hay nada democrático ni de cuidado de los derechos humanos aquí, sino la vieja cantinela de Louis-Auguste Blanqui y Lenin, de conquistar el poder a despecho de todos para imponer una dictadura. En muchos casos, tiene un vínculo estrecho con la izquierda *woke* y la cultura de la cancelación. Caroline Fouret, feminista y de izquierdas, denuncia que la supuesta élite universitaria estadounidense ha asumido hasta el extremo ese espíritu antifascista de la izquierda moralista e identitaria, para imponer una "tiranía de la ofensa", y la ofensa es fascista; es decir, patriarcal, racista, homófoba, etc.[44]. Es así como llega a las autoridades políticas que acaban asumiendo la cancelación antifascista como una forma de proteger a la gente de la libertad de los otros.

UNA CONCLUSIÓN

El antifascismo es una ideología revolucionaria contra la democracia liberal. Para esto ha recreado un pasado que justifique su actuación actual. En su relato hablan de amenaza fascista e identifican con ese concepto a todo aquello que, a su entender, es un obstáculo para la consecución de sus objetivos políticos. En este trabajo se han apuntado algunas de las claves de la psicología del antifascismo, y la investigación queda abierta. La memoria del fascismo, un fenómeno del siglo XX que concluyó en 1945, se convierte así en un elemento necesario del antifascismo. Sus militantes necesitan construir un enemigo que legitime su actuación totalitaria. Sin embargo, su interpretación del fascismo como hecho histórico y su conceptualización difieren de los cauces académicos, y viven en la política de batalla.

[44] Caroline Fouret, *Generación ofendida. De la policía cultural a la policía del pensamiento*, Barcelona, Península, 2021.

REBELIÓN, ÍMPETU Y NACIÓN: ANATOMÍA DE LA IDEOLOGÍA FASCISTA

Óscar González, Pablo Sagarra y Lucas Molina
Junta de Castilla y León-profesor de Secundaria y Bachillerato-Universidad de Valladolid

De manera discreta y sin generar demasiada expectación entre la opinión pública, el 23 de marzo de 1919 se fundaron en los locales de la Cámara de Comercio milanesa, sita en la plaza del Santo Sepulcro, los *Fasci di Combattimento*. En la reunión participaron Mussolini y un centenar de personas. Este nuevo movimiento había crecido al calor de la publicación *Il Popolo d'Italia*, creada por el mismo Benito Mussolini desde el momento en el que abandonó el Partido Socialista, abogando por un intervencionismo en la Gran Guerra, a diferencia de sus compañeros marxistas. El nuevo partido se constituyó como un «antipartido», oponiéndose tanto a la izquierda como a la derecha. El acta de constitución, redactada dos días antes, había sido firmada por tres socialistas (o que se definían como tales): Mussolini, Enzo Ferrari (quien nada tiene que ver con el fundador de la marca de automóviles...) y Ferruccio Ferradini; dos sindicalistas: Michele Bianchi y Mario Gianpaoli; y dos *Arditi*, veteranos de la Gran Guerra: Cesare María De Vecchi y Carlo Meraviglia.

Los *Fasci* aglutinaban a excombatientes y nacionalistas, «trincheristas» que reivindicaban el reconocimiento de su participación en la Primera Guerra Mundial, cansados de sentirse excluidos por una sociedad italiana que cada vez más parecía querer dejar atrás la «psicología de guerra». La exaltación del combate irá de la mano de cierta melancolía romántica, reivindicadora de los valores del *Rissorgimento* decimonónico. Junto a estos dos pilares, el desprecio del parlamentarismo, así como de los elementos más reaccionarios del proletariado, serán las señas de identidad de este ecléctico movimiento político, del que también formarán parte sindicalistas (quienes ya en 1910 habían quedado desencantados del marxismo), anarquistas, futuristas (dirigidos por Filippo Tommaso Marinetti[1]), y tránsfugas de otros partidos de izquierdas, entre ellos, Roberto Farinacci. Dos años más tarde, en el Congreso de los Fascios celebrado en Florencia, muchos de estos nombres habrán desaparecido de la nómina fascista, figurando algunos de ellos en el campo adversario. Como veremos en breve, el andamiaje ideológico del movimiento era tan frágil que permitió a cada uno interpretarlo a su manera, con lo que las inevitables tensiones y divisiones no tardaron en aparecer.

A juicio de los fascistas, los métodos de combate, el uso de la violencia, serán medios legítimos para combatir a los enemigos de la nación italiana, al llamado «frente interno». Antiguos soldados de élite, los denominados *Arditi*, y oficiales del ejército constituirán el núcleo de esta fuerza política, sin excluir a jóvenes, que sin haber tomado parte en la guerra estaban imbuidos de la retórica guerrera de los veteranos, idealizando la vida del frente sin haberla vivido.

SOCIALISMO Y NACIÓN

El programa fascista de 1919 incorporaba reivindicaciones sociales e institucionales procedentes tanto de la izquierda como de la derecha

[1] Irredentismo, sindicalismo, nacionalismo y futurismo fueron los principales movimientos espirituales, culturales y políticos en Italia a principios del siglo xx. El Futurismo impregnará notablemente al fascismo, ilustrando a la perfección su aspecto cultural. A la mezcla de revolución y nacionalismo que constituirá el corazón de la ideología fascista, Filippo Tommaso Marinetti aportará con la publicación en 1909 de su *Manifiesto Futurista* la impronta de la necesaria «rebelión». El Futurismo buscará lo polémico y lo escandaloso en sus acciones, apoyándose en una concepción nietzscheana de la vida concebida como continua renovación. Sus valores principales serán los de movimiento (o velocidad) y energía, unidos a un apego a lo irracional e inconsciente. Los futuristas estaban fascinados por el poder de la fuerza, de la máquina, de los instintos y de la intuición, de la voluntad y de la juventud. La obra de arte para Marinetti debía reflejar estados de ánimo, superando así lo objetivo y ensalzando lo subjetivo, dimensión esencial no sujeta a ninguna norma. Con esta contribución, la estética se convertirá en parte integrante de lo político y de lo económico. Así, con este movimiento, el odio hacia la cultura dominante y su deseo de reemplazarla con una alternativa global, el inconformismo y la rebeldía frente a la decadencia burguesa, adquirirán carta de naturaleza estética. Cfr. Alfredo Aracil y Delfín Rodríguez (eds.), *El siglo xx. Entre la muerte del arte y el arte moderno*, Madrid, Istmo, 1983, pp. 156-168.

más radicales. Así, Mussolini hará suyas ideas ya proclamadas antes que él, como el expansionismo y, especialmente, la de la puesta en valor de la nación italiana en el mundo. Una suerte de «socialismo nacionalista» se convertirá en el *leitmotiv* fascista durante el arranque de su acción. Conviene analizar a continuación de qué ideas y conceptos se nutrió el fascismo.

Antes de convertirse en fuerza política, el fascismo fue un fenómeno cultural, manifestándose como una rebelión, una sonora protesta catalizada por las condiciones sociales, políticas y psicológicas creadas a partir de la I Guerra Mundial. Definir el fascismo ya creó problemas a sus fundadores desde el primer momento, porque su doctrina se fijó *a posteriori*, incluso años después de la llegada de Mussolini al poder. El proceso de cristalización ideológica del fascismo corrió parejo con su conquista del poder, de tal manera que se puede afirmar que no fue un mero "paréntesis en la historia contemporánea", en palabras del filósofo Benedetto Croce[2], o producto de un derrumbamiento nihilista, sino parte integral de la cultura europea; algo meta político, en suma.

A pesar de lo que pueda parecer, el fascismo no plantó cara ideológicamente a la Ilustración, sino que, en buena medida, llevó a cumplimiento uno de sus ideales: recuperar el auténtico sentido de la naturaleza humana (idea absolutamente ilustrada) en un plano más elevado que el que había propugnado el materialismo. Surgió como un proyecto inconformista, revolucionario y vinculado a las vanguardias, en abierta confrontación y competición con el marxismo. En cierto modo, con la irrupción del fascismo comenzó a constatarse la impotencia de las leyes y de la economía pergeñadas por Marx.

El movimiento fascista italiano encarna el rechazo a la política dominante a principios del siglo xx, rebelándose no solo contra el marxismo (cuestionando especialmente su materialismo histórico), sino también contra el positivismo, el liberalismo y la democracia. Su

[2] Croce romperá con el fascismo tras el escándalo del asesinato del líder socialista Giacomo Matteotti, en 1924. Un año más tarde, en mayo de 1925, fue uno de los firmantes del *Manifiesto de los intelectuales antifascistas*, denunciando la falta de libertad y el clima de violencia del régimen fascista. Cfr. Giovanni Reale y Dario Antiseri: *Historia del pensamiento filosófico y científico. III Del romanticismo hasta hoy*, Barcelona, Herder, 1988, pp. 461-475.

aspiración revolucionaria se asentó en el rechazo del individualismo, postulando una nueva cultura política comunitaria que pusiera remedio a la disgregación y atomización social de un mundo dominado por un capitalismo sin límite. Sin abolir la propiedad privada y valorando el vigor y la vitalidad que la economía de mercado aportaba, pretendió cambiar la naturaleza de las relaciones entre sociedad e individuo. Para el fascismo, la colectividad no debía ser un mero agregado de individuos, sino que tendría que configurarse en base a la solidaridad entre sus integrantes. Este aspecto fue esencial en su concepto de nación, organismo primordial comparable a un ser vivo. Igualmente, para garantizar su salvación había que hablar, no al individuo, sino al «pueblo», de una manera instintiva, sin aniquilar las fuerzas motrices de la actividad nacional. En definitiva, la ideología fascista gravitará en torno a la nación, concebida como un régimen donde todos (clases e individuos) colaboran, como un organismo responsable del bienestar de todos los individuos. Mussolini será categórico al respecto:

> "¡Pero la Patria no se niega! Y, por encima de todo, la Patria no se traiciona, especialmente cuando está empeñada en una lucha de vida o muerte. Quien dice Patria, dice disciplina; quien dice disciplina admite una jerarquía de la autoridad, de las funciones, de las inteligencias. Esta disciplina, allá donde no sea libremente y conscientemente aceptada, debe ser impuesta, también con la violencia, también con aquella dictadura [...] a la que recurrían los romanos de la primera República en las horas críticas de su historia"[3].

El mismo Mussolini gustará definir su propuesta como una síntesis de dos antítesis (claro guiño irónico al marxismo hegeliano, cuestionando su validez), elevando la oposición clase-nación a un nuevo nivel. Así, el terreno de la nación, desde el enfoque fascista, «engloba la clase de todas las clases», en sus palabras.

[3] Cfr. Benito Mussolini: "La cortina", *Il Popolo d'Italia*, 11 de octubre de 1917. Este artículo apareció en la edición romana del diario y al día siguiente, en la milanesa.

Con esto, Mussolini desplazaba al «proletario desalentado» del puesto protagonista que el marxismo le había otorgado en la lucha contra la decadencia democrática y liberal. Era la novedosa fórmula con la que el fascismo trataba de hacer frente a los nuevos problemas políticos y económicos de principios del siglo xx, difícilmente explicables mediante la aplicación del análisis marxista ortodoxo.

VILFREDO PARETO Y GEORGES SOREL

Tras la Gran Guerra, la prosperidad y la calma presidieron la vida europea y la crisis del marxismo[4] se puso de manifiesto ante las nuevas perspectivas de progreso y de bienestar surgidas gracias a la revolución tecnológica. Dicho de otro modo, la democratización de la vida política y el sufragio universal como enorme fuerza de integración, no favorecieron el surgimiento de la «conciencia de clase» del proletariado, sino que impulsaron una toma de conciencia de la identidad nacional. En la línea del revisionismo marxista se situarán el italiano Vilfredo Pareto (1848-1923) y el francés Georges Sorel (1847-1922), convertidos en referencias indiscutibles del fascismo italiano. Vale la pena para nuestro análisis detenerse en las propuestas de estos autores.

Durante su exilio suizo, atraído por sus ideas, Mussolini se matriculó en los cursos que Vilfredo Pareto dictaba en la Universidad de Lausana. El pensamiento de Pareto proporcionó un apoyo doctrinario al joven Mussolini, porque el economista y sociólogo italiano criticaba abiertamente la democracia y las ideologías que le servían de soporte. El desprecio por las teorías humanitarias, la justificación de la violencia como fuerza motriz de la Historia y el concepto de que

[4] Dentro del revisionismo marxista también hay que situar a los propios marxistas. El revisionismo liberal y democrático estará liderado por el alemán Eduard Bernstein, el italiano FilippoTurati y el francés Jean Jaurès. Otro grupo, minoritario, conformará el denominado revisionismo revolucionario. Estos, con Rosa Luxemburgo y Karl Liebknecht a la cabeza, pretendían retornar a las fuentes del marxismo para que adoptara lo que nunca debió abandonar: ser una máquina de guerra contra la democracia burguesa. Todos se mantuvieron fieles tanto al materialismo como a la dialéctica marxistas. Vid. Eusebi Colomer, *El pensamiento alemán de Kant a Heidegger. Tomo III*, Barcelona, Herder, 1990.

esta tenía como protagonistas a las minorías, fueron nociones que el líder fascista había heredado de su padre, convencido marxista, pero que fueron estructuradas en su pensamiento por acción de Pareto. Le llegó a considerar como el "más ilustre de mis maestros".

Pareto despreciaba al socialismo y defendía la libre competencia (todo ataque a la libertad económica era un mal para él). A su juicio, la problemática económica no se podía tratar de una manera rigurosamente científica. Además, concebía la historia como una "sucesión de aristocracias", donde las élites gobernaban en una sociedad conformada por clases en función de la habilidad de sus integrantes. Precisamente en esta idea se apoyará la consideración mussoliniana del proletariado como una élite social nueva. Poseer tales cualidades nobles, dignas de los mejores, no era una cuestión de abolengo, de sangre o apellido, sino de constitución mental. Dicho de otro modo, cualquier persona digna podía formar parte de esta élite, concebida como expresión de un estado de ánimo[5]. El análisis *paretiano* rendirá homenaje a Sorel, por haber combatido "el socialismo melifluo y dulzón y el humanitarismo democrático" de su época.

Por su parte, el singular y provocador Georges Sorel sustituirá la base hegeliana y racional del marxismo (demasiado anclada en la economía) por una nueva visión de la naturaleza humana apadrinada por el vitalismo y la metafísica de la voluntad de Nietzsche, así como por el dinamismo de Henri Bergson[6]: una filosofía de la

---

[5] Aunque hoy en día puedan resultar ideas extrañas, el culto al altruismo y la renuncia en pos del bien común, ocupaban un lugar importante en la mentalidad de principios del siglo XX, especialmente en el periodo de entreguerras. Eran convicciones bastante extendidas la idea de que el hombre venía al mundo para servir a la comunidad/nación, así como que la vida era una lucha para defender valores no materiales. Un buen análisis de la propuesta de Pareto se encuentra en: Joseph A. Schumpeter, *10 grandes economistas: de Marx a Keynes*, Madrid, Alianza, 1969, pp. 159-197.

[6] Sorel enmarca su propuesta de lucha en el planteamiento vitalista de Nietzsche, especialmente en el concepto de «Voluntad de Poder» *(Wille zur Macht)* del pensador germano. Así, la lucha solo se lleva a cabo donde existe una voluntad continuamente alimentada de fracturar el orden existente. Por su parte, Bergson subraya la diferencia entre ciencia y metafísica. Esta última se expresa con otro lenguaje, a través de imágenes intuitivas y míticas, mediante el sentimiento (y en el mundo afectivo lo esencial es el movimiento). Leyendo a Bergson, Sorel caerá en la cuenta de que no es la ciencia lo que moviliza a las masas, idea que le separará del marxismo ortodoxo, porque el conocimiento mediante conceptos no se adapta a los hechos sociales. Esta visión crítica del socialismo culminará en 1909, cuando Georges Sorel abandone el socialismo. Vid.

acción, en suma, basada en la rebelión, la creatividad, la intuición, la energía y el ímpetu. Para Sorel, el hombre es un creador y solo se realiza cuando crea, sin obedecer ninguna ley. Según él, la corrupta Europa "entontecida por humanitarismos" suponía un insulto para la dignidad humana así concebida. La originalidad de las ideas de Sorel reside en el hecho de haberse constituido, al mismo tiempo, en receptor y difusor de todas las ambigüedades de un periodo en el que se gestaron las nuevas síntesis ideológicas surgidas a principios del siglo XX. La propuesta *soreliana* arrincona la visión racionalista, transformando la acción política en una suerte de mentalidad religiosa[7] con dos objetivos claros: movilizar a las masas y transformar el mundo. Esta visión anti racionalista será también defendida por Mussolini, quien en 1919 explicaba:

> "El Fascismo es un movimiento de realidad, de verdad, de vida que se adhiere a la vida. No tiene apriorismos. Ni finalidad remota. No promete los sólidos paraísos de los ideales. Deja estas charlatanerías a las tribus del carnet"[8].

Mito y violencia constituirán elementos esenciales para Sorel, medios clave para la movilización de masas, perfectamente adaptados a las necesidades de la política del momento, con el claro objetivo de borrar del mapa la democracia y el liberalismo, evitando, eso sí, romper el

---

Henri Bergson, *La energía espiritual*, Madrid, Espasa-Calpe, 1982 y Georges Sorel, *Introduction à l'economie moderne*, París, Marcel Rifière, 1922.

[7] «La decisión moral es instantánea y surge de las profundidades del hombre como un instinto», llegará a afirmar Sorel. Las estrictas obligaciones del deber estrangulan la libertad del hombre, ahogándola en consideraciones racionales. Lejos queda de la consideración *soreliana* la moral kantiana del deber. Cfr. Georges Sorel, *Reflexiones sobre la violencia*, Madrid, Alianza, 1976, pp. 282.

[8] Cfr. Benito Mussolini, "El Fascismo", *Il Popolo d'Italia*, 3 de julio de 1919. Y con el mismo lenguaje que habla al corazón y no a la cabeza, definirá el fascismo como «una gran movilización de fuerzas materiales y morales [...] con un programa necesario para asegurar la grandeza moral y material del pueblo italiano. [...] El fascismo construye día a día el edificio de su voluntad y de su pasión. [...] Es la fuerza nueva que señala la llegada de los tiempos nuevos. Llevamos esta certeza en nuestro corazón y sentimos que esta certeza arde en el corazón de todos los fascistas de Italia». Cfr. Benito Mussolini: "Después de dos años", *Il Popolo d'Italia*, 23 de marzo de 1921.

modo de producción y las estructuras de la economía capitalista[9]. Sorel no opone el socialismo al capitalismo, sino el proletariado a la burguesía, enfrentados en una lucha constante y heroica. La nueva civilización necesitaba de hombres activos y creadores, y para ello era necesario el mito, coadyuvando a crear un «estado de ánimo épico», inspirando y dirigiendo las energías en la dirección adecuada, cohesionando a la sociedad. El mito es creador de leyendas y nos lanza más allá de un presente detestable, uniendo a las masas. La capacidad de intervención del mito es infinita, porque no es susceptible de ser analizado racionalmente. Y este es, exactamente, el gran valor de la huelga general, de la acción violenta: constituir la fuerza motriz que galvaniza a las masas populares.

El universo moral *soreliano*, asumido por Mussolini, estará formado por una constelación de valores: heroísmo, desafío, acción, virilidad, sentido del deber y sacrificio, donde la voluntad ganaba protagonismo en detrimento del intelecto, que «congelaba y deformaba» la realidad. Esta búsqueda de valores nuevos que aseguren la integridad de la nación, la exaltación del instinto, la rebelión de los sentimientos, la combinación de energía y de voluntad como fuerzas primarias no dejarán indiferentes ni a italianos ni a europeos. El mismo Sigmund Freud consideró a Mussolini como un "héroe de la cultura" y con estas palabras le dedicó en 1933 un ejemplar de su libro *El malestar de la cultura.*

Pero regresando a Sorel, pensador excéntrico y nada sistemático, su aportación clave fue sobre el uso de la violencia. Huelga y violencia no son en absoluto metáforas para el ideólogo galo. Según él, la vida es una batalla permanente, no quedándole al ser humano más remedio que resistir inquebrantablemente a las fuerzas que pretenden destruir su creatividad instintiva, sin lugar para la confraternización. Y esto es positivo, porque los hombres aumentan su coraje, su amor propio y su solidaridad mutua en el combate, argumenta el pensador francés. La violencia es un valor en sí que asegura la revolución futura, y solo a través de ella se liberará al mundo de las fuerzas que le oprimen:

[9] Para Sorel, la *conditio sine qua non* de la lucha revolucionaria es la economía de mercado y el liberalismo. Cfr. Zeev Sternhell, Mario Sznajer y Maia Asheri (coords.): *El nacimiento de la ideología fascista*, Madrid, Siglo XXI, pp. 65-66.

la decadencia burguesa y la negación de los valores guerreros. El conflicto purifica y fortalece, en definitiva. Frente a la vacua e inútil persuasión, Sorel defenderá la violencia, no como agresión, sino como resistencia, sin odio ni ferocidad, dirigiendo sus esfuerzos igualmente a distinguir entre fuerza y violencia. La primera esclaviza, la segunda libera. Sus palabras no pueden ser más contundentes:

> "La práctica de las huelgas ha conducido a los obreros a unos pensamientos más viriles [...]; en lugar de las discusiones de las leyes llevan a cabo actos de guerra.

Las huelgas revolucionarias son excelentes medios para llevar a cabo una selección, ya que alejan a los pacíficos, que desintegrarían a las tropas de élite.

> La guerra hecha a plena luz, sin ninguna atenuación hipócrita, con miras a aplastar a un enemigo irreconciliable [...]. Por ello la apología de la violencia me es particularmente útil"[10].

Ya en 1912, el desconcertante Sorel admiraba a Mussolini (aún socialista), calificándole de *condottiere* (líder) que un día «saludaría a la bandera italiana con su espada». Seis años más tarde, acabada la guerra, no dudaría en denominarle «genio de la política». Por su parte, el líder italiano le considerará su padre espiritual. La matriz ética soreliana fue bienvenida por el *Duce* para su propuesta fascista, deseoso de buscar, así, un respetable linaje intelectual. "Solo la violencia, solo la lucha contra la democracia, permitirán que el proletariado cumpla su misión histórica", llegará a afirmar un joven Mussolini. Es precisamente este aspecto el que unirá a todos los disidentes que se reunirán para fundar el fascismo (futuristas, *sorelianos* y nacionalistas incluidos). Estos inconformistas subvertirán el orden establecido, ideológico, moral e incluso estético. La violencia –según el futurista Marinetti, por ejemplo– era «portadora de futuro».

---

[10] Cfr. Georges SOREL: *Reflexiones...*, pp. 362, 364, 371-372.

LA VIOLENCIA COMO INSTRUMENTO POLÍTICO

Benito Mussolini exaltará la violencia fascista organizada, «moralísima, sacrosanta y necesaria», invitando a evitar la violencia esporádica, individual e indisciplinada[11]. Su mensaje era rotundo en 1920:

> "Los bellos discursos son inútiles. La realidad es esta: el Partido Socialista es un ejército ruso acampado en Italia. Contra este ejército extranjero, los fascistas han emprendido la guerrilla y la conducen de una manera excepcionalmente seria. Los fascistas son la mejor, la más impetuosa, la más valiente, la más lozana juventud de Italia"[12].

Al respecto de la justificación de la violencia, no hay que olvidar que, igualmente, el darwinismo social de finales del siglo XIX subrayaba sin ambages el valor positivo y terapéutico de la violencia, afirmando que una cierta cantidad de combate contribuía a la buena salud de la nación (otra afirmación virtualmente nihilista de Marinetti era que la guerra era "la única higiene de las naciones"). Esta exaltación de la violencia siempre guardará relación con otro concepto: la exageración de la virilidad, del principio masculino en todos los aspectos.

Militarizar la política fue una tendencia fascista plasmada en el protagonismo que adquirieron sus milicias en todo el entramado del movimiento. La utilización de insignias, de uniformes y de lemas enfatizaba y reforzaba el sentimiento de identidad nacional y de lucha, articulado en torno al *ethos* militar, y referido a la experiencia

[11] «El fascismo esta pronto a sostener la lucha violenta contra las violentas formas de lucha de los partidos antinacionales. [...] La violencia no debe ser ciega ni inconsciente». Cfr. Benito Mussolini, "El Partido Fascista", *Il Popolo d'Italia*, 12 de noviembre de 1921.

[12] Cfr. Benito Mussolini, "La masacre del Palacio D'Accursio", *Il Popolo d'Italia*, 23 de noviembre de 1920. El primer episodio violento fascista, significativo por su impacto y resonancia, fue el incidente en el Palacio D'Accursio de Bolonia, acaecido el 21 de noviembre de 1920, erigiéndose como esquema de actuación que se repetirá en numerosas ciudades italianas. Los asistentes a la toma de posesión del recién elegido alcalde socialista boloñés se encontraron de repente en medio de un tiroteo entre milicianos fascistas y carabineros. En los combates también participaron militantes socialistas, arrojando bombas de mano desde las ventanas del palacio. En total, murieron diez personas, todos del bando socialista, resultando heridas otras 58. En el interior del palacio fue asesinado el concejal nacionalista Giulio Giordani.

del «combate junto a camaradas» vivido con cierta nostalgia por los excombatientes de la Primera Guerra Mundial (grupo importante en las filas fascistas).

No obstante, el «partido-ejército», las milicias de partido, no fue un descubrimiento fascista, sino algo inherente a la tradición jacobina y característica propia de los movimientos de extrema izquierda (también de la derecha radical, como el caso de *Action Française*). En España, por ejemplo, los grupos paramilitares predominantes que practicaron la violencia callejera fueron los de la izquierda revolucionaria. A este respecto, según el historiador Stanley G. Payne:

> "Todos los movimientos revolucionarios de masas han iniciado y practicado la violencia en mayor o menor medida, y probablemente sea imposible llevar la violencia a mayores extremos de lo que han hecho algunos regímenes leninistas, que han practicado, como decía uno de los viejos bolcheviques, la «compulsión infinita»[13]".

Hablar de violencia enlaza con otro concepto: la guerra. En el cuerpo ideológico fascista la guerra adoptó un papel determinado, porque suponía la prueba de las capacidades movilizadoras del nacionalismo, además de constatar el poder del Estado, que se convertía en la plasmación de la unidad nacional y que se apoyaba en la unidad espiritual del «pueblo». La guerra era concebida como situación revolucionaria destinada a ejercer de partera de la nueva sociedad, demostrando la capacidad de sacrificio del individuo en beneficio del grupo, articulando valores como unidad, jerarquía, liderazgo (del *Duce*, en última instancia), educación y propaganda al servicio del poder. La guerra facilitaba la renovación moral y espiritual, entorno donde lo más noble del ser humano (y de la sociedad) podía expresarse, como afirmaba Sorel. Desde esta perspectiva, y con esta mezcolanza de rebelión, renovación, energía, ímpetu y violencia, era inevitable que sindicalistas, *sorelianos*, nacionalistas y futuristas llegaran a encontrarse.

---

[13] Cfr. Stanley G. Payne, *El fascismo*, Madrid, Alianza, 2014, pp. 22, 23, 66 y 110.

REALISMO TÁCTICO POLÍTICO

Pero no hay que olvidar que, pese a la retórica bravucona de Mussolini, quien no vacilará en afirmar que Italia estaba en continuo estado de guerra, cuando se haga con las riendas políticas italianas, su inversión en gasto militar no será nunca importante (de ahí la falta de preparación con la que Italia entró en la Segunda Guerra Mundial), en gran parte condicionada por la economía mixta y semiautónoma del régimen a partir de 1922.

A finales de ese mismo año, una vez activado decididamente el proceso para conquistar el poder, Mussolini supo convencer a la vieja clase política, acentuando al máximo las intenciones liberales recientemente incorporadas por su movimiento fascista. En la vía política, actuando con rapidez, se encontraba como pez en el agua, jugando con las rivalidades y ambiciones personales de los líderes políticos del momento, sin exclusiones. Su táctica no fue otra que encender el fuego para dejar que otros se quemaran las manos e intervenir luego como pacificador por encima de las partes. Ofreciéndose a colaborar con todos, Mussolini podía esperar que los tiempos se aceleraran y la situación se precipitara. Era un experto en el arte de combinar demagogia y moralismo. También aquí seguía al pie de la letra, ni más ni menos, lo que Sorel, su «padre espiritual», ya había indicado:

> "Todo es cuestión de mesura, de apreciaciones y de oportunidad: se precisa mucha finura, tacto y sosegada audacia para llevar a término semejante diplomacia: hacerles creer a los obreros que se es el abanderado de la revolución; a la burguesía, que se contiene el peligro que la acecha; y al país, que se representa una corriente de opinión irresistible"[14].

Fue en Nápoles, el 24 de octubre de 1922, durante la gran concentración que precedió a la Marcha sobre Roma, cuando el discurso de Mussolini se liberó de máscaras y de ambages, revelando a la multitud

[14] Cfr. Georges Sorel, *Reflexiones…*, pp. 130.

que los fascistas no entrarían en modo alguno a formar parte del gobierno por la «puerta de servicio». Fue significativa la presencia del filósofo Benedetto Croce entre los asistentes, aplaudiendo la alocución del aclamado líder fascista desde el balcón del teatro San Carlo. Pero la clave del discurso estaba aún por venir. Un guiño en toda regla a Sorel:

> "El problema, no entendido en sus términos históricos, se impone y se convierte en un problema de fuerza. Después de todo, todas las veces que en la historia se determinan fuertes contrastes entre intereses e ideas, es la fuerza la que en última instancia decide. Esta es la razón por la que hemos reunido, potentemente encuadradas y férreamente disciplinadas, a nuestras legiones, porque si nuestra petición debiera decidirse sobre el terreno de la fuerza, la victoria nos tocaría a nosotros. [...] La democracia cree que los principios son inmutables en cuanto se pueden aplicar en cualquier época, lugar y situación. Si la democracia ha sido útil y eficaz para las naciones del siglo XIX, puede suceder que en el siglo XX exista otra forma política que pueda potenciar mejor la comunión de la sociedad nacional".

ROBERTO ROSSELLINI Y EL CINE DE PROPAGANDA FASCISTA DURANTE LA SEGUNDA GUERRA MUNDIAL

Esmeralda Hernández Toledano
Universidad de Valladolid

INTRODUCCIÓN

Como se ha estudiado profusamente, el cine se convirtió desde sus orígenes a finales del siglo XIX en uno de los mejores instrumentos de propaganda y de control de masas, especialmente en momentos de singular trascendencia como lo es la Segunda Guerra Mundial, donde cada uno de los bandos enfrentados –sobre todo el de los totalitarismos– aprovechará al máximo sus recursos para utilizarlo como medio de propaganda, tanto en el interior como en el exterior del país. Tal era la importancia del potencial del cine en este ámbito en la década de los años treinta y de los cuarenta que unos años antes del conflicto mundial, durante la inauguración de los estudios Cinecittà en 1937, el dictador italiano Benito Mussolini se había referido al cine como "el arma más poderosa" delante de las cámaras, y cuyas palabras fueron después impresas en grandes carteles que se pegaron por toda Italia. Si bien es cierto que, en comparación con otros países que participaron en la guerra (como es el caso de Estados Unidos o Alemania), el núcleo de películas italianas de propaganda bélica y fascista será más bien discreto, a pesar de que durante los años de la dictadura fascista se llegaron a rodar más de setecientas películas. Sin embargo, según un estudio del profesor Ricardo Reddi, solo un número muy pequeño del total de estas películas pueden considerarse plenamente fascistas[1].

[1] Ricardo Reddi, "Cinema italiano sotto il fascismo", Marsilio Editore, Pesaro, 1976 en Á. Quintana. *Roberto Rossellini,* Madrid, Cátedra, 1995, p. 40.

EL CINE ITALIANO DURANTE LA DICTADURA FASCISTA

A finales de los años treinta, cuando Roberto Rossellini comience a filmar sus primeros cortometrajes junto a su hermano pequeño Renzo (quien después será el compositor principal de gran parte de las bandas sonoras de sus películas), el cine italiano es plenamente autárquico y se haya controlado por el aparato político, al igual que en muchos otros países. Un caso paradigmático será el de la Alemania nazi a través del poderoso Ministerio de Propaganda, dirigido desde 1933 por Joseph Goebbels. En cuanto al cine italiano, el control social se ejercía entonces, entre otros mecanismos, a través de la censura cinematográfica desde la Direzione Generale de Cinematografía, creada en 1934 con el "propósito de controlar, sin posibilidad de evasión todas las actividades del cine, con la autoridad, competencia y medios necesarios para regular, inspirar, dirigir, y cuando sea preciso premiar o castigar todas las manifestaciones, iniciativas y resultados en el ámbito cinematográfico italiano"[2]. Unos años antes, el 31 de diciembre de 1929, el papa Pio XI había publicado la encíclica *Divini Illius Magistri*, en donde acusaba al cine de ser perjudicial para la juventud y donde pedía que se hiciese un cine moral, moralizante y educativo, así como el rígido control del mismo: "es, por tanto, una de las necesidades supremas de nuestro tiempo vigilar y trabajar con todo esfuerzo para que el cinematógrafo no siga siendo escuela de corrupción, sino que se transforme en un precioso instrumento de educación y de elevación de la humanidad"[3].

Es en este ambiente, cuando Hollywood –en 1934– comenzó a aplicar el estricto código Hays que establecía lo que era moralmente aceptable en la pantalla y que estuvo vigente durante más de tres décadas, hasta 1967. Por su parte, la Italia de Mussolini seguirá esta misma política y cuatro años más tarde, en 1938, impondrá la Ley Alfieri, dictada por Dino Alfieri, entonces ministro de cultura, que instauraba la censura, otorgando al gobierno el derecho exclusivo de distribuir cine extranjero, y que más tarde establecerá coproducciones

---

[2] José Luis Sánchez Noriega: *Historia del cine. Teorías, estéticas, géneros*, Alianza Editorial, Madrid, 2018, p. 330.

[3] Ibídem, p. 331.

con los regímenes afines de Madrid y Berlín. Un año después de ser promulgada la Ley Alfieri se declarará el monopolio estatal de las películas extranjeras, haciéndose cargo el ENIC (Ente Nazionale Industrie Cinematografiche), que se encargaba de la distribución cinematográfica. El Estado se convirtió de esta forma en propietario de una industria de ciclo completo (estudios, revelado e impresión, producción, distribución salas cinematográficas, etc.); este monopolio culminó con la partida de suelo italiano de las grandes productoras americanas en ese mismo año: hasta el fin de la guerra en 1945 los italianos solo podrán ver cine autóctono.

Precisamente, para ayudar a instaurar este cine de Estado se crearon también los Estudios Cinecittà, el Centro Experimental de Cinematografía (del que mucho después será director el propio Rossellini), el ya mencionado ENIC y los laboratorios *Luce*, iniciando "un plan orgánico de reestructuración y de potenciación del sector"[4]. En cuanto a los estudios *Cinecittà*, estos serán muy importantes durante las siguientes décadas, especialmente para el neorrealismo italiano, paradójicamente, pero también para el cine nacional posterior, jugando un papel de gran importancia en la formación de técnicos y realizadores. Ubicados en Roma, fueron inaugurados por el propio Mussolini –como mencionábamos al comienzo–, en un intento de afirmar la primacía y la unidad romana en el cine italiano por encima de otros centros potentes en aquel momento como eran Milán o Turín, pero también intentando competir con la todopoderosa industria hollywoodiense. Por su parte, el Centro Experimental fue inaugurado dos años antes que los estudios, en 1935, sucediendo de esta manera a la Academia de Santa Cecilia, que había sido fundada por el cineasta Alessandro Blasetti. El objetivo de esta nueva institución era precisamente formar profesionales del cine que después pasarían a trabajar a los estudios Cinecittà, poniendo en práctica todo lo aprendido en el Centro Experimental. A pesar de que fue fundado para mayor gloria del cine fascista, lo cierto es

[4] Michel Conforti y Gianni Massironi: El modo de producción del neorrealismo. En Lino Micicchè (recopilador). *Introducción al neorrealismo cinematográfico italiano (I)*, Publicaciones del Archivo Municipal del Exmo. Ayuntamiento de Valencia, Valencia, 1982, pp. 70-74

que el Centro "sólo siguió aparentemente el camino que le había trazado el régimen. En resumidas cuentas, fue la encrucijada en la que se encontraron ideas y hombres que crearían un nuevo cine"[5].

Durante estos años de dictadura fascista y de censura, el cine se había dividido en varios géneros predominantes: como el pseudohistórico, las llamadas comedias de teléfonos blancos o los films caligráficos. Todos estos géneros tenían algo en común: forzaban "una imagen optimista de la realidad"[6] y estaban influidos por las teorías estéticas de Giovanni Gentile[7], que sostenía que "el cine es parecido al sueño, que no tiene, ni quiere tener, ninguna relación con la realidad"[8]. Este cine también abogaba por el orden, la solidez y la claridad, conceptos desarrollados por el mismo Gentile. Se trataba, en definitiva, de una especie de estética sin ética. Una de las películas paradigmáticas de este momento que puso en práctica todas estas teorías fue *Scipione, l'Africano* (1937) de Carmine Gallone, ejemplo de péplum mudo y grandilocuente.

Sin embargo, a finales de los años treinta, desde algunos círculos intelectuales se abrió un debate sobre el cine fascista: para ellos el cine no era un mero instrumento de entretenimiento, sino que debía mostrar la realidad y no aislarse del mundo, tal y como estaba haciendo el cine italiano del momento. Por ello comenzaron a alzarse voces que pedían la vuelta al cine de las formas realistas del siglo XIX, como el naturalismo o el verismo italiano. En este debate tuvieron especial importancia Umberto Barbaro[9], que tradujo las teorías de los directores soviéticos Sergei M. Eisenstein y Vsévolod Pudovkin y que reivindicaba un cine de carácter realista, y Luigi Chiarini[10], que se oponía frontalmente al cine de evasión predominante en Italia. También fue de especial interés el debate generado en el seno de la revista *Cinema*, fundada en 1936, y de la que Vittorio Mussollini, hijo

[5] Patrice G. Hovald: *El neorrealismo y sus creadores*, Rialp, Madrid, 1962, p. 48.

[6] Ángel Quintana: *El cine italiano, 1942-1961: del neorrealismo a la modernidad*, Barcelona, Paidós, 1997, p. 49.

[7] Filósofo y escritor italiano muy cercano al fascismo, que fue Ministro de Educación y miembro del Consejo General Fascista.

[8] Ángel Quintana: *El cine italiano, 1942-1961*, *op. cit.*, p. 178.

[9] Crítico cinematográfico y ensayista italiano.

[10] Crítico, teórico y director de cine. Fundador del Centro Experimental de Cinematografía y de la Revista *Bianco e Nero*.

mayor del dictador, será más tarde director. No obstante, la revista acabará convirtiéndose en el refugio de todos aquellos que creían en un nuevo cine realista. Estos debates dieron lugar a dos corrientes cinematográficas: por un lado, el ya citado caligrafismo (cuyos principales representantes de esta corriente fueron: Mario Soldati, el ya mencionado Carmine Gallone, Mario Camerini o Raffaello Matarazzo) y, por otro, el retorno al verismo, que solo unos años después desembocará en el importante movimiento neorrealista, y del que también Rossellini será protagonista indiscutible.

ROBERTO ROSSELLINI Y SUS COMIENZOS EN EL CINE

En cuanto a Roberto Rossellini, figura en la que nos centraremos este trabajo, su cine será completamente opuesto a estos postulados del cine como evasión y alejado de la realidad, a pesar de que sus tres primeros largometrajes formarán parte del soporte ideológico propagandístico del Estado italiano después de su entrada en la Segunda Guerra Mundial, aunque con diferencias fundamentales con respecto al resto de películas de este tipo, como podremos ver a lo largo del artículo.

Hoy en día, el director romano es considerado uno de los realizadores más importantes del séptimo arte. Fue padre espiritual del neorrealismo italiano, movimiento que terminó siendo uno de los primeros pasos hacia la modernidad cinematográfica; modernidad en la que precisamente Rossellini entrará de lleno con el film *Viaggio in Italia* (1954) –la última de las seis películas que filmó con Ingrid Bergman, quien por entonces era su esposa–, y donde planteará "un método nuevo de observación de la realidad que puso en entredicho las principales teorías del neorrealismo social"[11]. Fue también, por lo tanto, el inspirador de muchos de los cineastas que vinieron después: el caso paradigmático fue el de los jóvenes directores y críticos de la *Nouvelle Vague* y de *Cahiers du Cinema*, quienes supieron apreciar sus películas desde muy temprano, como comentaría el propio

[11] Ángel Quintana: *Roberto Rossellini*, Cátedra, Madrid, 1995, p. 58.

François Truffaut años después: "cada vez que Rossellini venía a París nos visitaba y se hacía proyectar nuestros films de aficionados, leía nuestros primeros guiones... Él ha sido el primer lector de *Beau Serge* y de *Les quatre cents coups*"[12]. Este reconocimiento de los nuevos cineastas franceses era aún más importante si cabe por el hecho de que en aquel momento crítica y público rechazaban sus películas, especialmente en su país natal donde se le acusaba de estar haciendo un cine de involución.

Rossellini había nacido el 8 de mayo de 1906 en el seno de una de las familias romanas más ricas. Su padre era un importante arquitecto y diseñó –entre otros muchos proyectos– los cines Barberini en 1918, la sala más grande y moderna de la capital italiana, y que después tendrá gran importancia en la decisión de su hijo de dedicarse al cine. "Llegué al cine un poco por casualidad y un poco por vocación. Mi padre era muy rico. [...] Había construido el primer cine moderno de Roma. Yo tenía acceso libre y vi allí una gran cantidad de películas que marcaron mi vida"[13].

El director romano, al igual que todos los niños italianos de su edad, fue educado bajo el fascismo y bajo el fascismo comenzará a interesarse por el mundo del cine. Con dieciséis años, mientras se dedicaba a dilapidar la herencia familiar –tras la prematura muerte de su padre–, el 31 de octubre de 1922, el rey Víctor Manuel III encargaba la formación de gobierno a Benito Mussolini, que días antes habían llegado a la capital italiana con sus camisas negras en la famosa Marcha sobre Roma. Cuando muchos años después al director italiano le preguntaron en una entrevista acerca de Mussolini y del fascismo, esta fue su contestación, evocando cómo vivió el día en que el dictador anunció el primer gobierno fascista, cuando el futuro director era un adolescente: "Era el atardecer y los reflectores que daban a la Via Calabria iluminaban toda la calle. Abajo se encontraban los camisas negras y Mussolini anunció el primer gobierno fascista. Nosotros, los niños, estábamos en la ventana alegres y excitados. Mi

[12] José Luis Guarner: "Roberto Rossellini: un realizador a debate". En Lamet, P.M y Pelayo, A, *XI Conversaciones Internacionales de cine*, Editorial Sever-Cuesta, Valladolid, 1971, p. 85.

[13] Ibídem, p. 88.

padre regresó, puso la llave en la cerradura, abrió, y ni siquiera miró lo que estaba sucediendo en la calle. Después dijo: Niños, acordaos que el color negro esconde siempre la suciedad"[14].

Tiempo después de estos hechos, Rossellini entablará contacto con algunas figuras cercanas al poder, como era el caso de su amistad con el primogénito del dictador italiano, Vittorio Mussolini, quien llegará a firmar el guion de una de sus películas. A pesar de ello, y de su incursión en el cine fascista oficial, siempre pareció mostrar una actitud despreocupada hacia la política, y será solo durante la ocupación alemana de Italia cuando comience a tomar conciencia de los crímenes del fascismo, lo que dará lugar a su trascendental trilogía neorrealista: *Roma, città aperta* (1945), *Paisà* (1946) y *Germania, anno zero* (1948), testimonios particularmente lúcidos de la Europa en guerra y en la inmediata posguerra y filmadas literalmente sobre las ruinas del fascismo y del nazismo. Más tarde también se referirá al fascismo como una época oscura: "Los años del fascismo fueron veinte años de oscuridad total, porque era no saber nada. [...] No existía la menor dialéctica"[15]. Después de estas declaraciones, pocas veces más volvería a pronunciarse sobre este tema a lo largo de toda su vida, pero siempre lo hizo de una manera crítica con el fascismo.

Poco antes de su primera participación en un largometraje a finales de los años treinta, el futuro director había construido en su villa de Ladispoli –cerca de Roma– unos pequeños estudios, donde realizó cortometrajes amateurs con su hermano Renzo con la intención de aprender el oficio. En total fueron seis cortometrajes los que llevaron a cabo en esta época: *Daphne* (1936), *Prélude à lé après-midi d'un faune* (1937), *Fantasie Sottomarina* (1936, para Genepesca), *Il tacchino prepotente* (1939), *La Vispa Teresa* (1939) e Il *ruscello di Ripasottile* (1940), sobre los que años más tarde se pronunciaría el director: "[...] Mis primeras ejercitaciones han sido unos documentales. Los preparaba con la ayuda y los preciosos consejos de mi hermano Renzo que ya trabajaba como crítico musical y compositor de bandas

[14] D. Maraini: "E tu chi eri? Interviste sull'infanzia", Bompiani, Milán, 1973. En Ángel Quintana: *Roberto Rossellini*. Madrid, Cátedra, 1995, p. 24.

[15] Roberto Rossellini y José Luis Guarner: *Un espíritu libre no debe aprender como esclavo: escritos sobre cine y educación,* Ed. Gustavo Gili, Barcelona, 1979, p. 130.

sonoras. *El Prélude à l'après-midi d'un faune* no es un ballet visual como podría creer quien no lo ha visto. Es un documento sobre la naturaleza como lo eran *Ruscello di Ripasottile* y *Fantasia sottomarina*. Me interesaban la serpiente en el agua, la libélula que volaba. Una sensibilidad minimalista atenta a los elementos pequeños humildes como los perritos de la cubierta de *La nave bianca*[16]", película a la que más tarde nos referiremos por ser la primera de su trilogía de propaganda fascista, aunque puede considerarse el punto de partida de un "estilo de constatación"[17].

Es, por tanto, en los años inmediatamente anteriores a la Segunda Guerra Mundial cuando Roberto Rossellini aprenderá el oficio de cineasta, tras la muerte de su padre y la rápida disolución de la herencia familiar, a través de diversos trabajos en el mundo del cine (antes de convertirse en director, trabajó también en doblaje, montaje y sonido, y también escribió algunos guiones desde el anonimato), teniendo especial relevancia su participación como responsable de segunda unidad en el rodaje de *Luciano Pilota Serra* (1938) dirigida por Godoffredo Alessandrini, y donde parece que Rossellini volverá a filmar muchas de las secuencias rodadas previamente por Alessandrini, además de algunas de las escenas interiores en Roma.

Es, por tanto, en 1938, mientras seguía rodando cortometrajes, cuando finalmente acabó uniéndose al llamado cine oficial: "en aquel tiempo el cine italiano era fascista de los pies a la cabeza. Desfilaba en camisa negra, con la bandera ondeando al viento y en los labios algún himno marcial. Recurrí a toda mi habilidad para realizar filmes sin caer prisionero de ese sistema. Evidentemente, tuve que hacer contorsiones extraordinarias. Al final me hice tan fuerte, flexible y escurridizo como una anguila"[18]. A pesar de estas declaraciones, seguramente la realidad fuera mucho más compleja de lo que llegó a admitir el director tiempo después.

---

[16] Giuseppe Isani: *Film di questi giorni,* Cinema IV, 2006, pp. 127: 236.
[17] José Luis Guarner: *Roberto Rossellini: un realizador a debate..., op. cit.*, p. 35.
[18] Hélenè Freppat. *Roberto Rossellini*, Editorial El País; Cahiers du Cinema, Madrid, 2007.

ROBERTO ROSSELLINI Y EL CINE FASCISTA

Aunque, como ya hemos visto, Rossellini llevaba ya varios años trabajando dentro del mundo del cine, no será hasta 1942, con el país en plena guerra, cuando tenga la oportunidad de dirigir el que se convertirá en su primer largometraje. El ejército italiano de tierra, de aviación y de marina tenían un potente servicio cinematográfico que proporcionaba material filmado al *Istituto Luce*, productora de los noticiarios propagandísticos para el cine, "que se convertían en enérgicos vehículos de propaganda"[19]. En este ámbito, el departamento militar más activo pertenecía al Ministerio de la Marina, debiéndose gran parte del mérito a la pericia cinematográfica de su director, el capitán fascista Francesco De Robertis, que tendrá una influencia capital en el cine de Rossellini, como veremos a continuación.

Como podemos observar, la figura del director estará marcada durante toda su carrera por la contradicción, escapando su filmografía a cualquier tipo de etiqueta. Un hecho que demuestra tal afirmación es que fue el director de *Roma, città aperta*, donde denunciaba las barbaridades del nazismo y la heroicidad de la resistencia italiana y de quienes lucharon por escapar del fascismo, pero también lo fue de una trilogía para mayor gloria del ejército del régimen, siendo esta la "contradicción original de toda su carrera", en palabras del profesor Ángel Quintana, que ha estudiado en profundidad la obra del cineasta en diversos libros y artículos[20].

Sin embargo, a pesar de la importancia que puedan tener estas primeras películas propagandísticas, pocos autores se han interesado por este periodo de la filmografía del director italiano, y quienes lo han hecho lo han visto: o bien como pretexto para atacar su figura, por estar todas ellas al servicio de la ideología fascista, o bien como germen de lo que será su cine posterior, suavizando, en este caso, su colaboración con el cine oficial. Aunque bien es

---

[19] Gianni Rondolino. "Rossellini", UTET, Torino, en L. Longhi, La nave blanca (Roberto Rosselini, 1941), que sana las camisas negras, *Revista de Filología Románica,* 149, 2016, vol. 33, Número Especial, p. 39.

[20] Ángel Quintana: *Roberto Rossellini…*, *op. cit.*, p. 39.

cierto que podemos considerar esencial esta etapa para entender su evolución metodológica y su intento de acercamiento a la realidad a través de distintas técnicas –como la desdramatización o una estética cercana al documental– que ya comenzaremos a observar en estas primeras películas. Como nos recuerda el ya mencionado Ángel Quintana: "si consideramos que en la obra de Rossellini hay una evolución metodológica que se inicia en los films rodados durante el fascismo –donde el cineasta empieza a participar de una dialéctica entre realidad-ficción– y que culmina durante los años de su etapa didáctica –cuando encuentra una nueva dialéctica entre representación-información–, veremos cómo es fundamental hacer una aproximación a los años fascistas"[21].

En sus primeros films, por tanto, deja entrever una personalidad distinta a la de los demás directores italianos de la época: "si se consideran esas tres películas sin prejuicios, en sí mismas, se verá que revelan una personalidad distinta con relación al cine italiano de su momento"[22]. Estos rasgos tan novedosos se deben precisamente a la influencia que en él tuvo Francesco De Robertis, que ya había rodado poco antes un film sobre la vida de los soldados en un submarino: *Uomini sul fondo* (1941), donde percibimos características que estarán muy presentes en el cine posterior de Rossellini y donde se mostraba con toda su crudeza la dura vida de los soldados. De Robertis se convertirá en portavoz del llamado "cine directo", "que usará exclusivamente actores no profesionales, y que era más realista y estaba más próximo al documental que a las películas de ficción"[23]. También renunciará a las formas clásicas del dramatismo, utilizando para este fin técnicas como la elipsis o la narración antiliteraria y anteponiendo la idea a la forma, como más tarde hará también su discípulo. En palabras del propio Rossellini: "lo importante son las ideas, no las imágenes, basta con tener las ideas muy claras y encontraremos la imagen más directa para expresar una idea"[24].

---

[21] Ibídem, p. 39.
[22] José Luis Guarner: *Roberto Rossellini*, Fundamentos, Madrid, 1985, p. 23.
[23] Ibídem, p. 13.
[24] Hoveyda Fereydoun y Jacques Rivette, "Entretien avec Roberto Rossellini, Cahiers du cinema"..., *op. cit.*

Jean Antoine Gili, crítico francés, en su libro sobre el cine y el fascismo italiano, se pronunció sobre la influencia que tuvo De Robertis en el cine de Rossellini: "[...] es más probable que fuese De Robertis quien influyera a Roberto Rossellini durante el rodaje de *La Nave Bianca*... La tendencia a rodar un film auténtico, casi documental y no retórico era una característica de De Robertis, era algo innato en él. Este oficial de la Marina, este documentalista, ayudó mucho al neorrealismo"[25]. También Vito Zagarrio[26], historiador de cine italiano, insiste en que hay que considerar a De Robertis un pionero, un precursor del nuevo clima cinematográfico posbélico, a pesar de su declarada afiliación ideológica al fascismo. Ello, nos dice, "debería suscitar una reflexión sobre el cine italiano entre finales de los años treinta y principios de los cuarenta: una filmografía suspendida en un limbo donde confluyen fascismo y neorrealismo, modernidad y conservadurismo, realismo y géneros"[27].

LA "TRILOGÍA FASCISTA" DE ROSSELLINI

El éxito que había tenido *Uomini sul fondo*, estrenada a principios de 1941, convenció a la productora italiana Scalera Film para apoyar los dos siguientes proyectos de Francesco De Robertis: *La Nave Bianca* y *Alfa Tau!* La intervención de esta productora permitirá ampliar el proyecto de *La Nave Bianca*, por lo que el consecuente aumento de trabajo para De Robertis y una repentina enfermedad del director obligarán a la productora a buscarle rápidamente un colaborador, siendo Rossellini el elegido para ser el director del nuevo film, aunque conservando en su mayor parte el guion original. *La Nave Bianca* es, por tanto, el primer largometraje que Rossellini tenga la oportunidad de dirigir, aunque décadas después aún no resulta fácil saber hasta qué punto esta obra pertenece también a su maestro, especialmente

[25] Jean A. Gili.: *Lé cinema italien à l'ombre des faisceaux*, Institut Jean Vigo, Perpignan, 1990.

[26] Vito Zagarrio: *Cinema e Fascismo. Film, modelli, immaginari.* Marsilio, Venezia, 2004, p. 192.

[27] Ludovico Longhi, La nave blanca (Roberto Rosselini, 1941), que sana las camisas negras. *Revista de Filología Románica*, 149, 2016, vol. 33, Número Especial, pp. 141-149.

la parte melodramática. De hecho, el propio Rossellini hizo las siguientes declaraciones muchos años después del estreno de la película: "en la copia que circula medio film no es mío. [...] Toda la batalla naval es mía, pero la parte sentimental la rodó De Robertis, que era el director del Centro Cinematográfico de la Marina, que me había perdido un cortometraje sobre un barco hospital"[28].

En este primer film propagandista (el tercero producido por el Centro Cinematográfico de la Marina) se abordaba de manera casi documental el trato que recibían los heridos de guerra en las naves hospitales del Ministerio de Defensa italiano, quedando patente su voluntad de acercarse al documental durante todo el metraje. Aunque tiene gran cantidad de elementos retóricos y melodramáticos (especialmente aquellos que tienen que ver con la relación amorosa del protagonista y una de las enfermeras), sí que podemos ver en ella una voluntad didáctica y de acercamiento a la realidad, características de todo el cine posterior del director romano. El film tuvo un gran éxito de público y de crítica: ganó la Copa del Partido Nacional Fascista (premio especial del jurado) en la IX edición del Festival de Venecia y los jóvenes críticos de la revista *Cinema* lo acogieron como una nueva forma de hacer cine inspirada en el documental: "un film donde las originarias intenciones propagandísticas se subliman en las formas del arte y de la belleza"[29].

Además, ya en esta película podemos entrever otro de los rasgos característicos del cine de Roberto Rossellini, centrándose en la vida cotidiana de los marinos a bordo a través del concepto de la "*atessa*" o espera, técnica que utilizaba el director y a través de la cual se intentaba llegar a la verdad mediante una revelación final que cambiaba el sentido del film. Para Rossellini era esta "*atessa*" lo esencial del relato cinematográfico: "toda solución nace de la espera. Es la espera la que nos hace vivir, es la espera la que nos encadena a la realidad, es la espera la que –después de la preparación–, nos ofrece la liberación"[30], y que alcanzará su forma más pura en el film ya mencionado de los

[28] José Luis Guarner: "Roberto Rossellini: un realizador a debate"..., *op. cit.* p. 86.
[29] Gianni Isani, Film di questi giorni, *Cinema IV*, 1941, p. 123.
[30] Mario Verdone y Roberto Rossellini: (1952): "Colloquio sul Neorealismo", *Bianco e Nero* XIII, 2, p. 16.

años cincuenta *Viaggio in Italia* (1954), cuando los dos protagonistas –Ingrid Bergman y George Sanders– deambulen entre las ruinas de Pompeya en una película en la que Rossellini apenas hará uso del guion. El propio director italiano también se pronunciará sobre esta primera película *(La Nave Bianca)* y la relación que tendrá con su cine posterior: "Dejo a otro decidir si el neorrealismo se ha dado a conocer de forma más universal con *Roma città aperta*. Yo creo que el origen de la nueva sensibilidad es anterior. Pienso en un grupo de documentales novelizados, entre los cuales está mi primer largometraje *La nave bianca*"[31].

En cuanto a la propaganda fascista presente en el film, son tan pocos los elementos propagandísticos que aparecen a lo largo del mismo (por ejemplo: se escucha a los oficiales y a los marineros pronunciar eslóganes fascistas como "¡Viva el rey!" o "¡Saludos al duce!", en las paredes aparece el retrato del dictador, aparece pintado el famoso lema mussoliniano "el que duda está perdido", etc.), que fácilmente se podrían interpretar como un intento por parte de Rossellini de reconstrucción de la realidad de la vida italiana en aquel momento. Sin embargo, sí que está impregnada toda ella por la defensa de valores tradicionales como la abnegación de la mujer a través del personaje femenino principal.

Tras el éxito de *La Nave Bianca*, logra establecerse en el cine oficial y rodar su segundo largometraje de la trilogía fascista, *Un Pilota Ritorna* (1942), que permaneció perdida hasta hace pocos años y sobre la que el director nunca se pronunció públicamente, por lo que los estudios sobre la misma son aún más escasos que sobre el resto de sus películas de corte fascista. Lo que sí sabemos es que este film parte de una idea original de Vittorio Mussollini, quien utilizará el pseudónimo de Tito Silvio Mursino en los créditos iniciales. También aparece como guionista Michelangelo Antonioni, por entonces un joven colaborador de la revista *Cinema*. La intención propagandística del film era que el público italiano conociera los sacrificios de

[31] Ibídem, pp. 7-16.

los aviadores por la patria a través de la historia de un piloto que es recluido en un campo de concentración griego del que logra escapar.

La película está dividida en dos partes claramente diferenciadas: la primera de ellas se centra en la instrucción del protagonista en una base militar, aunque a partir de un tratamiento coral de los personajes, como ya haría en su anterior película. La segunda parte se desarrolla en un campo de concentración después de que el personaje principal, interpretado por Massimo Girotti (que un año más tarde será protagonista de *Ossessione*, de Luchino Visconti, y que está considerada por muchos autores como la película fundacional del neorrealismo), sea capturado por el ejército aliado. Rossellini se centrará en esta segunda parte en las relaciones sociales que el personaje establece en el campo de concentración, incluyendo una historia de amor con otra de las prisioneras. Es la capacidad para centrarse en las relaciones humanas y la pericia del director romano para dejar entrever algunas contradicciones de la guerra –a pesar de ser una película de encargo del ejército fascista– lo que más llama la atención de esta segunda película. *Un piloto ritorna*, al igual que las otras dos películas de la etapa fascista de Rossellini, no es un alegato para enaltecer a Mussolini, como cabría espera de una película de propaganda bélica, sino que se convierte, por encima de todo, en un homenaje a quienes lucharon por la patria. Según Guarner, "para algunos estas películas de propaganda: iban a servir más a la idea nacional que a la del partido"[32].

L'Uomo dalla croce (1943), su tercer y último film de propaganda para el régimen, cuenta la historia de un sacerdote fascista cuya misión es evangelizar a los soviéticos en medio de la lucha de las tropas italianas en la URSS en el verano de 1942, por lo que al igual que en *Un piloto ritorna* la acción bélica transcurre lejos de Italia. La película tiene lugar en una granja de un pequeño pueblo donde se refugian varias personas (convertidas en personajes representativos del pueblo), entre ellas el cura protagonista, que debe confortar al resto de personajes. Como podemos leer en un texto impreso al comienzo del film, estaba dedicada "a la memoria

[32] Ibídem, p. 17.

de los curas castrenses caídos en la cruzada contra los sin Dios, en defensa de la patria y el apostolado que permitió encender una luz de verdad y justicia en la tierra de la barbarie"[33]. A pesar de este texto, que no sabemos si fue idea de alguna institución o del propio cineasta, la propaganda está muy desdibujada en él, notándose de nuevo un incipiente humanismo en el tratamiento de los personajes, aunque sí es cierto que, a lo largo de la película, se "ensalza la idea de la superioridad de la moral cristiana frente al pueblo ruso condenado a vivir sin valores"[34] y está aún impregnada de una cierta retórica.

Sin embargo, de los tres films de época fascista, este –rodado solo dos años antes de su primera película plenamente neorrealista– será probablemente el que mejor anuncie el estilo del cine posterior del director italiano, "apuntando las líneas de fuerza por donde transcurrirá su estilo realista"[35]. De hecho, se encuentra, muy cerca en espíritu, paradójicamente, de *Roma, città aperta* al mostrar el sufrimiento del pueblo, que será la principal víctima de la guerra. Curiosamente, también se establecerá un paralelismo entre los finales de ambas películas cuando los dos sacerdotes protagonistas –uno fascista y el otro comunista y colaborador con la resistencia– sean asesinados. Además, Rossellini, como ya hiciera el mencionado De Robertis, hará uso de actores no profesionales (una constante en el neorrealismo y en el cine del director romano). Otro hecho a destacar es que los soviéticos no son presentados por el director como personajes despiadados y sin emociones (habitual en el cine propagandístico de estos años), sino que todos ellos están atravesados por las pasiones propias del ser humano, haciendo hincapié también en lo dramático y horrible de la guerra para ambos bandos, y convirtiéndose en una especie de estudio sobre el sufrimiento humano. Para Rossellini "lo que importa es el hombre. He tratado de expresar el alma, la luz que está en el interior de los hombres, su realidad, que es una realidad absolutamente íntima, sujeta a un individuo"[36].

---

[33] Texto emplazado al principio del film.
[34] Ángel Quintana: *Roberto Rossellini...*, *op. cit.*, p. 52.
[35] José Luis Guarner, *Roberto Rossellini, un realizador...*, *op. cit.*, p. 17.
[36] Ibídem, p. 117.

CONCLUSIONES

Para concluir, después de este recorrido por la etapa fascista del director, nos gustaría resaltar cómo en esta trilogía se pueden apreciar dos hechos que son, a nuestro parecer, fundamentales: primero, cómo desde sus películas en el cine oficial fascista hay unos principios metodológicos (muy distintos a los del cine fascista convencional) que se pueden seguir a lo largo de toda su filmografía –que serán el germen también del movimiento neorrealista– y que irán evolucionando hasta desembocar en su cine de carácter didáctico para televisión de las décadas de los sesenta y setenta, casi tan desconocido como su cine de propaganda fascista, a pesar de que representa casi la mitad de toda su obra cinematográfica. Esta relación con su cine posterior nos obliga a estudiar esta primera etapa siempre teniendo en cuenta el resto de su filmografía, indagando continuamente en las rupturas y continuidades que pueda haber con el resto de sus filmes más tardíos.

Y, segundo, cómo a pesar de tratarse de películas de propaganda bélica encargadas todas ellas por el ejército italiano para su ensalzamiento, Rossellini hará lo posible para que la propaganda quedé muy difuminada en cada una de ellas, concediendo mayor importancia a otros elementos, como el interés por las relaciones que se establecen entre los distintos personajes, el intento de una búsqueda de la verdad, el conocimiento profundo del hombre y su comportamiento o la plasmación de la realidad. Todos estos elementos llevan a que acabe siendo también un tipo de cine profundamente humanista y con escaso rastro de una retórica propiamente fascista, así como de un enaltecimiento del régimen o de la guerra. Al contrario, Rossellini se centrará en cada una de ellas en el sufrimiento causado por el conflicto mundial en todos los hombres. Aunque sin que por ello olvidemos que dichas películas fueron encargos del Gobierno fascista aceptados por el director cuando su país se hallaba en plena guerra mundial.

FICHA TÉCNICA *LA NAVE BIANCA*
Título original: La nave bianca
Año: 1941
Duración: 77 min.
País: Italia
Dirección: Roberto Rossellini
Guion: Francesco De Robertis, Roberto Rossellini
Música: Renzo Rossellini
Fotografía: Giuseppe Caracciolo (B&W)
Reparto: Augusto Basso, Elena
Productora: Centro Cinematografico del Ministero della Marina, Scalera Film

FICHA TÉCNICA *UN PILOTO RITORNA*
Título original: Un pilota ritorna
Año: 1942
Duración: 87 min.
País: Italia
Dirección: Roberto Rossellini
Guion: Michelangelo Antonioni, Roberto Rossellini, Rosario Leone, Margherita Maglione, Massimo Mida. Historia: Vittorio Mussolini. Diálogos: Ugo Betti
Música: Renzo Rossellini
Fotografía: Vincenzo Seratrice (B&W)
Reparto: Massimo Girotti, Michela Belmonte, Gaetano Masier, Elvira Betrone, Nino Brondello, Piero Lulli, Giovanni Valdambrini, Piero Palermini, Jole Tinta
Productora: Alleanza Cinematografica Italiana (A.C.I.)

FICHA TÉCNICA *L'UOMO DALLA CROCE*
Título original: L'uomo dalla croce
Año: 1943
Duración: 72 min.
País: Italia
Dirección: Roberto Rossellini
Guion: Alberto Consiglio, Giovanni D'Alicandro, Asvero Gravelli, Roberto Rossellini

Música: Renzo Rossellini
Fotografía: Guglielmo Lombardi (B&W)
Reparto: Alberto Tavazzi, Roswita Schmidt, Attilio Dottesio, Doris Hild, Zoia Weneda, Antonio Marietti, Piero Pastore, Aldo Capacci, Franco Castellani, Gualtiero Isnenghi, Antonio Suriano, Marcello Tanzi

LA PRENSA FASCISTA

Carlos Gregorio Hernández Hernández
Universidad CEU San Pablo, CEU Universities

El fascismo nació alrededor de un periódico como *Il Popolo d'Italia* y bajo el impulso de un periodista como Benito Mussolini, pero el concepto prensa fascista excede ese punto de partida. Este movimiento controló los medios de comunicación desde el Estado cuando lo conquistó y en poco tiempo sumó a otros periódicos y periodistas dentro y fuera de Italia. En su mística fue un hito cardinal el asalto del *Avanti!*, al mes del nacimiento de los *Fasci di combattimento*. Ya en el poder, impulsó una amplísima y eficaz estrategia de propaganda, la agencia Stefani, prensa pública, un registro de periodistas, su sindicación, un estilo propio de censura, una escuela de periodistas y los estudios de historia del periodismo en la universidad italiana.

Los trabajos sobre la relación entre el fascismo y la prensa son numerosos desde los años sesenta[1]. En diversos momentos se han abordado la transformación de la prensa bajo el Estado totalitario, la proyección del fascismo en la prensa extranjera, los vínculos con los intelectuales, biografías de periodistas y periódicos, las circunstancias de las cabeceras socialistas, católicas e independientes bajo

[1] Brunello Vigezzi (ed.): *1919-1925. Dopoguerra e fascismo. Politica e stampa in Italia*, Bari, Laterza, 1965; Oreste Del Buono: *Eia, eia, eia, alalá! La stampa italiana sotto il fascismo, 1919-1943*, Milano, Feltrinelli, 1971; Giancarlo Carcano: *Il fascismo contro la stampa*, Roma, Federazione Nazionale della Stampa Italiana, 1973; Philip V. Cannistraro: *La fabbrica del consenso: fascismo e mass media*, Roma, Res Gestae, [1975] 2022; Stenio Solinas (ed.): *Alla Conquista dello Stato. Antologia della Stampa fascista dal 1919 al 1925*, Roma, Volpe, 1978; Giancarlo Carcano: *Il fascismo e la stampa, 1922-1925. L'ultima battaglia della Federazione nazionale della stampa italiana contro il regime*, Milano, Ugo Guanda Editore, 1984; Paolo Murialdi: *La stampa del regime fascista*, Roma, Laterza, 1986; Nicola Tranfaglia: *La stampa italiana nell'etá fascista*, Roma, Laterza, 1986. Como síntesis de todo ese recorrido cabría referir Mauro Forno: *La stampa del ventennio. Strutture e trasformazioni nello stato totalitario*, Calabria, Rubbetino, 2005 y Pierluigi Allotti: *Giornalisti di regime. La stampa italiana tra fascismo e antifascismo*, Roma, Carocci, 2012.

el fascismo, estudios regionales y locales, la prensa para jóvenes y niños, la depuración y el encaje de los periodistas fascistas en los años posteriores a 1943 y enfoques sobre diversos temas, como la danza, la violencia y la raza en la prensa del periodo, pues en ella quedan reflejadas todas las realidades propias de lo humano. Todo este conocimiento se asienta en el acceso a los Archivos del Estado, la propia prensa, archivos, diarios y memorias de particulares y colecciones documentales, como las de la Federazione Nazionale della Stampa, y documentación conservada fuera de Italia sobre su proyección en el exterior.

La noción prensa fascista permite nombrar una tribuna o un conjunto de ellas con un ideario o cosmovisión concreta, como podríamos hablar de prensa republicana o anarquista, pero también describir un tipo de control singular de las empresas por parte del Estado[2]. Esta última circunstancia se ha dado en situaciones contadas y fue uno de los elementos distintivos del fascismo. Con la ley de 1925 los directores de los periódicos que seguían siendo empresas privadas eran delegados del partido en las mismas. Alfredo Signoretti explica su elección como director de *La Stampa*, sucediendo a Augusto Turati, caído en desgracia, del siguiente modo: "Molti giornali in tempo fascista erano ancora delle aziende private; i proprietari avevano più voce in capitolo di quanto molti credevano e credono [la familia Agnelli]; ma allora nel tempo fascista la scelta del direttore di un giornale importante come *La Stampa*, la decisione finale non poteva venire che dal Duce; bisognava quindi l'assenso di Mussolini"[3].

En el caso de la prensa cabe hablar también de un "efecto fascista" fuera de Italia, porque las ideas del fascismo se difundieron por doquier gracias periódicos, escritores e intelectuales extranjeros antes incluso de que Mussolini lograse el control del Estado, y porque la ley

[2] La complejidad de la definición del fascismo en José Luis Orella Martínez: *Historia del fascismo*, Córdoba, Almuzara, 2023, pp. 11-17 y por extenso, con múltiples perspectivas de historiadores como Payne, Griffin, Sternhell, Mosse, Kershaw y Paxton en Constantin Iordachi (ed.): *Comparative fascist studies. New perspectives*, London & New York, Routledge, 2010.

[3] Alfredo Signoretti: *La stampa in camicia nera. 1932-1943*, Roma, Volpe, 1968, p. 15. El autor fue director de la revista *Gerarchia*, una publicación oficial del fascismo, y de la *Stampa* de Turín, propiedad de la familia Agnelli, y profesor en la efímera Escuela Fascista de Periodismo.

de prensa de 1925, a la que nos hemos referido supra, y otras normas sucesivas fueron imitadas más allá de sus fronteras[4].

Muchas cabeceras concretas nacidas en el contexto del fascismo como *Il Fascio*, *Giovinneza*, *Gerarchia* y *La Conquista dello Stato* permiten evocar títulos idénticos fundados en España y otros países entre 1931 y 1942, en una suerte de boom tardío, que ha sido uno de los argumentos que ha llevado a hablar de un proceso de fascistización[5]. Esta estrategia de mímesis servía para hacer reconocibles a los grupos recién fundados, que pretendían aprovechar el éxito del fascismo en su propio contexto. No ocurrió lo propio con *Il Popolo d'Italia* (1914-1943), que galvanizó el movimiento, cuyo nombre sí fue repetido por cabeceras análogas en diversas ciudades italianas durante el periodo fundacional (*Il Popolo di Trieste*, *Il Popolo di Roma*, etc.). *Il Popolo*, extirpando la mención a Italia, fue un medio de la democracia cristiana desde 1923 con escaso éxito (1923-1925). *L'Italia del Popolo*, con la que los antifascistas quisieron replicar a aquel diario, recuperando la vieja cabecera de Mazzini, fue también adoptado por el fascismo en su etapa final. El modelo de periódico-partido que representó *Il Popolo d'Italia* y a partir del cual cristalizó el fascismo no tuvo parangón, excepto en casos concretos, de menor entidad, como en las JONS fundacionales asociadas a *La Conquista del Estado*. Los movimientos análogos al fascismo de otras latitudes tampoco teorizaron tanto sobre la importancia del periodismo en la difusión de esta ideología.

El modelo de control del periódico fue otro producto de exportación del fascismo. La ley de prensa española de 22 de abril de 1938 es paradigmática en este sentido, al sujetar todas las empresas periodísticas a la administración del Estado, en la estela de la ley italiana de 1925[6]. Este es uno de los puntos que permite relacionar

[4] Reto Hofmann: *The Fascist Effect: Japan and Italy, 1915-1952*, Ithaca and London, Cornell University Press, 2015.

[5] Sobre la fascistización de algunas fuerzas políticas españolas véase José Luis Orella Martínez y Carlos Gregorio Hernández Hernández: "Spanish fascism", in Joanna RAK and Roman Bäcker: *Enemies of Democracy in Europe*, London, Routledge, 2023, pp. 30-45.

[6] *Boletín Oficial del Estado*, 24 de abril de 1938, pp. 6938-6940. Accesible en https://www.boe.es/datos/pdfs/BOE//1938/550/A06938-06940.pdf.

al franquismo con el fascismo, tan distintos en otros aspectos, y distinguirlos a su vez del nazismo, que optó por suspender la prensa contraria, tras haber tratado de controlarla, como hizo el fascismo. Pero el fascismo no solo se proyectó fuera, sino que también imitó al nazismo cuando creó el *Ufficio Stampa*, que en septiembre de 1934 pasó a ser el *Sottosegretariato per la Stampa e la Propaganda*, dirigido por Galeazzo Ciano, yerno de Mussolini, y que finalmente se transformó en el *Ministero per la Stampa e la Propaganda*, a imitación de Alemania[7].

Los regímenes dictatoriales optaron y optan por someter los medios de comunicación de masas, transformando el periodismo en propaganda, pero no todos lo hicieron o lo hacen del mismo modo[8]. El resultado de ese control suele ser un discurso monocorde, acrítico con el Estado y repetido de unas cabeceras a otras[9]. Benito Mussolini lo expresó en 1928 al afirmar "In un regime totalitario, como dev'esere necessariamente un regime sorto da una revoluzione trionfante, la stampa è un elemento di questo regime, in un regime unitario la stampa non puó essere estranea a questa unitá. Ecco perché tutta la stampa italiana è fascista e debe sentirsi fiera di militare compatta sotto le insgne del Littorio. Partendo da questo incontrovertibile dato di fatto, si ha inmediatamente una bussola di orientamento per quanto concerta a l'attivitá pratica del giornalismo fascista, ció che è nocivo si evita, è ció che è utile al Regime si fa"[10].

Una herramienta importante a la hora de generar ese consenso fue la cooptación de los intelectuales y periodistas por parte del propio

[7] El caso portugués también es semejante, al crearse en 1933 un *Secretariado da Propaganda Nacional*, denominado más tarde *Secretariado Nacional da Informação, Cultura Poplar e Turismo*. Helena Pinto Janeiro e Isabel Silva: *Cartazes de propaganda política do Estado Novo (1933-1949)*, Lisboa, Biblioteca Nacional, 1988.

[8] Juan José Linz, uno de los grandes estudios del totalitarismo y el autoritarismo, consideró que el control de los medios de comunicación era una característica de los regímenes autoritarios, pero que no era definitoria de los totalitarios. Juan José Linz: *Obras escogidas. 3. Sistemas totalitarios y regímenes autoritarios*, Madrid, CEPC, 2009, p. 20.

[9] Alfredo Signoretti se refirió a la "l'uniformità dei giornali dell'epoca in campo politico, la collaborazione al Messaggero equivaleva allá collaborazione a La Stampa". A. Signoretti: *La stampa…*, *op. cit.*, pp. 6 y 8.

[10] O. Del Buono: *Eia, eia…*, *op. cit.*, pp. 187-189.

régimen[11]. Esa uniformidad fue compatible con cotas extraordinarias de difusión. El citado Alfredo Signoretti recoge la anécdota de que el máximo de ventas de *La Stampa* sucedió el 9 de mayo de 1936, cuando se proclamó el Imperio, y abunda "Si faceva sentire sui giornali l'autorità di un regime forte imperniato nella persona di Mussolini, ma non si debe credere che la vita e il dinamismo di un giornale ne fossero soffocati al punto di perdere la loro fisonomia. Fu quello un periodo di grandi progressi tecnici e *La Stampa* fu all'avanguardia quale il primo giornale che pubblicò la telefoto ed ebbe un impianto di telescriventi; la concorrenza tra giornali era vigorosa e spietata (...)"[12].

La prensa, en tanto que industria, fue uno de los ámbitos donde pudo apreciarse la modernización fascista y la asimilación de las tendencias que se estaban produciendo en el mundo. No en vano Mussolini consideró que los periódicos tenían "il primo posto" entre las novedades del mundo moderno[13].

El fascismo no fue un movimiento monolítico, sino que mutó para conquistar el poder, luego en diversas ocasiones, cuando organizó el Estado conquistado, y especialmente a partir de 1935, cuando se acercó al nazismo, tras la guerra de Etiopía. La prensa siguió esa estela, adaptando los mensajes y su estructura entre la fundación del Partido Nacional Fascista y su derrota. A partir de 1943 sucedieron depuraciones de periodistas y periódicos, una nueva regulación de la profesión y un nuevo artículo constitucional que amparó la libertad de prensa. En este recorrido los periódicos fueron vanguardia del Estado, en tanto que cauce de expresión sus ideas, medio de control social y un punto relevante en su propia construcción. Fueron una de las claves del proyecto fascista y de ello fueron conscientes sus seguidores. "Tutti sappiamo che la stampa ha avuto e ha una parte principale nella rivoluzione en el regime fascista", afirma Ugo Cuesta en *La Stampa fascista*, de 1938[14].

---

[11] Sobre esta cuestión puede verse Giovanni Sedita: *Gli intellettuali di Mussolini. La cultura finanziata dal fascismo*, Firenze, La Lettere, 2010.

[12] A. Signoretti; *La stampa...*, *op. cit.*, p. 7.

[13] Pronunció esta frase en enero de 1924. P. Allotti, *Giornalisti di...*, *op. cit.*, p. 23.

[14] Ugo Cuesta: *Stampa fascista*, Roma, La parola e il libro, 1938, pp. 82-85.

MUSSOLINI, PERIODISTA

La trayectoria de Benito Mussolini como periodista es poco conocida más allá de su paso por *Avanti!* y la fundación de *Il Popolo d'Italia*. Renzo de Felice afirmó en su antología de este periodo que "fue uno de los más grandes periodistas de su época y el primero en utilizar la prensa como arma letal de propaganda", a la vez que destacó las frases de Prezzolini y del propio dirigente del fascismo identificándose con la profesión[15]. La continuidad entre sus textos de *Avanti!* e *Il Popolo d'Italia* pasó también a un segundo plano durante el fascismo y a su caída, aunque fuese por razones distintas en cada momento[16]. Las biografías de los años veinte, comenzando por la de Margherita Sarfati, destacaron más su origen humilde, algunas anécdotas entorno a su formación y su faceta como combatiente durante la Primera Guerra Mundial que su actividad en la prensa. Fueron las de los años treinta las que ahondaron en su etapa anterior a 1912. De esa década datan los trabajos de Ivon de Begnac, Peter Pedrazza y Adolf Dresler[17]. Los textos que hemos mencionado resuelven en unas pocas páginas en periodo 1922-1943, aunque siguen reconociendo en Mussolini a un

---

[15] Renzo De Felice: *Mussolini giornalista*, Milano, Rizzoli, 2001, p. VI. La frase figura en la contraportada del libro. En 1924 se publicó una primera antología con los artículos de *Il Popolo d'Italia*. Benito Mussolini: *Diuturna*, Milano, Casa Editrice Imperia, 1924.

[16] De Felice afirma "Ché, a ben vedere, pur nell'apparente radicale diversità, sia gli uni che gli altri hanno sostanzialmente allá radice una concezione unica tanto della rivoluzione, intesa soprattutto come rigenerazione degli animi, quanto della politica (...)". R. De Felice: *Mussolini giornalista...*, *op. cit.*, p. IX.

[17] Ivon De Begnac: *Trent'Anni di Mussolini 1883-1915*, Roma, Arti Grafiche Menaglia, 1934. Ivon de Begnac (1913-1983) fue un periodista italiano en *La Gazzetta del Popolo*, *Il Corriere della Sera* e *Il Mensagero* y director de *Il Popolo di Brecia*, después de ser combatiente voluntario en la guerra de Etiopía. Para su biografía de Mussolini contó con numerosas entrevistas con el dictador. Adolf Dresler: *Mussolini als Journalist*, Berlín, Verlag von Walter de Gruyter & Co., 1938. Adolf Dresler (1898-1971) era el Jefe de la Oficina de Prensa del Reich del NSDAP desde 1931 y profesor del Instituto de Estudios de Periodismo de la Universidad de Múnich. Era todo un experto en el periodismo italiano. Publicó la primera biografía alemana de Mussolini en 1924 y posteriormente *Der politische Futurismus als Vorläufer des italienischen Faschismus* (1929). El folleto que citamos procede de una conferencia que impartió en la Universidad de Munich en enero de 1938. Se basó en las obras de Ivon de Begnac, la biografía de Margarita Sarfatti y en *Giornalismo di Mussolini* (1937), de Peter Pedrazza. Hubo versión posterior en italiano: *Mussolini giornalista* (1939). Fue autor de propaganda nazi con el pseudónimo "Anton Meister".

periodista después de la marcha sobre Roma, cosa que no ocurre en los trabajos posteriores.

Alessandro Mussolini, el padre del fundador del fascismo, fue herrero de profesión, pero escribió en prensa durante bastante tiempo. Colaboró con *La Lotta*, *Rivendicazione* e *Il Risveglio*, aunque después de 1902 cesó su actividad. Fue en ese preciso año cuando su hijo Benito, ya maestro, escribió en *Giustizia* el que se considera su primer artículo. Tras emigrar a Lausana, en julio de 1902, volvió a publicar en *L'Avvenire del Lavoratore* y poco después para *Proletario*, de Nueva York, y *L'Avanguardia Socialista*, de Milán[18]. De vuelta a su país, tras ser expulsado de todos los cantones suizos, escribió en *La Lima*, de Oneglia, donde ejercía de profesor. Tuvo la misma suerte en ese pueblo y volvió a Forli, desde donde colaboró con *Pensiero Romagnolo*. En 1909, nuevamente en el extranjero, se hizo cargo de *L'Avvenire del Lavoratore* y escribió algunos artículos para *La Voce*, *Vita Trentina* y *Popolo*, de Trento, del que fue redactor jefe[19]. Ese título, donde defendió el irrendentismo, fue el que tomó para su propio periódico. Esa postura explica, en parte, su oposición a los Imperios centrales, y le supuso varios juicios, ingresos en prisión, registros, confiscaciones del periódico y una nueva expulsión del país. En ese camino fue enfrentándose a monárquicos, católicos y republicanos, en defensa de las ideas socialistas, pero ya con un fuerte poso nacionalista. La influencia de la guerra en la conformación de las ideas de Mussolini y en la eclosión del fascismo es evidente, pero en estos años previos encontramos algunos puntos que afianzaría más tarde. Su ideología fue la consecuencia de un proceso de maduración, acelerado durante la guerra y compatible durante un tiempo con su pertenencia al Partido Socialista Italiano[20].

De vuelta casa, fue elegido secretario provincial del Partido Socialista en enero de 1910 y fundó junto a Andreas Costa *La Lotta*

---

[18] Margherita Sarfatti: *Dux*, Zaragoza, ed. Heraldo de Aragón, 1938, pp. 55 y 79.

[19] A. Dresler: *Mussolini als Journalist...*, op. cit., pp. 7-16. Dresler obvia la colaboración con *La Voce*, donde publicó *Il Trentino visto da un socialista* en 1911. Su intención fue mostrar la afinidad de Mussolini con Alemania y este libro y sus propios artículos evidenciaban precisamente lo contrario. M. Sarfatti: *Dux...*, *op. cit.*, pp. 96, 99 y 101.

[20] Ángel Alcalde plantea que "La Revolución rusa es el primer y principal factor para explicar la deriva de Mussolini hacia una nueva ideología que ensalzaría a los futuros

di Classe para ser su órgano en Forli. Allí apareció el obituario de su padre, que falleció en noviembre y se enfrentó a la guerra contra Turquía, por lo que volvió a ser detenido. Fue en este periodo cuando dejó un tanto de lado su actividad como orador político y se centró en su faceta de periodista. Es aquí cuando comenzó a escribir para *Avanti!*, de Milán, aunque de forma anónima[21].

El 10 de noviembre de 1912 la dirección del Partido Socialista Italiano le escogió para dirigir este último diario. No había cumplido los treinta años. Su primer artículo, fechado el 1 de diciembre, concluyó con unos vítores al *Avanti!*, al partido y a la revolución social. Su incorporación a la redacción espoleó el crecimiento de este diario, que duplicó su tirada en dos años[22]. Sus artículos le supusieron nuevas denuncias y otro juicio, aunque en esta ocasión fue exonerado de toda responsabilidad. En paralelo decidió fundar la revista *Utopía*, cuyo primer número se publicó el 22 de noviembre de 1913 en Lugano, Suiza. Desde esa publicación criticó la línea reformista del partido y el teoricismo de los socialistas, que alejaba a los obreros y campesinos.

Ya en 1914, con el inicio de la guerra, abogó por la neutralidad, de acuerdo con la línea del partido, pero varió esa actitud hasta apoyar la entrada de Italia en el conflicto del lado de la Entente. El punto de no retorno fue un larguísimo artículo publicado el 18 de octubre y titulado "Dalla neutralità assoluta allá neutralità attiva ed operante"[23]. Al día siguiente anunció su dimisión. El 23 de octubre

excombatientes como campeones de la nación". Ángel Alcalde: *Excombatientes y fascistas en la Europa de entreguerras*, València, PUV, 2022, pos. 783. El propio Mussolini observó que su periódico y su movimiento crecieron entre los combatientes y los italianos como respuesta a la derrota de Caporetto, en octubre-noviembre de 1917. En este sentido la cronología es coherente, aunque no las razones. Benito Mussolini: *Vita di Arnaldo*, Milano, Editore Ulrico Hoepli, 1938, p. 36. La guerra y la revolución fueron claves para entender el surgimiento del fascismo, pero desde el primer número de *Il Popolo d'Italia* se atisban otros elementos que explican su desarrollo antes de 1917, como expuso Zeev Sternhell en su momento. Zeev Sthernell, Mario Sznajder y Maia Asheri: *El nacimiento de la ideología fascista*, Madrid, Siglo XXI Editores, 1994, p. 2.

[21] Según Dresler sus primeras notas firmadas datan de mayo de 1911, pero no las hemos localizado en los ejemplares de *Avanti!* conservados en la *Biblioteca di Storia Moderna e Contemporanea*. A. Dresler: *Mussolini als Journalist…*, *op. cit.*, p. 21. Sarfatti le dedica un capítulo. M. Sarfatti: *Dux…*, *op. cit.*, pp. 104-108.

[22] R. De Felice: *Mussolini giornalista…*, *op. cit.*, pp. VI y 5.

[23] Ibídem, pp. 70-81.

Bacci volvió a la dirección, acompañado por Lazari y Serrati. La mayoría de los socialistas se alineó con el partido y le dio la espalda a Mussolini. El futuro *Duce* dejó *Avanti!* con la frase "Voi mi odiate perché mi amate ancora. Sono e rimarrò un socialista"[24].

EL SUEÑO FASCISTA: *IL POPOLO D'ITALIA* (1914-1943)

Mussolini no se detuvo ante este revés. Trabajó de inmediato en la fundación de un nuevo periódico. El primer número de *Il Popolo d'Italia* apareció casi sin preparación el 15 de noviembre[25]. Era un diario de cuatro páginas y gran formato, como los que circulaban en la España y la Europa de la época, aunque de factura modesta.

Renzo de Felice señala que Mussolini fue capaz de diferenciar su diario del *Corriere della Sera*, al que imitaban casi todas las cabeceras, y convertirlo en un medio con una gran personalidad e influencia desde sus primeros años de vida[26]. Sus propios textos ejemplifican perfectamente cuál era su concepto del periódico, que distaba totalmente del planteamiento que hubiese hecho un liberal. En *La Lotta di Classe* afirmó en 1911, "Para nosotros, el periodismo no es un trabajo diario, sino una misión (...) Para nosotros, el periódico no es un periódico que quiera tratar semana tras semana lo que está pasando en este momento. No. Para nosotros el periódico es una fiesta, es una bandera"[27]. Algo después, ya en *Avanti!*, insistió: "Si el proletariado de Italia está adquiriendo una nueva psicología, más libre y más violenta, se debe a nuestro periódico. Comprendemos los temores del reformismo y de la democracia ante semejante situación, que no puede sino empeorar con el tiempo"[28]. Estas ideas nos pueden parecer

---

[24] Ibídem, p. 89.

[25] Uno de los temas discutidos a propósito de la publicación fue su financiación. Sabemos que recibió dinero del gobierno francés, del británico y de grandes empresas italianas como FIAT, pues la familia Agnelli facilitó la maquinaria industrial, y el propio ministro de Exteriores de Italia, Antonino Paternò, también lo apoyó.

[26] R. De Felice: *Mussolini, giornalista...*, *op. cit.*, p. VI.

[27] A. Dresler: *Mussolini als Journalist...*, *op. cit.*, p. 18.

[28] Angelo Tasca: *El nacimiento del fascismo*, Barcelona, Crítica, 2000, p. 10.

osadas, pero fueron comunes a comienzos del siglo XX[29]. Disponer de un medio de difusión propio era algo absolutamente necesario para dar a conocer los presupuestos y el programa de cualquier partido político entre las masas y también para influir en las élites.

El título recordaba al de un periódico de Mazzini, *L'Italia del Popolo*, creado en Milán en 1848. El primer subtítulo fue "Giornale socialista" e incluía una cita de Gustave Hervé (1871-1944), un nacionalista francés, antiguo miembro del socialismo, como Mussolini. Sus palabras, que han sido las más destacadas en los trabajos sobre este diario, estaban sacadas de su libro *La Conquête de l'armée* (1913). Zeev Sthernell trató las raíces francesas del fascismo italiano entre otros con su ejemplo[30]. Pero la página incluye otras menciones a Napoleón ("La revolución es una idea que ha encontrado sus bayonetas") y casi no se recuerda otra del revolucionario Auguste Blanqui, fundador de *Ni dieu ni maître* y gran animador de la Comuna de París: "Quién tiene hierro tiene pan". El primer artículo del director, titulado "Audacia", terminaba con la exclamación "¡Guerra!", pues fue aquel debate en el seno del socialismo sobre la intervención el que le apartó de *Avanti!*.

El subtítulo de *Il Popolo d'Italia* evolucionó, como Mussolini y su movimiento político. A partir del 1 de agosto de 1918 –tras Caporetto–, fue "Quotidiano dei combattenti e dei produttori", superando la mención al socialismo. El periódico editó algunos libros durante esos años de guerra, como *Il Giolittismo* (1915), de Francesco Paolini, con prefacio del director. También publicó por capítulos los diarios de guerra de Benito Mussolini, editados más tarde como *Opera Omnia di Benito Mussolini* (1961).

El diario, su sede, sus colaboradores y sus historias, fueron un verdadero mito dentro de la mística fascista. La primera ubicación, el

---

[29] Un ejemplo español en Carlos Gregorio Hernández Hernández: ""Dadme un periódico y os daré una nación": El diario *La Acción* (1916-1924) como instrumento de poder del maurismo y en el maurismo", en Ana Luna San Eugenio y Carlos Pulpillo Leiva (ed.): *Prensa, poder y opinión pública. De la lucha por la libertad de expresión a la era de la posverdad*, Alcalá de Henares, Cedrus Histórica, 2019, pp. 123-144.

[30] Z. Sthernell, M. Sznajder y M. Asheri: *El nacimiento de…*, *op. cit.*, pp. 118, 170, 190, 206, 242-244 y 372-375.

cuartel general, conocido como *il covo* [la cueva] por los fascistas, se encontraba en la calle de Paolo da Cannobio 35, en un barrio de Milán llamado Bottonuto, en medio de calles estrechas repletas de antros. El lugar fue derribado en los años treinta. El *Istituto Nazionale Luce* hizo un breve video para recordarlo y otro algo más largo, dirigido por Enrico Gras (1919-1981), mitificando el lugar, como un espacio modesto, desde donde creció el movimiento gracias a los ideales.

El documental de Gras comenzaba con un recorrido por cada una de sus estancias, con añoranza, en silencio, con el único ruido del viento moviendo las hojas. Existió otro film anterior, a principios de los treinta, donde se repasaba cada una de las habitaciones, convertidas en museo. Se les dio nombre: la sala XVIII Ottobre, porque en ella se diseñó la marcha sobre Roma; el salón Bonservizi, en recuerdo de Nicola Bonservizi (1890-1924), el periodista y corresponsal del periódico asesinado por el anarquista Ernesto Bonomini, y la mesa de Benito, cuidada por su hermano Arnaldo, donde estaba su despacho. El busto de Nicola Bonservizi, realizado por Adolfo Wildt, se multiplicó por diversos lugares del país. Junto a esa historia aparecían todos los signos de modernidad implementados en la redacción del diario, con imágenes de frenética actividad de los tipógrafos, linotipistas, operarios y redactores, en una pieza que no deja de ser un testimonio casi arqueológico de la prensa de la época[31].

El diario pasó poco tiempo en Paolo Canobbio. El 15 de noviembre de 1920 se trasladó a Via Lovanio 10, bastante más amplia y moderna, donde se convirtió en un periódico de gran tirada. Por último se instaló en la plaza Cavour 2, en un edificio diseñado por Giovanni Muzio y levantado entre 1938 y 1942. Ese cambio es el que motivó el último de los documentales referidos. Aún se conserva con el nombre de Palazzo dei Giornali. Esos cambios de sede, de algún modo, permiten calibrar la evolución del diario y del propio fascismo, al pasar de ser un medio de combate a otro institucionalizado en una sede que solo pudo crearse con el apoyo del Estado.

Il Popolo d'Italia fue el epicentro de la actividad política fascista. Allí convergieron diversas trayectorias anteriores relevantes para la

[31] Ambos documentales están disponibles en la web del *Archivio Luce*.

historia de esta formación, que volvieron a bifurcarse a partir de los años veinte[32]. Arnaldo Mussolini sucedió a su hermano como director a partir de noviembre de 1922, pero estuvo junto a él desde el comienzo del proyecto. Manlio Morgagni venía de los sindicatos socialistas y se convirtió en el director administrativo del nuevo diario. Manlio y su hermano Tullio, que era editor de *La Gazetta dello Sport*, fueron muy conocidos por fundar el Giro de Italia en 1909. A partir de 1924 fue nombrado director de la Agenzia Stefani, la primera agencia de noticias de Italia. Ese nombramiento fue determinante para orientar y controlar la información que circuló en el país. Cesare Rossi, otro de los redactores, pasó por *Voce Proletaria* de Piacenza y otros órganos del sindicalismo revolucionario. En 1914 formó parte de los fundadores del Fascio rivoluzionario d'azione internazionalista y ya en diciembre del Fascio d'azione rivoluzionaria, con Benito Mussolini y Alceste de Ambris. El citado Alceste de Ambris había sido sindicalista y diputado del PSI, además de director de medios como *L'Avanguardia*. El tipógrafo Mario Gioda se incorporó al fascismo tras pasar por el socialismo y el anarquismo. Falleció en 1924, pocos meses después de ser elegido diputado[33]. Durante la guerra, cuando Mussolini fue movilizado, se encargaron de la línea editorial Ottavio Dinale, con orígenes en el socialismo revolucionario y voluntario en el frente, Giuseppe de Falco —venía de *Avanti!*, como Paul Orano— y Dino Roberto. Giuseppe Prezzolini, el corresponsal en Roma, venía de *La Voce* y desarrolló una de las trayectorias más complejas de todo este grupo[34]. Giovanni Papini, el autor de *El*

---

[32] Eugenio Gallavotti empleó la expresión "regime di giornalisti" (régimen de periodistas) para describir al fascismo. Renzo de Felice, autor del prólogo a su libro, la consideró particularmente atinada. Renzo De Felice: "Prefazione", en Eugenio Gallavotti: *La scuola fascista di giornalismo (1930-1933)*, Milano, Sugarco, 1982, p. 12. Emilio Gentile parte de la idea del fascismo "regno della parola" en su obra sobre la arquitectura fascista. Curiosamente no se detiene a observar la evolución de la arquitectura de *Il Popolo d'Italia*. Emilio Gentile: *Fascismo di pietra*, Bari, Editori Laterza, 2010, p. VI.

[33] Luca Bonanno: *Mario Gioda. Armare i cervelli e temprare gli spiriti*, Roma, Massa Eclettica Edizione, 2021.

[34] En esos años se le identifica con Corradini y los nacionalistas, pero también con Benedetto Croce y el modernismo. Fue combatiente en la guerra –en las últimas jornadas de la misma fue capitán de los arditi– y una figura importante del mundo intelectual en la posguerra. Al término del conflicto volvió a instalarse en Roma y ejerció como editor y director de la sección italiana de la agencia Foreign Press Service

crepúsculo de los filósofos (1906), con el que también coincidió en *La Voce*, fue variando políticamente a lo largo de su vida y terminó por arrepentirse de esta colaboración y de su defensa del intervencionismo en la guerra. Mario Appelius tuvo más proyección profesional como locutor de radio a partir de los años treinta, pero comenzó en *Il Popolo d'Italia*. El pintor Mario Sironi, cercano al futurismo, fue el caricaturista[35]. Margherita Sarfatti, cuya trayectoria se simplifica denominándola crítica de arte, pasó de *Avanti!* a *Il Popolo d'Italia*, como el Duce. También dirigió *Gerarchia* y fundó el Novecento antes de biografiarle. Su vida incluyó su marcha a América, con la que evitó la persecución a los judíos que acabó con la vida de su hermana en Auschwitz[36].

Por encima del periódico como punto de encuentro del fascismo solo se situaron en su retórica los campos de batalla de la Primera Guerra Mundial, la "Trincerocrazia", de la que habló Mussolini en uno de sus artículos de 1916[37]. *Il Popolo d'Italia* fue el diario de los combatientes más politizados, el punto de partida de alguna de las

---

de Nueva York. Dejó de colaborar en *Il Popolo d'Italia* por el expansionismo de Mussolini. En 1924 le biografió y al año siguiente a Amendola, el principal exponente del antifascismo liberal. A finales de la década se desplazó a Estados Unidos. Fue profesor de Literatura italiana en la Universidad de Columbia y dirigió en ella la Casa de Italia durante la década de los treinta. En 1925 publicó un libro crítico con el fascismo en francés, *Le fascisme*, que no fue traducido al italiano. Se estableció en París y trabajó para el Instituto de Cooperación Intelectual, dependiente de la Sociedad de Naciones, con el voto en contra del representante italiano. Mantuvo su trato con Mussolini y Croce. Aceptó el fascismo en los treinta. Gennaro Sangiuliano: *Giuseppe Prezzolini. L'anarchico conservatore*, Milano, Ugo Mursia Editore, 2007.

[35] En el Reina Sofía, el Museo de Bellas Artes de Argentina y en el Centro Pompidou pueden verse algunas de sus pinturas. Fabio Benzi (ed.): *Mario Sironi e le illustrazioni per «Il Popolo d'Italia» 1921-1940*, Roma, Manfredi Edizioni, 2016.

[36] Ernesto Giménez Caballero destacó en el prólogo a *Dux* que en el Madrid de Primo de Rivera no había clima de fascismo y que cuando fundaron *La Conquista del Estado* y las JONS "de vez en cuando yo acudía a este secreto herbario [se refiere al libro de Margherita Sarfatti] buscando el germen de lo que no acertábamos a hacer fructificar sobre la estepa de Castilla. Un perfume. Una orientación". Ernesto Giménez Caballero: "Prólogo", en M. Sarfatti: *Dux…*, *op. cit.*, p. 8.

[37] Ángel Alcalde desarrolla la idea de que el fascismo mitificó y se apropió del concepto de combatiente, en consonancia con la apuesta del gobierno Orlando en el tramo final de la guerra para motivar a los soldados italianos. A. Alcalde: *Excombatientes…*, *op. cit.*, pos. 783. Algunos de los difusores del fascismo más allá de sus fronteras, como el escritor Shimoi Harukichi, que lo introdujo en Japón, fueron combatientes en esta guerra. R. Hofmann: *The Fascist Effect…*, *op. cit.*, pos. 207.

acciones violentas y el lugar desde donde se defendieron los miembros de este movimiento.

El primer objetivo del diario se cumplió cuando el gobierno italiano declaró la guerra a Austria-Hungría el 25 de mayo de 1915. Más adelante, en la inmediata posguerra, mostró su derechización, adoptó una línea más política y menos revolucionaria que otros grupos nacionalistas, distanciándose también de personalidades como Gabrielle D'Annunzio. Ahí surgió el movimiento, cuyo sino puede seguirse en las distintas convocatorias electorales. Mussolini tuvo otro reto a partir de entonces, que se observa perfectamente en las páginas del diario, a la hora de mantener unida su agrupación, pues las facciones más radicales no entendieron la aproximación a Giolitti o los pactos con el socialismo. *Il Popolo d'Italia* es una fuente de primer orden para atender al nacimiento, crecimiento y evolución del fascismo.

El asalto de la sede de *Avanti!*, sucedido el 15 de abril de 1919, al mes del nacimiento de los *Fasci di combattimento*, marcó la acción del partido y le otorgó notoriedad. Fue una actuación protagonizada por los arditis y los nacionalistas, que se concentraron previamente en *il covo*, la sede del periódico.

Este hecho sucedió en el contexto de una huelga socialista contra la conferencia de paz de París, seguida de una manifestación de signo contrario. La muerte del obrero Giovanni Gregotti continuó con una protesta contra la policía, replicada por una nueva concentración nacionalista. Cuando se cruzaron manifestantes de ambas volvieron a caer jóvenes socialistas como Teresa Galli, Pietro Bogni y Guiseppe Luccioni.

Mario Chiesa, Filippo Tommaso Marinetti –el autor del manifiesto futurista y del manifiesto fascista– y Ferruccio Vecchi, fueron los que condujeron a los nacionalistas a la sede del periódico socialista, en la calle San Damiano. Los soldados protegían el lugar, pero un disparo realizado desde el interior del edificio mató a Martino Sperone y sus compañeros de armas dejaron paso a los escuadristas, que arrasaron el local.

Los autores del asalto le llevaron a Mussolini algunos recuerdos de su hazaña y fueron recibidos algunos días después por el ministro de la Guerra. Al día siguiente los socialistas levantaron la huelga y solicitaron no caer en más incidentes. El diario socialista pudo reaparecer tres semanas después. El dirigente fascista recordó aquella acción como un acto improvisado: "Tutto quello che avvenne all'Avanti! fu spontaneo, movimento di folla, movimento di combattenti e di popolo stufi del ricatto leninista". Los fascistas consideraron que ese día alcanzaron su primera victoria, como tituló el propio Marinetti, y, aunque si les creemos, no lo prepararon, asumieron "tutta la responsabilità morale dell'episodio"[38].

El episodio del *Avanti!* fue mitificado, pero no fue ni el primero ni sería el último acto de este carácter. Fue replicado en una larga serie de altercados con los órganos de prensa socialistas y comunistas y también contra las minorías croata y eslovena. *Il Popolo d'Italia* también fue atacado, aunque la violencia en uno y otro lado no guarda parangón: socialistas y comunistas cayeron por centenares y los fascistas por decenas. Desde entonces proliferaron las cabeceras que seguían la estela del diario de Mussolini. Roberto Farinaci, por ejemplo creó *Cremona Nuova* y en otras ciudades aparecieron *Il Popolo di Trieste*, *Voce di Mantova* y se fascistizaron cabeceras como *Il Resto del Carlino* y la *Gazzetta di Venezia.*

En mayo de 1920 los arditis volvieron a atacar la imprenta de *Avanti!*, rompiendo las máquinas y el periódico anarquista *L'Umanitá Nuova*, de Malatesta. La policía evitó que sucediese lo mismo con la imprenta de *Epoca*, en Roma. En septiembre fue destruida la sede del *Proletario* de Pola; la de *Narodni Dom*, donde estaba ubicada la casa de la cultura eslovena, en julio de 1920; en octubre la de *Il Lavoratore*; para totalizar 32 actos a lo largo de 1920 en la región de Venezia Julia. Pronto cayeron *Edinost*, *Bandiera Rossa* y *La Difesa* y fue asesinado el comunista Spartaco Lavagnini (1889-1921), director de *Azione Comunista* de Florencia, cuyo nombre quedaría en el recuerdo del antifascismo[39].

En el comienzo de 1921 fueron destruidos 17 periódicos e imprentas[40]. Otros medios, como *La Stampa*, fueron boicoteados y dificultada su venta en las oficinas, los quioscos y las calles. La prensa de la oposición que obstaculizaba la llegada de Mussolini al poder

[38] "Non subiamo violenze", *Il Popolo d'Italia*, 18 de abril de 1919, p. 1.
[39] A. Tasca: *El nacimiento del…*, *op. cit.*, p. 88.
[40] Ibídem, p. 142.

fue amedrentada. No hay que olvidar que, como hemos dicho, los periódicos eran el epicentro de la actividad política de los partidos, como ocurría con el propio movimiento fascista, por lo que es difícil deslindar las biografías de los políticos de esta otra dimensión de su actividad. De esta manera se entiende por qué la violencia política tuvo como objetivo a la prensa.

En noviembre de 1921 el movimiento fascista se transformó en partido con ocasión del III Congreso Nacional Fascista. Desde 1922 *Il Popolo d'Italia* se convirtió en un diario oficial del Partido Nazionale Fascista. Entre 1920, a partir del II Congreso, donde suele situarse su giro conservador, que supera el programa fundacional de la plaza San Sepolcro, y 1922, el fascismo trató de conciliarse con sectores de la vieja clase dirigente liberal, aunque permaneció viva en la violencia y la conflictividad. El 17 de diciembre de 1922 se produjo el asalto de la sede de *L'Ordine Nuovo*, fundado en 1919 en Turín por Antonio Gramsci, Palmiro Togliatti, Angelo Tasca y Umberto Terracini. Este hecho formó parte de los sucesos conocidos como la masacre de Turín. La trascendencia de lo ocurrido llevó a Mussolini a disolver el fascio en la ciudad y a despedir a De Vecchi, en un cambio que dejaba atrás el arropamiento anterior. Pero actos semejantes volvieron a reproducirse: a comienzos de 1923 fueron atacados *Il Paese*, *La Voce Repubblicana* y *L'Epoca*. Este tipo de acciones se redujo a partir de entonces.

Tras la marcha sobre Roma Benito Mussolini delegó la dirección de *Il Popolo d'Italia* en su hermano Arnaldo. Fue uno de los pocos lugares donde puede verse esta continuidad familiar en el ejercicio del poder. Benito Mussolini hizo de aquella entrega del mando en *Il Popolo d'Italia*, ocurrida el 1 de noviembre de 1922, toda una ceremonia cargada de significado: "Così lasciavo il giornale da me creato e che io amavo sino alla passione...La mia eredità era, lo posso affermare senza i falsi pudori delle false modestie, pesante per chiunque, anche per un giornalista già provato...Io avevo impresso al giornale, attraverso migliaia di articoli, di titoli, di trafiletti, di disegni da me ispirati, un carattere polemico, aggressivo, di continua battaglia"[41].

---

[41] R. De Felice: *Mussolini giornalista...*, *op. cit.*, pp. VII-VIII.

Desde aquel día el fundador de *Il Popolo* dejó el periodismo, aunque siguió escribiendo artículos para *Il Popolo d'Italia* en ocasiones singulares o para dar su opinión sobre acontecimientos de relevancia internacional, y también influyó en los enfoques y en los autores a los que se encargaron determinados temas. Publicó semanalmente uno o dos artículos hasta 1925. En adelante su actividad fue aún menor, en consonancia con las etapas que venimos señalando a propósito de la evolución de la prensa fascista. Benito conversó todos los días con su hermano para orientar la línea editorial, como escribió en *Vita di Arnaldo*[42]. A Arnaldo, fallecido en 1931, le sucedió su hijo Vito. A partir de 1936 y hasta 1943 el diario estuvo en manos de Giorgio Pini, aunque formalmente Vito siguió dirigiéndolo. En el periodo de la República Social Italiana Mussolini volvió a escribir para *Il Popolo d'Italia*, aunque de forma anónima[43]. Sus archivos desaparecieron tras su cierre el 26 de julio de 1943.

Las habilidades que adquirió Mussolini como periodista a la hora de comunicar fueron claves en su futuro político. Mussolini otorgó siempre una gran importancia a la comunicación. La entrevista que ofreció a Ernest Hemingway en junio de 1922 es paradigmática en este sentido. El joven periodista describe al líder del fascismo para el *Toronto Daily Star* sentado su sillón de la redacción de *Il Popolo d'Italia*, acariciando las orejas de su cachorro de galgo ruso y ofrece detalles como que habló "lentamente en italiano, eligiendo las palabras para asegurarse de que yo las entendía todas". Al menos momentáneamente le cautivó, pues escribió "No es el monstruo que se ha descrito" y aportó claves de sus ideas, pero también bastantes detalles personales que humanizaban al líder político. El fundador del fascismo conocía sus cualidades y su capacidad de persuasión. Más adelante, el propio escritor volvió sobre Mussolini, afirmando "es el mayor *bluff* de Europa"[44].

---

[42] Arnaldo Mussolini era un desconocido como periodista. B. Mussolini: *Vita di Arnaldo…*, *op. cit.*, p. 36.

[43] R. De Felice: *Mussolini giornalista…*, *op. cit.*, p. VIII-IX.

[44] John P. Diggins: *Mussolini and Fascism. The View from America*, Princeton, Princeton University Press, 1972, pp. 42-58 y 248.

Esa exposición a los medios fue una constante en su vida buscada por el propio líder fascista. Como recalcó Ernesto Giménez Caballero en el prólogo a la edición española de *Dux*, Mussolini era perfectamente consciente de su suerte de "hombre público" y de que su imagen en el extranjero revertía en la propia Italia[45]. De ahí la profusión de entrevistas, incluidas las que no le dejan bien parado, como las de Emil Ludwig, que le compara con Stalin y Hitler, o la de Anne O'Hare McCormick, para el *New York Times*[46].

LA PRENSA DURANTE EL FASCISMO

La intervención del fascismo sobre la prensa fue diversa en función de la época a la que atendamos. Las medidas de control estuvieron sujetas a discusión en el seno del propio partido, de ahí también los cambios y correcciones que se fueron aplicando, como apuntó Mauro Forno[47].

Fue el propio artículo 28 del Estatuto Albertino de 1848, que afirma "La stampa sarà libera, ma una legge ne reprime gli abusi", el que sirvió para que el fascismo comenzase a constreñir esa libertad. Inicialmente no cambió las leyes, sino que hizo una lectura restrictiva de las mismas.

Desde noviembre de 1922 *Il Popolo d'Italia* defendió la censura y la limitación de la libertad de prensa. Los meses que separan esta fecha de junio de 1924, cuando sucedió el asesinato del socialista Matteotti, conservan características del periodo precedente a la conquista del poder por parte de los fascistas, pero también otras propias que anticipan el escenario futuro, aunque no hubo grandes modificaciones formales para la prensa.

Cuando Mussolini llegó al gobierno se decidió a utilizar a los periódicos, incluso a los más distantes, como instrumento de su propaganda política, pero es necesario comprender el marco en el

---

[45] E. Giménez Caballero: "Prólogo", en M. Sarfatti: *Dux…*, *op. cit.*, p. 7.
[46] Emil Ludwig: *Tres dictadores: Hitler, Mussolini y Stalin. Y un cuarto: Prusia*, Barcelona, ed. Acantilado, 2011.
[47] M. Forno: *La Stampa...*, *op. cit.*, pp. X-XI.

que venía desenvolviéndose la prensa italiana. Las normas fascistas nacieron de la tradición italiana.

Italia alcanzó la libertad de imprenta a través del Estatuto y de un Edicto de Carlos Alberto de Saboya promulgado en 1848. Como otras normas de la época, incluyó numerosas fórmulas de control de los contenidos y de responsabilidad penal del gerente primero y luego de la dirección en caso de sobrepasar los límites previstos, aunque no había censura previa. Así apareció la figura del *testa di legno* –literalmente cabeza de palo–, para atemperar el rigor de las autoridades. Con la unificación, el Estatuto se transformó en ley fundamental y también hubo que integrar a la prensa del Vaticano, aunque el mercado italiano siguió siendo fundamentalmente provincial.

La crisis de fin de siglo, la guerra de África y el nacimiento del *Avanti!*, seguidas de las leyes excepcionales del gobierno Peloux, de febrero de 1899, produjeron una quiebra en la historia del periodismo italiano, al multiplicarse los secuestros, las detenciones –el director y los redactores del diario socialista fueron apresados por la policía– y la censura por parte del gobierno. Fue la primera gran crisis del Estado liberal en este ámbito, que dio paso a la etapa de Giovanni Giolitti, donde se amplió nuevamente la libertad de prensa.

La intervención de Italia en la Primera Guerra Mundial supuso la recuperación de la censura. El 23 de mayo de 1915, ya con *Il Popolo d'Italia* en la calle, se publicó un decreto que vetaba la publicación de noticias militares que no fueran comunicadas por las fuentes oficiales. También permitía el secuestro de un diario. En la etapa final del conflicto llegó el decreto Sacchi, que ampliaba las penas por vulnerar la censura. Esta norma estuvo en vigor hasta el final de la guerra. Es decir, no podemos obviar que el Estado liberal ejerció un control de la prensa en diversos modos –censura, suspensión e ilegalización– y que este control se agudizó en las situaciones de crisis que vivió la monarquía italiana. Diversos estados, como el español, publicaron normas semejantes a lo largo de la guerra.

Los coetáneos vieron en la primera etapa del fascismo en el poder una continuidad de aquel contexto de la guerra donde la prensa ya quedó sujeta al gobierno italiano. La mayoría de los medios recibieron con estupor la marcha sobre Roma y la llegada al poder de Mussolini, pero también fueron perceptibles los intentos de conciliarse con el fascismo por parte de órganos independientes y católicos.

El 15 de julio de 1923 Mussolini aprobó un decreto ley (Real Decreto ley n.º 3288, de 1923) para continuar la facultad del prefecto en orden a censurar contenidos y noticias que pudiesen turbar el orden público, excitar el odio de clase y movilizar contra las leyes, agarrándose a los abusos de la oposición. Fue un primer paso legal contra la libertad de prensa, pero en último término recuperaba un escenario semejante a los ya conocidos con anterioridad.

La norma establecía un control riguroso de la figura del administrador, responsabilizaba al director de lo publicado, eliminando a los llamados hombres de paja, y otorgaba al prefecto el poder de advertirles, sancionarles e incluso suspenderles en el ejercicio de sus funciones "se il giornale o la pubblicazione periodica, con notizie false o tendenziose, rechi intralcio all'azione diplomatica del Governo nei rapporti con l'estero o danneggi il credito nazionale all'interno o all'estero, o desti ingiustificato allarme nella popolazione, ovvero in qualsiasi modo turbi l'ordine pubblico; se il giornale o pubblicazione periodica con articoli, commenti, note, titoli, illustrazioni, o vignette ecciti a commettere reati o all'odio di classe o alla disobbedienza alle leggi e agli ordini delle autorità, o turbi la disciplina degli addetti ad un pubblico servizio, o favorisca gli interessi di Stati,enti o privati stranieri a danno degli interessi italiani ovvero vilipendia la Patria, il Re, la Real Famiglia, il Sommo Pontefice, la religione dello Stato, le Istituzioni e i Poteri dello Stato o le Potenze amiche"[48].

El artículo tercero permitía al prefecto bloquear una publicación al poder suspender a su director. Con esa norma, cualquier publicación crítica con el gobierno ya podía desaparecer. Los medios más importantes, como *Corriere della Sera,* se opusieron en sus editoriales. También la Federación Nacional de Prensa y las asociaciones profesionales. Estos últimos dijeron "L'assemblea, riaffermando il principio della libertà di stampa, ritiene sufficienti a reprimere gli eventuali abusi le leggi vigenti"[49]. La presión profesional logró que el decreto

---

[48] N. Tranfaglia: *La stampa…*, *op. cit.*, p. 174.

[49] Giancarlo Carcano: *Il fascismo contro la stampa: 1922-1925. L'ultima battaglia della Federazione nazionale della stampa italiana contro il regime*, Milano, Federazione

no entrase en vigor momentáneamente, pero terminó por aplicarse al cabo de unos meses. Murialdi habla de una "un'operazione graduata nel tempo, a volte drastica a volte duttile" con la que someter a las grandes empresas, que no culminó hasta 1926[50].

La Federación Nacional de Prensa Italiana fue uno de los últimos resortes frente al fascismo. Giancarlo Carcano apunta que la propiedad de los medios impuso la colaboración y que tampoco sucedió contestación popular ante la supresión de la libertad de prensa y a la institución de la censura del prefecto sobre los periódicos[51]. Las empresas vieron efectivamente al fascismo como un mal menor frente a la ocupación de las fábricas y el riesgo de una revolución comunista, pero las acciones de empresas como *Corriere della sera* cambiaron de manos. Luigi y Alberto Albertini perdieron la propiedad frente a los hermanos Crespi en noviembre de 1925. Desde entonces el antifascismo ya no tuvo cabida y se inició un proceso de fascistización acelerada con Petro Croci, Ugo Ojetti, Maffio Maffi y Aldo Borelli. No podemos olvidar tampoco que en la época siguiente pasaron por su redacción periodistas como Luigi Barzini Jr., Guido Piovene, Domenico Bartoli e Indro Montanelli[52]. No sucedió lo mismo con otras cabeceras relevantes, como *La Stampa* de Turín, que continuó en manos de la FIAT y los Agnelli y bajo la dirección de Vittorio Valleta, al que sucedió Alfredo Signoretti. En todo caso, las presiones por parte del fascismo fueron evidentes, como ya hemos señalado[53]. Una carta de Arnaldo a Benito Mussolini, fechada en 1927 revela que trataron de convertir *Il Resto del Carlino* en diario fascista por un método parecido, aunque terminaron fundando el *Corriere Italiano*[54].

L'Avanguardia comunista fue cerrado aplicando el veto al gerente responsable –era Nicola Bombacci– hasta que la publicación fue suspendida. Ese verano apareció la Oficina de Prensa, dependiente

---

Nazionale della Stampa Italiana, Ugo Guanda Editore, 1984, pp. 18-19.

[50] P. Murialdi: *La stampa…*, *op. cit.*, p. 1.

[51] G. Carcano: *Il fascismo contro la stampa: 1922-1925…*, *op. cit.*, p. 19.

[52] P. Alloti: *Giornalisti di…*, *op. cit.*, pp. 12-13.

[53] A. Signoretti: *La stampa…*, *op. cit.*, p. 6.

[54] Duilio Susmel (ed.): *Carteggio Arnaldo-Benito Mussolini*, Firenze, La Fenice, 1954, p. 78.

de la presidencia del Consejo de Ministros, que quedó a cargo de Cesare Rossi. Esa oficina informaba a Mussolini de la evolución de la prensa antifascista. Tras el asesinato de Matteotti, Rossi cayó en desgracia y huyó a Francia. Fue igualmente importante la *Direzione Generale di Pubblica Sicurezza* del Ministerio del Interior, y el Sindicato de periodistas, nacido en enero de 1924, que ayudó a influir en las propias empresas. Mussolini tuvo su carné número uno.

El proceso continuó con el Real Decreto ley nº. 1081, de 1924, que centralizaba el control de la prensa de provincias. También convirtió en monopolio a la *Agenzia Steffani*, que entregó a su compañero Manlio Morgagni, aunque la situación de control existía de facto desde antiguo. Fundada en 1853 por Guglielmo Stefani con el apoyo de Cavour, ya era una agencia hegemónica, cercana a los distintos gobiernos y sujeta a sus intereses especialmente en materia internacional. Tras la Primera Guerra Mundial, Giolitti ya nombró al director y aprobó los nombramientos de corresponsales en las principales ciudades del extranjero. A la altura de 1924 tenía cerca de cincuenta oficinas en Italia y en el extranjero, más de 250 corresponsales por todo el país y 65 fuera de sus fronteras[55].

A través de Stefani y de *Il Popolo d'Italia* se vertebró una red de circulación de noticias global, que actuó reproduciendo noticias, difundiendo propaganda y colaborando en la organización de la actividad de los fascistas, especialmente donde las comunidades de italianos emigrados eran más fuertes. Es por esto que Estados Unidos fue uno de los puntos donde el fascismo más se esforzó por hacerse presente[56]. Un caso paradigmático es el de Luigi Barzini, que fue

---

[55] Romano Canosa: *La voce del Duce. L'agenzia Stefani: l'arma segerta di Mussolini*, Milan, Mondadori, 2002.

[56] La Primera Guerra Mundial y el posterior ascenso del fascismo pusieron término a uno de los periodos de mayor emigración en el país, conocido como la gran diáspora italiana, motivada por el desempleo, la pobreza y el hambre. Esos emigrantes, que superaron los dieciséis millones, pasaron por situaciones enormemente difíciles, incluida la marginación social y la xenofobia en los países de acogida. El final de la guerra vino acompañado de una serie de restricciones por parte de los Estados receptores y también en la propia Italia fascista. Por ejemplo en Estados Unidos se aprobaron leyes anti-inmigración en 1921 y 1924, con cuotas y exclusión por origen nacional. Este país fue uno de los puntos fundamentales de llegada, pues absorbió casi la mitad de la emigración, seguido de Argentina, Brasil y Canadá. Matteo Pretelli: *L'emigrzione italiana negli Stati Uniti*, Milano, Il Mulino, 2011.

enviado a Nueva York poco después de la marcha sobre Roma para fundar *Il Corriere d'America*[57]. Allí se apoyó en italianos, pero también en estadounidenses como Richard Washburn Child, Thomas Lamont y Generoso Pope, entre otros[58]. Los periódicos fueron un cauce fundamental en la propaganda y en la acción exterior del Partido Fascista. Mussolini adoptó acciones parecidas en otros puntos como Canadá y Buenos Aires[59].

LA LEY 2307/25

El 3 de enero de 1925 el Duce pronunció un discurso en la cámara de los diputados en el que asumió la responsabilidad de la eliminación de Giacomo Matteotti tras rechazarla reiteradamente. Entre aquel asesinato y su alocución sucedieron más episodios violentos, como la muerte del diputado fascista Armando Casalini a manos de un comunista. La intervención fue seguida de una circular a los prefectos para limitar la libertad de prensa. Ese acto, que tuvo como objetivo a los periódicos, es considerado el colofón de la dictadura fascista[60].

Maurizio Cesari escogió una cita de Luigi Albertini para ilustrar el nuevo estado de cosas: "Oggi la stampa è ridotta a dire solo quello che il Governo e i soui prefetti le consentono, come durante la guerra. Anzi peggio: perché durante la guerra vigeva giustamente la censura, ed il censore rendeva noti i criterio quasi sempre ovvi a cui il Ministro degli Interni si ispirava. Adesso no: si è sequestrati a

[57] Pellegrino Nazzaro: *Fascist and Anti-Fascist Propaganda in America. The Dispatches of Italian Ambassador Gelasio Caetani*, New York, Cambria Press, 2008, pos. 513.

[58] Richard Washburn Child fue el embajador de EE.UU. en Italia entre 1921 y 1924 y el editor de *The Saturday Evening Post*, donde Mussolini publicó su autobiografía por entregas. Generoso Pope fue dueño de *Il Progresso Italo-Americano*, *Il Bollettino della Sera*, *Il Corriere d'America*, *Filadelfie L'Opinione* y la radio AQUIL y miembro del Partido Demócrata. Lamont trabajaba para J.P.Morgan. Katy Hull: *The Machine Has a Soul: American Sympathy with Italian Fascism*, Princeton & Oxford, Princeton University Press, 2021, pp. 30 y 49.

[59] Angelo Principe: *The Darknest Side of the Fascist Years. The Italian-Canadian Press: 1920-1942*, Toronto-Buffalo-Lancaster, Guernica, 1999. Laura FOTIA y Bruno Cimatti: *Un periòdico "fascista": Il Mattino d'Italia y la sociedad argentina*, Consenza, Pellegrini-Centro di Ricerca sulle Migrazioni, 2021, pp. 3-5 y 8.

[60] A. Signoretti: *La stampa…*, *op. cit.*, p. 5.

casaccio, non con criterio politici d'interesse generale, ma con criterio ispirati da considerazioni e necessità personali. I divieti più enorme vengono imposti. Si perseguita più questo che quel giornale. Chi scrive ha il tormento di non sapere ciò che può dire e non dire, fino a qual punto può spingersi nelle notizie e nelle critiche. Ed egli non ha nemmeno la certeza che il sequestro sia la sola disgrazia in cui può incadere. No: come c'insegnano i casi della *Voce Repubblicana* e del *Caffè* e la recente vicentda del maggior organo di opposizione democratica, del *Mondo*, ai sequestri può far seguito la diffida che preclude allá soppressione del giornale, sospensione o soppressione che, inflitta non dalla magistratura, ma dal potere esecutivo, rappresenta non soltanto un'enormità giuridico-morale sensa esempio, ma anche una penalità che colpisce duramente i propietari, i redattori, gli operai, il personale di tutto il giornale. Dove si vuole arrivare? A non far vivere più che la stampa ligia al Governo? (...)"[61].

Estas frases fueron pronunciadas en el Senado el 7 de mayo de 1925. Albertini era senador y periodista. Había sido director del *Corriere Della Sera* entre 1900 y 1921 y cabría definirle como un liberal-conservador que hasta 1923 mostró su simpatía por el movimiento de Mussolini. En noviembre, solo unos meses después de esa intervención, fue despedido por los nuevos propietarios del diario.

Fue entonces cuando sucedió el mayor cambio legal en materia de prensa. La ley de prensa de 31 de diciembre de 1925 –la Ley 2307/25– fue un paso trascendental que ha dejado huella en la compartimentación de las historias de la prensa italianas. Su seña distintiva fue que declaró ilegales todos los periódicos que no tuviesen un responsable legal reconocido por el prefecto. Los prefectos ya venían teniendo un control importante de aspectos tales como los anuncios que podían publicarse, las noticias de la agencia Stefani y las subvenciones otorgadas desde el ministerio a la prensa favorable al gobierno. Con esta norma llegaron a los medios directores fascistas, aunque las empresas no lo fueran. *Avanti!*, el periódico del Partido Socialista Italiano nacido en 1896 y dirigido por Mussolini de 1912 a 1914, dejó de publicarse en Italia, al prohibirlo el gobierno, y continuó su existencia desde París

[61] M. Cesari: *La censura…*, *op. cit.*, p. 11.

y Zúrich bajo el mando de Pietro Nenni. *La Giustizia*, órgano del Partido Socialista Unitario y dirigido por Claudio Treves –Treves precedió a Mussolini en la dirección de *Avanti!*–, fue clausurado. *Il Mondo*, de Alberto Cianca, corrió la misma suerte. *Il Becco Giallo*, un semanario satírico también editado por él, cerró en 1926. Otro cambio interesante fue que varias cabeceras fascistas dejaron atrás este rótulo por el de Italia o italiano. El *Lavoro Fascista* pasó a ser el *Lavoro Italiano*.

La independencia de las empresas se debilitó inmediatamente, aunque fueron necesarias nuevas leyes hasta controlar la generalidad de los medios. El atentado fallido contra Mussolini de octubre de 1926 vino seguido por una orden a los prefectos el 1 de noviembre para suspender todos los periódicos de oposición y la creación de un tribunal especial para la defensa del Estado. Por poco tiempo circularon publicaciones clandestinas, como *Non mollare*. *Il Baretti*, de Turín, no cesó hasta 1928. *L'Unita*, de Gramsci, prolongó su existencia en la clandestinidad. La policía secreta, la O'VRA, fue una de las claves en el estrangulamiento de la oposición. La prensa católica, pese a cambiar y adaptarse, sobrevivió y vivió un cierto crecimiento en la década siguiente sin terminar de mimetizarse con la prensa fascista. Como expone Mauro Forno: "La persistenza, durante il fascismo, di una stampa non omologabile a quella di regime, constituí, a mio parere, uno solo dei molteplici aspetti che imprimeranno al settore non lievi caratteri di debolezza, pur nell'ambito di una innegabile costruzione totalitaria"[62].

Varios periodistas salieron del país en ese momento. Alberto Tarchiani, redactor del *Corriere della Sera*, se estableció en París al igual que Alberto Giannini, Ernesto Rossi, Carlo Rosselli y el citado Cianca. Allí fundaron *Giustizia e Libertà* en 1929. Treves dio lugar a *La Libertà* (1927-1934) en la misma ciudad, donde se agruparon los antifascistas no comunistas. Piero Gobetti, de ideas liberales y al que los fascistas agredieron en 1925, murió en Neullu-sur-Seine, en febrero de 1926, donde se reponía de las heridas[63]. Giovanni Amendola, editor

[62] M. Forno: *La Stampa...*, *op. cit.*, p. XIII.
[63] David Ward: *Piero Gobetti's New World: Antifascism, Liberalism, Writing*, Toronto, University of Toronto Press, 2010.

de *Il Resto del Carlino*, redactor de *Corriere della Sera* y en su última etapa de *Il Mondo*, murió del mismo modo. Había sido el creador del concepto de totalitarismo para definir al Estado fascista. Francesco Fausto Nitti fue confinado en la isla de Lipari, aunque se escapó a Túnez y luego a Francia, donde se sumó al grupo anterior. Riccardo Bauer (1896-1982) fue confinado en Ustica y Lipari. Al término del cautiverio regresó a Milán, pero su actividad política en la clandestinidad le supuso un nuevo arresto y una condena de veinte años de cárcel[64]. Pierluigi Allotti observó que, después de este corte, existió una cierta coincidencia generacional en la relación con el fascismo.

El 26 de febrero de 1928 se publicó el Real Decreto n.º 384, que insistía en esta estructura de control de la prensa y creó el registro de periodistas. El Código Penal también afectaba a la prensa y se aprobó otro en 1928 que sustituyó al de 1870. El 19 de octubre de 1930 llegó el Real Decreto que dio lugar al conocido como Código Rocco, que llevó ese nombre por el ministro de Gracia y Justicia, Alfredo Rocco[65]. Llegados a este punto, el régimen editó una obra con toda la legislación que afectaba a la prensa. En su preámbulo podemos leer cuál era la misión que esperaba del periodismo, en tanto que difusor de los ideales del Estado. Ese mismo volumen incluye una explicación de la jerarquía de la prensa fascista. Hay también una declaración del ministro Polvorelli a propósito del estatuto de la prensa.

En ese mismo periodo se creó la primera escuela pública de periodismo a través del decreto 2991, de 21 de noviembre de 1929, pero duró poco tiempo. Estuvo abierta entre 1930 y 1933 y fue inaugurada en Roma por el ministro de las Corporaciones, Giuseppe Bottai[66]. La idea no era una innovación del fascismo, sino que incorporaba la tendencia iniciada unas décadas antes en otros países. A finales del siglo XIX surgieron las asociaciones profesionales, aunque su objetivo fue la defensa de la libertad de prensa. A comienzos del siglo XX se desarrollaron los primeros proyectos para profesionalizar el periodismo a través de la formación, e incluso

---

[64] F. Dominici: *La stampa clandestina...*, *op. cit.*, pp. 63-78.

[65] *Concetti informartori della Legislazione Fascista sulla Stampa*, Roma, Annuario della stampa, 1930.

[66] E. Gallavotti: *La scuola fascista...*, *op. cit.*, p. 13.

la incardinación de estos estudios en el ámbito universitario. En 1900 se inició el primer curso de periodismo en Nápoles. En esta misma ciudad se abrió una escuela de periodismo en 1906. Luego llegaron varias cátedras, como la de la Cattolica di Milano, pero todo fueron iniciativas privadas hasta la Escuela Fascista. El punto de partida fue un real decreto anterior, de 1928, inspirado por el periodista Ermanno Amicucci[67].

De 1932 data el establecimiento del salario mínimo con carácter nacional, caducando entonces los acuerdos de 1919 por los que se establecieron el primer contrato de trabajo y la participación de los periodistas en los ingresos derivados de las ventas. Los responsables del acuerdo fueron la Federación Fascista de Editores de Periódicos y el Sindicato Nacional Fascista de Periodistas[68].

El siguiente salto cualitativo tardó en producirse y fue fruto del ascenso del nazismo en Alemania y de la adopción por parte de Italia de algunas de sus medidas relativas a los medios. Después de las elecciones del 5 de marzo de 1933 y una vez aprobada la ley de plenos poderes, el gobierno de Hitler creó el Ministerio para la Ilustración Pública y Propaganda del Reich alemán, que estuvo a cargo de Joseph Goebbels[69]. Manuel Chaves Nogales escribió a propósito del mismo: “El Ministerio de Propaganda es, efectivamente, una de las piedras angulares del nacionalsocialismo. Ya en aquel gobierno clandestino que tenía Hitler en la Casa Oscura de Munich había no uno, sino dos Ministerios de Propaganda confiados a los hombres más activos e inteligentes del partido. No se espera que las gentes se convenzan por las buenas de la excelsitud de los gobernantes *nazis* y de la legitimidad de sus doctrinas, sino que se sale en avalancha a las calles y a los campos a cazar al ciudadano con un formidable reclamo. Prensa, carteles, charangas, banderas, uniformes: toda Alemania está bajo la acción proselitista de

[67] Amicucci, que trabajó en *Avanti!*, fue el principal teórico del fascismo en relación a la prensa. En estos años publicó obras como *Il giornalismo nel regime fascista* (1928), *Scuola di giornalismo* (1928), *Il contratto di lavoro giornalistico illustrato e commentato* (1929), *Vita e lavoro dei giornalisti* (1929) y más tardíamente *La stampa della rivoluzione e del regime* (1938). Mauro Forno: *Fascismo e informazione. Ermanno Amicucci e la rivoluzione girnalistica incompiuta (1922-1945)*, Alexandria, Edizioni dell'Orso, 2003.

[68] G. Carcano: *Il fascismo contro la stampa: 1922-1925...*, *op. cit.*, pp. 14-15.

[69] Oron J. Hale: *The Captive Press in the Third Reich*, Princeton, Princeton University Press, 1973, pp. 76-101.

este aparato gigantesco de publicidad. Pero cuando se dirige a los chicos esta campaña de propaganda es realmente aterradora"[70].

En el caso de Italia no existió un ministerio análogo hasta 1937, en que se fundó el Ministerio de Cultura Popular (MinCulPop), cuya vigencia se prolongó hasta el 3 de junio de 1944[71]. Es decir, la etapa comprendida entre 1925 y 1937 estuvo bajo los auspicios de la Oficina de Prensa y desde 1933 de la Secretaría de Prensa y Propaganda. La secretaría fue elevada a ministerio en 1935 y recibió su denominación definitiva en 1937. Al frente del mismo estuvieron Dino Alfieri (1937-1939), Alessandro Pavolini (1939-1943) y Gaetano Polvorelli (1943). Cabe hablar de fascistización de Alemania en varios sentidos, pero también de nazificación de Italia en la etapa final del régimen fascista. La idea alemana puede observarse en otros países. La España del Frente Popular tuvo un efímero ministerio de Propaganda entre 1936 y 1937, regido por Carlos Esplá. En el bando contrario FET y de las JONS creó la Delegación Nacional de Prensa y Propaganda en mayo de 1937. En 1938, con la formación del primer gobierno de Franco, en enero de 1938, quedó integrada en el Ministerio del Interior, gestionado por Ramón Serrano Suñer. El ministro contó con Dionisio Ridruejo como director general de Propaganda y con José Antonio Giménez-Arnau como Director General de Prensa. Acabada la guerra, mediante una ley de julio de 1940, se creó lo que pasaría a denominarse prensa del movimiento.

Otro efecto importante en la nazificación del fascismo fue la aprobación de leyes que afectaron a los periodistas judíos. Treinta de ellos fueron expulsados en aplicación de las leyes raciales[72].

---

[70] Manuel Chaves Nogales: *Bajo el signo de la esvástica. Cómo se vive en los países de régimen fascista*, Sevilla, Almuzara, 2012, p. 69.

[71] El ministerio no desapareció con el ocaso de Mussolini. El gobierno del mariscal Badoglio mantuvo el ministerio de Cultura Popular y otro de Comunicaciones. Pablo Martín De Santa Olalla Saludes: *Historia de la Italia Republicana (1946-2021)*, Madrid, Sílex, 2021, p. 37.

[72] Vittorio Roidi y Enrico Serventi: *Reiscriviamo all'albo i giornalisti ebrei radiati dal fascismo*, Roma, All Arround, 2021. Uno de ellos fue Giacomo Lampronti, de origen hebreo y converso al catolicismo, que trabajaba en el periódico católico *L'Avvenire d'Italia*, en Bolonia, que se fugó del país gracias a la ayuda de Odoardo Focherini. Giacomo Lampronti: *Mio fratello Odoardo. Una biografia di Focherini*, Bologna, Edizioni Dehoniane Bologna, 2021.

LA POSTURA DE PÍO XI Y PÍO XII ANTE LAS LEYES ANTISEMITAS FASCISTAS. LA CONDENA A LA PERSECUCIÓN JUDÍA EN LA ENCÍCLICA *HUMANI GENERIS UNITAS*

Jaime Ortega Lázaro
Universidad CEU San Pablo

INTRODUCCIÓN

En este capítulo se tratará sobre la postura de los papas Pío XI y Pío XII ante un tema muy concreto: Las leyes raciales antisemitas de la Italia fascista. Se centrará especialmente sobre la historia y el análisis de la encíclica *Humani Generis Unitas* –encargada por el santo padre– y que nunca llegó a ser publicada. Se aborda este tema por considerarlo uno de los más interesantes de la postura de la Iglesia ante el fascismo. Si bien la encíclica no solo iba destinada a condenar el caso italiano, sino también el alemán.

Pío XI (Achille Ratti) fue elevado al solio pontificio el 6 de febrero de 1922 tras la muerte de Benedicto XV (1922-1939). Durante su pontificado impulsó la Acción Católica y también las misiones proclamando como patronos de estas a san Francisco Javier y santa Teresita del Niño Jesús. También ha legado un abundante y rico magisterio pontificio (*Quas primas*, *Casti Connubi* o *Ad catholici sacerdotii*). Meses después de su elección como papa tendría lugar la Marcha sobre Roma. Tras ella, Benito Mussolini ascendería al poder en Italia. Por tanto, su pontificado comenzará a la par que comenzó el fascismo en Italia. Pío XI será el papa que firmará los Pactos de Letrán o Lateranenses (1929) que pondrán fin a la "cuestión romana". Después de 59 años, el Estado italiano reconocía al Vaticano como un estado soberano, así como otras disposiciones que no es el caso detallar. Desde un principio las violaciones a los pactos fueron reiteradas.

Achile Ratti movido por su celo pastoral y con el firme deseo de preservar la pureza de la doctrina católica, no dudó en condenar todos los totalitarismos que amenazaban la fe y que arrastraban al error al hombre moderno. En este sentido, realizó las siguientes condenas: *Divini Redemptoris* (1937) contra el comunismo y *Mit brenender Sorge* (1937) contra el nazismo. También condenó al fascismo por la persecución a la Acción Católica en Italia lo que suponía la vulneración de los pactos de Letrán: *Non Abbiamo bisogno* y *Doviamo intratternerla* (1931)[1]. Tampoco dudó a la hora de condenar la persecución religiosa en México (*Paterna sane sollicitudo* e *Iniquis afflictisque* 1926) *y en* España (*Dilectissima Nobis*, 1933).

El santo padre movido por ese mismo afán condenó el racismo y el antisemitismo de la época. Por ello, encargó a la elaboración de la encíclica *Humani Generis Unitas*.

La postura de condena de Pío XI al antisemitismo venía de su estancia en Polonia como nuncio. En 1918 se desató en Polonia una persecución contra los judíos que se materializó en el asesinato de muchos de ellos y en el ataque a sus bienes (domicilios, negocios y sinagogas). Ratti quedó conmocionado por estos hechos, condenó el antisemitismo polaco e hizo lo que pudo por ayudar a los judíos. También advirtió –como recoge William Clonmore en *Pope Pius XI and World Peace*– que "cualquier brote de antisemitismo sería condenado por la Santa Sede"[2].

Benedicto XV había condenado la persecución a los judíos en Polonia en una carta dirigida al presidente del Comité Judío Americano. La carta escrita por el cardenal Pietro Gasparri –secretario de Estado vaticano– estaba fechada el 16 de febrero de 1916. En ella, se decía que no era oportuno que el santo padre se pronunciase contra el antisemitismo –dada la situación de guerra, se entiende–, pero que reprobaba toda la persecución de que eran objeto los judíos, así como cualesquiera otras persecuciones:

---

[1] Gonzalo Redondo: *La iglesia en el mundo contemporáneo. Tomo II. De León XIII a Pío XI*, Pamplona, Eunsa, 1979, pp. 262-263.

[2] William Clonmore: *Pope Pius XI and World Peace*, Londres, E.P. Dutton & Co., 1938, p. 54. David G. Dalin: *El mito del papa de Hitler. Cómo Pío XII salvó a los judíos de los nazis*, Madrid, Ciudadela, 2006, p. 65.

> "The Supreme Pontiff is not in a position to pronounce on the specific facts mentioned in the memorandum (...) but, on principle, as Head of the Catholic Church (...) he never ceases to inculcate among individuals, as well as among peoples, the observance of the principles of the natural law and to condemn everything which violates them. This law must be observed and respected in the case of the children of Israel, as well as of all others, because it would not be conformable to justice or to religion itself to derogate from it solely on account of divergence of religious confessions. The Supreme Pontiff at this moment feels in his fatherly hearth... the necessity for all men of remembering that they are brothers and that their salvation lies in the return to the law of love which is the law of the Gospel"[3].

La carta fue publicada en el *New York Times* y en el *Tablet* londinense. Esta declaración es considerada como la primera condena contra el antisemitismo según señala David G. Dalin[4]. Según Cyrus Adler la declaración ayudó mitigar el sufrimiento de los judíos[5].

LAS CONDENAS AL ANTISEMITISMO EN EL PONTIFICADO DE PÍO XI

La primera condena al antisemitismo durante el pontificado de Pío XI tuvo lugar en 1928. El Santo Oficio decretó el 25 de marzo de 1928 – tras la aprobación del romano pontífice–la supresión de la sociedad católica pro judía *Amici Isarel*. En un documento titulado *Pax super Israel* (1925) la asociación pedía que se dejase atrás el calificativo de pueblo deicida para referirse a los judíos, no hablar de la conversión de los judíos, así como la idea de que Dios continuaba amando al pueblo de Israel. Independientemente de las circunstancias que rodean a la supresión tratadas por Philippe Chennaux en su artículo

[3] Harry C. Koening (ed.): *Principles for peace. Selections from papal documents. Leon XII to Pius XII*, Washington, National Catholic Welfare Conference, 1943, pp. 198-199.

[4] David G. Dalin: *El mito del papa de Hitler..., op. cit.*, p. 90.

[5] Abraham A. Neuman: *Cyrus Adler. A biographical skecht,* The Jewish Publication Society of America, Philadelphia, 1942, p. 143.

Le Saint-Siége et la question de l'antisemitisme sous le pontificat de Pie XI [6]es significativa la condena del antisemitismo –introducida por el mismo papa– que se realiza en el decreto de abolición:

> "Qua caritate permota Apostolica Sedes eumdem populum contra iniustas vexationes protexit, et quemadmodum omnes invidias ac simultates inter populos reprobat, ita vel maxime damnat odium adversus populum olim a Deo electum, odium nempe illud, quod vulgo «antisemitismi» nomine nunc significari solet"[7].

Las condenas del santo padre Pío XI y de la Santa Sede al racismo y al antisemitismo fascista se concentran prácticamente en el año 1938 en que comenzaron las medidas raciales antisemitas.

La primera condena fue un escrito de la Sagrada Congregación para los seminarios y las universidades de 13 de abril de 1938 en el que se exponían ocho tesis que sostenía el racismo y que debían ser combatidas por el mundo católico. Este escrito fue publicado por *L'Osservatore Romano* el 3 de mayo de ese mismo año. El 14 de julio se publicaba el *Manifiesto sobre la Raza* que había sido redactado por un grupo de profesores fascistas y llegaba a afirmar que los judíos no pertenecían a la raza italiana, constituyendo esta última una raza aria[8]. La postura de Pío XI a este manifiesto fue de rechazo y de condena[9]. El 15 de julio el santo padre en una audiencia a las *Suore di Nostra Signora del Cenacolo* trató sobre el tema del nacionalismo y expresó la contrariedad de la fe con este, puesto que la Iglesia es una, santa, católica y católico quiere decir universal. El nacionalismo –según el papa– constituía "una forma de vera apostasia. Non è piú soltano una o l'altra idea errata; è tutto lo spirito della dottrina, che è contrario allá Fede di Cristo. Credo sanctam catholicam Ecclesiam, ossia tutto ciò che significa la redenzione e la santificazione del mondo, mentre

[6] Philipe Chennaux: "Le Saint-Siége et la question de l'antisemitisme sous le pontificat de Pie XI", *Revue d'histoire eclesiastique*, vol. 90, 3-4 (2004), pp. 706-707.

[7] "Decretum de consociatione vulgo Amici Israel abolenda", *Acta Apostolicae Sedis*, vol. XX (1928), p. 104.

[8] Garry Wills: *Papal Sin. Structures of deceit*, Doubleday, New York, 2000, p. 29.

[9] Giovanni Miccoli: "Santa Sede e Chiesa italiana di fronte alle leggi antiebraiche del 1938", *Studi Storici*, 4 (1988), p. 876.

quest´altra dottrina significa tutto il contrario"[10]. Esta idea de que católico significa universal la reiteró apenas una semana más tarde, el 21 de julio a los asistentes de la Acción Católica y aquí será la vez primera donde condene el racismo y completando el discurso de la semana anterior llegó a afirmar: "Cattolico vuol dire universale non razzistico, nazionalistico, sep aratisco"[11].

El 5 de septiembre se adoptó en Italia una de las primeras medidas contra los judíos, tanto profesores como alumnos judíos eran eliminados de los centros de enseñanza italianos. Dos días después, el papa se reunió con los peregrinos de la *Radio Catholique Belge*. En primer lugar, se reunió con los directivos de la radio y después, tuvo una audiencia pública con los 120 peregrinos. En el seno de la audiencia privada pronunció sus célebres palabras en defensa del pueblo judío a los directivos de la radio tal como refirió su presidente, Lois Piccard en un artículo publicado en *La Libre Belgique* el 14 de septiembre de 1938. Los directivos de la asociación regalaron al santo padre un misal y este lo ojeó, al leer las palabras del Canon romano de la misa –desde la reforma litúrgica operada tras el Concilio Vaticano II denominado Plegaria Eucarística I– referentes al justo Abel, al patriarca Abrahán y al sumo sacerdote Melquisedec el papa expresó:

> "Cette prière, nous la disons au moment le plus solennel de la messe, après la Consécration, lorsque la divine Victime est offerte effectivement. Sacrifice d'Abel, sacrifice d'Abraham, sacrifice de Melchisédech. En troistraits, en trois lignes, en trois pas, toute l'histoire religieuse de l'humanité. Sacrifice d'Abel: l'époque adamique. Sacrifice d'Abraham: l'époque de la religion et de l'histoire prodigieuse d'Israël. Sacrifice de Melchisédech: annonce de la religion et l'époque chrétiennes. Texte grandiose. Chaque fois que Nous le lisons, Nous sommes saisis par une émotion irrésistible. «Sacrificium Patriarchae Nostri Abrahae». Remarquez qu'Abraham est appelé notre Patriarche, notre Ancêtre. L'antisémitisme n'est pas compatible avec la pensée et la réalité

[10] Domenico Bertetto (ed.): *Discorsi di Pio XI. Volume III. 1934-1939*, Società Editrice Internazionalle, Turín, 1961, pp. 769-770.

[11] Ibídem, p. 775.

> sublimes qui sont exprimées dans ce texte. C'est un mouvement antipathique, un mouvement auquel nous ne pouvons, nous chrétiens, avoir aucune part. Ici, le Pape ne parvient plus à contenir son émotion. Il ne voulait pas se laisser gagner par cette émotion. Mais il n'y put réussir. El c'est en pleurant qu'il cita les passages de saint Paul mettant en lumière notre descendance spirituelle d'Abraham. Le promesse a été faite à Abraham et à sa descendance. Le texte ne dit pas, remarque saint Paul, in seminibus tamquam in pluribus, sed in semine tamquam in uno, quod est Christus. La promesse se réalise dans le Christ et par le Christ en nous qui sommes les membres de son Corps mystique. Par le Christ et dans le Christ, nous sommes de la descendance spirituelle d'Abraham. Non, il n'est pas possible aux chrétiens de participer à l'antisémitisme. Nous reconnaissons à quiconque le droit de se défendre, de prendre les moyens de se protéger contre tout ce qui menace ses intérêts légitimes. Mais l'antisémitisme est inadmissible. Nous sommes spirituellement des sémites"[12]

Este discurso del romano pontífice tuvo mucho eco y fue recogido en la prensa internacional. Fue publicado en otros diarios católicos como *La Croix* o *La Documentation Catholique*. El impacto e importancia del discurso- como señala el profesor Gabriele Riano- solo puede entenderse si se conoce el acuerdo al que llegó Mussolini con el Vaticano el 16 de agosto de 1938. El 28 de julio el santo padre pronunció un discurso a los alumnos del colegio *De Propaganda Fide*. El papa hizo una alabanza a la unidad del género humano. Todos los hombres, todo el género humano –insistía– constituirían una sola y única raza humana. Eso sí –explicaba el santo padre– que pese a existir una raza universal, existían otras razas dentro de esa misma. Tras este bello discurso el santo padre afirmó: "Ci si può quindi chiedere come mai, disgraziatamente, l'Italia abbia avuto bisogno di andare ad imitare la Germania"[13]. Las palabras de su santidad

[12] Gabriele Rigano: "Spiritualmente semiti. Pio XI e l'antisemitismo in un discorso de settembre 1938", *Römische Quartalschrift für Christliche Altertumskunde und Kirchengeschichte*, vol. 109, 3-4 (2014), p. 283.

[13] Domenico Bertetto (ed.): *Discorsi di Pio XI..., op. cit.*, p. 781.

generaron un conflicto entre el Vaticano y Mussolini. La respuesta del *Ducce* fue clara "en la cuestión racial dispararemos directamente". El papa designó como mediador a Pietro Tacchi-Venturi S.J. quién se encargó de discutir el asunto con Mussolini. Se llegó a un acuerdo, pero el *Ducce* había prohibido a la Iglesia predicar sobre el antisemitismo y demás. Además, el texto arremetía contra el trato que habían dispensado los papas a los judíos.

Según señaló en su artículo Louis Piccard fue el santo padre quien les ordenó que difundieran el discurso. Se puede concluir–siguiendo a Rigano –que el santo padre mandó a los dirigentes de la *Radio Catholique Belge* que hicieran público su mensaje para así sobrepasar la censura fascista y librar a la prensa italiana católica de las represalias y también para darle un mayor eco[14].

El 6 de octubre de 1938 el Gran Consejo Fascista propuso la prohibición de matrimonios entre italianos y miembros de otras razas no arias, entre los que estaban incluidos los judíos. Los matrimonios canónicos celebrados entre italianos y judíos convertidos al catolicismo no surtirían efectos civiles, no serían matrimonios a los ojos del Estado. El santo padre intentó remediar esta situación. Pietro Tachi Venturi S.J- intermediario no oficial entre el Vaticano y la Santa Sede- intentó tener una audiencia con Mussolini, pero le fue rechazada y tampoco le fue respondida la carta escrita. Entonces, el papa decidió escribir directamente a Mussolini el 5 de noviembre, pero este ni siquiera respondió. También se dirigió al rey Víctor Emanuel quien no le respondió de manera muy significativa. Se intento proseguir con el diálogo diplomático, pero todo fue en vano. El 18 de noviembre se publicaba en la *Gazzetta Ufficiale* el decreto-ley de 17 de noviembre que en su art. 1.º prohibía los matrimonios mixtos. La medida constituía claramente una vulneración del Concordato de 1929 que en su art. 34 I reconocía el carácter civil del matrimonio celebrado en forma religiosa. Se intentaron también algunas negociaciones, pero fueron en vano[15]. En su alocución navideña pronunciada a los cardenales el 24 de diciembre de 1938 Pío XI se dolió por la cuestión

[14] *Gabriele* Rigano: "Spiritualmente semiti..., *op. cit.*, p. 294-295.

[15] Georges Jarlot: *Doctrine Pontificale et Histoire. Pie XI Doctrine et action (1922-1939)*, Presses de l'Université Gregorienne, Rome, 1973, pp. 434-435.

de los matrimonios mixtos afirmando que era una grave ofensa y que había herido su corazón[16]. Tras la entrada en vigor de la medida los sacerdotes siguieron celebrando los matrimonios mixtos, lo único es que estos no eran reconocidos civilmente. No se sabe a ciencia cierta cuál llegó a ser el número exacto de estos matrimonios, pero parece ser que si debió ser un número cómo para tenerlo en cuenta según expresa Tachi-Venturi al ministro del Interior Umberto Ricci en carta fechada el 23 de agosto de 1943[17].

LA ENCÍCLICA *HUMANI GENERIS UNITAS* Y LA COMPAÑÍA DE JESÚS

Sin embargo, la condena más dura al antisemitismo fascista y también al alemán, iba a ser una encíclica que el santo padre Pío XI encargaría a un sacerdote americano, el padre John LaFarge S.J, pero esta nunca salió a la luz. Cinco años antes, la carmelita descalza *santa Teresa Benedicta de la Cruz –de nombre seglar Edith Stein– procedente de una familia judía y convertida al catolicismo, escribió al santo padre para pedirle que redactase una encíclica en la que condenase el antisemitismo.*

En la primavera y el verano de 1938 John LaFarge S.J. realizó un viaje a Europa. En el mes de junio se encontraba en Roma y asistió a una audiencia general del santo padre Pío XI en el *palacio de Castel Gandolfo* junto con el padre Vicent Mcckornick S.J., rector de la Universidad Gregoriana de Roma[18]. Pocos días después, el jesuita recibió una invitación del papa convocándolo a una audiencia privada. El 22 de junio LaFarge se reunió con el santo padre en *Castel Gandolfo*. LaFarge confesó casi veinte años después en *The Manner is Ordinary* que el papa le dijo que le había gustado mucho su obra *Interracial Justice* y que habían tratado sobre el tema del racismo[19]. Sin embargo, no menciona ni una palabra sobre lo que le pidió Pío XI.

---

[16] Domenico Bertetto (ed.): *Discorsi di Pio XI ..., op. cit.*, p. 872.

[17] VV. AA.: *Actes et documents du Saint Siège relatifs à la Seconde Guerre Mondiale*, Librería Editrice vaticana, Ciudad del Vaticano, 1975, vol. 9 p. 461.

[18] Robert. A. Hecht: *An unordinary man. A Life of Father John Lafarge*, Lanham, Scarecrow Press, Inc., 1996, pp. 113-114.

[19] John Lafarge: *The Manner is Ordinary*, Harcourt, Brace & Co., New York, 1954, p. 272-274.

Este hecho fue referido por el jesuita en un memorándum dirigido al padre Joseph A. Murphy –asistente del provincial de los jesuitas en Nueva York– el 3 de julio de 1938. El santo padre le había pedido que redactase una encíclica condenando el antisemitismo. Le había confesado que había pensado en otra persona, pero que lo prefería a él. Pío XI le expuso "las líneas maestras de la cuestión, el método que debía seguir, y los principios que debía observar"[20]. También le dejó total libertad de actuación diciéndole: "Diga sencillamente, lo que usted mismo diría si fuese papa"[21]. El santo padre pidió al jesuita llevar el asunto en secreto[22]. No se sabe si Eugenio Paccelli –fiel secretario de Estado de Pío XI por aquel entonces– llegó a conocer este asunto en vida de su predecesor. Parece ser que el santo padre se lo pudo haber ocultado por si el proyecto no salía adelante[23], pero existen diferentes opiniones al respecto. Cornwell piensa que si lo llegó a conocer pues se encuentra su impronta en el documento[24]. Sin embargo, David I. Kertzer piensa que Pío XI le ocultó el asunto y que era muy revelador el hecho de que el papa ocultase este hecho a su secretario de Estado[25]. El domingo siguiente, el romano pontífice se reunió con el padre Wlodimir Ledòchowsky (1866-1942), prepósito general de la Compañía de Jesús, contándole el encargo que había hecho al estadounidense. Al día siguiente de la reunión, LaFarge visitó al prepósito. El padre Ledòchowsky instó al jesuita americano para que se diese prisa en realizar el encargo del papa. El padre LaFarge realizó al general de los jesuitas dos peticiones. La primera que si era posible redactar la encíclica en París debido al

---

[20] Georges Passeleq y Bernard Suchecky: *Un silencio de la Iglesia frente al fascismo. La encíclica de Pío XI que Pío XII no publicó*, Madrid, PPC, 1997, p. 74.

[21] Ibídem, p. 74.

[22] Robert. A. Hecht: *An unordinary man…., op. cit.*, p.115.

[23] Francis. J. Coppa: "La Cruzada del Papa Pío XI por los Derechos Humanos y su Encíclica oculta "Humani generis Unitas", contra el Racismo y el Antisemitismo", *Catolicismo Puro y simple (En línea)*. Recuperado de internet: https://catholicism-pure.wordpress.com/2012/07/28/pope-pius-xis-crusade-for-human-rights-and-his-hidden-encyclical-humanitas-generis-unitas-against-racism-and-anti-semitism/ (Consultado 21/09/2022).

[24] John Cornwell: *El papa de Hitler. La verdadera historia de Pío XII*, Planeta, Barcelona, 2002, p. 215.

[25] David I. Kertzer: *Il patto col diavolo. Mussolini e papa Pio XI. Le relazioni segrete fra il Vaticano e l'Italia fascista*, Rizzoli, Milán, 2014, p. 281.

calor romano en verano. La segunda que fuera ayudado por alguien en su misión[26]. Ambas peticiones fueron concedidas. Ledòchowsky sugirió al estadounidense que los sacerdotes que lo podían ayudar fuesen el Gustave Gundlach S.J. (1892-1963) –profesor de la Universidad Gregoriana– y Gustave Desbuqois S.J. (1869-1959) de Action Française[27]. El padre Gundlach tenía experiencia en el asunto pues había participado notablemente en la redacción de la *Quadragessimo Anno* (1931)[28]. Una vez recibido el encargo de redactar la encíclica, LaFarge se quedó abrumado, así lo expresó en el informe enviado al padre Murphy:

> "Sinceramente estoy atónito, y lo que más acierto a decir es que se me ha caído encima la Roca de san Pedro. Si hubiera visto venir una cosa tan extraordinaria por nada del mundo habría pasado por Roma, y aún menos habría visto al papa"[29].

La Farge se instaló junto a Gustav Gundlach y Gustave Desbuqois en la residencia parisina *Êtudes,* allí pasaron desde primeros de julio a mediados de septiembre trabajando en el borrador de la encíclica. Se unió al grupo Heinrich Bacht S.J. que se encargaría de traducir la encíclica al latín[30]. Parece ser que Desbuqois solo se encargó de la traducción del documento al francés. Si bien la encíclica fue escrita, principalmente, por el padre LaFarge y el padre Gundlach. Es probable que LaFarge se encargase de redactar, sobre todo, a partir del punto 111 donde se trata del racismo hasta el punto 152 en el que se concluye con el tema del antisemitismo. El resto de los puntos bien podrían haber sido escritos por Gundlach. El padre John LaFarge no hace referencia al encargo del papa en sus memorias, pero destaca que en París le esperaron tres meses de duro trabajo[31]. El 17 de

[26] Georges Passeleq y Bernard Suchecky: *Un silencio de la Iglesia…*, *op. cit.*, p. 75.
[27] Robert. A. Hecht: *An unordinary man…*, *op. cit.*, p. 118.
[28] Para un análisis más detallado de la obra y de la biografía del padre Gustave Gundlach y su importancia en el catolicismo social puede consultarse: Johannes Schwarte: *Gustav Gundlach S.J. (1892-1963): massgeblichen Repräsentant der katholischen Soziallehre während der Pontifikate Pius' XI. und Pius'XII*, Verlag Ferdinand Schöning, 1975.
[29] Georges Passeleq y Bernard Suchecky: *Un silencio de la Iglesia…*, *op. cit.*, p. 75.
[30] Ibídem, p. 77.
[31] John Lafarge: *The Manner is Ordinary…*, *op. cit.*, p. 277.

julio el general de los jesuitas escribe a LaFarge y le dice que no se de mucha prisa en llevar a cabo su trabajo dado que el asunto es de gran envergadura[32]. Esta actitud del general puede llamar la atención viendo su actitud posterior. Hacia el 26 de septiembre- según apuntan Georges Passeleq y Bernard Suchecky en *Un silencio de la Iglesia frente al fascismo. La encíclica de Pío XI que Pío XII no publicó*- el americano debió llegar a Roma con el borrador definitivo de la encíclica[33]. Una vez en Roma hizo entrega al padre Ledòchowsky y no al beatísimo padre del documento. Tras entregar la encíclica, el jesuita se volvió a Estados Unidos.

Parece ser que el prepósito Ledòchowsky había encontrado que la encíclica estaba redactada en un tono "demasiado fuerte y provocador"[34]. Este hecho habría llevado al general a enviar al padre Enrico Rosa S.J. –redactor de *La Civilittá Católica*– una versión abreviada del borrador con la orden de que lo revisase y lo suavizase, así lo afirmó el padre Walter Abbott S.J. –amigo del padre LaFarge en Nueva York– en 1972. El padre Rosa que llevaba un tiempo enfermo falleció el 26 de noviembre. No se sabe qué correcciones que pudo realizar sobre el documento[35]. Según apunta Renato Moro el general le había entregado a Rosa la encíclica el 8 de octubre[36]. El padre Ledòchowsky había actuado contra la voluntad de Pío XI que quería que el padre LaFarge redactase una encíclica y que cuando estuviese terminada se la hiciese llegar. No había pedido al prepósito que realizase ningún tipo de cambio, ni mucho menos poner el documento en manos de un tercero, ni dilatar su entrega. El papa se lo habría dejado bien claro al jesuita estadounidense "Recuerda que estás escribiendo esta encíclica para mí y no para Ledòchowsky"[37].

El padre Gundlach escribió a LaFarge el 16 de octubre sospechando de la actitud del superior general, a la vez que le pedía que

[32] Georges Passeleq y Bernard Sucheky: *Un silencio de la Iglesia ..., op. cit.*, p. 97.
[33] Ibídem, p. 101.
[34] "Jesuit Says Pius XI asked for draft," *National Catholic Reporter*, 22 de diciembre de 1972, p. 4.
[35] Georges Passeleq y Bernard Suchecky: *Un silencio de la Iglesia ..., op. cit.*, pp. 104, 107.
[36] Renato Moro: *La Iglesia y el exterminio de los judíos. Catolicismo, antisemitismo, nazismo*, Bilbao, Desclée de Brouwer, 2004, p. 114.
[37] Robert. A. Hecht: *An unordinary man..., op. cit.*, p. 120.

escribiese urgentemente al santo padre para informarle de todo[38]. El padre John Killeen también se pronunció en ese sentido y expresó a LaFarge en una carta fechada el 27 de octubre que desconfiaba de la actitud del general al entregar al padre Rosa la encíclica[39]. LaFarge escribió al papa tal como le había sugerido el padre Gunlach. El alemán volvió a escribir al padre LaFarge el 18 de octubre y se hacía eco de que al santo padre no le quedaba mucho tiempo de vida. El santo padre no había visto el borrador puesto de la encíclica puesto que "solo llega(ba) hasta él lo que otros consideran oportuno"[40]. Pío XI en esas fechas estaba muy enfermo. El 25 de noviembre de 1938 había sufrido dos ataques cardíacos, esto provocó que se redujesen notablemente las actividades del papa[41]. Por tanto, es probable que los miembros de la curia no es que quisiesen limitar el acceso a su persona, ni dejar de informarle del asunto de la encíclica, sino que lo considerarían inconveniente para su salud. Si bien es verdad que en esos momentos había intereses opuestos en la curia vaticana y que algunos de sus miembros se oponían a la actitud de Pío XI de condenar el antisemitismo. Tras enterarse Pío XI de que el padre Ledòchowsky tenía la encíclica le conminó a entregársela. Finalmente, el borrador de la *Humani Generis Unitas* llegó a manos del santo padre el 21 de enero de 1939, unas tres semanas antes de su muerte. Una de las incógnitas más importantes es si Pío XI llegó a leer o no el documento. Es poco probable –según señala Edward S. Stanton– debido al precario estado de salud del papa[42]. Para Passeleq y Sucheky la cosa es clara: El padre Ledòchowsky "había ganado tiempo suficiente, de forma que la muerte, al sorprender a Pío XI, puso un punto final y victorioso a su táctica de lentitud burocrática"[43]. El general de los jesuitas actuando contra la voluntad papal había enviado al padre Rosa el borrador de la encíclica para que la suavizase, pero

[38] Georges Passeleq y Bernard Suchecky: *Un silencio de la Iglesia ..., op. cit.*, pp. 104-105.
[39] Ibídem, p. 106.
[40] Ídem.
[41] Frank J. Coppa: *Politics and the Papacy in the Modern World,* Praeger, Westport, 2008, p. 118.
[42] Edward S. Stanton: "John Lafarge", en John J. Delaney (ed.): *Saints are now. Eight portraits of modern sanctity*, Garden City (New York), Doubleday Company Inc., 1981, p. 75.
[43] Georges Passeleq y Bernard Suchecky: *Un silencio de la Iglesia...*, p. 126.

este había fallecido el 26 de noviembre de 1938 y la encíclica no fue entregada al papa hasta el 21 de enero de 1939. Habían transcurrido dos meses desde la muerte de Rosa y el general Ledòchowsky no había hecho llegar la encíclica al santo padre más que cuando este se lo había pedido. Cabe preguntarse el porqué de esta actuación[44]. La explicación más plausible fue ofrecida por el padre Walter Abbot S.J.: "He obviously felt (...) that if the document has been issued, there would soon no longer be a Catholic Church in Germany". El padre Abbot- continúa refiriendo- que el general era un gran enemigo del comunismo. En este sentido, se pronuncia el padre LaFarge en *The Manner is Ordinary* al expresar que el general estaba muy preocupado por la lucha contra el comunismo[45]. Por tanto, el padre Ledòchowsky creía que era necesario combatir esa gran amenaza y no atacar a la Alemania nazi, cosa que se haría de publicarse la encíclica. El ataque a Hitler –en el pensamiento del general– suponía atacar a la fuerza que contenía el comunismo, así como poner en peligro a Iglesia católica alemana. Todo esto no prueba, ni mucho menos, que el prepósito general fuera antisemita, ni mucho menos racista, si no que consideraba primordial la lucha contra el comunismo y que no creía oportuna la publicación de la encíclica.

Pío XI falleció a las cinco de la madrugada del 10 de febrero de 1939. Al día siguiente estaba previsto que diese un discurso a los obispos italianos. Supuestamente el santo padre iba a condenar el régimen fascista. Esto ha hecho a muchos especular que Pío XI podía haber sido asesinado. Sin embargo, se trata de una historia sin mucho fundamento. El famoso discurso fue hecho público el 6 de febrero de 1959 por san Juan XXIII en una carta dirigida al episcopado italiano con motivo del vigésimo aniversario de la muerte de Pío XI y del trigésimo de los pactos de Letrán[46]. Al morir el santo padre, el borrador de la *Humani Generis Unitas* se encontraba en el escritorio papal junto con el discurso[47] que parece ser que estaba

[44] Resulta curioso que el padre d'Ouince –superior de la revista Êtudes– poseía ciertas dudas de que el padre Ledòchowsky hubiese retrasado la entrega de la encíclica.

[45] John Lafarge: *The Manner is Ordinary...*, *op. cit.*, p. 236.

[46] Domenico Bertetto (ed.): *Discorsi di Pio XI...*, *op. cit.*, p. 891.

[47] Robert. A. Hechtman: *An unordinary man...*, *op .cit.*, p. 120.

inconcluso. Se ha llegado a afirmar que si la encíclica hubiera sido entregada a su santidad a finales de septiembre de 1938 –y no a finales de enero de 1939– a lo mejor podría haber sido publicada. Podría ser observando alguna otra afirmación del papa que en esa alocución conocida con el nombre *Nella Luce* si se hubiese condenado las leyes racistas italianas[48]. Sin embargo, todo esto no son más que conjeturas e hipótesis.

El 2 de marzo –al día siguiente de la apertura del cónclave– los cardenales con derecho a voto eligieron a Eugenio Pacelli como sucesor de san Pedro. El cardenal Pacceli escogió el nombre de Pío XII.

El padre Zacheus Maher –asistente del padre Ledòchowsky– escribió a LaFarge el 16 de marzo. El asistente del general le comunicó que el santo padre Pío XII no había podido conocer de su asunto y que en cuanto lo hiciera se lo comunicaría[49]. Casi un mes después, el mismo padre jesuita se puso en contacto con su colega americano para informarle que por orden de Ledòchowsky le devolvería las versiones francesa e inglesa del documento para que las publicase si creía oportuno. El padre Gundlach recibiría la versión alemana. Eso sí, no podía mencionarse bajo ningún concepto quién había encargado el documento. LaFarge aprovechó su arduo trabajo parisino para incluirlo en su obra *The Race Question and the Negro* (1943) y en algunos trabajos posteriores[50]. La conclusión es clara: Pío XI había muerto y Pío XII había decido no publicar la encíclica. Gustav Gundlach –tras recibir el borrador en alemán– escribe a LaFarge expresándole su convencimiento –poco probable– de que el santo padre no supiese nada de la encíclica y que por eso no se hubiese pronunciado[51].

El 20 de octubre de 1939, siete meses después de ser elegido papa- Pío XII publica la encíclica *Summi Pontificatus*. Para su redacción se utilizaron algunos pasajes de la *Humani Generis Unitas*, así lo afirmó el padre Vicent McCornick al padre John Lafarge en una carta de 31

[48] Gonzalo Redondo: *La iglesia en el mundo contemporáneo…*, *op. cit.*, p. 264.
[49] Georges Passeleq y Bernard Suchecky: *Un silencio de la Iglesia frente al fascismo…*, *op. cit.*, p. 115.
[50] Ibídem, pp. 115-116.
[51] Ibídem, pp. 116-120.

de octubre de 1939: "La carta mundial estaba prácticamente terminada cuando yo llegué. La habrá leído, y sin duda habrá reconocido algunas partes"[52]. Los pasajes de la *Summi Pontificatus*[53] –similares a la encíclica frustrada, por así llamarla– se deberían al padre Gundlach[54]. Es de destacar la similitud entre ambas encíclicas al tratar sobre la unidad del género humano. La encíclica de Pío XII titulada *Humani Generis* (1950) no tiene nada que ver, pese a la similitud del título, con el borrador de la encíclica escrita por los jesuitas. *Humani Generis* tiene por objeto la denuncia de las falsas opiniones contra los fundamentos de la doctrina católica.

Se ha acusado sin mucho fundamento a Pío XII por no publicar la encíclica. El carácter de Pacelli era muy distinto al de su predecesor. Pío XI tenía la necesidad de condenar el mal siempre y en cualquier momento, de hecho, realizó numerosas condenas al final de su pontificado como se ha expuesto. Sin embargo, Eugenio Paccelli era un hombre con mucho carisma, pero más reflexivo, más correcto, más prudente, quizás a ello influyese su formación diplomática que le llevaba a adoptar políticas neutrales. Este carácter más neutral y diplomático lo hacían diferente de su predecesor[55]. Esta actitud ya la venía ejerciendo como secretario de Estado con

---

52 Ibídem, p. 121.

53 En esta encíclica el santo padre también condenaba en el n.º 73 la Segunda Guerra Mundial: "Mientras os escribimos, venerables hermanos, esta nuestra primera encíclica nos parece, por muchas causas, que una *hora de tinieblas* (*Lc* 22,53) está cayendo sobre la humanidad, hora en que las tormentas de una violenta discordia derraman la copa sangrienta de innumerables dolores y lutos. ¿Es acaso necesario que os declaremos que nuestro corazón de Padre, lleno de amor compasivo, está al lado de todos sus hijos, y de modo especial al lado de los atribulados y perseguidos? Porque, aunque los pueblos arrastrados por el trágico torbellino de la guerra hasta ahora solo sufren tal vez los comienzos de los dolores (*Mt* 24,8), sin embargo, reina ya en innumerables familias la muerte y la desolación, el lamento y la miseria. La sangre de tantos hombres, incluso de no combatientes, que han perecido levanta un fúnebre llanto, sobre todo desde una amada nación, Polonia, que por su tenaz fidelidad a la Iglesia y por sus méritos en la defensa de la civilización cristiana, escritos con caracteres indelebles en los fastos de la historia, tiene derecho a la compasión humana y fraterna de todo el mundo, y, confiando en la Virgen Madre de Dios, *Auxilium Christianorum*, espera el día deseado en que pueda salir salva de la tormenta presente, de acuerdo con los principios, de una paz sólida y justa" (Summi Pontificatus, 73).

54 Burhart Scheiner: "Una encíclica fallida", *L'Osservatore Romano*, 5 de abril de 1973, en: Ibídem, p. 43.

55 Emma Fattorini: "Pio XI, Mussolini, Hitler e Pacelli (1937-1939)", *Annali dell'Istituto storico italo-germanico in Trento*, 31 (2005), p. 282.

Pío XI lo que condicionó en algún extremo la política de la Santa Sede[56]. En este sentido, se pronunció el padre Robert Graham en una entrevista realizada en 1955. El sacerdote afirmó que el santo padre no publicó la encíclica no por un desdén hacia la cuestión del antisemitismo, sino por una actitud diplomática[57]. En ningún caso puede decirse que el papa no quería condenar la persecución antisemita. El silencio del papa Pío XII en este aspecto fue para no provocar un mal mayor. En este sentido, se pronunció el cardenal Giovani Battista Montini[58] en una carta escrita al director de *The Tablet* de Londres antes de ser elegido papa. Montini sostenía que el santo padre Pío XII no hablo por mera prudencia puesto que si hubiese hablado las consecuencias hubieran sido nefastas[59]. El testimonio que mejor corrobora todo esto es de la madre Pascalina Lenhert – fiel ama de llaves y consejera del papa – en *El privilegio de servirlo*. Tras la ocupación nazi de Holanda comenzó la deportación de los judíos. En un principio se exceptuó a los judíos católicos, pero los obispos católicos y otras iglesias cristianas (calvinista y luterana) condenaron la situación. Si las condenas seguían adelante, también serían deportados los judíos cristianos. Los obispos neerlandeses publicaron el 26 de julio de 1942 una carta pastoral condenando las deportaciones de los judíos. Y la consecuencia fue la prevista: los nazis también deportarían a los judíos conversos al catolicismo.

[56] Gaia Pinto: "La Santa Sede e le leggi sulla Raza: Il Ruolo di Pio XI", *Studia Universitatis Babes Bolyai-Theologia Catholica*, 1-2 (2015), p. 75.

[57] Francis. J. Coppa: "La Cruzada del Papa Pío XI por los Derechos Humanos y su Encíclica oculta "Humani generis Unitas", contra el Racismo y el Antisemitismo", *Catolicismo Puro y simple (En línea)*. Recuperado de internet: https://catholicismpure.wordpress.com/2012/07/28/pope-pius-xis-crusade-for-human-rights-and-his-hidden-encyclical-humanitas-generis-unitas-against-racism-and-anti-semitism/ (Consultado 21/09/2022).

[58] El cardenal Giovanni Battista Montini era una persona muy autorizada para hablar a este respecto. Desde los tiempos de Pío XI había trabajado en la Secretaría de Estado vaticana a cargo de la que estaba el cardenal Eugenio Pacelli. Tras ser elegido Pío XII como papa continuará trabajando en la secretaría y su labor será más importante tras la muerte en 1944 del cardenal Luigi Maglione que ejercía como secretario de Estado. El santo padre decidió no nombrar a un sustituto y dejar vacante el cargo. Serán Giovanni Battista Montini junto con Dominico Tardini los que se ocupen de la secretaría de Estado. Montini trabajara en este dicasterio hasta que sea nombrado arzobispo de Milán en noviembre de 1954 tras la muerte del beato Alfredo Idelfonso Schuster.

[59] Luis María Guerra Sánchez: Pío XII, ¿El papa de los judíos?, *Almogaren*, 43 (2008), p. 124.

Una de las víctimas de esta persecución fue santa Teresa Benedicta de la Cruz. Pío XII –según nos relata la madre Pascalina– tenía intención de publicar una condena –no parece que fuera la encíclica puesto que su extensión era de dos folios– contra la persecución de los judíos, pero al conocer estos hechos de Holanda decidió quemar los papeles. Esa condena iba a ser publicada en *L'Osservatore Romano*, pero el santo padre expresó que, si la conducta de los obispos había costado la vida de 40.000 personas, la suya podría costar la de 200.000. Por esto prefirió callar. Y dijo "no puedo tomar esta responsabilidad. Lo mejor es permanecer en silencio[60]. Hubo algunos obispos y dirigentes judíos que pidieron al papa que no denunciase públicamente la persecución para no provocar un mal mayor[61]. La única acusación a la persecución judía que se permitió realizar fue en el radiomensaje de Navidad de 1942 en el que afirmó:

> "Questo voto l'umanità lo deve alle centinaia di migliaia di persone, le quali, senza veruna colpa propria, talora solo per ragione di nazionalità o di stirpe, sono destinate alla morte o ad un progressivo deperimento"[62].

Jerry Filteau sostuvo que, si Pío XI hubiese publicado la encíclica, probablemente Pacelli no habría sido elegido papa. De hecho, llegó más lejos al afirmar que la encíclica "habría cambiado tanto las relaciones del Vaticano con Alemania que la elección de Pío XII como Papa habría sido inútil" puesto que "fue elegido en parte con la esperanza de mantener relaciones amistosas entre la Iglesia y Alemania"[63]. Sin embargo, Robert A. Hecht se pronuncia en un sentido contrario[64].

---

[60] Pascalina Lehnert: *Pie XII. Mon privilège fut de le servir, Téqui*, París, 1985, p. 135.

[61] David G. Dalin: *El mito del papa de Hitler*..., *op. cit.*, p. 123.

[62] Pio XII: "Nuntius Radiophonicus a summo pontifice die XXIV mensis decembris A. MCMXLIII, in pervigilio nativitatis D. N. Iesu Christi, universo orbi datus", *Acta Apostolicae Sedis*, Series. II. Vol. X (1943), p. 23.

[63] Jerry Fileteau: "Did church miss chance to condemn racism?", *Boston Pilot*, 12 de enero de 1973, p. 16., en Robert. A. Hecht: *An unordinary man*..., p. 119.

[64] Ibídem, p. 121.

Pío XII no denuncio pública y expresamente la persecución antisemita, salvo esa vaga alusión en el mensaje de Navidad. Sin embargo, hizo todo lo que pudo por ayudarlos. La Santa Sede se preocupó de salvar las vidas del mayor número de judíos posible. Muchos fueron refugiados en los conventos de Roma, en el Vaticano y hasta en el palacio de Castel Gandolfo. El santo padre optó por una actitud silenciosa para así poder salvar más vidas[65].

Nadie le reprochó no haber condenado los ataques antisemitas, sino más bien todo lo contrario. El pueblo judío estaba agradecido al papa por su actuación, sobre todo, por haber salvado la vida de muchos de los suyos. Esta gratitud hacia el papa Pacelli se puso de manifiesto a su muerte acaecida el 9 de octubre de 1958. El presidente Itzhak Ben-Zvi –segundo presidente del estado israelí–, su ministra de asuntos exteriores Golda Meir, el rabino jefe de Jerusalén y el gran rabino de Roma elogiaron la figura de Pío XII por haberles ayudado y le mostraban como un hombre de paz. También resulta sorprendente la conversión al catolicismo del gran rabino de Roma durante la Segunda Guerra Mundial. El rabino al ser bautizado adoptó el nombre de Eugenio, el nombre de pila del papa. Eugenio Zolli da gran testimonio de la caridad del santo padre hacia los judíos en su libro *Before the dawn*[66].

El reconocimiento de los judíos a la persona y obra de Pío XII era claro. Sin embargo, poco a poco se empezó a extender una leyenda negra sobre su actitud para con los judíos y el tema del silencio. Fue determinante la obra de teatro titulada *El Vicario* (1963) de Rolf Hochhuth –financiada por los soviéticos– que ayudó a propagar este mito[67].

Después de haber expuesto la intrahistoria de la encíclica no publicada, es preciso realizar un análisis de esta partiendo de la versión francesa de la misma que está inserta como apéndice del libro *Un silencio de la iglesia frente al fascismo. La encíclica de Pío XI*

[65] Es conocida la labor realizada por monseñor Hugh O'Flagherty durante la ocupación nazi de Roma. Puede leerse al respecto: Brian Fleming: *The Vatican Pimpernel. The World War II exploits of the monsignor who saved over 6,500 lives*, Skyhorse Publising, New York, 2008.

[66] Eugenio Zolli: *Before the dawn*, Sheed and Ward, New York, 1954, p. 187.

[67] Luis María Guerra Suárez: *Pío XII ¿el papa de los judíos?*, ..., *op. cit.*, p. 120.

que Pío XII no publicó. La encíclica se divide en 179 números. Solo se dedica al racismo (n.º 111-130) y a la cuestión de los judíos (n.º 131-152) al final del documento. Sin embargo, antes de abordar estos dos temas –cuya finalidad se persigue– existen otros pasajes también muy relevantes en los que se trata, entre otras cuestiones, sobre el Estado, la Nación, la manipulación de las masas, etc...

En primer lugar, sobre el apartado dedicado al racismo sería oportuno realizar varias observaciones. El racismo niega la unidad del género humano (112). Ese mismo punto pone también de manifiesto que "es sorprendente que (...) haya todavía gente que sostenga que la doctrina católica y la práctica del racismo no tienen nada que ver con la enseñanza católica sobre la fe y las costumbres"[68]. En varios puntos se critican diversas actitudes racistas, por ejemplo, el negar los derechos de la persona (113) y los valores comunes a toda la humanidad (116) o la identificación entre religión y raza (123-126) para concluir que los valores racistas afectan también a toda la sociedad (123). El apartado concluye con una llamada a luchar contra la discriminación racial:

> "Por eso, los hombres de buena voluntad deberían desplegar todos sus esfuerzos en hacer desaparecer, en la vida pública entre las razas, todas las distinciones que no pueden menos de ser infamantes y exclusivas, con el objeto de que las relaciones entre los grupos sociales estén exclusivamente reguladas por la justicia y la caridad interraciales"[69].

En el número siguiente (131) comienza a tratarse específicamente sobre el antisemitismo hasta el n.º 152. La persecución a los judíos en aquel momento es reprobada en el n.º 132:

> "Una vez desencadenada la persecución, son millones de personas a las que se ven despojadas, en el suelo mismo de su patria, de los derechos y deberes más elementales del ciudadano: se les niega

[68] Georges Passeleq y Bernard Suchecky: *Un silencio de la Iglesia...*, *op. cit.*, p. 259.
[69] Ibídem, pp. 266-267.

> la protección de la ley contra la violencia y el robo; el insulto y la vergüenza les acechan; se llega incluso a atribuir la deshonra del crimen a personas que hasta entonces han respetado escrupulosamente la ley de su país. Los mismos que lucharon valientemente por la patria son tratados como traidores. Los hijos de los que cayeron en el campo de batalla se convierten, por él solo hecho de su parentesco, en personas fuera de la ley. (...) Esta flagrante denigración de la más elemental justicia hacia los judíos arroja a miles de ellos hacia el exilio en toda la faz de la tierra, sin recursos algunos. Errantes de país en país, son una carga para ellos mismos y para toda la humanidad"[70].

La condena explícita al antisemitismo se encuentra en el punto 144. Llama la atención que este párrafo de reprobación al antisemitismo es el mismo que el que se recoge en el decreto del Santo Oficio por el que se suprime la asociación *Amigos de Israel.*

Es muy significativo el punto 147 en el que se afirma:

> "el antisemitismo es un pretexto para atacar a la persona sagrada del Salvador (...) el antisemitismo desencadena una guerra contra el cristianismo, contra sus enseñanzas, contra sus costumbres y sus instituciones, se esfuerza por crearle a la iglesia todo tipo de trabas"[71].

Para Robert A. Hecht[72] o Gordon Zahn el borrador de la *Humani Generis Unitas* posee tintes antisemitas, pero lejos de la realidad esta afirmación. Para Hecht sería una prueba de insensibilidad a los judíos el punto 135 en el cual se afirma que Jesús:

> "fue rechazado por este pueblo, repudiado violentamente y condenado como un criminal por los más altos tribunales de la nación

[70] Ibídem, p. 268.
[71] Ibídem, p. 276.
[72] Robert A. Hecht: *An unordinary man ..., op.cit.*, p.122.

judía en connivencia con los tribunales de las autoridades paganas que mantenían al pueblo judío en la esclavitud".

No se pueden calificar estas palabras como insensibles puesto que describen la realidad de los hechos. El sanedrín –"los más altos tribunales de la nación judía"– fue el que condenó a Jesucristo y lo entregó a los romanos para que lo ajusticiasen. Fueron ellos los que compraron a Judas para que les entregase a Jesús y también compraron a los soldados para dijesen que los discípulos habían robado de noche el cuerpo y como recoge san Mateo "esta noticia se divulgó entre los judíos hasta el día de hoy" (Mt 28, 15). Sin embargo, no puede acusarse en modo alguno a todo el pueblo judío de la pasión, crucifixión y muerte de Cristo sino solo a las autoridades judías como señala la declaración *Nostra aetate* (1965) del Concilio Vaticano II. En este sentido, se pronuncia el papa Benedicto XVI al afirmar en *Jesús de Nazareth* que no todo el pueblo judío fue culpable de la muerte de Cristo, sino que solo lo fue la aristocracia del templo[73]. La citada declaración *Nostra aetate* en su n.º 4 reprueba la persecución antisemita:

> "Además, la Iglesia, que reprueba cualquier persecución contra los hombres, consciente del patrimonio común con los judíos, e impulsada no por razones políticas, sino por la religiosa caridad evangélica, deplora los odios, persecuciones y manifestaciones de antisemitismo de cualquier tiempo y persona contra los judíos".

Esta clara postura de la Iglesia contraria al antisemitismo ha sido confirmada en sus visitas a la sinagoga de Roma por san Juan Pablo II (1986), Benedicto XVI (2010) y por el papa Francisco (2017). La visita más significativa de las tres fue la de Juan Pablo II el 13 de abril de 1986. Era la primera vez que un papa entraba en una sinagoga. El santo padre condenó de manera expresa la persecución antisemita:

[73] Benedicto XVI: *Jesús de Nazareth*, Madrid, Encuentro, 2018, p. 510.

> "per mezzo mio, la Chiesa, con le parole del ben noto Decreto « Nostra aetate », 4 « deplora gli odi, le persecuzioni e tutte le manifestazioni dell'antisemitismo dirette contro gli Ebrei in ogni tempo da chiunque»; ripeto : « da chiunque »"[74]

Tampoco puede tacharse de antisemitismo como hace Robert A. Hecht el que se diga en el n.º 137 citando a san Pablo "que la Redención (...) extiende sus frutos de salvación no solo a los gentiles, sino también al mismo pueblo, que la ha rechazado, con la única condición que se arrepienta y reconozca a Cristo como su Salvador"[75]. No se puede considerar como prueba de antisemitismo puesto que según las enseñanzas de la Iglesia Católica es "sacramento universal de salvación" (*Lumen Gentium*, 47). Es decir, el único medio por el que los hombres pueden salvarse es a través de la Iglesia fundada por Jesucristo y confiada a san Pedro y a sus sucesores. En este sentido, se pronuncia también san Pedro ante el sanedrín al afirmar sobre Cristo "ningún otro nombre nos ha sido dado bajo el cielo, entre los hombres, por el cual podamos ser salvos" (Hch, 4, 12). Es decir, es necesario ser católico para salvarse, pero esta afirmación no contiene ninguna connotación negativa contra el pueblo judío. Si pudieran sorprender las palabras del punto 140 al afirmar que "Israel es todavía víctima de la cólera divina porque rechazó el Evangelio". Sin embargo, tras esta aseveración expresa que Israel sigue siendo el primer pueblo elegido por Dios- como se pone de manifiesto en la oración universal del viernes santo dentro del rito católico romano - y que, al negarse a aceptar la salvación, se predicó a la gentilidad. Sin embargo, estas afirmaciones tampoco pueden ser tildadas de antisemitas.

En el punto 136 se hace eco de que muy pocos judíos aceptaron - los apóstoles y los discípulos- y han aceptado las enseñanzas de Cristo.

El punto 148 refiere que "la respuesta de la Iglesia al antisemitismo se basa no en consideraciones de orden político o de otro carácter,

---

[74] Juan Pablo II: "A Summo Pontifice habita in templo seu synagoga Iudaeorum Urbis", *Acta Apostilcae Sedis*, Vol. LXXVIII (1986), p. 1119.

[75] Georges Passeleq y Bernard Suchecky: *Un silencio de la Iglesia frente al fascismo ...*, *op. cit.*, p. 271.

sino que se funda en el depósito de la revelación" [76]. En el punto 150 se habla sobre de la conversión de los judíos. Sin embargo, la conversión debe producirse fruto del estudio y de la humildad, lo contrario no sería una actitud cristiana. Los dos últimos puntos de la encíclica llaman al deseo de conversión de los judíos:

> "Nuestra fe cristiana nos invita a desear ardientemente el momento en que judíos y gentiles estarán reunidos en la casa del Padre común, y a rezar para apresurar el día esperado. Recurrimos especialmente a la todopoderosa intercesión de la Madre de Dios" (151)

> "Para colaborar en la medida de nuestras fuerzas al retorno de Israel, nos hace falta todavía hacer brillar en nuestras vidas la práctica cristiana: ése es nuestro deber. Lo cumpliremos viviendo con autenticidad de amor" (Ef, 4, 15).

Toda la historia de la encíclica frustrada no salió a la luz hasta años después. El padre LaFarge –según reveló el padre Abbot– poco antes de su muerte acaecida en 1963 –al ser preguntado insistentemente por un alumno del padre Gundlach– en una tertulia mantenida con sus compañeros de comunidad confirmó la veracidad de la historia, pero no dijo nada más[77]. De hecho, el jesuita en *The Manner is Ordinary* –publicado a mediados de los años cincuenta– no menciona nada sobre la encíclica. Tan solo hace referencia muy velada cuando habla de los tres meses de duro trabajo en París[78]. Sin embargo, esta historia salió a la luz por medio de dos artículos publicados entre diciembre de 1972 y enero de 1973 por el *National Catholic Reporter*[79].

---

[76] Ibídem, p. 277.
[77] Robert. A. Hecht: *An unordinary man…*, *op. cit.*, p. 41.
[78] John Lafarge: *The Manner is Ordinary…*, *op. cit.*, p.238.
[79] Toda la documentación relativa a la encíclica frustrada fue encontrada por el jesuita Thomas Breslin en el año 1968 entre los papeles del padre LaFarge. Fue él quien microfilmó la documentación y la envió al diario *National Catholic Reporter*.

Castelli confirmó toda la historia con el padre Heinrich Bacht y con el padre Walter Abbot[80].

La información publicada por el *National Catholic Reporter* mereció un artículo en L*'Osservatore Romano* que fue publicado el 5 de abril de 1973. Este artículo llevaba por título *Una encíclica fallida* y estaba escrito por el padre Burkhart Schneider S.J. El jesuita daba por verdadera toda la historia, pero advertía que dado que el santo padre nunca la publicó no podía considerarse como un documento pontificio[81].

El mejor estudio que se ha publicado hasta el momento sobre la historia de la encíclica es el libro escrito por Georges Passeleq y Bernad Sucheky titulado *L'Encyclique cachée de Pie XI: une occasion manquée de l'Église face à l'antisémitisme publicado en 1995. También se aborda el tema en otros estudios como An Unordinary Man. A Life od Father John LaFarge S.J de Robert A. Hecht, la tesis doctoral de Edward S. Stanton (John LaFarge's Understanding of the Unifying Mission of the Church, especially in the Area of Race Relations) y la de Johannes Schwarte (Gustav Gundlach S. J. (1892-1963). Maßgeblicher Repräsentant der katholischen Soziallehre während der Pontifikate Pius' XI. u. Pius' XII),* así como en algunos otros libros y artículos, siendo los citados los más relevantes. También se trata de este tema, pero no en un tono académico, sino novelesco en el libro de Peter Eisner titulado *The Pope's Last Crusade. How an American Jesuit Helped Pope Pius XI's Campaign to Stop Hitler.*

LA POSTURA DE PÍO XII ANTE LAS LEYES RACIALES ITALIANAS

El papa Pío XII también condenará la legislación racial antisemita italiana. Sin ir más lejos el Santo Oficio el 6 de marzo de 1939 –cuatro días después de la elección de Pío XII– advirtió "acerca de las interpretaciones erróneas de la doctrina racial propagadas en Italia,

[80] Georges Passeleq y Bernard Suchecky: *Un silencio de la Iglesia frente al fascismo…, op. cit.*, p. 41.
[81] Ibídem, p. 43.

interpretaciones contra las cuales se elevó una protesta formal"[82]. Según apuntan los historiadores Vicente Cárcel y Juan Schenk gracias al padre Pietro Tachi Venturi S.J. las leyes raciales italianas no fueron aplicadas con toda su dureza[83].

La base de los contactos entre la Santa Sede y el Estado italiano y de las mediaciones de Tachi Venturi se centraron en la situación de los no arios bautizados. La Iglesia se preocupaba por sus hijos conversos o por aquellos que iban a abrazar la fe. Movida por este afán la Santa Sede intentó considerar como católicos de cara al Estado a los catecúmenos e, incluso, a los que aún no habían dado este paso para que no estuviesen afectos a la ley de la raza. Hay que considerar que en Italia los arios católicos constituían un número bastante elevado[84]. Sirvan de ejemplo de estas intermediaciones algunos documentos que se encuentran en los 12 volúmenes de *Actes et documents du Saint Siège relatifs a la Seconde Guerre Mondiale* publicados por la Libreria Edetrice Vaticana entre 1965 y 1981[85]. Por ejemplo, en una carta del cardenal Luigi Maglione –secretario de Estado vaticano dirigida al nuncio de Italia Francesco Borgongini Duca fechada el 11 de abril de 1939 –Pío XII llevaba poco más de un mes en el solio pontificio– le pide que intervenga para que el Estado considere a los catecúmenos como pertenecientes a la religión católica y así no les fuera aplicada la legislación racial. Sin embargo, esta medida sería negada según comunicó el nuncio al cardenal Maglione el 19 abril de 1939[86]. También se intentó mediar para que los judíos conversos pudiesen ejercer su profesión[87].

[82] Juan E. Schenk Sanchis y Vicente Cárcel Ortí: *Pío XII ¿Defensor de los judíos?*, Edicep, Valencia, 2002, p. 199.

[83] Ibídem, p. 199.

[84] Pierre Blet: *Pius XII and the Second World War. According to the archieves of the Vatican*, Paulist Press, New York, 1999, pp. 154-155.

[85] San Pablo VI ante la propaganda soviética vertida contra la figura de Pío XII encargó a cuatro jesuitas (Pierre Blet, Burkhart Schneider, Angelo Martini y Robert A. Graham) la labor de estudiar los documentos custodiados en el Archivo Secreto Vaticano (actualmente denominado Archivo Apostólico vaticano) relativos a la actuación de Pío XII durante la Segunda Guerra Mundial. Sus trabajos de investigación dieron como resultado estos doce volúmenes.

[86] VV. AA.: *Actes et documents du Saint Siège...*, 1972, vol. 6 p. 71-72 y 79-80.

[87] Ibídem, pp. 85-86.

La actitud de mediación de la Santa Sede contra la legislación racial fascista fue bastante notable como puede verse en algunos de los documentos del volumen n.º 6 de *Actes et documents du Saint Siège relatifs a la Seconde Guerre Mondiale.* Tachi Venturi llegó a convencer al subsecretario de Estado y al director general de Demografía para presentar enmiendas a la ley racial de 1938 en aras a reconocer la identidad aria a las familias mixtas. En estos términos lo expresaba Tachi Venturi al cardenal Maglione el 27 de diciembre de 1940:

> "La questione del riconoscimento della completa arianità delle famiglie miste è al presente una delle phi gravi che vengano agitate nel campo della nuova cosiddetta politica razziale. Il Sottosegretario di Stato per l'Interno e il Direttore Generale della Demografia e Razza ne riconoscono tutta la gravità, e a me consta che hanno già elaboratoun progetto di emendamenti alla legge razziale del 1938 per provvedere alla sorte di un duemila famiglie in grandissima parte tutte cristiane. Attendono però già da qualche mese il momento opportunoper presentarlo al Capo del Governo cui spetta disporre che se ne tratti nel Consiglio dei Ministri"[88].

CONCLUSIÓN

En conclusión, puede afirmarse por todo lo expuesto que sin ninguna duda Pío XI fue un firme defensor de los judíos. Si la encíclica le hubiera sido entregada en el mes de septiembre de 1938 cuando LaFarge volvió a Roma, a lo mejor el papa podría haber revisado la encíclica y haberse publicado. Sin embargo, todo esto no son más que conjeturas. Prueba de que luchó contra el antisemitismo y de que era bien visto por el pueblo judío son los testimonios de condolencias pronunciados a su muerte. David G. Dalin recoge algunos de ellos en su libro El mito del papa de Hitler. Uno de los

[88] Ibídem, p. 521-522.

más significativos es el testimonio de Julien Weil –gran rabino de París– en el que recalca la lucha de Pío XI contra el antisemitismo:

> "La muerte de Su Santidad Pío XI me emociona dolorosa y profundamente. El judaísmo se une de todo corazón a la veneración universal que rodeó al augusto pontífice, admirado y honrado como verdadero siervo de Dios (...) En numerosas ocasiones, Pío XI denunció con numerosa firmeza y claridad los perniciosos errores del paganismo racista, y condenó el antisemitismo como irreconciliable con la fe cristiana y como instigador de iniquidades y odiosa violencia"[89].

En un sentido parecido, se pronunció Bernard Joseph:

> "El pueblo judío lamenta la pérdida de uno de los más grandes exponentes de la causa de la paz y de la buena voluntad internacionales... Más de una vez tuvimos ocasión de sentirnos profundamente agradecidos por la actitud que tomó contra la persecución de las minorías raciales y, en particular, por la profunda preocupación que mostró por el destino de los judíos perseguidos de la Europa Central. Sus nobles esfuerzos le aseguran siempre un cálido lugar en la memoria del pueblo judío"[90].

También son de destacar las palabras de Bernard J. Sheil- obispo de Chicago- que se pronunció así:

> "Me vanaglorio del hecho de que la primera voz internacional que se alzó en el mundo en una decidida condena de las injusticias perpetradas contra el pueblo judío, fuera la del papa Pío XI"[91].

Con respecto a la postura de Pío XII puede resumirse lo expuesto. La no publicación de la encíclica y de ninguna condena hacia los judíos no se debió a ninguna cuestión táctica, política o de otra

[89] David G. Dalin: *El mito del papa de Hitler...*, *op.cit.*, p. 71.
[90] Ibídem, p. 72.
[91] Ibídem, p. 73.

índole, sino a la mera prudencia para no causar males mayores al pueblo judío. Esta idea es magistralmente expuesta por Benedicto XVI [92]en su homilía con ocasión del cincuenta aniversario de la muerte del papa Pacelli:

> "A menudo actuó de manera secreta y silenciosa, precisamente porque, consciente de las situaciones concretas de ese complejo momento histórico, intuía que solo de ese modo se podía evitar lo peor y salvar el mayor número posible de judíos. Debido a estas intervenciones, recibió numerosos y unánimes testimonios de gratitud al final de la guerra, así como en el momento de su muerte"[93].

---

[92] La causa de beatificación de Pío XII fue abierta junto con la de Juan XXIII por san Pablo VI tras finalizar el Concilio. El papa Benedicto XVI lo declaró venerable junto con el papa Juan Pablo II en diciembre de 2009.

[93] Benedicto XVI, Misa en sufragio en el 50º aniversario de la muerte de Pío XII. Homilía del santo padre Benedicto XVI. Recuperado de internet: https://www.vatican.va/content/benedict-xvi/es/homilies/2008/documents/hf_ben-xvi_hom_20081009_50-pio-xii.html

THE MARCH ON ROME AND THE SPREAD OF FASCISM: DEVIATIONS FROM MILITANT DEMOCRACY IN POLAND FROM 1922 TO 2020[1]

Joanna Rak
Adam Mickiewicz University, Poznań
Maciej Skrzypek
Adam Mickiewicz University, Poznań

INTRODUCTION

On October 27-29, 1922, an organised mass demonstration and a coup d'état called the March on Rome resulted in the victory of fascists. Benito Mussolini formed a new government, and his National Fascist Party ascended to power in the Kingdom of Italy. The most important consequences of the event were the king's appointment of Mussolini as prime minister, the transformation of the political system of Italy into a fascist state, the liquidation of all parties except the fascist one, the abolition of the freedom of the press, and widespread terror against the political opponents of the new prime minister, his political party, and fascism[2]. This contentious event was followed by a rise of fascism in the world and a resulting wave of other successful changes in power, such as the establishment of the Francoist dictatorship in Spain that initially took a form called

[1] Funding: This research paper is a result of the research project *Contentious Politics and Neo-Militant Democracy*. It was financially supported by the National Science Centre, Poland [grant number 2018/31/B/HS5/01410].

[2] Giulia Albanese: *The March on Rome: Violence and the Rise of Italian Fascism*, London and New York, Routledge, 2019, p. ii.

"fascistised dictatorship"[3] or "semi-fascist regime"[4] and inspired other dictatorships in Europe[5].

These observations inspired researchers of that time, their successors, and followers to seek answers to the questions of whether it was possible to alter or stop the dynamics of mobilisation of fascists (and other anti-democratic actors such as communists[6]), limit the spread of fascist ideas, protect liberal democracy from its enemies, and finally prevent democracies from transforming into autocracies[7]. One of the most prominent observers, and at the same time, the German constitutional lawyer, Karl Loewenstein, proposed the concept of militant democracy to tackle the intellectual and practical problems posed by anti-democratic threats[8]. The researcher treated militant democracy as a general response to the increase of anti-democratic ideologies such as fascism and communism in the 1920s and 1930s. Based on single case studies and comparative legal

3 Ismael Saz Campos: "Fascism, Fascistisation and Developmentalism in Franco's Dictatorship", *Social History* 29.3 (2004), pp. 342-357. António Costa Pinto: "Fascism, Corporatism and the Crafting of Authoritarian Institutions in Inter-War European Dictatorships", in António Costa Pinto, Aristotle Kallis (eds.): *Rethinking Fascism and Dictatorship in Europe*, New York, Palgrave Macmillan, 2014, pp. 87-117.

4 David A. Messenger: "'Our Spanish Brothers' or 'As at Plombieres'? France, The Legacy of Resistance and the Spanish Opposition to Franco, 1945-1948", *French History*, 20.1 (2006), pp. 52-74.

5 Claudia Baldoli: "Exporting Fascism: Italian Fascists and Britain's Italians in the 1930s", *Modern Italy (November 2005)*, 10.2 (2003), pp. 233-259. Aristotle Kallis: "The 'Fascist Effect': On the Dynamics of Political Hybridization in Inter-War Europe", in António Costa Pinto and Aristotle Kallis (eds.): *Rethinking Fascism and Dictatorship in Europe*, New York, Palgrave Macmillan, 2014, pp. 13-41. Arnd Bauerkämper: "Transnational Fascism: Cross-Border Relations between Regimes and Movements in Europe, 1922-1939", *East Central Europe*, 37.2-3 (2010), pp. 214-246.

6 Yurii Barabash, Hryhorii Berchenko: "Freedom of Speech Under Militant Democracy: The History of Struggle Against Separatism and Communism in Ukraine", *TalTech Journal of European Studies*, 9.3 (2019), pp. 3-24.

7 Karl Loewenstein: "Militant Democracy and Fundamental Rights, I", *American Political Science Review*, 31.3 (1937), pp. 417-432. Max Lerner: *It Is Later Than You Think: The Need for a Militant Democracy*, New Brunswick and London, Transaction Publishers, 1938. Robert A. Brady: "The Fascist Threat to Democracy", *Science & Society*, 2.2 (1938), pp. 147-165. T. C. Robinson: "Fascism and the Political Theatre", *The Sewanee Review*, 44.1 (1936), pp. 53-67. E. E. Hale: "Fascism Versus Communism", *The Southwestern Social Science Quarterly*, 18.1 (1937), pp. 15-24. Sigmund Neumann: "The Rule of the Demagogue", *American Sociological Review*, 3.4 (1938), pp. 487-498.

8 Karl Loewenstein: "Militant Democracy and Fundamental Rights, II", *American Political Science Review*, 31.4 (1937), pp. 638-658.

and political science analysis of interwar fascism, Loewenstein argued that democracy had to be re-conceptualised to arm it with protective measures against those who aimed to undermine or overthrow it. In other words, democratic institutions needed protection from internal assaults. Loewenstein opted for limited participation in political decision-making and was against a politics of mass participation[9]. Discussing this anti-totalitarian stance, Anthoula Malkopoulou and Ludvig Norman point out that "Loewenstein's 'militant democracy' thus instated a fundamentally anti-participatory and elitist logic at the centre of anti-extremist politics, one that identified political participation of the masses as an intrinsic part of the problem"[10]. As such, militant democracy drew on the premise that some civil rights could be legally restricted to protect democracy from destruction by its enemies[11]. However, it required a legal definition of enemies of democracy and adequate precautions. In line with this theory, the latter were anti-democratic measures since they restricted civil rights and freedoms.

Loewenstein argued that democratic fundamentalism made political structures inevitably vulnerable to subversive forces, especially fascism[12]. While fascist movements threatened democracies in the interwar period, the threat has developed over time and takes many types, including electoral meddlers. As Loewenstein emphasised, since fascists threatened democracy, their potential to influence the political structure had to be limited. At the same time, we can infer from the theory that curbing the civil rights of the enemies of democracy did not limit the sovereignty of the political nation but protected it[13]. As such, militant democracy is a political and

[9] Anthoula Malkopoulou and Ludvig Norman: "Three Models of Democratic Self-defence: Militant Democracy and Its Alternatives", *Political Studies*, 66.2 (2018), pp. 442-458.

[10] Ibídem, p. 444.

[11] Kamila Rezmer-Płotka: "Why Women Became the Enemy of Democracy in Poland? The Illiberal Regime's Response to the Women' Rights Movement", *Przegląd Politologiczny*, 3 (2022), pp. 95-103.

[12] Syed Raza Shah Gilani, Shehla Zahoor, and Hidayat Ur. Rehman: "The Theory of Militant Democracy and its Legal History. A Critical Analysis", *Pakistan Journal of Criminology*, 13.2 (2021), pp. 60-71.

[13] Roman Bäcker: "Demokracja a naród polityczny", in Marta Michalczuk-Wlizło and Małgorzata Podolak (eds.): *Prawo, państwo, polityka. Monografia dedykowana*

legal structure with a fundamental objective to protect democracy from enemies. Enemies of democracy intend to destroy it by using democratic institutions and social support[14].

Clashes between democratic and anti-democratic forces took place in the history of all political structures, and their effects differed depending on various factors, such as the efficiency and innovativeness of measures taken to achieve their goals[15]. Also, the repertoires of the means used by both sides were different and anchored in historical, political, economic, cultural, and social contexts[16]. The subject of this article is the case study of Poland. Its political structure has been a battleground for both forces and has experienced their successes and failures. Additionally, during the historical development of this structure, the ruling attempted to implement the rule of militant democracy as a self-defence project. It aimed to protect against internal enemies. More than once, however, implementing militant democracy measures brought about effects other than those assumed by Loewenstein's theory, i.e., a deterioration in the quality of democracy and its transformation into an authoritarian regime.

Profesorowi Markowi Żmigrodzkiemu, Lublin, Wydawnictwo Uniwersytetu Marii Curie-Skłodowskiej, 2022, pp. 39-52. See also: Kamila Rezmer-Płotka: "The Sovereignty of the Political Nation Under Threat? Portugal Between Neo- and Quasi-militant Democracy", *Przegląd Prawa Konstytucyjnego*, 6.70 (2022), pp. 521-528. Kathleen Cavanaugh and Edel Hughes: "Rethinking What is Necessary in a Democratic Society: Militant Democracy and the Turkish State", *Human Rights Quarterly*, 38.3 (2016), pp. 623-654.

[14] Otto Pfersmann: "Shaping Militant Democracy: Legal Limits to Democratic Stability", in Andreas Sajó (ed.): *Militant Democracy*, Utrecht, Eleven International Publishing, 2004, pp. 47-68.

[15] For instance, see, Kamila Rezmer-Płotka: "Restricting the Press and Neo-militant Democracy: The Comparative Analysis of the Ireland and the Great Britain", *Athenaeum: Polskie Studia Politologiczne*, 73.2 (2022), pp. 195-207. Maciej Skrzypek: "The Illiberal Turn and Quasi-militant Democracy Measures During the Coronavirus Crisis in the Czech Republic", *Democracy and Society* 19 (2022), pp. 22-25. Przemysław Osiewicz and Maciej Skrzypek: "Is Spain Becoming a Militant Democracy? Empirical Evidence from Freedom House Reports", *Aportes. Revista de Historia Contemporánea (Madrid, Ed. Actas)*, 35.103 (2020), pp. 7-33. Przemysław Osiewicz: "Limitations to the Right to Freedom of Assembly in Poland during the COVID-19 Pandemic: The Case of Women's Strike", *HAPSc Policy Briefs Series*, 1.2 (2020), pp. 195-200. Zachary Elkins: "Militant Democracy and the Pre-emptive Constitution: From Party Bans to Hardened Term Limits", *Democratization*, 29.1 (2022), pp. 174-198.

[16] Cf. Tom Van Der Meer and Bastiaan Rijpkema: "Militant Democracy and the Minority to Majority Effect: on the Importance of Electoral System Design", *European Constitutional Law Review*, 18.3 (2022), pp. 511-532.

These were deviations from militant democracy, which made it a failed project.

This article concentrates on the consequences of the March on Rome for the spread of fascism and precautions under the label of militant democracy. It aims to identify and explain deviations from the principle of militant democracy in the history of the Polish political regime that meet the essential features of quasi-militant democracy. Embedded in the theory of quasi-militant democracy and drawing on the source analysis, the study addresses the following research questions: What were the stages of the Polish political structure development in defining its enemies and determining measures to protect against and combat them? Where do the stages lie on a continuum of antinomic ideal types of militant and quasi-militant democracy?

This case study uncovers how the Polish rulers created the semblance of militant democracy based on the concept of protection from enemies to introduce and strengthen autocracy. An in-depth examination of the impact of Loewensteinian anti-democratic measures on the sovereignty of the Polish political nation allows us to learn about the nature and sources of deviations from militant democracy. Delivering empirical evidence on the characteristics of quasi-militant democracy, the study contributes empirically to our understanding of the historical development of the Polish political system. It also offers a new theory-grounded explanation for deviations from the principle of militant democracy in the history of the Polish political regime. Simultaneously, the study develops a theoretical understanding of militant democracy as an analytical model. We contribute theoretically to the discussion on the nature of militant democracy by opposing the argument that militant democracy is a feature of autocracy. This argument rests on the assumption that militant democracy's autocratic nature emerges out of a necessity to designate the enemy legally[17]. Our counterargument directs scholarly attention to the thus far neglected role of the principle of the political

[17] Carlo Invernizzi Accetti and Ian Zuckerman: "What's Wrong with Militant Democracy?", *Political Studies*, 65.1 (2017), pp. 182-199.

nation's sovereignty in this designation of the enemy of democracy. Thereby, we contribute to a broader theoretical understanding of the mechanism of protecting democracy from anti-democratic threats.

The remainder of the article consists of three parts. In the first one, we locate the study in the context of the subject literature devoted to deviations from militant democracy. On this basis, we offer a theoretical grounding for empirical analysis to differentiate between militant and quasi-militant democracy in terms of how Loewensteinian measures shape the sovereignty of political nations. The focus is on the sovereignty of political nations as a value protected by democratic actors and threatened by anti-democratic actors. Then, we discuss methods and a corpus of sources used to solve our research problem. In the second part, we deliver research findings by inquiring about sources and addressing the research questions. We delve analytically into the history of the Polish political regime to periodise its development by stages from the interwar period to the beginning of the 2020 coronavirus pandemic. The caesuras of these stages are determined by the introduction of militant democracy measures, i.e., restrictions on civil rights and freedoms to protect democracy from its enemies. We scrutinise these measures regarding the goals of their implementation at each historical stage, i.e., their influence on the sovereignty of the Polish political nation. While militant democracy defends, preserves, or expands the sovereignty of a political nation, quasi-militant democracy challenges, undermines or eliminates it[18]. At the same time, we place these measures on a continuum determined by ideal types of militant and quasi-militant democracy. In the last part, we conclude the deviations of the Polish case from the militant democracy model to learn about their determinants. By formulating new research questions, we also pave

[18] Maciej Skrzypek: "A Hybrid Strategy of Restricting Freedom of Assembly in Modern Militant Democracies. Experiences from Austria, Finland, and Sweden", *Journal of Comparative Politics*, 15.2 (2022), pp. 24-38. Kamila Rezmer-Płotka: "Contentious Politics in Defense of Neo-Militant Democracy in Poland: The Rationale Behind Fighting a Quasi-Militant Democracy", *HAPSc Policy Briefs Series*, 2.1 (2021), pp. 24-29. Joanna Rak and Roman Bäcker: "Editorial. Facing Zeitgeist: The World between Neo- and Quasi-militant Democracy", *Polish Political Science Yearbook*, 50.2 (2021), pp. 5-8.

new ways for future research on the long-lasting consequences of the March on Rome and the development of neo-militant democracy.

THEORETICAL LENSES AND RESEARCH DESIGN

The study falls within legal and political science scholarship on deviations from militant democracy embedded in the intellectual tradition of Loewenstein[19]. There are two major approaches to the nature of this deviation. The first one is by Carlo Invernizzi Accetti and Ian Zuckerman, the most prominent critics of militant democracy. They argue that militant democracy restricts the democratic nature of the regime instead of protecting it due to its inherent arbitrariness in determining enemies of democracy. The second approach is by Joanna Rak and Roman Bäcker who modify Loewensteinian theoretical framework to study contemporary political structures. More specifically, they include the category of political nation's sovereignty into the analysis of militant democracy to solve the problem of arbitrariness by re-directing analytical focus from the means to the result of determining enemies.

As Invernizzi Accetti and Zuckerman assume, instead of defending democracy, the limitations of rights and freedoms may allow the rulers to exclude political competitors from the democratic game arbitrarily and thus undermine its democratic nature. In the long run, those restrictions on the freedom of the supposed enemies of democracy may make democracy more vulnerable to authoritarian abuse rather than less. In addition, enemies cannot be established by democratic means because there are no legal ways to define what constitutes them and explain why their freedoms are not to be respected while others have the same rights. Thus, the creation of definitions of

[19] Rune Møller Stahl and Benjamin Ask Popp-Madsen: "Defending Democracy: Militant and Popular Models of Democratic Self-defense", *Constellations*, 1.19 (2022), pp. 1-18. Joanna Rak and Maciej Skrzypek: "Stosowalność kategorii demokracji opancerzonej: krytyczna analiza koncepcji Karla Loewensteina", in Andrzej Stelmach, Adam Barabasz, and Cezary Trosiak (eds.): *Ziemie Zachodnie i Północne, Niemcy, mniejszości i migracje, bezpieczeństwo międzynarodowe*, Poznań, Wydawnictwo Naukowe Wydziału Nauk Politycznych i Dziennikarstwa, 2022, pp. 579-587.

enemies and their justifications, included in the legitimacy claims by the government in public discourse, is equivalent to the sovereign exercise of non-democratic power[20]. This approach focuses directly on the very act of creating the enemy. Still, it does not consider the entire spectrum of its possible consequences, especially its impact on the sovereignty of the political nation.

Building upon Loewenstein's modified theoretical framework, Rak and Bäcker included the notion of sovereignty of political nations in the studies on militant democracy to differentiate between neo- and quasi-militant democracies. They consider a neo-militant democracy a modern form of militant democracy and define it as "a set of measures used within a political regime in which mainly the legislative and judiciary branches deploy legal means to limit individual democratic freedoms to either preserve, protect or strengthen the sovereignty of a political nation against its enemies"[21]. The category of militant democracy covers historical and modern variants, while neo-militant democracy applies specifically to the new structures that emerged after the 2008 Global Financial Crisis[22]. The phenomena differ in legal means considered militant democracy tools as well as enemies against whom they are implemented[23].

Along with developing innovative technologies, the ruling extended the repertoire of neo-militant democracy measures. It includes both traditional militant democracy means and its more recent variants, such as anti-extremism, counterterrorism, and antiterrorism legislation, restrictions on registration and organisation in political parties, freedoms of speech, the press, religion, association, peaceful assembly, protests in social media, passive and active voting

[20] Carlo Invernizzi Accetti and Ian Zuckerman, *op. cit.*, pp. 183-184, 193-194.

[21] Joanna Rak and Roman Bäcker: "Theorising Struggles Between Neo-militant Democracies and Their Enemies", in Joanna Rak and Roman Bäcker (eds.): *Neo-militant Democracies in Post-communist Member States of the European Union*, London and New York, Routledge, 2022, p. 7.

[22] Kamila Rezmer-Płotka: "The Effects of Crises in the European Union as a Manifestation of the Militant Democracy Rule Implementation", *Przegląd Prawa Konstytucyjnego*, 6.58 (2020), pp. 615-621.

[23] Maciej Skrzypek: "Between Neo-militant and Quasi-militant Democracy: Restrictions on Freedoms of Speech and the Press in Austria, Finland, and Sweden 2008-2019", *European Politics and Society*, 2022, pp. 1-20.

rights, access to public employment, citizenship, referendums, and precautions against hybrid interference (e.g., electoral meddling)[24]. However, they all meet the essential criteria for anti-democratic measures set by Loewenstein. In a research design, including the set of questions to sources, they are referred to as Loewensteinian restrictions or precautions. These anti-democratic measures might serve the ruling to create, expand, and secure democracy and thus serve as (neo-)militant democracy instruments. Nevertheless, the ruling might take advantage of them to weaken democracy. The latter situation is peculiar to quasi-militant democracy, in which these measures are used to create, expand, and secure the rulers' sovereignty at the cost of the quality of democracy. In such a case, they develop authoritarianism under the guise of militant democracy.

Accordingly, a (neo-)militant democracy aims to empower a political nation, and boost its decision-making potential to maintain its political sovereignty understood as the ability to make final political decisions. However, there might be deviations from this model indicative of a quasi-militant democracy. The latter challenges, undermines, and eliminates the sovereignty of a political nation. To put it in another way, not a type of anti-democratic measure, but the impact of its implementation on the sovereignty of a political nation determines whether a militant democracy is biased with an authoritarian inclination.

Grounded in the presented theory of quasi-militant democracy and drawing on the source analysis, the study addresses the following research questions: What were the stages of the Polish political structure development in defining its enemies and determining measures to protect against and combat them? Where do the stages lie on a continuum of antinomic ideal types of militant and quasi-militant democracy? The first research question is concentrated

[24] Ivars Ijabs, "After the Referendum: Militant Democracy and Nation-Building in Latvia", *East European Politics and Societies*, 30.2 (2016), pp. 288-314. Kamila Rezmer-Płotka: "Abusing a Neo-militant Democracy or Becoming a Quasi-militant Democracy: The Caste Study of Denmark in Times of Crisis", *Political Life* 4 (2021), pp. 37-40. Joanna Rak: "Conceptualising the Theoretical Category of Neo-militant Democracy: The Case of Hungary", *Polish Political Science Yearbook*, 49.2 (2020), pp. 61-70.

on the identification of changes in the Polish militant democracy measures related to particular enemies. It shows precautions against political actors considered threats to democracy. The second one engages in the classification of these changes in terms of their impact on the sovereignty of the Polish political nation. Drawing on Max Weber's ideal types, it allows us to understand the goals behind the implementation of militant democracy measures.

The research subject is militant democracy measures used within the Polish political regime from the interwar period to the beginning of the 2020 coronavirus pandemic. During the interwar period, the first discussion on protecting democracy with Loewensteinian means occurred, which means the beginning of the militant democracy project in Poland. In turn, the stage commenced with the pandemic is still in progress and the consequences of measures implemented to shape the political regime and protect public health are still blurred and hard to evaluate, although the first studies suggest further strengthening quasi-militant democracy[25]. Therefore, we decided to exclude this stage from the analysis.

We started our research by identifying the source corpus. First, it contains all the Constitutions and other legal acts that adopted restrictions on civil rights and freedoms as defined by Loewenstein and addressed "enemies" of any type in Poland. Second, in addition to systematic analysis, we consulted political scientists', legal scholars', and historians' works on the transformation of the Polish political system to learn about the nature of deviations from militant democracy. Then we periodised their application. It allowed us to distinguish stages in the transformation of the Polish political regime in terms of the use of militant democracy measures. The next step was to apply the research tool in the form of a set of questions to the sources. The questions were as follows: What restrictions on what civil rights and freedoms were introduced against what enemies (Loewensteinian restrictions)? What was their effect on the sovereignty of the political nation (i) characteristics of militant democracy:

---

[25] Maciej Skrzypek: "Democratic Backsliding in Poland on Example Draft Amendments in Electoral Code During the COVID-19 Pandemic", *Polish Political Science Yearbook*, 50.2 (2021), pp. 37-50.

defended, preserved, or expanded this sovereignty, (ii) characteristics of quasi-militant democracy: challenged, undermined, and eliminated this sovereignty)? The answers to the questions allowed us to generalise empirical observations concerning individual stages. They, in turn, served us to locate each stage on a continuum determined by the ideal types of militant and quasi-militant democracy. It was crucial to define the deviations. The analysis ended with an attempt to theorise such formulated generalisations and to account for why militant democracy failed in Poland.

HISTORICAL EXPERIENCES OF MILITANT AND QUASI-MILITANT DEMOCRACY

Poland does not have such rich and, at the same time, continuously operating democratic traditions and institutions as Western European states, which results from historical conditions. As a result, democratic values, such as the equality of community members and their freedom, did not win adequate protection. After 1795, political power and state apparatus were unequivocally associated with foreign rule and subordination in Poland. It led to a high distrust of political institutions and state bodies, which was not conducive to political participation. Hence, in the interwar period, when the discussion on militant democracy began, Polish society was unprepared for a debate on strengthening young democracy. The Constitution-maker clearly stated that Poland would be a democratic state after World War I, which was confirmed by the statement about the nation's sovereignty[26].

---

[26] The Constitution of the Republic of Poland (March 17, 1921) Art. 2. https://isap.sejm.gov.pl/isap.nsf/download.xsp/WDU19210440267/O/D19210267.pdf. See also: Maciej Skrzypek: "Konstytucja RP jako źródło legitymizacji stosowania środków demokracji opancerzonej", in Marcin Wichmanowski (ed.): *Konstytucja jako efekt kompromisu politycznego. W setną rocznicę Konstytucji marcowej 1921 roku*, Lublin, Wydawnictwo Uniwersytetu Marii Curie-Skłodowskiej, 2022, pp. 335-345.

THE MAY COUP IN 1926: AUTHORITARIANISM UNDER COVER OF QUASI-MILITANT DEMOCRACY

The first moment of transforming democracy into an authoritarian system, under the façade of protecting the political system, was the May Coup d'état. It was carried out by Józef Piłsudski's camp, on the initiative of the Marshal himself, who aimed at centralisation and accumulation of executive power. The argument for a violent solution was the nature of the then parliamentary rivalry, which was not unusual in the democratic states that protected political pluralism. Moreover, conflicts de-escalated just before May 1926, and the political scene and parliamentary life were stable. At the same time, tensions between social groups grew, which was the aftermath of the economic recession[27]. On May 12, 1926, forces loyal to Piłsudski, numbering about 2,000 soldiers, used force against law enforcement and the army. The clashes resulted in nearly 400 deaths and over 900 injured. Under the pressure of the conflict escalating and turning into a civil war, Stanisław Wojciechowski, the President of the Republic of Poland, accepted Piłsudski's demands. The Sejm elected the Marshal as President, but he did not accept the election, appointing Ignacy Mościcki to this office. After the coup, the Polish political system evolved towards authoritarianism. The Sanacja camp began fighting its political opponents and accumulating executive power in Piłsudski's hands. The Sejm was dissolved on November 27, 1927, and the President took over the legislative function under the August Amendment (1926)[28].

Before the elections in 1928, an officially "non-political" Non-partisan Bloc for Cooperation with the Government (*Bezpartyjny Blok Współpracy z Rządem, BBWR*) was established to build a state based

[27] Andrzej Ajnenkiel *et al.*: *Historia państwa i prawa Polski 1918-1939. Cz. 1*, Warszawa, Państwowe Wydawnictwo Naukowe, 1962, p. 133.

[28] The President could issue ordinances with the force of statutes when the Sejm and Senate are dissolved, except for the amendment of the Constitution (Act of August 2, 1926, amending and supplementing the Constitution of the Republic of March 17, 1921, Art. 5). Its use resulted in regulating the press law with an extensive catalogue of penalties and restrictions. The President of the Republic of Poland Ordinance of May 10, 1927, on the press law, Articles 34-67. https://isap.sejm.gov.pl/isap.nsf/download.xsp/WDU19270450398/O/D19270398.pdf. Ultimately, this regulation

on social solidarity, which was a fig leaf for the progressive autocratisation of the political system with the use of quasi-militant democracy measures. It was supposed to gather the Sanacja government's supporters from outside Piłsudski's camp. This process proceeded despite the formation of a minority government in 1928 and was guided by the "raison d'état", the superiority of the state's "general" interest over the interests of individual groups[29]. It was followed in restricting freedoms of speech and the press by presidential ordinances. One of them was a decree introducing a fine or imprisonment of up to three months for disseminating news considered a threat to the "interests of the state"[30]. Another example is the law restricting the right to freely organise public assemblies while granting a wide catalogue of repression to public administration bodies[31].

Thus, quasi-militant democracy measures were used from the May Coup to the end of the 1920s. Piłsudski's camp, by force, exerted pressure on legally elected representatives of the political nation to resign. After the May events, a person dependent on the Marshal, who did not formally perform a key function in the system, was elected President of the Republic of Poland. The rulers, through presidential decrees, limited the freedom of speech and the press through repressions in the name of "raison d'état", reducing the level of the sovereignty of the political nation.

In the following years, the repertoire of repressions against opponents was systematically expanded. Parties such as the Independent

---

referred to as the a "gag order" (Andrzej Ajnenkiel *et al.*, *op. cit.*, p. 136), was repealed by a decision of the parliamentary majority.

29 Florian Znaniecki: "Kult państwa (1936)", in Manfred Kridl, Władysław Malinowski, and Józef Wittlin (eds.): *Polska myśl demokratyczna w ciągu wieków*, Warszawa, Ludowa Spółdzielnia Wydawnicza, 1986.

30 Ordinance of the President of the Republic of Poland of November 4, 1926, on penalties for disseminating false information and on penalties for insulting authorities and their representatives.

31 Act of March 11, 1932, on assemblies. See also the aforementioned regulation on press law, decree on penalties for espionage and some other crimes against the state (Journal of Laws 1928 No. 18 item 160), regulation on the state police (Journal of Laws 1928 No. 28 item 257), decree on the organisation of the prison system (Journal of Laws of 1928, No. 29, item 272), regulation on associations (Journal of Laws 1932 No. 94, item 808), act on partial change of the local government system (Journal of Laws 1933 No. 35 item 294).

Peasants' Party (*Niezależna Partia Chłopska*), the Belarussian Peasants' and Workers' Hromada (*Białoruska Włościańsko-Robotnicza Hromada*), the Communist Party of Poland (*Komunistyczna Partia Polski*) were effectively fought against. However, considering that the Soviets controlled these entities, it was an example of using militant democracy means to sustain the political system. The latter two were accused of collaborating with the USSR to the detriment of the Polish state.

The turning point in the decaying of democracy, under cover of "protection of the raison d'état" and "recovery of the system", was the parliamentary elections in 1930 and the circumstances of its organisation. In September 1930, nineteen representatives of opposition parties were arrested on the pretext of theft, fraud, and misappropriation. The detainees were accused of shooting at police, inciting outrage and disobedience to the rulers, and anti-state actions. They were put in a military prison in the fortress in Brest-on-the-Bug. Eleven people were brought before a court, which issued various sentences, from an acquittal to three years imprisonment. The remaining detainees, like the leader of the people's movement, Wincenty Witos, did not submit to the decisions of the state apparatus and went into exile.

It means that in the early 1930s, the ruling camp expanded the catalogue of quasi-militant democracy measures with direct repressions against political opponents in the form of arrests and imprisonment. Piłsudski decided to dissolve the parliament and call elections for November 1930, in the circumstances of placing opposition representatives in a military fortress and repressing political opponents, which precluded the possibility of holding equal and competitive general elections. Their result allowed Piłsudski to form the government with the support of the parliamentary majority, but not a qualified one necessary to amend the Constitution.

Moreover, it became a parliamentary practice to reduce the number of sessions[32], which limited the participation of direct representatives of the political nation in the decision-making process. A presidential ordinance with the force of a statute, which, apart from

[32] Andrzej Ajnenkiel *et al.*, *op. cit.*, p. 141.

changes to the Constitution, could regulate every legal and systemic issue, became the primary source of law[33]. The parliamentary control function of the government was fading away. Those events were alarming signals before the upcoming elections. Ignacy Daszyński, the Speaker of the Sejm, warned that they were threatened by breaking the Constitution, which he called an "act of the outrage of the rulers"[34]. After the scheduled elections in November 1930, the role of the parliament, the institution representing the political nation through which its representatives participated in the decision-making process, was further limited. Parliamentarians were excluded from this process, against the principle of the political nation's sovereignty.

The next step in fighting political opponents was establishing a state isolation camp in Bereza Kartuska. It was created under the law[35], where convicts without a court sentence were sent for three months based on an administrative decision[36]. As such, in 1934-1939, it became a prison for political opponents. A wide range of repression, including physical torture, was used against them. Nearly 300 people were imprisoned there before the outbreak of World War II[37], and over a dozen people died[38]. Tymothy Snyder called this place a concentration camp[39]. Thus, the next stage of the consolidation of the quasi-militant democracy was the launch of camps for political prisoners, mainly representing social groups

---

[33] According to the Supreme Court, it was incapable of declaring the compliance of these ordinances with the Constitution (Ibídem, p. 142), which made them free from any control of the judicative.

[34] Ignacy Daszyński: *Apel Marszałka Sejmu do Prezydenta Rzeczypospolitej Polskiej o wolne i demokratyczne wybory (1930)*, Manfred Kridl, Władysław Malinowski, and Józef Wittlin (eds.): *op. cit.*

[35] The President of the Republic of Poland Ordinance of June 17, 1934, on persons threatening safety, peace and public order.

[36] The time of imprisonment could be extended by another three months; in practice, it lasted up to a year.

[37] Agnieszka Knyt: *Bereza Kartuska*, in: *Karta* nr 59/2009.

[38] Agnieszka Knyt writes about 13 deaths (*Ibidem*), while Norman Davies gives the number of 17 people. Norman Davies: *Boże igrzysko. Historia Polski*, Poznań, Znak, 1999.

[39] Timothy Snyder: *The Reconstruction of Nations. Poland, Ukraine, Lithuania, Belarus, 1569-1999*, New Haven, Yale University Press, 2004.

opposing the Sanacja, whom the ruling considered enemies of the state and the political nation.

The next step in consolidating the authoritarian system, *de facto* based on the military rule, was the adoption of a new fundamental law a few weeks before Piłsudski's death. These vital circumstances determined the need for legal legitimacy of the exercised power in the event of his imminent death. The new Constitution of 1935 guaranteed the accumulation of power to the President of the Republic of Poland[40]. The changes were justified by the concern for an undefined "common good", which defined the limits of freedom of every citizen[41]. Civic rights and freedoms were not included in a separate chapter[42]. Nevertheless, the manner and conditions for introducing a state of emergency were explicitly specified. The government announced them with the consent of the President of the Republic of Poland[43] and allowed for the restriction of civil liberties. The Constitution, limited in terms of its content, focused on provisions concerning state organs and was a clear example of the rejection of the rule of law and the separation of powers in favour of the legitimacy of an oppressive authoritarian system. Thanks to the new Constitution, quasi-militant democracy was legitimised and consolidated. To sum up, using quasi-militant democracy means after 1926 was crucial for the consolidation of the political regime since the ruling sought to reduce the sovereignty of the political nation. The most significant changes occurred in political opposition's functioning and resistance possibilities.

[40] The April Constitution (April 23, 1935), https://isap.sejm.gov.pl/isap.nsf/download.xsp/WDU19350300227/O/D19350227.pdf, Art. 2.
[41] Ibídem, Art. 5.
[42] The provisions repealing the previous Constitution indicated the inviolability of private property, freedom of conscience and religion. However, there were no regulations regarding the freedom of speech, the press, and related freedoms.
[43] Ibídem, Art. 78.

CONSOLIDATION OF THE AUTOCRATIC REGIME IN POLAND 1944-1952: STRENGTHENING OF QUASI-MILITANT DEMOCRACY

Along with the Soviet offensive in the summer of 1944, an attempt was made to establish a new autocratic regime in Poland, this time controlled directly by Moscow[44]. In July 1944, pro-Soviet organisations set up the Polish Committee of National Liberation (*Polski Komitet Wyzwolenia Narodowego, PKWN*), a temporary body of executive power controlled by Moscow. PKWN sought to organise the force structures, militia, and security services necessary to consolidate the repressive regime. The basis for its operation was the Manifesto, written in the Kremlin. It was the announcement about the establishment of PKWN as the legal Polish government. It stated what follows: "The Polish Committee of National Liberation, commencing the reconstruction of Polish statehood, solemnly declares the restoration of all democratic freedoms, equality of all citizens regardless of race, religion or nationality, the freedoms of political organisations, professional, the press, and conscience. However, democratic freedoms cannot serve the enemies of democracy. Fascist organisations, as anti-national, will be exterminated with all the severity of the law"[45].

Based on "public demands"[46], the Provisional Government of the Republic of Poland replaced the PKWN without detailed regulation. The cover for the autocratisation was to "fight with the reaction" and "subversive forces", i.e., the enemies of the new system (Home Army combatants, former members of the Underground State and

---

[44] Roman Bäcker, by drawing upon the leading definitions of totalitarianism, stated that the Polish political system in 1948-1956 met the criteria for this type of regime, including the existence of a monistic decision-making centre dependent on the Kremlin. Roman Bäcker: "Totalitaryzm w Polsce lat 1948-1956", *Czasy Nowożytne*, 6, 1999, p. 16. Thus, the ruling elites in Poland, after establishing a new government in 1944, used quasi-militant democracy means and turned the political system into a totalitarian system by 1956.

[45] "Manifesto of the Polish Committee National Liberation", *Rocznik Lubelski*, 2 (1959), pp. 7-14. https://bazhum.muzhp.pl/media/files/Rocznik_Lubelski/Rocznik_Lubelski-r1959-t2/Rocznik_Lubelski-r1959-t2-s7-14/Rocznik_Lubelski-r1959-t2-s7-14.pdf, Art. 10.

[46] Establishment of the Provisional Government of the Republic of Poland (December 31, 1944), https://isap.sejm.gov.pl/isap.nsf/download.xsp/WDU19440190099/O/D19440099.pdf, Art. 1.

the government in exile[47]) who were considered fascists collaborating with Adolf Hitler[48]. Opponents were repressed with court trials, including those issued by the Supreme National Tribunal, appointed to judge those responsible for the "September defeat and the fascisation of state life", forced labour camps.

Moreover, in 1946, a referendum was held due to the impossibility of holding controlled elections at that time, which was a test of the state apparatus before the elections. The referendum was to legitimise the government's policy. It was held under the supervision of the Security Office (*Urząd Bezpieczeństwa*) and the Citizens' Militia (*Milicja Obywatelska*), who interfered with the voting process. Thus, in the first post-war years, autocratisation through the dependent force structures created from scratch served to consolidate the new order, assuming the implementation of quasi-militant democracy. It was the limitation of the sovereignty of the political nation, e.g., by combating political opponents supported by state propaganda and direct interference in a referendum in which citizens expressed their political will by engaging in the decision-making process.

In 1947, elections to the Legislative Sejm (*Sejm Ustawodawczy*) were forged, among others, with the intervention of the services that supervised the polling stations, the election lists were cancelled, and the results were falsified by changing the ballot papers. Based on the results of the forged elections, the Sejm was formed. It adopted the Constitution, referred to as "small", in which civil liberties were not guaranteed[49].

After 1947, work on a new Constitution began. Undoubtedly, the fundamental law adopted in 1952 was modelled on the Constitution of the USSR (1936), clearly indicating "the working people of towns and villages" as the sovereign, on whose behalf the power

[47] An example is the following slogan "The giant and the swollen dwarf of reaction" from a poster by Włodzimierz Zakrzewski (Łódź, 1945), in which this dwarf was a soldier of the Home Army (*Armia Krajowa, AK*).

[48] Cf. Paul Baxa: "Capturing the Fascist Moment: Hitler's Visit to Italy in 1938 and the Radicalization of Fascist Italy", *Journal of Contemporary History*, 42.2 (2007), pp. 227-242.

[49] The Small Constitution, https://isap.sejm.gov.pl/isap.nsf/download.xsp/WDU19470180071/O/D19470071.pdf. They were later announced in a parliamentary declaration at the end of February 1947.

was exercised by the Polish United Workers' Party (*Polska Zjednoczona Partia Robotnicza, PZPR*). The Polish People's Republic (*Polska Rzeczpospolita Ludowa, PRL*) was a republic of the working people. This formulation excluded the intelligentsia and other social groups. The sovereign's enemies were also clearly identified as the "social classes that exploit workers and peasants" to be vigilant about them. The Constitution of PRL, which confirmed the autocratic nature of the political system, included no provisions for the separation of powers. It contradicted the statement: "The Polish People's Republic is a state of people's democracy"[50]. The concept of "people's democracy" was just a fig leaf for autocratic rule. In other words, the Constitution of PRL indicated the sovereign and its enemy and the legitimised repression against the former. At the same time, it legitimised quasi-militant democracy under cover of militant democracy self-defence.

The ruling elites used a Newspeak category of "democratic centralism" to justify the deepening of autocratisation through quasi-militant democracy. The essence of democratic centralism would be managing state affairs from a single centre - the Central Committee of the Polish United Workers' Party (*KC PZPR*), which pretended to represent the interests of the formal sovereign, i.e., the "working people of towns and villages", thanks to the hierarchical structure of the centre of power. It reveals an internal contradiction, i.e., the hierarchical nature of the structure excludes equality in the relations between state organs and the sovereign, peculiar to democratic systems[51]. The attempt to create a pseudo-scientific basis for democratic centralism was a Newspeak example. It aimed to cover

---

[50] The Constitution of the Polish People's Republic, https://isap.sejm.gov.pl/isap.nsf/download.xsp/WDU19520330232/O/D19520232.pdf, Art. 1.

[51] Michał Kasiński: *Oblicza centralizmu demokratycznego-próba interpretacji procesu historycznego*, in Barbara Jaworska-Dębska, Ewa Olejniczak-Szałowska, and Rafał Budzisz (eds.): *Decentralizacja i centralizacja administracji publicznej. Współczesny wymiar w teorii i praktyce*, Łódź, Wydawnictwo Uniwersytetu Łódzkiego, Wolters Kluwer Polska, 2019, https://dspace.uni.lodz.pl/bitstream/handle/11089/39871/21-63_Kasi%C5%84ski.pdf?sequence=1&isAllowed=y, p. 24.

the efforts to consolidate the monistic system of governance and underlie a justification for abandoning liberal democracy.

MARTIAL LAW 1981-1983: THE EPIGONIC PERIOD OF QUASI-MILITANT DEMOCRACY

In the face of the increase in anti-government attitudes, the development of the anti-communist opposition, and the "Solidarity carnival", the ruling camp announced martial law on December 13, 1981. In his speech, Wojciech Jaruzelski stated that the "homeland was on the edge of an abyss"[52], justifying the need to protect citizens and state structures[53]. Notably, martial law was introduced in a manner inconsistent with the Constitution of PRL[54]. About 13,200 activists were interned, the activities of social organisations were suspended, freedom of movement was restricted, and a curfew was introduced. Protests were forbidden, and the Military Council for National Salvation (*Wojskowa Rada Ocalenia Narodowego*) became an institution that formally ran the state during an extraordinary time. Martial law was the epigonic period of the use of quasi-militant democracy. When the popularity of their opponents decreased, the ruling elites decided to introduce a state of emergency, justifying it with the "raison d'état" and the need to protect socialism. Thus, martial law, and above all the period until its suspension, was a time of the accumulation of quasi-militant democracy measures and their application in the name of the greater necessity, which was the

[52] Wojciech Jaruzelski's Speech of December 13, 1981, on the introduction of martial law, https://www.uio.no/studier/emner/hf/ilos/POL1120/v06/undervisningsmateriale/pensumtekster/jaruzelski.html.

[53] Decree of December 12, 1981, on martial law, https://isap.sejm.gov.pl/isap.nsf/download.xsp/WDU19810290154/O/D19810154.pdf.

[54] *The Constitution of the Polish People's Republic...*, *op. cit.*, Art. 33. Janina Zakrzewska: "Ocena podstaw prawnych stanu wojennego", in Herbert Szafraniec (ed.), *Ocena podstaw prawnych stanu wojennego*, Katowice, Śląski Instytut Naukowy, 1990, p. 8. Tadeusz Smoliński: "Stan wojny, stan wojenny i stan wyjątkowy w konstytucjach europejskich państw socjalistycznych", *Ruch Prawniczy, Ekonomiczny i Socjologiczny*, 3, 1982, p. 110. Lech Mażewski: *Problem legalności stanu wojennego z 12-13 grudnia 1981 r. Studium z historii prawa polskiego*, Warszawa, Wydawnictwo von Borowiecky, 2012, p. 15.

protection of citizens and state structures. Although the repertoire of quasi-militant democracy measures was wide, their efficiency was very low because they did not destroy the subjectivity of the Polish political nation.

POLAND AFTER 1989: ON THE WAY TO NEO-MILITANT DEMOCRACY?

The turning point for the trajectory of the Polish political system was the Round Table talks between the ruling elites and the representatives of opposition groups (February 6 - April 5, 1989) and the partially free parliamentary elections on June 4, 1989. Their organisation was based on an agreement between the ruling elites and the opposition. The amendment to the Constitution of the Republic of Poland of December 28, 1989 was crucial for the systemic transition towards a democratic regime and thus for deviation from quasi-militant democracy. According to its provisions, apart from the symbolic change of the state's name to the Republic of Poland and the image of state symbols, a significant change was made in the definition of the sovereign, which was the nation. Moreover, Poland was named a democratic state, respecting the rule of law and guaranteeing political pluralism[55]. These shifts were the basis for reforms in the following months, when the decentralisation of public administration began, equal and free elections for the restored Presidential office were held by the new electoral law, and the parliamentary elections in 1991[56].

The next significant moment for the evolution of quasi-militant democracy into militant democracy was the adoption of the Small Constitution in 1992. It was the most important legal act until the adoption of the new Constitution. The latter was adopted in a nationwide referendum and entered into force in 1997. Notably, the Constitution of the Republic of Poland allows for the use of militant

[55] The Act of December 29, 1989 amending the Constitution of the Polish People's Republic, https://isap.sejm.gov.pl/isap.nsf/DocDetails.xsp?id=wdu19890750444, Art. 1.

[56] The Act of September 27, 1990 on the election of the President of the Republic of Poland, https://isap.sejm.gov.pl/isap.nsf/DocDetails.xsp?id=wdu19900670398. The Act of May 10, 1991, Electoral Regulations for the Senate of the Republic of Poland, https://isap.sejm.gov.pl/isap.nsf/DocDetails.xsp?id=WDU19910580246.

democracy measures but is not an act regulating them in detail and refers to the relevant laws. On its basis, in-depth deliberation on adopting militant democracy measures is possible, but its provisions are not a sufficient legitimising source. There are provisions assuming the possibility of limiting political rights and freedoms[57]. In the case of combating anti-democratic forces, the legislator focused on the banning of certain political parties[58]. It allows taking actions only within the limits of the law[59]. Nevertheless, the principles of militant democracy can be found in the relevant acts[60]. It refers to the provisions of the Constitution of the Republic of Poland that directly legitimise only the outlawing of extremist political parties. As regards the remaining measures, the restriction of political rights and freedoms is allowed through the adoption of specific legal acts consistent with the rule of law.

BALANCING BETWEEN MILITANT AND QUASI-MILITANT DEMOCRACY: POLAND IN 2008-2015

After 2008, when new anti-democratic forces appeared, the rulers rarely used militant democracy measures in practice, ignoring new threats to the political system[61]. Hence, the turn that took place after 2015 did not encounter any significant barriers on the part of the institutions of the political system, which were subjected to subordination in the event of resistance to the rulers. However, the scope of

---

[57] The Constitution of the Republic of Poland, https://www.sejm.gov.pl/prawo/konst/polski/kon1.htm, Art. 14; 57; 58; 62.2.

[58] Ibídem, Art. 13.

[59] Ibídem, Art. 7.

[60] The Act of July 5, 1990, Law on Assemblies, https://isap.sejm.gov.pl/isap.nsf/DocDetails.xsp?id=WDU19900510297. The Act of 27 June 1997 on political parties, https://isap.sejm.gov.pl/isap.nsf/DocDetails.xsp?id=wdu19970980604. The Act of January 5, 2011 Election Code, https://isap.sejm.gov.pl/isap.nsf/download.xsp/WDU20110210112/U/D20110112Lj.pdf. The Act of June 21, 2002 on the state of emergency, https://isap.sejm.gov.pl/isap.nsf/DocDetails.xsp?id=WDU20021130985.

[61] Roman Bäcker and Joanna Rak: "Poland: Drift towards Quasi-militant Democracy in Defiance of Resistance", in Joanna Rak and Roman Bäcker (eds.): *Neo-militant Democracies in Post-communist Member States of the European Union*, London and New York, Routledge, 2022, p. 94.

some civil rights and freedoms was extended, e.g., the amendment to the Act on Public Assemblies of 2012 allowed for the organisation of simultaneous assemblies, observing the principles of security and separation of participants to avoid an escalation of conflicts[62].

A sign of the upcoming changes was the announcement of the political agenda of the Law and Justice party (*Prawo i Sprawiedliwość, PiS*) in 2014-2015. This then major opposition party announced a profound reform of the state. Until they won the 2015 presidential and parliamentary elections, the camp launched a programme of rebuilding the system, briefly referred to as "Tusk's system" (Donald Tusk was the Prime Minister then), which in their opinion, was a dysfunctional post-communist democracy[63]. It contained similar slogans that accompanied the Sanacja in 1926. They had in common an open criticism of liberalism as an ideology leading to the corruption and decay of the socio-political system. After 1989, political elites were accused of building a "soft state". One of the first goals was to "repair" the executive centre, which was the Council of Ministers coordinating the work of key ministries. In practice, the goal was to strengthen the position of this institution[64]. In 1926, a "moral renewal" was announced to accompany the building of an efficient state. Thus, after the economic recession in 2008, the rulers ignored new anti-democratic threats and the growing popularity of slogans raising a profound reconstruction of the socio-political system, which is not equated with democracy.

POLAND AFTER 2015: DOUBLE BACK TO QUASI-MILITANT DEMOCRACY

After 2015, the opposition of the ruling elite against the resistance of the political nation translated into the triumph of quasi-militant

[62] Law of 9 October 2012 on Amending the Law - Law on Assemblies, https://legislationline.org/download/id/4827/file/Law_amending_%20Law%20on%20 assemblies1990_2012_en.pdf.
[63] The Law and Justice's political program, 2-14, http://pis.org.pl/media/download/528ca7b35234fd7dba8c1e567fe729741baaaf33.pdf.
[64] Ibídem.

democracy[65]. It resulted from a coherent system of reproducing social awareness based on a low level of cognitive competencies, especially in the field of civic matters, and a low level of external contacts among social groups that decided to vote for PiS and support the education process through strict cooperation with the Catholic Church[66]. This system led to the acceptance of authoritarian values by PiS voters, who did not recognise the protection of liberal democracy as a priority, giving a social mandate to reconstruct the autocratic political system. Until 2017, the political system drifted toward authoritarianism, and then the pace of change decreased[67]. The drift resulted from the United Right's (*Zjednoczona Prawica, ZP*) taking control of the critical organs of the executive and legislative power[68]. ZP was a parliamentary club led by PiS. This state of affairs is reflected in the reports of many non-governmental organisations monitoring the quality of democracy in the world and the standards of observing political rights and freedoms[69]. Roman Bäcker and

---

[65] Roman Bäcker and Joanna Rak: *Poland…, op. cit.*, p. 83.

[66] Ibídem, p. 84.

[67] Ibídem, p. 85.

[68] Radosław Markowski, Petra Guasti, and Zdenka Mansfeldová: *Backsliding into Authoritarian. Clientelism: The Case of Poland. Democracy under Stress*, 2018, pp. 95-118. Tímea Drinóczi and Agnieszka Bień-Kacała, "Illiberal Constitutionalism: The Case of Hungary and Poland", *German Law Journal*, 20.8 (2019), pp. 1140-1166. Edit ZGUT, "Informal Exercise of Power: Undermining Democracy Under the EU's Radar in Hungary and Poland", *Hague Journal on the Rule of Law*, 14.2-3 (2022), pp. 287-308.

[69] Freedom House pointed out that since 2015, the expanding political influence of the ruling elite within democratic institutions has been uninterrupted, which may lead to a shift toward undemocratic systems (Sarah Rapucci: Freedom in the World 2020: A Leaderless Struggle for Democracy, https://freedomhouse.org/report/freedom-world/2020/leaderless-struggle-democracy). Democracy in Poland suffered from the low level of independence of the judiciary due to the 2017 reform, which we discuss in the remainder. In its 2019 report, Amnesty International revealed that leading public figures, including politicians and media representatives, committed discriminatory statements against minorities throughout the year, including members of the LGBTQI community and Jews (Amnesty International, 2020, https://amnesty.org.pl/raport-roczny-2020-21-covid-19-najmocniej-uderza-w-osoby-ktore-od-dziesiecioleci-doswiadczaja-nierownosci/). The Helsinki Foundation for Human Rights indicated that in 2015-2019, the most significant decline in the protection of human rights was recorded in Poland since 1989 (Helsinki Foundation for Human Rights, 2019, https://euaa.europa.eu/sites/default/files/easo-annual-report-2019-Helsinki-Foundation-for-Human-Rights-Poland-contribution.pdf). The 2019 Democracy Index defined Poland as a flawed democracy, pointing to the continuous decline

Joanna Rak recognised the nature of the public debate as one of the key changes during the post-transition period. It was dominated by strong emotionalism, analogous to the period before and after the May coup of 1926. After 2015, the ruling camp recognised its former political opponents as enemies of the national community, especially those in power in 2005-2007, private media concerns or non-governmental organisations receiving foreign funding[70].

The critical areas of change after 2015 include the decision to collect data at the Central Anti-Terrorist Bureau without specifying a reason for the collection[71], which could lead to a breach of standards in personal data protection in the name of combating terrorist threats. Also, freedom of assembly was restricted in the right to spontaneous assemblies by a new act introducing the concept of cyclical assemblies[72]. Shortly afterwards, a new law combining the functions of the Prosecutor General and the Minister of Justice was adopted under the judiciary reform[73]. The next step was the strengthening of the Minister of Justice's control of presidents and vice-presidents of courts[74]. Changes were also introduced in the method of electing members of the National Council of the Judiciary (*Krajowa Rada Sądownictwa*), whom a qualified majority of the Sejm had appointed since then[75]. The scope of the reforms also concerned local self-government. In

in the quality of democracy in Poland in the reports of this organisation (*The Economist*, 2019, https://www.eiu.com/topic/democracy-index/). The Varieties of Democracy report from 2020 indicates that Poland is one of the top 10 countries in which there have been significant changes within the political system. In 2009, democracy in Poland was awarded the value of 0.83 (liberal democracy), while already in 2019, this value was 0.5 (electoral democracy), with 2015 being the turning point (Varieties of Democracy, 2020, https://www.v-dem.net/static/website/files/dr/dr_2020.pdf).

70 Roman Bäcker and Joanna Rak: *Poland…, op. cit.*, p. 83.

71 The act of 10 June 2016 on anti-terrorist activities, https://isap.sejm.gov.pl/isap.nsf/DocDetails.xsp?id=wdu20160000904.

72 The Act of 13 December 2016 amending the Act - Law on Assemblies, https://isap.sejm.gov.pl/isap.nsf/DocDetails.xsp?id=WDU20170000579.

73 The act of 15 December 2016 on the General Prosecutor's Office of the Republic of Poland, https://isap.sejm.gov.pl/isap.nsf/DocDetails.xsp?id=WDU20160002261.

74 The Act of 12 July 2017 amending the Act - Law on the System of Common Courts and Certain Other Acts, https://isap.sejm.gov.pl/isap.nsf/DocDetails.xsp?id=WDU20170001452.

75 The Act of December 8, 2017 amending the Act on the National Council of the Judiciary and certain other acts, https://isap.sejm.gov.pl/isap.nsf/DocDetails.xsp?id=WDU20180000003.

2018, a draft was put to the vote assuming the dual term of office of commune heads, town mayors and presidents, which was ultimately not adopted in its original wording[76].

The sources of quasi-militant democracy lie in the judiciary reform, justified by the ruling camp by the need to strengthen the impartiality of the courts, implement "representativeness" in assigning cases, and "freeing" judges from the influence of legal groups considered hostile to the political nation[77]. In practice, PiS seeks to have total control over judges. A similar argument was used to justify other legal changes, explaining them by national interest, e.g., in the law on public assemblies or regulations concerning anti-terrorist activities.

The turning point, for a brief moment, also due to the constitutional position of the Senate, was the result of the 2019 parliamentary elections, when the opposition parties won the majority in this chamber. As a result, they could limit the ruling party's decisions on implementing further quasi-militant democracy measures. However, due to the coronavirus pandemic, this possibility has been reduced, among others, by introducing an extra-constitutional state of emergency[78]. To sum up, after the political transition and during

[76] The Act of 11 January 2018 amending certain acts to increase the participation of citizens in the process of selecting, functioning and controlling certain public bodies, https://isap.sejm.gov.pl/isap.nsf/DocDetails.xsp?id=WDU20180000130.

[77] Anna Śledzińska-Simon: "The Rise and Fall of Judicial Self-government in Poland: On Judicial Reform Reversing Democratic Transition", *German Law Journal*, 19.7 (2018), pp. 1839-1870. Michał Ziółkowski, "Two Faces of the Polish Supreme Court After 'Reforms' of the Judiciary System in Poland: The Question of Judicial Independence and Appointments", *European Papers - A Journal on Law and Integration*, 1 (2020), pp. 347-362. Kriszta Kovács and Kim Lane Scheppele: "The Fragility of an Independent Judiciary: Lessons from Hungary and Poland - And the European Union", *Communist and Post-Communist Studies*, 51.3 (2018), pp. 189-200. Anne Sanders and Luc von Danwitz: "Selecting Judges in Poland and Germany: Challenges to the Rule of law in Europe and Propositions for a new Approach to Judicial Legitimacy", *German Law Journal*, 19.4 (2018), pp. 769-816.

[78] Monika Haczkowska, "The Problem of the Constitutionality of State of the Epidemic and the Restrictions on Political Freedoms and Rights. Legal and Comparative Sketch", *Przegląd Prawa Konstytucyjnego*, 6.70 (2022), pp. 385-397. Krzysztof Eckhardt, "Constitutional Grounds for Introducing the State of Emergency. Comments in the Light of Threats Caused by the War in Ukraine, the Polish-Belarusian Border Crisis and the Covid-19 Pandemic", *Przegląd Prawa Konstytucyjnego*, 4.68 (2022), pp. 251-361. Anna Utrata, "The Legality of the Restrictions of the Civil and Political Rights in Poland During the First Wave of the Coronavirus Pandemic", *Polish Political Science Yearbook*, 2.51 (2022), pp. 96-111. Joanna Kielin-Maziarz and Krzysztof

the democratisation, the Polish political regime included the rule of (neo-)militant democracy. Nevertheless, the rulers avoided using its measures against anti-democratic forces. Instead, after 2015, neo-militant democracy was replaced with quasi-militant democracy focused on limiting the sovereignty of the political nation.

CONCLUSION

Taking into account the interwar period, we can distinguish the following stages in the changes in the Polish political regime. These stages' characteristics locate them on a continuum between the ideal types of quasi-militant and militant democracy: (1) the formation of a quasi-militant democracy, which took place after the May Coup in 1926, up to the Brest trials in 1930, (2) the use of quasi-militant democracy measures to combat political opponents after the elections in 1930 until the adoption of a new Constitution on the eve of Piłsudski's death (1935), (3) consolidation of the authoritarian regime with quasi-militant democracy measures, led by veteran elites (legionnaires), which lasted until World War II.

The period of 1944-1989 can be divided into the following stages: (4) on the way to a new form of quasi-militant democracy, from the adoption of the Manifesto of the Polish Committee of National Liberation to the referendum in 1946, (5) consolidation of quasi-militant democracy in 1946-1948, (6) abandonment of quasi-militant democracy in favour of the totalitarian system, until the post-Stalinist thaw started in 1956, (7) until the introduction of martial law in 1981, in 1956-1980, the limited use of quasi-militant democracy except for threats to the political system during social protests, (8) strengthening of quasi-militant democracy in the name of protecting the political system against extraordinary threats, until the murder of Father Jerzy Popiełuszko in 1984, (9) withdrawal of

---

Skotnicki, "Restrictions on the Right to Vote in the Pandemic during the Election of the President of the Republic of Poland in 2020", *Białostockie Studia Prawnicze*, 27.2 (2022), pp. 177-192.

quasi-militant democracy in Poland, until the systemic transition in 1989 began.

Finally, the history of the Third Polish Republic includes the following stages: (10) drifting from quasi-militant democracy until the adoption of the Small Constitution (1992), (11) a turn toward militant democracy (1992-1997), (12) consolidation of (neo-)militant democracy at the level of legislation in 1997-2015, (16) the establishment of quasi-militant democracy after 2015, culminating in 2018.

The analysis sheds light on deviations from the principle of militant democracy in the history of the Polish political regime that meet the essential features of quasi-militant democracy. From a historical perspective, one of the deviations' determinants is the persistent distrust of political actors based on incessant calls to protect Poles against enemies. The protection was against the elites who sought to build a system capable of surviving anti-democratic forces' offensive.

When modern nation-states formed, Poland experienced foreign rule. The distrust was also deepened during 1944-1989 when the Basic Law did not ensure the political nation's sovereignty. Moreover, Poles have negative experiences with the social implications of the fight with enemies, the best example of which was martial law (1981-1983). It meant only restrictions on civil rights and freedoms. This ambivalent attitude towards similar calls for protection persisted after 1989 since the economic consequences of the systemic transition disappointed a large part of the society, especially during the first decade of the Third Polish Republic. In 1989-2015, the principles of (neo-)militant democracy were included in legal regulations. Whereas some, such as provisions on public assemblies, were in use, others remained unused, like regulations on banning extremist political parties. The use of (neo-)militant democracy measures depended on the rulers' political interest and no sense of imminent threat to their own ruling position.

Nonetheless, after 2015, the use of quasi-militant democracy measures weakened the democratic system. It took place as part of the legislative process, which allowed for the adoption of acts extending the power competencies of the ruling elite while reducing the sovereignty of the political nation, with only a part of the political nation opposing it. The legitimation of the adoption of quasi-militant democracy resulted from a complex configuration of historical, social, and political factors. However, a crucial determinant was creating in Polish society a coherent system of reproducing social awareness with an instilled need for accepting further limitations of the sovereignty of their own political nation.

This research in political and legal history, conducted using political science instruments, allows us to understand the essence and main directions of changes in the Polish political system over the years. At the same time, however, it generates new research questions such as: what was the effectiveness of using quasi-militant democracy measures at various stages? How did their application determine the subordination of the political nation? Why were some quasi-militant democracy measures effective and others not? Under what conditions? Obtaining precise answers is possible only by combining the history and sociology of politics based on in-depth analyses of political culture. Therefore, the conclusions should be a starting point for further research to understand Poland's political history.

Funding: This research paper is a result of the research project Contentious Politics and Neo-Militant Democracy. It was financially supported by the National Science Centre, Poland [grant number 2018/31/B/HS5/01410].

ANÁLISIS DE LA ARQUITECTURA FASCISTA A TRAVÉS DE SUS MODELOS EN ITALIA Y ESPAÑA

Roberto de Vicente Almagro
Investigador en Formación CEU Escuela Internacional de Doctorado (CEINDO)

LA ARQUITECTURA COMO PROPAGANDA

El Movimiento fascista, como fuerza política, social y cultural, utilizó con gran habilidad las diversas disciplinas artísticas como la pintura, la arquitectura, la escultura, la literatura o el cine, transformándolos en elementos de propaganda para perseguir sus fines políticos.

El Movimiento fascista copió la escenografía futurista y fue un movimiento de vanguardia, romántico, polarizador, vitalista y violento, como se puede apreciar en sus lemas: "Credere, obbedire, combattere. Mussolini ha sempre ragione".[1]

La dialéctica fascista estaba repleta de palabras grandilocuentes, vehementes, ambiguas o incluso contradictorias. Ensalzaba a un hombre dotado de un espíritu nuevo y requería de una arquitectura que pudiera materializar su ideal. Debía ser un elemento de conexión entre el aparato del partido y el pueblo, no se tendría que reducir a un mero símbolo o monumento, sino que debería tener también un papel educativo. Intelectuales y artistas fueron impregnados por la ideología fascista y esta se ve reflejada en cada una de sus obras.

En 1926, con un discurso pronunciado en la Academia de Bellas Artes de Perugia, Mussolini propuso la creación de un arte fascista que pudiese aunar tradición y modernidad:

> ...Sobre un terreno preparado de esta forma puede renacer un gran arte que puede ser tradicionalista y al mismo tiempo moderno. Es preciso crear, de lo contrario seremos los explotadores de

[1] Lema fascista: Creer, obedecer, combatir. Mussolini tiene siempre razón.

> un patrimonio anticuado; es preciso crear el arte nuevo de nuestro tiempo, el arte fascista.[2]

En el caso de la arquitectura se pueden apreciar dos escuelas que competían por ser el estilo oficial del régimen. Por un lado, el estilo clásico-historicista, formado por algunos arquitectos de Milán[3] como Giovanni Muzio, Piero Portaluppi, Giovanni Ponti, Ottavio Cabiati, Alberto Alpago-Novello y procedente de Roma destaca de manera especial Marcello Piacentini considerado el principal referente de este estilo también denominado *Novecento*. Este estilo se basa en el orden y la armonía.[4]

Entre los que defendían que el estilo oficial del régimen debía ser el moderno-racionalista figuran los miembros del *Gruppo 7*, formado por jóvenes arquitectos procedentes de Milán como Giuseppe Terragni, Luigi Figini, Gino Pollini, Carlo Enrico Rava, Sebastiano Larco, Guido Frette y Ubaldo Castagnoli, que posteriormente es sustituido por Adalberto Libera, que se formó en Roma.[5] Este estilo abogaba por encontrar las armonías, los ritmos y las simetrías en los nuevos esquemas constructivos, en los materiales y en las funciones para las que el edificio está destinado.[6]

En 1930 el *Gruppo 7* se disuelve y sus miembros se integran en un grupo más amplio denominado MIAR[7] (Movimento Italiano per l'Architettura Razionale) que organiza la Segunda Exposición

---

[2] F. Brunetti: *Architetti e fascismo*, Alinea, Florencia, 1993, p. 37.

[3] Leonardo Benevolo: *Historia de la arquitectura moderna*, Gustavo Gili, Barcelona, 1999, p. 618.

[4] Giorgio Giucci: "Milán durante los años veinte: cultura profesional y milicias fascista de la arquitectura", en Antonio Pizza(coord.), *Giuseppe Terragni: arte y arquitectura en Italia durante los años treinta*, Ediciones del Serbal, Barcelona, 1997, pp. 23-40.

[5] Ilaria Bernardi, *El Grupo 7 en la formación de la arquitectura Racionalista Italiana. 1927-1930*, Tesis doctoral, Universidad Politécnica de Madrid, 2018, pp. 3-4.

[6] Antonio Pizza: "Expresar lo inexpresable: la investigación arquitectónica de Cesare Cattaneo entre arte abstracto y alientos espiritualistas", en Antonio Pizza (coord.), *Giuseppe Terragni: arte y arquitectura en Italia durante los años treinta*, Ediciones del Serbal, Barcelona, 1997, pp. 183-206.

[7] Movimiento italiano por una arquitectura racionalista.

de Arquitectura Racional en 1931, en ella, Pietro María Bardi realiza la siguiente declaración en su manifiesto:

> Nuestro movimiento no tiene otra consigna moral que la de servir a la Revolución fascista en el duro clima. Invocamos la confianza de Mussolini para que nos proporcione los medios para realizarla.[8]

Esta exposición abre un debate en el que los defensores de este nuevo estilo consideran que la arquitectura tradicional representa al viejo orden, mientras que la arquitectura racionalista italiana como movimiento de vanguardia puede expresar mejor los ideales del fascismo.

Por todo ello, se produce una disputa entre los arquitectos más jóvenes y los academicistas por obtener el apoyo de Mussolini. *El Duce* apoya hasta la segunda mitad de los años 30 este estilo moderno, creándose una fusión entre política fascista y arquitectura innovadora. Esto se puede observar durante la polémica generada en 1934 en torno a la estación de Florencia de Michelucci donde *el Duce* afirmó ante los arquitectos lo siguiente:

> Deseo precisar de manera inequívoca que yo soy partidario de la arquitectura moderna, de la de nuestro tiempo, y me disgustaría muchísimo que vosotros pensaseis que vuestras obras no me gustan [...]. La estación de Florencia es bellísima y al pueblo italiano la estación de Florencia le gustará [...]. Habrían sido absurdos los ajimeces, las columnitas helicoidales y los capitelillos [...]. Daré orden a todas las entidades y a todos los ministerios, al del aire, al de las obras públicas, al de comunicaciones, al de educación nacional y a todas las oficinas postales de que se hagan construcciones de nuestro tiempo. No quiero ver casas del movimiento con

[8] Michele Cennamo, *Materiali per l'analisi dell'architettura moderna: Il MIAR*, Napoletana, Nápoles, 1976.

arquitecturas de los tiempos de Depretis. Dejad esto bien claro y hacédselo saber a todo el mundo.[9]

Los arquitectos mas jóvenes estaban convencidos de que el estilo racionalista debería ser el elegido por la arquitectura fascista para modernizar el país, por su funcionalidad, por ajustarse al uso reduciendo su forma a lo esencial y prescindiendo del ornato en su lenguaje.

Este estilo, basado en las nuevas técnicas constructivas, permitiría reducir los tiempos de construcción gracias a la eficiencia en el uso de materiales industriales o la fabricación en serie, encajando con el concepto de rapidez y dinamismo de la Revolución fascista.

Adicionalmente, el estilo academicista se identificaba con el orden burgués del régimen anterior, por todo ello, se consideraba imprescindible generar una nueva estética acorde al nuevo régimen. Los más críticos con la arquitectura racionalista aludían que era ajena a la tradición italiana, pero la racionalidad y la utilidad ya estuvieron presentes en la arquitectura romana.

URBANISMO FASCISTA: LA TERCERA ROMA

Desde el inicio de su régimen, Mussolini entendió que el fin último de sus propuestas urbanas debía ser la recuperación de la idea de grandeza. Era necesario volver a situar a Roma como una referencia internacional que sirviera para mostrar los valores del nuevo imperio que estaba edificando y así, dotar al pueblo italiano de una nueva identidad moderna.

La alegoría que muestra la restauración de la grandeza de Roma se puede apreciar en las imágenes de *el Duce* usando de manera enérgica un pico para derribar las chabolas que parasitaban los grandes monumentos. Las llamadas *barracche* eran infraviviendas que crecían tanto en el centro de la ciudad como en la periferia y representaban al decadente y viejo régimen de la democracia liberal, mientras que las grandiosas nuevas obras públicas eran el reflejo del

---

[9] R. Mariani, *Razionalismo e architecttura moderna. Storia di una polemica*, Ed. Comunità, Milano, 1989, pp. 291-292.

nuevo Estado fascista. Los grandes elementos que componían la trama urbana serían ensalzados y los elementos que carecieran de valor serían erradicados.[10]

El Duce se implicó de manera personal en muchos de estos nuevos proyectos y supo atraer a grandes arquitectos e ingenieros para su desarrollo, destacando especialmente la figura de Marcello Piacentini, considerado su arquitecto favorito.[11]

El plan de reforma urbana de Mussolini se centraba en tres aspectos fundamentales.

El primero era rescatar las ruinas de la antigua Roma de las construcciones de escaso valor que las rodeaban y que habían crecido de manera descontrolada con el paso del tiempo. Las grandes edificaciones del Imperio romano debían quedar aisladas para resaltar su grandeza y se procedió a intervenir en todo el entramado que comprendía las zonas del Campidoglio, Foro Romano, Palatino y Trajano, Teatro Marcello, Circo Máximo y Plaza de Venecia. Sin embargo, estas intervenciones provocaron pérdidas en el patrimonio de Roma.[12]

El segundo consistía en modernizar la ciudad mediante la apertura de nuevas vías que conectaban puntos singulares, como pueden ser el Coliseo[13] y la Plaza de Venecia, a través de la Vía del Imperio. Si era preciso, incluso se derribaban barrios enteros para alcanzar los objetivos. Este proceso generaba grandes perspectivas en la ciudad.

Uno de los proyectos más emblemáticos es la creación de la *Via della Conciliazione*[14], en Roma, obra de Marcello Piacentini junto con Atillio Spaccarelli. Fue ideado en 1936 y comenzó con la demolición del distrito *Spina dei Borghi*[15] con el objetivo de acceder directamente a la Plaza de San Pedro. Como antecedentes de esta intervención,

[10] María Cristina García-González y Salvador Guerrero: "La Roma fascista y las redes traslacionales del urbanismo: entre el ensimismamiento y la publicidad", Ciudad y territorio. Estudios territoriales, 194 (2017), pp. 727-746, esp. p. 728.

[11] Ibídem, p.732.

[12] Belén Calderón Roca, "La gestión de la ciudad histórica en la Roma fascista 2: Urbanística, Piani Regolatori y conservación del Patrimonio a través de la trayectoria de Marcello Piacentini", *Boletín de Arte*, 28 (2007), pp. 279-306, esp. pp. 291-292.

[13] Anfiteatro Flavio.

[14] Avenida que conecta la Plaza de San Pedro con el Castillo de Sant'Angelo.

[15] Marcello Piacentini y Atillio Spaccarelli, "La sistemazione dei borghi per l'accesso a San Pietro", *Architettura. rivista del Sindacato Nazionale Fascista Architetti*, (1936), p. 21.

podemos citar el proyecto de Bramante para abrir una gran calle de acceso a San Pedro, al no considerar suficiente los accesos a través de las estrechas calles aledañas. También Bernini pensó en una gran vía de acceso para la Plaza de San Pedro.[16]

Las demoliciones no estuvieron exentas de polémica debido al derribo de edificios históricos, muchos críticos de la historia del arte inciden en que se eliminó el elemento sorpresa que se generaba al impedir la contemplación directa de la Plaza de San Pedro.

Se puede definir la apertura de esta vía como un puente entre dos estados y para que se pudiera tender ese puente fueron imprescindibles los Pactos de Letrán de 1929. Estos acuerdos produjeron una trascendental mejora de las relaciones entre la Iglesia y el Estado italiano, hasta tal punto que el papado consintió la construcción de esta calle.

El 29 de octubre de 1936, el mismísimo *Duce,* subido a uno de los tejados del barrio, dio comienzo a las obras de demolición. Las obras fueron suspendidas y solo se completaron tras la Segunda Guerra Mundial. En el año 1950 se pudo contemplar por primera vez la plaza de San Pedro desde el Castillo de *Sant'Angelo*. El gran mérito de Piacentini consistió en crear una gran vía neoclásica monumental capaz de dialogar urbanísticamente con la Basílica de San Pedro.[17]

El tercero era la extensión de Roma hacia el mar. La creación de la Vía del Mar conectaba el mar con el centro de la ciudad y la planificación del complejo E42[18] incide en este objetivo.

E42/EUR

En 1937 se inicia el principal proyecto urbano para la capital de Italia: el proyecto para la Exposición Universal de Roma de 1942. Con esta exposición se pretendía conmemorar el vigésimo aniversario de la

[16] Marcello Piacentini: "Le vicende edilizie di Roma dal 1870 ad oggi. XVIII. La realizzazione del piano del 31: Gli studi del 1940-1942", *L'Urbe*, fascicollo II marzo-aprile(1952), pp. 21-22.

[17] Alessandra Lucivero: *Marcello Piacentini. Maestros de la Arquitectura*, Salvat, Barcelona, 2012, pp. 34-39.

[18] *Esposizione Universale Roma* 1942.

Marcha sobre Roma o *Ventennale*. Esta operación se enmarca en la idea de extensión de Roma hacia al mar y pretendía crear una ciudad ideal para mostrar las virtudes del urbanismo fascista, basado en el racionalismo y en el clasicismo de la Civilización romana.

La zona elegida para la exposición estaba de camino hacia Ostia, situada en el margen izquierdo del río Tíber y junto a la Vía del Mar.[19] El complejo tenía una extensión de aproximadamente 400 hectáreas y el presupuesto de gastos generales de la exposición fue superior a los 500 millones de liras de la época, sin contar el coste de los pabellones especiales o los pabellones de cada país.

Como precedente de esta exposición se puede citar la Exposición Universal de 1911, cuya sede principal fue Turín y a la que se sumaron Florencia y Roma como subsedes. Esta exposición conmemoraba los 50 años de la unificación de Italia.[20] Otros antecedentes son: la *Mostra della Rivoluzione Fascista*[21] de 1932, que conmemoró el décimo aniversario de la Marcha sobre Roma, o la *Mostra Augustea della Romanità*[22] de 1937, para conmemorar los dos mil años del emperador Augusto.[23]

El plan general de ordenación urbana fue encargado a una comisión de arquitectos que reunía a Marcello Piacentini, Giuseppe Pagano, Luigi Piccinato, Ettore Rossi y Luigi Viettini. Participaron tanto de los defensores del estilo clásico-historicista como de los del racionalista-moderno. Destacan principalmente las figuras de Piacentini y Pagano.[24]

Piacentini defendía la monumentalidad y la vuelta a la romanidad, su estilo era clásico, pero reducía el ornamento purificando el

---

19 *Via del Mare*.

20 Angelo Maggi: "Architecture of Light and Water at the Universal Exihibition of Rome of 1942", en Rika Devos, Alexander Ortenberg and Vladimir Paperny (eds.): *Architecture of Great Expositions 1937-1959. Messages of Peace, Images of War*, Ashgate, Surrey, 2015, pp. 99-114.

21 Exposición de la Revolución fascista de 1932.

22 Exposición Augusta de la Romanidad de 1937.

23 Actualmente, tanto el contenido de la Exposición Universal de 1911 como la *Mostra Augustea della Romanità* de 1937 forman parte de la colección permanente del *Museo della Civiltà Romana* situado en la EUR.

24 Guiseppe Pagano fue un joven arquitecto, urbanista y fotógrafo muy cercano al poder político. Fue director de las revistas Casabella y Domus, gracias a su pertenencia al partido fascista y a su prestigio pudo criticar abiertamente algunas construcciones

estilo, siempre en concordancia con las leyes básicas de la armonía y de su estructura,[25] mientras que Pagano defendía el funcionalismo y la arquitectura de estilo moderno. Pagano pensaba que el fascismo era una oportunidad para construir una Italia moderna y deseaba convencer a Mussolini para establecer un cambio en el urbanismo y adoptar la arquitectura racionalista como modelo de Estado.

Los dos arquitectos mantenían una disputa por ver qué estilo sería el que marcara de manera oficial la arquitectura fascista.[26] Pagano defendía sus planteamientos desde la revista *Casabella* y Piacentini cargaba contra el estilo moderno desde la publicación oficial del Sindicato Nacional Fascista de Arquitectos[27] denominada *Architettura e Arti Decorative*, aunque posteriormente cambió su nombre por el de *Architettura.*[28]

Finalmente las tesis de Piacentini se acaban imponiendo gracias a los deseos imperiales de *el Duce*.[29] Marcello Piacentini expuso sus ideas para el encargo con estas palabras:

En una ciudad donde en el pasado se realizaron grupos edificatorios como los foros, y las termas, como las basílicas y los conventos cristianos, donde se crearon plazas como el Popolo, San Pedro, como el Campidoglio, el Quirinal y el Circo Argonale era —y es— bien arduo y terrible tarea pensar en nuevas bellezas y nuevas armonías. Pero es por esto que se debe afrontar; es esto lo que la grandeza de

---

de la época. Finalmente se fue distanciando de las ideas del fascismo y pasó a la resistencia antifascista.

[25] Hannah Malone: "Marcello Piacentini: A case of controversial heritage", en Hakan Hökerberg, *Architecture as propaganda in twentieth-century totalitarian regimes. History and heritage*, Polistampa, Firenze, 2018, pp. 59-79.

[26] Borden W. Painter, JR., *Mussolini's Rome. Rebuilding the Eternal City*, Palgrave Macmillan, New York, 2005, pp. 60-63.

[27] *Sindacato Nazionale Fascista Architetti.*

[28] Antonello Alici, "Giuseppe Pagano and Casabella. In defense of modern Italian architecture, en Hakan Hökerberg, *Architecture as propaganda in twentieth-century totalitarian regimes. History and heritage*, Polistampa, Firenze, 2018, pp. 35-58.

[29] Daria de Seta: "Oportunidades perdidas. La Exposición Universal de Roma de 1942", *Lars: Cultura y Ciudad*, 14 (2009), pp. 62-69, esp. p.66.

la época demanda y es por esta grandeza por la que las nuevas generaciones fascistas demostrarán haber sido inspiradas.[30]

La traza clásica del plan maestro se inspira en los campamentos romanos. Esta concepción urbanística se basa en dos ejes perpendiculares: el *Cardus maximus*[31], que en este caso se corresponde con la Vía Imperial, consta de 104 metros de ancho y sigue la dirección desde Roma hacia el puerto de Ostia. En cambio, el *Decumanos maximus,*[32] que une la Basílica de los Santos Pedro y Pablo con la Plaza de las Corporaciones.

Se realizó un detallado estudio de la topografía, los desniveles se empleaban para crear aparcamientos, el viaducto elevado y el lago artificial. Los edificios más representativos de la exposición fueron situados en las cotas más elevadas.

Todos los edificios del complejo, a pesar de ser únicos en su composición, poseen un estilo que los unifica. Los acabados toman una especial relevancia, empleando materiales de gran riqueza, como la ingente variedad de mármoles empleados para los pavimentos y el revestimiento de los muros. Su elección se basaba en las políticas de Mussolini para conseguir unos determinados objetivos sociales en las regiones donde se situaban las canteras, estas zonas eran las consideradas menos afectas al Movimiento fascista.[33]

En el centro del proyecto del E42 se sitúa la *Piazza dell'Impero,*[34] que es atravesada por la Vía Imperial.[35] Tiene 300 metros de largo y 130 metros de anchura. [36] A los lados se sitúan el Museo de Arte Antiguo, el Museo de Arte Moderno y el Museo de Ciencias. El

---

30 María Cristina García-González y Salvador Guerrero: "La Roma fascista y las redes...", *op. cit.*, p. 744.

31 El cardo era uno de los dos ejes principales del urbanismo romano y tiene su origen en la manera de trazar los campamentos militares, esta calle se orientaba en dirección Norte-Sur. Se denominaba *cardus maximus* al cardo principal que servía como referencia para trazar paralelamente el resto de los cardos.

32 El decumano era la calle perpendicular al cardo y se orientaba en dirección Este-Oeste. En la intersección del cardo principal con el decumano principal se colocaba el foro.

33 S.A., "Exposición de Roma de 1942", *Revista Nacional de Arquitectura*, 4 (1941), pp. 51-57, esp. p. 54.

34 Actualmente se denomina *Piazza Guglielmo Marconi.*

35 Actualmente se denomina *via Cristoforo Colombo.*

36 S.A., "Exposición de Roma...", *op. cit.*, pp. 53-54.

edificio de las Exedras o *Porta Imperiale* es obra de Giovanni Muzio, Mario Paniconi y Giulio Pediconi.

La Basílica de los Santos Pedro y Pablo, diseñada por Arnaldo Foschini en 1938, se ubica en una cota elevada y dominaba la zona, se pensó como un posible mausoleo para Mussolini.[37] Tiene un planta de cruz griega, la estructura es de hormigón armado, su cúpula tiene un diámetro de 32 metros y dispone de un acabado de pizarra gris. El resto del edificio cuenta con un revestimiento de mármol travertino.

El *Museo della Civiltà Romana*[38], diseñado por Pietro Aschieri, Enrico Peressuti, Cesare Pascoletti y Domenico Bernardini, exhibe las piezas de la *Mostra Augustea della Romanità,* así como una maqueta a escala 1/250 de la ciudad de Roma durante la época del emperador Constantino.

El edificio de las Fuerzas Armadas, hoy denominado *Archivio Centrale dello Stato*[39]*,* obra de Mario de Renzi y Gino Pollini, contiene las principales colecciones históricas propiedad del Gobierno italiano, particularmente los documentos de la historia moderna que incluye el periodo fascista.[40]

Al fondo de la Vía Imperial se situaba el lago y detrás está el Palacio del Agua y de la Luz. Las tres mejores propuestas del concurso para el Palacio del Agua y de la Luz fueron las planteadas por Pier Luigi Nervi, Franco Petrucci y Enrico Tedeschi y la de Albini y Gardella. Los dos primeros proyectos planteaban una galería circular de vidrio en cuyo centro se situaría un gran chorro de agua. Estos proyectos posibilitarían al visitante introducirse dentro del agua, no solo observarla exteriormente. El tercer proyecto era un prisma elemental con un grupo de esculturas en la fachada. Finalmente, ninguna de las propuestas para este proyecto fue construida.[41]

Como colofón, se pretendía disponer un gran arco de aleación de aluminio diseñado por Adalberto Libera, tendría que ser la imagen de la exposición, como la Torre Eiffel lo fue para la exposición de

---

[37] Alessandra Lucivero: *Marcello Piacentini…, op. cit.*, pp. 46-49.
[38] Museo de la Civilización Romana.
[39] Archivo central del Estado.
[40] Borden W. Painter, JR.: *Mussolini's Rome..., op. cit.*, p. 131.
[41] S.A.,"Venti anni fa: Concorso per il Palazzo della Luce all' E.42", *L'Architettura. Cronache e storia*, anno II n.8 giugno (1956), pp. 124-125.

Paris de 1889. El Arco del Imperio, inicialmente de 200 metros de luz y 100 metros de altura, se amplió hasta los 330 metros de luz. Su objetivo era rematar el eje viario principal y servir como final de perspectiva, como una puerta hacia el mar, aunque finalmente no pudo ser construido debido a las limitaciones para reunir el material y al elevado coste.[42]

Para elaborar los jardines de la exposición se trasplantaron 45.000 árboles de 15 y 25 años, con un peso que podía llegar a alcanzar las 20 toneladas. Pese a la dificultad de esta tarea, se consideraba indispensable para que los árboles tuvieran el tamaño deseado el día de la inauguración.[43]

El *Palazzo degli Uffici* fue proyectado por Gaetano Minnucci en 1937 con un estilo monumental. Está compuesto por dos cuerpos perpendiculares unidos por un conector: un patio cuadrado y un elemento rectangular. En el friso, situado sobre la columnata, se reproducen las palabras de Mussolini: "La terza Roma si dilaterà sopra altri colli lungo le rive del fiume sacro fino alle spiagge del Tirreno"[44], donde se muestra la idea de extender Roma hacia el mar. En la entrada principal se sitúa el famoso bajorrelieve obra de Publio Morbiducci, denominado "Roma edilizia da Romolo alla conquista dell'impero", realizado en 1939. El bajorrelieve describe la historia de Italia con Rómulo y Remo, Julio César, Augusto, la Roma de los papas, Garibaldi y, situado en la parte inferior a la altura del espectador, Mussolini rodeado de niños, mujeres, trabajadores y soldados, guiándolos hacia el futuro. La obra muestra la conexión del nuevo imperio con los hitos históricos que lo precedieron. Este edificio dispone de un refugio antiaéreo de 475 metros cuadrados compuesto por una estructura de hormigón totalmente independiente y que puede albergar a unas 300 personas.

El Palacio de Recepciones y Congresos[45], de Adalberto Libera, fue construido entre 1939 y 1954, sorprende la distribución rectangular

---

[42] Francisco de Asís Cabrero Torres-Quevedo, *Cuatro libros de arquitectura: libro tercero*, Colegio Oficial de Arquitectos. Servicio de publicaciones, Madrid, 1992, p. 384.

[43] S.A., "Exposición de Roma...", *op. cit.*, p. 54.

[44] La tercera Roma se expandirá sobre otras colinas a lo largo de las orillas del río sagrado hasta las playas del mar Tirreno.

[45] *Palazzo dei Ricevimenti e dei Congressi.*

de la planta y el encaje del cuerpo que sostiene la cúpula. Destacan la alta calidad de los paramentos exteriores y el mosaico blanco que reviste los muros. Muestra unos huecos profundos, con relieve prismático, similares a otros edificios del complejo E42.[46]

El edificio tenía la misión de albergar las recepciones oficiales y los congresos que se iban a desarrollar durante la exposición, incluso realizándose con un lenguaje moderno, debía mostrar un carácter monumental y clásico. El programa requería un gran atrio, un vestíbulo, un salón para las recepciones oficiales, una sala principal de asambleas de 3000 asientos, dos salas de asambleas de menor tamaño, seis salas de reuniones, bibliotecas, salas de lectura, oficinas, restaurantes y otros servicios. [47]

El proyecto finalmente construido[48] sigue varios arquetipos propios de la arquitectura romana como la basílica, el templo, la rotonda o la cúpula, pero reinterpretados en un estilo moderno. Está compuesto por un paralelepípedo rectangular que se interseca con un cubo y, a su vez, el cubo está coronado por una bóveda de arista que descansa sobre cuatro apoyos, lo que unido a la entrada de luz a través de las lunetas produce el efecto de que la cubierta flota.

Se trata de un edificio dual formado por dos piezas principales: la sala de recepciones, que simboliza la parte festiva, y en contraposición , la sala de congresos, que simboliza la parte del razonamiento. El edificio es la yuxtaposición de los dos elementos principales: el paralelepípedo rectangular, tiene unas dimensiones de 130 metros de longitud, 75 metros de anchura y 12 metros de altura y el cubo, que tiene 45 metros de arista y podría contener en su interior el Panteón de Roma. El edificio se relaciona con la ciudad a través de sus dos atrios: uno para las recepciones y otro para la sala de congresos.

La estructura del hormigón armado del edificio se basa en una malla con un módulo de 5 metros que se ve interrumpida por el cubo que genera un gran vacío en ella, debido a que sitúa su estructura

[46] Francisco de Asís Cabrero Torres-Quevedo, *Cuatro libros…, op. cit.*, p. 384.

[47] Eduardo Blanes Pérez: *La desacralización del templo en la arquitectura de Adalberto Libera*, Tesis doctoral, Universidad Politécnica de Madrid, 2017, pp.330-342.

[48] Existieron notables diferencias entre el proyecto de Libera que resultó ganador en el concurso y el finalmente construido. Esto causó el rechazo por parte de otros concursantes que le acusaron de rehacer completamente el proyecto.

en el perímetro. La cubierta compuesta por la bóveda de arista tiene una estructura metálica. Los materiales empleados son: granito blanco para las columnas, mármol de Carrara para el revestimiento, mármol verde Alpi para los pavimentos y vidrio para la fachada tras el pórtico, los huecos laterales del basamento y los lucernarios de la bóveda.[49] La luz entra de forma indirecta desde arriba, creándose un espacio místico como sucede en el Panteón.

El edificio más representativo del complejo es el Palacio de la Civilización Italiana[50] construido entre 1938 y 1940, proyectado por Giovanni Guerrini, Ernesto Bruno y Mario Romano, conocido como el "Coliseo cuadrado". Está compuesto por 54 arcos en cada una de sus fachadas, con un carácter decorativo, sin ninguna función estructural.

Tiene reminiscencias que recuerdan al arte metafísico de Giorgio de Chirico. Posee cuatro grandes esculturas, que representan a los Dioscuros, situadas en las esquinas y 28 esculturas que representan a distintos personajes extraídos de la frase de Mussolini que describe al pueblo italiano y que se incorpora a la fachada del edificio: "Un pueblo de poetas, de artistas, de héroes, de santos, de pensadores, de científicos, de navegantes, de migrantes."[51]

Algunos críticos de la historia del arte como Bruno Zevi no estaban de acuerdo con la propuesta ganadora en el concurso de este proyecto y defienden la excelencia de otras propuestas.[52] La planta del edificio es un cuadrado de 51,2 metros de lado y tiene una altura de 65 metros.[53] Este edificio aparece en la película de Roberto Rossellini: *Roma, ciudad abierta,* así como en otras obras de Federico Fellini o Bernardo Bertolucci, por lo que tiene una imagen icónica.

La Segunda Guerra Mundial paralizó los trabajos de construcción de la E42 y durante años los principales edificios quedaron en construcción como testimonio del régimen anterior. Muchos de ellos

[49] Eduardo Blanes Pérez: *La desacralización..., op. cit.*, pp. 343-360.

[50] *Pallazzo della Civiltá Italiana.*

[51] *Vn popolo di poeti di artisti di eroi di santi di pensatori di scienziati di navigatori di trasmigratori.*

[52] S.A.,"Venti anni fa: Concorso per il Palazzo della Civiltá Italiana all' E.42", *L'Architettura. Cronache e storia*, anno II n.º 16 febbraio (1957), p. 741.

[53] Eduardo Blanes Pérez: *La desacralización..., op. cit.*, p. 306.

fueron terminados años después de la Segunda Guerra Mundial, conforme a sus proyectos originales.

FORO MUSSOLINI

El Movimiento Fascista siempre defendió la exaltación del deporte y la juventud como símbolos, solo hay que recordar que el himno del partido fascista tiene por título *Giovinezza*.[54]

La Roma fascista dedicó numerosas instalaciones al deporte, siguiendo el ideal clásico de educar cuerpo y mente. Este ideal se pondría al servicio del Estado fascista para educar a las nuevas generaciones de italianos recuperando la tradición de la Roma imperial.[55]

Dentro de esta corriente de pensamiento tiene vital importancia la llamada *Opera Nazionale Balilla (ONB)*, que fue una organización juvenil amparada por el Ministerio de Educación y que entre 1926 y 1937 proporcionó una educación basada en entrenamiento militar para los niños y otra relacionada con la familia y el hogar para las niñas. Organizaban gran cantidad de actividades escolares y campamentos para procurar una educación tanto espiritual como física. A partir de 1937 esta organización fue sustituida por la *Gioventù Italiana del Littorio*.[56]

Por todo ello, se decide crear una ciudad para el deporte a imagen del foro clásico romano para formar a la juventud italiana.

Enrico del Debbio realiza los primeros bocetos del foro en 1928 pero, tras su muerte en 1935, el proyecto sería terminado por Luigi Moretti. El foro se sitúa en la orilla del río Tíber, está compuesto por un monolito situado en la entrada, que se dedica a Mussolini, la Academia Fascista de Educación Física[57], la palestra de *el Duce*, el Estadio de los Mármoles[58], el Estadio de los Cipreses[59], la Academia

---

[54] Juventud.
[55] Borden W. Painter, JR.: *Mussolini's Rome…*, *op. cit.*, pp. 39-40.
[56] Juventudes italianas del Littorio.
[57] *Accademia Fascista di Educazione Fisica.*
[58] *Stadio dei Marmi.*
[59] *Stadio dei Cipressi,* actualmente en esta localización se sitúa el Estadio Olímpico de Roma.

de Esgrima[60] obra de Luigi Moretti, así como una piscina cubierta y otra descubierta.[61]

El monolito dedicado a Mussolini dominaba la entrada al recinto con sus 36 metros[62] de altura, fue diseñado por Costantino Costantini en mármol de Carrara con un peso de más de 300 toneladas y cuenta con las inscripciones *DUX* y *MUSSOLINI* en letras verticales. También está grabado en el monolito la inscripción *OPERA BALILLA ANNO X*, haciendo referencia a la organización juvenil y al año diez de la era fascista.

El *Piazzale dell Impero* es de 1937, fue diseñado por Moretti y ocupa el espacio situado entre la Fuente de la Esfera y el monolito dedicado a Mussolini. El *Piazzale* tiene una extensión de 80 por 280 metros. El pavimento posee una colección de mosaicos decorativos obra de los artistas Angelo Canevari, Achille Capizzano, Giulio Rosso y Gino Severini.[63]

Están compuestos por mármol negro de Verona y mármol blanco de Carrara, representan escenas deportivas, así como mitológicas e históricas. En algunos de ellos aparecen motivos fascistas como la *M* de Mussolini, fasces o composiciones con la palabra *DVCE*. En el mismo espacio se ubican una serie de estelas de piedra con inscripciones que recuerdan fechas simbólicas[64] del periodo fascista o frases de discursos de Mussolini.[65] La Fuente de la Esfera[66] se sitúa en el eje del *Piazzale*, en la dirección hacia el estadio Olímpico y está formada por un globo terráqueo de mármol de Carrara, tiene un diámetro de 3 metros y aproximadamente 37 toneladas de peso, se dice que la masa de la esfera simbolizaba la fuerza del fascismo. Se

---

60 *Accademia di Scherma.*

61 María Cristina García-González y Salvador Guerrero: "La Roma fascista y las redes...", *op. cit.*, p. 734.

62 El monolito tiene una altura de 17,50 metros y un total de 36 metros si se incluye la base.

63 Borden W. Painter, JR.: *Mussolini's Rome...*, *op. cit.*, p. 42.

64 Algunos de los acontecimientos señalados en las estelas son la Marcha sobre Roma, los Acuerdos de Letrán, la fundación del nuevo Imperio fascista o la conquista de Etiopía.

65 Aristotle Kallis: *The Third Rome 1922-1943. The making of the fascist capital*, Palgrave Macmillan, Basingstoke, 2014, pp. 163-170.

66 *Fontana della Sfera.*

terminó en 1933 y fue diseñada por los arquitectos Giulio Pediconi y Mario Paniconi.

El Estadio de los Cipreses o Estadio Olímpico es el de mayor tamaño, en la actualidad no se parece mucho al proyecto original, ya que ha sufrido importantes reformas, la primera en 1950 para albergar los Juegos Olímpicos de 1960 y posteriormente se renovó para ser la sede de la Copa Mundial de Fútbol de 1990.

En cambio, el Estadio de los Mármoles sí se mantiene fiel al proyecto original de 1932. Está formado por unas gradas con un aforo aproximado para 20.000 personas y 60 estatuas de mármol que representan distintos deportes. Los atletas de las estatuas simbolizaban a las distintas ciudades italianas. En este estadio era habitual la organización de fiestas y eventos de agrupaciones juveniles, donde los niños realizaban exhibiciones de gimnasia cuyo fin era la propaganda política.

La Academia Fascista de Educación Física está compuesta por dos bloques simétricos que se unen mediante un elemento central transversal. La imagen exterior del edificio se componía de un revoco de fachada de color rojo, mientras que las cornisas, las esculturas y las ventanas enmarcadas eran de mármol blanco. En la actualidad este edificio es la sede del Comité Olímpico Italiano (CONI).[67]

El *Pallazzo delle Terme*[68], diseñado por Costantino Costantini en 1935 se basa en un proyecto iniciado por Enrico Del Debbio, forma parte de dos edificios paralelos enlazados por un cuerpo transversal, el edificio de la izquierda contiene las piscinas cubiertas y el de la derecha el auditorio y el Instituto Superior de Educación Física, el elemento que une las dos alas acoge una piscina y la palestra de *el Duce* que actualmente es una sala de conferencias. La estructura del edificio es de hormigón armado, se usa la fábrica de ladrillo en los muros. En el exterior predomina el color rojo haciendo referencia

[67] *Comitato Olimpico Nazionale Italiano.*

[68] El *Pallazzo delle Terme* actualmente se denomina *Pallazzo delle Piscine CONI.*

a la tradición del Imperio romano y se decora con elementos de mármol blanco, incluyendo las estatuas decorativas.[69]

La palestra de *el Duce* proyectada por Luigi Moretti se encuentra dentro del edificio de Costantini que alberga las piscinas del foro. El interior es rectangular y se basa en las proporciones áureas, la articulación del espacio ofrece una imagen absolutamente moderna para la época. Las paredes están recubiertas de mármol de Carrara y se usa el linóleo en el pavimento, predomina la geometría ortogonal, pero cuenta con una escalera helicoidal que conecta con una planta superior. El gimnasio privado consta de un atrio, una zona de gimnasia, sala de estar, vestuarios, una sala de masajes y un solárium. La conexión con la piscina olímpica cubierta, de 50 metros de largo, se realiza a través de un ascensor privado. La decoración es muy rica, con gran variedad de mosaicos de estilo clásico y emplea unos materiales de la más alta calidad acordes a la dignidad de su usuario. Destaca la estatua de un atleta elaborada en bronce diseñada por Silvio Canevari. El diseño de las puertas está personalizado e incluye un monograma con la M de Mussolini.

Por último, la Academia de Esgrima[70] de Luigi Moretti, que fue construida entre 1933 y 1936, se sitúa en el Sur del complejo del Foro Mussolini. Es una obra de referencia del racionalismo italiano, aunque ha sufrido un gran deterioro debido a su uso como comisaria y como sala para la celebración de los juicios contra los terroristas durante los años 80.

El volumen del edificio se articula en forma de L, los dos cuerpos se conectan mediante un recorrido elevado de dos niveles. El primer cuerpo contiene una biblioteca con doble altura que da a una galería de lectura acristalada con vistas hacia el Foro. En la esquina con un volumen elíptico se sitúa la recepción. En el segundo cuerpo, perpendicular al primero, se dispone la sala de armas que cuenta con unas dimensiones de 45 x 25 metros en la que podrían competir unos 160 deportistas, los vestuarios y duchas están distribuidos en tres niveles. Exteriormente se consigue que los dos volúmenes formen una sola

[69] Marcello Piacentini, "Il Foro Mussolini in Roma. Arch. Enrico Del Debbio", Architettura, febbraio fascicolo II, 1933, pp. 65-75.

[70] *Casa delle Armi o Accademia della Scherma.*

unidad al tener una misma altura y resolver la envolvente usando el mismo material, mármol blanco con vetas. El espacio interior de la sala de armas se articula mediante una estructura de hormigón con unas secciones parabólicas a distintas alturas. Además, la entrada de luz a través de una abertura longitudinal situada en la parte superior ilumina de manera oblicua la superficie interior de la sala generando un espacio único y unitario.[71]

Actualmente, el Foro Mussolini ha cambiado su denominación por el de Foro Itálico. En 1930 fue una de las sedes de los Juegos Olímpicos de Roma y el recinto contiene el Estadio Olímpico, donde juegan los equipos de fútbol de la ciudad, así como las instalaciones del Máster de tenis de Roma.

CASA DEL FASCIO EN COMO (1932)

El Régimen fascista se ve en la necesidad de crear organismos para difundir sus ideas mediante el uso de la propaganda y a la vez deben ser capaces de proporcionar una representación institucional.

La Casa del Fascio tiene como antecedente la Casa del Popolo, de origen socialista, y cuya función era apoyar a la clase obrera. El fascismo recoge este modelo y lo adapta a sus necesidades específicas. Otra referencia fue la sede del *Fasci italiani di combattimento*[72] que servía como localización para confeccionar los panfletos ideológicos del partido y donde tenían lugar las reuniones en las que se planeaban las acciones de corte revolucionario. Tras alcanzar el poder, estas sedes quedan desfasadas y se requiere readaptar la tipología como una nueva clase de edificio público. Las sedes deben abandonar el concepto de refugio que cobija las actividades subversivas para evolucionar hacia una especie de templo-escuela. [73] Serían los nuevos

[71] Plinio Marconi, " La Casa delle Armi al Foro Mussolini: arch. Luigi Moretti", *Architettura*, fascicolo VIII, 1937, pp. 435-454.

[72] Los *Fasces* italianos de combate era una organización política creada por Mussolini que sería el germen del futuro Partido Nacional Fascista.

[73] Por orden de Mussolini, todas las casas del fascio se dedican a los caídos por la revolución de cada localidad y en ellas se ubica un sagrario de los mártires para recordarlos, son lugares de recogimiento y oración.

centros de la actividad política para cada rincón de la nueva Italia, llegando incluso a sustituir a los ayuntamientos.

Las casas del fascio se utilizan como sedes del Partido Fascista, tienen una función de control, difusión cultural y proporcionan espacios de reunión o entretenimiento en las poblaciones donde se sitúan. Se localizan en el centro de los núcleos urbanos, junto a las plazas y edificios religiosos, como demostración de poder.

La Casa del Fascio en Como, es una gran escenografía, un edificio anuncio[74] y logra sintetizar de manera magistral modernidad y fascismo. Refleja todos los conceptos teóricos de la Revolución fascista, presentes en su concepción y sin los que nunca se podría entender la esencia del edificio.[75]

Fue proyectada por Giuseppe Terragni en 1931 y ejecutada entre los años 1932 y 1936. Este arquitecto no es fácilmente catalogable, no fue una de las principales figuras del Movimiento moderno. Terragni estaba plenamente convencido de las bondades del Movimiento fascista italiano como fuerza transformadora de la sociedad. Del mismo modo, lograba combinar con acierto las teorías racionalistas con un cierto grado de clasicismo. Por todo ello, se puede afirmar que su Casa del Fascio es uno de los mejores ejemplos del llamado racionalismo italiano de los años treinta y cuarenta. El edificio adapta el estilo internacional con un alto nivel de abstracción, formas cúbicas, cubiertas planas y paramentos blancos a las características italianas, como son el relieve, los profundos huecos, los voladizos, así como el empleo de logias y pórticos.

La Casa del Fascio crea un nuevo espacio público, reordena la plaza detrás de la catedral, coloca el edificio configurando el centro del núcleo urbano y habilita un espacio para poder acoger a una gran masa de personas en concentraciones multitudinarias. Destaca la relación entre el espacio exterior-interior con el uso del acristalamiento en fachada, esto permite contemplar las actividades del interior desde la plaza, recordando la idea de la casa de cristal que proponía

[74] Esto se puede apreciar incluso en la composición de la fachada, donde un paño ciego de muro se utilizaba para realizar proyecciones o colocar carteles propagandísticos.

[75] S.A., "Terragni y Buck Rogers. Futurismo y fascismo: Giuseppe Terragni Meda, 1904-Como, 1941", *Arquitectura Viva*, 70 enero-febrero (2000), pp. 104-105.

Mussolini para definir el fascismo, mostrando la transparencia y accesibilidad del régimen.[76]

Por tanto, no se trata de un simple edificio de oficinas, si no que posee una gran carga simbólica expresada mediante la monumentalidad y que se debe combinar con un lenguaje moderno produciéndose una cierta tensión entre polos opuestos.[77]

La entrada marca la relación entre el espacio público y el privado a través de un elemento de transición, los peldaños situados en la entrada, que hace que el visitante cambie de plano horizontal para pasar de exterior a interior. Se consigue conectar elementos que son aparentemente contrapuestos: la forma pura de un cubo hermético y una plaza urbana que tiene una configuración irregular. El edificio tiene proporción 2 a 1, en la que la base es el doble de su altura, esto resuelve su volumen exterior configurando medio cubo y se genera una gran sala de asambleas en el interior a modo de plaza cubierta. En todo momento prevalece la componente horizontal sobre la vertical.[78]

Terragni emplea los vacíos dentro de la edificación y a la vez consigue relacionarlos con la fachada, el espacio interior puede ser considerado como un vacío interior con una periferia sólida. Al volumen del cubo se le van practicando operaciones de adición y sustracción que generan unas fachadas hacia el espacio central, este espacio cuenta con dobles alturas aumentando la sensación de amplitud y resaltando su importancia.[79]

La composición utiliza trazados regulares, módulos geométricos áureos y una fuerte ortogonalidad. La totalidad del edificio se organiza en torno a una rígida cuadrícula intrínsecamente ligada a su génesis proyectual. [80] Esta cuadrícula permite vincular las cuatro fachadas que, a pesar de contar con una cierta independencia compositiva, permanecen ligadas en los ángulos mediante un juego de llenos y

---

[76] Francisco J. Acosta Llera: *Las ideas y los instrumentos específicos del proyecto arquitectónico: Giuseppe Terragni frente a la ortodoxia del Movimiento Moderno*, Tesis doctoral, Universidad Politécnica de Valencia, 2015, p.191.

[77] Ibídem, p. 197.

[78] Peter Eisenman, *Guiseppe Terragni: Transformations, decompositions, critiques*, Monacelli Press, New York, 2003, pp. 107-114.

[79] Ibídem, pp. 121-147.

[80] Francisco de Asís Cabrero Torres-Quevedo, *Cuatro libros…, op. cit.*, pp. 373-374.

vacíos que permite pasar de una fachada a otra sin renunciar a un orden global que lo articule.

El programa del edificio es complejo y se distribuye de la siguiente manera: en la planta baja se coloca la gran plaza interior, que se usa para las alocuciones, el sagrario de los mártires y las dos escaleras que se encuentran descentradas en la composición de la planta. La planta primera es la principal, porque contiene las estancias mas relevantes, donde se sitúan los principales cargos de la dirección, con unos corredores de dimensiones diferentes que conectan con las escaleras, esta planta está conectada con la plaza interior. La planta segunda contiene estancias más secundarias como administración, asociaciones de dependientes, el fascio de Como o la mutua sanitaria, no está conectada con la plaza interior y los corredores son de una jerarquía inferior. La tercera planta tampoco está conectada con la plaza interior, solo se puede acceder por la escalera secundaria, contiene las tres terrazas que resuelven la coronación de tres de las fachadas, las estancias para el archivo, el área donde se sitúa la telefonista y las asociaciones universitarias o deportivas.[81]

La estructura de hormigón armado genera una retícula irregular que se va adaptando a las necesidades del programa y a la composición. Aparece reflejada en las fachadas, está perfectamente ligada al cerramiento y en ella predomina la componente vertical. Permite visualizar el prisma del que se parte para realizar la composición del edificio.[82]

En cuanto a los materiales, Terragni aplica la sinceridad constructiva en el empleo de los mismos, pero sin renunciar al carácter experimental propio de la Casa del Fascio. Esto denota unos amplios conocimientos sobre el uso de los materiales y la aplicación de las diversas técnicas constructivas empleadas en la materialización del edificio. Se usó una retícula estructural de hormigón armado revestida de mármol blanco que permite dar continuidad a la superficie, opalina negra, varios tipos de linóleo para los pavimentos y vidrios de grandes dimensiones de fabricación industrial. El mármol con

[81] Francisco J. Acosta Llera: *Las ideas…*, *op. cit.*, pp. 323-324.
[82] Ibídem, pp. 325-327.

su aspecto masivo representa lo clásico por su carácter tradicional heredado de la antigua Roma. Complementariamente, el vidrio aporta la modernidad rebajando la densidad del semicubo, así como los conceptos de transparencia y apertura que defendía Mussolini para la Revolución fascista.[83] También cabe destacar el empleo del mobiliario y la decoración para generar espacios homogéneos. El diseño es funcional y los objetos se integran en los distintos ambientes de cada una de las dependencias del edificio.

CASA SINDICAL EN MADRID (1951)

La Casa Sindical es obra de Francisco de Asís Cabrero junto con Rafael de Aburto. Cabrero fue uno de los arquitectos españoles más influenciados por el racionalismo italiano.

En 1941, mientras estudiaba la carrera, realizó un viaje por Italia que sería trascendental para su formación como arquitecto. Visitó Roma y Milán, tuvo contactos con Adalberto Libera y Minuchi, conoció las obras de Giuseppe Terragni y visitó al pintor metafísico Giorgio de Chirico.

Años después, en su conocido artículo[84] "...yo he visto en Italia una cosa muy distinta..." Cabrero hace una defensa de la arquitectura racionalista italiana, de las ideas que representaba, de su fuerza creadora. Algunas de las referencias que utiliza para su Casa Sindical son la arquitectura que se mostraba en las revistas *Lo Stile* o *Domus*, la pintura metafísica de Mario Sironi, la arquitectura de Adalberto Libera o las intervenciones urbanísticas en Roma.

Al concurso, convocado por la Delegación Nacional de Sindicatos, se presentaron un total de 18 anteproyectos, de los que se seleccionaron 7 como finalistas. Los proyectos de Aburto y Cabrero terminaron en primer lugar con la misma puntuación, pero obtuvieron valoraciones diferentes en los distintos ámbitos del concurso. Aburto destacaba en el cumplimiento de ordenanzas y en las cuestiones funcionales,

[83] Ibídem, pp. 328-331.
[84] Artículo publicado en 1948 en el Boletín de información de la Dirección Nacional de Arquitectura nº8.

mientras que Cabrero hacia lo propio en los aspectos formales, urbanos, circulaciones y accesos, por lo que el jurado decidió conceder el primer premio a ambos para que desarrollaran el proyecto de manera conjunta.[85]

La propuesta de Cabrero se considera un referente porque se trata del primer edificio en España, tras la Guerra Civil, que conecta con la arquitectura moderna europea. El proyecto se puede definir como un edificio público monumental influenciado en gran medida por el primer racionalismo italiano, se basa en una cuadrícula y plantea una forma cúbica. El edificio también se combina con una visión española, como se aprecia en el diálogo que establece con el Museo del Prado mediante el uso de una volumetría potente y en cómo va engarzando las distintas piezas: un elemento central y otros laterales. La silueta del edificio no es agresiva ya que, pese a ser más elevada que los edificios del entorno, se encuentra retranqueada. La ordenación modular del edificio persigue los objetivos de la economía constructiva y el ritmo estético. El cuerpo central del edificio presenta una composición en fachada de 12 x 15 módulos y los laterales tienen una anchura de 5 módulos.

Esta cuadrícula compositiva se inspiraba en el orden social que pretendía el sindicato, una cuadricula donde las líneas horizontales organizaban las clases sociales y las líneas verticales las profesiones, jerarquizando la actividad productiva. El propio Cabrero explicaba la organización del edificio en la memoria de su anteproyecto con una frase del Delegado Nacional de Sindicatos Fermín Sanz Orrio:

Organizar las fuerzas sociales y económicas del país con miras a la reconstrucción de la Patria, esta es sencillamente la cumbre de nuestros anhelos, la clave de toda construcción sindical.[86]

La malla compositiva se justifica en la idea de estructura jerárquica, siguiendo los principios de orden y estabilidad que son capaces de dirigir y controlar el mundo del trabajo. En la disposición del programa del edificio también se aplica una jerarquía en la distribución, el elemento central de mayor altura sería para los Sindicatos

[85] Josep María Rovira, "Edificio de la Delegación Nacional de Sindicatos", *Revista de Crítica y teoría de la Arquitectura*, 5-6 (2001), pp. 148-163.

[86] Ibídem, p. 156.

Nacionales, uno de los brazos laterales para la representación provincial y el otro brazo es para las Obras Sindicales con la función asistencial desarrollada por la organización.

La Casa Sindical logra un equilibrio entre lo clásico y lo moderno. La composición es clásica y sigue los cánones académicos: basamento pétreo, fuste representado por la cuadrícula y la coronación que supone el remate de la cornisa. Sin embargo, incluye componentes modernos por la imagen abstracta que se genera con el cubo y la retícula con profundos huecos[87] y el modo en el que el edificio se ajusta eficazmente a las necesidades funcionales del programa, aunando la sinceridad de volúmenes, el equilibrio de masas, la simplicidad de formas, la proporción y el geometrismo.[88]

En el plano urbanístico, los volúmenes laterales tienen 7 plantas como los edificios colindantes, facilitando su integración dentro de la trama existente de la ciudad vieja y el cuerpo central establece un concepto de torre, ya que sus 14 plantas doblan la altura de las piezas laterales.[89] En la planta, los brazos laterales se extienden hacia el Paseo del Prado, mientras en la parte trasera el edificio se limita a ajustarse a los límites de la parcela y solo refleja la curvatura del salón de actos.

Los materiales usados son el hormigón armado para la estructura, el granito para el basamento, el ladrillo, muy característico de la arquitectura madrileña, para el cuerpo central y la piedra caliza, concretamente piedra blanca de Colmenar, para los remates. La elección de estos materiales va en consonancia con el entorno, especialmente con el Museo del Prado.

La escala monumental se genera con el ladrillo y la piedra sirve para definir el basamento y la coronación. La ubicación del escudo de La Falange en el centro de la torre, justo debajo de la cornisa, resalta la importancia de la fachada al Paseo del Prado en comparación con la fachada trasera que se considera secundaria. Otro rasgo interesante

---

[87] Juan Manuel Sánchez De La Chica, *Materia, material y aparejo en la arquitectura de Francisco de Asís Cabrero*, Tesis doctoral, Universidad de Málaga, 2015, pp. 393-395.

[88] Francisco de Asís Cabrero Torres-Quevedo, "Concurso de Anteproyectos para la construcción de la Casa Sindical en Madrid: Primer Premio. Resumen de la Memoria", *Revista Nacional de Arquitectura*, 97 (1950), pp. 3-5.

[89] Lorenzo Tomás Gabarrón: *Idas y Venidas. Los viajes de arquitectura en España entre 1920 y 1960*, Tesis doctoral, Universidad Politécnica de Madrid, 2014, pp. 273-274.

es la reducción de la altura de la piedra del basamento al doblar la esquina, produciendo una modificación conceptual de la escala. En el edificio de Cabrero, el cubo se colmata con todos los usos que necesita el programa, mientras que el perímetro queda horadado.[90]

La Casa Sindical recuerda a modelos de la arquitectura fascista italiana como el Pabellón de Littorio de la Exposición Universal de Bruselas de 1935, que consiste en un cubo rojo perforado por una malla cuadrada. Con ello se constata que el racionalismo italiano de los años 30 influyó en gran medida a los jóvenes arquitectos españoles.

Inicialmente, fue un proyecto muy criticado porque se decía que rompía con la continuidad del salón del Prado y se consideraba una afrenta a su estilo neoclásico, pero en todo momento su diseño se mostró respetuoso y propiciaba un diálogo compositivo.[91] Se logra insertar en la trama de la ciudad con maestría, manejando hábilmente las dos escalas, ajustándose a las alineaciones y pese a su geometría oblicua, adquiere una imagen funcional y moderna.

CONCLUSIONES

Frente a lo que puede ser el sentir general, el fascismo no solo fue capaz de producir una arquitectura de carácter monumental, sino que, al ser un movimiento de vanguardia y revolucionario, durante algunos años el régimen fascista hizo uso de la arquitectura racionalista como su estilo oficial, con la idea de romper con el régimen burgués de la democracia liberal que lo precedía. Se generó una imagen completamente moderna desde el punto de vista artístico, llegando a crear modelos de una indiscutible calidad que han soportado el paso del tiempo sin quedar obsoletos desde el punto de

---

90 Eduardo Blanes Pérez: "Dice cabrero: "...yo he visto en Italia una cosa muy distinta...", Monumentalidad exterior frente a monumentalidad interior a través de la Casa Sindical.", en *Actas del III Congreso Nacional Pioneros de la Arquitectura Moderna Española: Análisis Crítico de una obra*, Fundación Alejandro de la Sota, Madrid, 2016, pp. 109-121.

91 G. Ruiz Cabrero, Juan Manuel Sánchez De La Chica y S. Martín Blas (eds.), *Francisco de Asís Cabrero: Ea! Legado 02*, Fundación COAM, Madrid, 2007.

vista conceptual. La ideología fascista fue capaz de aglutinar todos los aspectos de la vida política, social y cultural.

Los arquitectos estaban fuertemente influenciados por la ideología, no se limitaban a posicionarse con el objetivo de obtener encargos, si no que veían el fascismo como una oportunidad para cambiar las cosas y ponían todo su talento en fusionar con ingenio arquitectura moderna y fascismo.

Finalmente, pese al apoyo inicial de Mussolini, prevaleció el estilo más monumental y clásico por la necesidad de recrear el pasado imperial. Esto hizo que algunos arquitectos se fueran distanciando del régimen y los que continuaron leales fueron depurados tras finalizar la Segunda Guerra Mundial, encontrando dificultades para recibir encargos.

Los modelos de la Casa del Fascio y la Casa Sindical resuelven de manera similar unos programas complejos mediante una arquitectura funcional y moderna. Ambos proyectos se insertan urbanísticamente en una trama con importantes elementos históricos, como son el Duomo de Como o el Paseo del Prado, pero logran salvar esta dificultad astutamente y sin perder la monumentalidad intrínseca a su papel de representación política. Asimismo, introducen un lenguaje y unos materiales innovadores que los encumbra como modelos de referencia desde el punto de vista arquitectónico. Incorporan elementos del estilo internacional con grandes afinidades desde el punto de vista compositivo, pero a su vez manteniendo diferencias de carácter vernáculo como puede ser el uso de los materiales tradicionales, el mármol en Italia o la fábrica de ladrillo en el caso de España.

Actualmente, debido a la influencia de la cultura de la cancelación originada en los países anglosajones, se ha propuesto resignificar muchos de estos edificios que forman parte del patrimonio cultural. Sin embargo, el fascismo es inseparable de estas obras, forman parte de su esencia y eliminarlo significaría su destrucción conceptual. Muchos de estos edificios han sido mutilados[92] o incluso se ha llegado a plantear su demolición, como sucedió con la Casa del Fascio. La eliminación de partes de la historia que no tengan encaje, según los

[92] Arco de la Victoria en Génova, obra de Marcelo Piacentini.

valores de un determinado momento, decretando una *Damnatio memoriae*[93] contemporánea, representa un gigantesco error y deja entrever un radicalismo que solo es propio de las sociedades más fundamentalistas e intransigentes. Es de suma importancia entender los elementos que componen el contexto de una determinada época histórica y en consecuencia, nunca se debe mirar el pasado con los ojos del presente.

Las intervenciones urbanísticas durante la etapa fascista se han insertado en la trama de la ciudad de Roma como una capa mas a lo largo de la historia, que se ha superpuesto sobre la Roma imperial o la Roma de los Papas resultando imposible separar una sin afectar a las otras.

En los casos del Foro Mussolini, ahora llamado Foro Itálico, o de la EUR[94] se han mantenido y readaptado, con inteligencia, las edificaciones existentes para albergar nuevos usos. Esta estrategia es mucho más enriquecedora porque preserva una arquitectura de una calidad indiscutible y que fue ciertamente relevante durante un determinado periodo histórico.

[93] La condena de la memoria era una práctica empleada en la antigua Roma que consistía en la eliminación de todo aquello que pudiera recordar a un condenado. Se borraba su nombre de los monumentos, estatuas, pinturas, monedas o documentos para hacerle caer en el olvido.

[94] Un caso interesante de este tipo de reconversión de edificios es el uso del Palacio de la Civilización Italiana como sede principal de la firma italiana de moda Fendi.

FASCISMO Y DEPORTE

Luis Montero Trénor
Escritor y comunicador

A finales de octubre del año 1926, se inauguraba el estadio Il Littoriale en la ciudad de Bolonia. Joya y referencia de la arquitectura deportiva, fue el primer gran recinto futbolístico de Italia al que poco después se unirían otros como el muy famoso Olímpico de Roma donde tuvieron lugar importantes pruebas durante los Juegos de 1960.

Tal era la magnitud del evento que el mismísimo Benito Mussolini viajó desde la capital italiana para presidir una solemne y esperada inauguración. Aquel 31 de octubre, Bolonia era pura fiesta y el duce comparecía como el caudillo perfecto, el padre de una nación rescatada de la decadencia, el hacedor del tiempo nuevo, el jefe que quizá atravesaba su pico más alto de éxito y popularidad. Las calles del centro de la ciudad –llenas de entusiasmo– eran recorridas por aquel líder indiscutible que viajaba en automóvil descapotable aunque completaría parte del recorrido a lomos de un caballo.

Pero entre el gentío se encontraba un muy joven Anteo Zamboni –en rigor adolescente que había salido de casa con una pistola en el bolsillo y la firme intención de acabar con el festejo y con la primavera fascista. Su objetivo, matar al duce.

Largas calles y ríos de admiradores –de militantes, de soldados de la Italia renacida– veían pasar el coche de Benito Amilcare Andrea Mussolini. Su padre le impuso el primer nombre por el gobernante Juárez; el segundo, por un histórico de la izquierda autóctona apellidado Cipriani y fundador del Partido Socialista Revolucionario Anarquista; el inspirador del tercero –Andrea Costa– diseñó los cimientos, sentó las bases y levantó los primeros ladrillos del socialismo italiano. Ahora, un probable devoto del anarquismo pretendía acabar con la vida del duce que pocos años antes soñó con encender la chispa de una revolución en la que las banderas rojas marcaran el paso y acompañaran a la enseña italiana.

Cuando el automóvil llevaba completado gran parte del recorrido, se situó a escasísimos metros de un Anteo que había conseguido establecerse en lugar más que privilegiado para ejecutar la acción. Matrícula de honor en diseño de magnicidios. El adolescente no dudó ni medio segundo: sacó el arma y disparó contra su víctima; era imposible errar, pero la bala viajó hasta un cordón del uniforme del duce para después, en vuelo surrealista, alojarse en el sombrero de copa del alcalde de la ciudad sin generar a ninguno de los dos el menor rasguño. Los admiradores de Mussolini se abalanzaron sobre Zamboni, que fue linchado y perdió de inmediato la vida aunque años después ganara el nombre de una calle de la ciudad. El guía de Italia, por el contrario, se acostumbraría a escapar de este y otros atentados gracias a la casualidad, a un ángel de la guarda con especiales recursos o a una suerte de baraka tan acentuada como la que –dicen– protegía a Francisco Franco. Maldición pero al revés que le libraba del mal fario, rompía los pronósticos más funestos y le situaba siempre o casi siempre en el mejor de los escenarios. Y quizá por un íntimo convencimiento de que nada malo podía ocurrirle, el duce no se encogió ni se apartó ni torció el gesto. O tal vez, quién sabe, pretendía dejar una imagen ejemplar y heroica –una estampa digna del fascismo– de los que podrían ser sus últimos instantes de vida. "Las balas no pueden con Mussolini"[1], declaró poco después.

Aquella inauguración oficial (e institucional) del estadio boloñés precedió a otra acaecida meses más tarde, cuando el balón echó por primera vez a rodar sobre el césped del recinto frente a 60.000 espectadores y con el protagonismo de dos selecciones nacionales: la de Italia y la de España. Se enfrentaban, por tanto, las escuadras de una nación donde marchaba triunfal el orden nuevo del fascismo y la de otra gobernada por Miguel Primo de Rivera. Los españoles tal vez fueron invitados para poner en evidencia la simpatía entre dos países con sistemas políticos parecidos, pero también se trataba de

[1] Israel Viana: https://www.abc.es/historia/abci-brutal-represalia-contra-nino-casi-asesina-mussolini-no-duro-minuto-y-medio-201812070230_noticia.html

resaltar "la afinidad de carácter de los dos pueblos, ambos hijos de Roma"[2]. Una estatua del Duce decoró durante décadas las gradas del estadio.

Repetimos: no fue el único estadio imponente de la época. Esas nuevas construcciones representaban, no ya solo el ingreso fulgurante de una nación en la modernidad, sino la evidencia de que ahora Italia era la vanguardia y marcaba el camino de esa modernidad. El régimen consideraba la actividad deportiva como algo necesario para el buen fascista –vale decir: para el buen italiano– y cuidó al máximo tanto la actividad gimnástica individual como el brillo y la altísima calidad de los espectáculos de masas. El dinamismo, la fuerza y hasta el método del deporte eran representación perfecta de la nueva doctrina que se oponía e imponía, por ejemplo, a la decadencia liberal. El deporte pasaba a ser parte esencial del fascismo.

Y esa concepción provocó que Italia brillara en distintas disciplinas de casi todos los acontecimientos de masas llevados cabo durante los años veinte y treinta del pasado siglo, cuando el país vistió camisa negra y su avance imparable era observado con admiración desde otras latitudes y desde muy diversos países que –por distancia, por razones culturales, por defender postulados muy diferentes– eran del todo ajenos a la doctrina y a las formas fascistas. Aparecieron sobresalientes deportistas que alcanzaron enorme fama y fueron ensalzados por el pueblo con tanta devoción como la profesada hacia los mejores actores o cantantes de la época. De aquellos atletas es justo y necesario resaltar, además de su destreza, un carisma y una singularidad que les hace adentrarse en el terreno de lo asombroso. Por su autenticidad, por su alejamiento de lo convencional, por su apego a lo que para ellos era la rutina del heroísmo y por su ejemplar forma de pasar a la enciclopedia de la heterodoxia y de los más grandes deportistas que en el mundo han sido y serán. Hombres y mujeres que transitaban con naturalidad por el difícil camino de lo épico.

Para entender la Italia fascista es necesario comprender su deporte, que funcionó como vertebrador de la nación y símbolo de

[2] Miguel Ángel Lara: https://www.marca.com/reportajes/2011/12/el_poder_del_balon/2012/04/

la doctrina imperante. Y merece la pena repasar, siquiera de forma breve, las asombrosas historias legadas por algunos de sus principales protagonistas.

Historias tan dignas de ser recordadas como la de Alfonsina Strada, primera mujer ciclista profesional que el mundo conoció y que compitió por libre, sin equipo, en una carrera de tanta importancia –mantenida a lo largo de las décadas– como el Giro de Italia. No era Alfonsina ni de las mejores ni de las peores: ni alcanzaba los primeros puestos ni era rival tan difícil de dejar atrás; si bien es cierto que jamás optó a ganar la gran carrera, no lo es menos que nunca o casi nunca llegaba a meta en la cola del pelotón. Hija de padres analfabetos, recibió como regalo de bodas una bicicleta y se hizo virtuosa del manillar. Durante años, fue adorada y aclamada por multitudes que se apiñaban en carreteras estrechas para vitorear con júbilo y veneración a una mujer a la que bautizaron con apodos como *Reina del pedal* o *Diablo con vestido*. Y no solo triunfaba con las bicis: su éxito entre la población masculina le hizo adquirir una muy justificada fama de rompecorazones.

Perfil muy diferente fue el del gigantesco boxeador Primo Carnera, protagonista de una vida tan de novela, tan alejada de lo convencional –y tan exagerada, y tan llena de tribulaciones– que inspiró la película de Humphrey Bogart *Más dura será la caída* (1956).

Primo pesó ocho kilos al nacer, sufrió pobreza extrema durante la infancia y debió dedicarse a la mendicidad desde el momento en que su padre fue llamado a filas para combatir en la Primera Guerra Mundial. Con la edad de 18 (en el año 1924, albores de la etapa fascista), medía cerca de dos metros y pesaba 125 kilos, dimensiones tan exageradas para la época que le llevaron a trabajar como forzudo en un circo. Carnera viajaba de pueblo en pueblo para desafiar y siempre vencer a los mozos lugareños que tuvieran los redaños de aceptar el reto. Alguien le vio madera y de pronto su existencia entera cambió: Se convirtió en boxeador pese a carecer de cualquier mínimo fundamento técnico, pero era tanta la ferocidad exhibida –algo así como ganar por aplastamiento– que acumuló una victoria tras otra, conquistó fama, despuntó en Europa y dio el salto nada menos que hasta Estados Unidos de América; en este destino inesperado volvió a encadenar triunfos, aunque su propio representante reconocería que la mayoría no los provocaba el talento sino la mafia y el muy lucrativo negocio de apuestas ilegales.

Tras una humillante y esclarecedora derrota –o baño de realidad en forma de puñetazos–, Primo vuelve a Europa, toma clases de boxeo con docentes de primer orden, aprende de verdad a combatir y vence a Paulino Uzcudun, mejor boxeador español de la época, en combate con asistencia récord de 75.000 espectadores. El vasco Uzcudun, por cierto, fue carnet número 785 de la Falange –camisa vieja– y se alistó en uno de los grupos conformados para tratar de rescatar a José Antonio Primo de Rivera de esa cárcel alicantina donde muy poco después sería fusilado, bajo las estrellas prematutinas de la noche clara y después de regalar su abrigo a uno de los verdugos del pelotón.

Convertido –ahora sí– en boxeador de los buenos, Paulino regresó a Estados Unidos para ganar de verdad, revelarse como uno de los personajes del momento y alcanzar nada menos que el campeonato mundial de los pesos pesados. No es difícil encontrar vídeos magníficos, maravillosos, de un hombre tan entrañable fuera del ring como brutal en su interior. Antes y después de cada combate, no tenía el menor reparo en exhibir la más franca de las sonrisas y afirmar que peleaba y vencía "por Italia y por el Duce". El momento más dramático de su carrera deportiva tuvo lugar cuando uno de sus terribles golpes segó la vida del campeón de la Armada estadounidense.

Apodado "La montaña errante" o "Mamut", perdió el cetro mundial en 1934 (un año después de haberlo conseguido) y pronto le llegó el momento de la retirada. Fue entonces–para escribir otro capítulo de una azarosa vida de película– cuando regresó a su patria y encontró amparo en el cine italiano donde protagonizó papeles no demasiado brillantes. Interpretó, entre otros, a Frankenstein. Como Primo era un hombre acostumbrado a las idas y venidas, a los altos celestiales y a los bajos subterráneos, es muy probable que asumiera de manera natural el hecho de tocar la gloria para después beber las hieles de la lona o la rara decadencia del cine de serie B.

Después de la bestialidad llevada a cabo contra el cadáver del duce –ese tipo de humillaciones y exhibiciones públicas degradan siempre a los verdugos, nunca a la víctima a la que pretenden vejar–, el fascismo se convirtió en pecado. Comenzaron las purgas y las sospechas cayeron sobre un Primo Carnero que comenzó a vivir bajo la lupa de la pureza antifascista. Esquivó las ansias de venganza de otros y volvió a Estados Unidos donde fue acogido con cordialidad.

Dicen que la necesidad engendra ingenio. A nuestro protagonista siempre le generaba soluciones inesperadas y que dejarían con la boca abierta al mismísimo Alonso Quijano o a cualquiera de los protagonistas de esas novelas de aventuras que no estamos muy seguros de si convertían en loco o más bien descorrían y mandaban muy lejos el velo de la realidad aparente.

A lo que íbamos: la atribulada mente de Primo –siempre sobrepasada por la brutalidad de una fortaleza sobrehumana– le hizo rebuscar entre las soluciones menos obvias hasta encontrar la de volver al mundo del deporte profesional y probar con la lucha libre. Nacido para aplastar rivales y acaparar titulares de prensa, el italiano comenzó a ganar, y después a ganar y volver a ganar, hasta convertirse otra vez en campeón mundial. La ferocidad de determinados combates era tan excesiva que resulta difícil entender cómo los luchadores no perdían la vida o al menos cierta movilidad corporal. Tal vez se trataba de personajes de otra pasta.

Cuando se retiró de los focos y de los golpes por segunda y definitiva vez, abrió una tienda de licores, quizá apartara para su uso personal parte de la mercancía destinada a la venta –sospechamos que tenía demasiadas cosas por olvidar–, desarrolló una importante cirrosis y decidió irse a morir a su querida localidad natal de Sequals. En Italia se le conoce como *El gigante bueno*.

Existe la muy extendida teoría de que las épocas de paz duradera, palabras moderadas, razonable prosperidad, escaso combate cultural, pequeños dogmas de andar por casa, cierta uniformidad ideológica, siestas de viernes a domingo y sistema de partidos políticos por todos aceptado traen ventajas tan considerables como las de la tranquilidad o ausencia de grandes conflictos; pero en esos tiempos, según algunos sostienen, emerge de modo casi impepinable cierta mediocridad en las artes y en el pensamiento además de una considerable rebaja en la pulsión heroica del ser humano. En tiempos de agitación, de grandes caudillos, de doctrinas duras y de palabras más poéticas o bélicas que administrativas, el peligro emerge y toma la amenazante forma de convulsiones, inestabilidad, recorte de ciertas libertades políticas y riesgo de cosas muchísimo peores, pero de manera inmediata comparecen los héroes, vuelven a confrontarse de verdad las grandes ideas y se escriben páginas que –para bien o para mal– poblarán para siempre los libros de historia.

Por eso, resulta más fácil que un personaje como Tazio Nuvolari protagonizara su desaforada historia en la Italia de Benito Mussolini (y de los sueños imperiales) que, tal vez, en cualquier otro lugar del mundo. No por haber sido un excelente deportista sino por su adicción al riesgo, por una temeridad innegociable y por tomarse cada competición como si fuera el conflicto bélico final del que todo dependiera.

No parece aventurado ni excesivo proclamar a Tazio, al menos en algunos momentos de los años treinta, como el deportista más afamado de la Italia mussoliniana. Aun así, la asociación de antiguos profesionales del deporte de aquel país exhibe en Florencia cuadros e historias de las principales figuras de la época y tal vez acertaríamos si apostáramos por su ausencia en el citado museo. Otros grandes como Fiorenzo Magni tampoco se encuentran en él y cuentan algunos que esto es solo por su ideología fascista. Es decir, que la purga se impone al mérito deportivo en un despreciable ejercicio de discriminación ideológica.

Nuvolari era automovilista, fue llamado *El piloto de las hazañas imposibles* y sus triunfos fueron aprovechados por el régimen, que los utilizó para representar con ellos el avance imparable del fascismo y el resurgir de una nación que ahora parecía caminar hacia un futuro donde reverdecerían para siempre viejos laureles imperiales.

Su triunfo más inexplicable se produjo en el Gran Premio de Alemania, año 1935, cuando con un Alfa Romeo de 265 caballos derrotó a cinco Mercedes Benz –sí, cinco– de 375 CV. Todavía se recuerda aquella victoria como ejemplo de lo que no puede pasar y sin embargo pasa; de lo que no puede ser, pero es. Ríanse del 12-1 que la selección española de fútbol endosó a los malteses cuando moría 1983.

Una de las principales dificultades de aquellas vertiginosas competiciones, tanto o más que arribar a la meta por delante de los rivales, consistía en no llevarse por delante a ninguno de los muchísimos espectadores agolpados en pequeñas carreteras y que aparecían de repente, llevados por la pasión o la curiosidad y sin el menor sentido de la prudencia, a la salida de cualquier curva cerrada.

Tazio era tan grande que venció en más de cien carreras, incluida la de Le Mans. En más de una perdió parte del automóvil que pilotaba, pero continuaba de todos modos y contra toda lógica porque jamás contempló la posibilidad de rendirse. Durante la Primera Guerra Mundial –antes de tanta gloria, de tanto triunfo, de tanto reconocimiento popular–, quiso ser conductor de ambulancias aunque se lo negaron por considerar que desarrollaba esta actividad de forma temeraria.

Temerario sí que era. Para hacernos una idea de su absoluto desprecio por el peligro, baste contar que un buen día decidió ponerse a reparar un aeroplano estropeado, creyó haberlo (más o menos) conseguido, tomó los mandos, echó con él a volar y la historia terminó con Nuvolari escapando de un aparato devorado por las llamas.

Como los anteriores personajes, Giuseppe Meazza también merece una película. Hoy da nombre al estadio en el que Inter y Milán –los dos grandes clubs de fútbol milaneses– juegan sus partidos como local, si bien el destacadísimo delantero pasará a la historia como insigne leyenda del primero. De muy niño quedó huérfano de padre –murió en la Primera Guerra Mundial– y su madre se opuso de forma tan tajante a la irrefrenable pasión futbolera del pequeño que hasta llegaba a esconderle las botas; pero no importaba: Giuseppe jugaba incluso descalzo, seguía siendo el mejor pese a la evidente desventaja y un día, con doce años de edad, se declaró en huelga de hambre indefinida si no cesaba tan pertinaz boicot. Ahí fue cuando la buena señora aceptó su derrota, alzó bandera blanca, cesó en su actitud y permitió que comenzara la carrera deportiva del que muchos tienen como más grande jugador de fútbol italiano.

A los diecisiete años debutó como profesional y durante nada menos que diecinueve logró mantenerse en lo más alto de la élite. Fue icono de la etapa fascista devenido hoy en leyenda y le caracterizaba un fijador que repeinaba su pelo y una elegancia física proyectada sobre el césped gracias a su muy estética forma de desenvolverse con el balón en los pies. Aquella finura le convirtió en el capricho y sueño imposible de muchas italianas, pero él sonreía, disimulaba, encogía los hombros y aseguraba tener solo dos amores: su madre y los goles.

Otros tres futbolistas nos regalaron una historia muy diferente, digna de ser contada y de la que ni la nación ni el régimen ni su club se sintieron nada orgullosos. Eran argentinos, pero también tenían pasaporte italiano y un día abandonaron sus equipos del otro hemisferio para desembarcar en la Roma y en la selección azzurra. Se les conocía como Guaita, Scopelli y Stagnaro.

El éxito logrado por todos ellos, pero muy en especial por Enrique Guaita –apodado *El corsario negro* y que salía a gol partido– les catapultó hasta el olimpo deportivo y así vivían entre los parabienes y la absoluta admiración de los romanos, pero de pronto la vida golpeó con la inesperada forma de un conflicto bélico que todo lo cambiaba: comenzó la guerra de Abisinia (1935) y los tres italoargentinos fueron llamados a un cuartel al que acudieron con signo de interrogación encima de sus cabezas. El interrogante iba a despejarse muy pronto: los tres debían abandonar su vida perfecta, dejar de firmar autógrafos y renunciar a pasear como capitanes generales por las calles de la capital para engrosar de forma casi inmediata las filas del ejército, trasladarse a África, cargar con un fusil y quién sabe si perder la vida bajo el incómodo sol de un país africano.

Los tres dijeron que sí, que faltaría más, que todo por la patria y que volvían a su domicilio pero regresarían al lugar del alistamiento con la firme decisión de ayudar a Italia en su nueva aventura bélica. Todo por la patria. Pero lo cierto es que de manera inmediata organizaron una escapada de película hasta la Costa Azul, escala anterior al destino final en el Río de la Plata. Fuga de película, sí, aunque cualquiera podía abandonar el país en cuanto se le antojara y la nación acaudillada por Mussolini no era en ese aspecto la Rusia terrible y carente de libertades del padrecito Stalin. Recordemos la buena imagen y el prestigio que llegó a forjarse el Duce en países modernos, de primera fila y donde regía el sistema de partidos.

Pero el caso es que al día siguiente ardieron las portadas de los periódicos, La Roma –el club deportivo– lanzó un comunicado oficial donde hablaba de "fuga ignominiosa" y las primeras páginas de los más importantes medios publicaron artículos repletos de frases lapidarias: "Deshonrados como tres ladrones, con la cabeza baja y pálida por el miedo, la billetera repleta de liras muy italianas y el alma llena de una cobardía inconmensurable…", o "no necesitamos ovejas disfrazadas de leones dominicales. La doble nacionalidad solo nos trajo desagradecidos y pusilánimes"[3]. De héroes a malditos en poco muy tiempo. No obstante, hay rumores de que alguno de los tres futbolistas defendió hasta el final –sin excesos ni verbo demasiado encendido, pero con naturalidad y convicción– las bondades de la Italia fascista.

Por las limitaciones del espacio, no todos los grandes deportistas italianos de la época pueden aparecer en estas páginas. Pero serían legión porque –como ya se dijo en este mismo capítulo– la extrema atención que el Nuevo Estado dispensó al deporte consiguió que brotaran excelentes frutos, no tenía parangón con el interés mostrado por ningún otro país y quizá tampoco lo tuviera después por más que algún Estado comunista esclavizara a chicas adolescentes a base de entrenamientos inhumanos con los que arrebatar el cetro deportivo al imperio estadounidense.

Pero no sería justo dejar de incluir en el listado de sensacionales deportistas al gran ciclista Fiorenzo Magni, al que José María García –si uno y otro hubieran coincidido en el tiempo y en el espacio– hubiera definido como el más grande jornalero de la gloria. Observamos estampas estremecedoras de la época y contemplamos a un hombre que parece sufrir mientras pedalea, que asciende puertos con el espíritu de los héroes y de quien de forma continua se supera a sí mismo y resiste el dolor, que recibe el aliento cercanísimo de los aficionados y que no andaba sobrado ni de pelo ni de aspecto deportivo. Tampoco la técnica le acompañaba demasiado, pero sí –y mucho– la capacidad estratégica (táctica suple a técnica) y el saber sobreponerse al momento en que las piernas dejaban de funcionar. La épica.

---

[3] Carlos Aira: https://abrilacancha.com.ar/2022/02/18/el-espiante-la-huida-de-italia-de-guaita-y-scopelli-y-stagnaro-otra-historia-de-heroes-en-tiempos-infames/

Aunque ya era profesional en la década de los cuarenta, su máxima notoriedad y sus enormes éxitos se produjeron en los cincuenta cuando de forma heroica consiguió abrirse un hueco entre dos grandes mitos de la época y del ciclismo de todos los tiempos: el católico Gino Bartali y el comunista Fausto Coppi. Estos dos, por cierto, fueron enconados enemigos y cuentan que también les enfrentó alguna cosilla más, pero con el tiempo llegaron a mantener una larguísima, curiosa y sincera amistad.

¿Y por qué sé habla aquí de Magni si en realidad sus mayores y mejores logros se producen en la Italia posfascista? Porque Fiorenzo fue integrante de las Brigadas negras, combatió por el duce en la Segunda Guerra Mundial incluso cuando la derrota era cuestión de tiempo, estuvo muy cerca de ser fusilado y jamás renunció a sus convicciones pese a los muy serios inconvenientes que esto pudo acarrearle.

Magni merece el reconocimiento deportivo que por sus ideales le han negado. Los eruditos del ciclismo y buenos conocedores de la historia de este deporte confirman la enorme distancia deportiva existente entre él y dos genios absolutos (los mencionados Coppi y Bartali), pero incluso en esas circunstancias logró arrebatarles la gloria más de una vez gracias a su inteligencia y a una capacidad asombrosa de sufrimiento, de sobreponerse a lo imposible, que podemos tildar –y no nos equivocamos– de sobrehumana. Consiguió tres giros y legó una foto para la historia: al final de los finales de su carrera (año 1956), se rompió la clavícula en plena etapa y, en lugar de poner pie en tierra y acabar con aquel infierno físico como habría hecho hasta el más recio de los hombres, ató al manillar el extremo de una pequeña cuerda mientras mordía el otro con fiereza; al mismo tiempo, pedaleaba y pedaleaba mucho más allá de lo que la razón y la salud aconsejaban. Con esta técnica lograba dos objetivos: mantener el equilibrio y aguantar el inhumano dolor. Por supuesto que ya no era posible ganar la etapa, pero se empeñó en al menos finalizarla y lo consiguió.

Estuvo muy cerca de alzarse con el Tour de Francia, pero razones extradeportivas y su extrema caballerosidad lo impidieron. Cuando vestía maillot amarillo y las expectativas resultaban inmejorables, uno de sus compañeros fue agredido en plena carrera y el equipo italiano que acaudillaba decidió retirarse. Magni lo aceptó sin rechistar y sin expresar la menor de las quejas; con esto, renunció a pasar a la historia como la gran leyenda del ciclismo que en realidad fue.

Y por encima de todos estos interesantísimos personajes, se eleva la figura del denominado *Primer deportista de Italia*. En una nación donde lo fascista –que todo lo impregnaba– era puro dinamismo frente a la incapacidad, la inoperancia, el aburguesamiento y la decadencia –más propias del liberal, proclamaba el fascismo–, había que trabajarse músculos tensos y robustos y era necesario ser rápido y certero porque esto resultaba necesario para defender a la patria y derrotar a los enemigos exteriores e interiores; era, por supuesto deber de todos: desde el más común de los italianos hasta el mismísimo duce. Y él, Benito Mussolini, pasaba por ser el primero de los deportistas.

No es difícil encontrar imágenes de Mussolini donde aparece como hombre fuerte, dinámico e incansable al volante de automóviles de alta velocidad que para colmo de asombros volaban sobre modernas y perfectas carreteras que él mismo había construido, o aquellas en las que pilotaba aeroplanos, practicaba equitación, esgrima o esquí a muy bajas temperaturas y –no solo las balas, tampoco el frío podía amilanarlo– con el torso desnudo y ni el asomo de un rictus de sufrimiento.

El guía de la nueva y modernísima Italia llegó a declarar que su único placer era el deporte y hasta nos queda alguna prueba gráfica de cómo corría junto a sus ministros en curiosísima imagen donde dos cosas parecen quedar en evidencia: que todos debían preservar la forma física (era necesario dar ejemplo al *Popolo)* y que alguno de los miembros del Gobierno, ya de avanzada edad, acometía la prueba con cierta angustia y tal vez hasta flato. Muchas de las atléticas apariciones mussolinianas podemos encontrarlas en la revista *Lo Sport Fascista*, principal aunque no única publicación gráfica de deportes de la época que no tuvo corta vida (de 1928 a 1943) y resultaba ser una perfectísima síntesis entre información deportiva y muy eficaz propaganda política.

La filosofía estaba muy clara: el deporte era dinamismo y disciplina, como el fascismo. Y también como este, debe convertirse en superación de las dificultades, del dolor y del cansancio. Exigía además buscar de forma incesante la victoria o, como mal menor, asegurar la gallardía en la derrota o al menos llegar tan lejos como se pudiera. Lo opuesto a la decadencia y al conformismo. Un fascista tenía que ser más que nadie.

El deporte, como el Fascismo, era dinámico, era disciplina y era la búsqueda de la victoria. Durante el Régimen mussoliniano se convirtió además en un estilo de vida, en algo esencial dentro de la sociedad italiana. Simbolizaba la acción permanente, el movimiento constante y certero que el propio duce escenificaba en cada una de sus apariciones. Pretendía convertirse en seña de identidad de un estado eficiente y enemigo de la decadencia. Los valores fascistas se reflejaban en el deporte.

Se trataba de crear "el italiano nuevo; es decir, fuerte de espíritu, robusto en los músculos y sano en la más alta expresión ética de la palabra"[4]. La manifestación más importante, popular y aceptada del país era el deporte, que no solo se utilizó para forjar el carácter y la disciplina sino que además sirvió para vertebrar un régimen, una doctrina y un país entero.

Pronto, la educación física de niños, adolescentes y jóvenes quedó a cargo de la Opera Nazionale Balilla, que tendría la alta misión de instruir desde el punto de vista moral y físico; así, una parte muy importante de la juventud pasaría por esta formación que, además de ocuparse de lo deportivo, ofrecía adiestramiento espiritual, técnico, cultural y premilitar a los italianos de entre 8 y 18 años.

Para asegurar el monopolio de la ONB, en 1927 fueron disueltas las demás organizaciones juveniles salvo la Juventud Católica. De este modo, bajo un lema que pronto se haría popularísimo –"Crecer, obedecer, combatir"– millones de jóvenes pasaron por en sus filas: aunque el número de adscritos no llegó nunca a superar el cincuenta por ciento, el porcentaje fue siempre alto.

---

[4] Alejandro Viuda-Serrano, Teresa González Aja: "Héroes de papel: El deporte y la prensa como herramientas de propaganda política del fascismo y el franquismo. Una perspectiva histórica comparada". *Historia y comunicación social* 2012, vol. 17 pp. 47.

Los integrantes de la organización cambiaban de estatus, rango y denominación según su edad. Así, los niños de entre seis y ocho años –los de menor edad– eran denominados "Hijos de la loba" mientras las niñas eran "Hijas de la loba". Se aludía, claro está, a aquella genesíaca loba que según el mito romano amamantó a Rómulo y Remo; desde los ocho hasta las catorce pasaban ellos a ser Balillas y ellas "Picola italiana"; por último, de los catorce a los dieciocho la denominación era "Vanguardistas" y "Jóvenes italianas". Cada cohorte, formada por 300 miembros, contaba con la asistencia espiritual de un sacerdote.

En el caso de los chicos, la Opera Nazionale Balilla proporcionaba instrucción premilitar que servía para prepararles antes de su ingreso en el Ejército. Cabe destacar que integrantes de la organización realizaban portentosas exhibiciones gimnásticas seguidas por auténticas multitudes y en las que llegaban a participar hasta 15000 jóvenes; a lo largo de su existencia, esta creación del régimen mussoliniano despertó el interés de otros Gobiernos. Sus jóvenes integrantes llegaron a recibir visitas tan ilustres como, por ejemplo, la de un Mahatma Gandhi que aparece sonriente en alguna foto junto a varios Balillas.

En el año 1937, a Juventud Católica –recordemos, única organización juvenil con permiso de sobrevivir– fue disuelta para integrarse, junto con la ONB, en la Gioventú Italiana del Littorio que era en realidad la sección joven del Partido Nacional Fascista.

Es fundamental conocer la existencia de dos muy interesantes réplicas tanto en Abisinia como en Libia. Después de la guerra africana de 1936, se crearon las Juventudes Etíopes del Littorio a través de las que se puso en marcha un programa de almuerzo gratuito para niños y cuyos integrantes marcharon frente a Benito Mussolini tal como contaba el conocido himno fascista "Faccetta Nera": "Carita negra, pequeña abisinia/ te llevaremos a Roma liberada/ desde nuestro sol tú serás besada/ serás camisa negra tú también/ marcharemos junto a ti/ desfilaremos frente al duce y frente al rey.

En tierras libias nacieron las Juventudes Árabes del Littorio, fundadas por un personaje muy especial llamado Italo Balbo que era gobernador general italiano en Libia, podía presumir de ser camisa negra desde primera hora, era considerado por muchos el recambio natural del Duce y murió en cielos africanos cuando las defensas antiaéreas de su propio ejército confundieron con un aparato enemigo el avión en el que viajaba. El fuego amigo.

Existió en aquella Italia otra institución fundamental que también –pero no solo– se dedicó a organizar las actividades deportivas y gimnásticas del *Popolo*: la Opera Nazionale Dopolavoro llegó a encuadrar al ochenta por cien de los asalariados del país (incluimos a funcionarios y a trabajadores por cuenta ajena), consiguió una enorme aceptación y puede decirse que ordenaba y aseguraba el ocio de una nación entera. Gracias a los viajes que ofrecía, algunos italianos se desplazaron por las carreteras del país hasta llegar por primera vez al mar.

En forma y fondo, es muy evidente la marcada influencia de la ONB en organizaciones juveniles de países con regímenes similares al italiano. Si el fascismo de Mussolini inspiró movimientos muy parecidos en otros lugares de Europa, la Opera Balilla originó la creación de organizaciones juveniles que la imitaron y quisieron ser idénticas a ella. Hablamos, claro está, de las Juventudes Hitlerianas o del Frente de Juventudes español, pero el Portugal de Oliveira Salazar creó también su Mocedad Portuguesa que vio la luz en 1936 y subsistió hasta casi cuarenta años después, cuando la revolución de los claveles acabó con una larguísima etapa política. En sus filas se inscribían de forma obligatoria los niños de siete a catorce años.

Los Estados de esas tres naciones quisieron crear también su particular Opera Nazionale Dopolavoro y muy pronto se pusieron manos a la obra. Muy destacable es la fundación y desarrollo de Fuerza a Través de la Alegría (Alemania, 1933-1945), que además de fomentar prácticas gimnásticas llegó a ser la mayor agencia de viajes del planeta con una cifra de usuarios superior a los diez millones; en España, por su parte, la Obra Sindical de Educación y Descanso construyó numerosas instalaciones polideportivas y culturales, erigió residencias donde los trabajadores podían veranear a bajísimo precio y aguantó desde 1939 hasta 1977. Aunque por breve periodo de tiempo, sobrevivió incluso a la muerte de Franco. Muy destacables son las famosas demostraciones del 1 de mayo en el estadio Santiago Bernabéu, con las gradas a reventar y miles de jóvenes atletas encima del césped y bajo la atenta mirada del jefe del Estado.

Es llamativo comprobar hasta qué punto la Italia fascista fue inspiradora de costumbres, de organizaciones y de actitudes en los regímenes afines de la época. Y por supuesto, también en lo deportivo.

Pero para completar la fotografía deportiva de una época y de un país, es imprescindible resaltar grandes acontecimientos que despertaron un interés inusitado entre la población. Porque el deporte vertebró a la sociedad italiana –e incluso al régimen– del mismo modo que, por poner un ejemplo sencillo, la liga de fútbol española lo hace con nuestro país. Penalti en Tarragona. Expulsión en Vigo. El equipo vasco visita Sevilla. Gol en Barcelona. Comienza el partido en Madrid.

Entre los grandes acontecimientos del momento, resulta necesario destacar el Gran Premio Automovilístico, el impulso al Giro para tratar de colocarlo por encima del Tour (era habitual el menosprecio hacia la carrera francesa, tanto que llegó a distribuirse una revistilla llamada *El Tour de Francia es un bluf* y, por supuesto, la creación del Calcio –es decir, la liga de fútbol– en el año 1927. El primer campeonato se vio marcado por la corrupción y los sobornos hasta el punto de que un Torino campeón perdió el título tras quedar más que demostradas las irregularidades, gracias a curiosísimas investigaciones con recomposiciones incluidas de contratos delictivos rotos en mil pedazos.

Pero un evento se eleva por encima de los demás y merece capítulo aparte: la organización del campeonato mundial de fútbol en el año 1934, que sin duda sirvió como inmejorable escaparate de los aciertos y avances del Estado mussoliniano. Sobre la cuidada hierba de estadios enormes, modernos y abarrotados por un público que seguía cada lance del juego con inaudita pasión, Italia resultó campeona y años después muchos achacaron tal victoria a los tejemanejes e irregularidades de un régimen que en modo alguno iba a consentir distinto desenlace. Sin embargo, hay argumentos de sobra para, desde la honradez y el amor por la verdad histórica, discutir y doblegar esta teoría de la conspiración. No hay la menor evidencia de que la copa mundial se ganara en los despachos y sí de que fue conquistada en canchas donde la selección azzurra vivió partidos igualadísimos, alocados, milagreros, llenos de épica y en los que también la suerte –y los balones al palo del contrario– jugaron a su favor. Demasiado descontrol, demasiado azar, demasiado esfuerzo y sufrimiento como para llegar a la conclusión de que todo estaba atado y bien atado gracias a los tejemanejes de un régimen tramposo.

Ya antes quiso Italia organizar el primer campeonato mundial que se disputaría en el año 1930, pero al fin fue Uruguay quien obtuvo tal honor. Esto no sentó demasiado bien entre las naciones europeas, hasta el punto de que se produjo una especie de boicot y desde Europa solo acudieron Francia, Bélgica, Rumanía y Yugoslavia a un evento en el que los anfitriones levantaron la copa tras derrotar a Argentina en la final. Por lo demás, la competición tuvo sabor americano y contó con un total de trece selecciones.

No arrojaron la toalla los italianos y presentaron su candidatura para convertirse en anfitriones del siguiente campeonato, que iba a tener lugar cuatro años después. Se impusieron al otro país interesado (Suecia) y desde entonces todo fue entusiasmo, vórtice de preparativos y ganas de aprovechar la ocasión única de situar al país en el centro de la atención mundial.

Si en 1930 muchas naciones europeas hicieron luz de gas a la competición disputada en Uruguay, ahora los equipos sudamericanos se tomaron la revancha y solo Argentina y Brasil desembarcaron en tierras italianas. Pero tal circunstancia no consiguió restar brillo a la celebración: en estadios modernos y con las gradas repletas de aficionados, multitudes entusiasmadas seguían con insuperable pasión todos los lances del juego de cada uno de los partidos. A veces, si las características del recinto concedían un resquicio visual, jóvenes y no tan jóvenes trepaban hasta las copas de los árboles para buscar el hueco mínimo desde donde ver un pedacito de campo y la mínima expresión (pero al menos algo) de un gran partido de fútbol.

Italia venció a trancas y barrancas, con mucho sudor y –antes lo apuntábamos– buena dosis de suerte y de épica. El entrenador Vitorio Puzzo utilizó un juego directo, físico, sin complicaciones y poco amigo de las florituras pese a la calidad incuestionable de muchos de sus jugadores. Dio resultado. Futbolistas enfundados en la camiseta azzurra saltaban al césped, saludaban brazo en alto a los miles de seguidores y no negociaban ni un segundo de tregua hasta que el colegiado decretara el final de un partido en el que solo cabía la victoria por difícil que fuera la empresa y poco propicias las circunstancias del juego.

Merece la pena destacar la muy disputada y polémica eliminatoria contra España donde sí hubo una jugada decisiva en la que el árbitro no anduvo nada fino porque existe falta previa al mítico guardameta Ricardo Zamora en el gol conseguido por Italia. Lo confirman los vídeos disponibles en internet, como también muestran los ataques continuos de la formación local –acometidas tipo séptimo de caballería– hasta nivelar el tanto que les había situado en desventaja. Como para desempatar no estaba contemplada la prórroga y mucho menos los penaltis (esta fórmula nacería unos treinta años más tarde en el torneo Carranza), hubo de disputarse otro partido para decidir quién seguía adelante. Solo un día después de la batalla anterior, los dos equipos latinos volvieron a enfrentarse a cara de perro e Italia resultó vencedora.

Tras superar con éxito enfrentamientos en los que la moneda giraba, giraba y giraba con el mayor de los suspenses hasta mostrar la cara o la cruz, el equipo anfitrión y Checoslovaquia se presentaron en una final que paralizó la vida del país organizador y generó la mayor de las expectaciones en muchos lugares del planeta. Los checos eran tal vez algo superiores, ganaban por 0-1 gracias al tanto conseguido en el minuto 70 y muy poco después estuvieron cerca de dejar a los italianos listos de papeles con un remate que impactó de manera violenta en el larguero local. Como están disponibles para cualquiera y no son nada difíciles de hallar en la red, aconsejamos a los interesados que busquen curiosos vídeos de este histórico encuentro donde quedan reflejados los dos goles de la gran remontada y, sobre todo, la incontenible euforia que entre los asistentes provocó el triunfo.

No tenía entonces el fútbol la capacidad de llegar a todos los hogares, no ocupaba –como ahora– el cincuenta por ciento de los noticieros ni acaparaba tanto titular de prensa, pero era ya un fenómeno social de tremendo impacto que después de la gran final convirtió las calles de Italia en bálsamo y fiesta.

A pesar del error arbitral al que antes aludíamos, los árbitros no fueron responsables de la victoria italiana. En cualquier caso, mucho más escandalosos parecen los favores concedidos a España en su Mundial 82, las decisiones de chiste encaminadas a salvar a Corea en 2002, el vergonzante gol concedido a los ingleses para que resultaran vencedores del torneo 1966 o –si hablamos de enfrentamientos entre italianos e hispanos– aquel codazo dentro del área capaz de romper la nariz de Luis Enrique y en el que los infaustos señores de negro miraron hacia otro lado.

Pese a revisionismos históricos sin base científica alguna –más bien los provoca el deseo de que aquello fuera un amaño–, el estudio riguroso de los hechos nos deja varias conclusiones: Italia ganó por el empuje de su apasionado público, por tener un muy buen equipo, por creer en los fundamentos técnicos del entrenador, por disputar cada partido como si de una guerra se tratara y por esa dosis de suerte que es muchas veces la que desnivela la balanza y concede la gloria a uno de los contendientes.

Después del éxito, el país reclamó entusiasmado los Juegos Olímpicos de 1940 –concedidos a Tokio– y más tarde los de 1944. Por los evidentes y bélicos motivos que todos conocemos, ni unos ni otros pudieron celebrarse.

No era el fútbol el único deporte seguido con pasión e interés, pero sí desde luego el que logró mayor aceptación y con una diferencia muy notable sobre el resto. Destacaba además el balompié italiano por sus muy celebradas victorias y porque ya entonces comenzaba a fraguarse una tradición triunfal que iba a tener continuidad en décadas posteriores.

El siguiente campeonato mundial data de 1938 y se celebró en Francia. La scuadra azzurra llegó a aquellas tierras con el nada sencillo propósito de revalidar la victoria alcanzada cuatro años antes, pero enfrente esperaban selecciones muy difíciles de doblegar. Fieles a su tradición de ganar a todos o a casi todos pero siempre entre el sufrimiento y el suspense, los italianos derrotaron a Noruega por los pelos, se deshicieron con mayor facilidad de los anfitriones, ganaron por la mínima a Brasil y otra vez se plantaron en la final para jugarse los cuartos contra la muy potente selección húngara. El telegrama de Mussolini no dejaba lugar a dudas – "vencer o morir" – y sus futbolistas, inteligentes y aplicados, eligieron la victoria. El portero húngaro se llamaba Antal Szabó y poco después afirmó que nunca cuatro goles encajados le habían alegrado tanto por estar convencido de que esos cuatro fracasos propios salvaron la vida de los jugadores italianos. En realidad, la frase mussoliniana no merece una interpretación textual y está preñada de la épica verbal propia de la época.

Pero antes (1936, Juegos de Berlín), la selección de fútbol había conseguido el oro tras disputar cuatro partidos en nueve días y llevar a cabo portentosas exhibiciones físicas.

Entre todas las disciplinas, Italia acabó tercera en el medallero y todavía fue mejor su desempeño en Los Ángeles 1932, donde finalizó segunda solo por detrás de los intratables estadounidenses y muy por encima del resto. Era la consecuencia lógica de la importancia que el régimen concedía al deporte y del tesón con que se propuso darle lustre.

Tenía lugar en aquellos años un torneo futbolístico del que hoy se habla poco o nada y que sin embargo debemos recordar por el gran potencial de los conjuntos que en él competían y porque es el precedente de la actual Eurocopa de naciones. Su nombre era Copa Internacional –rebautizada como Copa Dr Gerö después de la Segunda Guerra Mundial– y la disputaban cinco prestigiosas selecciones nacionales, con la interesante particularidad de que no había sede fija y los partidos se disputaban en estadios de todos los países en liza. Italia ganó la desarrollada entre 1927 y 1930, la que abarcó desde 1933 hasta 1935 y la que arrancó en 1936 para finalizar en 1937. De cuatro organizadas en la época del duce –pero no por el duce ni por su nación–, Italia resultó campeona de tres. Después de la gran guerra, las cosas cambiarían mucho y el título fue a parar siempre a vitrinas de países del este de Europa.

Resulta indispensable abordar cuál fue la utilización que la Italia fascista hizo de los acontecimientos deportivos de masas y entender hasta qué punto sacó provecho de ellos.

En aquel país donde una doctrina totalitaria todo lo impregnaba, el deporte no era ninguna excepción. Pero es que además resultaba lógico rentabilizar al máximo espectáculos grandiosos a los que acudían decenas de miles de espectadores y también eran seguidos, a distancia y con infinito entusiasmo, por millones de personas. Por una parte constituía el escaparate perfecto de los logros de la Italia fascista y por otro representaba cómo una gran nación –tras años de decadencia y descontento general– se imponía a las demás gracias a la nada vacilante aplicación de la nueva doctrina. Italia era la primera en conquistar el futuro.

Antes de cada gran acontecimiento, los deportistas saludaban brazo en alto a la multitud porque nada quedaba fuera de la influencia del fascismo. Cualquier aspecto de la existencia tenía que ser fascista. Por otra parte, el mencionado saludo romano no era en la década de los 20 o de los 30 un gesto demonizado como sí empezaría a serlo tras la derrota bélica de Alemania e Italia; se trataba más bien de algo propio de su tiempo, en general bien aceptado e incluso lo realizaban como muestra de cortesía los atletas de otros países; valga como ejemplo que lo llevaron a cabo en Berlín, año 1938, todos los integrantes de la selección inglesa de fútbol frente a 100000 espectadores. Y por supuesto, los ingleses no fueron los primeros ni los últimos en hacerlo.

Pero el deporte en su estado más puro –alejado del profesionalismo y de los focos– también gozó del mimo y de la atención constante del Estado. Porque ese deporte era parte de la doctrina. Era una actitud fascista.

Por otra parte, de manera más o menos evidente y con mayor o menor fortuna, todos los regímenes y doctrinas han pretendido utilizar acontecimientos deportivos de masas. La rentabilidad que ofrecen es innegable, y demasiado fuerte la tentación de convertirlos en propaganda.

Para tratar de mejorar su imagen, algunos Estados utilizaron el deporte de forma no tan descarada pero quizá por ello más sibilina.

No es necesario remontarse muchos años atrás para recordar las luchas que la Unión Soviética y Estados Unidos sostuvieron en innumerables canchas y en diversos terrenos de distintas especialidades deportivas. Como sucedía con la carrera espacial, aquellos duelos constituían una especie de proyección de la Guerra Fría y quedar en el medallero por delante del gran enemigo pasaba a convertirse en alta cuestión de Estado. Con el añadido, además, de que el vencedor celebraba las victorias en las narices del oponente derrotado y ante los ojos de millones de espectadores de todo el mundo. La política irrumpía en el terreno del deporte y así lo querían las grandes potencias, tanto que Estados Unidos boicoteó con su ausencia las Olimpiadas de Moscú 1980 y luego la URSS hizo lo propio con las de Los Ángeles, año 1984. Quedaba acreditada la subordinación del deporte a los intereses políticos

También se habla, y sin parar, de cómo el régimen de Francisco Franco –gobernante que parecía tener aprecio sincero por el Duce– usó el deporte para tapar oscuras realidades y atiborrar al pueblo de un opio capaz de alejarle de verdaderas preocupaciones. Lo malo es que si comparamos con imparcialidad el protagonismo que entonces se le concedía al deporte-espectáculo y cuál es el dispensado en estos tiempos, nos daremos cuenta de que es mucho mayor el de ahora: todos los partidos de primera y segunda división se televisan (aunque no sea en abierto), la crónica de partidos de liga es en ocasiones primer titular de periódicos generalistas y la información futbolística ocupa un porcentaje asombroso del telediario.

Otros sistemas políticos españoles diferentes del franquista –al que tanto se asocia con el Estado fascista italiano– usaron el deporte como método infalible de propaganda.

En los recordados y muy exitosos Juegos de Barcelona 92, parecía haber cámaras que –de forma continua, sin perdonar un solo segundo– enfocaban a la familia real española con el fin de trasladar sus simpáticas reacciones a los hogares del país. Todos vimos aquellos saltos de alegría, aquellos brazos jubilosos que festejaban la consecución de medallas y catapultaron a la monarquía hasta uno de sus mayores picos de popularidad y aprecio general. El deporte, una vez más, servía de eficacísimo instrumento político.

Vamos con un hecho ocurrido seis años antes. Durante el campeonato mundial de Fútbol que organizó México (1986), la noche veraniega española era un rumor de televisiones encendidas, de tensión, de familias arremolinadas alrededor del partido de octavos de final que a muy pocas jornadas de unas elecciones generales disputaba nuestra selección frente a los temidos daneses. Los nórdicos se imponían por la mímima hasta que al filo del descanso, tras aprovechar un imperdonable error defensivo, Emilio Butragueño marcó el primero de los cuatro tantos que iba a lograr en aquel alegre y recordado evento futbolero. En una de las repeticiones de ese primer gol, apareció el lema "Vota PSOE" como muestra inequívoca de desvergüenza, de utilización fraudulenta de los recursos públicos y de que no solo *los fascismos* empleaban el deporte como arma de guerra propagandística. También las democracias.

Retrocedamos otros diez años hasta llegar a 1976. Real Sociedad y Athletic de Bilbao disputaban partido de máxima rivalidad vasca 382 días después de la muerte del general Franco. La ikurriña era todavía enseña ilegal, y Manuel Fraga –que había dejado de ser ministro de la Gobernación muy pocos meses antes– la definió como bandera separatista y no regionalista. Tendrían que pasar por encima de su cadáver para legalizarla. Y el caso es que no fue necesario llegar a tal extremo: en los prolegómenos de aquel encuentro, los dos equipos saltaron juntos al césped del viejo Atocha encabezados por la clandestina ikurriña que sujetaban y exhibían los capitanes Cortabarría y José Ángel Iríbar. Ambos jugadores eran independentistas, tanto que Ignacio Cortabarría fue convocado cuatro veces por la selección española y decidió renunciar a una quinta, mientras el mítico Iríbar llegó a formar parte (por poco tiempo) de la Mesa Nacional de Herri Batasuna. El gesto futbolero contribuyó a normalizar el uso de la enseña.

En este viaje progresivo hacia atrás, llegamos a 1936. Estaba previsto que el día 19 de julio comenzara en Barcelona una olimpiada antifascista concebida como boicot a la oficial, la organizada en Berlín a mayor gloria de la Alemania nacionalsocialista. El estallido de la guerra impidió que no pudiera siquiera inaugurarse tan politizado evento deportivo en el que estaba prevista la participación de unos 6.000 atletas.

Pero no es necesario retrotraerse tanto en el tiempo. De forma recientísima hemos visto ejemplos de cómo la política se cuela e inmiscuye en el mundo del deporte con la reivindicativa rodilla en tierra de los componentes de selecciones y grandes equipos deportivos (el objetivo inicial era señalar y combatir a un muy afamado presidente, estadounidense por más señas), la expulsión de deportistas rusos por mera causa de nacionalidad o –volvamos a España– el separatista abucheo al himno nacional en finales de Copa del Rey o las banderas esteladas que en algún partido de fútbol cubrieron las gradas del Nou Camp, ese mismo estadio donde pueden escucharse gritos de "independencia" o localizarse pancartas con el lema "Catalonia is not Spain". El himno francés también recibió trato vejatorio en el mismísimo París.

Y si hemos mostrado casos de cómo todo tipo de doctrinas y sistemas tratan de aprovechar la casi incomparable fuerza del deporte de masas, es para dejar patente una realidad poco cuestionable: Mussolini lo hizo –de forma tal vez más indisimulada que cualquier otro–, pero también los demás en mayor o menor medida.

¿Pero qué vestigios, qué muestras, qué restos del fascismo perduran en el deporte actual?

Más allá de que en Roma sobreviva a orillas del Estadio Olímpico un obelisco dedicado al duce, quedan sobre todo deportistas que de un modo u otro han mostrado su abierta simpatía por el fascismo. También, grupos de aficionados que lo proclaman a los cuatro vientos, de forma orgullosa y sin el menor disimulo.

En la Lazio de Roma juega un jovencísimo futbolista que es –casi nada al aparato– bisnieto del duce, hijo de la eurodiputada Alessandra Mussolini y sobrino de la mítica Sofía Loren. Lateral derecho, forma parte ya del primer equipo y su nombre es Romano Benito Floriani.

No deben aquejarle demasiados complejos históricos si tenemos en cuenta que se le conoce como Floriani Mussolini o Mussolini Jr.

Cuentan que el bisabuelo Benito fue socio de ese mismo club y desde luego sus hinchas más radicales siempre han exhibido fanática predilección por el fascismo. Durante una visita a Milán fechada en el año 2019, realizaron un homenaje al Duce con pancarta incluida en la que podía leerse "Onore a Benito Mussolini"; la acción tuvo lugar junto al mismo lugar en el que fueron colgados los cadáveres de Claretta Petacci, Nicola Bombacci, Alessandro Pavolini, Achille Starace y del propio duce.

Este grupo de aficionados se congrega en el Olímpico de Roma para dar ánimos al equipo o entonar el *Avanti ragazzi di Buda*, himno dedicado a húngaros anticomunistas alzados en 1956 para tratar de liberar a su patria del yugo soviético. Adoraron los radicales de la Lazio al delantero Paolo di Canio, que alguna vez alzó el brazo frente a ellos y llegó a hacer las siguientes declaraciones: "Soy fascista, pero no racista. Hago el saludo romano para saludar a mis aficionados y a los que comparten mis ideas. Este brazo tendido no quiere ser nunca una incitación a la violencia y menos al odio racial". En su aventura inglesa con el West Ham, fue galardonado con el premio a la deportividad cuando prefirió lanzar el balón fuera en lugar de aprovechar la lesión del guardameta del Everton.

También quisieron al portero Matteo Sereni porque nunca escondió ni su simpatía por el fascismo ni que su habitación estaba decorada con figuras de Benito Mussolini. Importantes diferencias futbolísticas les impidieron sentir semejante devoción por correligionarios políticos como el muy importante futbolista Aquilani (Roma, Liverpool, Juventus, Milan) o por el cancerbero Christian Abiatti, que protegió –entre otras– las porterías de Juventus, Torino, Milán o Atlético de Madrid. Abiatti declaró creer en los ideales de patria, religión católica y orden que para él representaba el fascismo, además de tener en casa dos bustos del duce o el himno *Facceta Nera* como tono de llamada en su teléfono móvil.

Hasta el adiestrador del águila de la Lazio, de nombre Juan Bernabé, fue expulsado del club tras unirse brazo en alto y dentro del estadio a los vítores al duce. Le denunció la Unidad de Comunidades Judías Italianas y él alegó que su gesto fue de carácter más folclórico que político.

Al hablar de este club romano –archienemigo de la Associazione Sportiva Roma, entidad también creada durante el fascismo–, es fundamental analizar una etapa muy singular de su historia: cuando emergió la llamada *Lazio de las pistolas*.

Corrían desbocados los años setenta y por tanto había pasado ya mucho tiempo de la derrota del fascismo. Aunque el deporte en general –y el fútbol en particular– nos regala historias al borde de lo imposible, pocas tan apasionantes y asombrosas como la de un equipo que deambulaba por la serie B y ansiaba su regreso a la élite. Con el fin de lograr tan importante objetivo, arribó para asumir las funciones de entrenador y jefe total del vestuario un técnico llamado Tomasso Maestrelli. Para empezar, advirtió que allí mandaba un futbolista demasiado temperamental, impulsivo y seguidor declarado del neofascista Movimiento Social Italiano; su nombre, Giorgio Chinaglia.

Varios jugadores de aquel plantel sostenían la misma fe política. Roma era entonces un lugar golpeado por la inseguridad ciudadana, por las batallas callejeras entre jóvenes de ideologías opuestas y por organizaciones terroristas que sembraban el pánico. Recordémoslo: las Brigadas Rojas asesinaron en esta misma década al líder democratacristiano Aldo Moro.

Pero llegaron al club celeste dos futbolistas que no aceptaron el liderazgo de Chinaglia: Luigi Martin y Re Cecconi. Luigi compartía principios políticos con el líder del vestuario (tanto que años más tarde sería diputado de Alianza Nacional), pero repudiaba sus formas; por su parte, Cecconi era tranquilo, prudente, muy de estar en casa y poco de soportar las costumbres pendencieras y sin duda noctámbulas de muchos de sus compañeros. Los recién llegados lograron conformar un grupo disidente y tal era la irreconciliable enemistad entre las facciones que resultó necesario habilitar dos vestuarios. Aunque pertenecían al mismo club, ni siquiera se dirigían la palabra entre semana y sin embargo los días de partido conformaban un ejército rocoso, sin fisuras, en el que los soldados saltaban como lobos cuando un jugador rival osaba tocar a cualquiera de sus compañeros.

La Lazio logró el ascenso en la temporada 1972, pero el peculiar e irrepetible grupo de futbolistas decidió no conformarse con esto y la campaña siguiente rompió uno tras otro pronóstico hasta disputar de tú a tú el título a Juventus, Milan, Inter y demás gigantes del balompié italiano. En esas andaban cuando cierta mañana Chinaglia apareció en el vestuario con una pistola Colt 45; La idea y el arma causaron tanto furor que muchos de sus compañeros comenzaron a imitarle y muy pronto a competir por ver quien exhibía más impresionante artilugio de fuego. El jugador Sergio Petrelli –difícil una escena más surrealista– solía ir a entrenar con un fusil.

Pero no quedó ahí la cosa: los dos irreconciliables grupos comenzaron, no ya solo a realizar prácticas deportivas de tiro, sino a disparar con frecuencia –aquí y allá– de forma temeraria. Las alarmas saltaron cuando el director de un hotel quiso echarlos de sus dominios tras comprobar cómo tirotearon las farolas situadas junto al edificio. En ese momento y para evitar males mayores, el club decidió instalar un polígono de tiro en el lugar habitual de concentración. Además, los hinchas llenaban las gradas para observar espectaculares sesiones de entrenamiento en las que eran habituales los lesionados. Un día, como muestra del ambiente que se respiraba, la plantilla fue al cine y Chinaglia agredió al aficionado rival que osó insultarles.

En su retorno a la máxima categoría no lograron alzarse con el campeonato, pero sí fue posible al segundo intento. Aquel equipo sin jugadores de relumbrón, pleno de carácter y con muchísima disciplina táctica y física, alcanzó una proeza inimaginable y por la que hoy pagarían cifras astronómicas en las salas de apuestas. La gloria deportiva, por cierto, no suavizó la enemistad –más bien creciente– entre los dos grupos de futbolistas.

Fue triste el final de aquel equipo: el técnico Maestrelli fallecía al final de 1976, Chinaglia abandonó el club para fichar por el Cosmos de Nueva York y lo peor aún estaba por llegar. El 18 de enero de 1977, Re Cecconi (el llamado *Ángel rubio*) acudió a la joyería de un amigo y al entrar bromeó con el grito de "¡arriba las manos!". El joyero, sin pensárselo dos veces, disparó y segó la vida de un futbolista que llegó a ser internacional con Italia.

En definitiva, para cerrar y resumir este capítulo, afirmaremos que deporte y fascismo aparecen vinculados de forma muy estrecha durante el régimen mussoliniano. En la actividad deportiva debían participar desde el duce y sus ministros hasta los más corrientes ciudadanos de Italia. El fascismo era un espejo del deporte y el deporte espejo del fascismo: los dos precisaban actividad, disciplina, acciones rápidas y dinámicas que condujeran a la victoria. Pretendían ser lo contrario del aburguesamiento, de la decadencia y del conformismo. En el Estado gobernado por Mussolini, el deporte –el de masas y también el individual– se ritualizó y adquirió la enorme importancia que ninguna otra ideología de la época estimó oportuno concederle.